FEUILLETON DE L'*AVENIR NATIONAL*

SOUVENIRS D'UNE FAVORITE

PAR

ALEXANDRE DUMAS

PROLOGUE

Le 14 janvier 1815, vers cinq heures du soir, un prêtre, précédé d'une vieille femme qui semblait lui servir de guide, imprimait ses pas sur la neige qui s'étendait du village de Vimille au petit port d'Ambleteuse, situé entre Boulogne-sur-Mer et Calais, et dans lequel Jacques II, chassé d'Angleterre, débarqua en 1688. Ce prêtre marchait d'un pas rapide, indiquant qu'il était impatiemment attendu, et se garantissait, en s'enveloppant de son manteau, d'un vent aigre et froid soufflant des côtes d'Angleterre. La marée montait, et l'on entendait le mugissement des lames mêlé au bruit sec des galets que le flot roulait sur la plage.

Après une demi-lieue à peu près, faite en suivant la route indiquée par une double rangée d'ormes maladifs, dénudés l'hiver par l'hiver lui-même, échevelés l'été par le vent de la mer, la vieille femme prit, à droite du chemin, un sentier à peine visible sous la neige qui le recouvrait, et conduisant à une petite chaumière bâtie à mi-hauteur d'une colline, qui dominait le paysage ; un point lumineux, probablement causé par une bougie ou par une lampe visible à travers les vitres de la fenêtre, dénonçait seul la présence de cette chaumière, complétement perdue dans l'obscurité.

Dix minutes suffirent aux deux voyageurs pour atteindre le seuil de la porte ; la vieille femme étendait la main vers cette porte, lorsqu'elle s'ouvrit d'elle-même et qu'une voix jeune et douce dit avec un accent anglais légèrement prononcé :

— Venez, monsieur l'abbé ! ma mère vous attend avec impatience.

La vieille femme s'effaça pour laisser passer le prêtre, derrière lequel elle entra dans la chaumière ; la jeune fille referma la porte et indiqua, dans la seconde pièce, la seule éclairée, une femme qui se soulevait avec effort sur son lit.

— Est-ce lui ? demanda la malade d'une voix faible et en anglais.

— Oui, ma mère, répondit la jeune fille dans la même langue.

— Oh ! qu'il entre ! qu'il entre ! s'écria en français la malade.

Et elle retomba sur son lit.

Le prêtre entra dans la seconde pièce et s'approcha du lit. La jeune fille et la vieille femme restèrent dans la première chambre.

La malade semblait épuisée par l'effort qu'elle venait de faire, et, la tête renversée sur l'oreiller, elle montrait un fauteuil d'une main languissante, en faisant signe à l'homme de Dieu de l'approcher de son lit et de s'y asseoir.

Paris. — Imp. G. ...

Le prêtre comprit ce signe, approcha le fauteuil du chevet de la malade et s'assit.

Il se fit un moment de silence pendant lequel on n'entendit que la respiration oppressée de la mourante, et les sanglots qu'essayait vainement d'étouffer la jeune fille.

Pendant cette minute d'attente, le prêtre eut le temps de jeter un regard autour de lui.

L'intérieur de l'appartement offrait un singulier mélange de luxe et de misère. Les meubles et les parois étaient bien ceux d'une chaumière, mais les draps du lit de la malade étaient de la plus fine toile de Hollande; le peignoir dont elle était enveloppée était de magnifique batiste, et le mouchoir qui, noué sous son cou, maintenait une forêt de magnifiques cheveux châtains était bordé de cette dentelle précieuse à laquelle l'Angleterre a donné son nom.

En face du lit, séparés seulement par la fenêtre devant laquelle tombait un pauvre rideau d'indienne, se détachaient, par la splendeur de leur coloris, deux portraits en pied, dus bien évidemment au pinceau de quelque grand maître moderne, — un de femme, un d'homme, — tous deux destinés à se faire pendant l'un à l'autre, et de grandeur naturelle.

Le portrait de l'homme représentait un officier supérieur de la marine anglaise; son habit bleu portait sur le côté gauche, au-dessous de l'ordre du Bain, si rare en Angleterre qu'on ne le donne que pour les plus grands services rendus, trois autres plaques qu'un savant en ces sortes de matières eût reconnues, l'une pour l'ordre de Saint-Ferdinand et du Mérite de Naples, l'autre pour l'ordre de Saint-Joachim de Malte, institué par Paul Ier de Russie et qui mourut avec lui, et la troisième enfin pour le Croissant ottoman, portant dans sa courbe le chiffre en diamants de l'empereur Sélim III.

Mais ce qui rendait surtout ce portrait remarquable, c'était la glorieuse mutilation dont l'original avait dû être victime; une large cicatrice sillonnait le front, au-dessous duquel s'étendait un bandeau noir cachant un œil crevé, tandis que la manche droite de l'habit, rattachée à un bouton de l'uniforme, indiquait un bras coupé au-dessus du coude.

L'homme que ce portrait représentait était plutôt petit que grand de taille; il avait les cheveux blonds; l'œil qui lui restait semblait lancer l'éclair du génie; enfin, son nez aquilin et son menton, vigoureusement accentués, dénotaient le courage et la volonté, qui sont les traits caractéristiques des héros de la guerre.

La femme, au contraire, était le type parfait de la grâce et de la beauté : ses cheveux châtains sans aucun ornement retombaient en boucles luxueuses sur son col et sur sa poitrine; elle avait les yeux et les sourcils noirs sur un teint éclatant de fraîcheur; le nez bien fait, une bouche d'enfant entr'ouverte comme une rose dans une matinée de printemps, laissant voir ou plutôt deviner deux rangs de perles.

Elle était vêtue d'une tunique de cachemire coupée à la grecque, avec un manteau de pourpre jeté sur l'épaule droite; sa taille était serrée par une large ceinture de velours cerise brodée d'or, et dont l'agrafe était faite d'un camée représentant une tête de vieillard vue de profil.

Ce splendide portrait était évidemment celui de la malade, dans les traits de laquelle on pouvait reconnaître encore, malgré ses cinquante ans et les ravages d'une cruelle maladie, des restes de cette exquise beauté que le peintre avait fixée sur la toile.

Pendant que le prêtre se livrait à cet examen, pour ainsi dire involontaire, la malade rouvrit lentement les yeux et les fixa sur lui avec inquiétude; on eût dit qu'elle cherchait, sur le visage de celui qu'elle avait envoyé chercher pour en faire l'intermédiaire de sa réconciliation avec Dieu, ce qu'elle pouvait craindre ou espérer de la miséricorde céleste.

Le prêtre était un vieillard de soixante-cinq ans, à la figure douce et sereine, ombragée par quelques mèches de cheveux blancs; on voyait transparaître dans sa physionomie la simplicité de son âme, et l'on pouvait lire dans son regard une étincelle de cette inépuisable tendresse que Léonard de Vinci a mise dans les yeux de Jésus.

A sa vue, la malade parut un peu rassurée.

— Mon père, dit-elle, j'ai lu dans tous les livres saints que la miséricorde de Dieu est infinie; mais je vous ai envoyé chercher pour m'entendre redire ces paroles par la bouche même d'un ministre de ce Dieu... Mes péchés, mes fautes, mes crimes même, ajouta-t-elle en baissant la voix, sont si grands, que, pour ne pas mourir désespérée, il ne me faut pas moins que la parole d'un saint homme comme vous.

Le prêtre regarda avec étonnement cette femme à la voix douce, à la physionomie candide, à l'œil auquel la fièvre qui la brûlait ne pouvait enlever son expression angélique, et qui cependant disait elle-même avoir été criminelle.

— Ma fille, lui répondit-il, la terreur de la mort vous égare. La femme est une créature faible que sa position dans la société expose à tomber dans le péché, à commettre des fautes; mais, si j'ai bien compris, vous vous accusez non-seulement de fautes et de péchés, mais encore de crimes.

— Oh! de crimes! oui, de crimes, mon père! Oh! je sais bien que, quand j'étais jeune, belle, puissante; je sais bien que, quand un héros m'appelait sa maîtresse et une reine son amie, je sais bien que, dans l'emportement de ma jeunesse, dans le tourbillon de ma fortune, je ne jugeais pas mes actes ainsi; mais, depuis qu'il est mort, depuis qu'elle est morte, depuis que je suis tombée dans la misère, et que la misère, vengeance céleste, m'a conduite au doute; oh! je me vois telle que je suis, mon père, c'est-à-dire avec un corps souillé par la luxure et des mains rouges de sang!

— Ma fille, la miséricorde du Seigneur est infinie, reprit le prêtre; et Jésus, au nom de son Père, a pardonné à la Madeleine et à la femme adultère.

La malade étendit la main, la posa sur le bras du prêtre, et, se soulevant pour se rapprocher de lui:

— Eût-il pardonné à Hérodiade? demanda-t-elle.

Le prêtre la regarda presque avec terreur.

— Qui donc êtes-vous? dit-il.

— En effet, vous avez raison, mon père, répondit la malade: vous dire mon nom, c'est tout vous dire.. Oh! ne vous éloignez pas de moi quand je vous l'aurai dit, ajouta-t-elle.

— Ma fille, dit le prêtre, j'accompagnerais et je consolerais un parricide jusque sur l'échafaud.

— Oh! l'échafaud, c'est l'expiation! s'écria la malade. Si je mourais sur l'échafaud au lieu de mourir dans mon lit, je ne douterais pas.

— Avez-vous donc tué? demanda le prêtre avec effroi.

— Non, mon père; mais je l'ai laissé tuer...

— Aviez-vous le sentiment du crime que vous commettiez?

— Oh! non, non! Je croyais servir le roi, je croyais servir Dieu: je ne servais que ma vengeance. Comment voulez-vous que Dieu me pardonne, moi qui n'ai point pardonné.

Le prêtre la regarda.

— Vous êtes Anglaise? lui dit-il.

— Oui, mon père, répondit le malade.

— Vous êtes protestante?

— Oui.

— Pourquoi n'avez-vous pas envoyé chercher un pasteur de votre religion? Il y en a un à Boulogne.

— Je le sais...

La malade secoua la tête et poussa un soupir.

— Eh bien? insista le prêtre.

— Nos pasteurs sont trop sévères, mon père; notre religion est trop rude; je n'ai pas osé.

— C'est là un grand éloge que vous faites de la nôtre, ma fille. Comment, ayant cette opinion d'elle, ne vous êtes-vous pas refugiée dans son sein?

— Et si elle m'eût repoussée, mon père?...

— Notre religion ne repousse personne, ma fille. Jésus n'a-t-il pas dit au bon larron: « En vérité, je vous le dis, avant une heure, vous serez, avec moi, dans le royaume de mon père? »

— Mais, le bon larron était sur la croix, il mourait avec le Sauveur.

— Qui meurt en lui meurt avec lui, et le repentir vaut bien la croix. Vous repentez-vous, ma fille?

— Oh! dit la malade en levant les deux mains au ciel, oh! sincèrement et ardemment, je vous le jure!

— Vous repentez-vous par la seule crainte de la mort?

— Non, mon père: je me repens parceque, comme à saint Paul sur la route de Damas, les écailles me sont tombées des yeux, et que je me vois telle que je suis.

— Eh bien, vous le savez, non-seulement Dieu a pardonné à saint Paul, mais encore il en a fait un de ses apôtres; et cependant saint Paul gardait les manteaux de ceux qui lapidaient le saint martyr Etienne.

— Que vous êtes bon, mon père, de me soutenir et de me consoler ainsi!

— C'est mon devoir, ma fille. Lorsqu'une brebis s'éloigne obstinément du troupeau malgré les avertissements du chien, le bon pasteur la prend sur ses épaules et la reporte au bercail; à plus forte raison la reçoit-il avec joie lorsqu'elle y revient d'elle-même. Parlez, dites-moi vos fautes; je suis prêt à les entendre, et, si elles ne dépassent pas les pouvoirs remis à un pauvre prêtre, je vous les pardonnerai au nom du Seigneur.

— Le récit serait long et inutile; mon nom suffira; quand vous saurez mon nom, vous saurez tout.

Le prêtre la regarda de nouveau avec surprise.

— Votre nom, alors? lui demanda-t-il.

La mourante se pencha vers lui, et, d'une voix tremblante et à peine intelligible, elle murmura ces deux mots :

— Lady Hamilton.

— Ce nom ne m'apprend rien, ma fille, répondit le prêtre; je ne le connais pas, et je l'entends prononcer pour la première fois.

— Oh! mon Dieu, s'écria la malade avec un accent presque joyeux, il y a donc un homme qui ne me connaît pas! il y a donc une bouche qui ne m'a pas maudite!

Et elle retomba sur son lit, murmurant tout bas une action de grâces au Seigneur.

Mais tout à coup un vague sentiment de terreur passa sur son visage.

— Oh! mais, alors, dit-elle, je suis perdue, mon père; car je n'aurai ni la force ni le temps de tout vous raconter! et, si je ne puis vous dire les angoisses poignantes de la misère, les entraînements fiévreux de l'or, les mirages irrésistibles de la passion; si vous ne connaissez de ma vie que ses fautes et non ses tentations, vous ne me pardonnerez jamais... Oh! si vous pouviez lire...

— Quoi?

— Ma vie, que j'ai écrite moi-même dans tous ses détails, comme une première expiation, et surtout pour qu'elle servît plus tard à ma fille en l'empêchant de prendre la voie que j'ai prise et de tomber dans les fautes où je suis tombée...

— Et pourquoi ne lirais-je pas cette vie écrite par vous?

— Oh! avec le sang de mon cœur, je vous le jure!

— Pourquoi ne la lirais-je pas, je vous le demande?

— Parce qu'étant Anglaise, je l'ai écrite en anglais.

— J'ai habité cinq ans l'Angleterre, de 1790 à 1795, et je parle l'anglais comme ma langue maternelle.

— Oh! mon père, mon père, s'écria la mourante saisissant la main du prêtre, c'est bien réellement Dieu qui vous envoie, et je commence à croire à son pardon.

Puis, avec une ardeur fiévreuse :

— Tenez, mon père, ajouta-telle en lui donnant une clef nouée à un angle de son mouchoir caché sous le traversin, prenez cette clef, ouvrez le tiroir de cette toilette; vous y trouverez un manuscrit intitulé *My Life*; prenez-le, lisez-le, et revenez le plus vite que vous pourrez, si vous me rapportez le pardon; si je suis condamnée, renvoyez-moi le manuscrit; je saurai ce que cela veut dire.

Le prêtre se leva, ouvrit le tiroir, y prit le manuscrit indiqué.

— Ma fille, dit-il, il faut faire la part des devoirs de mon état; vous ne me reverrez que demain à la même heure.

— Dieu me fera la grâce de me laisser vivre jusque-là, dit le malade, surtout...

Elle hésita.

Le prêtre la regarda; son regard était un encouragement.

— Surtout, reprit-elle, si vous me bénissez.

— Je vous bénis, pauvre femme! dit le prêtre; et puisse Dieu vous bénir comme ie le fais!

Il trouva la jeune fille et la vieille femme agenouillées dans la première pièce.

— Vivez avec Dieu, mon enfant! dit-il à la jeune fille en lui posant la main droite sur la tête.

La vieille femme saisit sa main gauche et la baisa.

Le prêtre sortit.

La malade, tant qu'elle put le voir, le suivit des yeux, les bras étendus vers lui.

La jeune fille parut sur le seuil de la chambre.

— Ma mère demanda-t-elle, comment vous trouvez-vous?

— Oh! mieux, mieux, mon Horatia! Encore une visite comme celle qu'il vient de me faire, et cet homme aura emporté mon passé avec lui....

*
* *

Le lendemain, à la même heure, le prêtre revint; il était suivi de deux enfants de chœur, l'un portant le bénitier, l'autre la croix.

La malade était plus calme, mais aussi plus faible que la veille; il était évident que la Foi et l'Espérance, ces deux filles de Dieu, la soutenaient seules.

Il s'avança vers le lit; son visage respirait la charité.

La jeune fille et la vieille femme, ces deux êtres qui semblaient deux statues placées aux deux côtés de la porte de la vie, pour représenter la jeunesse et la décrépitude, soulevèrent la mourante sur son oreiller.

Le prêtre s'arrêta à deux pas d'elle. Elle attendait les yeux au ciel et les mains jointes.

— Croyez-vous aux sept sacrements? lui demanda-t-il.

— J'y crois, répondit-elle.

— Croyez-vous à la présence réelle de Jésus-Christ dans l'Eucharistie?

— J'y crois.

— Croyez-vous dans la suprématie du pontife romain et dans son infaillibilité en matière de foi?

— J'y crois!

— Croyez-vous aux symboles romains et enfin à tout ce que croit l'Église romaine, apostolique et universelle?

— J'y crois!...

Le prêtre puisa au bénitier un peu d'eau dans le creux de sa main, et, l'épanchant sur la tête de la mourante:

— Je te baptise au nom du Père, du Fils et du Saint-Esprit; que l'eau du baptème lave tes péchés, tes fautes et même tes crimes!

La mourante poussa un cri de joie, saisit la main du prêtre encore humide du contact de l'eau sainte, la porta avidement à ses lèvres, et la baisa.

Puis, avec un élan sublime:

— Mon Dieu! dit-elle, recevez mon âme!

Et elle se renversa sur l'oreiller, que laissèrent retomber la vieille femme et la jeune fille.

Son visage avait repris une telle sérénité, que les deux femmes crurent qu'elle dormait, et que le prêtre seul comprit que ce calme céleste, la mort seule pouvait le donner.

En effet, elle était morte.

Comme elle l'avait dit la veille, le prêtre, à sa seconde visite, avait emporté le passé avec lui, et l'eau de baptême, en coulant de son front jusqu'à son âme, avait tout lavé, boue et sang!

*
* *

Maintenant, voici ce que le prêtre avait lu dans ce manuscrit, intitulé *Ma Vie*.

Dans l'espoir que Dieu pardonnera à mon repentir et à mon humilité, j'écris les pages suivantes.

EMMA LYONNA Ve HAMILTON.

1er janvier 1814.

I

Mes premiers souvenirs remontent à l'année 1767; j'avais trois ou quatre ans. Je n'ai jamais connu l'époque bien précise de ma naissance; à travers une perception vague comme un brouillard, je me vois avec ma mère, suivant une grande route au milieu des montagnes, tantôt portée sur son épaule, tantôt marchant près d'elle et la tenant par la main ou la tirant par la robe. De temps en temps, des ruisseaux coupaient le chemin; alors, ma mère me prenait dans ses bras, traversait le ruisseau et me déposait de l'autre côté. Ce devait être pendant l'hiver ou tout au moins vers la fin de l'automne. J'avais froid toujours, faim quelquefois.

Quand nous traversions une ville ou un village, ma mère s'arrêtait devant la boutique d'un boulanger et lui demandait d'une voix suppliante un pain, que presque toujours on lui donnait.

Nous nous arrêtions rarement la nuit dans les villes ou dans les villages, mais plutôt dans quelque ferme isolée; là, ma mère demandait qu'on lui permît de coucher dans la grange ou dans l'étable. Les nuits où l'on nous permettait de coucher dans l'étable étaient mes nuits de fête: j'avais chaud, et presque toujours, avant que nous nous remissions en route, le matin, la fermière ou la servante qui venait traire les vaches me donnait une tasse de lait tiède, qui était pour moi une douceur d'autant plus grande que je n'y étais pas accoutumée.

D'après la distance que nous parcourûmes, en supposant que nous fissions quatre ou cinq lieues par jour, notre voyage dura à peu près une semaine. Enfin nous arrivâmes dans la ville de Hawarden, qui était le but de notre course.

Mon père, nommé John Lyons, était mort, et ma mère quittait la ville où elle l'avait perdu, pour venir demander à sa famille, demeurant à Hawarden, quelques secours qui pussent l'aider à m'élever et à se soutenir elle-même.

Là, une obscurité de quelques mois s'étend de nouveau sur ma mémoire, et je me retrouve gardant un petit troupeau de moutons, dans une métairie où ma mère était employée comme servante.

Relativement au passé, je me trouvais heureuse. Le printemps était venu et avec lui la chaleur et la verdure. Le penchant de la colline où je menais paître mon petit troupeau, était un vaste tapis de serpolet et de bruyères que mes moutons broutaient avec délices, et dont je me faisais des couronnes de fleurs. Le soir, je rentrais à la ferme et je couchais dans le bercail de mes moutons; un panier qui contenait du pain, un peu de beurre ou de fromage, quelquefois un œuf durci, suffisait à mes besoins de toute la journée. Mon chien partageait mon pain et paraissait aussi satisfait que moi de cet ordinaire. Quand nous avions déjeuné et dîné, nous allions boire à une source voisine, qui formait un bassin transparent comme le cristal, avant de se répandre et de courir comme un filet d'argent sur la déclivité de la colline.

Trois ou quatre années s'écoulèrent ainsi sans qu'aucun événement laissant sa trace dans ma mémoire vînt rompre la douce monotonie de cette existence.

Un jour que je buvais, comme d'habitude, en me penchant vers la source, et où je m'étais fait une couronne de bruyères roses entremêlées de pâquerettes, je m'arrêtai pour la première fois, au moment où mes lèvres allaient toucher l'eau, en m'apercevant que j'étais jolie.

J'ai tort de dire que je m'aperçus que j'étais jolie : je ne savais pas ce que c'était que d'être jolie; je n'avais jamais eu à la portée de mes yeux une glace dans laquelle je pusse me voir; mais la figure que reflétait l'eau du bassin me plut, je lui souris, et j'approchai mes lèvres de l'eau, moins pour boire que pour lui donner un baiser.

A partir de ce moment, je fis des bords de la source mon cabinet de toilette, défaisant et refaisant mes couronnes jusqu'à ce que je fusse contente de moi, contentement que je manifestais en embrassant ma propre image.

Un jour, cette tendresse que j'avais pour moi-même faillit m'être fatale : mes mains glissèrent sur le gazon, je tombai dans la source, et, sans mon chien, qui me tira par mes vêtements, je m'y serais noyée.

J'avais si peu idée de ce qui était bien et de qui était mal, que, pour faire sécher mes habits, je me mis toute nue, me séchant moi-même à côté d'eux. Dans ce moment, je m'entendis appeler. Je me levai et je vis ma mère qui me cherchait. Je courus à elle. Elle me gronda fort, sans que je comprisse très-bien la cause de sa gronderie.

Une amélioration s'était faite dans notre existence : elle venait de recevoir du comte de Halifax une petite somme destinée partie à elle, partie à moi. La somme qui m'était allouée avait pour but mon éducation.

Je n'ai jamais très-bien compris la cause de cette munificence du comte de Halifax, et ma mère n'a jamais voulu me l'expliquer; seulement, le bruit courut dans la ferme qu'un sang plus noble que celui de John Lyons pouvait bien couler dans mes veines. Dieu me garde d'accuser ma mère! mais, si cela était, j'y trouverais l'explication de ces vagues désirs et de ces incessantes aspirations vers un rang auquel j'ai atteint, mais auquel je n'étais certes pas destinée.

Ma mère venait m'annoncer que, dès le lendemain, je cesserais de garder mes brebis, et que j'entrerais dans un pensionnat de jeunes filles, que je voyais quelquefois, le jeudi ou le dimanche, venir se promener du côté de la ferme.

Mon premier mot fut :

— Maman, est-ce que j'aurai un beau chapeau de paille et une belle robe bleue comme elles?

— Certainement, répondit ma mère, puisque c'est l'uniforme du pensionnat.

Je sautai de joie. Il me sembla que je serais bien jolie avec de pareils habits, dont je n'aurais jamais osé rêver la possession. Je baisai mes moutons les uns après les autres, et je les abandonnai à un jeune pâtre que l'on envoyait pour me remplacer.

Mes plus longs adieux furent à mon chien. La pauvre bête, qui venait de me sauver la vie il y avait une heure à peine, éprouvait une grande tendresse pour moi. Je caressai beaucoup de pauvre Black, et je pris à grand peine congé de lui pour suivre ma mère.

Le fidèle animal avait grande envie de me suivre à son tour; il parut hésiter entre son amour et son devoir, mais son devoir l'emporta : il m'accompagna jusqu'à un endroit où, sans perdre de vue son petit troupeau, il pouvait me suivre des yeux; il s'assit sur un rocher, la tête tournée de mon côté, m'envoyant de temps en temps un aboi plaintif, et il resta à la même place, immobile et gémissant, jusqu'à ce que la disposition du terrain me l'eût caché; mais, quoique je ne pusse plus le voir, je l'entendais se plaindre encore.

Le même jour, ma mère me conduisit à la ville, dont la ferme était distante d'une demi-lieue, à peu près. Elle allait y payer le premier trimestre de ma pension, et y faire prendre la mesure de mon uniforme, qui était confectionné par l'établissement pour qu'il n'y eût pas de distinction entre les élèves.

Nous étions au mercredi; je devais entrer dans le pensionnat le lundi suivant. La maîtresse promit de diriger la promenade du dimanche du côté de la ferme, afin qu'on put m'essayer mon uniforme. C'était une grande fête pour les pensionnaires qui devaient déjeuner là avec des œufs frais et du lait chaud.

Le rendez-vous fut pris pour neuf heures; ma mère se chargea de tout préparer.

C'est la première fois que je fus à même d'apprécier la puissance de l'argent. Ma mère, la veille, pauvre servante de ferme à laquelle on parlait rudement et comme à une domestique du dernier ordre, semblait s'être élevée naturellement, tacitement et sans qu'on eût eu besoin d'en convenir, au rang de surveillante des autres domestiques; et tout cela parce qu'on lui avait vu entre les mains un billet de cent livres, qui, s'il lui venait de la source qui lui était attribuée, devait plutôt l'abaisser que la grandir.

Le soir, je couchai près de ma mère, dans un lit qu'on me fit avec un matelas posé sur des chaises et sous lequel se glissa mon fidèle Black, qui me fit, en me revoyant, une fête comme s'il eût craint de m'avoir perdue pour toujours.

Pendant les trois ou quatre ans qui venaient de s'écouler, et qui avaient passé sans autre changement que celui des saisons, je n'avais jamais eu l'idée de trouver un jour plus long que l'autre; je n'avais jamais désiré hâter la marche du temps; je me levais avec le jour, je me couchais avec la nuit, je partageais mon pain avec Black, j'émiettais le reste aux oiseaux, je me faisais des couronnes de fleurs, je me mirais dans la source, je rêvais sans savoir à quoi, et le soir arrivait sans que j'eusse mesuré à quelle distance il était du matin.

Il n'en était plus ainsi; un bouleversement complet s'était fait dans mon esprit; les minutes étaient devenues des heures, les heures des jours, les jours des années. Il me semblait que je n'arriverais jamais à ce bienheureux dimanche où j'abandonnerait mes haillons pour revêtir cette robe bleue, deux fois pour moi couleur du ciel, et ce charmant chapeau de paille, auréole de mes vagues et premières ambitions. J'avais, tout éveillée, de ces visions confuses et incohérentes comme on en a dans les rêves; j'aurais voulu gravir une montagne assez haute pour voir par-dessus cette ceinture de montagnes qui nous entourait; je n'avais aucune idée de ce qui pouvait être au delà; mais, à coup sûr, cela devait être plus beau que ce que je voyais.

Hélas! toute ma vie, j'ai voulu gravir des montagnes et voir au delà de l'horizon que Dieu me faisait...

Le jour tant désiré arriva enfin. Je ne pus dormir de toute la nuit qui le précéda; longtemps avant le premier rayon de l'aurore, j'étais debout. Ma mère se leva presque aussitôt que moi; elle aussi avait acheté des vêtements neufs, et donna, ce jour-là, à sa toilette un soin inaccoutumé. Son habit était celui des montagnardes du pays de Galles, et, pour la première fois, je m'aperçus que ma mère avait dû être très-jolie et était encore belle.

Puis, sa toilette terminée, elle s'occupa de moi, peigna ses cheveux, qui étaient magnifiques et qui bouclaient naturellement, et, s'apercevant que je n'avais que ma chemise, elle voulut me remettre mes habits de la veille; mais je m'y refusai obstinément, lui disant que j'espérais bien, en les quittant la veille au soir, les avoir quittés pour toujours.

Ensuite, comme son costume me paraissait fort joli, je lui demandai si j'étais assez riche pour me faire cadeau d'un costume pareil au sien; elle m'en promit un plus joli encore si, au bout d'un mois, la maîtresse de la pension lui disait qu'elle était contente de moi.

Je me promis bien qu'au bout d'un mois j'aurais mon costume.

Pour ne pas remettre mes habits de la veille, je me recouchai et j'attendis neuf heures dans mon lit.

Enfin un babillement joyeux, pareil à celui d'une volée de fauvettes, m'annonça l'arrivée de mes futures compagnes. Ma mère, qui savait mon impatience, entra aussitôt, avec une sous-maîtresse : elle m'apportait mon uniforme.

Mon trousseau se composait de deux vêtements complets, exactement pareils de forme; seulement, celui des dimanches était d'étoffe plus fine et de toile plus belle. Tous les autres objets, depuis les bas jusqu'aux cols de chemise, étaient par demi-douzaines.

Je ne pouvais croire que toutes ces richesses déposées sur mon lit fussent bien à moi.

Ma mère en demanda le prix et les paya; seulement alors, je crus ma propriété assurée. Quatre cents francs passèrent à cette acquisition.

Je n'avais jamais vu non plus tant d'argent.

Ma toilette commença.

Les mesures avaient été prises par un habile tailleur, car toute chose allait à merveille. Au bout de dix minutes, j'étais prête.

Un fragment de glace, luxe nouveau dans la chambre de ma mère, me permit de me voir. Je jetai un cri de joie : je me trouvais bien plus jolie que dans la fontaine; mon grand chapeau de paille aux rubans bleus flottants m'allait surtout à ravir; et bien souvent depuis, même à l'époque de ma plus haute fortune, quand je voulais tirer parti de ma beauté, je ne choisissais pas d'autre coiffure que celle de la petite pensionnaire de Hawarden.

Je ne fis qu'un bond de ma chambre dans la cour et de la cour sur la pelouse.

Toute la pension était là : soixante jeunes filles, à peu près, de l'âge de huit à quinze ans.

Elles me regardèrent avec plus de curiosité que de sympathie.

Une des grandes dit :

— Elle n'est pas trop mal, cette petite paysanne.

Une autre répondit :

— Oui ; mais elle a l'air gauche.

Mon cœur se serra.

A mon entrée dans la vie, j'étais reçue par le dédain et le sarcasme.

Je restai debout, muette, immobile, sentant le rouge de la honte me monter au front.

— Petite, me dit une troisième, va dire à la ferme qu'on nous apporte les œufs et le lait.

Mon orgueil se révolta.

— Pardon, mademoiselle, lui dis-je, je ne suis la servante d'aucune de vous, il me semble.

— Non ; mais, comme votre mère est celle de la ferme, dit la première qui avait parlé, elle aura, je l'espère bien, la bonté de nous servir, elle. Nous avons faim.

Ma mère sortait en ce moment de la porte de la ferme ; j'allai me jeter dans ses bras en pleurant.

Elle me demanda d'où venaient mes larmes, moi qui, un instant auparavant, l'avais quittée si gaie.

En deux mots, je lui racontai tout.

La fermière nous écoutait ; elle s'approcha des pensionnaires.

— Mesdemoiselles, dit-elle, ma ferme n'est point une auberge ; je vends mes œufs, mon lait et mon beurre au marché, mais je ne les vends pas ici. Sur la prière de mon amie, Mme Lyons, j'étais heureuse de vous offrir tout cela ; mais, si l'hospitalité a ses devoirs, elle a aussi ses droits, et un de ces droits est de ne pas être insultée. Je réclame donc ce droit, et pour moi et pour toutes les personnes qui font partie de ma maison.

— Bien dit, madame ! fit la maîtresse de pension. Je vous remercie de la leçon ; j'allais la donner moi-même, mais je ne l'eusse pas donnée si bonne. Celles de ces demoiselles qui voudront se montrer dignes de l'honneur que vous leur faites iront elles-mêmes chercher leur déjeuner chez vous, et je vous remercie d'avance, au nom de toutes vos convives et au mien ; celles qui n'iront pas se passeront de déjeuner, voilà tout. Mesdemoiselles, qui m'aime me suive !

Et la maîtresse de pension, qui se nommait mistress Colmann, donnant l'exemple, se dirigea vers la maison, suivie de toutes les pensionnaires, excepté les trois qui m'avaient adressé directement ou indirectement la parole.

Un instant après, Mme Colmann sortit de la ferme, tenant d'une main un panier plein d'œufs, et de l'autre une immense jatte de lait fumant.

Les deux sous-maîtresse venaient derrière elle, portant comme elle une jatte de lait et un panier d'œufs.

La fermière et ma mère suivaient avec deux énormes pains sortant du four, à la croûte blanche et appétissante.

Chacune des pensionnaires portait son assiette, sa fourchette, son couteau et sa cuiller.

Toutes s'assirent sur la pelouse, autour de Mme Colmann et des deux sous-maîtresses.

Les trois rebelles seules, restées debout, formaient un groupe séparé.

— Madame Davidson, dis-je à la fermière, voulez-vous me donner six œufs dans un petit panier, une jatte de lait chaud et trois tasses ?

Elle comprit mon intention, et, en m'embrassant au front, me donna ce que je lui demandais.

Je sortis de la ferme, et, portant mon petit panier, ma jatte de lait et les trois tasses aux trois exilées :

— Mesdemoiselles, leur dis-je, voulez-vous me pardonner d'être cause de la peine que l'on vous a faite ?

— Merci, dit la plus grande des trois, nous n'avons pas faim.

— Emma, dit la maîtresse de pension, venez m'embrasser et vous asseoir près de moi. Vous êtes une bonne petite fille.

Je posai mon panier d'œufs, ma jatte de lait et mes trois tasses aux pieds des trois boudeuses et j'allai m'asseoir près de mistress Colmann.

Elle avait dit vrai, oui, j'étais une bonne petite fille. Est-ce ma faute ou celle du monde si je suis devenue la perverse créature qui s'agenouille devant vous, ô mon Dieu ?

II

Après le déjeuner, auquel les trois grandes pensionnaires assistèrent sans y prendre part, toutes les jeunes filles, conduites par Mme Colmann, retournèrent à la ville.

Le matin, avant ce qui m'était arrivé, mon plus grand désir eût été d'entrer le jour même et sans retard chez Mme Colmann et et d'y prendre mon rang parmi ses élèves ; mais mon enthousiasme s'était calmé, et je demandai à ma mère la permission de rester ce jour-là encore à la ferme : il fut donc convenu qu'elle me reconduirait à la pension le lendemain matin seulement.

En me quittant, Mme Colmann, qui avait vu la réaction qui s'était opérée en moi et qui craignait de perdre une élève, me fit force caresses, et détermina aussi quelques jeunes filles, parmi les plus petites, à me faire amitié ; mais je sentis très-bien que je ne serais jamais pour ces demoiselles que *la petite paysanne*, la fille de *la servante de ferme*.

Je m'appesantis sur ces détails, qui, peut-être, sembleront puérils au premier abord, parce qu'ils ont eu — ceux-là et ceux dont j'aurai occasion de parler plus tard — une immense influence sur ma vie. Les fleurs doivent leur éclat et leur parfum, les fruits leur saveur et leur beauté non-seulement aux soins plus ou moins habiles et plus ou moins empressés du jardinier qui les cultive, mais encore aux conditions atmosphériques dans lesquelles le hasard les place. Mon péché originel, à moi, était l'orgueil ; le vent du dédain et du mépris, en soufflant dessus, au lieu de l'éteindre, ne fit que l'enflammer ; et, comme Satan qui était le plus beau et le plus aimé des anges, je péris par l'orgueil, moi qui n'étais qu'une pauvre créature humaine.

Mme Colmann et les pensionnaires parties, je m'acheminai vers la colline où, pendant trois ou quatre ans, j'avais conduit mon petit troupeau.

Cette colline, le dimanche, était un but de promenade pour quelques personnes de la ville. Tous les gens de la ferme m'avaient vue dans ma nouvelle splendeur ; l'impression produite sur eux par le premier aspect ne devait donc plus se renouveler ; je cherchais des regards et des compliments nouveaux.

En effet, en gravissant la colline, mon grand chapeau de paille sur la tête, mes longs cheveux au vent, les joues empourprées de la séve de la jeunesse et de la santé, je croisai ou dépassai plusieurs groupes de promeneurs ; tous me regardèrent ; quelques voix dirent :

— Voilà une jolie enfant !

Une seule demanda :

— Mais n'est-ce pas la petite gardeuse de brebis de Mme Davidson ?

Hélas ! oui, c'était elle.

Cette interprétation, qui, du reste, n'avait probablement rien de malveillant, empoisonna toute la joie que m'avaient causée les louanges précédentes ; je tombai dans une triste rêverie et je continuai mon chemin, les yeux baissés, et laissant échapper de mes mains, une à une, les fleurs que j'avais cueillies pour me faire une couronne.

Tout à coup, j'entendis des abois joyeux, et Black, qui m'avait reconnu de loin, s'élança à ma rencontre et se dressa contre moi. Le pauvre animal ne s'inquiétait pas des habits que je portais, et il se croyait toujours permis de traiter la future pensionnaire de Mme Colmann comme la petite gardeuse de moutons. Un *Allez-vous en, Black !* accompagné d'un coup de houssine sur ses pattes irrespectueuses et qui lui arracha un cri de douleur, fut la seule récompense que cet ami, l'un des plus anciens que j'aie jamais eus et probablement le plus fidèle que j'aurai jamais, obtint pour sa joyeuse et tendre démonstration.

Black s'éloigna l'oreille basse et secouant la tête, comme s'il se parlait et se répondait à lui-même.

Le petit berger qui m'avait remplacée dans la garde de mes moutons, se leva en me voyant approcher. Il était évident qu'il ne me reconnaissait pas. A quelques pas de distance seulement, il s'écria :

— Ah ! c'est vous, mademoiselle !..... Comme.... comme vous êtes jolie !

Je lui souris ; c'était le seul compliment sans mélange que j'eusse encore reçu.

Je lui en sus gré. On verra l'influence que ces quelques paroles eurent plus tard sur ma destinée.

— Bonjour, Dick, lui dis-je. Tu es un brave garçon ! et toi, tu serais beau aussi, si tu avais de beaux habits.

— Oh ! moi, dit-il, je ne suis qu'un pauvre paysan et je ne changerai probablement jamais d'habits ; mais vous, il paraît qu'ona appris que vous êtes une demoiselle.

Il faisait allusion au bruit qui s'était répandu sur une liaison qu'aurait eue ma mère avec le comte de Halifax, depuis qu'elle avait reçu de ce seigneur cent livres sterling.

Je ne lui répondis pas, car je ne comprenais pas très-bien ce qu'il voulait dire ; je lui demandai des nouvelles de sa sœur, jeune fille de mon âge, à peu près, qui était servante dans une ferme voisine de la nôtre et qui s'appelait Amy Strong.

— Ah ! dit-il, elle se porte bien, et elle serait contente de vous voir si bien mise et si bien vêtue.

— Tu crois ? lui demandai-je.

— Oh ! oui, répondit-il. Elle vous aime bien, mademoiselle Emma, et elle n'est pas jalouse du bien qui arrive aux autres.

J'étais alors près de la source ; je me

penchai pour m'y regarder, mais je n'osai, je ne sais pourquoi, en présence de Richard (1), donner à mon image le baiser que je lui donnais lorsque j'étais seule.

— Ah ! dit en riant Richard, regardez-vous dans nos sources... Un jour, vous irez à la ville, mademoiselle Emma, et vous vous regarderez dans de grandes glaces dorées, comme il y en a dans la boutique du marchand de Hawarden ; quand vous passerez devant sa maison, vous pourrez vous y arrêter, et vous regarder de la tête aux pieds tout à votre aise, sans que cela vous coûte rien.

Je m'assis près de la source, ne songeant plus à chercher en elle une incomplète reproduction de mon image, mais rêvant que je me voyais dans une grande et belle glace à cadre doré. C'était dans une chambre élégante, à tapis turc, à rideaux de soie bleu de ciel comme ma robe, à meubles richement ornés. Je fermai les yeux pour ne plus rien voir de la réalité et me concentrer dans mon rêve.

Hélas ! combien de fois n'ai-je pas eu de ces rêves, prophétiques éblouissements de l'avenir !

D'où pouvaient me venir ces visions de choses inconnues ? Peut-être mes premiers regards avaient-ils réfléchi des splendeurs promptement effacées, mais qui avaient laissé dans ma jeune mémoire comme des reflets d'un monde antérieur. Lorsque je parlais de ces vagues souvenirs à ma mère, elle se contentait de me répondre que j'avais probablement eu pour marraine une fée qui m'avait fait voyager la nuit dans des palais.

Cette fois encore, ma marraine me prit la main, et, pendant plus d'une heure, me promena dans son fantastique domaine.

Je me relevai souriante et joyeuse, et, rouvrant des yeux qui venaient de réfléchir toutes les couleurs de l'arc-en-ciel :

— Adieu, Dick, dis-je au petit pâtre. Demain, je vais à la pension de Mme Colmann ; mais, les jeudis et les dimanches, je reviendrai à la ferme, et de temps en temps je monterai ici pour te voir.

Et je m'éloignai sans songer à Black. Ce pauvre animal, qui n'avait rien compris à mon accueil, ne comprenait rien à mon adieu. Il me suivit pendant quelques pas, mais moins loin que la première fois, et s'assit pour me regarder descendant la colline.

Je jetai un dernier regard sur ce petit coin qui fut l'Eden de ma jeunesse, et que je revois encore, avec son massif de chênes nains et de genévriers, son plateau couvert d'un tapis de bruyères roses, sa source sortant bouillonnante du sein de la terre et roulant dans la vallée par petites cascades. Dick était couché, enlevant avec son couteau l'écorce d'un bâton ; ses moutons paissaient çà et là à quelques pas de lui ; Black était assis entre eux et moi, me regardant d'un œil triste comme font les amis méconnus. Je ne songeai pas même à l'appeler et à le consoler ; la pauvre bête avait, en me voyant, essayé de me faire comprendre qu'elle m'aimait toujours ; mais elle n'avait pu, comme Dick, me dire que j'étais jolie.

Ce fut ma première ingratitude.

On verra, au contraire, comment je fus reconnaissante, et trop reconnaissante, envers Dick.

Le lendemain, ainsi qu'il avait été convenu, ma mère me conduisit chez Mme Colmann ; je fus reçue comme on reçoit, les premiers jours, toute élève entrant en pension, toute religieuse faisant son noviciat ; les sous-maîtresses eurent recommandation d'avoir pour moi toute indulgence, et Mme Colmann elle-même conduisit ma mère dans le dortoir, lui fit visiter le lit blanc que l'on venait de dresser pour moi, et lui montra, les uns après les autres, tous les objets de toilette qui m'étaient destinés.

Tous ces objets nouveaux, qui étaient pour moi un acheminement vers le luxe, me firent passer par-dessus les regards dédaigneux de mes futures compagnes, et je pris congé de ma pauvre mère, plus émue que moi de me quitter, sans verser trop de larmes.

On m'interrogea sur ce que je savais. L'examen ne fut pas long : je ne savais absolument rien que mes prières du matin et du soir, selon le rite anglican, dans lequel j'avais été élevée. De la lecture et de l'écriture il n'en avait jamais été question ; je ne connaissais pas même mes lettres. Force fut donc de me mettre à l'alphabet, c'est-à-dire, malgré mes neuf ans, — ce qui me donnait déjà des prétentions à être jeune fille, — dans la classe des enfants de cinq à six ans.

Ce fut une grande humiliation pour moi ; mais, en cette circonstance, mon orgueil, qui me fut si souvent fatal, me servit : ayant honte de la classe inférieure dans laquelle j'étais, je fis des efforts inouïs pour m'élever aux classes supérieures. Au bout de trois mois, je lisais passablement et commençais à écrire. On me fit alors passer dans la classe d'arithmétique et d'an-

(1) On sait qu'en anglais Dick est le diminutif de Richard.

glais, où je restai six mois, après lesquels j'entrai dans ce que l'on appelait la classe des grandes.

Là, on apprenait la géographie, l'histoire, la musique et le dessin.

Au bout de trois mois, j'avais déjà fait quelques progrès dans ces derniers arts, lorsqu'un matin, ma mère, tout en larmes, vint me dire que mon protecteur, le comte de Halifax, venait de mourir subitement. Il s'était tué en tombant de cheval, et était mort sans nous rien laisser.

Ma pension était encore payée pour un mois; mais, à la fin de ce mois, ma mère serait obligée d'interrompre mon éducation, n'ayant plus aucun moyen d'en payer les frais.

La nouvelle que la petite paysanne, dont les progrès avaient souvent fort humilié les belles demoiselles, allait être forcée de retourner garder ses moutons causa une joie générale dans la classe des grandes, dont faisaient partie mes trois anciennes ennemies, qui avaient conservé pour moi une rancune anglaise. J'inspirai quelques regrets dans les classes inférieures, où je m'étais fait quelques amies. Mme Colmann, en prenant congé de moi, fit semblant d'essuyer une larme pour donner le bon exemple à ses élèves; mais elle se garda bien de m'offrir de continuer gratis mon éducation, quoique plus d'une fois elle m'eût dit, surtout les jours où ma mère venait payer mon trimestre d'avance, que je serais, dans un an ou deux, l'honneur de sa maison.

Je quittai le pensionnat, emportant, pour seule consolation, tous mes petits objets de toilette et une robe d'uniforme toute neuve, dont il me fut enjoint par Mme Colmann de ne pas me servir, attendu que je ne faisais plus partie du pensionnat.

Au reste, je quittais la maison de Mme Colmann, où j'étais restée dix-huit mois, avec une éducation ébauchée sur tous les points, mais en même temps inachevée sur tous. Je savais lire et écrire; je connaissais un peu de calcul, un peu de géographie, un peu d'histoire; j'avais trois mois de dessin et de musique, c'est-à-dire, à part la lecture et l'écriture, rien qui pût m'être utile. Ce n'était pas assez pour aider à mon salut; c'était, par les horizons extrêmes, plus qu'il n'en fallait pour me pousser à ma perte.

Ma mère aussi avait reçu le contre-coup du malheur qui me frappait; en la voyant redevenue la pauvre veuve sans ressources qu'elle était en arrivant, la fermière l'avait repoussée dans sa position première, c'est-à-dire dans celle de servante de ferme.

Quant à moi, qu'un commencement d'éducation avait faite à moitié demoiselle, je n'étais plus bonne à rien; je ne pouvais pas retourner garder mon troupeau comme une bergère de Marmontel avec ma robe bleu de ciel et mon grand chapeau de paille. On se mit pour moi en quête d'une place.

Un matin, la sœur de Dick, Amy Strong, vint m'annoncer que cette place avait été trouvée par sa mère. Il s'agissait d'entrer comme bonne d'enfants et institutrice du premier âge chez M. Thomas Hawarden, qui portait, je ne sais pourquoi ni comment, le nom de la ville qu'il habitait; il était beau-frère du dernier alderman Boydel et père de l'illustre chirurgien de Leicester-square.

La position qui m'était offerte était bien loin de correspondre à mes rêves d'ambition; mais il fallait vivre et je n'avais pas le choix des moyens.

On me composa un trousseau des débris de celui du pensionnat; on transforma ma robe bleu de ciel en une robe ordinaire et, comme je gagnais douze schellings par mois, avec la nourriture et le logement, on s'en rapporta à mon économie du soin de remonter ma garde-robe incomplète.

C'était une grande humiliation pour moi de rentrer à Hawarden dans un état voisin de la domesticité; mais c'était un des premiers caprices du dieu Hasard, qui semble s'être fait un jeu de m'élever et de m'abaisser tour à tour.

Vous êtes témoin, mon Dieu! que, du fond d'un abaissement dont je n'ai plus chance de me relever, je vous bénis et vous implore d'un cœur plus reconnaissant que je ne l'ai fait du haut de ma grandeur!

III

J'entrai chez M. Thomas Hawarden le 20 septembre 1776. Je pouvais avoir de douze à treize ans.

M. Hawarden était un puritain de la vieille roche, grave et juste en toute chose. Sa femme était de son côté froide et sévère. Les enfants sur lesquels je devais veiller étaient ceux de leur fille unique morte de la poitrine pendant un voyage de leur père en Amérique.

Ils étaient trois; les deux aînés avaient quatre et cinq ans; le dernier était encore aux bras de sa nourrice.

Une grande pendule, pareille à celle de l'oncle Tobie, semblait être la divinité régulatrice de la maison; tous les samedis, à midi sonnant, on la remontait, et, moyennant ce soin, auquel je ne vis jamais M. Hawarden manquer une seule fois, toute la semaine se déroulait engrénée à des rouages non moins exacts que ceux de la pendule.

Vous me demanderez qui remontait la pendule à la place de M. Thomas Hawarden quand M. Thomas Hawarden était sorti le samedi à midi; je vous répondrai que M. Hawarden, qui savait avoir, ce jour-là, cette importante fonction à remplir, rentrait le samedi à onze heures et demie, s'il était sorti, ou ne sortait qu'à midi et demi, s'il avait à sortir.

Pendant un an que je restai chez M. Hawarden, je ne l'ai pas vu faire un pas plus vite que l'autre, pas dire un mot plus haut que l'autre, pas sourire une seule fois, pas une seule fois se fâcher, pas refuser une seule occasion de faire le bien, pas commettre, si faible qu'elle fût, une seule injustice.

Mme Hawarden était littéralement l'ombre de son époux. Elle me faisait l'effet de ces bonnes femmes qui indiquent, sur les baromètres, le beau temps et la pluie, la femme qui sort et rentre derrière son mari, répétant tous les mouvements que celui-ci exécute, ouvrant son parapluie s'il l'ouvre en signe de tempête, fermant son parapluie s'il le ferme en signe de soleil.

M. Thomas Hawarden devait être riche, quoique en un an je n'aie jamais vu briller dans la maison d'autre argent que les douze schellings que je recevais tous les premiers du mois à dix heures du matin, avec la ponctualité ordinaire de la maison, de la main sèche et blanche comme de l'ivoire de Mme Hawarden. Toute la maison appartenait aux deux époux; elle donnait, d'un côté, sur la principale rue de la ville; de l'autre, sur un jardin aux allées sablées avec du sable de mer, aux plates-bandes encadrées de buis, aux ifs taillés en pyramide. Un jardinier était commis aux soins de ce petit jardin, et je n'y ai jamais vu une feuille morte, ni une fleur brisée. Les enfants s'y promenaient; mais ils savaient qu'ils n'avaient pas le droit d'y jouer, et qu'il leur était défendu de toucher aux fleurs et aux fruits.

A six heures, en été, on se levait; à sept, en hiver; à huit, toute la famille, maîtres et serviteurs, jusqu'à l'enfant et à la nourrice, passait dans une espèce d'oratoire où une Bible à fermoirs d'acier était rivée sur un pupitre. M. Hawarden ouvrait cette Bible, lisait une prière; sa femme répondait : *Amen*. Il refermait la Bible et l'on entrait dans la salle à manger, où était servi un déjeuner composé de laitage, de beurre et d'œufs. Une grande théière où chacun avait le droit de revenir à volonté, mais où il était tacitement convenu que l'on ne reviendrait que deux fois, contenait une douzaine de tasses. Nous étions cinq à table: M. Hawarden, Mme Hawarden, les deux enfants et moi, qui, grâce à cette partie de mes fonctions qui m'élevait au grade d'institutrice, avais ce droit, assez peu envié du reste, à ce qu'il me semblait, par les autres domestiques, de manger à la table des maîtres.

Lorsque la pendule faisait entendre cette espèce d'échappement qui, dans les meubles de ce genre, précède la sonnerie, tout le monde se levait; de sorte qu'il était bien rare que tout le monde ne fût pas debout au moment où le marteau frappait la demie.

A midi précis, on se mettait à table pour dîner, excepté le samedi, où le dîner était retardé d'une minute, par le soin qu'avait M. Thomas Hawarden de remonter sa pendule. Le dîner, sans être luxueux, était convenable. La boisson ordinaire était de la bière; mais chacun recevait, d'une bouteille qui faisait le dîner et le souper, un petit verre de vin de Bordeaux, et les enfants un demi-verre. Le dîner durait une heure.

A cinq heures, on goûtait avec des sandwich, du pain de seigle, du beurre, quelques gâteaux; la théière du déjeuner reparaissait; — comme au déjeuner, elle fournissait la seule boisson du goûter; — le goûter, comme le déjeuner, durait une demi-heure.

A huit heures, on soupait. Le souper était à peu de chose près la répétition du dîner, si ce n'est que les enfants n'y assistaient pas; à sept heures et demie, on leur donnait une tartine de beurre, ou de miel à leur choix, et, à huit heures, on les couchait.

Je ne les ai jamais entendus pleurer une seule fois, à moins qu'en tombant ils ne se fussent fait beaucoup de mal.

Le jeudi, après le déjeuner, on mettait le cheval au char à bancs; les enfants, la nourrice et moi y montions, et le cocher nous conduisait dans quelqu'une des prairies qui avoisinent la ville de Hawarden.

Alors, c'était notre fête à tous; le fardeau que l'atmosphère glacée de la maison faisait peser sur notre poitrine se soulevait, comme volatilisé par les rayons du soleil; il n'y avait pas jusqu'au nourrisson qui ne parut plus joyeux aux champs qu'à la ville. La nourrice se promenait; les deux enfants et moi, nous courions dans les herbes, cueillant des fleurs et poursuivant des papillons.

Les enfants m'adoraient, parce que j'étais aussi enfants qu'eux.

Le samedi soir, après goûter, la voiture tout attelée attendait à la porte; tout le monde y montait, excepté le jardinier, qui restait dans sa cabane du jardin et qui gardait la maison, et l'on s'acheminait vers *la campagne*.

On appelait *la campagne* un grand cottage situé à deux lieues et demie de Hawarden, entre Chester et Flint, sur les bords de la Dee, à un quart de lieue à peu près de l'endroit où elle se jette dans la mer d'Irlande, ou plutôt dans le golfe qui y communique.

On mettait deux heures dix minutes à faire le chemin, jamais moins, jamais plus. Le cocher fouettait trois fois son cheval, une première fois en partant, une seconde fois à moitié chemin, une troisième fois en arrivant à l'avenue.

Le premier jour que je vis la mer, ce fut pour moi une sensation profonde. Quoique le golfe de la Dee soit assez étroit, on pouvait, du haut d'un monticule, découvrir à l'horizon la pleine mer. J'étendis mes bras vers l'infini d'un geste aussi passionné que je l'eusse fait vers l'éternité.

La journée du dimanche, que, pendant les sept beaux mois du printemps, de l'été et de l'automne, nous passâmes invariablement à la campagne, était consacrée à la prière et à la promenade. Ce jour-là, j'avais la direction des enfants, non-seulement après le déjeuner, comme le jeudi, mais encore après le dîner. -

Là, nous n'avions pas besoin de char à bancs. *La campagne*, située sur la rive droite de la Dee, entre la rivière et le golfe, nous offrait au choix, ou la plage de la mer pour y ramasser des coquillages, ou la berge de la rivière pour y cueillir des fleurs : tout le terrain, compris entre le fleuve et la mer, pouvait nous offrir une promenade de trois quarts de lieue. Là, la liberté était encore plus grande pour nous que le jeudi dans les prairies de Hawarden. En somme, c'était deux jours de soleil pour cinq jours d'ombre. Ma vie n'a pas toujours été si bien partagée.

Un jour, c'était un dimanche de la première semaine de mai 1777, vers deux heures de l'après-midi, à notre seconde sortie de la journée, nous vîmes, au bord de la mer, une jolie barque gardée par quatre ou cinq rameurs. Les bancs de l'arrière étaient couverts de tapis et ornés de coussins de velours.

A quelques pas de là, un homme était assis sur un escabeau et dessinait une paysanne du pays de Galles tenant son enfant dans ses bras. Une jeune femme était debout à côté de lui et regardait par dessus son épaule les progrès du dessin.

L'homme et la jeune femme, quoiqu'ils eussent des habits de campagne, étaient mis avec une suprême élégance; on comprenait que c'étaient des habitants de Londres égarés dans le Flintshire.

Les enfants, poussés par la curiosité, coururent au groupe. Je les rappelai; mais autant ils étaient obéissants à la maison, autant ils étaient volontaires lorsqu'ils se sentaient en liberté; ils ne me répondirent point et continuèrent leur course jusqu'à ce que l'un fût au côté de la dame, et l'autre à celui du dssinateur.

Tous deux se retournèrent.

— Voilà un bel enfant! dit le dessinateur en posant sa main sur la tête du petit garçon, comme pour mieux le voir. Comment vous appelez-vous, mon petit ami?

— Edouard, répondit l'enfant.

— Et vous, mademoiselle? demanda-t-il à la petite-fille.

— Sarah, répondit celle-ci.

— N'est-ce pas étrange, Arabell? dit le dessinateur. Le nom de mes deux enfants!

Puis, avec un soupir :

— Ils avaient cet âge-là, la dernière fois que je les ai vus.

Et il demeura pensif, sans songer à reprendre son dessin.

Pendant ce temps, les yeux de la dame s'étaient arrêtés sur moi et semblaient rivés à mon visage.

— Par ma foi, murmura-t-elle, voilà une splendide créature! Regardez donc, Rowmney.

Et elle lui posa la main sur l'épaule pour le tirer de sa rêverie.

Il secoua la tête comme un homme qui voudrait chasser de son esprit un triste souvenir.

— Que dites-vous, Arabell? demanda-t-il.

— Je dis que vous vous retourniez et regardiez derrière vous, au lieu de regarder en dedans.

Le peintre regarda de mon côté et parut frappé d'étonnement.

— Approchez, mademoiselle, me dit la dame, et laissez-nous vous regarder tout à notre aise. Vous êtes assez jolie pour qu'on ait plaisir à vous voir.

Mon visage rougissait de honte, mais

mon cœur bondissait de joie. Ce n'était plus un petit berger qui me disait que j'étais belle, ce n'étaient plus de revêches pensionnaires qui me trouvaient jolie, tout en me reprochant d'être gauche : c'étaient un monsieur et une dame des villes qui m'admiraient franchement et sans restriction.

Je m'approchai machinalement.

Le peintre me tendit la main, je lui donnai la mienne.

— Et quelle main, je ne dirai pas elle a, mais elle aura! continua le peintre. Voyez donc, Arabell.

— Oh! croyez que je la regarde avec autant de plaisir que vous, Rowmney. Je ne suis pas jalouse, Dieu merci! Peut-on vous demander votre nom, mademoiselle?

— Je me nomme Emma, madame, répondis-je.

— Et votre âge? demanda le peintre.

— Je dois avoir près de quatorze ans, monsieur.

— Comment, vous devez avoir?

— Ma mère ne m'a jamais dit précisément mon âge.

— C'est la fille de quelque duchesse, dit Rowmney.

— Non, monsieur, répondis-je; je suis la fille d'une simple paysanne.

— Ces deux enfants, demanda la dame, sont-ils votre frère et votre sœur?

— Non, madame; je suis chez leur père pour avoir soin d'eux et leur apprendre à lire et à écrire.

— Dites donc, Rowmney, dit la dame se baissant vers le peintre pour lui parler à demi-voix, quelle fortune elle ferait à Londres avec une figure comme celle-là!

— N'allez-vous pas la perdre, tentatrice!

Puis, s'adressant à moi :

— Miss Emma, me dit le peintre, voudriez-vous me rendre un très-grand service?

— Volontiers, monsieur, lui répondis-je; lequel?

— Voulez-vous poser cinq minutes, afin que je fasse un croquis de vous?

— Avec plaisir, monsieur.

— Alors, restez comme vous êtes en ce moment.

Je restai; il fit demi-tour sur son escabeau, et, en moins de dix minutes, il eut fait à l'aquarelle un charmant croquis de moi.

Je suivais avidement le pinceau sur le papier.

Lorsque le croquis fut terminé, le peintre me le montra.

— Vous reconnaissez-vous? dit-il.

— Oh! lui dis-je en rougissant de plaisir cette fois, je ne suis pas si jolie que cela.

— Mille fois plus jolie! Mais, voyez-vous, Arabell, pour ces tons transparents de chair, pour cette limpidité de regard, pour le *flou* de ces cheveux, il faudrait l'huile... Venez à Londres, mademoiselle, lorsque vous serez lasse d'habiter la province, et je vous donnerai, par séance d'une heure que vous voudrez bien m'accorder, ce que l'on vous donne pour l'éducation de ces deux enfants pendant un an.

— Appelez-moi donc tentatrice, maintenant, Rowmney!

— Faites vos propositions à votre tour, Arabell; je ne vous en empêche pas.

— Et moi, si vous venez à Londres, mademoiselle, et que vous vous contentiez de la place de simple dame de compagnie à dix livres par mois, vous me trouverez toujours heureuse de vous recevoir... Donnez-moi un carré de papier et un crayon, Rowmney.

— Que voulez-vous?

— Donner mon adresse à cette belle enfant.

— Pour quoi faire? dit Rowmney en haussant les épaules.

— Qui sait? dit Arabell.

— Et vous aurez la hardiesse d'avoir ce visage-là chez vous, Arabell?

— Pourquoi pas? répondit la dame d'un air de défi. Je suis de celles qui cherchent les comparaisons au lieu de les fuir.

Puis, se retournant vers moi :

— Tenez, mademoiselle, à tout hasard, voici mon adresse, dit-elle.

Et elle me tendit le papier, sur lequel étaient écrits ces mots : « Miss Arabell, Oxfort-street, 23. »

Je le pris sans trop savoir ce que j'en ferais, sans intention de m'en servir, comme Eve prit la pomme peut-être sans intention de la manger.

— Allons, Rowmney, dit la jeune femme en entraînant le peintre vers la barque; nous sommes attendus à Park-Gate dans une heure, et nous avons tout le détroit à traverser.

Le peintre se leva, jeta un louis aux pieds de la paysanne qui avait posé devant lui, et, passant à deux pas de moi :

— Venez à Londres, mademoiselle, ce sera bien; n'y venez pas, ce sera encore mieux. En attendant, — il me salua de la main, — adieu... ou au revoir!

— Au revoir! cria Arabell en mettant le pied dans la barque.

Et la frêle embarcation s'éloigna rapidement sous l'effort des quatre rameurs.

Je ramenai toute pensive les enfants à la maison.

IV

Si l'on se rappelle l'effet que m'avait produit Dick, le jour où, en me parlant d'une grande glace à cadre doré dans laquelle je me verrais depuis la tête jusqu'aux pieds, il m'avait transportée dans le magique royaume de la fée Morgane, on doit se faire une idée des folles visions qui surgirent dans mon cerveau à la suite de ma conversation avec le peintre et sa belle compagne.

Je ne comprenais pas la moitié des paroles qu'ils avaient échangées entre eux, ou qu'ils m'avaient adressées; mais ce que j'avais compris, c'est que le peintre m'avait dit qu'il me donnerait cinq livres par chaque séance où je poserais devant lui, et miss Arabell dix livres par mois, si je consentais à être sa demoiselle de compagnie; tous deux enfin que, si j'allais à Londres, une fortune m'y attendait.

Certes, ce n'était pas occuper un poste bien élevé que d'être la demoiselle de compagnie d'une femme dont la condition me paraissait douteuse; mais, pour moi, pauvre fille d'une servante de ferme; pour moi, gardeuse de moutons il y avait trois ans, pensionnaire méprisée de Mme Colmann il y avait dix-huit mois, et, maintenant, institutrice d'enfants à quatre pences par jour chez M. Thomas Hawarden, c'était un grand pas fait vers cette fortune promise, que d'arriver à toucher cent livres par an, au lieu de sept ou huit.

Puis Londres, Londres au nom magique, la ville dont tout le monde parlait, où tout le monde voulait aller, où aboutissaient toutes les ambitions comme tous les fleuves à la mer; Londres! n'était-ce pas déjà beaucoup que d'être à Londres, dans une ville d'un million et demi d'habitants, au lieu d'être dans un bourg du Flitshire, au milieu des montagnes du pays de Galles, près des grèves mornes et désertes de la mer d'Irlande!

Aussi, en rentrant le lundi matin dans la maison de M. Thomas Hawarden, cette maison me parut-elle plus triste et plus monotone que jamais.

Une chose contribua encore à augmenter ma tristesse. Comme d'habitude, le jeudi suivant, j'allai faire jouer les enfants dans la prairie; je dis faire jouer, car je ne jouais plus avec eux. J'étais assise sur un arbre renversé, errant en pensées dans cette grande ville inconnue où tendaient tous mes désirs, lorsque j'entendis un bruit de pas et un babillage bruyant qui s'approchait de moi.

Je relevai la tête : c'étaient mes anciennes compagnes qui se dirigeaient de mon côté.

Le hasard n'en avait conduit aucune sur mes pas depuis ma sortie du pensionnat; mais, par compensation, aujourd'hui, il me les amenait toutes en masse.

Je me levai pour saluer Mme Colmann. A peine parut-elle me reconnaître. Elle me répondit par un petit signe de tête, sans m'adresser la parole.

Mais mes trois ennemies me reconnurent, elles. En passant devant moi, la plus grande, que l'on nommait Clarice Damby, dit à sa voisine Clara Sutton :

— Tiens! voici notre ancienne camarade Emma Lyons. Il paraît qu'elle ne gagne guère plus comme bonne d'enfants que comme gardeuse de moutons; car elle a encore la robe de la pension.

Et elles éclatèrent de rire.

Quelques-unes des plus jeunes me reconnurent; une seule quitta les rangs et vint m'embrasser. Elle se nommait Fanny Campbell; c'était la fille d'un sergent de marine.

Vingt-deux ans après, ce baiser-là sauva la vie à son frère.

Mais le baiser n'effaça point le sarcasme qui l'avait précédé.

C'était vrai : je portais encore ma robe de pensionnaire ; j'avais tellement ménagé celle du dimanche, qu'elle durait encore et que j'avais pu mettre de coté, les uns après les autres, les douze schellings que je recevais par mois.

C'était mon trésor, c'est-à-dire la liberté.

J'avais, depuis que j'étais chez M. Hawarden, amassé six livres ; mes six pièces d'or étaient enfermées dans un tiroir de la commode de ma chambre, dont la clef ne me quittait pas ; précaution bien inutile dans la maison de M. Hawarden : on eût pu y laisser traîner le diamant du Grand Mogol sans craindre qu'il ne fût pris.

Oui, j'avais toujours la même robe, Clarice Damby avait dit vrai ; mais, si j'allais à Londres, si je devenais demoiselle de compagnie de miss Arabell, si j'avais dix livres par mois, si je posais pour M. Rowmney, et s'il me payait cinq livres par séance, je pourrais changer de robe tous les mois, tous les quinze jours, toutes les semaines.

Jamais tentation ne mordit plus violemment le cœur d'une femme que celle qui vint m'assaillir en ce moment; je regardai le carré de papier que je portais dans ma poitrine, et je répétai dix fois :

— Miss Arabell, Oxfort-street, 23.

Je pouvais perdre ce papier, d'ailleurs : l'adresse était, d'une façon indélébile, gravée dans mon cerveau.

En rentrant chez M. Hawarden, j'y trouvai un nouvel hôte. C'était M. James Hawarden, le fils, celui qui, je l'ai dit, était chirurgien à Leicester-square.

Il arrivait de Londres; il devait rester huit jours chez son père; pendant huit jours j'allais donc entendre parler de Londres!

Ma figure produisit sur lui l'effet qu'elle produisait sur tout le monde. Il me fit des questions touchant ma famille et me concernant moi-même; me demanda ce que je comptais faire et pourquoi je n'allais pas à Londres. Il se chargerait, disait-il, de m'y placer convenablement. Puis, tandis que mon cœur battait de désir et d'espérance à me rompre la poitrine, après m'avoir regardée un instant avec une suprême expression d'intérêt :

— Non, disait-il, décidément il vaut mieux que vous n'y veniez pas.

Je mourais d'envie de l'interroger; mais je n'osais devant M. Hawarden. Le hasard fit que M. Hawarden sortit.

La porte n'était pas refermée, que ces mots avaient jailli de mes lèvres :

— Connaissez-vous M. Rowmney?

— Quel Rowmney? demanda M. James Hawarden.

— Le peintre, répondis-je.

— Qui est-ce qui ne connaît pas Rowmney? C'est le plus grand portraitiste des temps modernes.

Puis, haussant les épaules :

— Quel malheur!... ajouta-t-il.

Mais il ne termina pas sa phrase.

Je le regardai, l'interrogeant des yeux, n'osant l'interroger de la bouche.

— Oui, dit-il, quel malheur qu'une si grande immoralité soit alliée à un si grand génie! Il avait une femme adorable, deux enfants charmants; il a abandonné tout cela pour vivre avec des filles de théâtre et des courtisanes qui usent sa santé et dévorent son argent. Il est vrai que, pour son art, rien ne lui coûte : il payerait un modèle vingt-cinq livres sterling, si ce modèle lui offrait quelque beauté nouvelle. Mais comment connaissez-vous Rowmney?

— Je ne le connais pas, répondis-je en rougissant. Seulement, il y avait une de ses parentes dans la pension où j'étais.

M. Hawarden rentra, je me tus. Le sévère puritain eût sans doute trouvé mauvais que j'eusse avec son fils une conversation sur de pareilles matières.

Je ne reparlai plus de Rowmney avec M. James Hawarden; je savais tout ce que j'en voulais savoir. M. Hawarden me l'avait dit lui-même : il était capable de payer vingt-cinq livres sterling un modèle qui lui offrirait quelque beauté nouvelle.

Je m'abstins de lui parler de miss Arabell; je ne voulais pas savoir ce qu'elle était; le doute me permettait d'user de son offre.

D'ailleurs, le premier mot de tous ceux qui me voyaient n'était-il pas que je devais aller à Londres? Il est vrai qu'en y réfléchissant, chacun revenait sur ce qu'il avait dit.

Qu'avait donc Londres de si effrayant? Sur un million et demi d'individus qui habitaient Londres, il y avait bien deux ou trois cent mille jeunes filles de mon âge : pour habiter Londres, étaient-elles perdues?

Au bout de huit jours, M. James Hawarden partit. Son intérêt pour moi n'avait fait que croître pendant son séjour chez son père, et, en me quittant, il me dit que, si jamais je venais à Londres, ce qu'il ne me souhaitait point, il me priait de ne pas l'oublier.

Il n'y avait pas de danger que je l'oubliasse! j'avais inséré son adresse dans ma mémoire à côté de celle de miss Arabell.

Quelques jours après son départ, le hasard fit qu'en sortant pour aller chercher les enfants qui étaient chez une parente de Mme Hawarden, je passai devant le marchand de glaces dont, quatre ou cinq ans auparavant, m'avait parlé Dick.

Je tressaillis en me voyant tout entière dans une des glaces exposées à la porte du magasin; malgré moi, je m'arrêtai comme fascinée par ma propre image.

En ce moment, je sentis que l'on me touchait l'épaule; je me retournai, et je reconnus Amy Strong, que je n'avais pas vue depuis près d'un an.

Elle était, sans être élégante, mieux mise qu'il ne convenait à son état. Je la regardai donc avec étonnement.

Elle vit que j'allais la questionner, elle ne m'en donna pas le temps.

— Que faisais-tu là? me dit-elle.

Je me mis à rire.

— Tu l'as bien vu, lui répondis-je.

— Oui, tu te regardais dans une glace, tu te trouvais belle, et tu avais raison.

Je voudrais bien être aussi jolie que toi, je sais bien ce que je ferais.

— Que ferais-tu ?

— Je ne resterais pas longtemps dans le duché de Galles.

— Où irais-tu ?

— J'irais à Londres. Tout le monde dit qu'avec une jolie figure, on fait fortune à Londres. Vas-y, et, quand tu seras millionnaire, tu me prendras pour ta femme de chambre.

Je poussai un soupir.

— Ce n'est pas l'envie qui me manque, lui dis-je.

— Eh bien, qui t'en empêche ?

— Comment veux-tu qu'à mon âge, je parte seule pour Londres ?

— S'il ne te manque qu'une compagne de voyage, me voilà.

Je la regardai.

— Parles-tu sérieusement ? lui dis-je.

— On ne peut plus sérieusement.

— Mais il faut beaucoup d'argent pour aller à Londres !

— Non, au contraire, ce n'est pas cher : pour une livre, on peut y aller. Je me suis informée à Chester ; pour une livre, on a une place dans l'intérieur de la diligence ; nous prenons deux places pour deux livres, et, dans trois jours, nous sommes à Londres.

— Mais ta mère ?

— Ma mère ? fit Amy avec une petite moue. Je suis en froid avec elle, depuis ma sortie de la ferme.

— Tu n'es donc plus chez Mme Rivers ?

C'était le nom de la fermière chez laquelle servait Amy.

— Non... Aussi bien, autant vaut que je te dise tout. Imagine-toi que son fils Charles, qui est midshipman, est venu la voir ; pendant qu'il était chez sa mère, il m'a fait la cour. Ma foi, moi, je trouvais Charles joli garçon, je me laissais faire... La mère a trouvé cela mauvais, et m'a mise à la porte ; Charles a cru qu'il me devait un dédommagement pour la place qu'il m'avait fait perdre, et, avant de rejoindre on bord, il m'a donné quinze livres ; cinq ont passé à m'acheter des habits dont j'avais grand besoin. Il m'en reste dix. Veux-tu venir avec moi à Londres ? Je t'en donne cinq... Oh ! tu me les rendras, je n'en suis pas inquiète.

— Merci, Amy, lui dis-je ; mais je suis presque aussi riche que toi : j'ai sept livres.

— Tu as sept livres, et moi dix ! Nous avons dix-sept livres à nous deux ! Avec cela, nous avons de quoi faire le tour du monde... sans compter que Charles est à bord d'un vaisseau amiral.

— Oh ! lui dis-je, si j'étais sûre...

— Sûre de quoi ? demanda Amy.

— Sûre que la dame qui m'a donné son adresse est retournée à Londres.

— Il y a une dame qui t'a donné son adresse ?

— Oui.

— A Londres ?

— Oui.

— Et pour quoi faire t'a-t-elle donné son adresse ?

— Pour que j'aille chez elle comme demoiselle de compagnie ; elle m'offre dix livres par mois.

— Dix livres par mois, et tu hésites ?

— Je te le répète, il y a quinze jours à peine que je l'ai vue au bord de la mer près de la campagne de M. Hawarden.

— Où demeurait-elle ?

— Je leur ai entendu nommer Park-Gate.

— Tu *leur* as entendu nommer ?... Elle n'était donc pas seule ?

— Elle était avec un peintre qui, de son côté, m'a offert de me donner cinq livres toutes les fois que je voudrais poser une heure pour lui.

— Comment ! tu as trouvé une dame qui t'offre dix livres par mois pour être sa demoiselle de compagnie, un peintre qui t'offre cinq livres par séance, et tu as refusé tout cela ?... Si tu étais catholique, je dirais que tu veux être canonisée... Partons, Emma ! Tu feras ta fortune d'abord ; ensuite tu feras la mienne.

— S'il y avait moyen de savoir s'ils sont encore à Park-Gate ou s'ils sont partis ?

— Rien de plus facile.

— Comment cela ?

— N'avons-nous pas Dick qui, lui aussi, veut venir à Londres, et que nous prendrons par-dessus le marché, puisque nous sommes riches ? Quel jour vas-tu à la campagne avec tes maîtres ?

— Tous les dimanches.

— Donne-moi les noms de ton peintre et de ta dame.

— Le peintre s'appelle M. Rowmney, la dame, mis Arabell.

— Rowmney... Miss Arabell... S'informer à Park-Gate de ce qu'ils sont devenus... Sois tranquille, je n'oublierai rien. Samedi soir, je partirai pour Chester avec Dick ; dimanche, à dix heures du matin, je me promènerai au bord de la mer ; nous nous y rencontrerons et je te donnerai réponse.

— Mais, Dick ? tu vas lui faire perdre sa place de berger.

— Bon! Il y a longtemps que Dick ne garde plus les moutons.

— Que fait-il, alors?

— Je n'en sais trop rien... Un peu de contrebande, probablement.

— Ah! mon Dieu! Mais les contrebandiers, on les envoie aux galères!

— Oui, quand on les prend; mais Dick est malin, il ne se laisse pas prendre; seulement, comme il commence à être connu sur nos côtes, il ne serait pas fâché de se dépayser un peu. Ainsi, à dimanche?

— A dimanche! Mais je ne te promets rien.

— Qui te demande de promettre quelque chose? Quand nous serons là, nous verrons. En tout cas, n'oublie ni ton argent ni ta malle.

Et elle s'éloigna d'un pas insoucieux et léger qui prouvait que, quant à elle, toutes ses réflexions étaient faites.

Je restai un instant immobile et pensive à la même place, et je m'éloignai à mon tour en jetant un dernier regard à la glace.

Par malheur, la glace me donna le même conseil qu'Amy Strong!

V

Le samedi suivant, comme d'habitude, et à la même heure que le samedi précédent, nous partîmes pour la campagne; le cheval reçut les trois coups de fouet accoutumés, et, au bout de deux heures dix minutes, nous mettions pied à terre.

Je n'avais point oublié les instructions d'Amy; j'avais pris mes sept livres, augmentées des douze schellings que M. Thomas Hawarden m'avait payés la veille; seulement, je n'avais pas eu besoin de malle pour enfermer ma garde-robe : une serviette nouée aux quatre coins m'avait suffi.

Il serait difficile d'exprimer les sentiments qui m'assaillirent en entrant dans cette maison que je revoyais peut-être pour la dernière fois, où j'allais probablement passer ma dernière nuit pour m'en éloigner la nuit suivante en fugitive, sans savoir où j'allais, et dans quel monde nouveau et inconnu je me jetais sous la garde de cette capricieuse divinité que l'on appelle le Hasard.

J'examinais, pour le cas où ma fuite serait résolue, quels seraient les obstacles que j'aurais à surmonter; par malheur, ils n'étaient pas de ceux qui pouvaient arrêter une tête aussi folle que la mienne. La chambre des enfants, en même temps la mienne, était au rez-de-chaussée et donnait sur le jardin; la porte du jardin donnait sur la plage, et sur cette plage, Amy et Dick, qui, eux, n'étaient soumis à aucune surveillance, pouvaient m'attendre.

Le lendemain, à l'heure convenue, j'étais sur la plage avec les enfants : Dick et Amy m'attendaient, juste à l'endroit où, un mois auparavant, j'avais rencontré M. Rowmney et miss Arabell.

Il y avait trois semaines qu'ils avaient quitté Park-Gate; on ne pouvait pas dire où ils étaient allés; mais, comme ils s'étaient fait conduire à Chester, il était probable qu'ils allaient à Londres.

Dans l'alternative, Amy était d'avis que nous partissions; c'était aussi l'avis de Dick, qui paraissait encore plus pressé que sa sœur de s'éloigner des côtes d'Irlande.

Comme, sur trois avis, il y en avait deux pour le départ, la majorité l'emporta.

La voiture de Londres se mettait en route le lendemain à six heures du matin, et Amy avait eu la précaution d'y retenir nos deux places dans l'intérieur et celle de son frère sur l'impériale.

A minuit, — il était impossible de partir plus tôt, — Amy et son frère se trouveraient à la porte du jardin; une barque nous attendrait et nous conduirait à Chester, où nous arriverions une heure au moins avant le départ du *coach-post*.

Ces arrangements pris, Amy et Dick s'éloignèrent.

La journée s'écoula avec sa régularité habituelle. J'ai remarqué que rien ne passe plus vite que les journées régulières, ou plutôt qu'une fois passées, rien ne semble avoir passé plus vite, parce qu'en effet, comme elles n'ont été marquées par aucun événement saillant, et qu'elles ne laissent que des souvenirs uniformes, ces souvenirs s'effacent dans la teinte grise et monotone d'une vie sans joie et sans douleurs.

Le soir arriva; on coucha les enfants à l'heure habituelle; je revins souper avec M. et Mme Hawarden; puis, à dix heures précises, je rentrai dans ma chambre.

J'avais eu la précaution d'y porter des plumes, de l'encre et du papier; car j'avais deux lettres à écrire, l'une à M. Hawarden, l'autre à ma mère.

J'écrivis à M. Hawarden en le remerciant des bontés qu'il avait eues pour moi, en lui disant que je n'oublierais jamais l'année que j'avais eu le bonheur de passer dans sa maison, mais que, par un désir plus puissant que ma volonté, j'étais entraînée vers ce pays des chimères qu'on appelle Londres; que je partais me recommandant à ses prières et à celles de sa femme, comme fait, en montant dans une frêle barque, un matelot prêt à se livrer à une mer inconnue.

J'écrivis à ma mère qu'ayant trouvé à Londres et auprès d'une dame riche, — je ne lui donnais pas d'autres explications, — une excellente place qui devait me rapporter dix livres par mois, je partais pour cette ville. J'ajoutai que, si la place était telle qu'on me l'annonçait, je ne tarderais pas à lui prouver ma reconnaissance pour tous les soins qu'elle avait eus de moi. Je lui dis enfin, ce qui était un peu vrai, que, si je ne lui avais point parlé de cette place et n'allais pas lui faire mes adieux, c'est que je sentais bien qu'une fois dans ses bras, je n'aurais plus le courage de partir.

Ces lettres écrites, je les cachetai, j'y mis les adresses et je me trouvai un peu plus calme.

Dans une autre maison, j'eusse pu craindre ou que les maîtres ne se couchassent plus tard qu'à l'ordinaire, ou que quelque homme de peine ne me rencontrât dans le jardin; mais la maison de M. Hawarden était soumise à trop de ponctualité pour qu'il m'arrivât aucun accident de ce genre.

J'entendis sonner onze heures, puis la demie à la pendule de la salle à manger, aussi bien réglée que celle de Hawarden, excepté qu'au lieu d'être remontée le samedi à midi, elle était remontée le dimanche à la même heure.

Je laissai écouler dix minutes, à peu près; j'embrassai dans leur lit les deux enfants, qui, par la régularité avec laquelle ils dormaient, indiquaient leur incontestable filiation; j'ouvris la fenêtre et je me laissai glisser dans le jardin, essayant, sinon de la refermer, du moins d'en rapprocher de mon mieux les deux battants.

Au bas de la fenêtre, je fus forcée de m'arrêter un instant. Quoique je n'eusse pas grand'chose à craindre, mon cœur battait violemment. D'ailleurs, la nuit était sombre, et, depuis que j'habitais Hawarden, j'étais retombée dans ces terreurs puériles qu'inspirent les ténèbres, terreurs que je n'avais jamais eues quand j'habitais la ferme et quand je passais mes journées dans la montagne.

Mais, au bout de quelques secondes, cette terreur, qui tenait plutôt à l'action même que je commettais qu'aux conditions dans lesquelles elle était commise, s'effaça de mon esprit; mes yeux s'habituèrent à l'obscurité; grâce au gravier dont il était couvert, je vis le chemin se dérouler devant moi comme une longue bande grise; cette bande conduisait droit à la porte du jardin donnant sur la mer.

Je me mis à courir vers cette porte; quand j'y fus arrivée, je m'arrêtai; il me semblait avoir entendu parler de l'autre côté du mur. Il n'y avait rien d'étonnant à cela, puisque Dick et Amy devaient m'y attendre.

Je repris ma respiration perdue et je demandai à demi-voix :

— Est-ce toi, Amy?

La voix d'Amy me répondit affirmativement; en outre, j'entendis la même voix qui disait à Dick :

— C'est elle, la voilà!

Il était évident que, malgré ce qui avait été convenu le matin, les deux jeunes gens craignaient que je ne manquasse à ma parole.

J'ouvris la porte; il suffisait pour cela de tirer deux verrous et de tourner une clef. En vérité, jamais fuite devant avoir de si étranges résultats ne fut accompagnée d'événements moins romanesques.

Derrière la porte se tenaient Dick et Amy. Je remarquai que Dick était armé d'une courte carabine et d'une paire de pistolets. Il était devenu un grand garçon de dix-huit ans, fort et paraissant courageux et résolu.

Nous tirâmes la porte. Dick, qui s'était emparé de la clef, la referma en dehors, afin que personne, nous partis, ne pût s'introduire dans le jardin, et rejeta la clef par-dessus le mur.

Une petite barque nous attendait à quelques pas de là, tirée sur la grève; nous y montâmes, Amy et moi; Dick la poussa et sauta dedans au moment où elle commençait à glisser sur la mer; puis, s'emparant des avirons, il rama vigoureusement.

C'était, je me le rappelle, par une belle nuit de 1777, la nuit du 15 au 16 juillet, que j'abandonnai cette paisible maison que je ne devais plus revoir, laissant derrière moi tous mes souvenirs de jeunesse et d'innocence, à travers lesquels je ne devais plus repasser qu'en rêve, et pour dire, comme Francesca de Rimini : « Le pire souvenir, dans la douleur, est le souvenir des jours heureux! »

Trente-sept ans se sont passés depuis cette nuit, et, lorsque je ferme les yeux et m'absorbe dans ma pensée, il me semble que c'est hier, et je revois tous les objets qui, en ce moment, frappèrent mes yeux et préoccupèrent mon esprit.

Le ciel était noir, mais par l'absence de la lune seulement; des milliers d'étoiles brillaient dans son azur sombre, se reflétant dans l'azur plus sombre encore des eaux du golfe; la maison de M. Hawarden, devant laquelle nous glissions silencieusement en laissant derrière nous un sillon promptement effacé, se découpait comme une masse grise à notre droite; un feu brillait au sommet d'une petite colline sur la côte que nous venions de quitter, et, sur la côte opposée, un chien aboyait dans quelque métairie invisible.

Nous abordâmes, vers trois heures, à peu près, à l'autre rive du golfe. Dick rangea son bateau près d'un petit sloop amarré au rivage; à son appel, deux hommes se levèrent; il échangea quelques mots avec eux, leur remit ses armes, serra la main de l'un, embrassa l'autre, sauta à terre et nous donna la main pour descendre. Ses adieux étaient faits.

Nous prîmes le chemin de Chester, distant d'une lieue à peu près de la plage. Pour des campagnards comme nous, c'était peu de chose qu'une lieue. Je portais mon petit paquet; celui d'Amy, un peu plus gros que le mien, était porté par Dick, qui, très-probablement, n'avait, lui, que ce qu'il portait sur le corps.

Nous arrivâmes à Chester au point du jour. Dick nous conduisit dans une espèce de taverne voisine de l'office de la diligence; Amy et moi y prîmes chacune une tasse de lait; Dick, moins pastoral que nous, avala un verre de gin. L'heure passa tant bien que mal, et, à six heures, nous montâmes en voiture.

La route ne nous offrit aucun incident méritant d'être consigné ici. Nous traversâmes les principales villes du centre de l'Angleterre, Lichtfield, Coventry, Oxfort, et, le troisième jour, nous arrivâmes à Londres vers quatre heures de l'après-midi.

Dick s'était muni de l'adresse d'une petite auberge où quelques mots de reconnaissance devaient le faire bien venir, le maître de l'auberge étant, à ce qu'il paraissait, en relation avec tous les contrebandiers de la côte.

Cette auberge était située dans la petite rue de Villiers, aboutissant d'un côté à la Tamise, de l'autre au Strand.

J'avoue qu'à mon entrée à Londres, je fus plus effrayée que surprise. Ces voitures se croisant en tous sens, ce bruit au milieu duquel celui du tonnerre essayerait vainement de se faire entendre, ces piétons effarés courant plutôt qu'ils ne marchaient, cette atmosphère, pure et limpide tant que nous avions voyagé dans la campagne, devenue grise et épaisse depuis que nous étions entrés dans la ville, cette misérable auberge, enfin, à laquelle une course de soixante heures avait abouti, tout cela n'était pas fait pour donner une réalité bien poétique et bien dorée à mes rêves.

Dick demanda une chambre pour Amy et pour moi; mais, l'incertitude où j'étais sur la présence de miss Arabell à Londres, ne me laissant pas un instant de repos, aussitôt ma toilette faite, et tandis qu'Amy se reposait, je pris le bras de Dick, et je me fis mener par lui dans Oxfort-street. Dick ne savait pas plus que moi le chemin qui conduisait à ce but de toutes mes espérances; mais il s'informa, et, grâce aux demandes renouvelées à chaque instant sur le chemin que nous devions suivre, nous arrivâmes à Oxfort-street en moins d'un quart d'heure.

Le numéro 23 était gravé sur la porte d'un charmant petit hôtel, au delà de la cour duquel, à travers une grille, on distinguait la luxuriante verdure d'un jardin. Un suisse en grande livrée se tenait debout sous la grande porte.

Ce fut avec une certaine crainte que j'adressai la parole à un personnage qui me paraissait si considérable, et que, d'une voix tremblante d'une double émotion, je lui demandai si miss Arabell était à Londres.

— Que voulez-vous à Sa Seigneurie? demanda le suisse.

— J'ai eu l'honneur de la rencontrer à Chester, il y a à peu près un mois, répondis-je; elle m'a dit de venir la retrouver à Londres, et voici l'adresse qu'elle m'a donnée

Le suisse tira la corde d'une cloche, la cloche sonna, une espèce de femme de charge d'une quarantaine d'années descendit.

— Répondez à cette jeune fille, mistress Northon, dit le suisse en reprenant sa pose digne et sa majestueuse immobilité.

Je répétai à la femme de charge ce que j'avais dit au suisse, et je lui présentai l'adresse que m'avait donnée miss Arabell.

— C'est, en effet, l'écriture de madame, dit-elle après avoir lu. Malheureusement, madame n'est pas à Londres.

— Oh! mon Dieu! où est-elle donc? Moi qui venais tout exprès ici pour la retrouver.

— La dernière lettre que nous avons reçue d'elle était datée de Douvres; elle nous annonçait qu'elle s'embarquait pour la France.

— Et, demandai-je, le cœur serré de cette première déception, rien ne vous fait prévoir l'époque de son retour?

— Rien; seulement, il est probable que madame sera ici pour les courses.

— Et les courses, quand ont-elles lieu?

— Du 15 au 25 août.

— Que faire? demandai-je à Dick en me retournant de son côté.

— Dame, répondit-il, attendre.

— Si mademoiselle veut écrire son nom, dit la femme de charge, aussitôt que madame sera de retour, on le lui donnera.

— Volontiers.

J'entrai dans la loge du suisse et j'écrivis sur une feuille de papier : « Emma Lyons. »

— Vous aurez la bonté de dire à madame, ajoutai-je, que c'est la jeune fille qu'elle a rencontrée dans le duché de Galles, au bord de la mer, et à laquelle elle a donné son adresse pour venir la rejoindre à Londres.

— Et où vous trouvera-t-on, si madame ordonne que l'on vous cherche?

— Je n'en sais rien encore; j'arrive il n'y pas une heure, et je ne sais pas ce que je vais devenir.

— En attendant, ajouta Dick, nous logeons...

Je l'interrompis, comprenant que l'indication de notre auberge donnerait peu de considération à nos personnes.

— En attendant, dis-je, on saura toujours où je suis, chez M. James Hawarden, chirurgien, à Leicester-square. Voulez-vous que j'ajoute son adresse au-dessous de mon nom?

— Inutile! c'est lui qui a soigné Tom, lorsqu'il s'est cassé la jambe.

— Merci... Et, maintenant, dis-je à Dick, ayez la bonté de me conduire chez M. Hawarden.

Dick s'informa de la route que nous devions suivre; par bonheur, Leicester-square n'était pas très-loin d'Oxfort-street, et nous reprîmes notre chemin.

VI

M. James Hawarden, lui aussi, était hors de la maison; mais il devait y rentrer avant sept heures, et il était cinq heures et demie.

On m'offrit de l'attendre.

Je priai Dick de retourner à l'hôtel, qui ne devait pas être bien éloigné de Leicester-square, et de venir me reprendre dans une heure. En effet, Leicester-square était sur la route et à peu près à moitié chemin d'Oxfort-street à la Tamise, sur laquelle donnaient les fenêtres de notre chambre.

Au bout d'une demi-heure, j'entendis frapper trois ou quatre coups pressés à la porte : c'était le maître qui rentrait et qui s'annonçait ainsi.

Il entra dans l'espèce de parloir où je l'attendais, et, quoique le jour fût assombri déjà par l'approche de la nuit, il me reconnut aussitôt.

— Ah! c'est vous, ma belle enfant! me dit-il avec un sourire qui n'était pas exempt d'une certaine tristesse. Je me doutais bien, en quittant Hawarden, que je ne tarderais pas à vous voir à Londres.

— Est-ce un reproche que vous me faites, monsieur? lui demandai-je.

— Non... La jeunesse est aventureuse, et la beauté a ses destinées heureuses ou fatales, auxquelles elle ne peut échapper. Voulez-vous passer dans mon cabinet? Nous serons mieux pour causer, et je suppose que vous avez pas mal de choses à me dire.

— Si vous êtes assez bon pour m'écouter, oui, monsieur.

— Venez, mon enfant.

Et, prenant un candélabre à trois bougies, il marcha devant moi.

Nous entrâmes et nous nous assîmes dans un cabinet à la fois simple et élégant.

— Eh bien, vous voilà donc! me dit-il. Que venez-vous faire ici?

— Monsieur, lui dis-je, lorsque je vous ai demandé si vous connaissiez M. Rowmney, et que je vous ai dit qu'il était parent d'une des pensionnaires de Mme Colmann, je vous ai menti.

M. Hawarden sourit d'un singulier sourire.

— Vous vous trompez, monsieur, lui dis-je en rougissant; je n'ai vu M. Rowmney qu'une seule fois : il était au bord de la mer avec une dame que l'on appelle miss Arabell,

— En effet, dit M. Hawarden, on m'a dit qu'il courait le pays avec elle.

— Maintenant, repris-je, laissez-moi vous dire la vérité.

Et je lui racontai notre entrevue dans tous ses détails, l'adresse donnée par miss Arabell, les offres faites par tous deux; je lui dis, sans lui rien cacher, comment j'avais quitté la maison de son père, comment j'étais venue à Londres, et la visite sans résultat que je venais de faire à Oxford-street.

Il me laissa dire; puis, me regardant fixement et prenant mes deux mains dans les siennes :

— Mon enfant, me dit-il avec une grande douceur, mais en même temps avec une certaine solennité, quand on a votre âge et votre beauté, il y a deux chemins à suivre dans la vie : l'un, droit et simple, à travers une plaine aux aspects monotones et calmes, qui conduit, par le mariage et la maternité, à une vieillesse honorable et honorée; l'autre, qui tantôt s'élève pour vous laisser entrevoir des horizons splendides, tantôt s'abaisse pour vous forcer de traverser des marais fangeux. En suivant celui-là, on arrive par trois relais à la fin de la vie: le premier s'appelle l'orgueil, le second la fortune, le troisième la honte. Vous êtes à l'embranchement des deux routes; voyez celle des deux que vous voulez suivre.

— Oh! monsieur, pouvez-vous le demander?

— Oui, mon enfant, je puis et je dois vous le demander; car, avant d'être un moraliste, laissez-moi vous dire ceci, je suis un philosophe. Or, je ne crois pas, comme le disent certains esprits absolus, que l'homme jouisse entièrement de son libre arbitre; je crois à la puissance irrésistible de la matière sur l'âme, plus encore qu'au commandement absolu de l'âme sur la matière. Vous aurez beau prendre la route droite et simple: tantôt l'obscurité de la nuit, tantôt l'ivresse des sens vous en feront dévier; de bons conseils et un bon guide vous remettront dans le droit chemin; je serai ce conseil et ce guide, si vous voulez; mais il y a telles conditions primitives dans certaines organisations dont ne peuvent triompher ni les conseils, ni l'exemple; celles-là, la société les repousse; la loi même les punit; mais la science les plaint, et quelquefois même les absout. Maintenant, il y a toujours une chance de plus en prenant le bon chemin qu'en prenant le mauvais; c'est déjà une grâce de la Providence que vous n'ayez pas trouvé cette femme chez elle. Voulez-vous me promettre de n'aller de vous-même ni chez elle, ni chez Rowmney, et je vais m'occuper sérieusement de vous?

Je restai muette.

— Vous hésitez? me dit-il.

— Non, monsieur; mais j'avais fait des rêves tout à la fois dorés et mélodieux. On m'a tant dit que, si je venais à Londres, j'y ferais ma fortune, que, sans m'inquiéter de quelle façon cette fortune devait se faire, j'y suis venue. Est-ce trop de vous demander cinq minutes pour donner à ces rêves le temps de se dissiper?

— Pauvre enfant! murmura le docteur.

Je restai pensive. Je sentais son regard fixé sur moi; il me semblait que ce regard pénétrait jusqu'à mon âme et lui donnait une force de volonté qui lui était inconnue jusqu'alors.

— Monsieur, repris-je au bout de quelques instants, je vous promets de ne chercher à revoir ni miss Arabell, ni M. Rowmney; je vous promets de ne point aller à eux; mais... mais, si ce sont eux qui viennent à moi, si je les rencontre sans les chercher, je ne vous promets pas d'avoir la force de résister à la tentation.

— Tu auras fait ce que tu pouvais, répondit M. Hawarden, et l'on ne peut pas demander autre chose d'une fille d'Eve.

En ce moment, on frappa deux coups à la porte; ces deux coups indiquaient l'humilité de la condition de celui qui frappait.

Je tressaillis.

— Qu'avez-vous? me demanda le docteur.

— Monsieur, lui dis-je, c'est probablement Dick, le frère d'Amy Strong, qui vient me chercher. Si vous voulez que je profite de vos bons conseils, ne me laissez pas retourner près de mon amie: c'est elle qui m'a entraînée à Londres, et, si je me perds, j'ai un pressentiment que c'est par elle que je me perdrai.

— C'est bien; dites que vous restez chez moi ce soir, et que je vous retiens parce que j'ai promis de vous trouver demain une place.

Le domestique qui m'avait introduite dans le parloir ouvrit la porte du cabinet, et, s'adressant à son maître:

— Monsieur, dit-il, c'est le garçon qui a amené la jeune demoiselle et qui vient la reprendre.

— Faites-le entrer, dit M. Hawarden.

Puis, ouvrant une porte qui donnait dans un salon où faisait de la tapisserie une jeune femme de vingt-trois ou vingt-quatre ans, tandis qu'à ses pieds un enfant assis feuilletait un livre de gravures:

— Ma bonne amie, dit-il, voici cette jeune fille dont je t'ai parlé en revenant d'Hawarden; elle arrive de chez mon père; sois assez bonne pour lui donner l'hospitalité jusqu'à demain. Demain, j'espère lui trouver la place qui lui convient.

La jeune femme se leva et vint au-devant de moi.

En ce moment, Dick parut sur la porte.

— Dick, lui dis-je, excusez-moi auprès d'Amy, mais M. et Mme Havarden me gardent près d'eux. Si l'espoir que mon digne protecteur me donne se réalise, je vous écrirai à l'instant même.

— Eh bien, quand je vous disais, mademoiselle, qu'il ne fallait pas désespérer! Le bon Dieu est bon, et il y a à Londres de la place pour tout le monde. En tout cas, monsieur Hawarden, vous pourrez vous vanter d'avoir rendu service à celle qui était hier la plus belle fille de la province et qui est probablement aujourd'hui la plus belle fille de Londres, Au revoir, mademoiselle Emma! Monsieur et madame, Dieu vous le rende!

Et Dick sortit, enchanté du bonheur qui m'arrivait.

Ce bonheur n'était pas précisément celui que j'étais venu chercher. Ce qui me semblait le bonheur, à moi, c'était la vie bruyante, agitée, émue, avec ses fortunes subites, ses catastrophes soudaines, ses péripéties inattendues. Certes, cette jeune femme qui venait de m'embrasser comme une sœur, qui venait d'embrasser son mari comme un père, qui s'était, calme et souriante, replacée près de l'enfant, — lequel, de son côté, n'avait pas même levé les yeux de dessus ses gravures pour voir qui entrait, — cette jeune femme, qui venait de reprendre sa tapisserie d'une main que les passions semblaient n'avoir jamais agitée, qui nuançait ses fleurs avec une insouciante adresse et une patiente habileté, — cette femme était heureuse; mais, comme l'avait bien expliqué le savant docteur, il y avait des tempéraments auxquels ne pouvait suffire cette froide félicité.

Et encore, quelle chance avais-je, moi, d'arriver au point où elle en était arrivée? Etais-je née riche et honorée comme elle, pour trouver, à dix-huit ans, un époux illustre dans la science, qui me conduisît dans un salon élégant, chaud, doux et confortable comme un nid? Non, j'étais une pauvre paysanne, sans fortune, presque sans éducation; je n'osais répondre quand on me demandait ce que faisait ma mère, et à peine pouvais-je répondre quand on me demandait le nom de mon père.

J'étais belle, voilà tout. Je devais donc demander à ma beauté ce que les autres demandaient à leur éducation, à leur naissance, à leur fortune; ne m'ayant donné que cela, Dieu me l'avait donné sans doute pour remplacer tout ce qui me manquait.

C'était à ma beauté à décider de moi, plutôt qu'à moi à décider de ma beauté.

Voilà les réflexions que je faisais en voyant ce paisible ménage, dont le mari lisait, dont la femme faisait de la tapisserie, dont l'enfant regardait des gravures.

Evidemment, c'était une variété du bonheur de M. Hawarden père et de Mme Hawarden mère.

Qu'il y avait loin de là à cette allure hautaine, fière et décidée de miss Arabell! qu'il y avait loin de là à cet ardent enthousiasme, à cette vie libre, à cette gloire artistique de Rowmney!

Sans doute, c'était une femme qui faisait de la tapisserie, et des enfants qui regardaient des gravures, comme la femme et l'enfant que j'avais sous les yeux, que Rowmney avait abandonnés. En vérité, si cela était, je n'avais pas le courage de lui en faire un crime.

Oh! folle jeunesse! oh! imagination insensée!...

Hélas! quand, arrivée à l'autre extrémité de la vie, je regarde aujourd'hui avec les yeux du repentir ce que je regardais alors avec les yeux de l'illusion, combien, au lieu d'avoir été la brillante et coupable Emma Lyonna, la riche et puissante lady Hamilton, combien je voudrais avoir été cette douce jeune femme, et avoir passé ma vie en brodant des fleurs, avec mon mari assis à mon côté et mon enfant couché à mes genoux!...

A sept heures, Mme Hawarden fit le thé; à neuf, nous soupâmes. Toute la différence que je remarquai entre les habitudes de M. Hawarden père et celles de M. Hawarden fils, c'est que l'enfant soupa avec nous.

A dix heures, on me conduisit à ma chambre. Dick avait eu le soin de rapporter mon petit paquet; ces quelques hardes et les cinq livres qui me restaient, mon voyage payé, étaient toute ma fortune.

Le lendemain, ne sachant pas si je devais descendre, j'attendis que l'on me prévînt de ce que j'avais à faire. On vint m'annoncer que le déjeuner était servi. Je descendis.

M. James Hawarden venait seulement de rentrer. Il s'avança vers moi tout joyeux.

— Eh bien, me dit-il, j'ai réussi, et il ne tient qu'à vous, mon enfant, de suivre le chemin que je vous indiquais hier. Un de mes clients, M. Plowden, un des premiers bijoutiers de Londres, a besoin d'une demoiselle de magasin; vos yeux pourront bien faire un peu de tort à ses diamants et vos dents à ses perles, mais, ma foi, tant pis! vous aurez cinq livres par mois pour commencer; ensuite, nous verrons. Je dis nous verrons, attendu que je ne compte pas m'en tenir près de lui à ma recommandation de ce matin. Maintenant, il est convenu que vous entrez demain en exercice. Je vous conduis chez lui et je vous installe.

Puis, me regardant des pieds à la tête:

— Diable! fit-il.

Je rougis.

— Ma toilette, n'est-ce pas?...

— Oui. N'avez-vous pas une robe plus fraîche et un peu plus à la mode?

Je secouai la tête.

— Vous êtes jolie, pardieu! ce n'est pas

cela qui m'inquiète. Vous seriez jolie sous la bure, sous la toile, sous des haillons; mais encore faut-il une certaine tenue pour entrer dans ces magasins à la mode. Si l'on avait le temps, d'ici à demain...

En ce moment, la femme de chambre de Mme Hawarden entra.

— Madame n'est point là? demanda-t-elle.

— Non; que lui voulez-vous?

— C'est Mlle Cecily qui la demande.

— Justement la couturière! dit M. Hawarden. Dites à Mlle Cecily d'attendre, et à madame de venir me trouver.

La femme de chambre sortit; cinq minutes après, Mme Hawarden entra. J'attendais toute confuse.

— Je t'ai fait appeler, ma bonne amie, lui dit son mari, pour te demander si, d'ici à demain matin, Mlle Cecily peut faire une robe à cette enfant-là.

— Cela me semble bien difficile, dit-elle; mais attendez...

— Oh! j'attends.

Mme Hawarden me regarda à son tour avec attention, et, s'approchant de moi, mesura son épaule à la mienne.

— Je crois que je vais vous tirer d'embarras, dit-elle.

— Oh! je m'en rapporte à toi.

— Cecily, continua Mme Hawarden, me rapporte justement une robe simple mais élégante; mademoiselle est de la même taille que moi, un peu plus mince peut-être; mais, en tout cas, si tu crois que cela puisse s'arranger ainsi, mademoiselle prendra ma robe, et, comme je puis attendre, Cecily m'en fera une autre.

Son mari l'embrassa au front.

— Viens, lui dit-il; tu es un ange; non, non, je me trompe: une sainte! peut-être bien tous les deux à la fois.

Puis, se retournant vers moi:

— Cela vous va-t-il, mademoiselle, et voudrez-vous bien porter une robe qui a été faite pour ma femme?

— J'en serai heureuse et fière.

M. Hawarden sonna.

— Faite entrer Mlle Cecily.

La couturière entra.

— Je vous laisse, dit M. Hawarden; l'action doit se passer entre vous.

Et il sortit.

La robe m'allait comme si elle eût été faite pour moi.

Le lendemain, à dix heures du matin, j'étais installée chez M. Plowden, c'est-à-dire dans le plus beau magasin du Strand, et M. Hawarden prenait congé du maître de la maison, en me recommandant à lui comme si j'étais son enfant.

J'ai eu certes bien des robes depuis; mais je n'en ai jamais eu une qui me fît plus jolie et qui m'allât mieux que celle de Mme Hawarden.

VII

Si M. James Hawarden avait cru m'éloigner de la tentation, ou éloigner la tentation de moi, en me plaçant au milieu des diamants, des émeraudes, des saphirs et des perles de M. Plowden, il s'était singulièrement trompé: ce savant anatomiste, qui lisait dans la poitrine et dans les entrailles de ses malades leurs infirmités physiques, n'avait pas su lire dans mon cœur l'infirmité morale qui le dévorait.

A chaque instant du jour, me faire toucher à ces mille bijoux de toute espèce, de toute forme, qui constituent ce superflu si nécessaire, je dirai plus, si indispensable à la femme vraiment femme; me les faire placer au cou, aux poignets, aux oreilles de créatures moins belles que moi, mais qui, conduites à cette source de lumière par leurs maris ou par leurs amants, les emportaient pour s'en parer dans les bals, dans les théâtres, dans les fêtes, c'était faire jouer la poudre avec le feu.

Dix ou douze jours après mon installation, M. Hawarden vint demander de mes nouvelles. On lui en donna d'excellentes. M. Plowden était enchanté de moi; il prétendait que la plupart des gentlemen qui venaient acheter des bijoux à leurs femmes ou à leurs maîtresses, prenaient le prétexte d'acheter des bijoux pour me voir, et que, s'ils osaient, ce serait à mes oreilles, à mon cou et à mes bras qu'ils les passeraient, bien plutôt qu'à ceux de leurs maîtresses ou de leurs femmes.

Il y avait beaucoup de vrai là dedans, et je n'étais pas sans m'apercevoir de l'effet que je produisais.

M. Hawarden, ravi, demanda à son client de me permettre d'aller passer chez lui le dimanche suivant, attendu, lui dit-il, qu'il voulait me faire une surprise. Il me ramènerait le lendemain de très-bonne heure. M. Plowden y consentit d'autant plus volontiers que, le dimanche, à Londres, pas un magasin n'est ouvert; si bien que la faveur qu'il m'accordait avait l'avantage de ne pas être une privation pour lui.

La maison de M. Hawarden, comme on a pu le voir par les quelques mots que j'en ai dits, n'était pas d'une gaieté folle; mais les quinze jours que je venais de passer ainsi dans le magasin, occupée à faire voir des bijoux, à complimenter les personnes qui les essayaient et à pousser les visiteurs à la générosité, m'avaient appris à apprécier vingt-quatre heures, sinon de plaisir, du moins de repos.

Puis M. Hawarden avait parlé de surprise, et je me demandais quelle surprise il pouvait me faire.

Le dimanche, j'étais à Leicester-square pour l'heure du déjeuner.

Mme Hawarden me reçut avec sa douceur et sa bienveillance habituelles. Il faisait une magnifique journée d'août. On mit les chevaux à la calèche, et l'on alla promener à Hyde-park.

Je ne connaissais de Londres que Williers-street, Oxfort-street, Leicester-square et le Strand. Cette promenade aristocratique fut donc le commencement de mon introduction dans un nouveau monde. Ces escadrons de cavaliers dans le riche costume que l'on portait à cette époque, ces élégantes amazones aux robes et aux voiles flottants, cette suprême fashion de la haute société anglaise m'émerveilla.

J'eusse donné la moitié du temps que j'avais à vivre pour conduire un de ces phaétons qui nous croisaient, rapides comme des tourbillons, ou pour monter un de ces beaux chevaux qui caracolaient dans l'allée réservée aux cavaliers.

Décidément, M. Hawarden avait employé, pour me guérir de l'ambition et de l'orgueil, un traitement qui courait risque de produire un effet exactement contraire à celui qu'il en attendait.

Nous revînmes par Green-park, que nous traversâmes à pied pour le plaisir de l'enfant, et nous rentrâmes à la maison pour goûter.

Je demandai à M. Hawarden si c'était là la surprise dont il avait parlé.

— Non, me dit-il. Vous avez paru vous amuser, c'est vrai; mais j'ai mieux qu'une promenade à vous offrir: je veux vous faire voir Garrick.

J'ignorais complétement ce que c'était que Garrick.

Je n'avais pas la mauvaise honte de cacher mon ignorance; je demandai une explication.

— Ah! c'est vrai! me dit-il. Garrick, c'est le premier acteur qui ait peut-être jamais existé.

J'ouvris de grands yeux.

— Il joue ce soir, probablement pour la dernière fois, tandis que débute, au contraire, pour la première fois une jeune actrice à qui l'on promet un grand avenir: madame Siddons. Sheridan, dont je suis à la fois l'ami et le chirurgien, m'a envoyé une loge pour cette solennité, comme d'avance il me l'avait promis, et j'ai voulu vous faire jouir de cette munificence.

— Comment! m'écriai-je, je vais aller au spectacle? je vais voir une comédie?

— Non: une tragédie; mais, je l'espère, cela vous plaira bien autant.

Je poussai un cri de joie et frappai mes mains l'une contre l'autre, comme une enfant que j'étais.

— Ah! dis-je, que vous êtes bon, monsieur Hawarden! Comment! je vais voir une tragédie? Alors, il y aura des rois et des reines sur le théâtre?

— Non, pas aujourd'hui; mais il y aura un amoureux et une amoureuse qui valent bien un roi et une reine.

— Et comment s'appelle la tragédie que nous allons voir?

— Cela s'appelle *Roméo et Juliette*, mon enfant, un des quatre chefs-d'œuvre de Shakspeare.

— Et je vais voir cela! m'écriai-je en sautant de joie; mon Dieu, que je suis heureuse!

— Eh bien, à la bonne heure, dit M. Hawarden; il y a plaisir à vous faire plaisir.

J'étais, en effet, dans le ravissement. J'avais entendu souvent parler de théâtre; mais je n'avais aucune idée de ce que c'était. Quelques-unes des pensionnaires de Mme Colmann, qui avaient été au spectacle à Chester, et qui y avaient vu jouer des troupes de province, en étaient revenues émerveillées. Que serait-ce donc à Londres?

— A quelle heure cela commence-t-il? demandai-je à M. Hawarden.

— A sept heures et demie précises.

— Et cela finit?...

— A onze heures, à peu près.

— Ainsi, c'est quatre heures et demie que cela dure?

— De ces quatre heures et demie, dit en riant M. Hawarden, il faut défalquer les entr'actes.

— Nous irons dès le commencement, n'est-ce pas?

— Nous serons dans notre loge pour le lever de la toile.

— Oh! mon Dieu, il n'est encore que cinq heures!

— Moins cinq minutes; mais le temps passera. Il y a pas de mal de choses à faire d'ici là. Il y a, d'abord, le thé à prendre; et justement voici qu'on l'apporte, et je vous invite à manger un peu de ce pudding, attendu que nous souperons tard ce soir; puis vous avez votre toilette à faire.

— Ma toilette! moi, monsieur Hawarden? Vous savez bien que je n'ai que cette robe, que madame a eu la bonté de me donner ; et, à moins que je ne remette la fameuse robe bleue, ce dont, je vous l'avoue, je ne me soucie guère.

— Le bleu vous allait cependant bien.

— Oui, mais pas la robe. Rappelez-vous que ç'a été votre opinion, du moins.

— Enfin, dit M. Hawarden, tout cela s'arrangera, je l'espère.

Mes yeux ne quittaient pas l'aiguille de la pendule.

— Est-ce que la pendule ne retarde pas? demandai-je.

— Dans la famille Hawarden, dit le docteur en riant, les pendules n'avancent ni ne retardent jamais ; elles vont à la minute ! C'est pour cela que, le thé bu, les gâteaux mangés, chacun montera à sa chambre; car il sera six heures et demi et il faut dix minutes pour aller d'ici à Drury-Lane.

Les gâteaux mangés et le thé bu, je montai machinalement à ma chambre, qui était la même où j'avais déjà couché; je ne savais trop ce que j'y ferais pendant les quarante minutes qui nous séparaient encore de l'heureux moment du départ, lorsque je vis sur le lit une charmante robe de taffetas bleu, qui semblait, comme celle de Peau-d'Ane, coupée à un pan du ciel.

En même temps, la femme de chambre entra.

— Mademoiselle veut-elle permettre que je l'aide à s'habiller? demanda-t-elle.

Et elle souleva la robe entre ses deux mains.

Alors, je compris ce qui, jusque-là, était resté obscur pour moi dans les paroles de M. Hawarden. Il avait pensé non-seulement à me conduire au spectacle, mais encore à me donner une robe pour y aller.

Les larmes me vinrent aux yeux ; j'éprouvai le besoin de courir à lui et de lui exprimer ma reconnaissance.

— Où est M. Hawarden? demandai-je à la femme de chambre.

— Il habille madame, pour que je puisse vous aider à vous habiller vous-même, et que tout le monde soit prêt à l'heure.

Je demeurai triste devant cette suprême bonté, que je me reconnaissais incapable de jamais atteindre, impuissante même à remercier.

J'étais devenue plus rêveuse qu'impatiente ; je pensais à cet homme qui avait une réputation universelle, qui était un des premiers chirurgiens de Londres, un anatomiste éminent, un savant de premier ordre, qui se donnait la peine d'habiller sa femme, pour que la fille de la pauvre servante de ferme, pour que l'ancienne bonne d'enfants de son père, pour que la demoiselle de magasin de M. Plowden n'arrivât pas trop tard au spectacle et ne perdît pas une bribe du bonheur qu'elle se promettait !

Il y a dans le génie une miséricordieuse bonté pour les petits, une suprême mansuétude pour les faibles, qui le rapprochent de la toute-puissance de Dieu.

A sept heures un quart, l'excellent homme frappa lui-même à ma porte.

— Eh bien, demanda-t-il, où en sommes-nous?

Je sortis vivement, je lui pris la main, et, avant qu'il eût pu deviner mon intention, je la lui baisai.

Il me regarda ; sans doute j'étais très-jolie, car, avec un mouvement d'épaules plein de tendre pitié :

— Avoue que ce serait un grand malheur, dit-il en me montrant à sa femme, qui sortait en ce moment de sa chambre, si ce chef-d'œuvre de la création tournait à mal !

Puis, comme s'il se repentait d'avoir donné cet aliment à mon orgueil :

— Allons, allons, dit-il, en voiture! J'ai promis à ces enfants-là que nous arriverions avant le lever du rideau.

En effet, nous prenions place dans notre loge au moment où l'ouverture commençait. J'eus le temps de jeter un coup d'œil sur le brillant hémicycle. Sheridan, qui était le directeur du théâtre, venait de le faire remettre à neuf par le premier décorateur de Londres.

On eût pu se croire dans un palais de fée.

Quant à moi, éblouie par les lumières, magnétisée par la musique, fascinée par l'or, les diamants, les fleurs, ne comprenant pas qu'on pût réunir tant de richesses sans ruiner l'univers, il m'eût été impossible de dire et même de comprendre où j'étais.

La toile se leva. Je ne vis plus rien, qu'une place publique à Vérone.

VIII

Ceux qui m'ont suivi dans toutes les phases de mon enfance obscure et ignorante peuvent se faire une idée de l'effet que produisit sur moi cette représentation de *Roméo et Juliette*, jouée par le plus grand tragédien que l'Angleterre ait eu et par la plus grande tragédienne qu'elle devait avoir. Mon cerveau, encore blanc comme les pages d'un livre vierge, reçut toutes les impressions de poésie, d'amour, de pitié, de terreur, renfermées dans cet admirable poëme, qui, se gravant dans mon esprit, portèrent tous mes sens au plus haut degré d'enthousiasme et d'exaltation.

J'avais juste l'âge de Juliette; j'étais belle et passionnée comme elle; je compris cet amour subit et exalté qu'elle éprouve pour le jeune Montaigu, et qui lui fait dire, dans la prévision de leur mort prochaine, le premier jour, ou plutôt la première nuit qu'elle voit son amant :

« Cours, nourrice! cours! Informe-toi s'il est libre encore; car, s'il est marié, hélas! le cercueil, je te le jure, sera mon lit de noces! »

M. Hawarden suivait sur mon visage les fluctuations de mon cœur, et l'habile psychologue y lisait toutes mes impressions; c'était pour lui une étude curieuse mêlée de cette satisfaction douce qu'inspire la vue du plaisir ou du bonheur que l'on donne.

Et, en effet, mon bonheur et mon plaisir étaient grands. Lorsque surtout arrivèrent les scènes du balcon, la première si poétique, la seconde si passionnée, les deux mains sur mon cœur qu'elles comprimaient, haletante, l'œil fixe, la respiration suspendue, j'eusse voulu, comme Juliette, retenir à la fois Roméo et le pousser hors de la scène.

Que l'on juge du degré de terreur auquel j'arrivai, quand Juliette, buvant le philtre qui doit l'endormir, tremble en songeant qu'elle va se réveiller seule dans le caveau de ses ancêtres, au milieu des morts, et s'épouvante à l'idée de voir sortir ces morts de leurs sépulcres.

Puis vint la catastrophe, qui me produisit d'autant plus d'effet qu'elle était nouvelle, non-seulement pour moi, mais encore pour les autres spectateurs; on sait que, dans la tragédie primitive, originale de Shakspeare, Roméo meurt près du tombeau de Juliette, sans savoir qu'elle n'est qu'endormie, et que Juliette ne reprend ses sens qu'après la mort de Roméo.

Par un éclair de génie dramatique, Garrick a vu ou plutôt a deviné à côté de quelle scène terrible le grand dramaturge avait passé sans la soupçonner : il a réveillé Juliette au moment où Roméo, la croyant morte, vient de s'empoisonner, et, au lieu de faire les deux morts isolées et, par conséquent, solitaires, il a fait aux deux amants une même agonie, qui se termine pour l'un, par le poison, pour l'autre, par le poignard.

Et il a porté ainsi la scène, de la douleur au désespoir, du beau au sublime!

Au moment où Juliette se tue, je me renversai en arrière et je m'évanouis, tandis que la salle tout entière, remerciant Garrick de sa merveilleuse innovation et du splendide talent qu'il venait de déployer, éclatait en applaudissements.

Mon évanouissement n'était pas dangereux; un peu d'eau fraîche m'en tira. Je ne pus que prendre les mains de M. Hawarden et les lui serrer, et, sans m'inquiéter de la convenance ou de l'inconvenance du mouvement, je me jetai dans les bras de sa femme et l'embrassai.

Nous rentrâmes à la maison. Le souper nous attendait; mais, comme on le comprend bien, je ne songeais pas à souper; j'avais les yeux pleins de lumières, le cerveau plein de poésie, le cœur plein d'amour et de charmes.

Je demandai à M. Hawarden la permission de me retirer dans ma chambre; il me l'accorda. Puis, allant à sa bibliothèque :

— Je sais ce que vous voulez, dit-il; vous voulez retourner au spectacle. Tenez, allez-y!

Et il me remit un livre dans la main.

C'était un volume de Shakspeare où se trouvait la tragédie de *Roméo et Juliette*.

Je poussai un cri de joie. M. Hawarden avait deviné le désir le plus ardent de mon cœur et venait d'aller au-devant de lui.

Je m'élançai dans ma chambre, je me jetai dans un fauteuil, et je relus la pièce depuis la première ligne jusqu'à la dernière.

Puis je revins aux scènes principales, aux scènes d'amour entre Roméo et Juliette, en commençant par la scène du bal et en finissant par celle des tombeaux.

Certes, j'étais incapable d'apprécier le génie qui avait inspiré ce chef-d'œuvre de drame et de poésie; mais mon cœur, plein de jeunesse, d'espérance et d'amour, remplaçait la science par l'intuition.

Je n'avais, d'ailleurs, rien oublié, ni un geste de l'acteur, ni une intonation de l'actrice. Et quel acteur! quelle actrice! Garrick et Mme Siddons!

Vers trois heures du matin, la tête et le cœur en feu, mais vaincue par la fatigue, je me couchai.

Ce fut pour rêver que j'étais Juliette, et pour serrer dans mes bras un Roméo imaginaire, et mourir avec lui d'amour et de douleur.

Je n'ai pas besoin de dire dans quelle disposition d'esprit je rentrai au magasin. J'avais demandé à M. Hawarden la permission d'emporter le livre magique; je le tenais, dans la voiture qui me reconduisit, serré contre mon cœur, comme si j'avais la crainte que cette poésie dont il était plein lui prêtât ses ailes pour s'envoler loin de moi. Oh! comme tous ces pauvres soins que j'étais obligée de prendre vis-à-vis des clients, comme ces flatteries que ma position me forçait de leur faire, comme ces louanges de la marchandise que je leur offrais pesèrent à mon cœur et parurent humiliants à mon orgueil! Etre aussi belle que Juliette, avoir un cœur aussi plein d'amour et de poésie que le sien, et essayer des bijoux dans un magasin, fût-ce celui du premier bijoutier de Londres, au lieu de traîner une robe de brocart dans un bal, au lieu d'échanger des paroles d'amour avec un beau cavalier du haut en bas d'un balcon, au lieu d'écouter le chant des oiseaux et de discuter avec l'amant de son cœur si c'est celui du rossignol ou celui de l'alouette! Il y avait un abîme, on en conviendra, entre ce qui était et ce qui pouvait être, entre le rêve et la réalité.

Je n'osais lire pendant la journée; d'ailleurs, l'eussé-je osé, que le temps m'eût manqué. Le magasin de M. Plowden était un des plus achalandés de Londres et ne désemplissait pas; j'étais donc incessamment occupée. Aussi attendis-je avec impatience dix heures du soir, heure à laquelle il fermait.

A peine le magasin fermé, je remontai dans ma chambre.

Là, je ne me bornai plus à lire : en une nuit, j'avais appris par cœur presque tout le drame. Les scènes surtout qui m'étaient personnelles, je me trompe, qui étaient personnelles à Juliette, étaient mot pour mot restées dans mon e prit, et j'avais retenu non-seulement les vers, mais encore les gestes et les intonations avec lesquels la grande actrice qui représentait Juliette les avait jouées.

Alors, je m'étudiai à reproduire les gestes et les intonations; mais, orgueilleuse que j'étais, si parfaite que m'eût paru mistress Siddons au moment où je la voyais et où je l'écoutais, il me semblait, en redisant les mêmes vers, qu'elle pouvait atteindre une plus grande souplesse dans le geste, une plus grande douceur dans la voix. En effet, mistress Siddons, comme j'en ai pu juger plus tard, aussi complète que possible dans les rôles de lady Macbeth et de lady Hamlet, laissait quelque chose à désirer dans les rôles plus doux, plus amoureux, plus nuancés de Juliette et de Desdemona. Eh bien, cette grâce du corps, ce charme de la voix, il me semblait que la nature m'en avait douée. Ma stature souple, élevée, harmonieuse, pouvait, par ses ondulations naturelles, atteindre cette perfection de langueur et de mollesse que les Italiens désignent sous le nom intraduisible de *morbidezza;* il me semblait que j'avais tout à la fois, chose si rare! la voix douce et tragique; mon visage, je puis le dire aujourd'hui, était doué d'une impressionnabilité qui, lorsqu'il reproduisait même des sensations feintes, était, dans la tristesse, une mélancolie, dans la joie, un éblouissement! Mon corps était jusqu'alors resté pur, si la transparence de mon âme était déjà ternie; ma beauté enfin avait ce velouté d'incontestable innocence qui fait respecter, toute nue qu'elle est, la Vénus de Médicis. En un mot, je semais déjà le feu, mais je ne brûlais pas encore.

Je passai une partie de ma nuit à déclamer et à gesticuler devant une petite glace qui reproduisait à peine la cinquième ou sixième partie de ma personne.

Le lendemain, Mme Plowden, soit naïvement, soit ironiquement, me demanda si j'avais l'habitude de rêver tout haut; mes voisins de mansarde s'étaient plaints que je les eusse empêchés de dormir. Elle me priait donc, soit que je rêvasse endormie, soit que je rêvasse éveillée, de modérer les éclats de ma voix.

C'était me dire de renoncer à la seule joie réelle qui fût venue me visiter depuis que j'étais en ce monde.

Je continuai mes études nocturnes, mais à voix basse. Mon grand rêve alors eût été de me présenter à un directeur et de me faire engager par lui. Je pensais bien à me faire recommander à M. Sheridan; je n'avais pas oublié son nom, quoique je n'eusse à cette époque aucune idée de la célébrité qui s'y attachait; mais le moyen de faire une pareille demande à M. Hawarden? mais la force de lui dire que je voulais quitter le magasin de M. Plowden pour le théâtre, la route droite qu'il m'avait ouverte pour la route tortueuse qu'il avait cru me fermer? Cette force, je le sentais bien, jamais en moi-même je ne la trouverais.

Que faire?

Attendre; m'en rapporter à quelques-uns de ces événements étranges qui changent tout à coup l'avenir d'une vie, et me cramponner dans le naufrage à la frêle épave de l'espérance.

Quinze jours s'écoulèrent ainsi, des plus douloureux peut-être que j'eusse encore passés jusque-là.

Il y avait un peu plus d'un mois que j'étais chez M. Plowden, et, depuis quinze jours, à peu près, j'éprouvais les tourments que j'ai essayé de décrire, lorsqu'une voiture élégante s'arrêta devant la porte du magasin et qu'un groom en livrée gris-perle et cerise ouvrit la porte, qui donna passage à une femme mise avec une admirable recherche.

En jetant les yeux sur cette femme, je fus près de pousser un cri.

C'était miss Arabell.

Elle entra dans le magasin de son pas hautain et décidé; on eût dit la déesse de la mode et de la richesse, ou, mieux encore, la Fortune elle-même.

Elle me vit tout d'abord, croisa son regard avec le mien; mais aucun muscle de son visage n'indiqua qu'elle me reconnût.

Cela ne m'étonna point; sans doute on avait oublié de lui donner mon nom; elle me croyait toujours dans le duché de Galles, en supposant qu'elle se souvînt de moi, et la seule chose qui pût attirer ses regards sur ma personne, quand elle me trouvait à Londres, dans un magasin de bijoux du Strand, chez M. Plowden, était un étonnement causé par la ressemblance.

Mais cet étonnement, elle ne le manifesta en aucune façon. Elle se fit montrer des bijoux, et, quoi que ce fût moi qui fusse chargée de l'exhibition, elle ne m'adressa la parole que comme elle eût fait à une étrangère qui lui eût été parfaitement inconnue.

Son choix se fixa sur une parure d'émeraudes, entourées de diamants, montant à trois mille livres sterling.

Puis, son choix fait :

— Envoyez cette parure à mon hôtel, aujourd'hui à cinq heures, dit-elle, avec la facture acquittée.

Et, me désignant d'un simple regard :

— Mademoiselle me l'apportera, ajouta-t-elle.

Je me sentis frissonner par tout le corps.

M. Plowden lui répondit qu'elle serait obéie et la reconduisit, avec force politesses, jusqu'à sa voiture.

— Mademoiselle, et pas une autre ! répéta miss Arabell avant d'y monter; vous entendez, monsieur Plowden? ou, sans cela, je ne paye pas votre parure et je vous la renvoie pour ne jamais plus rien acheter chez vous.

— Que Votre Seigneurie soit tranquille, dit M. Plowden ; il sera fait ainsi qu'elle le désire.

Miss Arabell fit un signe, et la voiture partit au grand trot.

J'étais restée anéantie ; cet événement inattendu que j'invoquais, sans pouvoir même le spécifier, comme ces évocations magiques improvisées par la baguette des fées, il était accouru à ma voix ; je n'avais pas cherché miss Arabell, c'était miss Arabell qui m'avait trouvée. Quelque chose qui arrivât de cette rencontre, je ne manquais pas à la parole donnée à M. Hawarden.

A cinq heures, M. Plowden fit appeler une voiture, ne jugeant pas prudent de me laisser aller dans les rues de Londres avec un écrin de cette valeur. C'était l'heure décisive; il se livra en moi un violent combat; je fus tout près de prier M. Plowden de m'épargner la tentation ; mais le tentateur était dans mon âme, il l'emporta!

La voiture s'arrêta Oxford-street, n° 23. Je reconnus l'hôtel, avec le suisse sous la porte et le jardin au fond. Le suisse sonna de cet air important qui ne le quittait point. La femme de charge parut. Je dis que je venais de la part de M. Plowden. L'ordre était donné de me faire entrer.

Miss Arabell était dans un petit boudoir blanc et or, tendu de satin bleu de ciel. Elle était vêtue d'un riche costume de femme turque, avec une coiffure de sequins sur la tête et un corsage de velours cerise brodé d'or qui laissait voir une partie de la poitrine ; ses pieds nus étaient chaussés de pantoufles orientales cerise et or comme sa ceinture.

Elle était assise ou plutôt couchée sur des coussins.

Elle fit signe à mistress Northon de fermer la porte derrière moi et de me laisser seule avec elle.

— Madame, lui dis-je d'une voix tremblante et sans oser lever les yeux sur elle, voici la parure que vous avez choisie chez M. Plowden, et la facture que vous avez demandée. M. Plowden vous fait dire qu'il n'aurait pas joint la facture si votre ordre exprès n'eût pas été...

Elle m'interrompit.

— C'est donc vous, petite ingrate! dit-elle. Venez ici!

La beauté a toujours eu une puissance suprême sur moi, et miss Arabell était réellement d'une beauté splendide.

Je m'approchai d'elle et me mis à genoux comme j'eusse fait devant Vénus, au temps où les dieux descendaient sur la terre, si j'eusse été une jeune fille de Gnyde ou de Paphos.

— Oh! madame, lui dis-je complétement subjuguée, vous me jugez mal! Ma première visite à Londres a été pour vous ; c'était pour vous joindre, c'était pour vous obéir, c'était pour vous servir à genoux, comme je le fais en ce moment, que j'étais venue à Londres. On a dû vous remettre mon nom ; mais vous-même sans doute l'avez oublié.

— Venez là! me dit-elle.

Et, me tirant par la main, elle me fit asseoir sur les coussins.

— Vous voyez bien, au contraire, que je ne vous ai pas oubliée, puisque je vous ai poursuivie jusque dans le magasin de cet affreux Plowden. Mais pourquoi n'êtes-vous pas revenue à l'hôtel?

Je baissai les yeux, car j'allais mentir.

— Je craignais que vous ne fussiez pas de retour à Londres.

— Pourquoi, aviez-vous défendu alors, chez M. Hawarden, que l'on me donnât votre adresse?

— Oh! je ne l'ai jamais défendu, m'écriai-je vivement, et c'est sans doute M. Hawarden qui...

Elle m'interrompit.

— Qui a voulu sauvegarder votre vertu, laquelle, à son avis sans doute, courrait des risques près de moi.

Je baissai les yeux en rougissant.

— Allons, vous ne savez pas encore mentir, dit-elle. C'est littéralement ce que j'avais deviné.

Elle sonna; Mme Northon rentra.

— Tenez, dit-elle en lui donnant un paquet de banknotes préparé d'avance, portez cela à Plowden, et dites que je garde la parure et la personne qui l'a apportée.

— Oh! madame! m'écriai-je, comment voulez-vous...?

— Allez-vous me faire accroire que vous regrettez le magasin de bijouterie de M. Plowden et l'état de demoiselle de boutique? Allons donc! ce serait bouleverser toutes mes croyances en physionomie. Ici, ma chère, vous pourrez, ajouta-t-elle en riant, déclamer tout à votre aise : personne ne se plaindra que vous rêvez tout haut.

— Comment! vous savez...? m'écriai-je.

— Je suis fort curieuse; la curiosité, vous le savez, est le péché des jolies femmes. Je dis donc que vous pourrez déclamer tout à votre aise. Sans compter que vous irez au spectacle toutes les fois que cela vous fera plaisir.

— Oh! vraiment, madame?

— Voyez donc la belle grâce que je vous fais là! J'ai une loge à l'année qui est toujours vide; vous en userez à votre loisir.

Et, se retournant vers Mme Northon :

— Eh bien, que faites-vous là, ma chère?

— Je ferai observer à Votre Seigneurie qu'elle attend une visite de cinq à six heures, et que, si je vais moi-même chez M. Plowden, quoique ce ne soit qu'à deux pas d'ici, la personne peut venir pendant ce temps et ne trouver personne pour l'introduire près de vous.

— Vous avez raison : envoyez Tom. Si cette personne vient, vous la prierez d'attendre un instant dans le salon et vous me préviendrez. Allez!

Mistress Northon sortit.

— Voyons ces diamants, dit mis Arabell d'un ton nonchalant.

Je lui présentai l'écrin.

— Ils sont vraiment merveilleux!

— Oh! j'en ai déjà tant, mon Dieu! Mais George m'a dit hier que les pierres qu'il préférait étaient les émeraudes : il faut bien faire quelque chose pour les gens qui vous... Oh! le vilain mot qui m'était venu à la bouche : j'allais dire qui vous payent, au lieu de dire qui vous aiment!

Je la regardai; une espèce de sueur froide me passa sur le front; je commençai à croire que M. Hawarden avait eu raison; mais il était déjà trop tard.

— Aidez-moi à mettre cette parure, me dit Arabell.

Puis elle me tendit son cou, et, l'une après l'autre, ses oreilles; l'un après l'autre, ses bras.

Avais-je grandi ou avais-je descendu en passant du magasin du Strand à l'hôtel de la rue d'Oxford? C'était difficile à résoudre. Au magasin du Strand, j'étais la servante du public; à Oxfort-street, j'étais la femme de chambre de miss Arabell.

Je venais d'agrafer le second bracelet, lorsque Mme Northon rentra.

— C'est lui, dit-elle.

— Où est-il?

— Dans le salon.

— Conduisez mademoiselle à l'appartement qui donne sur le jardin; veillez à ce qu'elle ne manque de rien, et chargez Sarah de son service.

Mistress Northon ouvrit une petite porte perdue dans la boiserie et m'invita à la suivre, tandis que mis Arabell, se levant et faisant quelques pas du côté du salon, dit de sa plus douce voix :

— Entrez, mon cher prince!

IX

Mon appartement se composait de trois jolies petites chambres donnant sur le jardin; elles étaient à la hauteur d'un entre-sol ordinaire; celle du milieu avait un balcon se prolongeant en manière de terrasse, sous de grands arbres verdoyants et touffus. Ce balcon était tout tapissé de lierre et de vigne vierge, et s'etendait en retour devant les fenêtres des autres chambres.

La vue de ce balcon fit bondir mon cœur de joie; il me rappela la décoration du second acte de *Roméo et Juliette*. A minuit, aux rayons de la lune, en peignoir blanc sur ce balcon, rien ne m'empêchait de me croire Juliette; il ne me manquait qu'un Roméo.

A peine me trouvé-je seule, que je songeai au nouveau changement qui venait de se faire dans ma vie. Vers quoi étais-je entraînée, et quelle fatalité me poussait? Il était évident qu'une volonté plus forte que la mienne disposait de mon existence sans me laisser le pouvoir de lui résister. — C'est d'abord un secours inattendu du comte de Halifax, qui m'enlève à mon humble condition et à mon ignorance native pour me donner un commencement d'éducation plus nuisible peut-être qu'utile. Puis, ce secours me manque et le hasard me pousse au milieu d'une bonne et honnête famille puritaine où je crois ma vie fixée pour quelque temps au moins, quand la rencontre imprévue d'Amy Strong fait, non pas naître, mais se développer avec tant de force de nouveaux projets dans mon esprit, que j'essaye en vain de résister à la main qui m'entraîne et que je viens à Londres, répondant à l'appel d'une femme que je ne connais pas : cette femme, la Providence, qui, cette fois, daigne abaisser son regard sur moi, la Providence l'écarte de mon chemin. A sa place, je trouve un homme au noble cœur, une femme à l'âme tendre et douce; pour eux, je passe en un instant de l'état d'étrangère à celui d'amie; on me cherche, on me trouve une position autant au-dessus de celle que j'occupais chez M. Hawarden père, que celle-ci était au-dessus de ma position première chez Mme Davidson. De gardeuse de moutons, j'arrive à être demoiselle de confiance d'un des plus riches joailliers de Londres, et, là, la fatalité à laquelle j'ai échappé vient me reprendre, m'enlève de nouveau et me jette, sans que j'aie le temps de me reconnaître, dans cette voie tortueuse dont M. Hawarden m'a fait un si triste tableau.

Que faire?

Il en est temps encore : courir chez M. Hawarden, en fuyant cette maison fatale; lui tout dire, lui tout avouer, même mon désir d'être actrice; me mettre sous sa protection; lui crier : « Me voilà! sauvez-moi! sauvez-moi! » Et cela, avant que la nuit soit écoulée; car, si la nuit passe sur mon absence, tout est perdu.

Ou bien rester; laisser la barque suivre le cours de l'eau qui l'emporte, sans pilote et sans gouvernail, au milieu des tourbillons et des rapides, et qui la pousse à l'Océan, c'est-à-dire à l'inconnu, au merveilleux Cathay de Marco Polo, peut-être! ou peut-être aussi, au milieu des glaces et des banquises du pôle.

Mais quelle différence entre la vie de cette femme, qui a des chevaux magnifiques, des voitures splendides, des laquais à riche livrée, un hôtel somptueux, des diamants à n'en savoir que faire, des loges à tous les théâtres et un amant à qui elle dit : « Entrez, mon cher prince; je vous attends. » et l'existence de cette pauvre fille de comptoir, se levant à huit heures du matin, passant sa journée à manier des parures dont ses mains ne gardent que l'empreinte et ses yeux que le reflet, se couchant à dix heures et n'osant pas même déclamer des vers de Shakspeare dans sa chambre, de peur que les voisins ne se plaignent, et que son maître ne lui demande si elle rêve tout haut!

O mon Dieu Seigneur! saintes sont celles qui ont la force de résister au torrent. Mais bien excusables, avec la position que les lois humaines leur font dans la société, bien excusables, ô mon Dieu! sont celles qui se laissent entraîner par lui!

Hélas! je fus de celles-là. La soirée s'écoula, la nuit vint sans que j'eusse le courage de rien décider; j'eusse dû écrire au moins à M. Hawarden; j'eusse dû lui dire de baiser pour moi les pieds de sa digne femme... Non-seulement je ne me réfugiai pas chez lui, non-seulement je ne lui écrivis pas; mais, honteuse de le revoir, j'évitai sa rencontre; sentant que le souvenir même était un remords, je m'efforçai d'oublier, et, n'y pouvant parvenir, je m'étourdis du moins.

Ce fut ma seconde ingratitude!

Et cependant, à quoi tint que je ne fisse tout le contraire? Je voulais écrire; j'entrai dans un petit cabinet où j'avais vu un bureau; dans ce bureau, j'espérais trouver une plume, de l'encre, du papier. Je n'y trouvai rien de tout cela; il n'y avait qu'un livre; ce livre, je l'ouvris machinalement et je lus : *Clarise Harlowe.*

Je ne savais pas ce que c'était qu'un roman, comme en arrivant à Londres je ne savais pas ce que c'était qu'un spectacle. J'ouvris le livre, ou plutôt j'ouvris une nouvelle porte donnant sur le monde fantastique et inconnu dans lequel j'étais entrée, le jour où la toile d'un théâtre s'était levée devant moi.

Ce roman, écrit dans un but moral, assure-t-on, produisit sur moi un effet tout opposé à celui que s'était proposé l'auteur. Lovelace, au lieu de m'apparaître comme un affreux séducteur, m'apparut comme un séduisant gentleman; j'enviai les malheurs de Clarise Harlowe, au prix du bonheur qu'elle avait eu d'aimer, et je fus toute prête à affronter les mêmes hasards qu'elle au risque de subir les mêmes adversités.

Du moment que ce livre fut tombé entre mes mains, du moment que je l'eus ouvert, il ne fut plus question d'écrire à M. Hawarden, ni de rentrer chez M. Plowden. La fée m'avait de nouveau touchée de sa baguette magique, je ne m'appartenais plus.

Mistress Northon vint me demander si je voulais descendre pour prendre le thé avec elle; mais elle me trouva absorbée par ma lecture. Je lui demandai si l'ordre venait de miss Arabell, ou l'invitation d'elle, mistress Northon; elle me répondit que miss Arabell avait du monde chez elle, et ne songeait probablement pas à moi. Je priai mistress Northon de m'envoyer dans ma chambre ma part de thé et mes sandwich, qui feraient mon goûter et mon souper, et de me laisser toute à ma lecture.

Un instant après, sans que son entrée et sa sortie me fissent lever les yeux de dessus mon livre, j'entendis le laquais m'apportant ce que j'avais demandé; je lui fis signe de déposer le tout sur une table et de me laisser seule.

Comme il ne demandait probablement pas mieux que d'être débarrassé du soin de me servir, il obéit.

Derrière lui, j'allai fermer la porte, comme si j'eusse eu à craindre d'être dérangée.

J'oubliai le thé, j'oubliai mistress Northon, j'oubliai miss Arabell, j'oubliai le monde entier; j'étais devenue Clarisse Harlowe, comme j'étais devenue Juliette.

Mais, après deux ou trois heures de cette lecture obstinée, il se fit un tel chaos dans mon esprit, le sang bouillait avec une telle force dans mon cerveau, que j'éprouvai le besoin impérieux de prendre l'air.

J'ouvris ma fenêtre et j'allai m'asseoir sur un des bancs de pierre du balcon.

Il faisait une belle nuit d'été, une de ces nuits que Shakspeare choisit pour la peupler d'un de ses songes. La clarté de la lune, tamisée par les arbres du jardin, moirait les gazons de la pelouse et l'eau dormante du bassin; le rossignol de Juliette chantait dans un massif. C'était une de ces nuits qui, plus enivrantes que le plus ardent soleil, mûrissent l'amour dans un cœur de jeune fille.

A travers les rideaux de soie, on voyait les fenêtres de l'appartement de miss Arabell splendidement illuminées; on entendait les accords d'une harpe et les sons à demi étouffés d'une voix de femme.

Je n'avais jamais entendu la vibration des cordes de l'instrument divin; ces vibrations, presque éteintes par l'obstacle qui les empêchait d'arriver entières jusqu'à moi, avaient une douceur infinie; l'art et la nature se réunissaient pour donner un concert à mes rêves; c'étaient à la fois le rossignol de Juliette et la harpe de Clarisse qui me disaient : « Tout aime! Nous avons aimé, aime à ton tour! »

Tout à coup, une des fenêtres s'ouvrit et inonda de lumière une portion du jardin, me laissant entièrement dans l'ombre, de sorte que je pouvais voir sans être vue. Une femme parut à cette fenêtre; c'était miss Arabell.

Je fis un mouvement pour rentrer; mais, comprenant que je ne pouvais être vue, je restai à ma place.

Avec la lumière, un parfum se répandit au-dehors.

Puis une voix demanda :

— Où êtes-vous, Arabell? où êtes-vous donc?

— Ici, monseigneur, répondit miss Arabell.

— Que faites-vous à cette fenêtre, ma chère reine?

— Mais je brûlais, et je tâche de m'éteindre.

Un beau jeune homme, presque un enfant, un adolescent à peine, parut alors derrière elle et vint s'accouder au balcon; leurs deux têtes étaient si près l'une de l'autre, que les cheveux flottants d'Arabell me dérobaient à moitié le visage du jeune homme en mêlant leurs flots noirs à ses boucles blondes.

Ce jeune homme n'était autre que le prince de Galles, qui fut depuis George IV.

Il prit ces cheveux à pleines mains et les baisa avec passion.

J'essayai d'entendre ce qu'ils disaient; mais ils parlaient si bas, que leurs paroles n'arrivaient plus jusqu'à moi. J'entendis le bruit d'un ou deux baisers; puis le jeune homme entoura la taille de miss Arabell de son bras, et l'entraîna dans l'appartement. Derrière eux la fenêtre se referma, les épais rideaux retombèrent devant elle et interceptèrent la lumière. L'amoureuse et poétique apparition s'était évanouie, me laissant en proie à une langueur complétement inconnue.

Le rossignol continuait de chanter; mais les sons de la harpe s'étaient éteints.

Je me rappelai la seconde scène d'amour de *Roméo et Juliette*, et, plus que jamais, il me semblait avoir dans le cœur de plus douces modulations que celles qui m'avaient frappée au théâtre; et cependant j'hésitais — quelque besoin que j'éprouvasse de répandre hors de moi cette admirable poésie de Shakspeare, — j'hésitais à troubler cet harmonieux silence en mêlant une voix humaine au chant du rossignol et au bruit insaisissable qui, dans les transparentes ténèbres des nuits d'été, semblent le battement des ailes d'Obéron et de Titania.

Et cependant, malgré moi, comme d'un calice trop plein, déborda ce premier vers :

Il n'est pas temps encor, reste, mon Roméo!

Puis je regardai, toute frissonnante, autour de moi. J'étais bien seule. Je m'enhardis, et, d'une voix plus accentuée, je m'écriai :

C'était le rossignol, et non pas l'alouette,
Dont le chant a frappé ton oreille inquiète;
Perdu dans les rameaux d'un grenadier en fleurs,
A la nuit qui l'écoute, il chante ses douleurs.
C'était le rossignol, crois-en ta Juliette.

Je m'arrêtai haletante. Il me semblait avoir entendu le bruit d'une fenêtre qui s'ouvrait.

Je regardai du côté où était venu le bruit : je ne vis rien ; tout était calme, tout semblait solitaire. J'avais trouvé un immense plaisir à écouter le son de ma propre voix ; je continuai, répondant pour Roméo absent :

Non, c'est bien le matin et c'est bien l'alouette.
Regarde, mon amour, à l'horizon rougi,
Monter de pourpre et d'or ce rayon élargi ;
Ce nuage qui s'ouvre et laisse passer l'aube,
C'est l'aurore, levant un des plis de sa robe,
Tandis que, repoussée à l'occident obscur,
Phœbé fuit, éteignant ses flambeaux dans l'azur.
Vois-tu le gai matin, éclairant nos campagnes,
Poser son pied joyeux sur le front des montagnes!
Vois-tu comme un torrent la lumière accourir!
Il faut partir et vivre, ou rester et mourir...

Cette première timidité vaincue, enivrée par la mélodie de ma propre voix, je continuai de dire, avec toute l'expression que je puis y mettre, la scène jusqu'au bout. C'était à moi de répondre, et, comme si Roméo eût été là pour m'entendre, ou comme si tout un public eût été là pour m'applaudir, je répondis :

Tu te trompes, ami ; non, ce n'est pas l'aurore,
C'est quelque éclair furtif, c'est quelque météore
Que le soleil, touché de notre amour si beau,
Place sur ton chemin comme un porte-flambeau.
Reste donc ; du départ ce n'est pas encor l'heure,
Demeure, ô Roméo! je t'aime tant! demeure!...

Il me semblait que je n'avais pas mis assez de passion dans ce dernier vers et je le répétai avec toute mon âme.

Cette fois, je fus contente de moi ; il me sembla que j'avais fait vibrer toutes les cordes de mon cœur dans ces trois mots : *Je t'aime tant!*

Puis, alors à la place de Roméo, je me répondis à moi-même :

Veux-tu que l'on me trouve et qu'on me tue ici?
Oh! moi, je suis content, si tu le veux ainsi.
Avec toi, je dirai : Ce n'est pas la lumière
Que verse le matin en ouvrant sa paupière;
C'est le pâle reflet de la sœur d'Apollon,
Dont le char argenté glisse sur le vallon;
Ce chant qui dans le ciel éclate sur ma tête,
Non, ce n'est pas ton chant, matinale alouette!
Oh! moi, je ne fais pas de l'amour un remord;
Juliette le veut, je reste. — Viens, ô mort!
Je t'attends dans ses bras, ô sublime inconnue,
Pâle sœur du sommeil! Mort, sois la bienvenue!

Je me rappelai combien mistress Siddons avait été belle à ce moment, c'est-à-dire lorsque, reconnaissant qu'elle se trompe, elle voit dans quel danger son erreur, ou plutôt son amour, a entraîné Roméo, et je m'écriai d'une voix non moins vibrante de terreur que la sienne :

Oh! non, je me trompais, Roméo! c'est le jour!
Pas un instant à perdre! Oh! fuis, fuis, mon amour!
C'était bien l'alouette aux notes discordantes
Dont le chant menaçait nos amours imprudentes;
C'était bien le soleil, brûlant vainqueur des nuits,
Qui montait sur son char; fuis, mon Roméo! fuis!...

A peine avais-je dit ce dernier vers avec toute l'expression que j'avais pu y mettre, qu'une voix cria : « Bravo! » et que des applaudissements retentirent du côté où j'avais cru entendre s'ouvrir une fenêtre.

Je jetai un cri, je rentrai dans mon appartement, je refermai la fenêtre derrière moi, et j'allai tomber toute tremblante sur un divan.

Je m'étais crue seule, je me trompais, j'avais un auditeur.

Cet auditeur, quel était-il? Un jeune homme, bien certainement. La voix était fraîche et timbrée. Quant aux applaudissements, ils s'étaient prolongés même après que ma fenêtre avait été fermée ; on eût dit que, comme cela se fait au théâtre, on avait redoublé d'applaudissements pour faire reparaître l'artiste qui venait de débuter dans de si singulières conditions.

Mais, si troublée que je fusse, ce trouble néanmoins était plein de douceur.

Tous ces détails sembleront peut-être puérils à ceux qui les liront : cependant comment me faire pardonner ma chute, si je ne montre pas la rapidité de la pente sur laquelle je glissai?

X

Ma nuit, après les émotions de la soirée, ne fut que la suite et le développement de ces émotions; il me semblait que, moi aussi, je venais de commencer un roman.

Deux choses me poursuivirent dans mon sommeil, toutes deux pénétrant jusqu'à mon cœur par la porte des sens : l'une, cette douce et amoureuse vision qui me représentait ces deux têtes si belles rapprochées l'une de l'autre, mêlant leurs cheveux, leurs haleines, leurs soupirs, et se détachant en vigueur sur le fond ardemment éclairé de la chambre; l'autre, cet auditeur invisible qui m'avait sans doute suivie des yeux dans les moindres détails de cette scène nocturne que je croyais solitaire.

Ainsi, tout se réunissait pour me perdre : les événements de mes jours, les rêves de mes nuits!

Miss Arabell ne fut visible qu'assez tard; elle me fit appeler. Je la trouvai dans le même boudoir où je l'avais vue la veille.

— Ma chère petite, me dit-elle du ton d'une reine, je quitte Londres pour quelques jours; je voudrais pouvoir vous emmener avec moi, mais la chose est impossible. Vous restez donc ici en mon absence. Je sais que vous aimez le théâtre : ma loge est à votre disposition; vous pouvez y aller seule si cela vous convient, mais vous êtes bien jeune et bien jolie pour faire de ces escapades. Mieux vaudrait donc que vous y allassiez en compagnie de mistress Northon, qui vous accompagnera volontiers. La seule chose dont je vous prie, c'est de n'y recevoir personne. A mon retour, si la rage du théâtre vous tient toujours, je dirai deux mots à Sheridan, et nous vous ferons débuter. Si par hasard vous rencontrez Rowmney, tâchez qu'il ne vous voie pas; s'il vous voit, évitez de lui parler, et, s'il vous parle, ne lui dites pas chez qui vous êtes. Nous sommes brouillés à mort.

Je promis à miss Arabell de suivre ses recommandations.

— Et maintenant, me dit-elle, vous plaît-il de m'aider à me transformer?

— Il me plaît de faire tout ce que vous m'ordonnerez, lui dis-je; ne suis-je pas chez vous pour vous obéir?

— Oui, en attendant que tu commandes chez les autres, mignonne! ce qui ne peut tarder à t'arriver, avec un visage comme celui-là.

Elle me prit le menton dans la main.

— En vérité, dit-elle, je crois que Rowmney avait raison et qu'il y a une grande présomption de ma part à rapprocher ce charmant minois de mon visage. Sais-tu ce que je regrette? me dit-elle en passant les mains dans les boucles de mes cheveux.

— Non, répondis-je, car je ne sais vraiment pas ce que vous avez à regretter au monde, jeune, belle, riche, aimée!

— Me trouves-tu vraiment belle, ou dis-tu cela comme les autres pour me faire un compliment? continua-t-elle en se plaçant devant une glace et en approchant son visage du mien comme pour comparer nos deux genres de beauté.

— Belle! très-belle! m'écriai-je avec l'accent de la plus parfaite vérité.

— Eh bien, dit-elle, je regrette de n'être pas *beau*, *très-beau*, au lieu d'être *belle*, *très-belle*; car, si j'étais homme, je te jure que je ferais toutes les folies de la terre pour toi. Eh! tiens, ajouta-t-elle, voilà que, sans être homme, je commence; car je m'oublie en causant avec toi et je vais faire attendre le prince.

Elle me donna un baiser au front et sonna la femme de chambre.

— Eh bien, dit-elle, mes habits ne sont-ils pas prêts? Le tailleur les avait promis pour trois heures de l'après-midi.

— Ils sont ici depuis une demi-heure, madame.

— Donnez-les-moi, alors.

La femme de chambre sortit, puis rentra un instant après avec un costume complet de gentleman de la plus parfaite élégance.

— Comment! m'écriai-je, vous allez vous habiller en homme?

— Oui; c'est une fantaisie du prince. Nous allons passer huit jours à la campagne, avec quelques-uns de ses amis, faire la vie de château, courir la chasse, que sais-je, moi? Il m'a dit hier : « Vous ne savez pas ce que vous devriez faire, Arabell? Vous devriez vous mettre en homme.» J'ai envoyé chercher mon tailleur, et j'ai commandé un costume pour aujourd'hui à deux heures; il me l'a promis, et, comme tu vois, il m'a tenu parole. Eh bien, dit miss Arabell à la femme de chambre en se retournant de son côté, que faites-vous là?

— J'attends les ordres de madame pour l'habiller.

— Non; Emma m'aidera. N'est-ce pas que tu voudras bien me rendre ce service, chère petite?

— Sans doute.

— Laissez-nous donc, et faites venir les chevaux de la poste, afin que, dans une demi-heure, je puisse partir.

La femme de chambre sortit.

Arabell examina alors, les unes après les autres, les différentes pièces de son habillement; tout cela était du meilleur goût et taillé pour faire valoir la personne qui devait le porter.

L'habit était de velours grenat avec des boutonnières d'or; la veste, de soie blanche, brodée avec une branche courante de fleurs naturelles; la culotte, de velours bleu de ciel, et les bottes, d'un cuir si fin, qu'il semblait une étoffe, tout en montant au-dessus du genou, laissaient deviner la jambe, et montraient hardiment le plus charmant petit pied qu'il fût possible de voir.

Arabell parut enchantée de l'examen de tous ces objets.

— Crois-tu, dit-elle, que je serai passable ainsi?

— Vous serez charmante! lui dis-je.

— Flatteuse! me dit-elle en dépouillant sa robe de chambre. Voyons, aide-moi.

Elle tira d'un tiroir de sa toilette une chemise de batiste avec un jabot de magnifique dentelle d'Angleterre et des manchettes pareilles, et me la donna pour que je l'aidasse à la passer; elle était coiffée d'avance, et la coiffure d'homme allait merveilleusement à son beau visage, dont l'expression était, il faut l'avouer, bien plus celle de la fierté et de la hardiesse que celle de la modestie.

Elle acheva alors de dépouiller le haut de son corps de ses vêtements de femme. Arabell eût pu, certes, lutter de beauté plastique, non pas avec les statues antiques, mais avec celles du moyen âge, plus séduisantes peut-être au point de vue de la grâce et de l'abandon. Ce n'était point la Vénus de Praxitèle ou la Victoire de Phidias; mais c'était, à coup sûr, une des Grâces de Germain Pilon.

Je demeurai un instant regardant avec admiration cette perfection de formes qui, dans l'antiquité, était une religion.

— Eh bien, me dit Arabell, à quoi pensez-vous donc, belle distraite?

— Je vous regarde, madame, et je dis que le prince est bien heureux.

Elle sourit, fit un charmant mouvement d'épaules et se baissa pour que je pusse lui passer sa chemise.

Étrange chose que notre nature féminine, dont les suprêmes jouissances sont dans l'orgueil, et pour qui les caresses les plus douces sont celles de la flatterie! Qu'étais-je pour miss Arabell? un peu plus qu'une femme de chambre; eh bien, il était évident qu'elle recherchait mes compliments avec autant d'avidité qu'elle eût fait de ceux du prince.

Toutes les autres parties de sa toilette se firent avec la même lenteur et la même coquetterie. Ce n'était sans doute pas la première fois que la changeante créature revêtait l'habit de cavalier : la toilette achevée, la métamorphose était complète, et l'on eût juré avoir devant les yeux un jeune gentleman de seize à dix-huit ans tout au plus, tandis qu'en femme elle en paraissait vingt-cinq, — quoique, selon toute probabilité, elle eût déjà dépassé cet âge, première floraison de la vie.

Au moment où, tout en me reprochant ma maladresse à l'endroit de sa cravate, elle venait de nouer autour de son cou, avec une prestesse et une habileté qui dénonçaient l'habitude, ce complément de la toilette masculine, la femme de chambre rentra, annonçant que les chevaux de poste étaient arrivés et que la voiture attendait.

Miss Arabell jeta un dernier regard sur elle, puis sur moi; il était évident qu'il se livrait en elle un singulier combat dont je ne pouvais me rendre compte.

Puis, se penchant à mon oreille :

— Tu ne sais pas à quoi je pense? dit-elle.

— Non, répondis-je avec la plus parfaite ingénuité.

— C'est que j'aimerais mieux être homme, et t'enlever dans cette voiture, que d'être femme et d'y monter, même pour aller rejoindre l'héritier de la couronne d'Angleterre.

Puis, prenant une petite cravache à la poignée de laquelle était enchâssée une magnifique émeraude :

— Adieu! dit-elle. Je reviendrai le plus tôt possible, sois tranquille. En attendant, je te laisse la maîtresse de la maison.

Et elle s'éloigna rapidement en fouettant sa botte avec sa cravache et en faisant sonner ses éperons sur le parquet.

La fenêtre donnait sur la rue : j'y courus pour la revoir encore; elle sauta légèrement dans la calèche, attelée de quatre chevaux, leva la tête, vit mon visage collé à la vitre, porta la main à ses lèvres, et l'étendit vers moi.

Les postillons firent claquer leur fouet et la voiture partit au galop.

Je restai seule dans cette chambre tiède et parfumée, où il était impossible de penser à autre chose qu'à la richesse, à l'amour et à la volupté.

J'y restai une heure à m'imprégner de cette atmosphère énervante qui faisait Baïa si dangereuse à la vertu des matrones romaines. Combien il y avait loin de là à l'atmosphère douce et intelligente que j'avais respirée dans la maison de Leicester-square, à l'atmosphère mercantile et bourgeoise que j'avais respirée dans le magasin de M. Plowden, et enfin à l'atmosphère puritaine et rigide que j'avais respirée dans la maison de M. Hawarden père!

« Je te laisse la maîtresse de la maison, » m'avait dit en partant miss Arabell. Pourquoi cela? Quels droits avais-je? Comment avais-je conquis une pareille faveur?

Et cependant, quel que fût le motif auquel je la devais, elle était réelle, je m'en aperçus bien vite à la manière dont la femme de chambre me demanda si j'avais quelque chose à lui commander.

Commander! moi qui, jusque-là, avais toujours reçu des ordres!

Je dois le dire, j'eus toujours le sentiment de mon humilité; dans certaines heures d'enivrement, j'oubliai peut-être parfois le point d'où j'étais partie; mais, dès que je me retrouvais seule avec moi-même, j'étais plutôt disposée à gourmander la Fortune de ses faveurs, qui semblaient ne m'élever que pour faire ma chute plus profonde, qu'à la remercier de cette élévation insensée que je sentais instinctivement être une erreur de la Providence.

Je répondis que, si mistress Northon voulait me faire le plaisir de dîner avec moi et de m'accompagner ensuite au spectacle, je lui en serais reconnaissante.

Mistress Northon ne demandait pas mieux : c'était une bonne fortune pour elle que d'aller au théâtre. Elle me demanda lequel je préférais; je n'en connaissais qu'un, Drury-Lane.

On jouait *Macbeth;* c'était le triomphe de mistress Siddons.

Cette soirée-là, mes impressions furent bien différentes de la première fois. Je passai par toutes les phases de la terreur. Ces qualités de charme et de douceur qui manquaient à mistress Siddons dans le rôle de Juliette étaient remplacées chez elle par les qualités opposées; l'énergie de la voix, l'inflexibilité de la physionomie, donnaient aux aspirations ambitieuses de cette âme de bronze une perfection de jeu qui allait jusqu'au sublime dans la scène où elle pousse Macbeth au crime; dans celle où elle rassure son époux menacé par le spectre de Banquo; dans celle enfin où, poursuivie dans son sommeil plus encore par sa puissance ébranlée que par le remords, elle vient en robe de nuit, les yeux ouverts mais sans regard, la voix haletante mais sans timbre, donner, tout endormie, le spectacle de ces terreurs nocturnes qui poursuivent l'assassin, elle était d'une splendeur à laquelle je n'ai vu aucune autre atteindre. Je rentrai peut-être plus émerveillée que la première fois, mais moins touchée, moins attendrie : j'admirai, mais je ne pleurai pas. Je sentais que je venais, en voyant *Macbeth*, d'assister à une chose d'art. Après *Roméo et Juliette*, il m'avait semblé que je venais de prendre ma part d'une scène de la nature.

Je rentrai toute frissonnante dans mon petit appartement, et, sous l'impression de ce que je venais de voir, je voulus essayer, comme je l'avais fait le soir où M. Hawarden m'avait conduite au théâtre, de reproduire ce que je venais de voir; mais je reconnus bientôt que ni ma physionomie, ni ma voix ne se prêtaient aux impressions terribles; ma voix était trop douce, ma physionomie trop tendre et trop juvénile. Je riais de moi-même en voyant mon impuissance à reproduire ces sombres accents et ces irrésistibles tentations qui font dire à Macbeth :

> . . . . . . Bring forth men-children only
> For this undaunted, mettle should compose
> Nothing but males! . . . . (1)

Malgré moi, je retombais dans les douces et amoureuses inflexions de voix, qui me faisaient croire que, dans le rôle de Juliette, j'eusse trouvé des accents nouveaux et inconnus; ma physionomie alors s'accordait merveilleusement avec l'harmonieuse gamme de mes paroles; je sentais enfin qu'il me serait impossible d'élever avec moi un Macbeth quelconque jusqu'au trône, quelques efforts que je fisse pour cela, tandis que je n'avais qu'à parler, qu'à regarder, qu'à sourire pour entraîner le plus rebelle des Roméo jusqu'au fond de ma tombe.

Oh! alors, je revoyais passer devant mes yeux toute cette scène de fascination du bal, où, presque sans se parler, les deux jeunes gens se donnent l'un à l'autre; si bien que, quand Roméo sort, Juliette, sentant que le cher inconnu emporte son cœur avec lui, s'écrie, en poussant sa nourrice sur ses pas :

> Vois ce masque qui sort, va, cours, informe-toi,
> Nourrice, s'il est libre et s'il peut être à moi;
> Car, s'il est enchaîné par un hymen précoce,
> Le cercueil virginal sera mon lit de noce!

Et je répétais ces mots en y mettant toute l'âme et toute la passion dont mon cœur était capable, lorsqu'il me sembla, dans le jardin, au pied du balcon, m'entendre appeler, non pas de mon nom d'Emma, mais du nom de Juliette.

Etait-ce une erreur de mon imagination, une surprise de mes sens? Etais-je descendue si avant dans les rêves, que j'y eusse rencontré la réalité? Je m'approchai doucement de la fenêtre, je l'ouvris, et, douce comme un soupir de la brise, une voix répéta :

(1) ..... Ne mets au monde que des enfants mâles; car ton cœur invincible ne devrait produire que des hommes.

— Juliette ! Juliette !

Roméo était trouvé ; Roméo était au pied du balcon ; seulement, quel était il?

XI

A cette certitude qu'un inconnu était là, j'eusse dû refermer la fenêtre, laisser retomber le rideau devant elle, fuir au fond de ma chambre, m'enfermer à double clef; et je l'eusse fait bien certainement dans toute autre disposition d'esprit; mais il semblait que cet être que l'Écriture n'ose nommer et qu'elle appelle *Celui qui marche dans les ténèbres*, s'était attaché à moi comme à une proie, et avait juré de ne pas me donner de relâche qu'il ne m'eût entraînée au plus profond de l'abîme.

Au lieu de refermer la fenêtre, au lieu de fuir, j'appuyai mon oreille à l'entre-bâillement de la croisée, et j'écoutai.

A mon grand étonnement alors, l'inconnu, d'une voix douce et fraîche, prononça les vers suivants, comme si nous étions appelés à jouer chacun notre rôle devant un public invisible, ou plutôt comme si j'étais véritablement Juliette et qu'il fût véritablement Roméo.

J'écoutais haletante !

Quelle clarté soudaine à travers la fenêtre
S'allume?... est-ce l'aurore ou toi qui va paraître?
O belle Juliette; ange blond et vermeil
Qui fais pâlir Phœbé, lève-toi, doux soleil,
Bien autrement brillant que cette reine pâle
Qui porte sur son front la couronne d'opale.
Fuis sur ton char nacré, lune! c'est l'astre d'or,
Mon âme, ma lady, ma vierge, mon trésor!...

Vous connaissez la puissance fascinatrice attribuée par l'antiquité au chant des sirènes, à ce chant magique auquel Ulysse n'échappa qu'en attachant ses compagnons aux mâts de ses vaisseaux, et en se bouchant lui-même les oreilles avec de la cire. Hélas! je n'étais tenue par aucun lien; hélas! mes oreilles étaient ouvertes à toutes les mélodies sensuelles de l'amour! la voix m'attirait par une puissance irrésistible; je mis le pied sur le balcon, le cœur palpitant, la lèvre tremblante.

Et, comme si elle eût eu le secret de mon cœur, la voix continuait :

Ta lèvre qui s'agite est-elle donc muette,
Que mon oreille en vain écoute? O Juliette!
Que tes yeux sans ta voix me parlent à leur tour,
Et je leur répondrai par un seul mot : amour!
Tes yeux! qu'ai-je dit là? non, ce sont deux étoiles
Que la nuit veut en vain éteindre sous ses voiles,
Et qui, lançant leurs feux à l'horizon lointain,
Font chanter les oiseaux qui rêvent le matin.

Entraînée par cette douce poésie, et commençant d'entrer dans l'esprit de mon rôle, je me rappelai madame Siddons et laissai tomber ma tête sur ma main. Mon Roméo inconnu, qui semblait attendre un moment que je me conformasse à la mise en scène, poursuivit :

Voyez comme sa tête, avec grâce tombée,
Cherche un flexible appui sur sa main recourbée!
Que ne suis-je le gant qui couvre cette main
Et de sa joue en fleur caresse le carmin!

Je n'avais rien de mieux à faire qu'à répondre avec le poëte.

Hélas!...

soupirai-je. La voix reprit avec un accent de passion qui fit vibrer toutes les fibres de mon cœur :

Elle a parlé. Tais-toi, brise inquiète;
Laisse venir à moi la voix de Juliette,
Bel ange de lumière, aux paroles de miel,
Qui, de la part de Dieu, descend vers moi du ciel,
Et passe plus brillant à travers le nuage
Que ne le fait l'éclair, ce glaive de l'orage!

C'était à moi de parler. J'appuyai mes deux mains sur mon cœur, et, avec un accent qui ne laissait rien à désirer à mon interlocuteur, que je devinais dans les ténèbres, je répondis :

O Roméo! pourquoi te nommer Roméo?
Oh! renonce à ce nom et si doux et si beau;
Renonce à ta famille, ou bien dis-moi : « Je t'aime! »
Et c'est moi qui dès lors, encourant l'anathème,
C'est moi qui, reniant le nom qui te déplaît,
C'est moi qui cesserai d'être une Capulet.

La voix murmura :

Dois-je à présent parler, ou bien dois-je me taire?

Toute à mon rôle, je repris, en imprimant à ma voix la plus suave expression que je pus :

C'est ton nom qui te fait un crime involontaire;
Et cependant, grand Dieu! que m'importe ton nom?
T'appelant Montaigu, m'en aimes-tu moins?... Non!
Aucun des éléments qui composent notre être
N'est dans ce nom qu'un père à son fils doit transmettre.
Ton nom n'est ni ta main, ni tes yeux, ni ton cœur,
Ni cette douce voix qui te fait mon vainqueur!
Car enfin, Roméo, si nous nommions la rose,
Aux baisers du matin sur son rosier éclose,
D'un autre nom offrant un autre sens pour nous,
Le parfum de la rose en serait-il moins doux?
L'escarboucle qui brille en la nuit la plus sombre,
Par son nom ou ses feux éclaire-t-elle l'ombre?
Si Roméo voulait n'être plus Roméo,
En serait-il moins brave, en serait-il moins beau?
Le fourreau changerait seulement, non la lame,
Et dans le même corps survivrait la même âme!

J'avoue que j'attendais avec émotion la réplique ; elle engageait directement le dialogue avec mon interlocuteur. La réplique ne se fit pas attendre, et Roméo reprit avec un accent de tendresse qui ne le cédait en rien au mien :

Au lieu de m'appeler de ce nom détesté,
Appelle-moi l'Amour ou la Fidélité;

Et, me venant de toi, je tiendrai ce baptême
Pour être aussi sacré que venant de Dieu même.

Le lecteur nous voit, moi à mon balcon, mon Roméo inconnu caché dans l'ombre, mais séparé de moi par un si faible espace qu'en étendant nos deux mains, elles eussent pu se toucher. Je n'ai qu'à transcrire ici la scène jusqu'à la fin pour qu'il se charge lui-même de la mise en scène et qu'il se figure les émotions qu'elle faisait naître dans le cœur d'une jeune fille de quinze ans, faisant, pour ainsi dire, son double début dans une poésie enivrante et dans un amour mystérieux.

Je laisserai donc de côté les commentaires et poursuivrai la scène.

MOI.

Qui donc es-tu qui viens, épiant mes ennuis,
Si promptement répondre à mes conseils ?...

ROMÉO.

Je suis
Un homme dont le nom est maudit, chère sainte !
Puisque ce nom chez toi n'éveille que la crainte,
Et qui renoncerait à ce nom criminel
Fût-il prêt d'en signer son bonheur éternel.

MOI.

A peine ai-je une fois, parmi des bruits frivoles,
Entendu cette voix prononcer vingt paroles,
Que déjà de mon cœur son accent est connu...
N'est-tu pas Roméo, le fils de Montaigu ?

ROMÉO.

Non, non, je ne suis pas Roméo, je te jure!

MOI.

Ta présence en ces lieux, jeune homme est une injure.
Que veux-tu ? Qui t'amène en ce jardin ? Pourquoi
Y venir à cette heure, et dans la nuit ? Dis-moi,
Comment as-tu franchi la muraille ? Elle est haute!
S'il t'arrive malheur, ce sera par ta faute;
Car, si quelqu'un des miens te rencontrait ici,
De lui tu n'obtiendrais ni pitié, ni merci.

ROMÉO.

L'amour de son flambeau m'a prêté la lumière;
Tu sais que, pour son aile, il n'est pas de barrière :
Son aile m'a porté de ce côté des murs,
Et son flambeau guidé par les chemins obscurs.
Quant à craindre des tiens la présence importune,
Je risque en ce moment une pire infortune,
Et bien plus que leur glaive à l'éclair furieux
Je crains le doux éclair qui jaillit de tes yeux.

MOI.

Oh ! pour le monde entier, si près de ma demeure,
Non, je ne voudrais pas qu'on te vît cette heure!

ROMÉO.

Oh ! ne crains rien, te dis-je ; à l'œil qui me poursuit
J'échappe, enveloppé du manteau de la nuit.
Et, d'ailleurs, une mort regrettée et prochaine
Vaut mieux que de longs jours exposés à ta haine.

MOI.

Mais quelle intention, si loin avant le jour,
Te conduit en ces lieux ?

ROMÉO.

Juliette, l'amour!
Qui règne sur nos cœurs comme la nuit sur l'onde,
Et qui, pour te revoir, à l'autre bout du monde
M'entraînerait, bravant les flots et les éclairs,
Par delà la tempête et par delà les mers!

Ces derniers mots furent dits avec une passion telle, que je n'eus pas à feindre l'émotion en répondant :

Si le masque des nuits ne couvrait mon visage,
Tu verrais, crois-le bien, de la pudeur sauvage
La rougeur virginale, à cet aveu trop prompt,
S'élançant de mon cœur, monter jusqu'à mon front.
Et pourtant, Roméo, si tu m'aimes, écoute!
Dis, la main sur ton cœur : « Oui, je t'aime! » Le doute
Est permis à qui veut aimer fidèlement
Et tout donner, cœur, âme et corps, à son amant.
On dit que Jupiter, patron de l'imposture,
Sourit au faux amant dont la voix se parjure.
Mais que nous fait, à nous, Jupiter, dieu païen ?
Le Dieu qui nous écoute et se fait le gardien
Des serments échangés entre deux nobles âmes,
N'est point un Dieu jaloux du déshonneur des femmes :
C'est un dieu bon, aimant, miséricordieux,
Qui, s'il a mis l'amour dans ton âme et mes yeux,
L'a mis pour qu'en tes yeux mon âme le respire,
Et qu'en mon âme alors tes yeux le puissent lire.
Si je te dis cela si vite, souviens-toi,
C'est que dans ce jardin, t'ignorant près de moi,
J'ai laissé de mon cœur, comme une onde de l'urne,
Echapper le secret de ma fièvre nocturne :
Ce qui vient à l'instant par toi d'être entendu,
C'était dit à la nuit seule, beau Montaigu!
Ne va donc pas à tort me croire trop pressée
Par l'éblouissement d'une amour insensée !

ROMÉO.

Oh ! je te jure ici par la reine des cieux
Qui monte à l'horizon, croissant silencieux...

MOI.

Non, non, ne jure pas par la lune infidèle,
Qui, chaque nuit, présente une face nouvelle ;
Car ton amour serait peut-être aussi changeant
Qu'est changeante la reine à la face d'argent.

ROMÉO.

Quelle divinité veux-tu donc que je prenne
A témoin de ce feu qui brûle dans ma veine ?

MOI.

Aucune ! Il vaut bien mieux ne pas jurer, crois-moi.
Dis seulement : « Je t'aime ! » et, confiante en toi,
Pour t'entendre redire une autre fois : « Je t'aime ! »
Ami, je te dirai : « Jure-moi par toi-même,
Et je n'ai plus besoin de prêtre ni d'anneau;
Car, d'aujourd'hui, mon Dieu s'appelle Roméo ! »

ROMÉO.

Ange d'amour, merci !

MOI.

Maintenant, ma chère âme,
Que mon cœur a jeté sa trop subite flamme,
Ne va pas comparer cette flamme à l'éclair,
Qui s'éteint aussitôt qu'il a brillé dans l'air.
Non, ce bourgeon d'amour que ce soir favorisé,
S'il est tout un printemps caressé par la brise,
Peut par nous, doucement jusqu'à l'été conduit,
Après sa belle fleur nous donner son beau fruit.
Au revoir, Roméo ! que ta nuit soit plus douce
Que celle que l'oiseau dort dans son lit de mousse!

ROMÉO.

Me renvoyer après de si tendres aveux
Sans avoir échangé nos serments et nos vœux ?
Oh ! tu n'y songes pas, cruelle Juliette!

MOI.

Méchant ! que veux-tu donc que de plus je promette ?
N'avais-tu pas reçu mes vœux et mon serment
Avant de les avoir demandés seulement ?

ROMÉO.

Je ne m'en souviens pas.

MOI.

Je vais donc les reprendre;
Mais sois tranquille, ami, car c'est pour te les rendre.
Ne crains pas d'épuiser mon amour s'il t'est cher:
Mon amour est profond et grand comme la mer!

Il nous manquait un troisième interlocuteur; car, en ce moment, la mise en scène veut que la nourrice appelle Juliette; mais, comme si le hasard avait juré de faire jusqu'au bout de cette fiction une réalité, à l'instant où le nom de Juliette devait être prononcé, ce fut celui d'Emma qui retentit dans ma chambre, prononcé par une voix de femme, et je vis quelqu'un s'avancer vers la fenêtre.

Je n'eus que le temps de dire en prose à mon Roméo, au lieu de le lui dire en vers:

— Attendez-moi, je reviens.

Je rentrai chez moi, et je me trouvai en face d'Amy Strong, que je n'avais pas vue depuis le jour de mon arrivée à Londres, et depuis le moment où je l'avais quittée, à l'auberge de Williers-street.

La pauvre fille était tout en larmes.

Quoique son arrivée ne fût pas très-opportune, je me jetai dans ses bras avec tout l'abandon d'un jeune cœur trop plein et qui, éprouvant le besoin de se répandre, retrouve une amie.

Je compris par les premières paroles que me dit ma compagne de voyage qu'elle avait une longue histoire à me raconter, et que son intention, en venant à une pareille heure, était de ne me quitter que le lendemain matin.

J'avais à prendre congé de Roméo; je fis entrer Amy dans ma chambre à coucher, et, revenant à mon balcon, je me penchai sur la rampe et j'étendis la main.

Deux mains la saisirent, une bouche brûlante s'y appuya, et nos deux voix murmurèrent ensemble :

— A demain!

Puis je rentrai, le cœur bondissant et tous les sens ébranlés par ce sentiment nouveau et inconnu qui venait, à l'aide de cette enivrante poésie et de ce mystère étrange, de pénétrer dans mes veines.

XII

Il n'eût pas été difficile à Amy Strong de voir qu'il se passait quelque chose d'insolite dans ma vie; mais elle était tellement préoccupée de l'affaire qui l'amenait, qu'elle ne parut rien remarquer et qu'elle aborda tout de suite la question.

Dick, — on se rappelle le frère d'Amy Strong, ce jeune garçon qui m'avait succédé dans la garde des moutons de Mme Davidson, qui depuis s'était fait contrebandier, et qui, parti avec nous de Chester, était venu avec nous à Londres; — Dick, dans une de ces presses, à l'aide desquelles l'Angleterre recrute sa marine, venait d'être pris et destiné à faire partie de l'équipage du commodore John Payne.

Il s'agissait d'obtenir de l'officier la libération du jeune homme. On avait dit à Amy Strong que le galant commodore ne savait rien refuser à un joli visage; et alors, Amy Strong avait pensé à moi pour me faire solliciter la faveur qu'elle voulait obtenir.

Elle s'était donc informée de moi chez M. Hawarden, qui l'avait renvoyée chez M. Plowden; M. Plowden avait donné l'adresse de miss Arabell en disant que j'avais disparu, mais que, probablement, on me retrouverait là.

Deux fois dans la soirée elle était venue; mais on lui avait dit que j'étais absente : et, en effet, on se le rappelle, j'étais allée à Drury-Lane. Mais, résolue à me voir, à quelque heure que ce fût, Amy était revenue une troisième fois, et avait tellement insisté, que, quoi qu'il fût près de minuit, on l'avait introduite dans ma chambre.

Elle était arrivée, comme on l'a vu, juste à ce point de la scène où la nourrice appelle Juliette, et elle avait fait une double variante : la première, en m'appelant du nom d'Emma au lieu du nom de Juliette, et la seconde, en me forçant à prendre congé de mon Roméo bien avant le moment où la vraie Juliette prend congé du sien.

J'étais dans cette heureuse disposition d'esprit et de cœur où il semble que l'on ait du bonheur à répandre sur tout le genre humain. Je promis à Amy Strong de m'employer le lendemain à la libération de Dick; et, comme elle ne pouvait rentrer chez elle à une pareille heure, nous lui fîmes un lit sur un canapé, afin qu'elle restât à coucher près de moi, et que, le lendemain, nous pussions faire nos démarches ensemble.

D'après ce qu'avait appris Amy, sir John Payne était à bord de son bâtiment, le *Theseus*, à l'ancre dans la Tamise, entre Greenwich et Londres.

Amy s'était aperçue que, tout au contraire d'elle, j'avais le visage souriant et le cœur joyeux; elle m'avait raconté sa peine, je lui racontai non pas mon bonheur, je n'avais aucune raison de me trouver heureuse, mais j'avais du moins l'imagination occupée par des rêves qui, s'ils ne sont pas le bonheur pour les jeunes filles, en sont au moins le mirage.

Il va sans dire que, tant que nous veillâmes, mon Roméo inconnu fit les frais de la conversation. Je m'endormis le nom de Roméo dans le cœur, et les lèvres sur ma main, à l'endroit où il avait posé les siennes.

Inutile de dire que toute ma nuit ne fut qu'un rêve de feu.

Le lendemain, en ouvrant la porte de ma chambre, je vis une lettre à terre sur le parquet; on l'avait évidemment poussée à l'intérieur par l'ouverture qui se trouvait entre le parquet et la fenêtre ouvrant sur le balcon; elle portait cette suscription : *A Juliette.*

Je l'ouvris, et jetai vivement les yeux sur la signature; le nom de celui qui l'avait écrite pouvait aussi bien être un nom de baptême qu'un nom de famille : elle était signée *Harry.*

Alors, je la lus, ou plutôt je la dévorai.

J'avais à peu près deviné la vérité. Roméo-Harry était mon voisin; il m'avait vue à mon balcon le soir où, me croyant seule avec la nuit et le rossignol qui chantait, j'avais répété la scène de Juliette au balcon; c'était lui qui m'avait applaudie à la fin de la scène et m'avait fait fuir en m'applaudissant. Alors, il avait eu l'idée, le lendemain, de descendre dans le jardin sans plus s'occuper que Roméo du risque qu'il courait en commettant cette imprudence, et de m'attirer à ma fenêtre en disant les premiers vers de la belle scène du jardin.

On sait qu'il avait réussi.

L'explication qu'il me donnait sur lui-même était courte. Il était étudiant à l'université de Cambridge; mais, entraîné, disait-il, vers le théâtre par une irrésistible vocation, il croyait que cette vocation, je la partageais, et il me proposait de courir ensemble les chances de la fortune et de la gloire artistique.

Il me suppliait de ne pas manquer de venir la nuit suivante au balcon pour lui faire une réponse de laquelle, assurait-il, dépendait le bonheur de sa vie future.

J'ai dit que cette lettre, peu faite pour calmer le trouble de mon cœur, était signée Harry.

Elle avait évidemment été écrite après notre scène interrompue; celui qui l'avait écrite avait escaladé mon balcon, et, après s'être assuré que je n'étais pas seule et probablement ne serais pas seule de toute al nuit, l'avait glissée du dehors à l'intérieur.

Cela m'indiquait que je n'étais pas en très-grande sûreté dans mon appartement, pour peu que mon voisin fût audacieux, et que je passerais bientôt, comme la vraie Juliette, de la scène du jardin à la scène du balcon.

Hélas! c'était encore un des périls de ma situation d'arrêter sans effroi mon esprit sur une liaison dans le genre de celle qui m'était offerte. Si Juliette, l'héritière des Capulets, c'est-à-dire de l'une des plus nobles maisons de Vérone, ayant à soutenir l'honneur d'une famille qui l'adorait, qui l'avait élevée avec soin, dans tous les principes de la vertu, dans toutes les exigences de la société, avait, par un de ces entraînements juvéniles où le cœur l'emporte sur toutes les considérations humaines, fait à son amant le sacrifice de sa vertu, de sa réputation, de son honneur, — comment, moi, pauvre fille isolée et sans nom, élevée en quelque sorte par la charité publique, n'ayant jamais connu mon père, mal surveillée par ma mère, qui gagnait son pain de la journée par le travail de toute la journée ; — comment, moi à qui la leçon de l'exemple, la première de toutes, manquait; moi qui ne devais compte à personne de ma conduite; moi qui, en m'abandonnant, ne tachais ni un nom ni une famille ; moi qui, en me perdant ne perdais que moi seule, comment, là où Juliette avait succombé, pouvais-je penser à la résistance?

Aussi n'y pensai-je même pas; aussi ne pensai-je qu'au bonheur de revoir ou plutôt de voir le soir mon Roméo inconnu, car je n'avais pu distinguer son visage dans l'obscurité; seulement, aux intonations de sa voix, j'avais reconnu la jeunesse; à son écriture et à son style, j'avais pu deviner une éducation élégante Quant à être beau, j'étais sûre qu'il l'était; il y avait de sa part, dans toute cette aventure, non-seulement les inspirations de la jeunesse, mais encore celles de la beauté.

Je baisai la lettre et je la mis sur mon cœur.

Pendant ce temps, Amy s'habillait. Nous avions une lieue et demie, à peu près, à faire pour atteindre l'endroit de la Tamise où stationnait la flottille anglaise; mais nous ne devions guère nous présenter chez l'amiral que vers midi; nous avions donc tout le temps de déjeuner à l'hôtel et de partir après le déjeuner.

Je sonnai pour demander si l'on pourrait nous servir ce déjeuner dans mon appartement; le domestique répondit qu'en partant miss Arabell avait donné l'ordre que l'on m'obéît comme à elle-même.

Pendant le déjeuner, on me demanda

si je désirais que l'on mît les chevaux à la voiture : ne voulant pas que l'on sût où nous allions, je refusai, en disant seulement que, selon toute probabilité, je ne rentrerais que le soir. Vers midi, nous partîmes. Plus habituée que moi à toutes les coutumes de Londres, Amy prit une voiture, fit son prix avec le cocher pour le reste de la journée, et nous prîmes le chemin de la Tamise.

Je me laissais, au reste, absolument conduire par Amy; mon esprit était tout entier à l'événement de la veille; à chaque instant, je mettais la main sur mon cœur pour m'assurer que je n'avais pas perdu la lettre de Harry. La seule chose qui jetât un nuage sur ce doux rêve de mon cœur, c'était d'avoir rencontré un simple écolier, un simple artiste, m'offrant de parcourir à son bras la route épineuse de l'art, au lieu d'un beau seigneur m'emportant à la gloire de mistress Siddons et à la fortune de miss Arabell dans une voiture à quatre chevaux.

Mais ce qui était différé n'était pas perdu; le théâtre était un piédestal où la statue de la beauté avait son culte aussi bien que celle du talent, et, comme j'étais sûre d'être belle, — hélas! on me l'avait déjà tant répété, depuis le pauvre Dick, qui le premier me l'avait dit dans les montagnes du duché de Galles, jusqu'à Harry-Roméo, qui me l'avait écrit le matin même! — comme j'étais sûre d'être belle, dis-je, et que j'avais l'espérance d'avoir du talent, c'était une affaire de chronologie et j'avais le temps d'attendre.

On voit que je reste fidèle au programme que je me suis imposé à moi-même en écrivant ma vie, et que je montre le fond de ma pensée aux hommes, qui m'ont déjà jugée trop sévèrement peut-être, comme à Dieu, qui, je l'espère, me sera plus indulgent au jour de ma mort.

Si j'écrivais un roman, je pourrais intervenir ou changer les événements, pallier mes torts et excuser mes fautes; mais j'ai intitulé ce livre : *Ma Vie*. Je n'ai donc le droit de rien changer aux événements de *ma vie;* je dois les dérouler dans leur ordre et dans leur sincérité. J'avoue que, comme roman écrit d'une main humaine, ce livre serait mal fait et, ce qui est bien pis, serait mal pensé; car, rêve de l'imagination, il ne pourrait avoir aucune influence sur la vie des autres; mais il n'en est point ainsi. Je détache une page d'histoire du grand livre universel de l'humanité, écrit par la plume de fer du destin, qui m'a fait passer, comme un météore fatal, à travers mon siècle et exercer une influence néfaste sur mes contemporains. Je dois tout dire, même mes mauvaises pensées, comme je dois tout révéler, même mes mauvaises actions; ce sont les unes qui conduisent aux autres. Ma seule excuse est de n'avoir rien voulu, rien préparé, rien machiné d'avance de tout ce qui m'est arrivé; mais, au contraire, d'avoir toujours cédé à un entraînement déterminé par des causes indépendantes de ma volonté, et surtout plus fortes qu'elle.

Puis, le dirais-je? — oui, car je dois tout dire, même ce qui peut servir à ma défense, — mes pires actions ou plutôt les pires événements de ma vie ont presque toujours eu une bonne intention, un excellent principe; et celle que j'entreprenais dans ce moment même, qui devait amener ma première faute, et me conduire par elle, des abîmes les plus sombres et les plus profonds de la société, à ses sommets les plus rayonnants, celle que j'entreprenais avait un but louable et était dictée par l'humanité, puisque c'était pour sauver le frère de mon amie du sort le plus redouté d'un libre Anglais. Et, maintenant, pourquoi y mettais-je tant d'empressement, tant d'âme, tant de cœur? Peut-être n'était-ce au fond que parce que Dick m'avait dit le premier et sans restriction que j'étais belle.

J'étais restée tellement absorbée dans mes réflexions, que je n'avais la conscience ni du chemin que nous avions fait, ni du temps que nous avions mis à le faire, lorsque la voiture s'arrêta.

Nous étions au bord du fleuve, à quelque distance d'un magnifique bâtiment de guerre.

Etions-nous attendues? Je ne le sais, et, depuis, j'ai souvent eu cette idée que tout était arrangé d'avance entre Amy et sir John Payne; mais à peine avions-nous mis pied à terre, qu'une barque montée par six rameurs se détacha du *Theseus*, et nagea vers nous. Tout était si nouveau pour moi, et je passais à travers tant d'émotions diverses, que ce détail m'échappa dans le moment, et que, depuis, seulement, j'y songeai.

En un instant nous fûmes à bord du bâtiment.

Une des premières choses que je vis en montant l'échelle fut le pauvre Dick, déjà en costume de marin, qui, s'approchant de moi, me dit d'une voix piteuse :

— Ah! mademoiselle Emma, ayez pitié du pauvre Dick!... son sort est entre vos mains.

Je ne pouvais pas trop comprendre comment je disposais d'une si grande puissance; mais le malheureux garçon avait l'air si triste, que je lui promis de faire tout ce qui serait en mon pouvoir.

Un midshipman le repoussa brutalement, et nous conduisit à la cabine du commodore.

Cette cabine était un des boudoirs les plus élégants que j'aie jamais vus, même au temps où je passais ma vie dans les boudoirs d'une reine; le tapis en était composé de magnifiques peaux de tigres, et la tenture des plus beaux cachemires de l'Inde; en se soulevant, ces cachemires laissaient voir des trophées d'armes tirés des plus riches bazars de l'Orient. Le siége sur lequel le commodore était assis, ou plutôt couché, était un divan turc brodé de fleurs d'or, comme on en rêve seulement sur les rives du Bosphore et du Gange; la base sur laquelle il reposait était deux canons de bronze brillants comme de l'or: dans les jours ordinaires, ils disparaissaient complétement sous l'étoffe; les jours de combat, on enlevait les cachemires qui mettaient à nu les trophées, les coussins du divan qui découvraient les canons, et l'on passait, du boudoir d'une petite-maîtresse, à l'arsenal d'un commodore anglais.

Sir John Payne, enveloppé d'une robe de chambre d'étoffe chinoise, était occupé à lire lorsque nous entrâmes.

Il se tourna de notre coté avec la nonchalance d'un homme qui reçoit une visite inattendue; puis, voyant deux femmes, il se leva.

Je jetai sur lui un rapide regard qui, si rapide qu'il fût, me suffit à tout voir.

Sir John Payne était un bel officier de trente à trente-cinq ans, qui évidemment devait le grade que si jeune il occupait bien plutôt à sa naissance et à sa fortune qu'aux campagnes qu'il avait faites. Tout sur lui comme autour de lui annonçait le luxe; le couteau avec lequel il coupait son livre était de vermeil; ses doigts étaient chargés de bagues, et une montre posée près de lui était enrichie de son chiffre en diamants. Il exhalait pour ainsi dire un parfum de suprême aristocratie.

Amy, tout en sanglotant, — elle avait un admirable secret pour trouver des larmes, — se jeta à ses pieds ou plutôt voulut s'y jeter; mais il la retint et lui demanda quelle cause l'amenait.

Elle, comme si les sanglots lui coupaient la voix, m'attira par la main et me fit signe de parler à sa place.

Ce fut alors seulement que l'amiral parut faire attention à moi, me regarda, sembla émerveillé de ma beauté et me fit asseoir près de lui.

Amy resta debout, le visage caché par son mouchoir, et me disant d'une voix étouffée;

— Parle! parle! Sa Seigneurie t'écoutera bien mieux que moi!

XIII

J'étais moi-même fort troublée, et, d'une voix émue, j'expliquai à l'amiral l'objet de notre visite, lui affirmant qu'il acquerrait des droits éternels à ma reconnaissance, s'il me donnait le congé du pauvre Dick.

Soit qu'il le crût effectivement, soit qu'il voulût m'adresser une flatterie, l'amiral me demanda quel motif une personne de ma condition pouvait avoir de s'intéresser à un garnement comme celui dont je venais lui demander la libération.

Je lui répondis alors, avec une humilité mêlée d'un certain orgueil, que je n'étais pas une personne de *condition*, que j'étais une pauvre paysanne compatriote de Dick.

Il prit ma main, la regarda et secoua la tête d'un air de doute.

En effet, mes mains, dont, avec une coquetterie qui chez moi devançait l'âge, j'avais toujours eu le plus grand soin, étaient fort belles.

— Ces mains-là, me dit-il en riant, ne sont pas des mains de paysanne.

J'affirmai à l'amiral qu'il se trompait.

— Alors, dit-il en tirant de son petit doigt un diamant qu'il passa à celui de mes doigts qui correspondait à la grosseur du sien, il n'y manque que cette bague pour en faire des mains de duchesse.

Je me sentis rougir jusqu'aux yeux, encore plus de plaisir que de honte. Cependant, quoique ma main me parût bien autrement belle avec l'ornement qu'elle venait de recevoir, je voulus rendre à l'amiral la bague qu'il m'offrait si galamment; mais il retint ma main dans la sienne, en me disant que, si je persistais dans mon refus, j'eusse à prendre garde que lui aussi ne persistât dans le sien.

Je jetai les yeux sur Amy; elle me regarda, à travers ses larmes, d'un œil si suppliant, que je n'eus pas le courage de faire une plus longue résistance.

Je gardai la bague.

Alors, Amy parut reprendre courage.

— Et mon pauvre Dick? demanda-t-elle.

— Ecoutez, répondit l'amiral. Je ne suis plus seul à décider de la question; je puis proposer le congé, mais je dois le faire accepter par l'Amirauté.

— Oui, dis-je en prenant les mains de John Payne; mais, demandé par vous, ce congé sera accordé, n'est-ce pas?

— Je l'espère.

— Dites que vous en êtes sûr.

— Je ferai tout ce que je pourrai pour vous être agréable, dit l'amiral en s'inclinant courtoisement.

— Oh! si vous réussissez, m'écriai-je je vous serai si reconnaissante!

— Est-ce bien vrai, ce que vous me dites là? demanda l'amiral en me regardant fixement et d'un œil, sinon plein d'amour, du moins plein de désir.

Je rougis et baissai la tête sans répondre.

Il me sembla, alors, lui voir échanger un regard avec Amy; mais le regard d'Amy pouvait, comme le mien, être un regard de prière.

— Ecoutez, reprit-il; je vais vous donner une preuve de ma bonne volonté. Aujourd'hui même, j'irai à Londres, et ferai les démarches nécessaires.

— Oh! que vous êtes bon! m'écriai-je.

— Et, demanda Amy, quand et où aurons-nous la réponse?

— Il y a une chose bien simple, dit l'amiral : attendez-la.

— Ici? demandai-je avec hésitation; car je songeais à mon rendez-vous du soir.

— Non, à Londres, dans ma maison de Piccadilly.

Je regardai Amy en l'interrogeant.

— Demandez à Emma, dit-elle; moi, je suis aux ordres de Votre Seigneurie.

— J'attendrai où il vous plaira, milord, répondis-je, dans l'espérance que la réponse sera bonne. Seulement..., ajoutai-je.

— Seulement? répéta l'amiral.

— Je dois être rentrée à dix heures du soir.

— Vous serez la maîtresse de vous retirer quand il vous plaira; mais, comme la réponse peut se faire attendre et me retenir moi-même assez tard, vous allez prendre une tasse de thé et un gâteau; après quoi, je vous rends votre liberté et vous demande la mienne : ce que je ne ferais certes pas si je ne vous quittais pour vous rendre un service.

Il frappa sur un timbre chinois, qui rendit un son prolongé et vibrant.

Un domestique entra.

— Le thé! demanda-t-il.

Sans doute les ordres étaient donnés d'avance, car presque aussitôt le domestique rentra portant un plateau couvert de pâtisseries qu'il posa sur une table.

— Voyons, ma belle solliciteuse, faites-nous les honneurs du thé, me dit l'amiral.

J'obéis, un peu rougissante, un peu embarrassée, et versai une tasse de thé que je lui offris, la lui présentant d'une main, lui présentaut le sucre de l'autre, et lui faisant une petite révérence de pensionnaire.

— En vérité, me dit sir John, on ne m'avait rien dit de trop, et vous êtes adorable!

Je jetai un regard de reproche à Amy; ce qui venait d'échapper à l'amiral me prouvait que ma visite était, non pas prévue, comme je le croyais, mais attendue.

— Lui en voulez-vous, de m'avoir dit qu'elle avait pour amie la plus belle créature de la terre, et m'en voulez-vous, à moi, d'avoir désiré vous voir? Vous seriez bien cruelle; car vous eussiez, en refusant de venir, fait, de votre ami Dick, un matelot, état qui ne me paraît pas être sa vocation, et vous ne m'eussiez pas permis de me dire votre serviteur, ce qui me paraît être la mienne.

Je ne savais que répondre à cette courtoisie si facile, mais assez peu respectueuse. Il me tendait sa tasse, pour que j'y laissasse tomber quelques gouttes de crème, et il put voir combien ma main tremblait.

— Quoi! dans un même objet, vertu, délicatesse et pudeur... sans compter la beauté, la jeunesse! murmura-t-il.

Je le regardai étonnée.

— Vous n'avez pas vu jouer *Hamlet?* me demanda-t-il.

— Non, répondis-je.

— Eh bien, ce que je viens de vous dire, c'est ce qu'Hamlet dit à Ophélie, quand il est étonné de voir tant de grâce, d'amour et de pudeur réuni dans la même femme.

Je secouai la tête.

— Et, continua sir John, comme Ophélie ne croit pas à l'amour du prince de Danemark, il ajoute :

Doutez qu'au firmament l'étoile soit de flamme;
Doutez que dans les cieux marche l'astre du jour;
La sainte vérité, doutez-en dans votre âme;
Doutez de tout enfin, mais non de mon amour!

Sir John prit mes mains, et, donnant à sa voix la plus tendre expression :

Mon cœur n'est point, pour moi, matière à poésie;
Je ne mets point mes pleurs en vers de fantaisie;
Mais laissez-moi vous dire humblement, simplement :
Je vous aime d'amour! je vous aime ardemment!
Et, jusqu'à ce que l'âme à ce cœur soit ravie,
Cet Hamlet qui vous parle est à vous, — chère vie

— Et que répond Ophélie à ces vers?

Sir John se leva.

— Hamlet, dit-il, ne lui laisse pas le temps de répondre; il sort, s'en rapportant au cœur de celle qu'il aime de parler pour lui, même en son absence.

— Vous nous quittez? demandai-je à sir John.

— Je ne trouverais pas les lords de l'Amirauté passé trois heures, et je veux avoir du moins le mérite de tenir ma promesse, et, bonne ou mauvaise, de vous rendre une réponse aujourd'hui.

— Et nous? demanda Amy.

— Vous, dit sir John, vous aurez la bonté de m'attendre à Piccadilly, où mon domestique vous accompagnera.

— Donnerez-vous, en attendant, congé pour vingt-quatre heures au pauvre Dick?

— Oui, pourvu, dit sir John en riant, que miss Emma m'engage sa parole que le drôle ne désertera point, auquel cas miss Emma répondrait de lui corps pour corps.

— Tu entends, Emma? dit Amy.

Je tendis la main à sir John.

— Je vous engage ma parole, milord, lui dis-je.

— Maintenant, fit l'amiral, je ne souhaite qu'un chose, c'est que le drôle se sauve au bout du monde! Venez-vous avec moi, et voulez-vous que je vous mette à terre?

— Nous étions venues, dis-je, à bord de ce bâtiment pour milord, et, du moment que milord le quitte, nous n'avons plus aucune raison d'y rester.

Sir John frappa une seconde fois sur le timbre, le même domestique reparut.

— La yole! dit l'amiral.

— Elle est prête, milord.

— Vous venez à terre avec nous et vous conduirez ces dames à Piccadilly. Le souper à sept heures.

Je voulus faire une observation sur ce souper à sept heures; mais sir John ne m'en laissa pas le temps, et, m'offrant son bras, me conduisit à l'escalier.

Tous les officiers étaient rangés en double file, de l'escalier de la cabine à l'échelle du bâtiment.

Je baissai non-seulement les yeux, mais aussi la tête; tous ces regards pesaient en quelque sorte sur mon front et le courbaient sous leur poids.

Je me trouvai dans la yole sans savoir comment j'y étais descendue; j'entendis la voix de sir John ordonnant à Dick de nous suivre; puis la barque se détacha du bâtiment légère comme un oiseau, et s'avança vers la terre.

A terre, la voiture de sir John l'attendait; à côté stationnait notre humble fiacre.

— Vous n'allez pas rentrer à Londres là dedans? nous dit-il.

— Mais dans quoi voulez-vous que nous y rentrions? lui demandai-je.

— Piccadilly est sur mon chemin; je vous déposerai en passant.

Il fit un signe à son domestique, qui alla payer le fiacre; puis il ouvrit lui-même la portière de sa voiture et me fit monter la première, pendant qu'Amy échangeait quelques mots avec Dick, pour lui donner un rendez-vous où elle pût lui rendre compte du résultat des démarches de sir John.

Dick, moins fier que nous, s'empara du fiacre et se fit ramener triomphalement à Londres.

Sir John s'assit sur le devant, nous cédant les deux places du fond; le domestique monta près du cocher; la voiture partit, me ramenant — singulière condition de ma destinée! — plongée dans d'autres rêves que ceux avec lesquels j'étais partie.

Oh! c'était bien pour moi que la vie avait pour symbole une roue tournant sans cesse; seulement, dans quel sens tournait cette roue? était-ce pour m'élever? était-ce pour m'abaisser?

Avais-je monté depuis le jour où j'étais la bergère de mistress Davidson? avais-je descendu?

J'étais si profondément plongée dans cette rêverie, qu'à peine sentis-je que sir John s'emparait de ma main; je la laissai inerte dans les siennes.

Au bout d'une demi-heure, la voiture s'arrêta; nous étions à Piccadilly.

La portière s'ouvrit, sir John descendit le premier pour nous offrir la main. J'étais reconnaissante à un *gentleman* de nous traiter nous-mêmes en duchesses; par un mouvement involontaire, je pressai la main qui m'était tendue.

— Merci! murmura-t-il à voix basse.

Je retirai vivement ma main.

Il me regarda avec un certain étonnement; mais il vit, à mon sourire, qu'il n'y avait rien de bien offensif pour lui dans le retrait de cette main.

Il était plus de trois heures; il n'avait pas un instant à perdre, s'il voulait arriver à temps à l'Amirauté. Il remonta dans sa voiture, et nous, guidées par le domestique, nous entrâmes dans la maison.

Cette maison, située à moitié chemin, à peu près, de Londres et de la station de sir John Payne, était un charmant petit hôtel meublé avec la plus grande élégance, et n'ayant pour propriétaire ou locataire que l'aristocrate protecteur de Dick.

Le laquais qui nous avait été laissé pour introducteur, nous conduisit chacune dans notre chambre.

En entrant dans la mienne, je m'arrêtai,

cherchant dans mes souvenirs où j'avais déjà vu cette chambre.

Il y avait quelque chose d'impossible dans la réalité de cette vision ; mes courses ne m'avaient jamais conduite du côté de Piccadilly, et l'on sait qu'en venant à Londres, j'y venais pour la première fois.

J'étais devant une grande glace à cadre d'or, dans une chambre élégante, avec des rideaux de soie bleu de ciel, et des meubles de toilette et une commode en bois de rose. J'avais sous mes pieds un tapis turc, sur ma tête un plafond avec des fresques que l'on eût cru sorties du pinceau de Boucher ou de Vatteau.

A coup sûr, j'avais vu cette chambre.

Je me laissai aller dans un fauteuil de soie pareille aux rideaux, et, cette couleur bleue me conduisant par analogie à ma première robe de pensionnaire, je me revis assise, avec cette robe, près de la source de la colline, où paissaient les brebis de Mme Davidson, le jour où Dick m'avait dit : « Regardez-vous dans nos sources, mademoiselle Emma; un jour, vous irez à la ville, et vous vous regarderez dans de grandes glaces à cadre doré, comme celle qui est à la porte de la boutique du marchand de Hawarden. » Conduite jusque-là par le fil de mes souvenirs, je me rappelai tout.

Cette chambre, cette glace, ces tapis turcs, ces rideaux bleus comme ma robe de pensionnaire, hélas! si loin de moi, oui, je l'avais vue dans un rêve de mon enfance, et voilà que, sept ou huit ans écoulés, je la retrouvais en réalité!

Et Dick, qu m'avait fait la prédiction, était cause que la prédiction se réalisait. Etrange enchaînement de circonstances, qui enracinaient dans mon cœur cette idée fatale, qu'un pouvoir plus puissant que ma volonté disposait de ma destinée, et que c'était en vain que je tenterais de m'opposer à l'entraînement de ce pouvoir.

Amy Strong entra dans ma chambre au bout d'une demi-heure, à peu près, et me trouva dans le même fauteuil où j'étais tombée en y entrant. Ma rêverie parut l'inquiéter, et elle essaya de m'en tirer en me parlant de sir John Payne, de sa bonté pour Dick, de sa courtoisie pour nous.

Je me contentai de sourire sans répondre. Je comprenais le but de cette courtoisie, le calcul de cette bonté, et je sentais instinctivement que mon honneur serait la rançon de Dick.

Par ma heur, sir John Payne était jeune, était beau, était riche; par malheur, il était courtois et paraissait bon. Tout concourait donc à me perdre, jusqu'aux bons instincts de mon propre cœur, qui me portaient à sauver Dick et à consoler Amy.

A cinq heures, une voiture s'arrêta devant la porte; je tressaillis. Amy courut à la fenêtre et s'écria : Je n'avais pas eu besoin de courir à la fenêtre pour sentir que c'était sir John qui rentrait.

Un instant après, la porte s'ouvrit et il parut tout joyeux.

— Que me donnerez-vous, miss Emma, me dit-il, si je vous apporte une bonne nouvelle pour votre protégé ?

— Que puis-je vous donner, milord, répondis-je en me levant et en lui tendant les deux mains, sinon les remercîments d'un cœur plein de reconnaissance pour vos bontés ?

— C'est bien, dit-il, je prends les remercîments d'abord; nous règlerons nos comptes plus tard.

— Vous avez donc réussi, milord ? demanda Amy.

— Du moins, je suis en bonne voie de réussir. On m'a promis le congé de votre frère pour ce soir. Nous l'attendrons, si vous voulez bien, à table. Vous devez mourir de faim; à peine avez-vous, du bout des dents, touché à un gâteau. Et moi, de mon côté, j'avoue que les courses que je viens de faire m'ont donné grand appétit.

J'allais faire une observation sur la nécessité où j'étais de retourner à Oxfort-street, lorsque le domestique entra et annonça que milord était servi.

Sir John Payne s'empara de mon bras, et. m'entraînant vers la salle à manger, de plain pied avec ma chambre :

— Allons, allons, mes belles convives, à table ! dit-il.

Le jour commençait à s'affaiblir, et, de la demi-obscurité de la chambre, augmentée par l'épaisseur des rideaux, nous passâmes dans une salle à manger resplendissante de lumières qui se reflétaient dans le cristal des verres et dans le poli de l'argent et du vermeil.

On eût, en vérité, dit un souper préparé par la main des fées pour leur roi Obéron et pour leur reine Titania : l'atmosphère était tiède et tout imprégnée d'un parfum âcre et doux à la fois, et qui semblait vous pénétrer par tous les pores.

A la vue de tout ce luxe, à l'impression parfumée de cette atmosphère, il se fit en moi comme un subit enivrement ; je me sentis presque défaillir, mes jambes tremblèrent, ma tête se pencha sur mon épaule. Sir John me sentit peser sur son bras, et, voyant, à la langueur de mes yeux et à la courbe de mon corps, ce qui se passait en moi :

— Vous êtes de l'espèce des sensitives, me dit-il : femme et fleur tout à la fois. Heureux celui qui respirera le parfum de la fleur et qui cueillera le mot amour sur les lèvres de la femme!

Je poussai un soupir, et, toute chancelante, il me conduisit à ma chaise et s'assit près de moi.

La fascination de la richesse a toujours été aussi grande sur moi que l'horreur de la misère. Suis-je donc réellement d'un sang aristocratique, et tous mes efforts tendent-ils à reprendre le niveau détruit par ma naissance illégitime? Ma vie n'a été, sous ce rapport, qu'un long enivrement, et, quand je n'ai plus rien eu à demander au rang et à la fortune, j'ai eu, riche et grande dame, l'éblouissement de la gloire, comme j'avais eu, pauvre fille, celui de l'aristocratie et de la richesse.

C'était la première fois que je m'asseyais à une table richement servie; c'était la première fois que les verres, comme des diamants, aveuglaient mes yeux de leurs reflets de flamme; c'était la première fois enfin que je trempais mes lèvres dans ce vin mousseux de France, qui, pareil à celui de l'antiquité, semble pressé par les mains des bacchantes dans la coupe du plaisir.

Rien de tout cela n'était capable de me faire revenir de mon éblouissement, de calmer le sang qui courait plus rapide dans mes veines, d'éteindre le feu qui montait par bouffées de ma poitrine à mon front. En m'asseyant à la table, j'étais déjà ivre de parfums et de lumières.

Au dessert, un domestique entra portant une dépêche à large cachet.

Sir John décacheta la dépêche, s'assura que c'était bien le congé de Dick et le remit à Amy.

Amy se leva aussitôt, et, sous prétexte de ne pas tarder plus longtemps à apprendre cette bonne nouvelle à Dick, elle demanda à se retirer.

Sir John ne s'y opposa aucunement, louant, au contraire, cet élan d'une bonne sœur.

Je compris que toute ma vie à venir dependait des cinq minutes qui allaient s'écouler. Voyant Amy se lever, je me levai aussi. Sir John ne s'opposa nullement au mouvement que je fis; seulement, j'avais à prendre dans ma chambre, ma mante et mon chapeau; je fis un effort de volonté, bien décidée à m'arracher à la séduction, et je m'élançai vers la chambre, que je trouvai doucement éclairée par une lampe d'albâtre.

Rien de plus ravissant que cette chambre, vue à cette douce lumière, qui semblait celle de la lune dans une belle nuit d'été. Je restai un instant muette, immobile, ravie, luttant avec le désir de rester et celui de suivre Amy. Je compris alors qu'il me fallait chercher un appui en dehors de moi. — Je mis la main sur mon cœur, j'y cherchai et j'y trouvai la lettre de Harry.

Je respirai alors et voulus m'élancer hors de la chambre; mais derrière moi la porte s'était refermée, et, perdue dans les moulures de la boiserie, était devenue invisibe. On eût dit que la magie était entrée dans mon existence et m'avait poussée dans un palais de fée.

Je me retournai pour sonner; mais, entre moi et la cheminée, sir John était debout, les bras ouverts, et murmurant à voix basse le mot :

— Ingrate!

A sa voix, le vertige mal apaisé se réveilla, un nuage de flamme passa devant mes yeux, et je tombai dans les bras qui m'étaient ouverts.

Je vous remercie, mon Dieu, d'avoir permis que ma première faute fût une chute dans le dévouement et la bonté, et non dans la cupidité ou dans la débauche!

FIN DU PREMIER VOLUME.

I

J'étais la maîtresse de sir John Payne.

Ici va commencer la série des événements les plus tristes, mais non pas peut-être les plus conpables de ma vie; j'en ai promis la confession entière à Dieu et aux hommes, et je la ferai sincère pour prouver que je la fais repentante.

Si le regret d'une faute ne naissait au cœur qu'à la suite des désagréments ou des préjudices matériels qu'elle entraîne, rien ne me ferait regretter, je ne dirai pas ce premier amour, — je n'ai réellement aimé qu'une fois dans ma vie, — mais ce premier entraînement. Sir John, au demeurant, était un digne gentilhomme, noble, généreux, courtois, et, pendant les cinq ou six mois que durèrent notre liaison, je n'eus qu'à me louer de lui.

La petite maison de Picoadilly fut la mienne; et, lorsqu'il y venait, — ce qui arrivait toutes les fois que les devoirs de son service lui en laissaient le loisir, — il avait l'air de venir chez moi et non pas chez lui. Les domestiques et la voiture furent à mes ordres, et, par le respect que me témoignaient les serviteurs, je jugeai de celui qu'avait pour moi le maître.

En faisant dans les meubles de ma chambre cette revue de curiosité que les femmes ne manquent jamais de faire dans l'appartement qu'elles occupent, j'avais trouvé, dans une bourse à mon chiffre, cinq ou six cents livres sterling, et, dans un écrin, une parure de turquoises entourées de diamants.

Du moment où je reconnus que cet argent m'était destiné, j'en fis deux portions égales : l'une pour ma mère, l'autre pour moi; et j'envoyai à ma mère — mais sans lui dire ni où j'étais, ni d'où me venait cet argent — la part que je lui avais réservée.

C'est une de mes consolations, aujourd'hui que je suis menacée d'une vieillesse triste et malheureuse, de penser que, du moins, du haut de ma fortune ou de ma honte, je n'ai jamais oublié un instant d'aider au bien-être matériel de l'humble femme à laquelle je dois cette vie qui fut tout à la fois pour moi si brillante et si douloureuse.

Au reste, j'eusse été parfaitement heureuse sans deux préoccupations : l'une, c'est ce qu'avait dû penser mon Roméo inconnu en m'attendant vainement, le soir, au pied de mon balcon; l'autre, c'est ce qu'avait dû dire miss Arabell à son retour, en ne me trouvant plus chez elle.

J'avais, en effet, une étrange manière de quitter ceux qui m'avaient fait ou qui m'avaient voulu du bien, et qui devait laisser dans leur esprit une singulière opinion de moi.

Pendant quelques jours, une espèce de honte me tint enfermée à Piccadilly. J'y reçus, le surlendemain de mon installation, la visite d'Amy et de Dick. La toilette de tous les deux me fit soupçonner qu'ils avaient eu part aux libéralités de l'amiral.

Enfin, sir John Payne obtint de moi que je sortisse. Le théâtre était toujours ma passion dominante; il prit une loge à Drury-Lane.

Il choisit, pour m'y conduire, le jour où l'on jouait *Hamlet*. J'entendis avec une certaine émotion passer les vers qu'il m'avait dits à bord du *Theseus*, et, reliant mon sort à celui d'Ophélie, j'attachai toute mon âme aux malheurs de la fille de Polonius.

Les deux scènes de folie furent pour moi ce qu'avaient été les deux scènes du jardin et du balcon de *Roméo et Juliette*. Je rentrai, ne parlant que d'Ophélie; je passai la nuit à rêver d'Ophélie et à redire les lambeaux de vers que j'en avais retenus.

Il n'y avait pas de Shakspeare dans la petite bibliothèque de Piccadilly; mais sir John en avait un à bord du *Theseus*, et, comme il devait y aller dans le courant de la journée, il promit d'emmener avec lui un de mes domestiques et de me renvoyer le volume par cet homme.

J'attendis mon Shakspeare avec la même impatience qu'une autre femme eût attendu des bracelets ou un collier; je l'arrachai plutôt que je ne le pris des mains du domestique, je m'enfermai dans ma chambre, et je me plongeai dans cet océan de poésie.

Le soir, je savais par cœur les deux scènes de folie, et, comme j'avais retenu les airs tantôt tristes, tantôt gais, avec lesquels Ophélie visite son amant le jour de la saint Valentin, ou sème des fleurs sur la tombe de son père, je pus reproduire, avec ce talent mimique que j'ai toujours eu, non-seulement jusqu'aux gestes, mais encore jusqu'aux intonations de voix que j'avais vues et entendues la veille.

Tout cela se passait pour moi seule et devant cette grande glace à cadre doré qui m'avait été prophétisée par Dick.

Une seule chose me manquait : c'était un costume. Au reste, celui d'Ophélie bien simple, puisqu'il consiste en une longue robe blanche, était facile à faire.

Je résolus de m'en passer la fantaisie.

Le soir, à souper, je demandai à sir John la permission de sortir le lendemain.

Il me regarda avec étonnement.

— La permission? me dit-il. Croyez-vous donc avoir besoin de ma permission pour sortir?

— Non, lui dis-je, et cependant je ne fusse pas sortie sans vous le dire.

— Puisque vous avez cette bonté, voulez-vous me faire la confidence jusqu'au bout et me dire pourquoi vous sortez?

— Je sors pour acheter des étoffes, lui dis-je.

— Pourquoi ne faites-vous pas venir votre couturière?

Je me mis à rire.

— Parce que je compte faire ma robe moi-même, lui répondis-je.

— Prenez les adresses des meilleurs marchands, au moins.

— Inutile! je trouverai ce que je cherche chez le premier venu; je ne sais même à quoi tient que je n'envoie ma femme de chambre à ma place... et c'est ce que je ferai, si vous consentez à m'accompagner ailleurs.

— Partout où vous me conduirez, ma

chère Emma, je me croirai sur la route du paradis. Je serais donc bien fou de refuser.

— Alors, c'est convenu; après le déjeuner, j'envoie ma femme de chambre par la ville.

— Et nous, nous allons?...

— Par les champs, s'il vous plaît. J'ai des goûts champêtres pour demain.

— Et à quelle heure notre excursion?

— Après le déjeuner, s'il plaît à Votre Seigneurie.

Tout fut arrêté sur ces bases; le lendemain, à peine levée, j'envoyai ma femme de chambre chercher une pièce d'étoffe de la plus belle laine blanche qu'elle pourrait trouver; plus, un grand voile de tulle noir.

Sir John m'écoutait donner mes ordres sans rien comprendre à mes intentions, et mourait évidemment d'envie que je lui découvrisse un petit coin de mon secret; mais je restai bouche close.

Après le déjeuner, nous montâmes en voiture, et je donnai l'ordre de nous conduire hors de la ville, dans les champs les plus voisins; seulement, les champs les plus voisins de Londres sont encore assez éloignés, et il nous fallut plus d'une heure pour que je trouvasse ce que je cherchais.

Enfin je fis arrêter la voiture et je descendis.

— Dois-je vous suivre? demanda sir John.

— Certainement, répondis-je; vous devez non-seulement me suivre, mais encore m'aider.

— A quoi?

— Vous allez voir.

J'entrai dans la prairie et me mis à cueillir des bleuets, des boutons d'or et de la folle avoine.

Sir John me regardait faire et faisait comme moi.

Lorsque nous eûmes chacun une gerbe de fleurs champêtres, je remontai en voiture.

— Voilà une étrange idée, me dit sir John, quand vous pouvez aller prendre les plus belles fleurs chez les premiers jardiniers de Londres, de venir ici faire cette moisson de foin.

— Ne vous ai-je pas dit que j'étais une simple paysanne, et les fleurs des champs ne doivent-elles pas l'emporter dans mon esprit sur les fleurs des villes?

— Aurais-je l'infortune que vous regrettiez le temps où vous étiez une nymphe des prairies du Flitshire au lieu d'être une des divinités de Londres?

— Non, mon cher lord, quoique ma divinité soit fort contestable, n'étant reconnue que par un seul adorateur.

— Oh! quant à cela, répondit sir John, il vous suffira de paraître pour que votre culte devienne universel; quand il a pris la fantaisie à Vénus de régner sur le monde, elle est sortie de la mer, et tout a été dit.

— Me donnez-vous le conseil, lui demandai-je en riant, d'apparaître à mes futurs sujets dans le même costume que miss Aphrodite?

— Non, par ma foi! la chose a trop mal réussi au roi Candaule pour que je renouvelle l'épreuve.

Vers trois heures, nous rentrâmes à Piccadilly; sir John me déposa à la porte avec ma liasse de *foin*, comme il disait, et continua son chemin, ayant affaire à l'Amirauté.

Je trouvai ma femme de chambre de retour avec les emplettes commandées par moi; je lui avais ordonné de ramener avec elle une ouvrière; l'ouvrière attendait.

Je me rappelai la coupe de la robe d'Ophélie; j'en corrigeai ce que je trouvais de moins gracieux, et, avec cette prodigieuse habileté que j'eus toujours, je ne dirai pas à m'habiller, mais à me costumer, je taillai moi-même ma tunique, promettant deux livres à partager entre l'ouvrière et ma femme de chambre, si le soir, à neuf heures, la robe était faite ou seulement faufilée.

Toutes deux se mirent à l'instant même à l'ouvrage dans l'espoir de la récompense.

Quant à moi, je fis un choix de mes fleurs des champs, que je laissai tremper dans l'eau, pour qu'elles fussent fraîches encore le soir.

A six heures, sir John rentra.

Il revenait tout joyeux : il avait été demander un congé de deux mois qui lui était accordé; ces deux mois, il voulait me les consacrer entièrement.

Sans aimer sir John dans le sens absolu que l'on accorde au mot amour, j'avais pour lui une affection pleine de reconnaissance, non pas à cause du luxe dont il m'avait entourée, mais pour sa courtoisie envers moi, mon orgueil aristocratique étant plus touché des formes dont on enveloppait le bienfait que du bienfait lui-même.

Sir John m'avait demandé la permission de ne retourner que le lendemain au *Theseus*, et, comme on le pense bien, je la lui avais accordée; je lui dis même que, pour le recompenser ou le punir, selon qu'il voudrait prendre la chose, de son ambition exagérée, je lui ménageais une surprise.

A neuf heures, effectivement, je demandai à sir John la permission de rentrer dans ma chambre pour quelques instants.

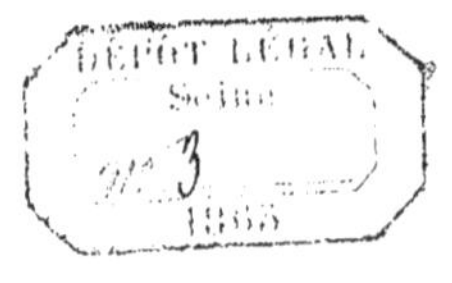

Il me demanda à son tour en riant si cette éclipse se rapportait à la surprise en question; je le laissai dans l'indécision.

Ma robe était prête.

Je dénouai mes longs cheveux, je tressai une de ces couronnes comme j'en faisais étant enfant pour me regarder dans les sources, je revêtis ma longue robe qui laissait voir une partie de ma poitrine et mes bras nus, je rappelai tous mes souvenirs, auxquels je joignis toutes mes inspirations, et j'ouvris la porte du salon.

J'allais pour la première fois juger de l'influence que ma beauté enveloppée du double prestige de l'art mimique et de la poésie, pouvait exercer sur les hommes.

Il est vrai que *l'homme* qui, en ce moment, représentait pour moi *les hommes*, était fort prévenu en ma faveur et ne devait pas faire loi pour le reste de l'humanité; cependant, je ne me hasardai point sans avoir jeté un long et dernier regard sur la fameuse *glace à cadre doré*.

Le compliment qu'elle me fit fut si complet, que je ne doutai plus, et que j'entrai hardiment.

Sir John était justement adossé à la cheminée, le visage tourné du côté de la porte.

A mon apparition, il jeta un cri de surprise et d'admiration.

J'avais réussi dès mon début.

C'était un grand encouragement, comme on le comprend bien.

Je commençai aussitôt la chanson, moitié gaie, moitié triste, qui ouvre la scène de folie :

L'amour sincère, à quels gages
Le reconnaîtrai-je donc?
A-t-il sandale et bourdon
Et chapeau de coquillages?

Sir John étendit les bras vers moi; mais je fis semblant de ne pas le voir, et, les yeux perdus dans l'espace, je continuai avec un redoublement de tristesse :

Mort en sa jeune saison,
On l'a mis au cimetière;
A sa tête est une pierre;
A ses pieds, un vert gazon.

Sir John applaudit.

Je poussai ce long cri plaintif que j'avais entendu jeter à l'artiste qui jouait Ophélie, et, avec des sanglots dans la voix, je continuai :

Son linceul, blanc comme neige,
Etait parsemé de fleurs,
Qu'arrosaient avec des pleurs
Les vrais amants du cortége.

Sir John fit un pas vers moi.

Alors seulement, je fis semblant de le voir et lui dis les vers que, dans la tragédie, Ophélie adresse au roi :

Que le Seigneur vous garde! On dit que la chouette
Était fille autrefois du boulanger .. Pauvrette!
Hélas! je reconnais aujourd'hui mon chemin;
Mais qui pourra me dire où je serai demain?

Puis, sans transition, passant de la mélancolie la plus profonde à la gaieté la plus franche, je commençai la chanson si populaire chez nous :

Voici le matin
De Saint-Valentin,
Et je viens, mutine,
Vous dire bonjour
Pour être en ce jour
Votre Valentine.

« Bel ange adoré,
Je t'épouserai, »
Disiez-vous naguère.
Oui, mais, entre nous,
L'amant à l'époux
Fait trop peur, ma chère!

Puis, rendant à mon regard cette expression vague de la folie qu'il avait pour un instant perdu, je repris :

. . . Attendez!... Tout à l'heure,
Cela s'arrangera Mais, malgré moi, je pleure
En songeant qu'ils l'ont mis en terre tout transi...
Mon frère le saura, c'est trop juste... Merci!..
Ma voit re... Bonsoir!... Bonsoir, ma chère dame!

Et je sortis gaiement, fredonnant un air qui n'existait pas d'une chanson inconnue.

A peine étais-je rentrée dans ma chambre, que sir John s'y précipita derrière moi.

— Vous êtes une enchanteresse! dit-il; et une pareille folie rendrait fou le roi Salomon lui-même.

Mais, moi, comme si je ne l'entendais pas, je continuai, donnant à ma voix une expression si douloureuse, que j'en frissonnais moi-même.

On l'enterra sans voiler son front pâle!
Hélas! hélas! trois fois hélas!
Et tous les cœurs pleurent sa mort fatale.

— Emma! s'écria sir John, Emma! répondez-moi, je vous en supplie.

— « Adieu, mon tourtereau! » lui dis-je, continuant mon rôle.

Puis, reprenant cette même expression douloureuse abandonnée un instant, en étendant mon voile noir sur le tapis et en y effeuillant mes fleurs :

En bas! qu'on le porte en bas!
Hélas! hélas! trois fois hélas!

Sir John voulut m'interrompre; mais je ne lui en donnai pas le temps, et, lui présentant une fleur, je lui dis, le sourire sur les lèvres :

Pense à moi, doux ami! Tiens, voici des pensées,
Et puis du romarin, la fleur du souvenir :
Séparés, son parfum saura nous réunir!

Et puis encor, tiens, prends de blanches pâquerettes,
Je voulais te donner aussi des violettes;
Mais toutes ont péri tristement! tristement!
Lorsque mon père est mort, mort, dit-on, saintement.

Je tombai à genoux, les yeux au ciel, murmurant, sans que la pensée eût l'air d'y être pour rien :

Le bon petit Robin,
Il fait toute ma joie!

Mais sir John n'y put tenir plus longtemps; il enveloppa ma taille de son bras, et, me relevant et me pressant sur sa poitrine :

— Assez! assez! me dit-il, ou c'est moi que vous rendriez fou!

Il n'y avait pas à se tromper à la terreur qu'exprimaient ses yeux, à l'émotion que trahissait sa voix.

J'éclatai de rire.

— Voyons, me dit-il, est-ce encore de la folie? Continuez-vous votre rôle? Répondez-moi sérieusement, au nom du ciel!

— Mon rôle est de vous plaire, mon cher seigneur, et non de vous effrayer. Ophélie est tombée à la rivière et noyée; mais Emma Lyonna vit et vous aime.

Je me jetai à son cou, toute joyeuse; il n'y avait point à douter de l'effet que j'avais produit; cet effet avait dépassé tout mon espoir.

Seulement, malgré moi, au fond du cœur, je pensai à mon pauvre Roméo inconnu, dont la douce voix me donnait si bien la réplique sous les grands arbres du jardin de miss Arabell.

II

Je voudrais passer rapidement sur cette partie de ma vie, qui, quoique la plus répréhensible peut-être aux yeux des moralistes, est celle qui, je l'avoue, m'inspire le moins de remords. Pauvre fille abandonnée dès mon enfance, ne devant compte de ma conduite à personne, pas même à ma mère, pour laquelle ma naissance même eût été une réponse aux reproches qu'elle eût pu me faire; ne dépendant que de moi, attendant tout de moi; belle, pour mon malheur, entraînée par un instinct naturel vers toutes les joies de la jeunesse, vers toutes les séductions du luxe et de la fortune, à quel appui moral ou physique pouvais-je demander secours, lors même que j'eusse eu l'intention de lutter? — Mais, ignorante du mal et du bien, je n'eus pas même cette intention; je me laissais aller sur une pente qui me semblait de plus en plus douce, de plus en plus fleurie; la vie venait à moi sous les traits d'un beau jeune homme couronné de fleurs comme le printemps; je prenais le bras de ce faux protecteur et m'y appuyais sans savoir vers quel but nous marchions, et dans quel carrefour boueux ou quel désert aride il finirait par m'égarer!

Puis, je dois le dire, un des bonheurs ou des malheurs de mon organisation a été de toujours vivre dans le présent; ce présent, en le comparant au passé, était, à l'époque que je raconte à cette heure, une vie de jouissances matérielles, incomparablement supérieure aux seize années qui venaient de s'écouler. Le monde, qui ne me connaissait pas, ne me reprochait rien; je ne me reprochais rien à moi-même. Tout me poussait donc à l'oubli du passé, à l'insouciance de l'avenir. Il me semblait que, tant que durerait ma beauté, je n'avais rien à craindre de l'inconstance de la fortune, et, en me rappelant mon âge et me regardant dans ma glace, je me disais que, Dieu merci, j'avais encore longtemps à être belle.

On se souvient que sir John Payne avait sollicité un congé de deux mois, et que, ces deux mois, il voulait me les consacrer entièrement. Le congé obtenu, il me demanda où je voulais aller, ce que je désirais faire.

Je le laissai maître absolu de ma destinée; ne connaissant rien hors du cercle dans lequel j'avais vécu, je ne désirais rien; j'avais seulement un entraînement irrésistible vers l'inconnu.

Sir John décida que nous irions en France. Je battis des mains. J'avais beaucoup entendu parler de la France; mais il ne m'était même pas venu à l'idée que je pusse jamais la voir. Je ne savais pas le français; mais sir John le parlait avec élégance, et il me traduirait les choses dont mes yeux lui demanderaient l'explication.

Nous partîmes. Cet entraînement que j'éprouvais vers l'inconnu était la maladie de l'époque, et, moi, atome, j'étais emportée dans le tourbillon.

Il y a des moments où les nations, lasses d'elles-mêmes, fatiguées de ce qui est, se réfugient dans le rêve, et aspirent, non-seulement à ce qui n'est pas, mais même à ce qui ne peut pas être. Toute ignorante que j'étais, cette gravitation de la France vers l'impossible me frappa étrangement; la misère y était grande, mais le luxe plus grand encore. Les princes et les grands seigneurs s'y ruinaient avec un acharnement et une insouciance qui n'eussent pas été pires quand même ils eussent connu le gouffre vers lequel marchait la société.

Mais que leur importait ? Le cardinal de Rohan était à la recherche de la pierre philosophale ; Cagliostro avait, assurait-on, découvert l'élixir de vie ; Mesmer, la guérison de toutes les maladies par le magnétisme ; Franklin avait vaincu le tonnerre et le conduisait, captif, le long d'un fil, dans les profondeurs de la terre ; enfin, Montgolfier, promettait une route nouvelle dans les champs infinis du ciel. L'ancien monde pouvait s'engloutir dans l'abîme, un monde nouveau surgissait.

Ces deux mois passèrent pour moi dans un continuel éblouissement. Sir John avait les plus beaux chevaux, les plus belles voitures, les premières et les meilleures loges à tous les théâtres. Je vis Lekain, je vis Mlle Raucourt, *Orosmane*, *Athalie*, *Britannicus* ; j'entendis l'*Iphigénie en Tauride* de Gluck, et la *Didon* de Piccini. Greuze, le peintre de l'innocence, fit mon portrait ; et partout où j'allais, un murmure charmant me répétait que j'étais belle.

Je me trouvais si heureuse, que sir John se hasarda d'écrire pour demander une prolongation de congé d'un mois ; on la lui accorda, mais en lui disant que, ce mois passé, il devait se tenir à la disposition du gouvernement. La guerre avec l'Amérique devenait de plus en plus acharnée ; la France menaçait d'y prendre part, et l'Angleterre allait, selon toute probabilité, avoir besoin de frapper un grand coup de l'autre côté de l'Atlantique.

Sir John, en m'annonçant la prolongation de son congé, se garda bien de me rien dire de l'annotation qui y était jointe ; il ne voulait jeter aucune ombre sur ma joie.

Nous restâmes un mois de plus ; puis force nous fut de revenir en Angleterre.

Ce voyage resta dans mon souvenir comme un enchantement. J'avais vu deux fois la reine : une fois à l'Opéra, à la représentation de la *Didon* de Piccini ; une fois à la Comédie-Française, à la représentation d'*Orosmane*. C'était l'époque heureuse de sa vie ; elle était encore aimée et applaudie ; la haine et la calomnie ne vinrent que plus tard. Elle, de son côté, m'avait remarquée et s'était informée qui j'étais ; mon souvenir resta tellement présent à sa pensée, que, quand, trois ans plus tard, Mme Lebrun, son peintre ordinaire, vint à Londres, elle me pria, au nom de la reine, de lui laisser faire mon portrait. C'était un trop grand honneur pour que je m'y refusasse, et l'on m'a assuré que ce portrait était dans sa galerie particulière (1).

Je trouvai, je l'avoue, en revenant à Londres, ma petite maison de Piccadilly un peu triste ; aussi, bientôt sir John, craignant sans doute que je ne m'ennuyasse, me demanda-t-il la permission de me présenter quelques-uns de ses amis, et nous trouvâmes-nous recevoir une fois par semaine, puis deux fois, puis trois fois, puis tous les jours.

Sir John, à qui je n'avais rien caché de mon humble naissance, ni de ma jeunesse inculte, avait d'abord douté que je fusse apte à jouer le rôle d'une maîtresse de maison ; mais, dès le premier jour, il fut rassuré. C'est là un des dons les plus singuliers de la nature envers moi : elle me créa grande dame, et, sous ce rapport, je n'eus pas d'éducation à faire, je naquis pour ainsi dire tout élevée.

Un soir, l'amiral me rappela cette scène d'Ophélie qui avait, au commencement de notre liaison, produit sur lui une impression si profonde. Il me demanda si je ne voulais pas faire, pour les amis qui prenaient le thé avec nous, ce que j'avais fait pour lui seul. Comme la demande m'était adressée tout bas, je pus répondre tout bas aussi que quelques-uns de mes accessoires les plus nécessaires, et particulièrement mes fleurs sauvages, me manquaient, mais que, le lendemain au soir, je serais prête à faire mon second début devant lui.

Nos amis furent invités à revenir le lendemain, et reçurent de sir John l'avis que je leur ménageais une surprise.

Le lendemain, nous courûmes, sir John et moi, non plus les champs comme nous avions fait dix mois auparavant, — les champs étaient couverts de neige, — mais les magasins de fleurs artificielles, pour trouver les bleuets, la folle avoine et les pensées, exilées de la terre pour trois ou quatre mois encore.

Je ne sais quel sentiment mélancolique me poursuivait en réunissant en bouquet ces fausses fleurs, au lieu de fleurs véritables.

Puis sir John, lui aussi, me paraissait triste ; de temps en temps, je le surprenais les yeux fixés sur moi ; lorsque nos regards se rencontraient, il essayait de sourire. Depuis une semaine ou deux, il allait tous les jours à l'Amirauté, et les messages de l'Amirauté se succédaient chez lui et au *Theseus* ; presque tous les jours, il donnait tout bas des ordres, il faisait des prépara-

(1) Ce portrait est aujourd'hui à la Galerie du Louvre.

tifs qu'il me cachait. Il était évident qu'il allait se faire un changement quelconque dans notre destinée.

Le soir vint, les amis de la veille se réunirent, fort ignorants et fort curieux de la surprise que je leur ménageais et que leur avait promise sir John avec une certaine solennité. Après le thé, ou plutôt pendant le thé, je passai du salon dans ma chambre à coucher; en quelques minutes, je m'y transformai en Ophélie; puis, au moment où l'on s'attendait le moins à me voir reparaître, je rouvris la porte. Un cri unanime m'annonça que je n'avais pas manqué mon entrée, comme on dit en termes de théâtre.

Mon succès fut immense. Pour la première fois, *je débutais* devant des spectateurs; jusque-là, on se le rappelle, j'avais toujours répété ou pour moi ou pour une seule personne; une fois seulement, j'avais été applaudie par un auditeur inconnu. Quant à sir John, c'était plus que des applaudissements que j'avais obtenus de lui, et l'effet que je lui produisis cette seconde fois me parut plus grand encore que la première.

Ce fut un enthousiasme général; on me cria : *Bis!* on supplia l'amiral de me demander une seconde représentation; mais je refusai avec opiniâtreté. J'étais convaincue que les défauts qui avaient échappé aux yeux de mes spectateurs à cette première épreuve apparaîtraient clairement à la seconde.

— Mais, demandai-je, si quelqu'un voulait me donner la réplique, je jouerais volontiers la scène, ou même les deux scènes de Juliette au balcon.

Par malheur, plus hommes de plaisir que de littérature, les invités de sir John n'étaient pas assez familiers avec Shakspeare pour faire ma partie.

Je pensai alors, avec un vif sentiment de regret, à ce pauvre Harry, qui, dans le jardin de miss Arabell, m'avait improvisé un Roméo si poétique et si amoureux.

Ce voile de la nuit étendu sur son visage et qui m'avait caché ses traits, en laissant parvenir sa voix seule jusqu'à moi, jetait un doux et charmant mystère sur ce souvenir.

— Quel dommage, dit sir John, que mon ami Featherson ne soit point à Londres! Lui qui savait son Shakspeare par cœur, ni plus ni moins que Garrick! La première fois que je verrai Sheridan, il faut que je lui demande où il est.

— Mais il est ici, répondit un de nos invités.

— Vous êtes sûr, sir George? demanda l'amiral.

— Je l'ai vu et lui ai parlé hier.

— Y a-t-il moyen de savoir où il demeure?

— Rien de plus facile : je m'informerai chez son oncle, qui a son hôtel à Hay-Market.

Je ne sais pourquoi j'avais écouté avec la plus grande attention, et même avec un certain battement de cœur, les paroles que venaient d'échanger l'amiral et sir George.

L'amiral se tourna de mon côté.

— Et, si l'on retrouve Featherson, me dit-il, consentirez-vous à jouer avec lui les deux scènes de *Roméo*?

— Parfaitement! répondis-je. Mais, ajoutai-je en souriant, pourquoi ne les apprenez-vous pas vous-même?

— Au fait, répondit sir John avec un soupir, ce serait presque de circonstance; mais Harry s'en tirera mieux que moi.

— Harry! m'écriai-je. Qui est-ce, Harry?

— Harry, chère Emma, est le nom de baptême de Featherson.

— Pardon, fis-je.

— Vous avez connu un Harry? me demanda sir John avec une certaine curiosité.

— J'ai entendu prononcer une fois ce nom, lui dis-je; mais ce n'était pas celui d'un noble lord, c'était celui d'un pauvre artiste, et, à coup sûr, mon Harry à moi, ajoutai-je en riant, n'avait rien de commun avec sir Harry Featherson.

Il fut convenu que sir George se mettrait à la recherche de sir Harry et que, si on le retrouvait, on arrangerait avec lui la représentation des deux scènes de *Roméo*.

III

Sir George ne s'était pas trompé : lord Featherson était de retour à Londres après un voyage de cinq ou six mois sur le continent.

Sir George avait su son adresse par son oncle : il demeurait dans une magnifique maison de Brook-street, au coin du square de Grosvenor.

Seulement, il ne l'avait pas trouvé chez lui; mais il lui avait laissé un mot, et, sans lui dire de quoi il était question, lui avait donné rendez-vous pour venir passer la soirée chez sir John ou plutôt chez moi.

Je prenais un intérêt singulier, et dont je ne me rendais pas compte, à tout ce qui avait rapport à cet inconnu.

J'attendis avec impatience la soirée du lendemain. Je donnai plus de soin que de coutume à ma toilette ; j'eusse été désespérée, je ne sais pourquoi, de ne point paraître jolie à sir Harry.

Nos premiers invités arrivèrent de neuf à dix heures. Chaque fois que la porte s'ouvrait, je me retournais vivement ; mais, à dix heures et demie seulement, le domestique annonça sir Harry Featherson.

Mon inquiétude n'avait point échappé à sir John : comme les miens, ses regards se tournaient vers la porte chaque fois qu'elle s'ouvrait, et, lorsqu'on annonça sir Harry Featherson, je sentis son regard qui pesait sur moi et semblait m'envelopper tout entière.

Sir Harry entra.

C'était un charmant jeune homme de vingt-trois à vingt-quatre ans, avec des yeux bleus, des dents magnifiques, un teint de femme. Il avait pris, pendant les six mois qu'il venait de passer en France, beaucoup de la désinvolture française, et semblait, en traversant le détroit de la Manche, y avoir jeté cette roideur britannique dont mes compatriotes ont tant de peine à se débarrasser. La première personne qu'il chercha des yeux fut sir John ; il marcha droit à lui ; mais, pendant le chemin, ses yeux s'arrêtèrent sur moi avec une expression d'étonnement étrange, tandis que ses pieds semblaient cloués au parquet.

Je rougis sans savoir pourquoi.

Sir John vit l'étonnement d'Harry et ma rougeur ; son œil erra de lui à moi et de moi à lui.

Mais cette sensation fut perceptible pour moi seule.

Après avoir serré la main de son ami, qu'il n'avait pas vu depuis longtemps, il me l'amena pour me le présenter.

Sir Harry me fit quelques compliments d'une voix émue ; j'y répondis par je ne sais quelles paroles sans suite. Cette voix m'avait profondément troublée ; elle avait une incroyable analogie avec celle de ce jeune artiste inconnu qui, dans le jardin de miss Arabell, avait joué avec moi la scène de *Roméo*.

Sir Harry, après m'avoir saluée, alla serrer la main de ses autres amis. L'amiral resta seul près de moi.

— Vous connaissez sir Harry ? me dit-il du ton d'un doux reproche et en me serrant la main.

— Je vous jure, lui répondis-je, que c'est la première fois que je le vois.

— Vous savez que je crois tout ce que vous me dites, Emma.

— Je vous donne ma parole d'honneur, mon cher sir...

Il me regarda tendrement.

— Avec des yeux pareils et une pareille bouche, on ne ment pas, murmura-t-il comme se parlant à lui-même.

— Surtout, ajoutai-je, lorsqu'on n'a aucun intérêt à mentir.

J'étais tellement convaincue moi-même que je disais la vérité, que tout était vrai en moi, accent et regard.

Sir John demeura complétement rassuré.

Alors, sir George amena la conversation sur le sujet qui avait motivé la réunion et demanda à lord Featherson s'il avait toujours le goût du théâtre et s'il savait toujours par cœur son Shakspeare.

Lord Featherson sourit comme à un souvenir.

— J'ai beaucoup oublié, dit-il, depuis six mois, ou plutôt j'ai tâché d'oublier beaucoup ; mais il y a encore certaines choses dont je me souviens.

— Vous souvenez-vous des deux scènes d'amour entre Roméo et Juliette ? lui demanda John Payne.

Lord Featherson sourit tristement.

— Ces deux scènes, dit-il, font justement partie de celles que j'ai voulu, mais que je n'ai pas pu oublier.

Je le regardai comme pour l'interroger ; mais sa physionomie ne disait absolument rien de plus que ce que sa bouche avait dit.

— Alors, Emma, dit sir John, exprimez à mon ami Harry Featherson notre désir ; il aura certes beaucoup plus de condescendance pour la prière d'une jolie femme que pour la nôtre.

— De quoi s'agit-il ? demanda sir Harry.

— D'un ennui que vous voudrez bien prendre, je l'espère, monsieur, pour satisfaire au désir de sir John Payne, et à celui de ses honorables amis. Je suis passionnée, je ne dirai pas pour le théâtre, car jamais probablement je ne monterai sur la scène, mais pour la déclamation. L'autre soir, j'ai joué devant ces messieurs la scène d'Ophélie, du quatrième acte d'*Hamlet*, et je me suis engagée à jouer les deux scènes d'amour de *Roméo et Juliette*, si quelqu'un voulait me donner la réplique. Aucun de ces messieurs ne les savait par cœur ; votre nom a été prononcé, comme celui d'un artiste consommé ; on a déploré votre absence, puis affirmé votre retour. Enfin sir George s'est chargé de transmettre à Votre Seigneurie l'invitation de venir prendre le thé avec nous, chacun se promettant, si vous tombiez dans le piége, de ne vous plus laisser sortir que vous ne vous soyez engagé, à être, pour un soir du moins, mon Roméo. Maintenant, vous avez entendu ce qu'a dit sir John Payne, et l'espérance qu'il met dans une requête présentée par moi; j'espère que votre galanterie sera assez grande pour ne pas lui donner un démenti.

Soit que ma demande leur parût bien tournée, soit que ma voix eût pris une expression de douceur persuasive, ces messieurs m'applaudirent comme ils eussent fait à la fin d'une tirade.

Après un pareil succès près du public, il eût été bien étonnant que j'eusse manqué mon effet près de mon interlocuteur.

Cependant sir Harry se contenta de s'incliner et de me répondre, en balbutiant, qu'il était à mes ordres.

On m'entoura, on me félicita, et l'on se fit une véritable fête de nous voir et de nous entendre jouer les deux scènes promises.

La question était seulement de donner le temps à sir Harry de faire faire son costume de Roméo; quant à moi, j'avais celui de Juliette; mais sir Harry répondit que, puisque l'on se promettait un plaisir de cette représentation improvisée, rien ne devait la retarder.

Il se procurerait un costume et serait prêt à me donner la réplique le lendemain au soir.

Une grande serre attenait à la maison; dès le lendemain matin, sir John Payne envoya chercher un menuisier et cinq ou six apprentis qui dressèrent un balcon; on environna l'estrade de plantes tropicales, on la chargea de fleurs, et à deux heures de l'après-midi le théâtre était prêt.

En ce moment arriva un courrier de l'Amirauté, apportant des dépêches très-pressées; sir John les lut, pâlit légèrement, et, d'une voix visiblement altérée :

— Dites à Leurs Seigneuries, répondit-il, qu'elles seront obéies ponctuellement.

Je m'étais aperçue de son émotion, et, tandis que le messager se retirait, j'allai à lui, je passai mon bras sous le sien, et lui demandai si la dépêche ne contenait pas une mauvaise nouvelle.

— Très-mauvaise! me dit-il en s'efforçant de sourire; milords de l'Amirauté tiennent une séance de nuit et me font prier de m'y rendre.

— Alors, lui dis-je, nous remettrons la soirée à un autre jour.

— Non pas, dit-il, au contraire : si notre réunion n'avait pas lieu ce soir, qui sait quand nous pourrions nous retrouver ensemble? Je n'ai besoin de quitter la maison qu'à minuit; nous avons donc tout le temps de jouer nos deux scènes. En attendant, venez et donnez-moi quelques minutes, je vous en serai reconnaissant.

Je le regardai avec inquiétude. Pourquoi sir John, qui m'avait entièrement à lui, me serait-il reconnaissant de quelques minutes que je lui donnerais?

Je n'osais le lui demander, et, comme il avait entouré ma taille de son bras, je me laissai entraîner par lui.

Le soir arriva; au fur et à mesure que le temps s'écoulait, sir John devenait plus triste, et moi-même, je me sentais prise, je ne sais pourquoi, d'un incroyable frissonnement; mon cœur se serrait et ces contractions cependant n'étaient pas sans un certain charme.

Il me semblait que tout à la fois je craignais et espérais quelque chose d'inconnu.

Je me figurais sir Harry avec son costume noir; il me semblait que le pourpoint de Roméo devait aller admirablement à son visage aristocratique.

Dans le courant de la journée, il avait envoyé ce costume, que l'on avait fait porter dans la maison du jardinier, attenante à la serre. C'était de cette maison que sir Harry devait sortir pour venir sous mon balcon.

A neuf heures, il arriva avec son costume ordinaire. Il paraissait tout rayonnant de joie, et cette joie lui faisait comme une auréole qui illuminait son visage.

Je ne pus m'empêcher de le trouver très-beau; comme l'avant-veille, les accents de sa voix me firent tressaillir.

Il vint à moi et me baisa la main en me disant :

— Bonsoir, chère Juliette!

Cette fois, ce fut moi qui me troublai et ne lui répondis pas. J'eusse été bien empêchée s'il m'eût fallu lui faire un second discours dans le genre du premier; heureusement, il n'en était pas besoin, puisque tout était convenu d'avance.

A neuf heures et demie, chacun de nous s'occupa des détails de sa toilette. J'ai toujours fait très-rapidement même les toilettes les plus compliquées, ayant toujours, excepté dans les occasions de grand gala, porté mes cheveux sans poudre.

Ces messieurs descendirent dans la serre, qui était illuminée d'une façon charmante. Entre les deux scènes, on devait nous y servir le thé.

Lorsque je fus prête, une sonnette intérieure donna l'avis à sir Harry qu'il pouvait entrer en scène.

Je le regardai à travers une fenêtre que l'on avait figurée et qui était censée donner sur le balcon; je ne m'étais pas trompée, le costume du moyen âge lui allait admirablement bien, et il était parfaitement beau ainsi.

Il s'approcha de mon balcon comme eût pu faire un artiste consommé ou un homme très-amoureux et commença de dire ce vers :

> Quelle clarté soudaine à travers la fenêtre
> S'allume?

Aux premiers mots, je tressaillis; c'était bien la même voix, c'étaient bien les mêmes intonations que j'avais entendues dans le jardin de miss Arabell : ou il y avait un miracle inouï de ressemblance, ou j'avais retrouvé mon Harry, que je croyais perdu pour toujours.

Mais il était impossible, d'un autre côté, que le noble lord Featherson fût le même que l'humble artiste avec lequel j'avais été mise en rapport d'une façon si pittoresque et si mystérieuse.

Il valait mieux croire à une ressemblance de voix, improbable mais possible, qu'à une identité plus qu'invraisemblable.

En tout cas, je me sentais invinciblement entraînée par le charme de cette voix; et sans doute, quand je parus sur le balcon, ma physionomie était-elle bien empreinte de l'esprit de mon rôle, car les quelques spectateurs réunis par sir John, m'applaudirent tous d'un seul mouvement.

On sait comment s'entame ce dialogue amoureux où Juliette parle sans voir Roméo et se croyant seule, et où Roméo parle voyant celle qu'il aime à quelques pieds de lui, mais sans oser lui adresser la parole, et comment ces deux voix qui s'adressent d'abord, l'une à la solitude, l'autre à la nuit, finissent par se répondre l'une à l'autre; d'ailleurs, c'est la scène que j'ai déjà rapportée plus haut, animée encore cette fois par le feu des lumières, la vue des personnages et les bravos des spectateurs.

J'ai dit les applaudissements que j'avais obtenus lorsque j'étais entrée en scène; ces applaudissements retournèrent à lord Featherson lorsqu'à son tour, il s'écria :

> Au lieu de m'appeler de ce nom détesté,
> Appelle-moi l'Amour ou la Fidélité;
> Et, me venant de toi, je tiendrai le baptême
> Pour être aussi sacré que venant de Dieu même.

La scène continua pour moi avec un réalisme étrange.

Je n'étais certes plus Emma Lyonna, mon interlocuteur n'était plus sir Harry; sir Harry était Roméo, j'étais Juliette, et ce fut avec toute mon âme que je lui dis :

> Ne crains pas d'épuiser mon amour, s'il t'est cher !
> Mon amour est profond et grand comme la mer.

Mon regard, attiré par les applaudissements, se porta sur le groupe de mes spectateurs; il me sembla voir sir John essuyer une larme.

Cette larme me tomba sur le cœur.

Par bonheur, c'était en ce moment que l'amoureux était censé m'appeler dans la chambre, et que, pour répondre à cet appel, je quittais un instant le balcon. Pendant ces quelques secondes, je me remis, quoiqu'il me semblât qu'à partir de ce moment le courant de ma vie roulât vers un autre but.

Deux ou trois fois, malgré moi, je murmurai à voix basse: « Sir Harry! sir Harry! sir Harry! » Comme j'eusse murmuré : « Roméo ! »

Je rentrai sur le balcon, la vue trouble, le cœur enivré, toute frissonnante, et, quand j'en vins à ce vers :

> Oh ! je t'étoufferais en voulant t'embrasser !

mes bras se serrèrent sur ma poitrine, étreignant, non pas un rêve, non pas une ombre, non pas un fantôme, mais, comme Psyché, étreignant l'Amour même!

En rentrant dans ma chambre tout éperdue, tandis que Roméo, resté au pied du balcon, disait les vers qui précèdent sa sortie, je me trouvai face à face avec sir John.

Je tressaillis.

Mais lui, attirant ma tête sur sa poitrine et l'y appuyant :

— Oh! pauvre Juliette, me dit-il; comme tu aimes Roméo !

Je compris le tendre reproche renfermé dans ces quelques mots; je compris qu'il doutait de ce que je lui avais dit à propos de sir Harry, c'est-à-dire que je ne l'avais jamais vu.

— Écoutez, sir John, lui dis-je, je n'ai jamais menti, et à vous qui avez été si bon pour moi, moins qu'à personne je mentirais; je vais tout vous dire.

— Oh! non non, reprit-il en essayant de sourire.

— Je le veux, insistai-je.

Et, en quelques mots, je lui racontai ce qui m'était arrivé dans le jardin de miss Arabell, cette nuit où, croyant y répéter seule, j'y avais trouvé un interlocuteur inconnu; je lui dis la lettre que j'avais reçue le lendemain, et comment, en effet, étant partie le même jour avec Amy pour aller lui demander, à lui, sir John, la grâce de Dick, je n'avais jamais revu ce prétendu étudiant de Cambridge. Il est vrai qu'aux premiers mots que sir Harry avait dits en entrant dans le salon, j'avais cru reconnaître sa voix; il est vrai qu'aux premiers vers qu'il avait prononcés en entrant en scène, je n'avais plus conservé aucun doute; mais, lorsque j'avais affirmé n'avoir jamais vu sir Harry, j'avais dit la vérité tout entière.

— Que voulez-vous, mon ami! ajoutai-je, si ce n'était pas trop d'orgueil de la part d'une faible créature comme moi, j'ajouterais que ma vie est soumise à une fatalité contre laquelle je ne puis rien.

Sir John ne répondit pas et poussa un soupir.

En ce moment j'entendis nos spectateurs qui me rappelaient en criant, comme on fait au théâtre pour l'actrice en vogue.

— Emma! Emma!

Je sentis le rouge me monter au visage.

— Venez, chère enfant, recevoir les compliments qui vous sont si bien dus, me dit sir John.

Et il m'entraîna dans la serre, où je fus, dès que je parus, entourée, félicitée, applaudie par tous, excepté par sir Harry, qui se tint à l'écart, mais dont les yeux m'en disaient plus que les applaudissements de ses amis, si frénétiques qu'ils fussent.

IV

La représentation n'était pas finie; après la scène du balcon, il nous restait à jouer la scène de la fenêtre; après l'expression du désir, nous avions à peindre celle du bonheur.

Je redoutais fort cette seconde épreuve, et je priai tout bas sir John, et tout haut ses amis, de vouloir bien me l'épargner sous prétexte de fatigue; mais le frémissement nerveux de mes muscles, mon regard brillant, l'accentuation fiévreuse de ma voix disaient, au contraire, que j'avais plus besoin de fatigue que de repos.

On insista. Mon cœur était trop d'accord avec ces instances pour que je pusse résister longtemps. Je cédai.

Cette fois, on se le rappelle, nous devions apparaître ensemble au balcon, sir Harry et moi, mon bras enlacé à son cou, mes yeux perdus dans les siens, nos deux cœurs frémissants d'amour.

Sir Harry se trouva donc un instant seul avec moi, dans cette coulisse improvisée.

Il s'approcha de moi, entoura ma taille de son bras, et m'appuya sur son cœur en murmurant le seul mot:

— Enfin!

La commotion fut électrique. Mes yeux se fermèrent, je lui jetai le bras autour du cou, en laissant échapper un léger cri; puis je ne sais comment cela se fit, une flamme passa sur mes lèvres. Ce n'était pas le premier baiser que recevait Juliette, mais c'était le premier que lui donnait Roméo.

Je me sentis près de m'évanouir.

Sir Harry m'entraîna du côté de la fenêtre. Je fis un violent effort sur moi-même, et je redevins maîtresse de ma volonté; mais une nuit tout entière d'amour ne m'eût pas mieux préparée à ces adieux si enivrants et si douloureux à la fois qui précèdent la séparation éternelle des amants de Vérone.

Notre apparition fut saluée par des applaudissements unanimes.

C'était à moi de commencer; l'art le mieux étudié et le plus profond n'eût pas su donner une plus grande vérité à ma voix que l'état où se trouvait mon cœur.

Aussi, ces beaux vers de Shakspeare:

Ne t'en va pas encor! reste, mon Roméo!
C'était le rossignol, et non pas l'alouette,
Dont le chant a frappé ton oreille inquiète,

s'échappèrent-ils de ma bouche, doux comme le plus doux miel; et, lorsque sir Harry répondit qu'il ne demandait pas mieux que de rester près de moi et de mourir pour moi, une triple salve d'applaudissements indiqua que chacun était prés d'en faire autant que le faux Roméo.

Notre scène continua, parcourant toutes les phases dont l'a colorée le puissant génie de Shakspeare; mais, lorsque Roméo s'arracha de mes bras, il me sembla que mon âme se détachait de moi, et je tombai à genoux et brisée.

On prit pour une inspiration du cœur ce qui n'était qu'une faiblesse du corps.

Je jouai le reste de la scène courbée en dehors du balcon et cramponnée au parapet.

Moi-même, je fus étonnée de l'expression que je donnai à ma voix, lorsque j'en fus à ces vers:

Roméo! j'ai dans l'âme un funeste présage.
D'où vient cette pâleur qui couvre ton visage,
Et que tu m'apparais, c uché, vêtu de deuil,
Plus livide qu'un mort au fond de son cercueil?

Et, lorsque Roméo s'éloigna en m'envoyant son dernier adieu, mon adieu, à moi, fut un cri si douloureux, qu'on eût pu croire que c'était, en réalité, celui d'un corps qui sent son âme lui échapper.

J'exprimerais difficilement l'enthousiasme qu'inspira cette scène et la frénésie des applaudissements qui la suivirent. Quant à moi, j'étais restée à moitié évanouie sur le balcon. Sir John s'approcha de moi, me souleva entre ses bras, et m'apporta au milieu de ses amis plutôt qu'il ne m'y ramena.

Sir Harry eut sa part d'éloges, qu'il me renvoya tout naturellement.

Sir John prit dans sa main froide et humide nos deux mains fiévreuses, en disant :

— Si Roméo et Juliette se fussent aimés comme vous, la mort, tout impitoyable qu'elle est, n'aurait pas eu le courage de les séparer.

Je le regardai avec étonnement, en retirant ma main, qu'il ne me rendit qu'après une ardente pression.

Nous prîmes le thé.

Puis sir John tira sa montre.

— Messieurs, dit-il, à minuit, je suis forcé de vous quitter ; il y a séance de nuit à l'Amirauté. Nous avons encore un quart d'heure à passer ensemble.

Puis, me prenant à part :

— Je ne vous dis pas adieu, chère Emma, continua-t-il ; il se peut que la séance finisse d'assez bonne heure pour que je revienne passer la nuit avec vous ; ne m'attendez point cependant, couchez-vous, dormez. J'ai ma clef ; ne vous inquiétez donc aucunement de moi.

Je ne sais pourquoi, à ces paroles, je me sentis frissonner par tout le corps.

— Ne pouvez-vous donc vous dispenser d'assister à cette séance ? lui demandai je sans trop savoir si je désirais qu'il restât.

— Impossible ! répondit-il.

Puis, revenant à la table de thé, autour de laquelle étaient groupés ses amis, il causa, faisant un effort visible pour déguiser son émotion sous une gaieté feinte.

Le quart d'heure s'écoula ; on entendit sonner minuit. Sir John tira une seconde fois sa montre, elle était d'accord avec l'horloge.

Ces messieurs comprirent qu'il était l'heure de se retirer. Ils prirent congé de moi, Harry comme les autres, mais avec un regard de profond regret ; puis sir John vint à moi, m'embrassa au front, et m'adressa ces deux vers de *Roméo :*

Que le sommeil sur toi plus doucement se pose
Que ne le fait, le soir, l'abeille sur la rose !

Je n'eus la force de répondre que par un sourire presque aussi triste que le sien. Il me jeta un dernier regard, prit le bras de sir Harry, et sortit le dernier avec lui.

Quand la porte se referma, je me trouvai aussi seule et aussi oppressée que si c'eût été celle du tombeau des Capulets. J'admirais, tout en m'effrayant de cette persistance, par quels étranges nœuds la destinée reliait les uns aux autres les différents épisodes de ma vie, sans que ma volonté y eût aucune part.

J'avais, en effet, à peu près oublié cet artiste inconnu, cet humble sir Harry qui n'avait fait qu'apparaître dans ma vie, passant comme un fantôme au milieu des ténèbres et n'y laissant pas plus de trace qu'un fantôme. L'envie prend à sir John de donner à ses amis une idée de mon talent mimique ; je joue la scène de folie d'*Hamlet ;* on me demande de la répéter ; j'offre, si quelqu'un veut me donner la réplique, de jouer l'une ou l'autre des deux scènes d'amour de *Roméo ;* personne ne sait ni l'une ni l'autre par cœur ; un des amis de sir John prononce le nom de sir Harry Featherson : à ce nom de Harry, je tressaille. Lord Featherson, absent depuis six mois, est de retour depuis deux ou trois jours à peine ; l'amiral Payne charge sir George de l'amener ; on l'amène, et le hasard, la fatalité, veut que lord Featherson et l'étudiant Harry soient le même homme !

Qu'avais-je à me reprocher dans tout cela ? Rien, sinon les sensations éprouvées à sa vue, à sa voix, à son toucher ; mais ces sensations, dépendait-il de moi de les ressentir, oui ou non, et n'était-ce pas déjà beaucoup que j'eusse la force de les maîtriser ?

Qu'allait-il advenir dans ma vie de cette nouvelle rencontre ? Oh ! quant à cela, j'étais bien décidée à n'en pas prendre sur moi la responsabilité. J'avais tout dit à sir John ; je lui dirais à son retour quelles étaient les sensations que m'avait fait éprouver la présence de sir Harry ; ce serait à lui à décider de ma vie en m'éloignant de Londres ou en me permettant de rester et, par conséquent, de revoir sir Harry.

J'arrêtai cette résolution dans mon esprit ; je n'aimais pas sir John d'amour ; mais j'avais une grande estime pour son caractère, une grande reconnaissance pour sa générosité. Le tromper, je le sentais bien, m'eût été un remords éternel.

Cette résolution prise, je me sentis plus calme. La main de sir John, j'en étais sûre, me guiderait comme celle d'un ami, et, sans s'inquiéter de lui-même, il choisirait pour moi la voie la moins douloureuse.

Je quittai la serre, rentrai dans ma chambre, me déshabillai et me couchai ; et, comme il m'avait dit que, s'il pouvait venir, il reviendrait, certaine qu'il tiendrait sa parole, je l'attendis. Seulement, comprenant que la nuit ne serait jamais assez obscure pour l'aveu que j'avais à lui faire, j'éteignis toutes les lumières, même celle de la veilleuse.

Un assez long espace de temps s'écoula pendant lequel ma femme de chambre et les autres domestiques se retirèrent chez eux : j'entendis la pendule sonner une heure, puis deux heures, sans que, dans les impatiences de l'attente, et l'esprit préoccupé comme je l'avais, je parvinsse à m'endormir.

La demie après deux heures venait de sonner lorsqu'il me sembla entendre le bruit d'un pas se posant avec précaution sur le parquet, puis le bruit de la porte du cabinet de toilette attenant à ma chambre qui s'ouvrait doucement; puis enfin il y eut un moment de silence.

Je ne doutai point que ce ne fût sir John qui rentrait. Il avait la clef de la porte extérieure de l'hôtel afin de pouvoir rentrer à toute heure, et souvent il me surprenait ainsi.

Un instant, la résolution que j'avais prise sembla près de s'évanouir; mais je rappelai toute ma volonté et, si je puis le dire, toute mon honnêteté.

Enfin la porte s'ouvrit. Le cabinet était aussi obscur que ma chambre à coucher; ce fut donc à tâtons et guidé par ma voix qu'il s'approcha de mon lit. Il me prit entre ses bras; mais je le repoussai doucement, lui disant que j'avais un aveu à lui faire, et alors je lui racontai toutes mes sensations de la soirée et des soirées précédentes, depuis le moment où j'avais entendu nommer sir Harry, depuis le moment où je l'avais vu, depuis celui où j'avais acquis la certitude que lord Featherson et mon jeune étudiant du jardin étaient le même homme. Je ne lui cachai rien de ce que j'avais éprouvé lorsque le faux Roméo avait enveloppé ma taille de son bras, lorsque sa bouche avait effleuré la mienne, lorsqu'enfin il m'avait jeté cet adieu qui m'avait brisée, et j'allai jusqu'à lui dire qu'en ce moment même où j'étais près de lui, dans ses bras, contre son cœur, c'était à sir Harry que je pensais, c'était sir Harry que j'appelais.

A mon grand étonnement, un cri de joie répondit à cette confession. Celui qui venait de la recevoir était, non pas sir John Payne, mais sir Harry Featherson!

Je le reconnus à ce cri, à mon nom mille fois répété dans son délire, à cette voix qui m'allait jusqu'à l'âme. Il n'était plus question pour moi de me défendre après l'aveu que j'avais fait; je m'abandonnai donc à ce sort dont les bizarres fantaisies disposaient de moi.

En deux mots, sir Harry m'expliqua cette étrange substitution qui répondait si bien au vœu de mon cœur.

L'amiral, au moment de partir pour l'Amérique avec l'escadre qu'il commandait, s'était aperçu de mon amour pour sir Harry et de l'amour de sir Harry pour moi; on a vu ses questions et mes réponses; sans doute avait-il voulu s'assurer que je lui avais dit la vérité. Il était sorti de la serre prenant le bras de sir Harry, l'avait fait monter dans sa voiture et avait abordé franchement la question par ces mots :

— Vous aimez Emma, et Emma vous aime.

Alors, avec la même simplicité, que moi, sir Harry lui avait tout dit. Sir John avait réfléchi un moment, et, prenant la main d'Harry, il y avait glissé une clef, en lui disant ces trois mots seulement :

— Rendez-la heureuse!

Puis il l'avait embrassé et avait pris congé de lui.

Cette clef qu'il lui avait remise, c'était celle de la petite maison de Piccadilly.

Au moment où sir Harry me racontait cette histoire, l'amiral était en mer et voguait à pleines voiles vers l'Amérique.

V

Ainsi, une fois encore, la destinée disposait de moi sans laisser à mon libre arbitre le choix du bien ou du mal.

La maison que j'habitais avait été louée par sir John Payne pour un an en mon nom. Tout ce qu'elle contenait m'appartenait donc; mais j'éprouvais une répugnance profonde à habiter, avec un autre homme que sir John Payne, ces appartements où tout me rappelait son souvenir.

Ce fut la première chose que je dis à lord Featherson : il le comprit comme moi, et, le lendemain matin, emportant seulement cette turquoise que l'amiral m'avait passée au doigt, le premier jour où je l'avais vu, et les quelques guinées qui se trouvaient dans ma bourse, je remis les clefs de la maison à l'intendant de sir John; — et nous allâmes, lord Featherson et moi, occuper ensemble l'appartement que sir Harry occupait seul à Brook-street, au coin du square de Grosvenor.

Sir Harry avait vingt-trois ans à peine; il était donc dans toute la fougue de la jeunesse, et, n'ayant à garder aucun des ménagements qu'une position officielle imposait à l'amiral Payne, il m'entraîna avec lui dans le tourbillon joyeux et brillant dont il faisait partie en sa qualité de gentleman riche, élégant et à la mode. Cette vie que sir John Payne n'avait pu mener avec moi qu'à Paris seulement, parce qu'à Paris il se retrouvait dans toute sa liberté, lui la menait à Londres. Jusque-là, n'ayant personne pour faire les honneurs de son appartement, sir Harry n'avait pas reçu chez lui; mais, dès lors que j'y fus installée, il réunit ses amis trois fois par semaine. On taillait à ces soirées des banques où l'on perdait et gagnait des sommes folles; j'y pris l'amour du jeu, habitude fatale que je n'ai jamais pu perdre entièrement.

Le printemps arriva, et avec lui revinrent les courses de chevaux. Celles d'Epsom étaient dans toute leur nouveauté et, par conséquent, dans toute leur vogue; je n'eus pas besoin de demander à Harry de m'y conduire : toute occasion de dépenses était bien venue pour lui. Il acheta une voiture et des chevaux magnifiques, et, au jour fixé, au milieu de cet effroyable tohu-bohu qui signale tout particulièrement les fêtes du Derby, nous nous acheminâmes vers le champ de course.

Je n'essayerai pas de décrire ce déplacement de deux cent mille personnes, traînées par tous les spécimens de carrioles, de charrettes, de landaus, de calèches, de phaétons, de véhicules enfin de toute espèce; à ceux qui l'ont vu, il est inutile de le décrire, car, ne l'eussent-ils vu qu'une fois, ce spectacle restera éternellement dans leur mémoire; à ceux qui ne l'ont pas vu, aucune description ne pourrait le faire comprendre.

L'élégance de son équipage, la livrée que portaient ses postillons, son nom prononcé aussitôt qu'il parut, assuraient à lord Featherson une place aux premiers rangs réservés; cette place, nous la prîmes au hasard, côte à côte avec une calèche non moins élégante que la nôtre.

Deux dames occupaient le fond de cette calèche, ou plutôt, comme c'est l'habitude, se tenaient debout sur la banquette de derrière, se faisant un siége de la capote renversée.

Je jetai les yeux sur elles et je tressaillis.

C'étaient ces deux pensionnaires de Mme Colmann qui, deux fois, m'avaient insultée : une fois à la ferme où elles venaient manger du lait, et une autre fois dans la prairie où je conduisais promener les enfants de M. Thomas Hawarden.

Ceux qui lisent ces mémoires, auront incontestablement oublié leurs noms; mais, moi, je me les rappelais : l'une était Clarice Damby, et l'autre Clara Sutton.

Un gentleman fort élégant, qui était sans doute le mari de l'une ou de l'autre de ces dames, se tenait debout sur le siége du cocher.

En même temps que je les reconnus, elles me reconnurent aussi, et, après avoir chuchoté ensemble en me regardant, une d'elles, Clara Sutton, passa sur la banquette de devant, dit quelques mots à l'oreille du gentleman, qui se retourna de mon côté, me regarda avec attention, et donna ordre au cocher de quitter son rang et d'aller prendre une autre place.

Le cocher obéit aussitôt, et la voiture s'éloigna, laissant un vide.

Sir Harry n'avait rien vu de ce qui venait de se passer, occupé qu'il était à suivre des yeux les chevaux que l'on entraînait; lorsqu'il se retourna de mon côté, il vit de grosses larmes qui roulaient sur mes joues. C'était la première fois que je pleurais depuis longtemps; j'avais désappris les larmes. Cette insulte me fit comprendre qu'elles étaient suspendues, mais non épuisées.

Sir Harry m'aimait véritablement; il me demanda avec une grande insistance d'où venait la cause de mes douleurs; je la lui cachai aussi longtemps que je pus; mais, enfin, cédant à ses prières, je lui montrai la place vide.

Il ne comprit point d'abord et je fus forcée de lui expliquer ce qui venait de se passer. Il voulut savoir quelles étaient les personnes qui m'avaient fait cette offense, et je lui racontai que c'étaient deux de mes anciennes condisciples qui, m'ayant reconnue et sachant à quel titre j'étais dans la voiture de lord Featherson, avaient eu honte de rester dans mon voisinage.

— Ce n'est point possible! dit sir Harry en pâlissant.

— Hélas! répliquai-je, ce n'est que trop vrai.

— Nous allons bien voir, fit-il.

Et aussitôt, montant sur le siége de la voiture et prenant les guides des mains du cocher, il alla se placer de nouveau à côté de la calèche où étaient ces deux dames.

Mais à peine avions-nous pris notre rang, que, sur l'ordre du gentleman qui accompagnait ces dames, leur calèche se mit en mouvement et abandonna de nouveau la place.

Sir Harry devint livide; il tira son portefeuille de sa poche, en déchira un feuillet, écrivit sur ce feuillet quelques mots au crayon, et, appelant un de ses domestiques :

— A milord Camberwell, dit-il.

Je me doutai que ces quelques mots écrits au crayon n'étaient autre chose qu'un défi; je suppliai sir Harry de ne pas envoyer le billet.

— Ma chère Emma, me dit-il, soyez assez bonne pour ne pas vous mêler de cette affaire ; ce n'est pas vous que l'on a insultée, c'est moi.

Il prononça ces paroles d'un ton si ferme, que je compris qu'il était inutile d'insister.

Cinq minutes après, le domestique rapportait la réponse.

— Très-bien, dit Harry après avoir lu.

Et il mit le petit papier dans la poche de sa veste.

Je le suppliai de quitter les courses et de me ramener à Londres.

— Après les trois premiers tours, chère Emma, me dit-il. Je suis engagé de deux mille guinées avec lord Greenville, et je veux savoir si j'ai perdu ou gagné.

Je me doutai que ce n'était point là la véritable cause du refus que faisait sir Harry; et, en effet, la première course terminée, il alla sur le turf; mais ce fut pour prendre à part deux de ses amis, l'un desquels était sir George. Il causa quelque temps avec eux ; puis, revenant à moi le visage souriant au milieu d'un reste de pâleur :

— Eh bien, dit-il, j'ai gagné la première passe ; c'est vous qui me portez bonheur, chère Emma !

Et il reprit sa place près de moi.

Sir Harry perdit la seconde course, mais gagna la troisième, c'est-à-dire la bell .

Entre la deuxième et la troisième course, ses amis étaient venus lui parler; il avait rapidement échangé quelques mots avec eux, et tout avait été dit.

Cette troisième course terminée, sir Harry donna l'ordre de revenir à Londres.

Dans le mouvement qui se fit, la voiture de sir Harry croisa celle de lord Camberwell; les deux gentlemen se saluèrent avec la plus exquise courtoisie et le sourire sur les lèvres.

Je rentrai à Londres le cœur affreusement serré.

Le soir, les deux témoins de sir Harry vinrent le visiter; les trois gentlemen s'enfermèrent ensemble et conférèrent près d'une heure

Eux partis, je voulus savoir quelque chose ; mais sir Harry refusa de me donner aucun éclaircissement.

Vers neuf heures du soir, lord Greenville lui envoya le prix du pari perdu, deux mille guinées, comme me l'avait dit sir Harry.

— Tenez, me dit-il, j'ai parié en votre nom, c est donc à vous qu'appartient cette somme.

Et il la versa dans le tiroir de la toilette de ma chambre.

A peine fis-je attention à ce que me disait sir Harry, tant j'étais préoccupée de son affaire avec lord Camberwell.

A une heure du matin, sir Harry se retira dans sa chambre en me laissant dans la mienne. Je comprenais qu'il eût besoin de solitude et de sommeil même, ayant le lendemain une affaire d'honneur; quant à moi, je comptais bien ne pas dormir une minute de la nuit.

Sir Harry avait fermé la porte de communication qui séparait nos deux chambres; je me levai, et j'allai regarder par le trou de la serrure. Il était à son secrétaire et écrivait.

Il était un peu pâle, mais paraissait parfaitement calme.

Je revins me remettre au lit.

J'entendis successivement sonner toutes les heures de la nuit. Vers six heures du matin, écrasée de fatigue, je fermai les yeux et je m'endormis malgré moi.

Quand je me réveillai, il était grand jour ; j'avais dormi d'un sommeil agité, mais enfin j'avais dormi trois heures. Je me jetai à bas du lit, j'ouvris la porte de la chambre de sir Harry : cette chambre était vide.

Je passai un peignoir, je sonnai le domestique et l'interrogeai.

La veille au soir, son maître avait donné l'ordre d'atteler à sept heures moins un quart du matin ; à sept heures précises, les deux témoins de sir Harry étaient venus le trouver; tous trois étaient partis ensemble.

Il n'y avait pas de doute, sir Harry était allé se battre.

Je demeurai pendant plus de deux heures livrée aux plus terribles angoisses.

Vers onze heures du matin, j'entendis le bruit d'une voiture qui s'arrêtait dans la cour, je courus à la fenêtre, je vis sir Harry descendre de la voiture avec ses deux amis. Je poussai un cri de joie et me précipitai vers l'escalier.

Il s'était battu au pistolet; son adversaire avait reçu une balle dans la cuisse; lui était revenu sain et sauf.

Le duel fit grand bruit dans le monde élégant de Londres ; seulement, les choses furent présentées sous le jour qui m'était le plus défavorable : on prétendit que c'était moi qui avais excité sir Harry à aller se placer près de la voiture fugitive, tandis qu'au contraire, sûre que j'allais y chercher une seconde insulte, j'avais fait tout au monde pour empêcher sir Harry de quitter notre première place.

Pendant tout le temps que dura la convalescence de milord Camberwell, sir

Harry envoya chaque jour prendre des nouvelles de sa santé.

L'été approchait. Sir Harry Featherson avait une magnifique terre à Up-park, dans le comté de Sussex ; il m'y emmena et m'y établit comme maîtres e de la maison.

Le titre usurpé de milady que me donnaient, par courtoisie, les amis du comte, commensaux de son château et parasites de sa fortune, suffisait à mon amour-propre tant que nous restions entre nous ; mais, une fois hors des murailles de la splendide villa, milady Featherson n'était plus que l'aventurière Emma Lyonna, c'est-à-dire une fille entretenue, un peu plus belle peut-être, mais pas plus respectable que les autres.

Il en résultait, de la part de nos voisins dont la position était régulière, une manifestation de dédain qui éclatait à chaque occasion, et qui me blessait au plus profond du cœur.

Il est vrai que, sur la petite cour que m'avait faite sir Harry, je dominais en reine, reine des courses, des fêtes, des chasses. J'appris, pendant les trois ou quatre mois que nous passâmes à Up-park, à monter à cheval avec beaucoup d'élégance et de fermeté. Le soir, je continuais de dire des scènes de comédie et de tragédie, et à reproduire, par ces poses plastiques, l'aspect des femmes les plus célèbres de l'antiquité. Grâce à une extrême mobilité de physionomie et à des costumes magnifiques que je faisais faire d'après les meilleurs dessins que l'on pouvait trouver des personnages illustres, j'excellais à donner une idée exacte de ces personnages, et souvent je n'avais même pas besoin de dire quelle était l'héroïne de l'histoire grecque, juive ou romaine que je voulais représenter pour que le nom de cette héroïne vînt sur les lèvres des spectateurs !

Il serait difficile d'évaluer à quelle somme s'élevait la dépense journalière de cette riche villégiature.

Deux ou trois fois sir Harry Featherson alla lui-même à Londres pour chercher l'argent nécessaire à soutenir ce luxe. L'intendant qui avait fourni à ses premiers besoins avait fini par écrire que, plus de deux années du revenu de sir Harry étant épuisées à l'avance, on ne comptât plus sur rien de son côté avant que, ses vingt-cinq ans étant révolus, lord Featherson devînt l'unique gérant de sa propre fortune, qui, à cette époque, devait être immense.

Vers la fin du mois de juillet, il se trouva dans un tel état de gêne, que, voulant aller à Londres, y tenter un de ses emprunts habituels, il eut recours à moi pour faire le voyage. Peu à peu ses amis, qui s'étaient aperçus de cette ruine inévitable, avaient disparu ; les deux derniers partirent avec lui pour Londres, promettant de revenir avec lui ; moi seule ne voyais rien, ne me doutais de rien, et croyais la bourse de sir Harry aussi inépuisable que celle de Fortunatus.

J'attendis trois jours sans trop m'inquiéter ; deux jours passèrent encore sans nouvelles. Le matin du sixième seulement depuis l'abandon d'Up-park, je reçus une lettre de sir Harry.

Cette lettre fut un coup de foudre ; elle était conçue en ces termes :

« Ma pauvre Emma,

« Je suis complétement ruiné, — momentanément, du moins. Je dois près de cinquante mille livres sterling. Ma famille ne consent à me tirer des mains des huissiers et des attorneys qu'à la condition d'une réforme totale, et cette réforme, je dois la subir, d'abord et avant tout, dans ce que j'ai de plus cher au monde, c'est-à-dire en renonçant à vous. Il y a plus : pour être sûr de ma sagesse pendant les deux ou trois ans qui me séparent encore de ma majorité, on m'exile dans l'Inde, où ma famille m'a acheté une compagnie.

« Tout s'est terminé ce matin seulement ; on m'embarque ce soir ; de sorte que, quand vous recevrez cette lettre, je serai déjà en mer.

« Adieu, ma chère Emma ! Vous m'avez donné huit mois d'une félicité inconnue aux hommes ; pardonnez-moi de si mal vous en récompenser.

« Celui qui vous a aimé, vous aime et vous aimera toujours.

« HARRY. »

Le même jour arrivèrent des hommes de justice pour dresser l'inventaire des objets laissés par sir Harry Featherson dans le château d'Up-park, et qui devenaient la garantie des créanciers dont on avait, moyennant différents gages, arrêté les poursuites.

A l'instant même, je quittai le château, n'en emportant que les effets qui m'étaient personnels et une somme de deux cent cinquante livres, à peu près.

VI

Cette commotion fut une des plus violentes que je reçus dans ma vie. Jusque-là, j'avais monté de la misère au luxe, de l'infortune au bonheur; tout à coup quelque chose se brisait dans mon existence; je cessais de croire moi-même à mon invulnérabilité.

J'aimais Harry de toute mon âme, et mon âme était toute déchirée par l'arrachement de cet amour; il avait ses racines dans tout mon être : aussi pas un endroit de mon être qui ne fût endolori.

Après le côté moral, sur lequel avait porté le premier coup, venait le côté matériel. Du moment que je restais debout après le choc, je devais m'occuper de vivre, et, dans les grandes douleurs, c'est une terrible fatigue que celle-là.

Où irais-je? qu'allais-je devenir? sous quel toit m'abriterais-je? sur quelle pierre poserais-je ma tête? Voilà ce que je ne savais pas, voilà ce que je me demandais, assise sous un arbre de l'avenue dont, huit jours auparavant, je soulevais la poussière sous les roues d'une élégante calèche ou sous les pieds d'un magnifique cheval.

J'avais loué une voiture dans la ville voisine, je l'avais chargée de mes deux ou trois malles, je m'y étais ménagée une place, et, quand le cocher me demanda : « Où faut-il conduire madame? » Je ne sus que lui répondre.

— Suivez la route, dis-je.

— Laquelle? me demanda-t-il.

— Celle-ci.

— Mais jusqu'où?

— Jusqu'au premier village ou jusqu'à la première ville.

— Le premier bourg est Nutley.

— Allez jusqu'à Nutley.

Le voiturier, étonné, se mit en route.

Au bout de trois heures, il s'arrêta sur la place d'un gros village, situé dans une position charmante, au pied d'une colline.

— Nous sommes à Nutley, me dit-il.

— Informez-vous s'il y a une petite maison à louer, et que puisse habiter une femme seule, avec sa femme de chambre.

Il jeta la bride au cou de son cheval, et se mit en quête de ce que je lui demandais.

Je restai immobile et muette dans la voiture; combien de minutes ou combien d'heures, je ne saurais le dire; j'avais perdu la mémoire du temps.

Le cocher revint; il avait, à l'autre extrémité du village, trouvé un petit cottage qui, selon lui, devait me convenir parfaitement.

— Conduisez-moi, lui dis-je.

Le cheval s'arrêta, en effet, devant une petite maison couverte d'ombre et entourée de fleurs. Elle était située au milieu d'un jardin fermé par une haie et dans lequel on pénétrait par une grille en bois peinte en vert, comme les contrevents de ses fenêtres; elle avait été laissée en garde, par la propriétaire, à une vieille femme de charge, ayant mission de la louer, si l'on trouvait un amateur. Cette propriétaire, sans autre fortune à elle que ce cottage et une petite rente de cinquante livres, dont elle vivait, avait été appelée près de son frère, officier général en retraite, qui venait de perdre sa fille unique. La maison était restée telle qu'elle l'avait quittée, c'est-à-dire toute meublée, — modestement mais proprement.

Je n'eus besoin que de jeter un coup d'œil sur la maison pour reconnaître qu'elle convenait sous tous les rapports à l'état de mon cœur et de ma fortune; elle était assez retirée pour que mon cœur y trouvât le calme dont il avait besoin, elle était assez modeste pour me donner, si peu riche que je fusse, le temps de prendre une résolution sur ce qui me restait à faire.

Le prix de location était de trente livres par an : je payai six mois d'avance, avec faculté de quitter la maison quand je voudrais sans rien payer de plus, pourvu que je la quittasse dans le courant des six premiers mois. Ma fortune se trouva ainsi réduite à deux cent trente livres, c'est-à-dire à cinq mille sept cent cinquante francs.

Si je voulais rester dans cette maison et y vivre loin du monde, j'avais devant moi près de trois ans de tranquillité.

Deux heures après, j'étais installée dans le cottage, avec lequel ma plus simple toilette faisait un étrange contraste; pourtant, quand je comparais à cette modeste mais charmante habitation le point d'où j'étais partie, je trouvais que, dans ma chute, je m'étais au moins arrêtée à moitié chemin.

Moyennant une livre par mois et la nourriture, la femme de charge consentit à demeurer près de moi et à veiller à tous les soins de notre ménage.

Ma première préoccupation fut de me faire faire un ou deux vêtements plus en harmonie avec la nouvelle existence que j'allais mener. Je les fis faire de soie noire; et à toutes les questions je répondis que je me nommais mistress Harte, que j'étais veuve, et que je venais passer dans la solitude et l'isolement les premiers mois de ma douleur et de mon veuvage.

J'étais bien jeune pour être déjà veuve; on crut de mon récit ce que l'on voulut; peu m'importait, je ne voyais personne.

Les huit premiers jours de cette retraite se passèrent tout entiers face à face avec cette douleur physique et morale qui accompagne toujours les grands cataclysmes de la vie ; puis, peu à peu, le calme rentra, sinon dans mon cœur, du moins dans mon esprit, et je pus juger ma position.

En somme, j'avais perdu un homme que j'aimais; mais cet homme était-il digne des regrets que je lui accordais? sa conduite envers moi avait-elle été celle d'un gentleman? au milieu de l'écroulement de sa fortune, s'était-il inquiété de moi? avait-il veillé à ce que j'allais devenir? avait-il essayé de me ménager une des hontes réservées aux malheureuses femmes qui ont mis leur vie dans leur amour?

J'étais obligée de m'avouer que non.

Quelle différence entre les procédés de sir John Payne et les siens!

Du moment que j'étais arrivée à juger sir Harry avec impartialité, et à l'apprécier à sa juste valeur, j'étais bien près de me consoler de sa perte. C'était un beau et élégant jeune homme certainement; mais ma mémoire me rappelait, parmi les amis de sir John et les siens, cinq ou six jeunes gens aussi beaux et aussi élégants que lui; et, selon toute probabilité, sans le mystérieux incident à l'aide duquel il était entré dans ma vie, et qui y avait laissé une trace ineffaçable, je n'eusse pas fait plus d'attention à lui qu'à un autre, et il passait inaperçu près de moi.

Quant à la situation dans laquelle je me trouvais, elle était meilleure, à coup sûr, qu'à ma première arrivée à Londres. Voulais-je vivre dans la retraite, j'avais devant moi une longue série de jours sans inquiétude ; voulais-je reparaître à Londres avec le même éclat que je l'avais quitté, j'avais un ou deux mois de luxe à jeter aux yeux de cette société dans laquelle j'avais vécu et où je pouvais toujours rentrer aux mêmes conditions.

Je jetai, ces réflexions faites, un coup d'œil sur mon miroir; j'étais plus jeune, plus belle, plus fraîche que jamais, et, si quelques traces restaient encore sur mon visage des larmes que j'avais versées, elles étaient déjà effacées dans un demi-sourire.

Je n'éprouvais qu'un besoin après la vie bruyante, après les jours de fête, les nuits de jeu que je venais de traverser, c'était celui de quelques semaines de repos. La sérénité de mon cœur était troublée, comme la pureté d'un lac après un orage; il fallait lui laisser le temps de reprendre sa limpidité. Aussi les premiers jours de solitude que je passai dans cette petite maison de Nutley ne furent pas sans un certain charme mélancolique que j'ai parfois regretté, même au sommet de mes splendeurs ; je me demandais si cette vie douce, facile, dont tous les jours se ressemblaient, n'était pas, au bout du compte, celle à laquelle la nature nous a destinées.

Mais, je dois le dire, à cette demande, une voix secrète répondait que je n'étais point de celles à qui la nature avait réservé le calme de la médiocrité et les douceurs de la solitude; j'étais, au contraire, de ces organisations extrêmes auxquelles il fallait la lutte, et le triomphe ou la défaite qui en sont la suite. Sur quel théâtre allait s'engager cette lutte de mon avenir contre la destinée? Je n'en savais rien; mais je sentais qu'athlète du luxe, du caprice, de l'inconnu, le moment de calme dans lequel j'étais tombée, n'était que le repos momentané qui précède le combat.

Je restai deux mois à Nutley, presque sans franchir le seuil du jardin. Pendant ces deux mois, toutes les aspirations de ma jeunesse avaient eu le temps de renaître en moi. La blessure de mon cœur s'était refermée d'autant plus facilement que je me disais que, dans l'abandon de sir Harry, abandon forcé, mon amour-propre n'avait rien eu à souffrir, puisque notre séparation venait, non pas d'un refroidissement de sa passion, mais d'une contrainte exercée sur Harry par des événements plus puissants que sa volonté. Or, dans ces sortes de ruptures, — peut-être ne devrais-je pas livrer à la publicité ce secret féminin — c'est encore plus notre amour-propre qui saigne que notre amour, et la femme qui peut se dire : « Je suis séparée de mon amant, mais je suis sûre qu'il m'aime toujours, » est bien plus près d'être consolée de la séparation que celle qui se dit : « Je suis séparée de mon amant, parce qu'il ne m'aime plus. »

Il en résulta que, dans le courant du deuxième mois de ma retraite, me sentant de nouveau invinciblement entraînée vers ce tourbillon qui, depuis un an, m'emportait avec lui, je résolus de retourner à Londres et de tenter de nouveau la fortune; elle m'avait été si fidèle jusque-là, que je pouvais conserver l'espoir qu'elle ne m'abandonnerait pas au commencement du chemin.

D'ailleurs, au fur et à mesure que la réflexion ou plutôt le souvenir m'était revenu et que le jour s'était fait dans mon esprit, je m'étais rappelé une ressource qui, peut-être, me restait encore. J'avais quitté si rapidement ma petite maison de Piccadilly, pressée que j'étais de suivre sir Harry hors de ma vie passée, que je n'avais plus songé au don que m'avait fait sir John du riche mobilier qu'elle contenait.

Or, maintenant, j'éprouvais un ardent désir de revoir cette maison, témoin de mes premiers jours d'orgueil, c'est-à-dire de bonheur; car, pour moi, et c'est ce qui m'a perdue, le bonheur est dans les satisfactions de l orgueil, plutôt encore que dans celle de l'amour. Je me rappelais vaguement avoir entendu dire à l'intendant de sir John qu'une année du loyer de la maison était payé d'avance, et que tout ce qui était renfermé dans la maison m'appartenait. Il est vrai qu'aucun acte ne constatait cette donation, et, si ma mémoire me trompait, si le bail était fait au nom de sir John au lieu de l être au mien, chose dont je ne m'étais jamais sérieusement préoccupée, ou si l'intendant était un malhonnête homme, toute cette riche espérance était perdue.

Il vint un moment où je ne pus supporter le doute et où je résolus de partir et de m'assurer de la réalité, quelle qu'elle fût.

Une diligence passait tous les jours à Nutley, allant de Lewes à Londres et de Londres à Lewes; sans dire à ma femme de charge si je reviendrais ou non, chose inutile, puisque la maison était payée pour plus de trois mois encore, je lui remis les clefs, je pris une place dans la diligence et partis pour Londres, où j'arrivai le lendemain matin.

J'appelai un fiacre, j'y fis charger mes malles, et, la voix émue, le cœur palpitant, je donnai l'ordre de me conduire à Piccadilly.

Lorsque le fiacre s'arrêta devant la façade si connue de cette chère maison où allait se décider une question si importante dans ma vie, les forces faillirent me manquer, et j'hésitai à frapper à la porte.

Mais, tout à coup, et comme pour mettre un terme à mon hésitation, la porte s'ouvrit pour donner passage à une femme, et je jetai un cri de joie.

Cette femme, c'était Amy Strong, qui, on se le rappelle, avait toujours pris une si grande influence sur les événements de ma vie.

Cette fois encore, la fatalité semblait la ramener sur mon chemin.

Elle me reconnut en même temps que je la reconnaissais moi-même; nous nous jetâmes dans les bras l'une de l'autre.

Derrière elle, le concierge de la maison se tenait respectueusement le chapeau à la main; lorsqu'il m'eut reconnue, il ouvrit les deux battants de la porte pour que la voiture pût entrer.

La voiture entra, s'arrêta au pied de l'escalier. Le concierge ouvrit la portière, et, comme j'hésitais à le questionner:

— Madame a fait une bien longue absence, dit-il; mais elle trouvera chaque chose comme elle l'a laissée.

Et il me présenta la clef du premier étage, qui était celui que j'habitais.

Il était évident que rien n'était changé, et que tout ce que renfermait la maison était bien à moi.

VII

Je rentrai dans ce bienheureux appartement, que je retrouvais d'une façon si inespérée, avec un profond sentiment de joie, et ce fut à travers des larmes de reconnaissance pour sir John que je revis ma chère chambre bleue, cette chambre de mes rêves, et la grande glace à cadre doré prédite par Dick.

La pauvre Amy ne faisait pas fortune. J'avais toujours été sa providence; cinq ou six fois elle était venue pour tâcher de savoir de mes nouvelles et recourir à moi, toujours on lui avait dit que j'étais absente et que l'on ignorait ma demeure; elle venait de faire une dernière démarche du même genre et sans un meilleur résultat, quand, au seuil de la porte qu'elle repassait désolée, et dont je m'approchais tremblante, nous nous étions rencontrées.

Dans l'isolement où je me trouvais, cette rencontre me semblait une bénédiction du ciel; je lui proposai de rester avec moi, et, sans que rien fût dit sur la place qu'elle tiendrait dans la maison, elle accepta.

La position examinée, il y avait deux partis à prendre. Le mobilier de la maison de Piccadilly était bien à moi, puisque sir John me l'avait donné; on en tirerait peut-être, en le vendant, une somme de deux mille à deux mille cinq cents livres.

Je pouvais donc, avec ce que je possédais, réaliser une soixantaine de mille francs, — cent à cent vingt livres sterling de rente.

Si je consentais à renoncer au monde, au luxe, à la vie élégante; si je retournais habiter ma petite maison de Nutley, je n'avais point à m'inquiéter de l'avenir, mon existence était assurée.

Si, au contraire, je voulais suivre la route dans laquelle j'étais entrée, celle de l'aventure, du caprice, du hasard, je devais conserver les meubles et la maison, y recevoir, donner à jouer, et courir les risques de nouvelles amours.

Hélas! mon caractère ne me poussait que trop à ce dernier parti, et Amy, qui

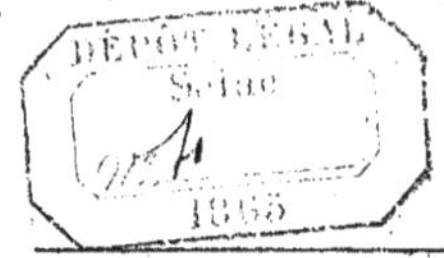

jouait près de moi le rôle que le serpent avait, six mille ans auparavant, joué près d'Eve, m'encourageait à prendre cette résolution.

On devine que ce fut celle que je pris.

Dieu, qui est le représentant de la miséricorde, et non celui de la vengeance, n'exige pas, je l'espère, que je raconte dans ses détails l'année qui s'écoula, et qui fut la dix-neuvième année de ma vie ; toutes les phases de cette douloureuse existence de la femme qui vit de sa beauté y furent parcourues, toutes les douleurs en furent épuisées, toutes les hontes en furent bues. Si je ne les raconte pas, ce n'est point que je les aie oubliées : c'est que la force me manque pour repasser en souvenir par le même chemin ; je dirai seulement qu'un an, jour pour jour, après ma rentrée dans la petite maison de Piccadilly, j'en sortais, mes meubles, mes bijoux, mes dentelles vendus, bien autrement pauvre et abandonnée que j'étais sortie d'Up-park, et ne possédant plus, des restes de mon ancienne splendeur, que la robe de soie que j'avais sur le corps.

Comment étais-je tombée à ce degré de misère, qu'Amy elle-même, cette cause première et persévérante de ma perte, m'avait abandonnée ? La Fatalité, qui voulait me précipiter au plus bas de l'échelle humaine pour m'en faire de nouveau gravir tous les échelons, pourrait seule le dire.

Chacun des détails de cette terrible journée est présent à ma mémoire. Ce fut le vendredi 26 octobre 1782, à onze heures du matin, par un de ces temps froids et brumeux comme il n'en fait qu'à Londres, que je sortis de la petite maison de Piccadilly.

J'avais déjeuné avec un morceau de pain et un verre d'eau, et je n'étais pas sûre d'avoir un autre morceau de pain à mon dîner.

Je suivis Piccadilly jusqu'à Old-Bond-street, sans savoir où j'allais, sans avoir donné un but à ma course ; je marchais devant moi en aveugle, heurtant les passants et me heurtant moi-même aux obstacles. Je me trouvai bientôt dans Oxfort-street. Le hasard seul m'y avait conduite.

Là, je me reconnus. J'étais presqu'en face de l'hôtel de miss Arabell ; je m'y arrêtai un instant. Pendant cet instant, une voiture vint de la cour et s'avança jusqu'au pied du perron ; une femme toute perdue dans un riche mantelet de satin garni de dentelles, y monta suivie d'un élégant cavalier ; la voiture se referma et passa en me couvrant de boue. Cette femme, c'était miss Arabell ; quant au cavalier, qui était probablement un nouvel admirateur, je ne le connaissais pas.

La voiture disparut par High-street.

Pourquoi cette femme, qui n'était probablement pas de meilleure naissance que moi, qui n'était certainement pas plus belle que moi, restait-elle riche et heureuse, tandis qu'après avoir été aussi riche et aussi heureuse qu'elle, je la regardais passer, pauvre et misérable, éclaboussée par elle ?

Cela me parut une inexplicable cruauté du sort.

Je restai immobile à la même place une demi-heure peut-être, et sans doute y serais-je restée plus longtemps, sans savoir pourquoi je demeurais immobile au lieu de marcher, si un rassemblement n'eût commencé de se faire autour de moi, et si un policeman, perçant ce rassemblement, ne m'eût demandé ce que je faisais là, pareille à une statue, muette et les pieds dans la boue.

— Je lui répondis qu'ayant vu sortir en voiture, du n° 23, une dame de ma connaissance, j'attendais son retour pour lui parler.

Continuez votre chemin, me dit brutalement le policeman ; ce n'est pas à cette heure que les femmes de votre espèce ont le droit de stationner sur les trottoirs.

Ces paroles m'entrèrent dans le cœur comme un fer rougi ; je bondis, et, par Dean-street, je descendis vers le Strand.

A peine y eus-je fait quelques pas, que je me trouvai en face du magasin de M. Plowden, où j'étais, on se le rappelle, restée un mois comme demoiselle de comptoir. Là, la vie n'avait été pour moi ni heureuse ni brillante ; mais, du moins, elle avait été calme.

A la place où je m'étais assise pendant ce mois, une jeune fille de mon âge était assise à son tour ; il était facile de voir, à la placidité de sa physionomie, qu'elle était arrivée, ou à peu près, au but de ses désirs et de son ambition.

Je me rappelais trop cruellement l'apostrophe de l'homme de police pour stationner devant le magasin de M. Plowden, comme j'avais stationné devant l'hôtel de miss Arabell.

Je remontai le Strand jusqu'à King's-William-street, qui me conduisit à Leicester-square ; et, comme si je devais, degré à degré, gravir de nouveau l'échelle de mes souvenirs, je retrouvai là cette petite maison de M. Hawarden où j'étais descendue à mon arrivée à Londres, et où j'avais trouvé une si douce et si bienveillante hospitalité.

Depuis le Strand, j'avais été prise par la pluie et elle continuait de tomber, toujours plus pressée; mais j'étais arrivée à un tel degré d'insensibilité, que je ne m'apercevais pas que j'étais mouillée jusqu'aux os. La petite maison avait toujours son apparence d'honnêteté, de puritanisme même; je m'assis sur les marches d'une espèce de théâtre ambulant, dressé au milieu de la place.

J'avais devant moi la porte de la maison de M. Hawarden. Je restai là plus de deux heures, sous la pluie, sentant les premières atteintes de la faim, mais trop fière pour aller demander un morceau de pain à cette maison hospitalière.

Par malheur, deux des ressources sur lesquelles j'eusse pu compter dans la situation extrême où je me trouvais, me faisaient défaut.

M. Sheridan, dont j'avais si souvent entendu prononcer le nom, était réduit à l'impossibilité de m'être utile par l'incendie du théâtae de Drury-Lane, dont il était directeur et où j'eusse pu trouver une place et me faire une position.

Quant à Rowmney, il ne m'avait jamais donné son adresse; je croyais, voilà tout, me rappeler qu'il demeurait aux environs de Cavendish-square ou à Cavendish-square même; mais la désignation était trop vague pour que, sur cette simple donnée, je me misse en quête de sa maison.

Il me fallait un secours prompt et efficace : j'avais faim, je ne savais pas où dîner; la nuit venait, je ne savais pas où coucher.

Je levai les yeux au ciel pour tâcher de désarmer sa colère par un regard suppliant.

En ce moment, une voiture passait à quelques pas de l'endroit où j'étais assise; elle s'arrêta, la portière s'ouvrit, une femme de quarante à quarante-cinq ans, enveloppée d'un magnifique cachemire de l'Inde, en descendit et s'avança de mon côté, s'exposant à la pluie qui ruisselait sur moi et autour de moi.

Il y avait dans les traits de cette femme un mélange de cynisme et de vulgarité qui protestait contre sa mise élégante.

Ne pouvant supposer que c'était à moi qu'elle eût affaire, j'avais laissé retomber mon front entre mes deux mains.

Elle me toucha l'épaule.

Je relevai la tête; la femme était debout devant moi. Elle m'enveloppa dans un regard effronté et murmura tout haut :

— Elle est, ma foi, jolie, très-jolie!

Je la regardai avec étonnement.

Que me voulait cette femme?

— Pourquoi restez-vous ainsi exposée à la pluie? me demanda-t-elle.

— Parce que je ne sais où aller, lui répondis-je.

— Bah! dit-elle; quand on a votre figure, on n'est jamais embarrassée de trouver un gîte.

— Je le suis cependant, vous le voyez.

— Pourquoi êtes-vous si pâle?

— Parce que j'ai froid et faim.

— Vous n'êtes point malade?

— Non; mais je ne puis manquer de l'être si je passe la nuit dans la rue.

— Qui vous force à passer la nuit dans la rue?

— Ne vous ai-je pas dit que je ne savais où aller!

— Venez chez moi.

Je la regardai de nouveau.

— Qui êtes-vous? lui demandai-je.

— Je suis quelqu'un qui vous offre ce que vous n'avez pas : la nourriture, le logement et des habits.

— Et à quel prix?

— On vous dira cela; seulement, dépêchez-vous! Je perds, non pas mon temps, mais mon châle et mon chapeau, à causer avec vous.

J'hésitai.

— Alors, bonsoir, la belle enfant!

Et elle fit un pas pour rejoindre sa voiture.

— Madame! madame! lui dis-je.

— Eh bien, vous décidez-vous?

— Si demain vos projets sur moi ne me conviennent pas, serai-je libre de vous quitter?

— Parfaitement! en me remboursant, toutefois, les dépenses que j'aurai faites pour vous, si j'en fais.

— Je vous suis, madame.

Je me levai; j'étais ruisselante.

— Mettez-vous sur le devant de la voiture, et faites-vous aussi petite que vous pourrez.

J'obéis.

Dix minutes après, la voiture s'arrêtait à la porte d'une maison de Hay-Market.

J'avais bien froid; mais, en entrant dans cette maison, en entendant la porte se refermer derrière moi, j'eus plus froid encore.

Il me sembla que j'entrais dans un tombeau...

Là encore ma beauté me sauva.

Cette femme qui m'avait recueillie fit prévenir le fameux docteur Graham, espèce de charlatan mystique qui professait, devant la jeunesse matérialiste de Londres, une sorte d'idolâtrie scientifique des perfections de la nature humaine.

Il paya toutes les dépenses que l'on avait

faites pour moi en me rhabillant à neuf, laissa une forte somme à la femme qui m'avait rencontrée et m'emmena avec lui.

A peine fus-je en la puissance du docteur, qu'il annonça dans tous les journaux qu'il possédait enfin ce spécimen unique et suprême de beauté qui lui avait manqué jusque-là pour faire triompher ses théories.

Le succès fut complet ; ni la peinture ni la sculpture n'avaient jamais produit un pareil chef-d'œuvre, — Apelles et Phidias étaient vaincus.

Les recettes du docteur Graham, dans lesquelles je participais pour un tiers, montèrent bientôt à la somme de vingt-cinq mille livres sterling.

Un soir, une voix dont le timbre ne m'était pas inconnu me fit tressaillir.

— C'est elle ! murmura la voix.

Puis, un instant après, elle ajouta :

— Elle est encore plus belle que je ne croyais.

C'était évidemment quelqu'un qui me connaissait, quelqu'un que j'avais rencontré pendant le cours de ma vie passée ; mais j'eus beau évoquer tous mes souvenirs, le timbre de cette voix, quoique présent à ma mémoire, ne me rappelait aucune des personnes que j'avais vues pendant ma liaison avec lord Featherson, ou avec sir John, et même depuis.

Je devais remonter plus haut, à des souvenirs antérieurs à mon arrivée à Londres.

Inutile de dire que c'était une voix d'homme.

L'heure de la fermeture arrivée, un seul des assistants demeura après les autres ; à sa voix, je le reconnus pour celui dont je cherchais inutilement le nom.

— Mon cher Graham, disait la voix, il faut absolument que vous obteniez de miss Emma Lyonna la faveur que je vous demande.

— D'abord, la personne dont vous désirez obtenir cette faveur ne s'appelle pas Emma Lyonna, elle s'appelle miss Hearte.

— Il est possible qu'elle s'appelle miss Hearte pour vous, cher docteur; mais, pour moi, elle s'appelle Emma Lyonna. En tout cas, présentez-moi à elle, et j'espère qu'elle ne m'aura pas tout à fait oublié.

— Ce soir ? Impossible !

— Je ne dis pas ce soir, mais demain.

— Demain, soit.

— C'est chose dite.

— A moins qu'elle ne s'y oppose.

— Dans ce cas, vous comprenez, je n'ai rien à dire ; mais j'espère qu'elle ne s'y opposera point. Adieu, mon cher Graham.

— Adieu, mon cher Rowmney.

Rowmney ! c'était Rowmney !

Lorsque le docteur revint de le reconduire, il me demanda si je connaissais un peintre nommé Rowmney.

Je lui répondis indifféremment qu'il y avait trois ou quatre ans, sur les bords de la Dee, j'avais rencontré, en effet, un peintre de ce nom, qui avait fait un croquis de moi, et m'avait offert cinq guinées par chaque fois que je consentirais à lui servir de modèle.

— Vous répugnerait-il de le revoir ? me demanda le docteur. Il était ce soir au nombre de mes auditeurs ; il vous a reconnue, et a un vif désir de vous être présenté. Votre portrait fait par Rowmney est un passe-port pour la postérité.

Je répondis que je le reverrais avec plaisir, mais que, comme j'avais à lui demander le secret sur certaines choses de ma vie passée, je désirais le recevoir chez moi et sans témoins.

Graham s'inclina.

— Vous savez, me dit-il, que vous êtes maîtresse absolue de vos actions et de vous-même. Seulement, promettez-moi que, quelque influence qu'il prenne sur vous, il n'aura pas celle de vous faire abandonner nos séances avant deux mois. Dans deux mois, j'aurai réalisé une fortune et j'aurai la joie de vous avoir mise vous-même pour longtemps au-dessus du besoin.

J'engageai ma parole au docteur Graham en lui tendant simplement la main. Il s'était conduit trop loyalement vis-à-vis de moi pour que je ne lui donnasse pas cette preuve de reconnaissance.

Le lendemain, en déjeunant tête à tête, selon mon habitude, avec le docteur, je trouvai sous ma serviette deux boutons d'oreilles en diamants, valant chacun cinq cents livres sterling.

J'étais en train de les essayer et de m'éblouir moi-même du feu qu'ils jetaient, lorsque j'entendis frapper à la porte ces cinq ou six coups redoublés et bruyants qui annoncent, à Londres, une visite aristocratique.

Je ne doutai point que ce ne fût Rowmney : en effet, cinq minutes après, la porte s'ouvrit et je vis entrer ma vieille connaissance du golfe de la Dee.

VIII

J'avais compris qu'il n'y avait, vis-à-vis de Rowmney, qu'une grande aisance de manières qui pût couvrir la fausseté de ma position ; prendre des airs réservés après ce qu'il avait vu la veille eût été d'une sotte. Je me levai donc à son entrée et j'allai à lui en lui tendant la main, le sourire d'une ancienne connaissance sur les lèvres, et en lui souhaitant la bienvenue.

— Par ma foi! ma chère Emma, me dit-il, vous me réservez toutes les surprises? Trois fois déjà, je vous ai vue; deux fois, j'ai pensé ne jamais pouvoir vous retrouver plus belle ; deux fois déjà, je me suis trompé, et probablement suis-je destiné à me tromper encore une troisième.

— Est-ce un amant qui se déclare? lui répondis-je. Alors, mettez-vous à mes genoux. Est-ce tout simplement un ami qui parle? Alors, asseyez-vous près de moi.

— Puisque vous le prenez ainsi, dit Rowmney, laissez-moi vous dire que je désire ne passer au rang d'ami que quand j'aurai perdu l'espoir d'une position encore plus enviable. Me voilà donc à vos genoux, chère Emma, et je vous dis que vous êtes en vérité ce que j'ai vu de plus beau sur la terre, et qu'il n'y aura dans ma vie qu'un jour plus beau que celui où je vous dis : « Emma, laissez-moi vous aimer; » ce sera celui où vous me direz : « Rowmney, je vous aime. »

— Aimez-moi, je ne m'y oppose pas, mon cher Rowmney; mais venez là et causons; car il faut que je sache de vous-même si vous me trouvez encore digne de vous aimer, lorsque je vous aurai dit tout ce qui s'est passé depuis que nous ne nous sommes vus.

— Bon! dit-il, voilà que vous ne vous contentez pas d'être belle, voilà que vous avez du monde et de l'esprit! Vous voulez donc que je devienne fou?

— Sous ce rapport, je n'aurai probablement que la moitié de la besogne à faire : miss Arabell a dû faire l'autre moitié.

— L'avez-vous revue?

— Je vous dis que j'ai toute une confession à vous faire. Ecoutez-moi donc.

Et alors, moitié sérieuse, moitié triste, toujours coquette, car je voulais lui plaire, je racontai à Rowmney tout ce qui s'était passé dans ma vie depuis le jour où je l'avais vu pour la première fois; comment j'étais venue à Londres, surtout dans l'espérance de le revoir; comment, l'ayant trouvé parti, j'étais entrée chez M. Hawarden. Puis je déroulai toute la bizarre chaîne des événements de ma vie, m'étonnant sans cesse de ne point l'avoir rencontré une seule fois dans ce monde de gentlemen et d'artistes que j'avais vus pendant les quatorze ou quinze mois que j'avais passés avec sir John et lord Featherson.

De son côté, Rowmney avait beaucoup entendu parler de moi, sans se douter que ce fût de moi qu'il était question. Mes scènes d'Ophélie et de Roméo avaient fait du bruit dans le monde artiste, et il avait désiré me voir; mais sa vie, toute à l'art et aux plaisirs, l'avait entraîné ailleurs, et nous ne nous étions pas rencontrés.

— Maintenant, me dit Rowmney, vous êtes trop riche pour que je vous propose de vous payer vos séances cinq guinées, et c'est à vous de me faire l'aumône. Etes-vous libre de votre cœur et de votre personne?

— Libre comme l'air.

— Et le docteur Graham?

— C'est mon cornac, et voilà tout. Seulement, j'ai un engagement d'honneur avec lui. Il m'a tirée de la misère, pis que cela, de la honte; et je lui dois sa fortune en échange.

— Eh bien, dit Rowmney, tout peut s'arranger. Vous ferez la fortune de Graham et ma réputation à moi. Puis, dans vos moments de charité, vous penserez si vous ne pourriez pas en même temps faire mon bonheur; moyennant quoi, il y aurait peu d'existences mieux employées que la vôtre.

Il fut convenu que, dès le lendemain, j'irais passer une heure à Cavendish-square, dans l'atelier de Rowmney, et que, là, il verrait à commencer une série d'études d'après moi.

Nous nous quittâmes comme deux tendres amis qui n'ont plus qu'un pas à faire pour devenir amants.

Il y avait longtemps que mon pauvre cœur était sans occupation aucune; j'avais toujours eu une grande sympathie pour Rowmney; comme je le lui avais dit, j'étais libre de tout engagement. Quoique âgé de quarante-cinq ans, à peu près, Rowmney avait la triple jeunesse de la force, de l'élégance et de la réputation; c'était tout ce que pouvait désirer une femme ayant plus de droits à l'exigence que moi; je pus croire un instant que j'aimais ou plutôt que j'aimerais Rowmney.

Le lendemain, j'allai chez lui à l'heure convenue. Il m'attendait avec tous ces petits préparatifs que l'on fait pour une femme désirée : fleurs, parfums, tapis moelleux; une magnifique peau de tigre était étendue sur une espèce d'estrade pareille à celle que j'occupais chez le docteur Graham; une couronne de vigne entremêlée de raisins attendait évidemment une Erigone.

Du moment que j'étais chez Rowmney, du moment que j'y venais non-seulement de ma volonté, mais encore sur un désir exprimé par moi-même, il eût été ridicule de ma part de lui rien refuser de ce qu'il attendait de moi.

Il fit. dès le premier jour, et en deux heures, une magnifique ébauche. Nous avons peu de peintres en Angleterre ; mais presque tous ceux que nous avons sont d'admirables coloristes ; parmi ceux-ci, Rowmney tient le premier rang.

Je trouvai, en rentrant, le pauvre docteur Graham un peu inquiet ; depuis qu'il m'avait tirée de la maison de Hay-Market pour m'amener chez lui, c'était la première fois que je sortais.

Je le rassurai sur ce qui l'intéressait avant toute chose, c'est-à-dire sur la certitude que je lui donnais de tenir la parole engagée. Je lui dis ce qu'il savait déjà, puisque, avant moi, Rowmney le lui avait dit : c'est que je connaissais le célèbre artiste depuis longtemps, et je ne lui cachai pas les engagements de cœur que je venais de prendre avec lui. Je passai trois mois ainsi, donnant au docteur Graham un mois de plus qu'il ne m'avait demandé. Pendant ces trois mois, Rowmney fit toute une série d'études d'après moi ; il acheva l'Erigone commencée, fit une Vénus, une Calypso, une Hélène, une Judith, une Rébecca.

Vers le milieu du quatrième mois, le docteur annonça la fin de son cours. Il avait gagné près de cent mille livres sterling. Les dernières séances firent frénésie ; on s'y étouffait.

J'avais moi-même gagné quelque chose comme huit à dix mille livres sterling. Graham m'offrait la moitié de la recette si je voulais continuer. Je refusai. J'étais lasse de cette exhibition ; j'avais besoin de reprendre un peu ma vie de femme de plaisir. Jamais je n'avais été si riche, et il me semblait que je ne verrais jamais la fin de ma richesse.

Rowmney m'offrit de venir demeurer chez lui ; j'acceptai.

Nous passâmes ainsi trois mois dans l'union la plus parfaite. Rowmney recevait toute la jeunesse élégante de Londres. Au nombre de ses hôtes les plus distingués était lord Greenville, que l'on disait issu de la noble maison de Warwick, celui-là même à qui sir Harry Featherson avait gagné deux mille livres aux courses d'Epsom.

Au milieu des hommages qui m'étaient adressés de toutes parts, les siens étaient les plus assidus et, il faut le dire, les plus respectueux.

Admirateur passionné de la forme, Rowmney m'avait reproduite dans toutes les poses de l'antiquité.

Lord Greenville restait des heures entières devant ces peintures.

Pendant un mois ou deux, son amour ne se trahit que par l'admiration pour les copies et les applaudissements à l'original, quand je reproduisais quelque pose historique ou quand je disais quelque fragment de Shakspeare.

Un soir que j'avais dit le monologue de Juliette prête à boire le narcotique, il s'approcha de moi, et, profitant d'un moment où l'on ne pouvait ni le voir ni l'entendre :

— Il faut que vous soyez à moi, Emma, me dit-il, ou je deviendrai fou !

Je le regardai en riant.

— Sur l'honneur, me dit-il, je parle sérieusement.

— Foi de gentilhomme?

— Foi de gentilhomme!

— Alors, venez dans un moment où je sois seule, lui répondis-je, nous causerons de cela.

— Et à quelle heure dois-je venir pour vous trouver seule?

— Cela ne me regarde pas ; c'est à vous d'épier la sortie de Rowmney et d'en profiter.

— C'est bien, dit-il ; je ne vous en demande pas davantage.

Le surlendemain, je le vis entrer au moment où Rowmney venait de sortir.

— Me voici, me dit-il d'une voix toute émue et en se jetant à mes genoux.

— Ce n'est point à mes genoux, milord, lui dis-je, que vous pouvez causer d'une affaire aussi importante que celle que nous allons traiter ; c'est à mon côté. Asseyez-vous donc et causons.

Lord Greenville me regarda avec étonnement.

— Oh ! me dit-il, miss Emma, je croyais être reçu moins froidement par vous.

— Pourquoi vous recevrais-je autrement? lui répondis-je. J'aime Rowmney, et je ne vous aime pas, dans l'acception du moins que vous voudriez que je donnasse à ce mot.

— Et vous ne m'aimerez jamais?

— Je ne dis pas cela, milord. L'amour se compose de deux éléments, ou plutôt je devrais dire qu'il y a deux sortes d'amour : l'amour qui s'empare des sens d'une femme à la première vue, et qui est le choc de l'étincelle sympathique ; l'amour qui envahit lentement le cœur d'une femme et qui est le résultat de doux rapports et de bons procédés. Si jeune que je sois, milord, j'ai déjà aimé de ces deux amours ; et celui qui a été aimé de la seconde façon n'est pas celui qui a le plus à se plaindre de son partage. Si j'avais dû vous aimer de la première manière, ce serait déjà fait et je vous le dirais, et je quitterais à l'instant même Rowmney pour vous; car le désir de la femme pour un autre homme est déjà une infidélité; mais vous êtes jeune, beau, riche, de grande famille, je puis donc vous aimer, non pas comme j'ai aimé sir Harry Featherson, mais comme j'ai aimé sir John et Rowmney.

— Je crois, répliqua sir Charles Greenville, qu'il y a un proverbe français qui dit: « D'un mauvais débiteur, il faut tirer ce qu'on peut. » Je me soumettrai à ce proverbe.

— Seulement, sir Charles, repris-je, je vous ferai remarquer une chose : c'est qu'un *débiteur doit*, et que, moi, *je ne dois pas*.

— Vous avez beaucoup d'esprit, miss Emma, et j'ai, malheureusement, toujours entendu dire que trop d'esprit nuisait au cœur.

— Je ne sais pas si j'ai de l'esprit, attendu que personne ne me l'a dit encore; mais je sais que j'ai un cœur; car, malheureusement, ce cœur a parlé. J'ai donc eu, jusqu'à présent, à me défier plutôt de mon cœur que de mon esprit. Permettez que, pour cette fois, mon cœur charge mon esprit de faire ses affaires.

— J'écoute, miss Emma; mais, je vous l'avoue, je frissonne en vous écoutant.

— Il est encore temps; faites comme Ulysse : ou évitez le promontoire de Circé en criant à votre pilote : « Au large! » ou mettez de la cire dans vos oreilles.

— J'aime mieux entendre votre voix et risquer d'être changé en bête. D'ailleurs, vous le voyez, puisque je vous écoute encore après ce que vous m'avez dit, la métamorphose est déjà à moitié faite.

— Bon! vous aussi, milord, vous êtes un homme d'esprit. Je vois que nous nous entendrons. Ecoutez-moi donc jusqu'au bout.

— Je vous écoute.

— Je vais avoir vingt ans; je suis née dans un village, et j'ai vaincu les instincts de ma naissance; je n'ai reçu aucune éducation; mais, à force d'intelligence, de lecture et de mémoire, j'ai suppléé à l'éducation qui me manquait. J'ai fait des fautes, je m'en suis relevée; j'ai été misérable, j'ai eu faim et soif; j'ai été sans abri contre la pluie, le vent et le froid, et je suis vêtue de velours, j'habite au milieu des chefs-d'œuvre de l'art, et, sans être riche, je puis, en réglant ma dépense à mille francs par mois, demeurer, pendant tout le reste de ma vie, à l'abri du besoin. En donnant au docteur Graham trois mois de séances de plus, je devenais millionnaire; je n'ai pas voulu. Rowmney me plaisait, j'ai préféré me donner à lui.

— Est-ce pour me dire que Rowmney a le bonheur d'être aimé de vous, que vous m'avez invité à venir vous voir quand il n'y serait pas?

— Justement! car, ayant à parler avec vous de choses sérieuses, puisque ce sont des choses dont votre avenir ou le mien dépend, il faut que je m'explique en toute franchise avec vous.

Sir Charles poussa un soupir.

— Aimez-vous mieux devenir fou? continuai-je.

— Je ne vous comprends pas.

— Ne m'avez-vous pas dit : « Il faut que vous soyez à moi, Emma, ou je deviendrai fou? »

— C'est vrai.

— Eh bien, comme je ne puis être à vous qu'à certaines conditions, il faut que je vous les dise.

— Dites-les, alors.

— Donc, je vous le répète, voici ma position : j'ai pris Rowmney sans un grand amour, mais comme on prend un homme aimable, pour n'être plus seule dans la vie, pour s'appuyer à quelque chose; Rowmney m'aime et je lui suis attachée; notre vie est agréable et douce; je n'ai aucune raison de la rompre, si ce n'est — écoutez bien ceci — pour une position sociale, non pas pécuniaire, pour une position sociale meilleure. M'aimiez-vous assez pour devenir fou? Alors, vous m'aimez assez pour m'épouser.

Sir Charles Greenville fit un bond sur sa chaise.

— Vous épouser? s'écria-t-il.

Je me levai et lui fis une révérence.

— Milord, lui dis-je, lorsque vous serez disposé à répondre à cette proposition autrement que par un bond de surprise, j'aurai l'honneur de vous recevoir. Jusque-là, trouvez bon que je me prive de l'honneur de votre entretien et du plaisir de votre présence.

Sur quoi, je le saluai de la tête et j'entrai dans ma chambre, le laissant seul dans l'atelier.

Trois ou quatre jours se passèrent sans que je revisse sir Charles.

IX

Rowmney continuait d'être parfaitement bien pour moi; je lui donnais à la fois une satisfaction d'amour-propre comme maîtresse; et une satisfaction d'art comme modèle: certes, ses travaux les plus distingués en peinture datent de notre liaison. Il était tellement à la mode à cette époque, que, si dépensier qu'il fût, il mettait en quelque sorte malgré lui vingt ou vingt-cinq guinées de côté par jour, et cela avec quatre chevaux dans ses écuries, deux voitures sous ses remises, trois ou quatre domestiques dans ses antichambres.

Trois fois par semaine, nous recevions; les trois autres soirs, nous allions à la promenade ou au spectacle.

Notre liaison avait tous les charmes de la sympathie sans avoir les orages de l'amour.

Le quatrième jour après l'explication que j'avais eue avec lui, sir Charles reparut. Je le reçus exactement comme si rien ne se fût passé entre nous; je n'avais pour lui ni attraction ni répugnance. Je lui avais fait des conditions sans désirer qu'il les acceptât; plutôt pour me poser nettement vis-à-vis de lui que dans le désir de devenir réellement lady Greenville.

Il s'approcha plusieurs fois de moi, me parla bas; mais, comme il n'aborda point la question, il ne put tirer de moi une parole qui eût trait *à l'état de son cœur*.

Soit que Rowmney comprît que sa jalousie eût été ridicule, soit qu'il se fiât à moi qui restais avec lui sans rien demander et même sans rien recevoir; soit enfin qu'il considérât notre liaison, ainsi que je le faisais moi-même, comme une chose nullement obligatoire de part ni d'autre, et qui ne devait durer que tant qu'elle serait agréable à tous deux, il n'avait jamais paru s'inquiéter des soins que l'on me rendait.

Une fois, il m'avait dit :

— Il est convenu, n'est-ce pas? que nous ne sommes ni l'un ni l'autre assez bêtes pour nous tromper. Je suis doublement heureux comme amant et comme peintre de vous posséder; mais je ne m'impose aucunement; vous comprenez bien, n'est-ce pas? Ce n'est probablement pas moi qui me lasserai le premier de notre liaison; mais, si cela arrivait, je vous le dirais, convaincu que vous me pardonneriez ma franchise et que nous resterions bons amis. J'en demande autant de votre part.

Je lui avais tendu la main, et tout avait été dit.

J'étais bien décidée à lui parler de l'amour de sir Charles, aussitôt que cet amour s'expliquerait d'une façon plus positive.

Seulement, il y avait une chose que je m'étais imposée pour n'avoir aucun reproche à me faire : c'était l'absence de toute coquetterie à l'endroit de sir Charles.

Faut-il le dire? avec l'instinct de la femme, je sentais que toute ma force vis-à-vis de ce dernier, et ce qui probablement assurerait mon triomphe sur lui, c'était l'absence de tout désir.

Le lendemain, pendant que Rowmney était allé prendre une séance pour un portrait chez lady Craven, qui fut depuis la fameuse marquise d'Anspach, le domestique annonça sir Charles Greenville.

Je répondis que j'étais prête à le recevoir.

Il entra, très-pâle et très-agité.

Je lui fis signe, en souriant, de s'asseoir près de moi.

— Chère Emma, me dit-il, il m'est impossible de demeurer dans l'indécision où je suis.

— Indécision? répétai-je après lui. Il me semblait, au contraire, qu'il n'y avait pas de situation plus précise au monde que celle que je vous avais faite.

— Aussi ne serais-je pas indécis si j'étais libre! Tenez, vous avez manqué ne plus me revoir.

— Comment cela? Auriez-vous songé à vous tuer, par hasard? Attendez au moins le mois d'octobre, c'est le mois des suicides.

— Non, je ne veux pas même me donner à vos yeux ce mérite ou ce ridicule. Voici la simple vérité... Vous savez ou vous ne savez pas que je possède un oncle très-riche; mon oncle, parce qu'il a épousé en premières noces une sœur de ma mère; Écossais de naissance et frère de lait du roi George IV; un vieux savant, archéologue, géologue, que sais-je, moi? nommé sir William Hamilton, et dont j'attends toute ma fortune, car, de mon patrimoine personnel, je n'ai rien, ou très-peu de chose.

— Ah çà! milord, d'où vient donc la dépense que vous faites?

— De l'emploi que j'ai au ministère; mais que le ministère change, que M. Fox, qui est mon camarade de collége et qui me veut du bien, ne soit plus ministre, je perds quinze cents livres sterling d'appointements que me rapporte mon emploi, et je n'ai plus, pour toute ressource, que mon oncle. Eh bien, chère Emma, cet oncle m'a écrit pour me dire justement ce que je vous dis, et m'offrir la place de premier secrétaire d'ambassade à Naples, et, après lui, non-seulement la survivance, mais encore la perspective de son immense fortune. Un instant j'ai hésité à accepter ou refuser; mais j'ai senti qu'il me serait impossible de vivre loin de vous : j'ai refusé.

— C'est un tort.

— Et vous avez le courage de me le dire!

— Oui ; en refusant, vous avez fait une première sottise, et, en m'épousant, — car, s'il est vrai que vous soyez resté pour moi, vous m'épouserez, — et, en m'épousant, dis-je, vous en ferez une seconde.

— Vous n'êtes pas consolante, Emma!

— Je suis vraie. Croyez-moi, sir Charles, si la lettre à votre oncle n'est point partie, déchirez-la ; si elle est partie, écrivez-en une autre qui la contredise. En nous mariant, nous ferions tous deux une mauvaise affaire. Je grandirais peut-être, mais je vous diminuerais à coup sûr.

— Cela veut-il dire que vous me retirez la promesse que vous m'avez faite, et que, même en vous offrant de vous épouser, je ne dois rien espérer de vous?

— Je ne dis pas un mot de cela, milord : ma promesse est engagée et je la tiendrai.

— Hélas! fit sir Charles, le malheur est que je ne suis pas même libre de faire ce que vous appelez une folie? Jamais, avant ma grande majorité, mon père ne permettra que j'épouse une autre femme que celle qu'il m'aura choisie lui-même ; et, à ma grande majorité, pour me marier à mon gré, il me faudra lutter contre lui et appeler la loi à mon secours.

— Quel âge avez-vous ?

— Je n'ai que vingt-deux ans et demi.

— Eh bien, milord, je trouve, moi, lui dis-je en riant, que c'est fort heureux, au contraire ! Pendant les deux ans et demi qui vous séparent encore de votre majorité, vous aurez le temps de vous assurer que vous m'aimez bien réellement, et, alors, dans deux ans et demi, nous verrons.

— Comment, voyant ce que je souffre, pouvez-vous vous railler ainsi de moi ?

— Je ne vois pas ce que vous souffrez ; j'entends ce que vous me dites, voilà tout.

— Et vous ne croyez pas à mes paroles?

— Rappelez-vous ce que dit Hamlet à Polonius : « Des mots! des mots! des mots ! »

— Croyez-vous à mon honneur, miss Emma? me dit sérieusement lord Greenville.

— Plus qu'à votre amour, sir Charles.

— Croiriez-vous à ma parole de gentilhomme?

— Dans la mesure du temps qu'il faut pour donner à un serment le loisir de s'évaporer.

— Vous ne croyez donc à rien ?

— Si fait ! je crois à l'instabilité des choses humaines.

— Supposez, miss Emma, que je prenne l'engagement positif de vous épouser à ma majorité...

— Cela deviendrait plus sérieux, sans devenir beaucoup plus positif.

— Pourquoi cela ?

— Parce qu'une femme dans ma position ne plaide pas pour se faire épouser.

— Mais si je souscrivais ma promesse dans de tels termes qu'il y eût déshonneur à moi d'y manquer ?

— Ce serait alors à y réfléchir.

— Y réfléchiriez-vous?

— Si j'avais la promesse, peut-être...

— C'est bien ; ce soir, vous l'aurez.

— Ne me tentez pas, milord !

— Miss Emma, me dit sir Charles en se levant, je vous aime plus que toute chose au monde, et, si le mariage seul peut vous donner à moi, eh bien, vous serez ma femme.

— Je ferai une dernière chose pour vous, milord : je n'ouvrirai mes lettres ni ce soir ni demain ; de sorte que vous aurez jusqu'à après-demain pour vous dédire. Je puis attendre vingt-quatre heures, ayant attendu depuis deux mois.

Il me baisa la main et sortit.

Tout cela était dit et fait très-simplement et en homme décidé. Au reste, sir Charles avait dans le monde une réputation de loyauté qui n'autorisait aucun doute, non pas sur l'accomplissement de sa promesse, mais sur son intention de l'accomplir.

De mon côté, je sentais qu'en agissant comme je le faisais, je ne cédais ni à un calcul d'intérêt, ni à un désir d'ambition, mais que je rentrais en quelque sorte sous le pouvoir de cette puissance inexplicable et inconnue qui disposait de ma destinée et la poussait en avant, en me faisant, presque à chaque pas que je faisais dans la vie, monter un degré de l'échelle sociale.

Il est vrai qu'une fois j'étais tombée et que la chute avait été profonde.

Mais cette chute, je m'en étais relevée, relativement du moins. L'amour de sir John et de sir Harry n'était que la glorification de ma beauté : l'amour de Rowmney était la consécration de l'art.

Je me disais que l'histoire a ses degrés même pour les courtisanes ; qu'après avoir été Phryné, j'étais devenue Laïs, et qu'après être devenue Laïs, il me restait de monter jusqu'à Aspasie.

Aspasie, amie de Socrate et d'Alcibiade, Aspasie, femme de Périclès, jetant le poids de sa parole dans les affaires de la Grèce, décidant des guerres de Samos, de Mégare et du Péloponèse ; Aspasie était plus qu'une courtisane ordinaire.

Eh bien, je ne sais quelle voix me disait tout bas que ce n'était point assez pour moi d'être Laïs, et que je serais Aspasie.

Rowmney rentra.

Il était trop mon ami pour que je lui cachasse rien de ce qui arrivait.

— Mon cher Rowmney, lui dis-je, quel conseil donneriez-vous à une femme dans ma position, qui trouverait l'occasion d'épouser un futur pair d'Angleterre et de devenir milady?

— Bon! dit Rowmney, sir Charles Greenville se serait-il déclaré enfin?

— Vous vous étiez aperçu qu'il m'aimait?

— Pardieu!

— Et vous ne m'en aviez point parlé?

— J'étais sûr que, le moment venu, vous m'en parleriez vous-même.

— Mon cher Rowmney, vous êtes un homme charmant, et, en vérité, je crois que je n'aurai jamais le courage de me séparer de vous.

— Soyez persuadée d'une chose, chère Emma : c'est que nous ne serons jamais séparés.

— Si j'épouse sir Charles, cependant...

— Ce ne sont point les corps qui se séparent, ce sont les âmes; or, du moment que vous vous souviendrez toujours de moi avec plaisir, et que je me souviendrai de vous avec bonheur, ne serait-ce point la vraie présence, la présence réelle, et comme dit l'Eglise dans son langage symbolique, la communion des âmes? A cinq cents lieues, à mille lieues loin de l'autre, nous serons peut-être plus présents l'un à l'autre que des gens qui ne se sont jamais quittés.

— Vous êtes un philosophe platonicien, Rowmney.

— Les anciens disaient : « Ceux qui meurent jeunes sont aimés des dieux. » Eh bien, moi, j'ai toujours pensé qu'un amour charmant serait celui auquel on n'aurait pas donné le temps de vieillir, que l'on aurait cueilli dans sa fleur, embaumé dans un souvenir, et qui, comparé à tous les autres amours, resterait jeune et frais comme une aurore de printemps.

— Alors, votre avis, Rowmney, est donc...?

Je n'achevai pas.

— Mon avis est que vous suiviez votre destinée, Emma.

— Vous croyez donc que je serai un jour pairesse d'Angleterre?

— Je ne sais pas ce que vous serez; mais, si, après une absence de quatre ou cinq ans, à mon retour à Londres, on me disait que vous êtes reine des trois royaumes, cela ne m'étonnerait pas. Je ne serais pas Rowmney, c'est-à-dire le premier peintre d'Angleterre, si je ne croyais pas à la toute-puissance de la beauté.

— Rowmney, c'est bien bizarre; mais ce que vous me dites là, une voix intérieure me l'a dit bien souvent. Rowmney, je vous l'avoue presque avec terreur, je crois à ma destinée.

— Eh bien, cette destinée, suivez-la donc! Si elle est dans les volontés de la Providence, ce serait une impiété que de lutter contre elle.

Le soir, je reçus la lettre de lord Greenville; mais, comme je le lui avais dit, je ne l'ouvris pas.

Dans son ardeur, il n'eut point la patience d'attendre et vint le soir même.

Je lui montrai la lettre toute cachetée.

Quant à Rowmney, il fut aussi affectueux pour lui que d'habitude, plus affectueux peut-être.

— A quelle heure recevrai-je une réponse de vous? demanda sir Charles.

— Demain, avant midi.

— Dieu veuille qu'elle soit selon mes désirs! dit sir Charles.

Le lendemain, j'ouvris sa lettre; elle contenait ces seuls mots :

« Je m'engage sur l'honneur à épouser miss Emma Lyonna à ma majorité, et consens à être traité de gentilhomme sans foi, si je manquais à ma promesse.

« Lord GREENVILLE.

« 1er mai 1783. »

Je communiquai la lettre à Rowmney.

— Il n'y a pas une minute à hésiter, me dit-il. Votre fortune est dans ces quatre lignes, et, si jamais sir Charles manquait à sa parole, ce serait moi qui me chargerais de son déshonneur.

— Alors, gardez cette lettre, dis-je à Rowmney; elle est mieux entre vos mains que dans les miennes.

— A partir de ce moment, chère Emma, dit Rowmney enfermant ma lettre dans le coffret où il mettait ses bijoux les plus précieux, vous êtes ma sœur et je suis votre frère. S'il m'arrivait un malheur, je veillerais à ce que cette lettre vous fût remise; d'ailleurs, vous pourrez toujours la réclamer, puisqu'elle est à votre adresse.

Je rentrai dans ma chambre, je pris une plume, et j'écrivis à sir Charles Greenville :

« Obtenez un congé de huit jours du ministre; venez me prendre ce soir avec une voiture tout attelée, et emmenez-moi où vous voudrez.

« EMMA LYONNA. »

Une heure après, je reçus ce billet :

« Je serai à vos ordres ; seulement, vous avez commis un oubli dans votre réponse ; il fallait, après *Emma Lyonna*, ajouter ces mots : *lady Greenville*.

« Celui que vous avez fait le plus heureux des hommes,

« C. G. »

Le soir, une voiture à quatre chevaux nous emportait sur la route d'Edimbourg, tandis que Rowmney annonçait à tous nos amis que, dans deux ans et demi, ils me reverraient — sous le nom et sous le titre de lady Greenville.

X

Je crois avoir suffisamment fait comprendre le sentiment, je ne dirai pas qui m'attachait, mais qui me joignait à sir Charles.

C'était d'abord la conscience qu'il m'aimait véritablement, la certitude qu'il était un honnête homme ; puis enfin, peut-être même avant tout cela, cette ambition qui me poussait aux honneurs, à l'éclat, à la richesse, aussi invinciblement que la phalène à la flamme qui doit la dévorer.

Sir Charles avait, du chef de sa mère, un petit château en Ecosse, sur le Forth, entre Musselbourg et Preston-Pans, à huit lieues d'Edimbourg. Ce fut là que nous nous arrêtâmes.

Il avait obtenu de M. Fox — auquel probablement il s'était bien gardé de dire pourquoi il le demandait — un congé non pas de huit jours, mais d'un mois.

Cette liaison, qui dura près de trois ans, et qui décida du sort de ma vie, est peut-être celle dont, comme *émotions*, j'ai le moins de choses à dire.

D'après la promesse faite et par laquelle il se tenait pour irrévocablement engagé, sir Charles me regardait et me traitait comme sa femme. De mon côté, voyant en lui mon mari futur, je le traitais comme s'il l'était déjà.

Ne m'abusant pas sur la position dans laquelle il m'avait prise, et surtout sur celle qui l'avait précédée, je me rendais parfaitement compte du sacrifice qu'il avait fait en s'engageant à m'épouser ; or, avant toute chose, je voulais le rendre assez heureux pour que, pendant les deux ans et demi qui devaient précéder notre union légale, il n'eût pas un seul instant à se repentir de sa promesse.

Nous ne restâmes au château de sir Charles que le temps nécessaire pour nous reposer de notre voyage ; après quoi, nous nous mîmes à visiter l'Ecosse.

J'eusse été une princesse du sang royal, que sir Charles n'eût pas eu pour moi plus d'égards qu'il ne m'en montra. Mon voyage avec lui fut un cours d'histoire dans lequel j'appris les légendes de Wallace et de Robert Bruce, de Montrose et de Charles-Edouard ; je visitai la chambre où fut assassiné Rizzio, et le château où fut prisonnière Marie Stuart.

Le mois s'écoula rapidement ; nous revînmes à Londres. En notre absence, l'intendant de sir Charles avait loué une maison donnant sur Green-park, et dans laquelle nous avions, sir Charles et moi, chacun notre appartement. Avec ses appointements et sa fortune particulière, sir Charles avait à peu près deux mille livres sterling par an ; c'était peu relativement au luxe qu'il déployait ; mais le ministre lui avait promis, s'il restait aux affaires, de trouver un moyen d'augmenter ses appointements.

Sir Charles avait écrit à son oncle lord Hamilton que, lié à la fortune de Fox, il restait à Londres tant que son ami serait ministre, et, en lui communiquant la promesse à lui faite, il l'avait prié de l'aider à en attendre l'effet.

Sir William Hamilton lui avait envoyé un bon de mille livres sur son banquier.

Avec toute sorte de délicatesses, lord Greenville m'avait demandé si je ne voulais pas prendre des maîtres d'utilité et d'agrément qui complétassent mon éducation ; j'avais compris que le cercle de connaissances qui suffisait à Emma Lyonna, femme d'aventure et de plaisir, ne suffirait pas à milady Greenville, et j'avais dit à sir Charles de me tracer lui-même un plan d'éducation. A partir de ce moment, j'eus un maître de français, un maître d'italien, un maître de chant, un maître de dessin et un maître de danse.

On sait quelle était ma facilité à apprendre et de quelle prodigieuse mémoire j'étais douée. Quoique apprenant toutes ces choses en même temps, je fis dans chacune d'elles de rapides progrès. J'avais naturellement la voix juste ; on eût dit que la musique était pour moi un art oublié et dont je n'avais qu'à me ressouvenir. J'appris en quelque sorte l'ital[illegible] en en chantant.

Quant au français, j'y [illegible] ettais une telle ardeur, que, pendant tou[illegible] le temps que me laissaient mes autres exe[illegible]ices, j'avais toujours à la main un livre de pr[illegible]se ou de vers écrit dans la langue [illegible]e Racine ou de Voltaire.

Ma vie était donc complétement changée; ces mille plaisirs qui sont le corollaire de la vie d'une jolie femme avaient fait place aux études d'une femme sérieuse, et je dirai même d'une mère de famille. Au bout de dix mois, une petite fille vint donner à notre union une apparence plus complète encore de conjugalité.

Mais, deux mois auparavant, nous avions été frappés d'un grand coup dans notre fortune.

Ce qu'avait prévu sir William Hamilton était arrivé : après avoir renversé le ministère de Pitt, Charles Fox, chargé en 1782 du ministère des affaires étrangères, avait fait conclure la paix avec l'Amérique et la France ; il avait cru voir dans ce triomphe la mesure d'un pouvoir illimité, et, indigné des malversations de la Compagnie des Indes, il les avait hautement dénoncés à la tribune et avait demandé une enquête; mais, ayant échoué devant la Chambre haute, il avait été forcé de se retirer du ministère et était rentré dans l'opposition.

Par suite de cette retraite, sir Charles avait perdu sa place. Il lui restait donc en tout, et de sa propre fortune, deux cent cinquante à trois cents livres sterling par an.

Il eut, comme d'habitude, recours à son oncle, lui affirmant qu'avant peu de temps Charles Fox ne pouvait manquer de rentrer au ministère ; que, dans cette conjoncture, sa position à lui serait plus belle que jamais, puisqu'il ne pouvait manquer de recevoir le prix de son dévouement à l'amitié.

Sir William Hamilton envoya un nouveau bon de mille livres sterling sur son banquier.

Avec cette somme, avec la fortune particulière de sir Charles, avec la rente de mes huit ou dix mille livres à moi, nous eussions pu vivre modestement en attendant des jours meilleurs ; j'y poussais sir Charles de toutes mes forces; mais, soit qu'il eût une croyance réelle au retour de Charles Fox, soit que ses habitudes de dépenses l'emportassent sur les conseils de la raison, nous continuâmes de mener la même vie.

Il en résulta que nous nous trouvâmes bientôt au bout de nos ressources.

Je n'avais qu'une chose à faire en cette circonstance : c'était de mettre ma petite fortune à la disposition de celui dont je devais bientôt porter le nom.

C'est ce que je fis.

En dix-huit mois, nous vîmes la fin de cette somme.

Une troisième fois, sir Charles écrivit à son oncle ; mais, cette fois, il n'en reçut d'autre réponse qu'un refus, avec l'invitation pourtant de le venir rejoindre, si bon lui semblait, aux conditions qui lui avaient déjà été offertes.

Ce départ, c'eût été notre séparation éternelle ; sir Charles ne s'y arrêta pas un instant.

Notre famille s'était augmentée de deux enfants, ce qui avait augmenté aussi notre gêne.

Il est vrai que, dans trois mois, sir Charles allait avoir atteint sa majorité, et que, le jour même de cette majorité, j'en étais sûre, il accomplirait sa promesse. Mais, cette promesse accomplie, j'étais lady Greenville, voilà tout ; cela changeait quelque chose à notre position, mais ne changeait rien à notre fortune.

Notre gêne devenait peu à peu de la misère.

Je ne sais pas ou je sais mal décrire ces sortes de situations où l'orgueil, les habitudes, les instincts entrent tous les jours en lutte avec le besoin ; déjà une fois j'ai passé rapidement sur ma chute : mon courage ne sera pas plus grand la seconde fois que la première.

Je ne pouvais qu'être reconnaissante à sir Charles, qui endurait toutes ces souffrances pour l'amour de moi ; mais sa tristesse, son découragement, ses souffrances ne m'échappaient point. Je vainquis sa répugnance à écrire une quatrième fois à son oncle ; il écrivit.

La réponse de lord Hamilton fut pour nous un coup de foudre.

Il écrivait qu'il avait pris des informations sur la situation de sir Charles, et avait appris que les causes de sa détresse venaient de son amour pour une courtisane indigne de cet amour ; il annonçait sa prochaine arrivée à Londres, disant qu'il voulait juger les choses par lui-même, et que, selon ce qu'il aurait vu de ses yeux, il agirait.

Cependant le post-scriptum annonçait à sir Charles que, s'il lui plaisait d'accepter les propositions déjà faites, il n'avait qu'à partir à l'instant même pour Naples, en laissant à Londres cette créature indigne de lui, à l'existence de laquelle, en ce cas, sa pitié daignerait pourvoir.

Je dois le dire à la louange de sir Charles, il fut encore plus irrité qu'affecté de cette lettre et n'y répondit même pas.

Mais les sentiments généreux ne changeaient rien à notre situation. Après avoir subi la privation du superflu, nous en étions arrivés à la privation du nécessaire ; nous avions vendu jusqu'à nos derniers bijoux ;

nous devions plus d'un an de notre loyer; les poursuites étaient faites, un dernier acte judiciaire suffisait pour nous pousser dans la rue, nous et nos enfants.

Nous en étions à cette situation extrême où un nouveau malheur même est à désirer, tant il était impossible qu'une catastrophe, si terrible quelle fût, empirât notre position.

Tout à coup, nous apprîmes que, depuis huit jours, sir William Hamilton était à Londres, en son hôtel de Fleet-street.

Nous n'avions pas été prévenus de cette arrivée. Sans doute sir William avait employé ce temps à prendre sur nous des informations; en tout cas, un grand malheur était indubitablement suspendu sur nos têtes.

En apprenant cette nouvelle, si Charles prit une résolution subite.

— Ma chère Emma, me dit-il, excepté par une séparation, nous ne pouvons guère être plus malheureux que nous ne sommes; eh bien, notre sort est entre vos mains.

Je le regardai avec étonnement.

— Ecoutez, continua-t-il, je connais mon oncle; c'est un archéologue fanatique de toute beauté plastique; il passe sa vie au milieu des plus beaux marbres de la Grèce; or, je ne sais pas une statue, fût-elle de Praxitèle ou de Lysippe, qui vous égale en beauté. Allez trouver mon oncle, jetez-vous à ses pieds, plaidez notre cause, et elle est gagnée!

Je regardai sir Charles, tout étourdie d'une pareille proposition.

— Comment! lui dis-je, c'est contre moi qu'il est irrité, et vous voulez que ce soit moi qui m'expose à sa colère?

— Il est irrité contre vous, chère Emma, parce qu'il ne comprend pas mon amour, et il ne comprend pas mon amour parce qu'il ne vous connaît pas; mais, lorsqu'il vous aura vue une fois, lorsqu'il aura entendu votre voix irrésistible, lorsque vos larmes auront coulé suppliantes, il comprendra tout, et il pardonnera.

Je secouai la tête. J'éprouvais une répugnance profonde à entreprendre cette démarche.

— Alors, dit sir Charles, nous n'avons plus qu'à nous résigner à notre sort; car, moi, j'en suis sûr, je n'obtiendrai rien de mon oncle, qui s'attend à ma visite, et qui, d'avance, s'est cuirassé contre moi, tandis que vous...

— Ecoutez, sir Charles, lui répondis-je, je ne voudrais pas que cette pensée vous entrât, je ne dirai pas dans l'esprit, mais dans le cœur, qu'ayant pu vous récompenser de votre dévouement pour moi, je me suis refusée à une démarche si humiliante qu'elle soit. Laissez-moi jusqu'à demain pour me préparer à cette entrevue, et demain, j'irai!

— Vous ferez ce que vous voudrez, Emma, dit sir Charles; mais croyez que le temps est précieux et qu'il est imprudent d'en perdre une minute. D'ici à demain, lord Hamilton peut nous prévenir, et il est important, au contraire, que ce soit nous qui le prévenions. Mettez votre robe la plus simple; vous n'êtes jamais plus belle que dans votre simplicité; allez à Fleet-street, — tout le monde connaît l'hôtel Hamilton, — entrez hardiment, parlez avec votre cœur, en votre nom, au mien, en celui de nos enfants; Dieu fera le reste!

Sir Charles parlait avec une telle conviction, que cette conviction commençait à me gagner. En demandant jusqu'au lendemain, j'avais fait ce que fait le condamné qui implore un sursis: j'avais essayé de retarder l'instant suprême; mais, la résolution prise, autant valait l'exécuter tout de suite.

Je passai dans ma chambre avec cette fermeté des résolutions désespérées; je revêtis ma robe la moins riche, j'attachai mes cheveux, que je portais toujours sans poudre, avec un simple ruban; je me coiffai d'un grand chapeau de paille; je jetai un petit mantelet sur mes épaules, et je reparus tout à coup dans la chambre où sir Charles était resté.

Au bruit que je fis en rentrant, il releva la tête et jeta un cri.

— Oh! me dit-il, vous n'avez jamais été si belle, chère Emma! Nous sommes sauvés!

XI

Au lieu de prendre une voiture pour faire ma course, je voulus être humble jusqu'au bout, et m'acheminai à pied vers Fleet-street par Pall-Mall et le Strand.

Sir Charles avait raison; je n'eus qu'à demander l'hôtel de sir Williams Hamilton pour qu'on me l'indiquât.

A la porte de l'hôtel, je sentis les jambes qui me manquaient; je m'appuyai à la muraille, et tâchai de reprendre un peu de courage.

Sa Seigneurie était chez elle.

A la porte, un laquais me demanda mon nom pour m'annoncer; j'eus peur qu'en le donnant, la porte ne me fût refusée.

— Dites seulement à sir Williams, répondis-je, qu'une jeune dame demande à lui parler.

Quoique ayant dépassé mes vingt-quatre ans, je paraissais si jeune, que le laquais, ne voulant pas me reconnaître pour une *jeune dame*, m'annonça comme une *jeune fille*.

J'entendis la voix de sir Williams qui disait :

— Faites entrer.

Je mis la main sur mon cœur pour en comprimer les battements; je me sentais près d'étouffer.

Le laquais revint, démasqua la porte et m'invita à entrer.

Sir William était assis à une table, corrigeant les épreuves de son ouvrage intitulé *Observations sur le Vésuve*.

Je restai debout au seuil de la porte, attendant qu'il levât la tête.

Il m'aperçut, demeura un instant immobile et me regardant; puis, se levant et faisant un pas vers moi :

— Que voulez-vous, ma belle enfant? me demanda-t-il.

La voix me manqua, je ne pus qu'aller à lui et tomber à moitié évanouie sur le tapis.

En voyant ma pâleur et le tremblement dont j'étais saisie, il sonna pour appeler du secours; le laquais rentra.

— Elle se trouve mal! mais vous voyez bien qu'elle se trouve mal! s'écria sir William. Venez, aidez-moi!

Le laquais aida sir William à me porter sur un canapé. Dans le mouvement, mon chapeau se dénoua et mes cheveux tombèrent.

J'aurais agi ainsi par coquetterie, que je n'eusse pas mieux réussi; j'avais les plus beaux cheveux du monde.

— Des sels! des sels! demanda sir William.

Le laquais lui en apporta un flacon; il s'assit près de moi, appuya ma tête sur son épaule et me fit respirer les sels.

Je rouvris les yeux, que, pendant la dernière minute, j'avais tenus fermés plutôt par terreur que par abattement.

— Ah! milord, murmurai-je, que vous êtes bon!

Et je me laissai glisser à ses pieds.

Il me regarda avec un étonnement croissant.

— Il faut que vous ayez à me demander quelque chose d'impossible, mademoiselle, me dit-il, pour que vous doutiez de l'obtenir.

Je laissai tomber ma tête entre mes mains, et j'éclatai en sanglots.

— Oh! milord, milord, lui dis-je sans relever la tête, si vous saviez qui je suis!

— Qui êtes-vous donc?

— La personne que vous haïssez le plus au monde, milord.

— Je ne hais personne, mademoiselle, dit sir William.

— Alors, que vous méprisez le plus.

Il posa la paume de sa main sur mon front et le releva.

— Emma Lyonna! balbutiai-je.

— Impossible! dit-il en faisant un mouvement en arrière; impossible!

— Pourquoi cela, milord?

— On n'est pas une fille perdue avec ce visage-là!

— Un noble cœur comme celui de votre neveu, milord, ne se serait pas donné à une fille perdue.

— Tout ce que l'on m'a dit, est-il vrai, ou n'est-ce qu'un tissu de mensonges?

— Qu'a-t-on dit à Votre Seigneurie? Je suis prête à répondre franchement à ses questions. Dans ma situation, la première des vertus est la franchise.

— On m'a dit que votre mère était une servante de ferme, et que vous-même aviez été gardeuse de moutons.

— C'est vrai, milord.

— Puis domestique dans une petite ville de province.

— C'est encore vrai.

— Que vous étiez venue à Londres; que vous y aviez trouvé asile chez un brave médecin, M. Hawarden, qui vous avait placée dans un magasin de bijouterie, mais que vos mauvais instincts vous avaient bientôt fait quitter cette position modeste.

— C'est toujours vrai.

— Là sans doute commence le mensonge : vous devenez la maîtresse de sir John Payne, de sir Harry Featherson...

Je fis un simple signe de tête contenant un aveu.

— Puis vous descendez plus bas, plus bas encore; vous devenez la complice du charlatan Graham, la maîtresse de Rowmney, enfin celle de mon neveu, à qui vous ne cédez, assure-t-on, qu'à la condition qu'il vous épousera, et à qui vous faites signer une promesse de mariage, à l'aide de laquelle vous le maintenez votre esclave malgré lui.

— Je demande dix minutes à Votre Seigneurie pour me justifier, répondis-je.

Et, me relevant, je m'élançai hors de la chambre.

— Où allez-vous? cria sir William, où allez-vous?

— Je reviens, milord.

Je descendis les escaliers en volant plutôt qu'en courant, et je sautai dans un fiacre qui passait en criant :

— Cavendish-square!

Cinq minutes après, j'étais chez Rowmney.

Le bonheur voulut qu'il fût chez lui.

— La promesse de mariage de lord Greenville ! lui criai-je ; donnez-la moi, mon cher Rowmney !

— Que vous arrive-t-il donc, ma pauvre Emma ? Vous êtes toute bouleversée.

— Ce n'est rien... Cette promesse, je vous en supplie !... Vite ! vite !

Rowmney courut à une armoire, ouvrit la cassette que l'on connaît et me remit la promesse de mariage de lord Greenville.

— Tenez, me dit-il. Mais ne voulez-vous point me consulter sur ce que vous allez en faire ?

— Pour les choses de délicatesse, Rowmney, on ne consulte que sa conscience. Merci.

Je m'élançai hors de la chambre, je me fis reconduire à l'hôtel de Fleet-street, je remontai l'escalier avec la même rapidité, et je retrouvai sir William qui se promenait pensif et à grands pas.

Je ne lui donnai pas le temps de m'interroger et lui présentai la promesse de mariage de sir Charles.

— Qu'est-ce que cela ? me dit-il.

— Que Votre Seigneurie daigne lire.

Sir William lut :

« Je m'engage sur l'honneur à épouser miss Emma Lyonna à ma majorité et consens à être traité de gentilhomme sans foi si je manquais à ma parole.

« Lord Greenville.

» 1er mai 1783. »

— Eh bien, après ? dit-il. Je savais que cette promesse existait.

— Vous vous trompez, milord, répondis-je : elle n'existe plus.

Et je m'approchai du feu, et la jetai dans les flammes, qui la dévorèrent aussitôt.

— Que faites-vous ? demanda sir William.

— Rien ne lie plus votre neveu, milord, répondis-je. C'est à vous maintenant d'obtenir de lui qu'il m'abandonne.

Et, sans répondre à sa voix qui m'appelait, je sortis de la chambre et revins chez moi.

Sir Charles attendait dans l'anxiété la plus vive.

— Eh bien, me demanda-t-il en me voyant revenir le visage coloré à la fois par la course et par l'émotion, que s'est-il passé ?

Je lui racontai mon entrevue avec son oncle dans tous ses détails.

— Ainsi, me dit-il, vous avez brûlé ma promesse de mariage ?

— Oui, sir Charles, et vous êtes libre.

— C'est-à-dire, ma chère Emma, que, d'une dette écrite, ma dette est devenue vis-à-vis de vous une dette d'honneur ; voilà toute la différence.

— Ecoutez, sir Charles, lui dis-je, réfléchissez bien ! Vous en êtes arrivé à ce moment suprême où toute une vie se décide. Si vous m'abandonnez, non-seulement tout le monde vous donnera raison, mais à l'instant même votre avenir est assuré, votre fortune faite ; si, au contraire, vous vous obstinez à demeurer avec moi, la société tout entière vous réprouve, et votre oncle vous renie et vous déshérite. Vous ne pouvez pas matériellement vivre avec moi, et matériellement je puis vivre sans vous. V[illegible] riche, vous me rendez les dix mille [illegible] que nous avons dépensées ensemble, [illegible] obtenez de votre oncle qu'il assure un sort à nos enfants, je vis et ils vivent ; vous pauvre, mes enfants et moi, nous restons pauvres, et un jour arrivera inévitablement où vous vous repentirez de votre dévouement et où nos enfants me reprocheront leur ruine.

— Assez, Emma, assez ! s'écria sir Charles en m'entourant de ses bras comme pour empêcher qu'on ne m'arrachât à lui. Il arrivera ce que Dieu voudra, mais aucune puissance humaine ne pourra nous séparer !

En ce moment, il jeta un cri. La porte de la chambre était restée ouverte ; son oncle, qui était monté sans permettre qu'on l'annonçât, et sans que nous le vissions, était debout sur le seuil de la porte et venait d'entendre tout ce que nous avions dit.

— Mon oncle ! s'écria sir Charles en faisant un pas en arrière.

— Vous voyez, monsieur, dis-je à lord Hamilton, que je fais ce que je puis et qu'il n'y a pas de ma faute.

— Laissez-moi seul avec cette jeune femme, monsieur, dit sir William à sir Charles.

Sir Charles salua respectueusement et sortit.

Sir William Hamilton s'approcha de moi et me tendit la main.

— Je suis content de vous, mademoiselle, me dit-il, et j'espère que vous persévérerez dans la voie où vous êtes entrée.

— Pardon, monsieur, lui répondis-je ; mais, vous le voyez, je n'ai pas besoin d'être encouragée par vos conseils : ceux de ma conscience me suffiront, je l'espère.

— Très-bien ! Mais, comme vous le disiez à ce jeune fou, vous avez des enfants.

— Ceci, c'est autre chose, et mon devoir de mère est de vous les recommander.

— D'après ce que j'ai entendu, mon neveu vous devrait une dizaine de mille livres sterling.

— C'est possible, monsieur; mais cela est une affaire entre votre neveu et moi.

— Si mon neveu consent à vous quitter je triplerai cette somme.

— Je ne prête à usure ni mon argent ni mon amour.

— Mais que ferez-vous avec deux ou trois cents livres de rente?

— Je tâcherai d'utiliser mes talents.

— Vous donnerez des leçons?

— Pourquoi pas?

— Quelles leçons?

— De français ou d'italien.

— Vous parlez français et italien?

— Oui.

— Sir William m'adressa la parole dans les deux langues; je lui répondis assez correctement pour qu'il me parût satisfait.

— Vous êtes musicienne aussi, à ce qu'il me paraît, car je vois ici un piano et une harpe?

— Je joue, en effet, de ces deux instruments.

— Serait-ce indiscret que de demander à vous entendre?

— Vous avez le droit d'exiger, monsieur.

— Et si, au lieu d'exiger, je priais?

— Vous excuseriez alors si je vous chantais une chose en harmonie avec l'état de mon cœur.

— Chantez ce qu'il vous plaira; quelque chose que vous chantiez, je l'écouterai avec plaisir.

Je l'avoue, en ce moment un peu de coquetterie rentra dans mon cœur; comme je ne pouvais deviner le sentiment qui poussait sir William à me faire toutes ces questions, je n'en vis que le côté insensible et égoïste, et je trouvai qu'il y avait de la cruauté à me prier de chanter dans une pareille situation; forcée de lui obéir, je voulus au moins tirer tout le parti possible de mon obéissance au profit de notre amour.

J'appelai à mon aide toute la puissance mimique que la nature m'avait donnée; j'allai m'asseoir devant ma harpe, et, le front appuyé contre elle, mes cheveux dénoués et roulant sur mes épaules, désespérée et plaintive comme Desdémona, je fis courir quelques accords douloureux sur les cordes de l'instrument, et je commençai cette poignante ballade du *Saule* :

Pauvre âme, assise au pied d'un sycomore,
Le front de ses cheveux couvert,
Elle était là pleurant depuis l'aurore...
Chante, chante le saule vert!

Souvent j'avais, dans nos soirées chez sir Harry ou chez Rowmney, chanté cette plainte poétique, et toujours avec un énorme succès; mais, cette fois plus que jamais, j'étais émue par une parité de situation.

Pendant la pause que je fis entre le premier et le deuxième couplet, j'écoutai, mais je n'entendis pas même la respiration de sir William : toute son âme était suspendue à mes paroles.

Je continuai.

Un frais ruisseau murmurait sur la lande
Avant de se perdre au désert...
Du saule vert je ferai ma guirlande!
Chante, chante le saule vert!

Je m'arrêtai, comme si je pensais avoir donné à sir William un échantillon suffisant de mon talent de musicienne, de chanteuse et de mime.

— Oh! par grâce, dit-il, continuez!

Je repris :

« Change d'amours! fais comme moi, ma belle, »
Dit-il quand il fut découvert.
Mais je dis : « Non! la blessure est mortelle. »
Chante, chante le saule vert!

Quand l'hiver vient, la feuille sèche et tombe.
Pour vivre encor, j'ai trop souffert!
Près du ruisseau, vous creuserez ma tombe.
Chante, chante le saule vert!

Et, après avoir fait rendre à la harpe son cri le plus douloureux, je laissai ses accords mourir lentement comme un dernier soupir.

Émue, haletante, la tête penchée sur mon épaule, j'attendais notre salut ou notre condamnation.

— Madame, me dit sir William, je comprends maintenant l'adoration de mon neveu pour vous. Dites-lui que je le prie de venir me parler demain.

Et, me saluant avec respect, il se retira.

A peine eût-il dépassé la porte, que sir Charles, qui de la chambre à coucher avait tout vu et tout entendu, s'élança dans le salon, et, me serrant entre ses bras, les yeux pleins de joie, le cœur plein d'espérance, s'écria :

— Je le savais bien, moi, que tu nous sauverais!

XII

On comprend dans quelles émotions se passa pour moi cette journée. Sir Charles était plein d'un espoir que, je ne sais pourquoi, je ne pouvais partager.

Il me semblait que quelque chose d'inconnu se cachait derrière cette apparente défaite de sir William. A tout ce que me disait lord Greenville, à tous les projets qu'il faisait, je répondais :

— Nous verrons demain.

Le lendemain arriva.

Sir William Hamilton n'avait point indiqué d'heure; à neuf heures du matin, sir Charles se rendit chez lui.

Je restai à attendre. J'attendis une heure qui me parut un siècle.

Au bout d'une heure, sir Charles revint. Au premier coup d'œil, il me fut facile de comprendre qu'aucune de ses espérances ne s'était réalisée. Il était pâle et complétement abattu.

— Eh bien? lui demandai-je toute tremblante.

Il tira une lettre de sa poche.

— Inflexible! me répondit-il. Il exige notre séparation immédiate.

— Que vous avais-je dit?

— Si nous consentons, poursuivit sir Charles, il assure cinq cents livres sterling à chacun de nos enfants, une rente réversible sur la tête des autres en cas de mort; il me continue, à moi, une rente de quinze cents livres, et vous rend les dix mille livres sterling que nous avons dépensées ensemble.

— Et qu'avez-vous répondu?

— J'ai refusé.

— Qu'est-ce que cette lettre?

— Une lettre à votre adresse.

— De votre oncle?

— De mon oncle.

— Lisons-la.

— Elle est pour vous seule, et j'ai promis que vous la liriez seule.

— Donnez!

— Voulez-vous que je vous dise une chose? continua sir Charles en me regardant tristement.

— Laquelle?

— Mon oncle est amoureux de vous.

Je tressaillis.

— Vous êtes fou, sir Charles!

— J'en jurerais.

J'inclinai la tête sur ma poitrine.

Un éclair venait de se faire dans mon esprit.

Je me rappelai toute la scène de la veille, les regards pleins d'admiration, la voix pleine de caresses de sir William.

Je m'approchai de la cheminée la lettre à la main, avec l'intention de la jeter au feu.

Sir Charles m'arrêta.

— Emma, me dit-il d'une voix assez ferme, hier, c'était vous qui m'encouragiez à être un homme, et c'était moi qui résistais à tout ce que vous pouviez me dire touchant l'intérêt de nos enfants et le mien; aujourd'hui, c'est moi qui vous dis : Emma, lisez cette lettre et réfléchissez bien aux propositions qui y sont contenues; car je ne doute pas qu'elle ne contienne des propositions. Le moment est suprême, et, si hier je me croyais le droit de disposer de ma destinée et de celle de mes enfants, aujourd'hui je ne me crois pas celui de disposer de la vôtre et d'être un obstacle à votre avenir et à votre bonheur.

Je le regardai avec étonnement; mais, connaissant la noblesse de son cœur, je ne doutai pas un instant du motif qui le faisait parler.

— J'ai promis à mon oncle, reprit-il, de vous laisser toute liberté de lire cette lettre. Lisez, chère Emma, et si, comme je n'en doute pas, elle est l'ultimatum de sir William Hamilton, décidez de notre sort.

Et, m'embrassant les larmes aux yeux, il passa dans la chambre à coucher et me laissa seule au salon.

Je demeurai un instant debout, tremblante et la sueur sur le front; puis, en chancelant, j'allai tomber sur un fauteuil. Je comprenais, en effet, que je tenais entre mes mains notre destinée à tous. J'ouvris la lettre, mais je ne pus lire d'abord : j'avais un nuage sur les yeux.

Peu à peu les caractères devinrent plus visibles; ma vue s'éclaircit, et je lus :

« Mademoiselle,

« J'ai réfléchi depuis hier, avec toute la froideur et le calme que l'on peut conserver, même à mon âge, après vous avoir vue.

« La passion de mon neveu m'est expliquée par vos qualités, vos mérites, le charme enfin de votre personne; je comprends non-seulement que l'on vous aime, mais encore que l'on vous aime éternellement.

« Mais il y a dans la vie de ces fatalités contre lesquelles il serait insensé de vouloir lutter, attendu que l'on s'y briserait sans pouvoir les vaincre; ces fatalités, nous les avons hier passées en revue ensemble, et elles sont enfermées dans les aveux que vous avez eu la franchise de me faire.

« Réfléchissez vous-même et dites-moi s'il est possible que, dans la même ville qui vous a vue successivement la maîtresse de sir John Payne et de sir Harry Feather son, l'associée de Graham, le modèle de Rowmney, vous deveniez la femme de sir Charles Greenville, au risque de rencontrer, à chaque pas que vous feriez dans les rues de Londres, un souvenir de ce passé contre lequel tous les repentirs ne peuvent rien, et que ne saurait effacer la toute-puissance même de Dieu.

« Votre mariage avec mon neveu, en supposant même que j'y consente et que

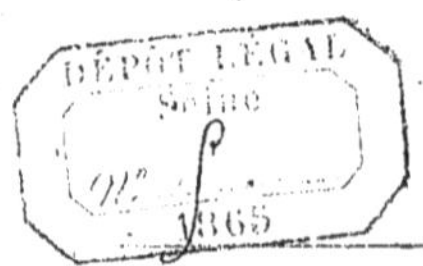

j'assure sa position, est votre malheur et celui de vos enfants.

« Vous avez vingt-cinq ans: — vous m'avez dit votre âge, car mes yeux ne vous en donnaient que dix-huit; — vous avez vingt-cinq ans, mon neveu n'en a que vingt-quatre ; il est donc d'un an plus jeune que vous. Il entre dans l'âge des passions. Si belle, si séduisante, si parfaite que vous soyez, n'est-il pas possible qu'un jour il vous échappe, et que, ce jour-là, il laisse tomber devant vous une parole de regret sur le sacrifice qu'il croira vous avoir fait?

« Aujourd'hui, si vous l'épousez, lui, homme ruiné et sans avenir, le sacrifice serait de votre côté, je le sais, et je suis le premier à le proclamer; mais, aux yeux du monde, le sacrifice serait du sien.

« Voici ce que je viens vous proposer : au lieu d'être ma nièce, soyez ma fille.

« Veuf et sans enfants, je suis seul au monde; mon neveu, éloigné de moi depuis sa jeunesse, est un étranger pour moi; je l'aime de l'amour que j'avais pour ma sœur, et non de celui que je lui porte directement; lui-même n'a pour moi, sans qu'il s'en rende compte, qu'une affection mesurée au bien que je puis lui faire.

« Si vous consentez à devenir ma fille adoptive, toutes ces impossibilités qui s'opposent à une vie tranquille et heureuse pour vous en Angleterre, s'effacent d'elles-mêmes, comme s'efface le sillage d'un vaisseau qui passe d'une mer à une autre. Je vous emmène avec moi à Naples, où personne ne vous connaît, où personne ne vous a vue, où vous ne vous appelez ni Emma Lyonna, ni miss Hearte ; où vous n'êtes ni la maîtresse de Payne, ni celle de Featherson, ni l'associée de Graham, ni le modèle de Rowmney ; où vous êtes, sous le nom qu'il vous plaira de choisir, ma fille adoptive, ma fille bien-aimée.

« Je ne vous parle pas de ma fortune. J'ai sept à huit mille livres sterling de rente, sans ma place d'ambassadeur, qui vaut cinq mille livres par an; cette fortune, j'en fais trois parts : une pour vous, une pour mon neveu, une pour vos enfants.

« Non; je ne vous parle que des services que vous pouvez me rendre. J'ai cinquante-huit ans; j'ai besoin de soins, d'amitié, à défaut d'amour: j'ai besoin qu'on m'aime comme on aime un vieillard. Qu'ai-je à vivre? Six ans, huit ans, dix ans peut-être. Calculez combien rapidement coulent dix années à votre âge; donc, en cavant au pire, dans dix ans, c'est-à-dire à trente-cinq ans, à l'âge où la femme est encore dans toute sa force et dans toute sa beauté, vous êtes libre, riche et — permettez-moi d'ajouter ces mots, auxquels je n'attache aucune intention blessante, — épurée par votre dévouement.

« Laissez-moi vous dire encore que j'habite Naples, une des plus belles villes du monde, et que tout me donne à espérer que je l'habiterai jusqu'à ma mort; que j'y suis l'ami du roi et de la reine; que j'y vois une société sur laquelle vous prendrez immédiatement la puissance que vous donnent votre beauté, vos talents, votre supériorité enfin; que cette société se compose de tous les talents, de toutes les intelligences, de toutes les aristocraties, depuis celle de la naissance jusqu'à celle du génie, et que, esclave du passé ici, vous êtes là-bas reine de l'avenir.

« Maintenant, vous avez lu. Réfléchissez. J'attends votre réponse avec plus d'impatience que ne le ferait un jeune homme amoureux : je l'attends en vieillard égoïste.

« Au reste, quelle qu'elle soit, elle n'enlèvera rien aux sentiments que je vous ai voués, et parmi lesquels l'estime tient la première place.

« William Hamilton. »

Cette lettre, si simple, si noble et si digne, me toucha profondément, je l'avoue. Je laissai aller mon bras le long de mon corps, ma tête sur ma poitrine, et je tombai dans une profonde rêverie.

Quand je relevai la tête, sir Charles était debout devant moi. A son sourire mélancolique, il était facile de voir qu'il devinait ce qui se passait dans mon âme.

Je lui tendis la lettre.

— Lisez, lui dis-je.

Il y jeta les yeux.

— Non, fis-je vivement, pas devant moi! Lisez-la seul, comme je l'ai lue seule. En tout cas, c'est un noble cœur que celui de votre oncle.

Sir Charles rentra dans la chambre et je restai de nouveau seule dans le salon.

Seule... oh! non! la lettre de sir William l'avait peuplé de tout un monde de fantômes inconnus. Encore une fois, le sort, le hasard, le destin, la fatalité, la Providence semblait vouloir disposer de moi, en dehors de mes propres désirs, sans laisser le champ à mon libre arbitre. Je ne pouvais me dissimuler la force et la vérité des raisonnements de sir William Hamilton à l'endroit de mon mariage avec son neveu ; toutes ces pensées m'étaient plus d'une fois venues à l'esprit, et plus j'avais vu se rapprocher le but créé par mon ambition, moins, en réalité, je l'avais trouvé désirable.

Au contraire, l'horizon que venait d'ouvrir devant moi sir William resplendissait de tous les feux de ce soleil du Midi que je n'avais encore entrevu qu'à travers les strophes du Tasse et de l'Arioste. Ma funeste imagination, toujours prête à m'entraîner dans le pays sans bornes de la fantaisie, y déroulait ses plus éblouissants mirages. Cette couronne de reine de salon que j'avais perdue par le départ de sir John, l'abandon de sir Harry, la ruine de sir Charles, je la reconquérais plus complète, plus étendue, plus élevée, par la position qu'occupait diplomatiquement sir William Hamilton.

Si un ambassadeur n'est pas un roi, il est la représentation de la royauté ; la plus exigeante ambition féminine peut se contenter du titre d'ambassadrice. Il est vrai qu'en suivant sir William Hamilton, j'étais, non pas ambassadrice, mais seulement fille adoptive d'un ambassadeur; ce qui était bien différent, puisque l'ennui, le caprice, la fantaisie d'un vieillard quinteux pouvait, d'un moment à l'autre, en se lassant de moi, laisser retomber la fille adoptive, dont rien ne garantissait l'adoption, au niveau d'Emma Lyonna et même de miss Hearte.

C'était, non pas sa fille adoptive qu'eût dû dire sir William, mais sa femme.

A cette pensée, un éblouissement passa devant mes yeux.

Pourquoi cet éblouissement ? lord Greenville n'était-il pas de plus grande lignée que lord Hamilton ? ne descendait-il pas des Warwick, ou, tout au moins, n'était-il pas allié à cette illustre famille des Warwick, qui tirait son origine de ce fameux comte Richard Nevil que l'on appelait le faiseur de rois ? Sir William était d'une bonne famille d'Écosse, voilà tout. Donc, si un Greenville, c'est-à-dire un Warwick, n'avait pas dédaigné de m'engager sa parole, pourquoi sir William Hamilton, qui était riche, c'est vrai, qui avait une grande position, c'est vrai, mais qui n'avait pas les mêmes séductions d'aristocratie et de jeunesse que son neveu, pourquoi sir William hésiterait-il à faire lady Hamilton celle qui n'avait qu'un mot à dire pour être lady Greenville ?

M'étais-je jamais arrêtée dans ma marche ascendante ? ou, si j'étais tombée, ma chute, providentielle pour ainsi dire, ne m'avait-elle pas toujours ramenée dans des régions supérieures à celles d'où j'étais descendue ?

Y avait-il plus loin, étant presque lady Greenville, à devenir lady Hamilton, qu'il n'y avait, étant la maîtresse de Rowmney, à devenir lady Greenville ?

Je serais l'une ou l'autre; mais, j'y étais résolue, je serais lady !

XIII

Ces réflexions m'avaient tenue plus d'une heure sous leur puissance ; la pendule, en sonnant, me tira de ma rêverie.

Je levai les yeux, cherchant sir Charles.

Il avait eu tout le temps de lire la lettre de son oncle ; pourquoi n'était-il pas revenu en parler avec moi ?

Je me levai pour aller à lui, puisqu'il ne venait pas à moi; j'entrai dans la chambre à coucher : elle était vide.

J'ouvris le cabinet de toilette : il était vide comme la chambre à coucher.

Sir Charles était-il sorti ? La chose était possible : un escalier de service donnait dans la chambre et conduisait à la rue.

Je regardai autour de moi pour voir si rien ne me donnerait la clef de cette énigme, et, sur le bureau de sir Charles, je vis la lettre de sir William Hamilton tout ouverte.

Près de cette lettre étaient ces quelques lignes de lord Greenville :

« Je ne m'étais pas trompé, mon oncle est amoureux de vous, Emma. Je ne veux pas, par l'influence que je puis avoir sur votre cœur, faire dévier votre destinée ; dans huit jours seulement, je rentrerai dans cette chambre, et, selon toute probabilité, je ne vous y trouverai plus.

« Mais, pour l'avenir de nos enfants, pour notre honneur à tous deux, ne soyez pas moins que lady Hamilton.

« SIR CHARLES GREENVILLE. »

Ainsi, lui aussi avait vu la route qui m'était ouverte ; lui aussi croyait que je pouvais atteindre à ce but dont j'avais été éblouie d'abord et que peu à peu je m'étais habituée à regarder, comme l'aigle regarde le soleil, sans baisser les yeux.

Je pris la plume et j'écrivis :

« Milord,

« J'ai communiqué à lord Greenville la lettre que vous m'avez fait l'honneur de m'écrire.

« Il a quitté immédiatement la maison en me disant que, désirant me laisser entièrement l'arbitre de mon sort, du sien et de celui de nos enfants, il ne rentrerait que dans huit jours.

« C'est donc à moi de vous répondre, milord, et je vous répondrai avec la même franchise que je l'ai fait jusqu'à présent.

« Comment, étant indigne d'être la nièce de sir Willam Hamilton, serais-je digne d'être sa fille adoptive ?

« Non, milord, il y a une chose bien plus simple que tout cela ; c'est que je ne sois ni votre nièce, ni votre fille, et que je reste tout simplement Emma Lyonna.

« C'est moi qui quitte Londres. Il y a deux ans, j'ai passé trois mois, — trois mois les plus heureux de ma vie, peut-être, — dans une charmante petite ville nommée Nutley. J'y retourne.

« Selon la volonté de sir Charles, — que je vous promets de ne plus revoir et que je laisse complétement libre de sa destinée, — ou j'y vivrai seule, ou je m'y livrerai à l'éducation de nos enfants.

« Ces enfants, je vous les ai recommandés, milord ; je n'ai donc plus d'inquiétude pour eux.

« Je m'étais trompée, milord, lorsque j'ai cru que je pouvais être honnête épouse, bonne mère et faire le bonheur d'un gentilhomme ; je m'étais trompée, puisque vous en jugez autrement.

« Mais vous vous êtes trompé aussi, lorsque vous avez cru que je pouvais, en perdant une position fausse, accepter une position plus fausse encore.

« Ma position comme maîtresse de lord Greenville était faite à Londres ; qui me dit que je parviendrais à me faire celle de votre fille adoptive à Naples ?

« Non, milord, tant d'honneur ne m'est point réservé. Née dans l'obscurité, je mourrai dans l'obscurité ; ceux de mes jours qui ont été éclairés par le soleil n'ont pas été mes jours les plus heureux.

« Adieu, milord ! Cherchez pour votre neveu une épouse noble et pure ; faites-en votre fille adoptive, et laissez la pauvre Emma à sa misère et à son déshonneur.

« Elle se dit votre servante et n'a pas l'ambition d'obtenir de Votre Seigneurie un autre titre.

« Emma Lyonna. »

Je fis à l'instant même porter cette lettre à sir William Hamilton, et je me mis à tout préparer pour mon départ.

Ou sir William serait chez moi avant que ma première malle fût fermée, ou, me sachant à Nutley, sir Charles viendrait m'y rejoindre.

Dans le premier cas, c'était un pas fait en avant ; dans le second cas, la position était la même, et meilleure encore, puisque, lord Greenville sorti de la maison, je n'avais pas voulu y rester.

Ce fut sir William Hamilton qui, aussitôt ma lettre reçue, accourut à l'hôtel. Il me trouva occupée des préparatifs de mon départ.

— C'est donc sérieux, ce que vous m'écrivez ? s'écria-t-il.

— On ne peut plus sérieux, milord, lui répondis-je. Vous ne pouvez pas supposer, je le présume, que je me permette de plaisanter avec vous ?

— Et, si votre lettre ne m'eût pas trouvé à l'hôtel, et qu'au lieu de venir tout de suite je ne fusse venu que dans deux heures ?

— Vous m'eussiez trouvée partie.

— Auriez-vous cru m'échapper en partant ?

— Vous échapper ? Je ne comprends point, milord. Je ne vous fuis pas, je ne fuis pas sir Charles, je ne fuis personne, je me retire.

— J'eusse été à Nutley une heure après vous, et peut-être même une heure avant vous.

— Que seriez-vous venu faire à Nutley, milord ?

— Vous dire que, maintenant que je vous connais, Emma, je ne puis plus me passer de vous, et qu'au titre que vous voudrez choisir vous-même, je vous supplie de rester près de moi.

Je sentis mon cœur frissonner d'orgueil.

— Milord, lui dis-je, vous savez bien qu'il n'y a qu'un titre que je puisse accepter de l'oncle : c'est celui que j'ai refusé du neveu.

— Emma, est-ce par ambition que vous parlez ainsi ?

— Non, milord, c'est par dignité.

— Personne ne vous conseille, Emma, dans la conduite que vous tenez vis-à-vis de moi ?

— Si fait, milord.

— Qui cela ?

— Quelqu'un sans l'avis duquel je ne puis loyalement rien décider.

— Qui cela ?

— Sir Charles.

— Mon neveu ?

— Passez dans cette chambre, milord, et, sur le bureau, vous trouverez la lettre qu'il m'a écrite en quittant l'hôtel. Lisez-la.

Sir William passa dans la chambre à coucher, et rentra presque aussitôt, la lettre à la main.

A peine avait-il pris le temps de la lire.

— Miss Emma, me dit-il, voulez-vous faire la grâce à un homme qui ne sera jamais que votre père de l'accepter pour époux ?

Les jambes me manquèrent ; je tombai

sur un fauteuil; une sueur froide perlait sur mon front.

Etait-ce un rêve?

L'orgueilleux sir William Hamilton, venu tout exprès de Naples pour briser le mariage que j'étais près de contracter avec son neveu ruiné, m'offrait-il en réalité son nom, son rang, sa fortune?

— Milord, lui dis-je, accepter ainsi une offre aussi magnifique pourrait plus tard vous sembler une surprise. Renouvelez-moi cette offre demain et j'y répondrai.

— J'accepte, mais à la condition que vous y répondrez dans la chapelle de l'hôtel, et que, le soir même, nous partirons pour Naples.

— C'est moi qui, demain, n'aurai que des ordres à recevoir de vous, milord.

— Permettrez-vous, en attendant, que sir William, à titre d'ami, passe la soirée avec vous?

— Vous refuser, milord, serait vous ôter une chance de vous repentir.

— Croyez-vous que je m'ennuierai?

— L'ambassadeur ami d'un roi et d'une reine, le savant entouré de l'aristocratie de nom et d'intelligence, trouvera, j'en ai peur, un médiocre intérêt dans la conversation de la pauvre gardeuse de moutons du duché de Galles!

— Vous êtes comme les princesses de nos contes populaires, Emma : vous avez eu une fée pour marraine; vous avez retranché une lettre du nom qu'elle vous a donné pour mieux garder votre incognito, et c'est Gemma, et non Emma, que vous vous appelez.

— Milord, milord, vous êtes habitué à parler à une reine! Rappelez-vous que vous êtes à Londres, et non à Naples.

— Cette reine sera votre amie, Emma; cette reine vous demandera des leçons de grâce et de bon goût; cette reine, le jour où vous voudrez la faire oublier, elle sera forcée de vous céder sa couronne!

— Quand vous lui dites de ces choses-là, milord, la reine vous donne-t-elle sa main à baiser?

— Pourquoi cela?

— Parce que je me sens disposée à faire mon apprentissage de vice-reine.

Et je lui tendis la main.

Lord Hamilton la prit et la baisa avec le même respect qu'il eût marqué à la reine Marie-Caroline.

— Avec les projets que j'ai pour demain, me dit-il en me rendant ma main et en me saluant, vous ne serez pas étonnée que je vous dise que j'ai beaucoup de choses à faire. Permettez donc que je vous quitte, et gardez-moi la soirée que vous m'avez promise.

J'éprouvais moi-même le désir d'être seule pour me rendre compte des sensations qui se pressaient dans mon cœur, et surtout dans mon esprit. Je fis à sir William ma plus gracieuse révérence, et lui annonçai que je l'attendrais à huit heures du soir.

Quand il fut sorti, je pris ma tête entre mes deux mains; il me semblait qu'elle allait éclater.

Ai-je besoin de m'étendre sur l'étrange situation où je me trouvais, et, pour ainsi dire, d'en effeuiller les détails aux yeux de mes lecteurs?

Non. Comme l'avait deviné lord Greenville, sir William Hamilton était amoureux fou de moi; il me quitta à une heure du matin, émerveillé, enivré, ébloui!

Le lendemain, grâce aux licences achetées par sir William pour dispenser de la publication, un ministre protestant qui lui devait sa cure nous maria dans une chambre de l'hôtel disposée en chapelle, sans bruit, sans pompe, sans autres assistants que les témoins obligés.

La cérémonie terminée, le pasteur nous remit à chacun un extrait de son registre pour faire foi de la validité de l'acte.

Cette fois, ce n'était plus une promesse de mariage comme celle de lord Greenville, c'était un véritable mariage,— secret mais valable.

Le même soir, après que les affaires de sir Charles et de nos enfants eurent été réglées par sir William avec une générosité princière, nous quittâmes Londres et partîmes pour Naples.

FIN DU DEUXIÈME VOLUME.

I

Nous traversâmes une partie de la France, la Belgique, l'Allemagne; nous nous arrêtâmes à Vienne juste le temps nécessaire à sir William pour offrir ses hommages à l'empereur Joseph II, auquel il avait eu l'honneur d'être présenté lorsque, quatre ans auparavant, il était venu à Naples incognito, sans suite, et sous le nom d'un simple gentilhomme; puis nous partîmes pour Venise, Ferrare, Bologne et Rome.

Ce fut à Rome que sir William décida de commencer à m'introduire dans le monde italien Ses recherches archéologiques l'avaient plus d'une fois conduit, je ne dirai pas dans la métropole du monde chrétien, mais dans la capitale des Césars; et il était en intimité avec les familles les plus distinguées.

Nous y arrivâmes au commencement du printemps de 1788.

Pie VI occupai la place de saint Pierre depuis treize ans, et en avait soixante et onze. Le bel Ange Braschi, qui, au moment où il fut nommé pape en remplacement de Clément XIV, avait hésité, tant il était amoureux de son teint de femme et de ses beaux cheveux blonds, pour savoir s'il ne s'imposerait pas le nom de Formose II, était toujours l'adorateur de sa propre beauté, et l'on racontait les choses les plus ridicules sur l'admiration qu'il professait pour lui-même. Les mauvaises langues — il y en a partout, même à Rome, — disaient, au reste, que Sa Sainteté devait quelque reconnaissance à cette grande beauté, laquelle n'avait pas été étrangère à la haute fortune qu'il avait faite.

Cette beauté, qui avait commencé sa fortune, la continua; — je parle toujours, bien entendu, comme les mauvaises langues de Rome. — Ange Braschi, ayant perdu son protecteur, songea à le remplacer par une protectrice : il se fit l'amant de la maîtresse du cardinal Rezzonico, neveu du pape, qui le fit nommer grand trésorier, place que le bon Ganganelli lui ôta en le nommant cardinal. Il est vrai que Clément XIV ne pouvait faire autrement, le chapeau revenant de droit à tout grand trésorier du saint-siége perdant sa place, justement ou injustement. Ange Braschi n'en alla pas moins remercier Ganganelli de la dignité à laquelle celui-ci l'avait promu; mais le pape, assure-t-on, lui répondit naïvement :

— Je vous ai fait cardinal, parce que je voulais donner la place de trésorier à un homme dont la probité ne fût pas contestée.

Le remercîment était fait pour la faveur. Braschi ne jugea point à propos de le renouveler pour le motif qui la lui avait faitaccorder.

Au moment où nous arrivâmes à Rome, une occasion se présentait justement pour moi de voir Sa Sainteté, qui, comme on sait, *rencontre les femmes*, mais ne les reçoit pas; en effet, quand quelque illustre étrangère ou quelque noble dame romaine désire voir le souverain pontife, elle fait demander cette faveur à Sa Sainteté, laquelle répond généralement qu'elle se promènera tel jour, à tel heure, au jardin du Quirinal si c'est l'été, au jardin du Vatican si c'est l'hiver; la dame se trouve, au jour et à l'heure indiqués, sur le chemin de Sa Sainteté et reçoit la bénédiction pontificale.

Mais, en ma qualité de protestante, je ne pouvais pas même espérer une pareille faveur; aussi était-ce par un moyen encore plus simple que je devais arriver à cet honneur.

Les directeurs du collége de la Propagande avaient obtenu que Sa Sainteté assistât à une de leurs disputes académiques; rien ne fut donc plus facile à sir Will am que d'obtenir des places en sa qualité d'ambassadeur.

Comme ces places étaient réservées, nous ne fûmes forcés ni de faire queue ni d'attendre; nous arrivâmes pour l'heure juste.

A peine étions-nous placés, qu'un grand bruit annonça que Sa Sainteté arrivait.

J'avoue que j'attendais avec une grande curiosité.

Il était, en effet, difficile de voir un plus beau vieillard que l'était Pie VI; ses cheveux blonds étaient devenus des cheveux blancs, mais avaient conservé leur élégante ondulation; le visage était trop frais pour être exempt de toute préparation, mais les dents étaient belles et l'œil d'une vivacité remarquable.

Peut-être l'œil était-il, ce jour-là, plus vif et le visage plus coloré que d'habitude. Le bruit circulait tout bas que Sa Sainteté venait de se mettre dans une de ces colères qui étaient la terreur de tout ce qui l'entourait, et que la cause la plus légère suffisait à faire éclater.

Pie VI avait, pour la solennité à laquelle il devait assister, commandé à son tailleur un vêtement neuf; mais un malencontreux pli de la culotte enlevait quelque chose à la régularité des formes dont il était si fier. Il reprocha ce vice de coupe au pauvre diable avec une vivacité que celui-ci essaya de combattre par une humble excuse; mais l'excuse, si humble qu'elle fût, avait été, assurait-on, repoussée par un vigoureux soufflet. La terreur, plus que le mal, avait amené l'évanouissement du coupable, qui n'était revenu à lui que grâce une abondante saignée.

La cérémonie commença. Tout alla à merveille jusqu'aux deux tiers de la séance; mais, aux deux tiers de la séance, croyant faire plaisir au souverain-pontife en lui prouvant combien l'Eglise étendait loin son empire, puisqu'elle avait des sujets jusque sous la zone torride, les directeurs introduisirent un jeune nègre du Congo, et ce néophyte africain commença un discours qui me parut des plus éloquents, mais qui fut interrompu dès son exorde par le saint-père, lequel se leva et sortit en donnant des signes visibles de mécontentement; au bout de quelques secondes, la cause de cette mauvaise humeur fut connue. Pie VI ne s'était inquiété ni de la beauté du discours, ni du Congo, ni du degré de latitude où il était situé; il n'avait vu qu'une chose, un nègre fort laid, dont la figure révoltante avait blessé la susceptibilité de ses organes visuels, et il était sorti en recommandant qu'à l'avenir on ne lui mît plus de pareils monstres sous les yeux.

C'était tout ce que les directeurs du collége de la Propagande avaient gagné à leur délicate attention.

En revanche, quelques mois auparavant, le 6 octobre 1787, — la date était restée comme celle d'un jour de fête dans la mémoire de tout ce qui environnait Sa Sainteté, — la Providence avait accordé à Pie VI une grande joie : la *princesse-duchesse*, la signora Constance Onesti, était accouchée d'un gros garçon.

On appelle à Rome *princesse-duchesse* la femme de celui des neveux du pape qui est fait par lui prince-duc; les autres neveux sont, en général, cardinaux.

A l'occasion de cet accouchement, il y avait eu de grandes réjouissances à Rome, et tous les cardinaux et tous les prélats avaient témoigné leur joie et leur dévouement à Sa Sainteté en comblant de présents la princesse-duchesse.

Le mari de celle-ci, que je rencontrai aux soirées ou, comme on dit là-bas, aux *conversations* de la princesse Borghèse, les moins tristes de toutes les conversations romaines, — j'excepte cependant de cette tristesse générale celles du vieux cardinal de Bernis, où l'on retrouvait tout le laisser-aller de la France qu'il représentait; — ce mari, que je rencontrai, dis-je, aux *conversations* de la princesse Borghèse, était un assez bel homme, aux proportions et au visage d'athlète, venu tout grand, pour être prince-duc, de sa petite ville de Cesena. Il était d'une ignorance patriarcale, et, à Rome, quand on voulait parler d'un homme arrivé aux dernières limites de l'idiotisme, on disait : « Bête comme le prince-duc. »

La première fois qu'il vint chez la princesse Borghèse, à son arrivée de Cesena, tout enorgueilli encore de sa qualité de prince-duc et de la généalogie qu'un savant romain venait de lui découvrir, il eut besoin d'un verre d'eau et le demanda à la maîtresse de la maison.

Le prince-duc était appuyé à la cheminée.

— Tirez deux fois le cordon qui est derrière vous, lui dit la princesse, et vous aurez ce que vous désirez.

Le prince-duc obéit sans comprendre : il ignorait l'usage des sonnettes, qui, du reste, inventé par Mme de Maintenon, ne date, comme on sait, que d'une centaine d'années. Son étonnement fut donc grand, aussitôt le cordon tiré deux fois, de voir entrer un domestique avec un plateau chargé de rafraîchissements. On fut obligé, pour satisfaire sa curiosité, de lui expliquer le mécanisme des sonnettes, qui, rendons-lui cette justice, excita son admiration à un tel degré, qu'il en parla toute la soirée.

Cette admiration était telle, qu'au lieu de rentrer chez lui, le prince-duc se fit conduire au Vatican et réveilla son oncle pour lui faire part de la découverte qu'il avait faite.

Le pape, qui était couché, tira le cordon de sonnette pendant au chevet de son lit, et dit au camérier accouru au bruit :

— Reconduisez le prince-duc, et, une autre fois, avant de le laisser entrer à pareille heure, informez-vous d'abord si ce qu'il a à me dire vaut la peine de me réveiller.

Cette ignorance s'étendait à tout. A quelques jours de là, je rencontrai Son Altesse chez la marquise Bocca Paduli Gentili. On parla de la littérature anglaise et française; de Shakspeare, de Ben Johnson, de Racine, de Corneille, de Molière.

Le prince-duc restait la bouche béante; il ne connaissait aucun de ces messieurs, et les entendait nommer pour la première fois. Sir William, à propos de la tragédie de *Mahomet*, dédiée à Ganganelli, vint à prononcer le nom de Voltaire.

— Ah! celui-là, s'écria le prince-duc en sautant de joie sur son fauteuil, je le connais! C'est un moine allemand qui a fait bien du tort à la sainte Eglise.

Le bon prince avait confondu *Voltaire* avec *Luther*.

Au reste, il semblait qu'une fatalité attachât cet imbécile à nos pas. Le lendemain, nous nous retrouvâmes ensemble à la table de l'ambassadeur de Venise; on parla de Vienne et de la galerie impériale de tableaux.

Le prince-duc, saisi d'un bel enthousiasme artistique, s'écria :

— Si j'habitais Vienne, je passerais ma vie dans cette galerie, en contemplation devant le tableau de *la Nuit*, du Corrége.

Chacun se regarda. Nous savions tous que *la Nuit*, du Corrége, avait été achetée par Auguste III, électeur de Saxe, à la galerie de Modène, et que ce tableau se trouvait à Dresde.

Lord Hervey, duc de Bristol, évêque de Derry en Irlande, ne put laisser passer sans le relever un pareil trait d'ignorance.

— Par ma foi, monseigneur, dit-il, je suis fâché de contredire un homme de votre science, mais je n'hésite point à vous affirmer que vous êtes dans l'erreur, et que le tableau qui vous fait désirer d'habiter à Vienne pour pouvoir le contempler tout votre aise, est en ce moment, non pas à Vienne, mais à Dresde.

— Bon! repartit le prince-duc; voulez-vous savoir la chose mieux que mon oncle, que me l'a dit, et qui, en sa qualité de pape, est infaillible?

— Monseigneur, reprit lord Hervey, c'est une mauvaise raison que vous me donnez là : je suis évêque protestant, et, par conséquent, ne reconnais pas l'infaillibilité de votre oncle.

J'ai dit un mot de la fierté que montrait le prince-duc à propos de la généalogie inventée tout exprès pour lui, et qui laissait bien en arrière celle qu'avait inventée, pour les ducs de Guise, l'avocat Nicolas David, et qui les faisait descendre de Charlemagne.

Or, voici la vérité sur cette généalogie :

Ange Braschi était d'une famille noble mais pauvre de Cesena; sa sœur avait épousé un petit bourgeois de cette ville nommé Onesti, faisant le commerce et n'ayant jamais eu la moindre prétention à monter dans les carrosses du roi de France.

Pourtant, lorsque le neveu du pape fut nommé prince-duc par Sa Sainteté, il fallut bien lui trouver une descendance digne du rang.

Par bonheur, un généalogiste lut ces paroles, dans la *Vie de saint Romuald*, écrite en latin :

Romualdus, *ex* HONESTIS *parentibus natus*.

Le généalogiste saisit l'occasion aux cheveux, prit l'épithète *honestis* pour le nom patronymique du saint, et fit imprimer, avec un grand luxe typographique, un ouvrage dans lequel il prouvait que saint Romuald était né d'une famille ONESTI, dont le neveu du pape descendait en ligne directe.

C'est en vertu de cette généalogie incontestée, comme on le comprend bien, que le premier-né du prince-duc — l'enfant dont la naissance avait causé, le 6 octobre 1787, une si grande joie à la cour de Rome — reçut de son oncle sur les fonts de baptême, le nom de Romoaldo.

II

J'ai dit que les conversations romaines étaient fort ennuyeuses : j'aurais dû dire pour les autres; car, pour moi, elles présentaient un spectacle tellement nouveau, qu'elles étaient amusantes ou plutôt extraordinaires.

Les Romaines sont belles certainement, mais plus belles dans le peuple que dans l'aristocratie; il n'est pas rare de trouver dans les Transtévérines et dans les paysans des environs de Rome des types qui rappellent les madones de Raphaël; mais, je le répète, ces types sont presque tous populaires.

Dans la noblesse, *les beautés* sont plus rares : aussi mon apparition fit-elle grande sensation dans les salons romains.

C'était presque une révolution parmi les prélats et les cardinaux.

Il faut d'abord dire ce qu'est, d'habitude, une soirée romaine, quand un grand événement comme celui de ma présence n'y porte pas le trouble et le renversement.

Les soirées de Rome tiennent naturellement de l'esprit du gouvernement et du sacerdoce : le temps s'y passe en devoirs d'étiquette, et, si le cœur y est parfois intéressé, l'esprit ne l'est jamais. Partout on coudoie la gêne, partout on heurte la contrainte; la gaieté n'y existe pas, même parmi les jeunes gens. La crainte étant dans tous les cœurs, la méfiance est dans tous les yeux. Au lieu de se livrer au même épanchement qu'en France ou en Angleterre, on se regarde, on s'examine et l'on se tait, de peur de se compromettre. Les étrangers n'ont pas les mêmes terreurs, mais la glace des autres les refroidit. Toute la société a l'air d'une immense pendule dont les rouages sont arrêtés, et, de temps en temps, reprennent leur mouvement par secousses, et pour s'arrêter encore. Par bonheur, on joue, et gros jeu; mais, quoique je fusse très-joueuse, je préférais étudier ce que j'avais sous les yeux, pensant que j'aurais toujours le temps d'en revenir aux cartes. Si la maîtresse de la maison ne joue pas, elle s'empare de quelque éminence ou d'un ministre, et cause avec lui tant que dure la soirée; les autres personnages revêtus de dignités quelconques en font autant, et ces tête-à-tête, si nombreux qu'ils soient, sont tellement sérieux et silencieux, qu'au milieu de cinquante personnes on entendrait voler une mouche. L'immobilité de tous ces gens-là me rappelait celle des sénateurs de l'ancienne Rome assis sur leurs chaises curules, et attendant la mort de la main des Gaulois.

Lorsqu'il y a trois ou quatre cardinaux dans l'assemblée, la chose devient fort incommode pour les spectateurs; ces illustrissimes éminences se promènent sans cesse; il faut leur céder la place, les saluer profondément lorsqu'elles passent devant vous, et bien prendre garde de ne pas marcher sur l'énorme queue de leur robe. Les simples prélats qui les entourent marchent courbés comme des parenthèses et applaudissent à chaque phrase que l'éminence daigne laisser tomber de sa bouche sacrée.

Mon arrivée à Rome et mon introduction dans les cercles avait, je l'ai dit, tout bouleversé. Les éminences, au lieu de se promener en long et en large, à l'instar du *Malade imaginaire* de Molière, faisaient cercle autour de moi, et, comme je parle facilement l'italien, que très-peu d'entre eux parlent le français et aucun l'anglais, ils étaient enchantés de pouvoir me faire leurs compliments, à la fois fades et exagérés, dans la langue où résonne le *si*, comme dit Dante.

Un des plus assidus à me faire sa cour était notre lord Herwey, évêque de Derry, et, comme il me parlait en anglais, comme il avait sinon de l'esprit, du moins de l'originalité dans la conversation; que nous riions alternativement des choses que chacun de nous disait, les éminences et les grandeurs ultramontaines qui nous entouraient étaient fort intriguées.

Celle de toutes ces conversations que je trouvais la plus agréable était celle de la marquise de Santa-Croce. Il est vrai que, dans son cercle intime, et c'était dans celui-là que, grâce à la position de lord Hamilton, j'avais été admise, — on ne recevait qu'une société choisie et faisant presque entièrement partie du corps diplomatique.

J'avais fort insisté pour être présentée à la marquise de Sainte-Croix, parce que je savais qu'à dix heures du soir, on trouvait, à ses petites soirées, le cardinal de Bernis, et que je désirais connaître ce charmant vieillard dont j'avais lu les poésies, qu'il appelait ses *péchés de jeunesse*.

Le cardinal de Bernis avait alors soixante-treize ans et n'avait rien perdu de son esprit, et je dirai presque de sa jeunesse; le ortait à Rome le titre de protecteur de la France. On sait que, après avoir joué un rôle dans la diplomatie européenne, il entra dans les ordres, prit le titre d'abbé, vint à Paris, y publia des vers galants, plût à Mme de Pompadour, entra à l'Académie à vingt-neuf ans, fit, après la mort du cardinal Fleury, une fortune rapide, fut nommé ambassadeur à Venise, et devint cardinal. C'est lui qui, comme ministre des affaires étrangères, signa le traité d'alliance avec l'Autriche, et, pendant la guerre de Sept ans, il fut disgracié pour avoir conseillé la paix contre l'avis de Mme de Pompadour; mais, Mme de Pompadour étant morte en 1764, le cardinal de Bernis fut nommé archevêque d'Alby, et, cinq ans plus tard, ambassadeur à Rome. Dans ses premières années de résidence, il joua un rôle très-brillant; et, quoique l'Espagne eût regagné à Rome la principale influence, le cardinal avait, par ses qualités personnelles, maintenu la France dans une bonne position.

Nous fûmes, le jour même de notre présentation à Son Eminence, invités par elle à dîner pour le lendemain.

Nous savions d'avance que la table du cardinal de Bernis était excellente, et que, contre toutes les habitudes répandues dans la valetaille romaine, les laquais n'allaient pas se faire payer chez les convives le prix du dîner de la veille.

Le cardinal menait grand train, tenait table ouverte, et il suffisait de lui avoir été présenté une fois pour avoir toujours son couvert mis chez lui. Cette dépense journalière, les fêtes qu'il donnait, le gaspillage qui se faisait autour de lui le conduisaient tout droit à sa ruine, d'autant plus que sa famille, chargée de l'administration de ses biens en France, inventait, chaque année, pour se dispenser de lui en envoyer le produit, les uns une sécheresse, les autres une inondation; les réparations absorbaient ce qu'épargnaient les fléaux.

L'aimable vieillard me racontait tout cela en riant et en coquetant avec moi, et disant :

— Par bonheur que j'ai soixante-treize ans, et qu'il m'en restera toujours assez pour aller jusqu'à la fin !

Hélas! le digne homme se trompait: révoqué, trois ans après, pour son opposition à la révolution française, dépouillé de toute sa fortune, il passa, d'un revenu de cent mille écus romains de rente, à une gêne qui fût devenue la misère, sans les secours que lui fit obtenir de la cour d'Espagne le chevalier d'Azara, son ami.

Nous rencontrâmes chez le cardinal de

Bernis ce digne Espagnol, sur l'honnêteté et la courtoisie duquel il n'y avait qu'une voix à Rome. Il était, lui et sa cour, — celle de Charles III, — en délicatesse momentanée avec Sa Sainteté à propos d'un petit escamotage qu'elle venait de faire et dont, malgré ses instances, il n'avait pu obtenir justice.

Comme chacun sait, la société de Jésus fut chassée, en 1767, d'Espagne et de Naples, et supprimée enfin, en 1773, par Clément XIV, qui ne survécut que deux ans à cette suppression.

Quoique le roi Charles III en voulût fort aux bons pères pour avoir fait, lors de sa naissance, courir le bruit qu'il était le fils du cardinal Alberoni, et non celui de Philippe V, sa vengeance s'était bornée à les chasser de ses États et à les faire chasser de ceux de son fils Ferdinand; mais il continuait de leur payer leurs pensions en excellentes piastres espagnoles, ayant une plus-value en Italie et surtout à Rome, où l'argent est horriblement falsifié.

Or, un bâtiment était arrivé à Civita-Vecchia, chargé de piastres envoyées par la cour de Madrid.

Ces piastres étaient destinées au payement des pensions des exilés.

Pie VI les fit déposer à la Monnaie.

Une fois là, au lieu de distribuer aux bon pères cet argent qui leur était destiné, Sa Sainteté le fit fondre, y mêla un quart d'alliage, en fit frapper des pauls, des papets, des testons et des carlins, et paya les pères de Jésus avec cette misérable monnaie, gagnant sur eux, à ce que nous assura Jenkens, le banquier de sir William, plus de vingt-cinq pour cent.

Les jésuites eurent beau réclamer, le chevalier d'Azara eut beau réclamer, aucune justice ne leur fut rendue; si bien qu'ils adressèrent une requête au roi Charles III, le suppliant de les faire payer désormais directement et par les mains de l'ambassadeur d'Espagne.

Cela n'est rien, comparé à ce que l'on racontait des moyens employés par le souverain pontife pour se procurer de l'argent, ou plutôt pour augmenter la fortune du prince-duc et du cardinal Onesti, ses deux neveux, Sa Sainteté étant rongée jusqu'aux os par la gangrène du népotisme.

Au moment de notre arrivée dans la ville éternelle, Pie VI, malgré sa puissance temporelle et spirituelle, était en train de perdre un procès qu'il eût gagné dix fois, s'il n'eût été qu'injuste.

Par malheur, il était inique.

Voici le fait.

Il y avait à Rome un portefaix des environs de Milan qui, par son travail, un vrai travail de portefaix, avait amassé la somme fabuleuse de huit cent mille écus romains (quatre millions quatre cent mille livres de monnaie de France).

Ce portefaix se nommait Leri.

Il avait trois fils : Amasis, Joseph et Jean.

Il partagea sa fortune entre eux trois, mettant pour condition que la fortune de chaque frère mourant sans enfants mâles ferait retour aux autres.

Jean, l'aîné des fils, mourut sans enfants quelque temps après son père; Joseph mourut le second, laissant une fille, Anne-Marie. Restait le troisième, Amasis, qui s'était fait prêtre et qui, par conséquent, n'avait point chance d'enfants mâles.

La justice eût été que tout revînt à la fille, même l'héritage du prêtre, puisqu'aucun des trépassés n'avait laissé d'enfant mâle.

Au contraire, le prêtre prétendit que tout était à lui, et s'empara, en effet, de toute la fortune, au détriment d'Anne-Marie, dont il n'aimait pas la mère.

Anne-Marie intenta un procès à son oncle.

Alors, le prêtre, abusant de son influence, suborna des témoins qui vinrent déposer qu'Anne-Marie n'était pas légitime.

Cette captation n'eut d'autre résultat que de soulever la conscience publique.

Le bruit du procès arriva aux oreilles du pape, qui flaira une bonne affaire. Il chargea un nommé Nardini d'aller offrir à Amasis un chapeau de cardinal, et une rente dont on discuterait le montant de gré à gré. On faisait observer à Amasis que, cette fortune ayant été gagnée tout entière par son père dans les États de Sa Sainteté, c'était justice que, moins la portion qui serait attribuée à lui, Amasis, elle retournât à Sa Sainteté.

Amasis vit dans cette proposition un moyen de contenter à la fois son orgueil et sa haine; il fit au pape une donation de tous ses biens, s'en rapportant à sa générosité pour la question du dédommagement.

Le pape mit immédiatement le prince-duc en possession de cette fortune; mais il oublia la rente et le chapeau promis à Amasis.

Amasis réclama, mais inutilement.

Alors, le remord d'avoir fait une mauvaise action gratis s'empara d'Amasis. Il fit un testament dans lequel il déclarait que la donation qu'il avait faite à Sa Sainteté était le résultat de la captation et des mauvais conseils, ajoutant qu'il avait cédé surtout à la haine qu'il portait à sa belle-sœur, dont il implorait le pardon en avouant son crime et en révoquant sa donation.

Nardini, l'agent de Sa Sainteté, à qui sans doute on avait oublié de payer son courtage, se joignit à Amasis, déclarant qu'il se repentait d'avoir prêté son ministère à Pie VI pour l'aider à accomplir son abominable action.

Le testament d'Amasis et les aveux de Nardini furent bientôt publiés, et les murmures éclatèrent de toute part; mais le pape se contenta de répondre que les actes de munificence d'Amasis en sa faveur étaient un miracle de l'apôtre saint Pierre, et que ce n'était pas à lui de s'opposer à la bienveillance que le saint conservait pour ses successeurs.

Comme, au moment où la chose arriva, le pape avait soixante et onze ans, Anne-Marie et sa mère se contentèrent de faire rédiger une consultation par les meilleurs avocats de Rome et résolurent d'attendre sa mort, afin de faire le procès non plus au pape, mais au prince-duc.

Cette résolution effraya Pie VI. Lui mort, il ne serait plus là pour peser de tout son pouvoir dans le plateau de la balance qu'une vieille tradition mythologique met dans la main de la Justice.

Il força donc la pupille à faire valoir ses droits et à lui intenter une action; mais l'intérêt qu'inspirait la pauvre enfant que l'on voulait dépouiller devint si général, l'injustice contre laquelle elle réclamait était si évidente, que les juges prévinrent le saint-père qu'il ne pourraient faire autrement que de conclure contre lui, et lui conseillèrent d'entrer en arrangement.

Le pape, en conséquence avait fait des ouvertures à Anne-Marie. L'affaire en était là. On disait qu'Anne-Marie accepterait la moitié des biens de son grand-père et laisserait l'autre moitié au prince-duc, qui, de cette façon, sur quatre millions quatre cent mille livres, garderait deux millions deux cent mille livres!

Ce n'était peut-être pas s'en tirer honorablement, mais c'était s'en tirer heureusement.

III

On comprend qu'avec mon amour du théâtre, une des premières choses que je fis en arrivant à Rome fut de prier sir William de me conduire au spectacle. Ma curiosité était d'autant plus irrésistible que j'avais entendu raconter que l'habitude était ici de faire jouer les rôles de femmes par de jeunes garçons.

Sir William me conduisit au théâtre Valle. On y jouait l'*Armide* de Gluck, et le rôle d'Armide était tenu par un jeune chanteur qui jouissait alors au plus haut degré de la faveur du public.

Au moment où il entra en scène, — et, je l'avoue, si je n'eusse point été prévenue, j'eusse parié pour une femme, et même pour une jolie femme! — au moment où il entra en scène, avant même qu'il eût donné une seule note, la salle tout entière éclata en applaudissements. De graves prélats, de vieux cardinaux, dont l'aspect rigide m'avait frappée, me parurent près de se pâmer d'aise.

Nous avions dans notre loge le cardinal Braschi Onesti, frère cadet du prince-duc, qui, relevait à peine d'une grande maladie. Il nous raconta orgueilleusement que la maladie de laquelle il sortait avait été causée par un épuisement complet de forces, venu à la suite d'une orgie, dans laquelle il avait parié tenir tête aux cinq plus grands buveurs et aux cinq plus belles courtisanes de Venise.

Il avait failli en mourir; mais il avait gagné son pari.

Le cardinal Braschi Onesti était un des adorateurs les plus assidus de la merveille à la mode : il offrit à lord Hamilton de le conduire dans la loge de l'étrange Armide, et de le faire assister à la toilette de la magicienne, qui changeait de costume entre le premier et le deuxième acte.

Je lui demandai si les dames en étaient.

Il me répondit que ce n'était pas la coutume, mais qu'à coup sûr, en ma qualité d'étrangère, je serais parfaitement reçue par le signor Veluti, — c'était son nom, — surtout si je voulais bien consentir à lui faire quelques compliments; que, du reste, le signor Veluti adorait les jolies femmes.

Le cardinal nous fit ouvrir la porte du théâtre; nous traversâmes la scène, et nous nous engageâmes dans le corridor qui conduisait à la loge d'Armide. Il y avait queue à la porte; le corridor était encombré.

Mais, à la vue du cardinal-neveu, les rangs s'ouvrirent, les adorateurs secondaires se collèrent contre la muraille, et on nous laissa passer.

Nous entrâmes dans une loge toute tendue de satin bleu de ciel, qui, en élégance, pouvait le disputer au boudoir d'une petite-maîtresse.

L'idole était devant son autel, c'est-à-dire à sa toilette; il reçut le cardinal-neveu avec le plus charmant sourire, et lui demanda comment il osait se présenter devant lui sans lui apporter un bouquet ou une boîte de bonbons.

Le cardinal Braschi Onesti tira de son petit doigt un brillant valant un millier d'écus romains, et le passa à l'index del signor Veluti, en le priant d'accepter cette bague à la place du bouquet. Ayant, dit-il, l'honneur d'accompagner au spectacle l'ambassadeur et l'ambassadrice d'Angleterre, il n'avait pas su s'il serait libre de lui apporter, ce soir-là, ses compliments ; mais, sir William Hamilton et lady Hamilton ayant désiré voir de près le grand chanteur qu'ils avaient applaudi, il avait, lui, Braschi, profité de cette occasion pour venir exprimer à son artiste favori tout le plaisir que celui-ci lui avait causé dans le premier acte d'*Armide*. Sur ce, le cardinal nous présenta le signor Veluti, qui voulut bien faire à sir William Hamilton l'honneur de lui donner sa main à baiser, et à moi celui de m'inviter à m'asseoir.

Soit que notre qualité d'étrangers fût un titre de recommandation à ses yeux, soit qu'il fût flatté de recevoir la visite de l'ambassadeur d'une puissance de premier ordre, le signor Veluti fut charmant pour nous; il me fit ses œillades les plus tendres, et nous dit que, si nous le permettions, il serait bien heureux de nous rendre notre visite.

On présume bien que nous n'eûmes garde de refuser une si grande faveur.

Puis, s'occupant particulièrement de moi, il me pria de lui indiquer le nom de l'opiat avec lequel je me frottais les lèvres, et de la liqueur avec laquelle je me rinçais les dents. Je lui répondis que jamais je ne m'étais, pour mes dents, servie d'autre chose que d'eau pure, et que, quant à mes lèvres, elles étaient naturellement de la couleur qu'il les voyait.

Le signor Veluti se récria sur l'impossibilité d'un pareil miracle, prit la bougie et me demanda la permission de regarder de près mes lèvres et mes dents ; examen auquel je me prêtai avec toute la complaisance possible, et après lequel le signor Veluti déclara que j'étais certainement une des plus belles personnes qu'il eût jamais vues.

Puis, pensant par cet éloge m'avoir payé son tribut d'hospitalité, il se remit à sa toilette, tout en coquetant avec ses admirateurs et en laissant de temps en temps échapper quelque gracieuse gargouillade, à l'instant même applaudie par les assistants.

Il était curieux de voir les frais que faisaient ces assistants, qui, tous, ou presque tous du moins, appartenaient à la haute prélature, pour conquérir un coup d'œil, un sourire, une parole de la fausse Armide; l'un lui tenait prête sa couronne de roses, l'autre sa baguette de magicienne, celui-ci le tissu qui devait, non pas couvrir, mais laisser transparaître ses attraits, celui-là le petit manteau qui devait garantir cette voix céleste des courants d'air dont elle eût pu être affectée. J'étais là, je regardais, j'écoutais, j'entendais, je croyais rêver; je souriais machinalement à ces marques de respect données, par des hommes que le peuple considérait comme des personnages vénérables, à cette idole qui ajoutait une incroyable unité de plus à cette quantité innombrable de faux dieux réunis dans le Panthéon des hérésies humaines.

Le moment d'entrer en scène arriva; la sonnette de l'avertisseur se fit entendre pour le commun des martyrs; mais pour le signor Veluti, l'invitation fut faite de vive voix par le régisseur, et avec toutes les marques de respect qu'il eût témoignées à une véritable reine.

La belle Armide ne prit la peine de s'excuser que vis-à-vis de moi seule de son absence forcée ; puis, me touchant de sa baguette :

— Je ne puis vous faire plus belle que vous êtes, me dit-elle; mais je puis faire pour vous ce que la sibylle de Cumes, que vous allez visiter, avait oublié de demander à Apollon de faire pour elle : je puis, par mon art magique, faire que vous soyez belle éternellement.

Puis, prononçant quelques paroles qui avaient la prétention de passer pour des mots cabalistiques, l'enchanteresse me fit une révérence féminine, et s'éloigna en se dandinant et en filant des sons à la netteté et à la finesse desquels je dois dire qu'il n'y avait rien à reprocher.

Je sortis muette d'étonnement, et je regagnai ma loge, placée assez près du théâtre pour que j'y fusse reconnue par le signor ou la signora Veluti, qui eut la bonté, pendant tout le reste de la soirée, de m'y donner des marques de son attention, soit en m'adressant ses roulades les plus difficiles, soit en me poignardant de ses œillades les plus assassines.

Le lendemain, je reçus la visite du comte de Bristol, auquel je racontai les événements fabuleux de la veille. Il se mit à rire.

Quelle que fût ma curiosité de revoir de près et au jour le signor Veluti, je le consignai à la porte, lorsqu'il se présenta vers les cinq heures de l'après-midi, avec un élégant costume d'abbé, mais qui reçut pour réponse que les préparatifs de mon départ me forçaient à suspendre toute réception.

Dans la nuit même qui précéda ce départ, s'accomplit un fait curieux, qui donnera une idée de la façon dont se fait la police à Rome et dont Sa Sainteté Pie VI comprenait l'application de la justice.

A cinquante pas de notre hôtel, sur la place d'Espagne, un vol avait été tenté vers les deux heures du matin, chez Rovaglio, horloger du Vatican. L'horloger, son fils et deux domestiques s'étaient défendus; un des voleurs était resté sur la place, et un autre avait été trouvé expirant au coin de la rue del Babuino.

Le lendemain, on apprit comment Rovaglio s'était fait justice lui-même.

Ce n'était point la première fois que des voleurs essayaient de s'introduire chez cet homme, dont on savait le magasin richement garni de montres et de bijoux; deux fois déjà il avait repoussé, par le bruit fait à l'intérieur du magasin, des tentatives d'effraction.

Chaque fois, il avait été prévenir la police; mais le prélat Busca, chargé du département de la sûreté publique, avait répondu par de belles paroles, sans prendre aucune mesure contre les voleurs.

Se voyant ainsi abandonné par l'administration qui eût dû le protéger, Rovaglio, en allant un jour remonter les pendules du Vatican, s'arrangea de manière à rencontrer le saint père, auquel il conta tout, lui demandant secours direct contre les industriels qui voulaient, à main armée, s'immiscer dans son commerce.

— Mon cher Rovaglio, lui répondit le pape, je prends sincèrement part à la position critique dans laquelle vous vous trouvez; mais je n'y puis rien! Puisque Mgr Busca ne veut pas vous protéger, je ne puis le forcer à le faire; seulement, protégez-vous vous-même.

— Comment cela, saint-père? demanda Rovaglio.

— Embusquez-vous, vous, vos fils et vos serviteurs, avec des fusils, des pistolets, des tromblons, soit dans le magasin même, soit à la porte, et, quand ces scélérats reviendront pour vous voler, faites feu sur eux. Autant vous en tuerez, autant je vous donne d'avance d'absolutions.

Rovaglio avait suivi le conseil du pape: il s'était protégé lui-même et avait tué deux bandits.

Le pape lui tint parole et lui donna absolution publique de ces deux meurtres.

IV

Je ne puis quitter Rome sans consigner ici quelques remarques sur les hommes et les événements. La comparaison que je fis de nos mœurs septentrionales avec les mœurs du Midi les grava si profondément dans ma mémoire, qu'après trente ans le portrait des hommes et le récit des événements se présentent d'eux-mêmes sous ma plume, aussi ressemblants et aussi exacts que si j'avais écrit, en passant à Rome en 1788, les lignes que l'on va lire.

Ce qui me frappa tout d'abord en arrivant à Rome, c'est la différence relative qu'il y avait entre les prix de toutes choses. Un carrosse de remise coûte, à Londres, une guinée par jour; à Paris, dix-huit livres; — à Rome, sept ou huit livres seulement.

La même proportion est suivie pour les hôtels. A Londres, un appartement un peu convenable coûte une guinée par jour; à Paris, quinze livres; — à Rome, dix livres à peine.

Ce qui coûte cher à Rome, ce n'est ni le carrosse, ni le logement, ni même la nourriture; — il est vrai que l'on mange abominablement! — non; c'est la *buona mano*, autrement dit le pourboire. On ne fait pas une visite chez un noble laïque, chez un cardinal ou chez un prêtre, sans que, le lendemain, les domestiques en corps se présentent chez vous pour demander leurs étrennes.

L'archevêque de Vienne avait chargé sir William d'un paquet pour le cardinal Buoncompagno; sir William, qui n'avait aucune raison de voir ce prélat, quoiqu'il fût le frère du prince régnant de Piombino, fit, en passant dans la rue qu'il habite, remettre le paquet à son hôtel par son valet de chambre. Le lendemain, un grand drôle, revêtu de la livrée du cardinal, vint souhaiter le bonjour à sir William de la part de son maître, et, de la sienne, lui demander une *buona mano*.

Sir William lui répondit qu'il n'avait aucunement fait une visite au cardinal Buoncompagno; qu'il s'était borné à lui remettre un paquet dont il s'était chargé par pure complaisance; qu'ainsi c'était bien plutôt au cardinal Buoncompagno de donner la bonne main à son valet de chambre qu'à lord Hamilton de donner la bonne main au valet de chambre du cardinal.

Le drôle insista. Sir William lui fit pousser la porte au nez.

Le banquier de sir William Hamilton à Rome était un homme trop extraordinaire pour que je n'en dise pas quelques mots en passant. Il se nommait Thomas Jenkens, était Anglais de nation, et avait commencé par étudier la peinture; mais, s'étant aperçu qu'il demeurerait toujours un artiste médiocre, il se contentait, tout en exerçant le métier de banquier, de rester un connaisseur habile, très-versé dans la théorie de tout ce qui a rapport à la peinture et au dessin, et en même temps un archéologue distingué dont le jugement était regardé comme presque infaillible en matière de camées et de pierres gravées. L'antiquité lui était très-familière, et nul ne savait mieux que lui faire la notice raisonnée d'un bas-relief, d'une statue, d'un buste, quelque endommagé que fût l'objet par son séjour dans la terre ou par l'outil de l'ouvrier qui l'en avait tiré. Pour achever son éloge, je dirai qu'il était souvent consulté par le cardinal Alexandre Albani, — qu'il ne faut pas confondre avec le cardinal François; — par le célèbre Winkelman, auteur de l'*Histoire de l'art chez les anciens;* et par l'illustre Raphaël Mengs, un des meilleurs peintres de l'école moderne, mort depuis dix ans.

Cette réunion du commerce des statues, des camées, des médailles, avec celui de banquier, avait fait de Jenkens un des capitalistes les plus riches de Rome.

Non-seulement sir William prit chez lui l'argent dont il avait besoin pour continuer sa route, mais encore il lui acheta deux ou trois de ses plus belles bagues et de ses plus beaux camées, dont il me fit cadeau. C'est alors que, témoin de la manière dont Jenkens vendait, le souvenir m'en resta d'une façon indélébile dans l'esprit.

Si c'était une médaille qu'on voulait lui acheter, Jenkens commençait par vous faire l'histoire du trait auquel elle avait rapport, et, dans un éloge pompeux débité avec la plus grande chaleur, il vantait la rareté et la singularité de l'objet que vous désiriez: ce qui lui permettait d'en demander un prix considérable. Puis, si, contre son attente, vous lui en donniez le prix demandé, il commençait à soupirer, à verser des larmes, et finissait par sangloter. Un père qui se verrait enlever sa fille unique par un mari prêt à la conduire aux antipodes, ne témoignerait pas une douleur plus vive. J'étais là lorsque sir William lui acheta les bijoux qu'il me destinait, et j'avoue que je fus touchée jusqu'aux larmes.

— Milord, dit-il à sir William, si vous vous repentez jamais du marché que vous venez de faire, rapportez-moi ces bagues, ces camées, ces médailles; vous en trouverez toujours le prix intégral prêt à vous être remis, et, en me rapportant ces pièces inestimables, vous me rendrez toute la douceur et toute la consolation de mes jours.

Et ce qu'il y a d'extraordinaire, c'est que, pris quelquefois au mot, Jenkens n'avait jamais manqué de tenir sa parole et de restituer intégralement l'argent qu'il avait reçu, en témoignant la joie la plus vive de rentrer en possession de l'objet regretté.

Soit calcul, soit sentiment véritable d'un archéologue qui, comme Cardillac, ne peut se décider à se séparer de son trésor, cette fidélité de Jenkens à tenir sa parole rassurait toujours l'acheteur, qui ne croyait jamais payer une chose au-dessus de sa valeur, puisqu'il savait qu'en rapportant cette chose au vendeur, celui-ci lui en rendrait l'argent à l'instant même.

J'ai une certaine prétention à exprimer par ma physionomie les différentes impressions de l'âme; mais j'avoue que, si, au lieu de ressentir une douleur véritable en se séparant de ses camées et de ses médailles, Jenkens jouait un rôle étudié, il me laissait bien loin derrière lui dans l'art du rire et dans celui des larmes.

Nous vîmes encore en passant à Rome, mais sans faire connaissance plus intime avec lui, un prélat qui joua plus tard un si grand rôle à la cour de Naples, que je crois devoir, dès ce moment, le présenter au lecteur. Je veux parler du grand trésorier de Sa Sainteté, Mgr Fabrizzio Ruffo.

Mgr Fabrizzio Ruffo était le neveu du cardinal Ruffo, doyen du sacré-collége, qui poussa le bel Ange Braschi dans la carrière de la prélature.

Rendons cette justice à Sa Sainteté qu'elle garda, sur le trône de saint Pierre, une si grande reconnaissance à celui qui lui en avait aplani le chemin, que son premier soin, une fois pape, fut de donner au neveu du cardinal mort la même place que lui, Braschi, avait autrefois reçue de Rezzonico par la protection de la belle Julia Falconieri. Il fit le jeune Fabrizzio Ruffo grand trésorier, place qui, je crois l'avoir déjà dit, vaut de droit à celui qui la quitte le chapeau de cardinal.

Mgr Ruffo passait à Rome pour un homme de grand sens, et qui n'était point étranger à l'art des Folard et des Montecuculli; il avait même l'habitude de dire que, s'il eût vécu du temps des Lavalette et des Richelieu, il eût plus souvent porté la cuirasse et le casque que la barrette et le camail de pourpre.

Mgr Ruffo, fort amateur du beau sexe, pour lequel il ne dissimulait point son penchant, professait, au contraire, le plus grand mépris pour les chanteurs-chanteuses, ou pour les chanteuses-chanteurs ; il faisait, lors de notre passage à Rome, la cour la plus assidue à une signora Leri, parente de cette Anne-Marie dont nous avons raconté la persécution, et, comme il ne se cachait nullement, ses amours étaient à la connaissance de tout le monde ; cela leur valut l'honneur d'être célébrés dans des vers satiriques dont l'auteur, un gazetier de Florence, fut puni par une longue détention ; depuis le fameux pamphlétaire condamné aux galères par Sixte-Quint, on n'avait pas vu exemple d'une pareille rigueur. Comme je fais allusion à une anecdote fort connue à Rome, mais fort ignorée ailleurs, peut-être est-il bon, comme tableau de mœurs, que j'ouvre une parenthèse et que je la raconte.

Sous le pontificat de Sixte-Quint, un poëte nommé Marere fit une satire contre quelques hauts fonctionnaires et quelques grandes dames qui se plaignirent au pape ; celui-ci, sévère, mais équitable justicier, envoya chercher le poëte, et l'interrogea sur les motifs qu'il avait eus de se permettre une pareille incartade ; après plusieurs explications qui ne satisfirent que médiocrement le pontife, quoiqu'elles eussent attiré maintes fois le sourire sur ses lèvres, Sa Sainteté, lui demanda comment il avait pu désigner sous son nom, et comme courtisane, une femme dont le nom, au contraire, était presque un symbole de vertu.

— Aviez-vous donc à vous plaindre d'elle ? demanda Sixte-Quint.

— Non, saint-père, répondit le poëte, aucunement.

— Alors, pourquoi l'avoir outragée et calomniée ?

— Il me fallait une rime, et son nom me la donnait

Sixte-Quint se pinça les lèvres.

— Et vous, seigneur poëte, comment vous nommez-vous ? demanda-t-il.

— Marere, pour servir Votre Sainteté, répondit le poëte.

— Eh bien, à mon tour de faire des vers ; et, puisque votre nom me fournit une rime, je vais essayer de rimer aussi :

Vous méritez, seigneur Marere,
De ramer dans une galère !

La sentence prononcée par le pape eut son effet, et à toutes les sollicitations qui lui furent faites en faveur du coupable, Sa Sainteté répondit :

— Par ma foi, rime et raison s'accordent si rarement, que, pour une fois qu'elles s'accordent, il est bon que l'événement soit constaté et fasse époque.

Et le sieur Marere alla ramer sur les galères de Civita-Vecchia, où il mourut en laissant deux volumes de poésies inédites qui furent perdues pour la postérité, aucun éditeur n'ayant eu le courage de les publier.

La veille de notre départ, en sortant du théâtre Valle, la soirée étant loin d'être finie, nous avions été présenter nos compliments d'adieux à ce charmant cardinal de Bernis, que Voltaire avait baptisé du nom de *Babet la bouquetière*.

Nous y avions rencontré le comte de Bristol, évêque de Derry, qui y venait dans la même intention.

— Votre Grandeur quitte donc Rome ? demandai-je à ce singulier prélat, dont l'originalité m'avait frappée.

— Eh ! mon Dieu, oui, ma belle compatriote. La grâce m'a illuminé !

— Quand part Votre Grandeur ?

— Demain.

— Pour quel pays, sans indiscrétion ?

— Vous le saurez demain.

Le lendemain, il se présenta chez nous après notre déjeuner et demanda un entretien à sir William.

Sir William passa avec lui dans un cabinet.

Cinq minutes après, il rentra en riant et en tirant par la main Son Éminence.

— Chère Emma, dit-il, voici milord Hervey qui prétend être devenu tout à coup si fort amoureux de vous, qu'il ne saurait se séparer de votre chère personne sans mourir de regret. Il nous demande, en conséquence, la permission de nous accompagner à Naples. Comme je présume que vous ne voulez pas la mort d'un de nos pairs les plus illustres et d'un des plus hauts dignitaires de notre Église, j'ai, pour mon compte, souscrit à sa prière, et Sa Grandeur n'attend plus que votre consentement pour être le plus fier des hommes et le plus heureux des évêques.

Comme les soixante et douze ans de monseigneur de Bristol ne m'inspiraient point une grande crainte, je ne crus pas, pour une demande si innocente, devoir me mettre en opposition avec sir William Hamilton.

Je tendis à monseigneur de Bristol une main qu'il baisa avec les démonstrations de joie la plus vive, et il fut convenu qu'à partir de ce moment, il était attaché à l'ambassade d'Angleterre à titre de mon cavalier servant.

V

Nous partîmes de Rome avec deux voitures de poste et un fourgon, et prîmes la route de terre, au risque d'être dévalisés ; mais il est vrai de dire que nous avions, dans les six domestiques du comte de Bristol et les deux nôtres, tous Anglais forts et courageux, une escorte suffisant à nous défendre.

C'était, pour moi surtout qui ai toujours eu le désir d'accroître le cercle de mes pauvres connaissances, un grand plaisir que de voyager avec sir William Hamilton. Sir William, très-instruit des choses de l'antiquité, avait passé toute sa science au crible d'une saine critique ; de sorte que, lorsqu'il vous racontait un fait, vous citait une date, vous décrivait un monument, vous pouviez accepter tout ce qu'il vous disait les yeux fermés.

Nous sortîmes de Rome par la via Appia, c'est-à-dire par l'ancienne porte Appienne, laissant à notre gauche la vallée d'Egérie, le cirque de Caracalla, le tombeau de Cecilia Metella, et, à notre droite, les catacombes de Saint-Sébastien et les monuments de la famille Aurélienne.

Sir William fit arrêter notre voiture devant le tombeau de la fille de Metellus le Critique, où reposèrent les cendres de cette jeune et intelligente femme, qui avait vécu dans le bel âge de Rome, qui avait connu César, Pompée, Cicéron, Clodius, Catulle, Hortensius, Lucullus, Caton, et les avait peut-être réunis un jour tous ensemble à son foyer, avant qu'ils fussent séparés par les haines irréconciliables de la guerre civile.

Malgré ses soixante et douze ans, mon chevalier servant, le comte de Bristol, descendit de voiture, et voulut absolument monter jusqu'au faîte du tombeau de Cecilia Metella, pour m'y cueillir une branche d'un grenadier sauvage qui poussait dans les ruines.

En arrivant à Aqua-Ferentina, sir William nous fit voir l'endroit où Clodius avait été blessé à mort par les gladiateurs de Milon.

A Genzano, nous laissâmes nos voitures un instant, et, accompagnés de quatre de nos gardes du corps avec la carabine à l'épaule, nous montâmes jusqu'au lac de Nemi, un des lacs les plus charmants de la campagne romaine, et que sépare, des ruines invisibles d'Albe-la-Longue, le mont Gentili.

Le comte de Bristol, à qui son amour pour moi semblait avoir rendu ses jambes de vingt ans, ne nous quittait pas d'une minute, marchant à nos côtés quand il ne nous précédait pas.

L'excursion dura une heure, à peu près. Nous reprîmes place dans nos voitures, et, par une pente assez rapide, nous roulâmes vers les marais Pontins, que Pie VI était occupé à dessécher, non pas pour le bien public, non pas pour l'assainissement de Rome, mais pour augmenter les domaines territoriaux de son neveu le prince-duc.

A moitié de cette descente, nous rencontrâmes un carrosse que nous avions reconnu de loin pour appartenir à quelque sommité de l'Eglise ; en le croisant, nous reconnûmes monseigneur Ruffo.

Il nous arrêta pour nous demander si nous ne pouvions pas donner un verre d'eau fraîche à un pauvre diable qu'il ramenait à Rome dans son propre carrosse, pris de la terrible fièvre des marais Pontins ; il l'avait trouvé couché au pied d'un arbre, l'avait chargé sur ses épaules, l'avait porté jusqu'à son carrosse et le ramenait à Rome pour le faire soigner.

En sa qualité de grand trésorier, monseigneur Ruffo allait souvent visiter les travaux que faisait exécuter Pie VI et payer les ouvriers.

C'était dans une de ces courses qu'il avait eu l'occasion de faire cette bonne action dont nous fûmes témoins. Les haines aveugles des guerres civiles nous firent, Hamilton, Nelson et moi, ennemis acharnés pendant un temps du cardinal Ruffo ; mais, aujourd'hui que les haines sont calmées, que j'écris la main droite sur le papier, la main gauche sur la conscience, je dois dire que le cardinal, capable d'actions dans le genre de celle que je viens de raconter, prit souvent, contre l'aveugle vengeance à laquelle, pour le repos de mon âme, j'eus malheureusement une part trop active, le parti de l'humanité.

Au reste, le jour venu de raconter ces terribles événements, je lui rendrai toute justice.

Nous lui donnâmes l'eau qu'il désirait pour son fiévreux, qui, à chaque instant, demandait à boire ; nous avions dans notre fourgon toute une cantine.

Le grand trésorier nous quitta en nous disant que nous nous reverrions probablement à Naples.

En effet, le cardinal était Napolitain, issu d'une grande famille de San Lucido, en Calabre ; sa noblesse était proverbiale. On dit, en Italie, quand on veut parler de noblesse antique et incontestée : « Les Evangélistes à Venise, les Bourbons en France, les Colonna à Rome, les Sanseverini à Naples, les Ruffo en Calabre. »

Nous continuâmes, nous notre chemin vers Terracine, lui le sien vers Rome.

Rien de plus pittoresque que cette route des marais Pontins, aux deux côtés de laquelle les ouvriers de Sa Sainteté creusaient un canal; on ne voyait que figures hâves et maladives, tous ces malheureux étant plus ou moins atteints de la mal'aria; on était obligé, tous les quinze jours, de les remplacer par des ouvriers frais, tandis qu'eux allaient reprendre sur les hauteurs la santé qu'ils revenaient perdre dans les marais.

Ce fut surtout lorsque vint la nuit que le paysage prit un caractère complétement fantastique. La lune, roulant dans de gros nuages noirs, éclairait certaines parties des marais pour en laisser d'autres dans la plus profonde obscurité; au bruit que faisait le galop de nos chevaux et le fouet de nos postillons, de grands oiseaux de l'espèce des hérons et des butors s'élevaient silencieusement des hautes herbes et des flaques d'eau au milieu desquelles respiraient avec bruit, en soulevant leurs têtes hideuses et leurs naseaux fumants, de grands buffles, que la nuit rendait plus gigantesques encore. C'était la première fois que je voyais ces monstres la nuit et en liberté, et je leur trouvais un aspect sauvage et primitif qui me faisait frissonner malgré moi.

Mais c'était surtout aux relais que tout ce qui nous entourait revêtait un caractère que je n'oublierai de ma vie.

Il n'y a point de villages dans les marais Pontins; il y a seulement deux ou trois relais marqués par quelques huttes en bois où demeurent les malheureux postillons et leurs familles.

Les chevaux, petits, maigres, poilus, ne sont point enfermés dans des étables, mais paissent en liberté.

Au bruit des fouets de nos conducteurs, nous voyions sortir, pareils à des ombres, cinq ou six hommes armés de longues perches; ils sautaient à poil nu sur le premier cheval qu'ils rencontraient, et, formant un cercle autour de ceux qui paissaient en liberté, ils les ramenaient au galop, et avec de grands cris, vers les cabanes. Là, d'autres hommes apppostés les saisissaient aux naseaux et à la crinière, et, après une lutte acharnée, finissaient par leur mettre un harnais en lambeaux, avec lequel on les attelait à notre voiture, au milieu de hennissements, de trépignements, de frissonnements qui étaient autant de protestations contre la violence qu'on leur faisait.

Puis, lorsque les trois voitures étaient attelées, les chevaux, retenus jusque-là par le mors, étaient abandonnés à eux-mêmes et partaient d'un galop furieux, accompagnés à droite et à gauche de deux cavaliers qui, conjointement avec les postillons, maintenaient, par leurs excitations et leurs coups, les voitures et les attelages au milieu de la route; ce n'étaient plus trois calèches ou fourgons de poste, c'étaient des avalanches, des tourbillons, des ouragans qui ne franchissaient pas l'espace, qui dévoraient le chemin.

Nous arrivâmes à Terracine vers trois heures du matin; nous nous y reposâmes deux heures sur des chaises, la douteuse propreté des draps nous ayant fait refuser les lits.

Vers six heures du matin, nous nous remîmes en route pour nous arrêter à Mole-de-Gaete. Pendant que les serviteurs de Mgr de Bristol tiraient le déjeuner d'un fourgon et le plaçaient sur la table, nous nous fîmes conduire aux ruines de la villa de Cicéron. Là, Plutarque à la main, sir William nous fit assister à la mort du grand orateur, depuis le moment où, mettant pied à terre au milieu des corbeaux qui l'accompagnaient obstinément, — présage de mort prochaine! — jusqu'à celui où, fuyant de la villa par le chemin de la mer, il entendit derrière lui le pas des assassins qui le poursuivaient, fit arrêter sa litière, et, après avoir vécu toute sa vie dans les transes de la mort, mourut avec le calme d'un martyr et la tranquillité d'un héros.

C'est une des particularités étranges dont abonde l'histoire de l'antiquité que cette peur qui poussait les Romains à tant de bassesses, et qui, au moment où ils se trouvaient enfin face à face avec cette mort si redoutée, les abandonnait tout à coup pour faire place à la plus merveilleuse intrépidité. Voir les morts de Pétrone, de Lucain et de Senèque, ces trois flatteurs de Néron.

Au bout d'une heure, nous revînmes à Mole-de-Gaete, où nous déjeunâmes; puis nous reprîmes notre course vers Naples, où nous arrivâmes vers neuf heures du soir par la route de Capoue.

Une sensation non moins indélébile, mais d'un genre tout opposé à celle des marais Pontins, me frappa à mon arrivée à Naples, lorsque je me trouvai, par une belle nuit claire, en face du Vésuve fumant, au-dessus du cratère duquel, comme un boulet rouge au-dessus de l'ouverture d'un mortier, semblait, dans une atmosphère vaporeuse, se balancer la lune dans son plein et dans sa splendeur.

Nous prîmes par la porte Capuana, par le château Vieux, par la Marine, par le Piliero; nous laissâmes le château Neuf à notre gauche, la place Medina à notre droite; nous passâmes devant le portique de Saint-Charles, éclairé pour une représentation extraordinaire; nous traversâmes le largo San-Fernando; nous longeâmes la rue de Chiaïa, et enfin, nous nous arrêtâmes à l'angle de la rivière de Chiaïa, au palais Calabrita-Capella-Vecchia, résidence de l'ambassadeur d'Angleterre.

Cette première nuit, milord Bristol coucha à l'ambassade; mais, comme, par fortune, il se trouvait un appartement vacant au-dessus de celui de sir William, qui tenait les deux premiers étages, monseigneur de Derry s'en arrangea et s'y installa dès le lendemain.

J'étais enfin à Naples; j'y étais avec une position que je n'eusse pas osé rêver dans mes songes les plus insensés d'ambition. Emma Lyonna avait disparu, miss Hearte avait disparu; tout ce passé immonde était resté dans les boues de Londres; il n'y avait plus que lady Hamilton, ambassadrice d'Angleterre.

C'était à moi de ne pas l'oublier.

VI

Comme je vais avoir à peindre la société toute particulière que voyait à Naples sir William Hamilton, avant d'entrer dans le récit des événements politiques au milieu desquels je me trouvai emportée, je crois devoir commencer par donner une idée plus complète de ce qu'était cet étrange personnage, déjà entrevu par le lecteur, et nommé lord Hervey, comte de Bristol, évêque de Derry.

Il était le plus jeune de vingt enfants, et, comme il était le seul qui eût survécu, il avait hérité des biens, des titres et des dignités de toute la famille.

Lord Bristol ne résidait jamais. Il y avait, au moment où nous le rencontrâmes, quelque chose comme vingt ans qu'il n'avait mis le pied dans son diocèse; rien en lui ne rappelait qu'il tînt d'une façon quelconque à l'Eglise, ni ses vêtements ni sa conversation. Il portait d'habitude un chapeau blanc et un habit de soie d'une couleur quelconque, tantôt très-claire, tantôt très-vive, rarement noire, voilà pour le costume. Quant à ses mœurs, elles étaient, comme sa conversation, on ne peut plus relâchées. La première chose qu'il fit, en arrivant à Naples, fut de prendre une loge et à Saint-Charles et à San-Carlino. Il n'avait aucune croyance religieuse, pas même dans les dogmes les plus absolus de l'Eglise; qu'il était le premier à tourner en ridicule, parlait de l'immortalité de l'âme avec une indifférence qui approchait du doute, et ne se plaisait que dans les conversations mondaines, aimant à raconter ou à entendre raconter des anecdotes légères et même scandaleuses.

Lors de son premier voyage en France, il avait visité la vallée du Rhône, Grenoble, le Dauphiné, et, passant près de la grande Chartreuse, était monté jusqu'au couvent des disciples de saint Bruno.

Au moment où il se présenta, la confrérie était en train de dîner. Il frappa à la porte, fermée à cause de l'opération à laquelle se livraient les bons pères, et le portier lui annonça qu'il était défendu d'entrer quand les religieux se trouvaient au réfectoire; mais lui, tirant de sa poche une carte sur laquelle étaient ses armes, et, au dessous de ses armes: « Lord Bristol, évêque de Derry, » il la fit remettre à l'abbé, qui ne voyant que ces mots: « Evêque de Derry, » et croyant avoir affaire à un évêque catholique, le reçut, à genoux, avec le couvent tout entier, à genoux comme lui, demandant sa bénédiction, que lord Hervey ne fit aucune difficulté de lui donner, à lui et à ses chartreux.

C'était un des souvenirs qui avaient le privilége d'éveiller au plus haut point l'hilarité de monseigneur de Derry, de penser que des moines catholiques avaient reçu, avec une componction parfaite, la bénédiction d'un évêque protestant.

A la suite d'une représentation du *Matrimonio segreto*, il fut tellement charmé de la partition, que, le surlendemain, il envoya au spectacle ses six domestiques anglais, leur recommandant d'écouter la musique de Cimarosa avec la plus grande attention.

A leur retour, il les réunit dans sa chambre et leur demanda s'ils avaient ponctuellement suivi ses ordres.

Sur leur réponse affirmative, il leur enjoignit de ne plus lui parler à l'avenir qu'en récitatifs, et en récitatifs tirés toujours du *Matrimonio segreto*, soit pour prendre ses ordres, soit pour lui dire qu'il était servi, soit pour lui annoncer les noms des visiteurs.

Les domestiques se regardèrent, croyant que sans doute monseigneur était fou; puis, sur son injonction réitérée, demandèrent à se consulter et à lui rendre réponse le lendemain.

Le lendemain, ils envoyèrent deux des leurs en députation et déclarèrent à milord-comte qu'ils trouvaient incompatible avec la dignité de domestiques anglais de parler en musique, comme font des histrions de théâtre.

Lord Bristol leur dit alors que, s'ils se rendaient à ses désirs, il doublerait leurs gages, et leur donna, d'ailleurs, vingt-quatre heures de plus pour prendre une résolution.

Au bout des vingt-quatre heures, les mêmes députés revinrent annonçant que, quels que fussent les avantages offerts par monseigneur, ils avaient le regret de persister dans leur refus. Milord Hervey leur paya six mois de gages et les renvoya tous en Angleterre. Puis, les Anglais partis, il recruta une demi-douzaine de Napolitains et leur fit les propositions suivantes :

Ils ne parleraient à Mgr de Bristol que sur des airs de récitatifs tirés du *Matrimonio segreto* ; c'était à eux d'harmoniser les paroles avec la musique.

Ils auraient, pour ce service particulier, qui nécessitait une intelligence supérieure à celle de domestiques ordinaires, quarante-cinq ducats par mois; c'est-à-dire à peu près quatre fois plus que n'étaient payés à Naples les domestiques les mieux rétribués.

Seulement, la condition *sine quâ non* était que, nourris et habillés par monseigneur de Derry, les six virtuoses d'antichambre ne toucheraient rien pendant les six premiers mois, mais toucheraient les six mois ensemble au bout du sixième mois.

Si l'un des domestiques quittait le service de monseigneur avant les six premiers mois écoulés, il n'avait droit à aucune indemnité.

Les domestiques napolitains acceptèrent, firent venir un *paglietto* pour rédiger le contrat, et, au bout de six mois, monseigneur de Bristol était servi avec l'ensemble chromatique le plus satisfaisant.

Un soir qu'il dînait chez sir William, un de ses six domestiques lui apporta, sur une mesure de récitatif, une lettre scellée d'un grand cachet noir. Lord Hervey décacheta la lettre, la lut, la passa sous son assiette, et, pendant tout le reste de la soirée, rit, causa et coqueta selon son habitude.

Vers onze heures, il se retira; c'était une heure plus tôt qu'à l'ordinaire.

Le lendemain, sir William, craignant que cette retraite n'eût été causée par quelque indisposition, envoya demander à lord Bristol s'il était visible.

Monseigneur fit répondre qu'un grand malheur lui étant arrivé, il ne pouvait recevoir personne.

Sir William, inquiet, força la consigne, et trouva le pauvre vieillard dans les larmes et les sanglots.

— Eh ! bon Dieu ! qu'avez-vous donc? lui demanda sir William.

— Avez-vous remarqué qu'hier, pendant le dîner, on m'a remis une lettre cachetée de noir? répondit le comte de Bristol.

— Oui.

— Eh bien, elle m'annonçait que mon fils venait de mourir à Livourne. Je n'ai pas voulu répandre ma tristesse sur votre dîner, je me suis contenu ; mais, une fois rentré chez moi, ma douleur a été d'autant plus violente, qu'elle avait été plus comprimée. Voilà pourquoi, pour pleurer tout à mon aise, je ne voulais recevoir personne aujourd'hui, pas même vous.

La société officielle de sir William était naturellement le corps diplomatique. Sa société intime se composait de savants et d'hommes de lettres distingués.

Le plus ancien ministre étranger à Naples était le comte de Sa, ambassadeur de Portugal. Depuis trente ans qu'il avait été nommé à ce poste, il n'était retourné qu'une seule fois à Lisbonne, et en était revenu le plus tôt qu'il avait pu. Un moment, sa terreur avait été grande : il s'était agi de supprimer l'ambassade de Portugal à Naples comme une dépense inutile, et de charger des affaires des deux cours le ministre de Portugal à Rome ; mais enfin, le roi Joseph Ier étant mort, la reine Marie, sa fille, avait décidé que l'ambassade subsisterait, et le comte de Sa avait respiré !

Il y avait, au reste, peu de diplomates qui eussent une sinécure aussi complète que ce ministre, qui n'avait autre chose à faire que de donner à sa cour les nouvelles courantes, qu'il faisait rédiger par son secrétaire. La promenade était le seul travail qu'il s'imposât. On parlait beaucoup du harem du comte de Sa, composé des danseuses de Saint-Charles; quant à lui, il ne parlait de rien, ayant oublié le portugais et n'ayant jamais pu apprendre couramment ni le français, ni l'italien. Il était grand, avait les épaules larges et l'encolure d'un buffle, dont il avait aussi la physionomie.

Je n'ai rien à dire de ses talents ou de ses mérites : pendant sept ou huit ans que je le vis trois fois par semaine, je ne pus jamais lui en découvrir un seul.

Le ministre le plus important, parce qu'il était ambassadeur de famille, c'était M. le comte de Lemberg. Celui-là était un homme aussi remarquable sous tous les rapports que le comte de Sa l'était peu. Le commun des martyrs lui reprochait d'être orgueilleux; mais, soit que ce reproche fût injuste, soit que M. de Lemberg jugeât que, vis-à-vis du ministre de la Grande-Bretagne, un pareil défaut serait un ridicule, nous n'eûmes jamais occasion de le remarquer. Ce qui avait donné au comte cette réputation parmi les Napolitains, c'est qu'il ne pouvait sentir les courtisans et les pieds-plats dont était pavée la cour de Naples.

Dès le premier soir où je le vis, je remarquai une chose, c'est qu'il donnait son avis sur les plus hauts personnages de la cour sans plus de ménagements que s'il eût parlé des derniers lazzaroni.

La conversation tomba sur le chevalier Acton, et le ministre de Toscane se hasarda à faire l'éloge de ce favori.

Mais le comte de Lemberg, relevant les lèvres avec une expression de suprême dédain :

— Cet homme, dit-il, eût fait un assez bon corsaire, et c'est tout. Il a les talents et l'encolure d'un pirate, et c'est probablement à cela qu'il doit son élévation.

On assure que, dans une discussion qu'il eut avec la reine, il lui dit, parlant à sa personne, et à propos de ce même Acton :

— Je ne préjuge rien pour ou contre les qualités occultes de ce ministre : je les ignore et ne désire point les connaître; mais ce que je sais, c'est que celles qu'il déploie au ministère ne conviennent pas aux emplois dont Votre Majesté l'a honoré.

C'était une position peu enviable que celle du comte de Lemberg à la cour de Naples. Comme ambassadeur de famille, il se trouvait mêlé à toutes les intrigues, et, il faut l'avouer, quelques-unes de ces intrigues n'étaient pas à la hauteur de la majesté de son ministère.

Il y avait de fréquentes querelles entre le roi et la reine; — ces querelles, j'en raconterai quelques-unes qui eurent lieu en ma présence; — eh bien, l'ambassadeur était forcé d'intervenir dans tous ces démêlés conjugaux, de rapprocher les époux, de parler au nom de l'empereur, de remplir enfin, au moins une fois par mois, l'office de juge de paix.

Le pauvre Lemberg n'était donc jamais certain s'il était à la promenade, que l'on ne courût pas après lui, s'il était à table, qu'on ne l'en fît pas lever pour rétablir le calme parmi les augustes époux. Quelques jours après notre arrivée, il donnait un grand dîner; un des convives nous raconta qu'au milieu du repas un courrier était arrivé de la part de la reine. Il fallut que le comte de Lemberg partît à l'instant même, laissant ses hôtes achever de dîner sans lui.

Une discussion était survenue à Caserte à propos de la marquise de San-Marco, dame de confiance de la reine.

— Maudites femelles! s'écria le comte en jetant sa serviette; elles me rendront fou!

Je terminerai cette revue d'hommes d'État en disant quelques mots d'un atome diplomatique nommé Bonnecchi, consul impérial et agent de la Toscane.

Très-petit, très-vieux, parlant sans relâche, espionnant sans cesse, toujours à l'affût des nouvelles, l'œil fixe, le cou tendu, l'oreille dressée, le signor Bonnecchi était le correspondant de l'empereur Léopold, auquel il faisait chaque semaine, le récit des anecdotes scandaleuses arrivées à la cour et à la ville. Quand, par hasard, les anecdotes manquaient, il ne se gênait point pour en inventer. D'abord, il avait eu un traitement fixe; mais, comme il était insuffisamment stimulé, les nouvelles manquèrent, de sorte que l'empereur jugea bon de le payer à la semaine, et non plus à l'année.

Depuis un an, le signor Bonnecchi touchait deux louis de France pour chaque anecdote jugée *intéressante* par l'empereur.

M. Bonnecchi se faisait de cette façon une vingtaine de louis par mois.

Cet appât avait donné au petit homme un singulier talent pour s'introduire dans les maisons et se faire inviter à tous les dîners et à toutes les fêtes. On savait fort bien ce qu'il y venait faire; mais, comme il y venait au nom de l'empereur, et même, disaient quelques-uns, au nom de la reine Caroline, qui confiait son espionnage privé à l'espion public de son frère, nul n'osait lui refuser sa porte, ni lui faire mauvais visage. Rentré chez lui, il ajustait tout ce qu'il avait entendu, en tirait les conséquences, en établissait les résultats, ajoutait, retranchait, altérait, et envoyait ainsi hebdomadairement à son souverain une chronique dont les plus hauts personnages faisaient les frais.

Passons aux médecins, aux savants et aux gens de lettres qui formaient la société particulière de sir William, et nous en aurons fini avec l'entourage qui va me suivre dans la nouvelle vie où m'entraîneront les événements que je viens de raconter, et ceux, plus incroyables encore et surtout plus dramatiques, qu'il me reste à faire passer sous les yeux du lecteur.

VII

Sir William, quelque temps avant son dernier voyage à Londres, avait perdu deux de ses commensaux les plus assidus.

L'un était mort à l'âge de trente-huit ans : c'était l'illustre Gaetano Filangieri, envers la femme duquel j'ai bien des torts à me reprocher!

L'autre, vieillard de quatre-vingts ans, était le fameux abbé Galiani, qui passait pour l'homme le plus spirituel de Naples. — Peut-être cette réputation lui venait-elle de ce qu'il avait passé une partie de sa vie en France.

Ceux-là étant morts sans que je les aie connus, je n'ai pas à m'occuper d'eux davantage. Au nombre de nos visiteurs les plus assidus étaient le médecin Cotugno et son collègue le chevalier Gatti, deux des personnalités les plus curieuses de Naples.

Outre qu'il tenait un très-haut rang dans la science médicale, le docteur Cotugno était, au dire de sir William, un des hommes les plus versés dans les classiques grecs, latins et italiens. Je n'ai jamais compris comment, avec son immense clientelle, son service aux hôpitaux, ses consultations chez lui, il lui restait encore le temps de faire les lectures dans lesquelles il puisait son immense érudition. Il ne recevait jamais rien de ceux qui allaient le trouver chez lui, mais se faisait payer ses visites trois piastres — prix invariable — et gagnait avec cela trois mille livres sterling par an.

Quelque temps avant notre arrivée à Naples, il avait soigné le vicomte d'Erizá, ambassadeur d'Espagne, d'une attaque de paralysie, qui avait enlevé à ce diplomate l'usage du bras droit.

Au bout d'un mois et demi, et après cinquante visites, Cotugno l'avait complétement guéri.

L'ambassadeur d'Espagne lui envoya mille ducats. Cotugno lui répondit :

« Votre Excellence s'est trompée lorsqu'elle m'a envoyé mille ducats pour cinquante visites. J'ai pour principe de ne pas faire payer mes visites plus de trois piastres, fût-ce au roi lui-même.

« Cinquante visites à trois piastres font cent cinquante piastres.

« J'ai l'honneur de renvoyer la différence à Votre Excellence.

« COTUGNO. »

Il n'en était pas de même du docteur Gatti, lequel était aussi avare que Cotugno était désintéressé. C'était un des plus ardents propagateurs de l'inoculation, et il a gagné un argent fou à Paris en y exerçant cet art.

Deux choses avaient fait de sir William l'ami préféré du docteur Gatti : notre table, qu'il trouvait bonne, et nos voitures, dont il disposait librement. Au rebours de Cotugno, qui se préoccupait beaucoup des classes pauvres, le docteur Gatti déclarait hautement qu'il ne s'abaissait pas même à traiter les gens de second ordre. Tout au contraire aussi de Cotugno, dont il semblait avoir juré d'être l'antipode, il n'ouvrait pas un livre de science et ne lisait que des pamphlets et des gazettes. Au lieu de garder, comme son illustre collègue, son indépendance auprès des grands, le docteur Gatti était le courtisan le plus assidu de la faveur. Il prétendait que les deux peuples les plus heureux du monde étaient le peuple napolitain et le peuple espagnol, parce que le roi Ferdinand et le roi Charles III étaient de si grands chasseurs, qu'ils n'avaient pas le temps de s'occuper de leurs peuples, et que tout peuple dont le souverain ne s'occupe pas est sur la route du parfait bonheur.

Sous ce dernier rapport, je crois que sir William était un peu de l'avis du docteur Gatti : il devait toute sa faveur près de Ferdinand à sa passion pour la chasse et à son adresse à cet exercice.

Le lendemain de son arrivée, le roi lui écrivait de sa propre main :

« Venez vite, mon cher Hamilton, faire avec moi une chasse à Caserte. Je n'ai pas eu une bonne journée depuis votre départ: vous aviez emporté ma chance, j'espère que vous me l'avez rapportée.

« Votre affectionné, « FERDINAND B. »

Le troisième familier de l'hôtel, en dehors du corps diplomatique, était le marquis del Vasto, lequel descendait en droite ligne de celui à qui François Ier remit son épée, ne la voulant pas remettre au connétable de Bourbon. Le marquis del Vasto était de la maison d'Avalos, l'une des plus considérables d'Italie; il avait cent mille ducats de rente, cinq cent mille livres d'argent de France. Ces sortes de fortunes, assez communes en Angleterre, sont fort rares en Italie. L'épée de François Ier est conservée, assure-t-on, dans le trésor de la maison d'Avalos.

Sir William recevait aussi fréquemment le duc de Termoli, qui descend d'une famille génoise établie depuis longtemps à Naples.

Il était grand écuyer du roi et fils du

duc de San-Nicandro; mais ce dernier titre était loin d'être invoqué par lui. En effet, le duc de San-Nicandro, nommé gouverneur du roi, les uns disent à force d'intrigues, les autres à force d'argent, avait si mal élevé le roi, que souvent celui-ci, dans ses moments de colère contre lui-même en se trouvant si ignorant, disait au duc de Termoli :

— Ton père est cause de mon malheur et de celui de mes sujets; mais je suis trop juste pour t'en vouloir, à toi, de ce que ton père a fait de moi un âne.

Il est vrai que plus d'une fois j'ai entendu Ferdinand déplorer l'éducation qu'il avait reçue, et rejeter sur le duc de San-Nicandro cette ignorance, qui ne le mettait guère, comme instruction, au-dessus des lazzaroni du môle.

Au reste, la reine, qui rougissait de cette ignorance de son mari, mais qui, en attendant, en profitait pour l'éloigner des affaires et tout concentrer entre ses mains, m'a dit souvent que ce n'était point le duc de San-Nicandro qu'il fallait rendre responsable de ce méfait, mais bien le ministre Tanucci, qui n'avait justement choisi le duc de San-Nicandro qu'à cause de son incapacité bien connue, et qui avait recommandé qu'on tînt le jeune prince dans cette ignorance, afin que, plus tard, le roi, étant incapable de veiller sur aucune partie de l'administration du royaume, laissât cette administration tout entière entre les mains de son ministre.

Il y avait beaucoup de vrai là dedans; mais il ne fallait pas croire absolument la reine lorsqu'elle parlait du vieux ministre toscan, qu'elle ne pouvait souffrir, attendu qu'inféodé à Charles III, auquel il devait sa fortune, Tannucci représentait l'influence espagnole, tandis qu'elle, fille et sœur d'empereur, elle représentait l'influence autrichienne.

On alla fort loin à cette époque, en voyant la haine de Caroline pour tout ce qui était espagnol ou français, — haine dans laquelle étaient compris son mari et ses enfants mâles, — et sa sympathie pour ce qui était autrichien. On alla jusqu'à dire qu'elle avait formé un complot anticonjugal, antimaternel et antinational pour réunir le royaume des Deux-Siciles à l'Autriche, à qui il avait appartenu à la suite des traités d'Utrecht, et des mains de laquelle il avait été arraché par la conquête de Charles III, — un des épisodes de la grande guerre de la France contre l'Autriche, en 1734; — et je dois avouer, aujourd'hui que l'amitié et la faveur royales ne m'aveuglent plus, que la reine donnait, sur ce point, matière à la calomnie.

Et, en effet, je n'ai jamais pu comprendre d'où venait l'antipathie de la reine de Naples pour ses enfants mâles, quand elle montrait, au contraire, tant de faiblesse pour ses filles. Cette antipathie, sous le prétexte d'une discipline nécessaire, tantôt pour régulariser l'éducation des jeunes princes, tantôt pour redresser leur caractère, se manifestait par des corrections vraiment cruelles; aussi leur mère leur inspirait-elle une crainte qui n'avait rien d'exagéré. Jamais, en sa présence, je n'ai vu ces pauvres petits princes sourire; ils tremblaient au moindre bruit, et, dès qu'ils entendaient la voix de la reine, ils se réfugiaient instinctivement entre les bras de leur père.

L'aîné des enfants royaux mourut à l'âge de sept ou huit ans, vers l'année 1778, à la suite d'un dépérissement graduel que les ennemis de Marie-Caroline attribuèrent aux mauvais traitements dont il avait été victime. Lorsqu'il tomba réellement malade, la reine se mit à discuter les causes et la nature de sa maladie avec les médecins, tandis que son mari, ne tentant point de s'élever au-dessus de son ignorance, qu'il avouait naïvement, se contentait de pleurer; et, lorsqu'enfin le jeune prince mourut, les larmes du roi redoublèrent; mais Marie-Caroline, assure-t-on toujours, se contenta de répéter les paroles de la mère spartiate : « Lorsque je l'ai mis au monde, je savais qu'il devait mourir un jour. »

Pendant que j'étais à la cour de Naples, je fus témoin de la mort de l'infant don Alberto; il mourut même entre mes bras et sur mes genoux, car c'était celui des jeunes princes que je préférais. Je raconterai cette mort en son temps; mais ce que je veux dire ici, c'est que cette mort me parut bien plutôt redoubler la haine de la reine contre les Français et les républicains qu'aller chercher au fond de son cœur ces fibres d'amour qui font verser aux mères des larmes de sang sur la tombe de leurs enfants.

Le seul que parût aimer la reine était le prince de Salerne, né, je crois, en 1790, et que la reine tenait pressé contre son cœur tandis que mourait dans mes bras le prince Albert; à celui-là elle eût sacrifié tous les autres, et l'on dit même — mais j'étais loin d'elle à cette époque, et je ne croirai jamais à une pareille atrocité! — on dit même que, vers 1812, au moment où le prince paraissait adopter, à Palerme, le parti anglais et les idées anglaises, elle attenta à sa vie en essayant de l'empoisonner dans une tasse de chocolat; selon les bruits populaires, il aurait été sauvé de ce péril par son valet de chambre Carlomagno Viglia : de là la faveur inexplicable de cet homme, plus puissant près de son maître qu'aucun membre de sa famille, qu'aucun favori, qu'aucun ministre!

Le bruit public voulait donc que Caroline préférât son frère Joseph II à ses enfants et mît les intérêts de la monarchie autrichienne au-dessus des intérêts de la royauté des Deux-Siciles.

Au reste, je raconterai ce que j'ai vu, avec la même sincérité que j'ai raconté ce qui m'est arrivé à moi-même. Le lecteur tirera des faits les conséquences qui lui conviendront.

VIII

La maison de sir William Hamilton, au moment de notre arrivée à Naples, n'était point préparée à recevoir une femme; c'était un musée de savant et d'antiquaire entièrement consacré à la géologie, à la numismatique et à la statuaire. Il fallut faire, au milieu du passé et de la nature morte, une place au présent et à la nature vivante.

Je dois rendre cette justice à sir William, de dire qu'il ne défendit aucun de ses trésors contre moi; que je choisis, dans l'immense premier étage de l'hôtel occupé par l'ambassade anglaise, trois chambres pour en faire mon appartement particulier, sans qu'il permît aux laves du Vésuve, aux médailles des Césars et aux fragments des Apollon et des Vénus, de réclamer contre moi.

Au reste, je dois l'avouer, ma coquetterie instinctive est telle, que je voulus faire ma cour à toutes ces antiquités, nos vieux savants compris. Au bout d'un mois, j'aurais pu étiqueter, sans catalogue, les vingt-quatre ou vingt-cinq espèces de lave du Vésuve; reconnaître à la simple vue un César contemporain de César même, d'un des Césars frappés sous Adrien; enfin, par un simple fragment, reconstruire une statue toute entière.

Sir William était dans le ravissement de me voir si facilement adopter ses goûts, et m'adjoindre à sa vie d'archéologue et d'antiquaire.

Habituée à faire les honneurs de la maison, chez lord Greenville, l'un des hommes les plus fashionables de l'Angleterre, je n'eus rien à apprendre pour mettre le salon de sir William à la hauteur des salons les plus élégants de Naples, Naples étant sous ce rapport de beaucoup inférieur à Londres.

Ce fut alors que, pour doubler l'enthousiasme de mes admirateurs, je jugeai à propos de faire connaître mes talents mimiques. Comme la plupart de nos habitués étaient Italiens, je ne jugeai pas à propos de leur donner des représentations de scènes de Shakspeare; leurs estomacs délicats n'eussent pu supporter cette nourriture généreuse; je me contentai de poses plastiques, et, dans une même soirée, changeant le manteau juif contre le péplum grec, le turban turc contre le diadème asiatique, je fis passer sous leurs yeux Judith, Aspasie, Roxelane, Hélène, et je risquai les premiers pas de cette *danse du châle*, qui eut plus tard un si prodigieux succès, non-seulement à Naples, mais encore à Paris, à Londres, à Vienne, à St-Pétersbourg.

Il ne fut bientôt plus question, dans la capitale du royaume des Deux-Siciles, que de la merveille ramenée de Londres par sir William Hamilton; tout ce qu'il y avait d'hommes distingués à Naples, quelques femmes même, sollicitèrent l'honneur d'être reçus à l'ambassade d'Angleterre; mais, à ma grande humiliation, et au grand étonnement de sir William, nous ne voyions venir aucune invitation collective de la cour.

Sir William était toujours le compagnon de chasse et de pêche du roi; rarement il l'accompagnait à l'un ou à l'autre de ces exercices sans lui parler de moi et sans lui faire mon éloge; le roi le félicitait sur son bonheur d'avoir une femme si belle, si distinguée et si savante; mais la courtoisie royale s'arrêtait là.

Plusieurs fois, je le savais, on avait parlé de moi à la reine Marie-Caroline; mais toujours elle avait laissé tomber la conversation, ou même l'avait écartée avec une affectation particulière.

On me donna le conseil de me trouver, comme par hasard, sur le chemin de la reine. La chose était facile : elle se promenait souvent avec les jeunes princesses, ses filles, dans les jardins de Caserte, dont l'entrée, sans être publique, était ouverte aux gens de qualité et même quelquefois, par la protection de subalternes, à des gens du peuple qui avaient des grâces à demander. Je priai lord Hamilton, à la première occasion qu'il aurait, d'aller à Caserte, de m'emmener avec lui, exprimant un grand désir de voir les jardins, que l'on assurait être fort beaux.

Probablement, sir William se douta de

la principale cause de ma demande, et, comme il souffrait plus que moi peut-être de cette espèce de mépris que l'on me témoignait, il n'était point fâché qu'un fait agréable ou désagréable donnât sujet à une explication.

Un jour donc qu'il avait à communiquer au roi des dépêches du cabinet de Saint-James, nous partîmes pour Caserte. Sir William y avait un appartement où il pouvait rester tant qu'il lui convenait et où il était servi par les gens de Sa Majesté. Avant son voyage en Angleterre, il avait souvent usé de la faveur ; mais, depuis mon arrivée à Naples, quoiqu'il eût fait de fréquents voyages à Caserte, il n'y avait jamais passé la nuit.

Ses dépêches communiquées, sir William reçut l'invitation du roi de rester au château pour l'accompagner, le lendemain, dans une grande partie de chasse. Sir William objecta ma présence à Caserte ; mais le roi lui répondit :

— Eh! n'avez-vous pas ici votre appartement? Si lady Hamilton a besoin de quelque chose, qu'elle commande : mes serviteurs lui obéiront comme s'ils étaient les siens.

Et tout fut dit.

Cependant, comme ce séjour à Caserte s'accordait avec mes projets, sir William accepta en son nom et au mien, demandant seulement au roi s'il ne voyait pas d'inconvénient à ce que je me promenasse dans le jardin.

Le roi haussa les épaules ; ce qui voulait dire que la demande était inutile.

Sir William rentra et me raconta tout ce qui s'était passé.

Au dîner, en nous servant certains vins, le laquais avait soin de nous dire :

— De la cave du roi.

Au rôti, en nous offrant un faisan entouré de becfigues, le laquais affecta de nous répéter :

— De la chasse du roi.

Il était évident que sir William était l'objet d'attentions particulières de la part de Sa Majesté ; mais, visiblement du moins, ces attentions ne s'étendaient pas jusqu'à moi.

Le soir, sir William fut invité au jeu du roi ; mais, comme il n'était nullement question de moi dans l'invitation, il prit un prétexte, le plus mauvais qu'il put, pour n'y point aller ; on fit semblant de le trouver bon.

Le lendemain, au point du jour, on vint frapper à la porte de sir William de la part du roi ; Sa Majesté partait toujours de fort bonne heure, et, comme son aïeul Louis XIV, n'aimait point à attendre.

Sir William était profondément affecté de cette façon de regarder son mariage comme non avenu. Il me dit que, si je réussissais dans mon projet de rencontrer la reine, et que je crusse avoir à me plaindre, rien ne le retiendrait à Naples, ni des habitudes de vingt ans, ni son amour des antiquités, ni le climat, qui était excellent pour sa santé ; il demanderait au roi George, son frère de lait et son ami, ou son rappel à Londres, ou son emploi auprès de telle autre cour que je désignerais moi-même.

Je fis une toilette très-simple ; je n'essayai de faire valoir aucun de mes avantages : c'est un mauvais moyen de faire sa cour à une reine jalouse de sa beauté que d'être trop belle ; mon orgueil m'avait déjà soufflé bien des fois que la reine, n'étant déjà plus dans la fleur de la jeunesse, redoutait probablement mon voisinage.

Les fenêtres de l'appartement de lord Hamilton donnaient sur les jardins ; de ces fenêtres, on pouvait y voir entrer la reine. Je savais qu'après le déjeuner, de dix à onze heures, elle y faisait une promenade avec les jeunes princesses.

A dix heures un quart, je la vis, en effet, paraître, accompagnée de trois de ses filles : de la princesse Marie-Thérèse, âgée de dix-sept ans, qui devait, l'année suivante, devenir archiduchesse et, deux ans après, impératrice d'Autriche ; de la princesse Marie-Louise, âgée de seize ans, qui devait, un peu plus tard, devenir grande-duchesse de Toscane, et de la princesse Marie-Amélie, qui n'avait encore que six ans.

Outre ces trois princesses, restaient la princesse Marie-Christine, âgée de neuf ans, qui fut reine de Sardaigne ; la princesse Marie-Antoinette, âgée de quatre ans et demi, qui fut princesse des Asturies ; la princesse Marie-Clotilde, âgée de deux ans, qui devait mourir en 1792, et Marie-Henriette, encore au berceau, et qui ne devait survivre que de quelques mois à sa sœur.

Le moment était venu de mettre mon projet à exécution. Voyant la reine et les princesses engagées dans le jardin, les deux plus grandes se promenant aux deux côtés de leur mère, la plus jeune, Marie-Amélie, courant en avant, cueillant des fleurs, et essayant de cueillir des papillons, je pris un livre et descendis. Je faisais semblant de lire ; cela me permettait de voir sans avoir l'air de voir.

Je fis un détour de manière à ne rencontrer la famille royale qu'à l'autre extrémité du jardin; je voulais que la reine crût que le hasard seul m'avait placée sur sa route; puis, désirant et craignant à la fois cette rencontre, je ne demandais pas mieux que d'avoir quelques instants pour m'y préparer.

Je m'engageai dans l'allée qui devait infailliblement me conduire à la reine. J'avais les yeux sur mon livre; mais il me serait impossible de dire le titre de ce livre : j'en voyais les caractères sans qu'ils présentassent aucun sens à ma pensée; ma pensée était ailleurs.

Mon cœur battait avec une étrange violence.

Tout à coup, au détour d'une allée, je me trouvai à vingt-cinq ou trente pas de la reine.

La petite princesse Amélie, toujours courant devant sa mère, n'était qu'à dix pas de moi.

Je fis semblant de ne rien voir, comme absorbée dans ma lecture; il serait toujours temps de lever les yeux et de jouer une respectueuse surprise. On connaît ma science à exprimer tous les sentiments, et mimer les nuances les plus délicates de ces sentiments. Mais un incident me fit lever les yeux de dessus mon livre avant que je le voulusse.

La petite princesse Amélie vint à moi en courant, et, tirant une fleur de son bouquet, me la présenta.

C'était de bon augure.

Je relevai la tête; je parus voir seulement alors la royale enfant, ainsi que ses sœurs et la reine; et, en faisant une profonde révérence, je m'apprêtai à accepter la fleur qu'elle m'offrait.

Mais, en ce moment, de la voix la plus vibrante, et comme surprise elle-même par ma présence, la reine appela deux fois : « Amélie ! Amélie ! » L'enfant, reconnaissant dans la voix de sa mère cet accent impératif qu'elle savait si bien lui donner, se retourna en tressaillant, courut à la reine avec son bouquet intact; et, avant que je fusse revenue de ma surprise, Marie-Caroline avait pris sa fille par la main, l'avait poussée dans une allée transversale, s'y était engagée à sa suite avec les deux grandes princesses, affectant ainsi de vouloir me laisser le chemin libre.

Je reçus le coup en plein cœur. Les larmes me jaillirent des yeux; je pris en courant le chemin de mon appartement, j'ordonnai de mettre les chevaux à la voiture et je repartis pour Naples en laissant ce mot à sir William :

« Ne vous inquiétez point de ma santé; elle n'est pour rien dans mon départ. J'ai cru devoir quitter Caserte; lorsque je vous raconterai ce qui s'est passé, vous m'approuverez, je l'espère.

« Votre Emma. »

Deux heures après, j'étais de retour à l'ambassade, et, après avoir fait changer les chevaux, je renvoyais la voiture à sir William.

IX

Le soir, à sept heures, sir William arriva.

En revenant de la chasse, il m'avait trouvée partie, et, quoique le roi l'eût, de sa propre bouche, invité à dîner, il avait quitté Caserte, en faisant dire à Sa Majesté qu'une circonstance inattendue le forçait de retourner à Naples.

Sir William se doutait de ce qui était arrivé; je n'eus besoin de lui raconter que les détails. Je dois lui rendre cette justice qu'il fut encore plus blessé que moi de cet affront. Il m'offrit de partir le soir même de Naples, sans même prendre congé; mais c'était reculer, c'était céder le champ de bataille, c'était avouer la défaite.

Ce n'était point là ce que je voulais : je voulais vaincre.

Je voulais être présentée; je voulais être reçue à la cour, ainsi que c'était mon droit comme ambassadrice d'Angleterre; je voulais y avoir les succès que j'avais eus partout où j'avais voulu en avoir; je voulais enfin me venger de cette insolente reine en faisant dire à ses courtisans eux-mêmes que j'étais plus belle et aussi intelligente et spirituelle qu'elle.

J'insistai donc pour que sir William demandât au roi lui-même une explication sur la conduite dédaigneuse de la reine.

Lorsque, aujourd'hui, je pense dans quel aveuglement orgueilleux m'avait jeté ma fortune inattendue, je m'étonne moi-même de mon audace.

Sir William n'hésita pas un instant à céder à ma volonté; il avait pour moi une adoration tellement insensée, qu'il semblait aussi étonné que je l'étais moi-même, de la conduite de Sa Majesté à mon égard.

Il partit pour Caserte, alla trouver le roi, aborda franchement la question, et ne lui laissa point ignorer que son futur séjour à Naples tiendrait à la façon dont on se conduirait envers moi.

Le roi aimait fort sir William, non pas pour sir William, mais pour lui-même; ce prince, essentiellement égoïste, était ainsi fait. Lord Hamilton était bon marcheur, bon chasseur, bon écuyer, spirituel et gai compagnon; depuis nombre d'années, le roi était fait à sa présence : sa présence lui eût manqué.

Puis l'horizon politique commençait à s'obscurcir vers l'Occident. Le roi de Naples, si peu versé qu'il fût dans les affaires, comprenait que sir William, frère de lait du roi d'Angleterre, compagnon d'enfance de George III, pouvait, au cas d'une rupture probable avec la France, lui être un puissant appui près du cabinet de Saint-James. Il accueillit donc l'ouverture avec une parfaite bonté, et, de ce ton de bonhomie qui, chez lui, parfois était naturel, parfois feint, mais dans ce cas si bien jouée, qu'il était impossible de s'apercevoir qu'elle fût un jeu :

— Mon cher lord, lui dit-il, savez-vous le bruit qui court ici ?

— Non ; mais j'espère que Votre Majesté me fera la grâce de me l'apprendre.

— Eh bien, le bruit court que vous n'êtes pas marié.

Sir William avait prévu le coup. Il tira de sa poche le certificat du pasteur protestant, et, le présentant au roi :

— Tenez, sire, dit-il, voici ma réponse.

Le roi lut le certificat, le tourna et le retourna avec un certain embarras.

— Je ne vous apprendrai rien de nouveau, n'est-ce pas ? en vous disant que l'on est fort méchant à Naples ; eh bien, quand vous feriez afficher ce certificat à tous les coins de rue, et quand par un édit j'ordonnerais d'y croire, on serait encore capable de douter, tandis que, si vous aviez fait reconnaître votre mariage à la cour d'Angleterre, si vous aviez présenté lady Hamilton au roi George III, — ce qui vous eût été on ne peut plus facile, vu les termes où vous êtes avec lui, — il n'y eût plus eu moyen de nier... Comment n'avez-vous point pensé à cela ?

Sir William regarda le roi de son œil le plus pénétrant ; mais il était impossible de lire plus loin que le masque. Ferdinand avait à son service un certain jeu de physionomie bonasse qui l'eût fait prendre, lui, le roi rusé par excellence, pour le plus naïf des hommes.

— C'est bien, sire, répondit sir William. Vous me donnez congé pour un mois, n'est-ce pas ?

— A mon grand regret ! car je voudrais ne pas quitter d'un seul jour un si bon compagnon que vous ; mais, si vous me le demandez, et surtout pour une chose si grave que celle de faire reconnaître votre mariage, vous comprenez bien que je ne saurais vous le refuser.

— Je n'ai donc qu'à écrire à Londres pour que mon arrivée n'y surprenne pas trop...

— Attendez ! je puis vous épargner même ce délai.

— Votre Majesté me rendrait service.

— Eh bien, les lettres que je reçois de mon beau-frère, l'empereur d'Autriche, et de mon beau-frère, le roi de France, peuvent être jugées assez importantes pour être communiquées sans retard à M. Pitt... Je dis à M. Pitt, parce que, chez vous, c'est à peu près comme ici : le roi n'est rien, et le premier ministre est tout ; sans quoi, je vous dirais : au roi George III. Eh bien, je vais vous confier les originaux mêmes de ces lettres, avec une lettre autographe pour mon frère le roi de la Grande-Bretagne. Et, tout en remplissant la mission dont je vous charge près de lui, vous ferez vos affaires comme vous l'entendrez.

C'était ce que pouvait désirer de mieux sir William. Il reçut, séance tenante, les lettres qu'il devait communiquer au roi d'Angleterre et à son ministre, et, le même soir, sur un bâtiment léger de la marine royale, qui avait été mis à notre disposition, nous partîmes pour Livourne.

Sir William devait remettre, en passant à Florence, une lettre au grand-duc Léopold ; puis, de Florence, nous devions continuer notre voyage en poste ; la felouque royale attendrait notre retour à Livourne.

On eût dit que le temps était d'accord avec notre impatience ; nous eûmes constamment le vent favorable, et nous fîmes la traversée en trois jours.

Sir William accomplit sa mission près du grand-duc Léopold, qu'il trouva très-inquiet de la tournure que prenaient les affaires en France. Tout y marchait à une révolution prochaine, et les premiers événements de l'année 1789, à laquelle nous étions arrivés, indiquaient que cette révolution serait sérieuse et aurait son retentissement dans le reste du monde.

Il ne put donc qu'approuver le voyage de sir William à Londres et le but apparent dans lequel ce voyage était fait. Il n'était pas non plus sans inquiétude à l'endroit de son frère Joseph II, l'empereur d'Allemagne, dont la santé allait s'affaiblissant.

— Nous verrons, disait-il, comment se tirera de tout cela notre beau-frère Ferdinand IV, lequel prétend avoir le bonheur de ne pas nourrir un philosophe dans ses États.

En tout cas, il fut d'avis que l'empereur d'Autriche, le roi de Naples, le saint-père et tous les princes d'Italie, devaient faire une ligue offensive et défensive, et établir une espèce de cordon sanitaire pour empêcher les idées révolutionnaires de passer les Alpes.

Nous quittâmes Florence en poste, et, à travers le Saint-Gothard et la Suisse, nous arrivâmes dans les Pays-Bas, où nous nous embarquâmes pour l'Angleterre.

Nous arrivâmes à Londres dix mois juste après l'avoir quitté, et nous descendîmes à l'hôtel de Fleet-street.

Le même jour, sir William fut reçu par le roi.

Je l'attendais avec une certaine anxiété. En revenant à Londres, j'étais rentrée, pour ainsi dire, dans ma vie passée, et je m'y étais retrouvée en face de la misère et de la honte de mes premières années ; un scrupule pouvait prendre au roi, et, si ma présentation était refusée à sir William, toute lady Hamilton que j'étais, je retombais plus bas que d'où j'étais partie.

Sir William rentra radieux : ma présentation publique devait avoir lieu le lundi suivant. Le roi n'avait fait aucune difficulté et s'était montré plus charmant, plus tendre et plus affectueux que jamais pour son ami Hamilton.

Le même jour, sir William m'exprima le désir de remporter à Naples un portrait de moi fait par Rowmney, qui était toujours le peintre à la mode. Il était impossible que sir William ne connût point mes anciennes relations avec Rowmney ; mais il était si peu mon mari, que je compris très-bien qu'il ne fît paraître aucune jalousie à l'endroit du grand artiste.

Il fut convenu que, le lendemain matin, nous irions surprendre celui-ci dans son atelier de Cavendish-square. J'étais trop sûre de la courtoisie de Rowmney pour avoir besoin de le prévenir par une lettre de ne voir en moi que lady Hamilton ; il y a plus : sûre de l'empire que j'exerçais sur sir William, je me faisais une fête de la surprise que causerait à Rowmney ma présence inattendue.

Comme sir William désirait avoir mon portrait en odalisque, je revêtis un magnifique costume turc, et nous montâmes dans une voiture fermée, qui nous conduisit à Cavendish-square, peu distant de l'hôtel de sir William.

Je connaissais la maison, et elle avait gardé, il faut le dire, quelques-uns de mes bons souvenirs. Sans avoir jamais été amoureuse de Rowmney dans le sens que l'on accorde au mot, je l'avais tendrement aimé, et sa mémoire ne se présente jamais à mon esprit sans être accompagnée du sourire de mes lèvres.

C'était toujours le même valet de chambre qui le servait ; il me reconnut : je lui fis un signe en lui indiquant de l'œil mon mari qui me suivait. Il me prouva qu'il m'avait comprise en me demandant s'il devait annoncer sir William et lady Hamilton ; je lui répondis que non, que nous venions faire à son maître une visite d'amitié et non de cérémonie, et que nous nous annoncerions nous-mêmes.

Il s'effaça et me laissa passer.

Nous entrâmes dans l'atelier de Rowmney. Les quatre parties du monde avaient été mises à contribution pour orner ce splendide temple de l'art. Des trophées réunissaient les plus belles armes des peuples sauvages et des peuples civilisés ; les flèches de l'Indien des Florides et les kandjars et les damas de l'Asie, les peaux de tigre du Bengale, les peaux de lion de l'Atlas, les peaux d'ours de la Sibérie, les peaux de panthère de la Perse, étaient jetés sur les meubles, se déroulaient sous les pieds, tapissaient le bas des murailles, dont le haut était couvert des merveilleuses esquisses du maître que nous venions visiter. Enfin, il n'y avait pas un endroit de cette vaste chambre où l'œil pût se reposer sans tomber sur un objet précieux comme valeur matérielle ou comme valeur artistique.

Rowmney était occupé à donner le dernier coup de pinceau à une Erigone se roulant sur un tapis de fleurs avec un tigre. L'Erigone avait une lointaine ressemblance avec une certaine Emma Lyonna, ressemblance qui prouvait que cette Emma Lyonna n'était pas encore tout à fait sortie de la mémoire du peintre.

Au bruit de la porte, il ne s'était pas retourné ; sans doute avait-il cru simplement que son valet de chambre entrait pour ranger ou déranger quelque chose.

Je lui touchai l'épaule de la main ; il se retourna alors, me reconnut, jeta un cri ; puis, apercevant mon mari, il se leva, et, s'inclinant devant moi :

— Encore plus belle qu'auparavant ! me dit-il ; je n'aurais pas cru la chose possible.

Puis, se tournant vers sir William :

— Recevez tous mes compliments, milord, lui dit-il ; et dites-moi vite si je puis avoir le bonheur de vous être bon à quelque chose.

Puis, avec sa merveilleuse courtoisie, Rowmney, comme s'il me voyait pour la première fois, nous fit les honneurs de son atelier.

Sir William lui dit ce qu'il désirait :

c'était un portrait de moi avec le costume que je portais. Rowmney, tout joyeux, prit à l'instant même une grande toile, et esquissa tout sa composition.

Il fut convenu que je reviendrais poser tous les jours. Rowmney promit qu'au bout de huit jours le portrait serait fini.

Le lendemain, sir William me conduisit de nouveau à Cavendich-square; mais, comme il avait des courses à faire, il se contenta de me déposer dans l'atelier, remonta en voiture, et promit de me revenir chercher dans deux heures.

Pendant ces deux heures, Rowmney eut le bon goût de ne pas dire un mot, de ne pas faire une allusion qui pût rappeler notre intimité passée. Il me parla de Rome et de Naples, m'écouta en parler surtout, et promit de venir nous y faire une visite.

J'étais, je l'avoue, presque piquée d'une pareille délicatesse; je la comprenais, mais elle me serrait le cœur.

La femme, même quand elle oublie, ne veut pas être oubliée.

Sir William revint plus tard qu'il n'avait dit, de sorte que le portrait y gagna; il avait vu M. Pitt, lui avait montré les lettres de la reine Marie-Antoinette et de l'empereur Joseph II, et l'avait longuement entretenu des affaires du continent.

Les choses allaient au plus mal en France : le froid et la famine semblaient s'être donné le mot pour faire des Français autant de diables enragés.

On parlait de la réunion des états généraux pour le 4 avril. M. Pitt fixait à cette époque le commencement de la révolution.

Sir William avait reçu plein pouvoir pour traiter à Naples les affaires de l'Angleterre comme il l'entendrait, en sauvegardant, bien entendu, l'honneur et les intérêts de la Grande-Bretagne.

Il ne dit rien de tout cela devant Rowmney; c'est à moi seulement qu'il le raconta en retournant à l'hôtel.

X

Le lundi suivant, 20 mars 1789, jour de ma présentation, il n'y eut pas de séance chez Rowmney : toute la journée fut consacrée aux apprêts de cette grande cérémonie, et particulièrement aux soins de ma toilette.

Il y avait, à la suite de ma présentation, grand bal à la cour.

Le roi, en me voyant paraître, vint audevant de moi avec une galanterie charmante, m'offrit la main, et alla me conduire à ma place, ne cessant de me parler que pour s'entretenir avec sir William.

Sa Majesté m'avait à peine quittée, que le prince de Galles vint à son tour. Alors, malgré moi, mon esprit fut pris par une seule pensée : je me trouvais, avec mon petit costume de dame de compagnie, sur la terrasse de miss Arabell, le soir où elle avait reçu le prince de Galles; je les voyais encore tous les deux à la fenêtre, puis rentrant dans la lumière, chaudement éclairés, brillants de jeunesse et de désirs.

Je ne sais ce que le prince me dit, je ne sais ce que je lui répondis; toutes les fibres du souvenir tiraient mon esprit hors du présent et lui faisaient faire un voyage à reculons dans le passé.

Je dus paraître stupide au prince.

Cette soirée fut en même temps, pour moi, une soirée d'orgueil et de souffrance : — d'orgueil, car j'étais arrivée à mon but, reçue officiellement à la cour d'Angleterre, comme épouse de sir William Hamilton; nulle autre cour ne pouvait refuser de me recevoir, et, en ma qualité d'ambassadrice d'une grande puissance, je venais, comme position, immédiatement après les princesses du sang! — de souffrance, parce que tout sourire, tout regard oblique, toute parole dite à l'oreille, me semblait une insulte rampant sous l'herbe et prête à lever la tête dès que je serais sortie.

Sir William était merveilleux de tranquillité et de satisfaction; je fusse sortie, pour devenir sa femme, du cloître le plus austère, du couvent le mieux grillé, qu'il n'eût point paru plus fier de moi.

Cependant, la soirée me parut longue, et, quoique je l'eusse quittée avant une heure du matin, je rentrai brisée.

Le lendemain, je me gardai bien de manquer la séance de Rowmney; j'avais besoin de voir la figure d'un ami; je sentais que, la veille, je n'avais vu que des masques.

Il était sorti pour affaire indispensable, me fit-il dire, en me priant de lui pardonner, mais de l'attendre.

Sir William, qui, ce matin-là encore, avait des courses à faire, prit la voiture et me laissa chez Rowmney.

J'attendais celui-ci avec une suprême impatience : c'était moi qui devais lui apporter des nouvelles, et il me semblait que c'était lui qui allait m'en donner.

Aussi, quand j'entendis son pas, quand je reconnus sa voix dans la chambre voisine de l'atelier, quand je vis s'ouvrir la porte, je m'élançai vers lui en l'interrogeant.

— Eh bien? lui demandai-je.

Quelque chose de pareil à ce qui causait mon trouble se passait probablement dans son esprit, car, si vague que fût l'interrogation, il répondit directement à ma pensée.

— Eh bien, me dit-il, vous avez eu, hier, un succès fou! J'ai couru la ville ce matin pour avoir des nouvelles de vous, et je n'ai vu que des femmes furieuses. Il paraît que vous étiez belle à miracle! On parle de trois duchesses malades de jalousie; d'autres, en voyant le roi vous conduire à votre fauteuil, et le prince de Galles causer avec vous, se sont mordu les doigts de colère et sont en train de devenir enragées. Je viens d'esquisser le portrait de lady Craven, qui est une bonne Anglaise de la vieille roche, et qui a tout récemment obtenu son divorce, après quatorze ans d'union avec lord Craven; elle était là, et elle a ri de tout son cœur des mines que l'on vous faisait. Je lui ai appris que j'espérais vous trouver chez moi, et elle m'a dit tout simplement: « Faites-lui mes compliments et dites-lui qu'elle est la plus belle créature que j'aie jamais vue. »

Je pris la main de Rowmney et la lui serrai de toute ma force. Je mourais d'envie de lui sauter au cou. Il venait de m'infiltrer, jusqu'au plus profond des veines, le sentiment divin de la vengeance satisfaite.

Le lendemain, tous les journaux rendaient compte du bal de la cour; quelques-uns ne me ménageaient pas; mais n'importe! mon procès était gagné vis-à-vis de la reine de Naples.

Le septième jour, mon portrait était fini; mais, comme, en raison des accessoires orientaux dont m'avait entouré Rowmney, il était plutôt devenu un tableau que resté un portrait, sir William, enchanté au reste du talent avec lequel il était exécuté, demanda à Rowmney de pousser la complaisance jusqu'à vouloir bien se remettre au travail et en faire un second aussi simple que l'autre était ouvragé.

Rowmney ne demandait pas mieux; il prétendait avoir tant de plaisir à travailler d'après moi, qu'il eût voulu n'avoir jamais d'autre modèle.

Le jour même où il finit le premier portrait, il commença le second. Celui-là était d'une véritable simplicité grecque.

J'étais nu-tête, vue de face, la tête un peu inclinée sur l'épaule droite; mes longs cheveux, déroulés et flottants, tombaient sur ma poitrine, à demi voilée par une tunique de mousseline; un manteau de cachemire rouge était jeté sur mes épaules; mon seul bijou était une ceinture d'or ciselée à la manière arabe, encadrant un camée représentant sir William Hamilton.

Ce second portrait, qui, à mon avis, était encore supérieur au premier, fut fini en cinq jours; c'est le même qui fut donné par sir William à lord Nelson, que celui-ci avait dans la cabine du *Foudroyant*, qui me revint après sa mort, et qui, dans la malheureuse chaumière où j'écris ces mémoires, fait encore aujourd'hui le pendant du sien. Dans mes jours de misère, on m'a offert jusqu'à douze mille francs de ces deux portraits; je n'ai jamais voulu m'en séparer: ils seront la dot de mon Horatia.

Pendant notre séjour à Londres, sir William donna quelques soirées, où fut invitée toute la gentry de la capitale. Quelques femmes, qui avaient jugé à propos de se faire prudes en enjambant de l'autre côté de la quarantaine, ne crurent pas devoir les honorer de leur présence; mais pas une jeune et jolie femme de l'aristocratie ne nous fit défaut. Sir William exigea que, dans deux de ces soirées, je jouasse des scènes de caractère: dans l'une, je dis le monologue de Juliette; dans l'autre, mije mai et chantai la Nina.

Ce soir-là, ce fut un véritable enthousiasme; Rowmney, surtout, était comme un fou.

Le lendemain, il écrivait à l'un de ses amis:

« Dans ma dernière lettre, je pense vous avoir informé que j'allais dîner avec sir William et sa femme. Le soir, plusieurs personnes de notre première société avaient été réunies pour entendre chanter lady Hamilton. Dans le sérieux comme dans le comique, par sa grâce comme par son talent, elle excita l'admiration de tous; mais sa Nina surpassa tout ce que l'on peut voir, et je crois que personne ne saurait l'égaler pour le feu qu'elle y met. Toute la société était haletante, tant son jeu est simple, grand, terrible et pathétique. »

Mes deux portraits furent emballés avec le plus grand soin, et sir William, ne voulant pas se séparer de ce qu'il appelait *son trésor*, s'arrangea de manière qu'ils partissent avec nous.

Nous quittâmes Londres le 20 avril. Sir William eut la curiosité de retourner par Paris. L'Angleterre, qui devait bientôt faire une guerre si cruelle à la France, était encore en paix avec elle: rien n'empêchait donc sir William de suivre, sous ce rapport, sa fantaisie.

Nous arrivâmes le 26, tout juste pour voir une émeute; nous étions servis à souhait: cette émeute était celle du faubourg Saint-Antoine.

Sir William avait fait toute diligence afin d'assister à l'ouverture des états généraux, qui devait avoir lieu le 27. En arrivant, il apprit qu'elle était remise au 4 mai suivant.

Au lieu de l'ouverture des états généraux, nous eûmes l'incendie et le pillage des magasins de Réveillon.

Nous vîmes la chose des premières loges. Sans doute savait-on dès la veille qu'il allait se passer quelque chose; car, le soir, sir William rentra avec une permission de visiter la Bastille.

Nous en profitâmes le lendemain.

Au fur et à mesure que nous approchions de la Bastille, la foule devenait plus compacte; nous crûmes que nous ne pourrions jamais arriver avec notre voiture jusqu'à la porte d'entrée.

Nous y réussîmes enfin, mais non sans avoir été assaillis de huées et d'injures. Le peuple français me parut bien changé depuis l'époque où je l'avais vu pour la première fois.

M. de Launay, prévenu que l'ambassadeur d'Angleterre et sa femme visiteraient la Bastille, nous attendait pour nous faire lui-même les honneurs du château royal.

Il commença par nous demander si nous voulions voir ses prisonniers, du moins ceux qu'il lui était permis de nous montrer.

Je m'informai s'il me serait loisible d'en délivrer quelqu'un.

M. de Launay me répondit que sa courtoisie ne pouvait aller jusque-là.

— Alors, lui dis-je, ne pouvant rien faire pour eux, j'aime mieux ne pas les voir.

— Que désirez-vous voir, alors?

— Paris du haut des tours.

C'était bien facile. M. de Launay marcha devant nous son chapeau à la main, et, quelques instances que je lui fisse, ne voulut jamais le remettre sur sa tête.

Je me demandais comment un gentilhomme si courtois et de si bonnes façons pouvait être si impitoyable, ou plutôt si cupide, envers ses prisonniers.

On racontait de lui d'incroyables traits d'avarice. Toutes les places de la Bastille, y compris celle de marmiton, se vendaient et dépendaient de lui. Avec soixante mille livres d'appointements, il trouvait, disait-on, le moyen de s'en faire cent vingt mille. Il gagnait sur tout, sur le bois, sur le vin, sur les vivres. La terrasse d'un bastion avait été convertie en jardin pour la promenade des prisonniers : il en avait trouvé cent francs par an, et le louait à un jardinier.

Lorsque nous fûmes au haut des tours, nous plongeâmes alors d'un côté jusqu'au fond du boulevard du Temple; de l'autre, jusqu'au Jardin du Roi; vers l'ouest, jusqu'à Vincennes; vers l'occident, jusqu'aux Invalides.

Ce fut de là seulement que nous pûmes apprécier combien était nombreuse la foule à travers laquelle nous avions passé et, que maintenant nous dominions.

Toute cette foule se ruait vers le faubourg Saint-Antoine. Elle paraissait irritée, et quelques hommes, en passant, montraient le poing à la Bastille.

M. de Launay en riait.

Je lui demandai d'où venaient tout ce bruit et toutes ces clameurs.

Il me répondit que le peuple de Paris, pris de vertige et plein de mauvais vouloir, prétendait mourir de faim. Or, le papetier Réveillon, un de ces aristocrates du commerce, les pires des aristocrates! avait dit, assurait-on, que l'ouvrier gagnait encore trop, et qu'il fallait abaisser ses journées à quinze sous; on ajoutait qu'il allait être décoré du cordon noir de Saint-Michel par la cour, qui s'assurait en lui un électeur royaliste.

Toute cette multitude se portait vers ses magasins. Les cris qu'elle poussait étaient des cris de mort contre le papetier. Par bonheur, il était caché, on ne le trouva point chez lui.

Mais alors, en un instant, avec une botte de paille, un mannequin fut fabriqué; un fripier apporta un vieil habit, le mannequin en fut revêtu, puis on lui mit au col un cordon noir, on le pendit au bout d'une perche, et on la promena ainsi dans les rues de Paris.

Le cortége repassa devant la Bastille pour aller brûler le mannequin sur la place de l'Hôtel-de-Ville; mais, en s'éloignant, les meneurs promirent qu'ils reviendraient le lendemain et mettraient le feu à la maison.

— Si vous voulez voir cela, nous demanda galamment M. de Launay, revenez demain à la même heure. Ce sera curieux, je crois.

— Mais, lui dis-je, du moment que ces gens expriment tout haut leur intention, demain la police prendra des mesures et s'y opposera.

— Oh! milady, répliqua en riant M. de Launay, on voit bien que vous vous croyez encore en Angleterre, où un constable, en touchant de son petit bâton le chef de l'émeute, disperse un rassemblement de cent mille hommes! Détrompez-vous, milady : nous sommes en France, et, en France, quand le peuple commence à faire des siennes, il ne s'arrête point ainsi. Faites-moi l'honneur d'accepter demain à déjeuner chez moi; je mettrai un homme en sentinelle sur les tours, afin que nous soyons avertis quand le spectacle commencera, et, pour votre dessert, je vous promets quelque scène dramatique comme on n'en voit pas tous les jours.

Je regardai sir William; il lût dans mes yeux le désir que j'avais d'être témoin des événements du lendemain, et, comme il ne savait pas vouloir autre chose que ce que je voulais :

— Monsieur, dit-il, sauf le déjeuner, nous acceptons, milady et moi, l'offre que vous nous faites.

M. de Launay s'inclina.

— Il y a un malheur, monsieur, reprit-il : les deux offres vont ensemble et ne peuvent se séparer; une occasion m'est offerte de recevoir à ma table un des premiers savants du monde peut-être, et, à coup sûr, la plus jolie femme de l'Angleterre; cette occasion, je ne la laisserai pas échapper.

J'étais étonnée et en même temps doucement caressée de cette galanterie française qui poussait, comme une fleur naturelle, jusque dans les fentes des pierres d'une prison.

— Eh bien, moi, monsieur, répondis-je, j'accepte au nom de mon mari et au mien, mais à une condition.

— Une condition posée par vous, milady, est acceptée d'avance, fût-ce celle de vous rendre les clefs de la Bastille. Dites cette condition.

— C'est que vous nous ferez faire l'ordinaire des prisonniers, afin que quelque chose me rappelle que je dîne dans une prison.

— Sur ce point, je puis encore vous satisfaire, milady, et je vous promets l'ordinaire des prisonniers.

— Parole d'honneur?

— Foi de gentilhomme.

Je tendis la main à M. de Launay.

— Je sais, lui dis-je, que, lorsqu'un Français a dit cela, il aimerait mieux se faire tuer que de manquer à sa parole. A demain, monsieur.

Et, sur ce, nous prîmes congé du galant gouverneur de la Bastille.

XI

En attendant le spectacle promis pour le lendemain, sir William me demanda où je désirais passer ma soirée. Il va sans dire que je répondis : « A la Comédie-Française. » Le théâtre était et fut toujours ma passion dominante, et si, au temps de ma misère, Drury-Lane n'avait pas été brûlé, j'y débutais probablement, et je devenais peut-être la rivale de mistress Siddons, au lieu de devenir celle d'Aspasie.

Cela eût sans doute mieux valu pour le salut de mon âme et la tranquillité de ma conscience.

On jouait la *Bérénice* de Racine.

Sir William fit demander une loge; on vint lui dire qu'il n'y en avait plus.

Plus de loges au théâtre, au milieu des émeutes et de la famine! C'était à n'y pas croire.

Nous demandâmes la cause de cette affluence : on nous répondit qu'un jeune tragédien qui avait débuté depuis deux ans seulement, et qui obtenait les succès les plus grands et les plus mérités, jouait, ce soir-là, pour la première fois le rôle de Titus.

Je demandai son nom; il s'appelait François Talma.

Sir William me vit si désolée de ce contre-temps, qu'il écrivit à l'instant même à son collègue l'ambassadeur d'Angleterre près la cour de France, pour lui demander si, par hasard, il n'avait pas une loge à l'année à la Comédie-Française.

Sa Seigneurie, qui probablement n'était point mariée, ou dont la femme n'aimait pas la comédie, répondit qu'à son grand regret il ne pouvait satisfaire le désir de sir William : Sa Seigneurie n'avait pas de loge.

J'étais tellement désespérée, que je priai sir William de faire monter notre hôte et de l'interroger pour savoir de lui s'il ne connaîtrait pas quelque moyen de s'en procurer une, ou même d'avoir des places, quelles qu'elles fussent.

— Je ne connais qu'un moyen, nous dit-il : c'est d'écrire à M. Talma lui-même.

Sir William fit un mouvement de refus.

— C'est un jeune homme fort bien élevé, reprit notre hôte, qui voit la meilleure société de Paris, qui est excellent patriote, et qui certes, si Votre Seigneurie daigne se nommer, fera tout ce qu'il pourra pour lui procurer le plaisir de le voir.

Sir William se tourna mon côté, incertain de ce qu'il devait faire; il me trouva les mains jointes et le visage suppliant.

— Allons, dit-il, puisque vous le voulez!

Il prit la plume et écrivit :

« Sir William Hamilton, ambassadeur de Sa Majesté Britannique, et lady Hamilton, sa femme, ont l'honneur de présenter leurs compliments à M. Talma, et de lui exprimer le désir qu'ils éprouvent de lui voir jouer, ce soir, le rôle de Titus. Tous leurs efforts ont été inutiles pour se procurer une loge ; ils sont donc forcés, au risque d'être importuns, de recourir à lui, et de lui demander deux places dans la salle, quelles que soient ces places, pourvu qu'une lady puisse y aller.

« 27 avril 1789. »

— Vous chargez-vous de faire passer cette lettre à M. Talma ? demanda sir William à notre hôte.

— Certainement ! c'est la chose du monde la plus facile.

— Et de nous faire rendre la réponse ?

— Il y a mieux, milord, dit notre hôte. Pour être sûr que la commission sera bien faite, je vais la faire moi-même.

Et, sans attendre nos remercîments, il partit emportant la lettre.

— En vérité, murmura sir William comme à regret, il faut convenir que c'est un peuple bien poli que ce peuple français. Quel malheur qu'il soit si léger !

Sir William était loin de se douter que les Français fussent si près de se corriger de la qualité dont il les louait et du défaut qu'il leur reprochait.

Au bout d'une demi-heure, notre hôte rentra radieux ; il tenait un billet à la main.

— Vous avez une loge ? lui criai-je en l'apercevant.

Je l'ai ! dit-il en élevant son billet en l'air. La voilà !

Je lui pris le billet des mains; il portait ces mots, écrits à la main :

« Bon pour ma loge.

« Talma. »

et, au-dessous :

Entrée des artistes.

Je m'emparai toute joyeuse de la loge.

— Attendez! me dit sir William, ce n'est pas tout : Titus nous fait l'honneur de nous répondre.

— Ah ! voyons!

Je lus :

« Le citoyen Talma est désespéré de n'avoir à offrir à l'illustre sir William Hamilton et à milady Hamilton que sa propre loge, située sur le théâtre ; mais, telle qu'elle est, il la leur offre avec l'expression de sa reconnaissance la plus étendue, pour avoir bien voulu penser à lui.

« 27 avril 1789. »

Il était impossible de se mieux renfermer dans les limites des convenances les plus absolues.

Il va sans dire qu'à sept heures et demie précises, nous étions au théâtre. Le suisse nous attendait à la porte ; il nous fit traverser la scène, et nous conduisit à la loge.

Il était facile de voir que celui auquel elle appartenait y avait mis toute la coquetterie dont un artiste peut être capable. Une grande glace garnissait une des parois; les meubles étaient couverts d'étoffes turques brochées d'or. Cette loge me rappelait, en miniature, l'atelier de Rowmney.

J'étais enchantée d'être sur le théâtre ; cela me réjouissait dix fois plus que d'être dans la salle, eût-on mis la loge royale à ma disposition.

J'attendis avec impatience le lever du rideau. Mais, en attendant le lever du rideau, j'eus un spectacle plus curieux que celui de la tragédie, celui de l'envers des coulisses.

Tous les artistes s'entretenaient de leur confrère Talma, et se demandaient quelle nouvelle excentricité de costume il allait se permettre. Ils appelaient *excentricité* le travail plein de science auquel se livrait Talma pour ramener le théâtre à la vérité historique. Enfin, la cloche se fit entendre, on frappa les trois coups, le régisseur fit place aux artistes. La toile se leva.

J'avoue que, lorsque Titus entra, à la première scène du deuxième acte, je jetai un cri d'admiration. Il m'avait semblé voir marcher une statue romaine.

La tête surtout était superbe ; les cheveux coupés court et frisés à la manière antique, la couronne de laurier d'or sur les cheveux, le manteau de pourpre, non point attaché, mais jeté négligemment sur les épaules, et permettant à celui qui le portait de s'en faire un jeu; tout cela donnait un singulier cachet à la physionomie de l'artiste, qui reportait le spectateur à dix-sept cents ans en arrière.

Tous les autres comédiens semblaient des masques.

Le rôle de Bérénice était rempli, autant que je puis me le rappeler, par une jeune et belle artiste appelée Mme Vestris ; elle avait l'ancien costume, la poudre et les paniers.

Lorsqu'elle rentra, à la quatrième scène du deuxième acte, et qu'elle se trouva en face de Titus, elle fit d'abord un mouvement de surprise, puis réprima une violente envie de rire. Titus avait les bras et les jambes nus, quand les autres avaient des maillots de coton et des culottes de soie.

Elle n'en dit pas moins avec toute l'âme qu'elle put y mettre, la longue tirade qui commence par ce vers :

Ne vous offensez point si mon zèle indiscret...

et qui finit par celui-ci :

Seigneur! étais-je au moins présente à la pensée.

Mais ce dernier vers dit, au lieu d'écouter la réponse de Titus, elle le regarda des pieds à la tête, et, tandis qu'il lui disait à son tour :

N'en doutez point, madame ; et j'atteste les dieux
Que toujours Bérénice est présente à mes yeux.
L'absence ni le temps, je vous le jure encore,
Ne peuvent vous ravir un cœur qui vous adore!

— Dieu me pardonne! Talma, murmurait-elle, mais vous n'avez pas de perruque! mais vous n'avez pas de maillot! mais vous n'avez pas de culotte!

Puis, pendant que Talma, qui avait fini son couplet, lui répondait : « Chère amie, les Romains n'en portaient pas ; » elle reprit avec une nouvelle tendresse :

Et quoi! vous me jurez une éternelle ardeur,
Et vous me la jurez avec cette froideur!

J'avoue que je me renversai au fond de la loge pour rire tout à mon aise, tandis que sir William, en qualité d'antiquaire, se tuait à dire :

— Mais il a raison! il a parfaitement raison! Bravo, jeune homme! bravo! vous avez l'air d'une statue retrouvée à Herculanum ou à Pompéi. *Perge! sic itur ad astra!*

Le tragédien fit une légère inclination de notre côté en signe de remercîment.

— Quels sont donc les gens que tu as dans ta loge? demanda d'un ton maussade Mme Vestris, tout en jouant.

— Des artistes anglais, répondit Talma avec un léger sourire qui passa sur le compte de l'amour de Titus pour Bérénice

— Oui, des artistes, monsieur Talma! criai-je en applaudissant. Vous avez raison, de vrais artistes!

Mes applaudissements redoublèrent à la sortie de Titus. Cette sortie, pleine à la fois de désordre, d'amour et de dignité, était admirablement exécutée par le jeune tragédien.

Au moment où la toile tomba sur la fin du deuxième acte, on entendit de grands applaudissements dans la salle ; on se penchait hors des loges et l'on criait bravo. D'où nous étions, nous ne pouvions pas voir ; mais quelques artistes s'approchèrent de la toile et regardèrent par le trou qui y était pratiqué.

— Qu'y a-t-il donc? qu'y a-t-il donc? demandaient les autres comédiens à ceux qui avaient le bonheur de tenir l'ouverture.

— Bon! répondit une voix, il ne manquait plus que cela?

— Quoi donc?

— Voilà ce fou de Talma qui a des imitateurs!

— Comment! demanda un des comédiens, est-ce qu'il y aurait au parterre des gens qui n'ont pas de culotte, par hasard?

— Non ; mais il y a à l'orchestre un jeune homme qui, dans l'entr'acte, a été probablement se faire couper les cheveux ; il est coiffé *à la Titus*, et c'est lui que l'on applaudit.

Entre le deuxième acte et le troisième, l'exemple fut suivi par trois ou quatre jeunes gens. Au dernier acte, Talma avait vingt imitateurs dans la salle.

Inutile de dire que c'est de cette soirée, que vient la mode de porter les cheveux à la Titus.

Lorsqu'au cinquième acte la toile tomba — Dieu me pardonne cette impiété! — sur le très-médiocre dénoûment de *Bérénice*, sir William Hamilton, allant au-devant de mes désirs, fit demander par le suisse au *citoyen* Talma, — on se rappelle que c'était le titre qu'il avait pris en nous écrivant, — si nous pouvions aller le remercier dans sa loge.

Il nous fit répondre aussitôt que c'était un si grand honneur pour lui, qu'il n'eût point osé s'y attendre, mais que, puisque nous voulions bien le lui faire, il l'acceptait avec reconnaissance.

Nous nous acheminâmes vers sa loge. Le corridor était encombré ; cependant, en voyant une femme qui paraissait être du monde, chacun se serra contre le mur, de sorte que nous parvînmes à entrer.

Titus nous attendait à la porte pour nous faire les honneurs de sa loge. Notre étonnement fut grand lorsque, s'adressant à nous en excellent anglais, il nous demanda, ou plutôt il demanda à sir William si Sa Seigneurie voulait ou non garder l'incognito.

Sir William répondit qu'il n'avait aucune raison de cacher l'*honneur qu'il se faisait à lui-même* en venant remercier un grand artiste et lui faire des compliments ; qu'il désirait, au contraire, être présenté à la société qui se trouvait dans la loge, et qui, d'après l'apparence, devait appartenir à la classe intelligente de la société.

Sir William ne se trompait pas : Talma nous présenta successivement le poëte Marie-Joseph Chénier, dont il allait reprendre le *Charles IX ;* Ducis, dont il allait reprendre le *Macbeth ;* le jeune Arnault, dont il allait étudier le *Marius à Minturnes ;* La Harpe, qui le tourmentait pour jouer

son *Vasa;* le peintre David, qui lui dessinait ses costumes; le chevalier Bertin, qui, cinq ou six ans auparavant, avait publié son livre des *Amours*, et qui, le lendemain ou le surlendemain, partait pour Saint-Domingue, où il devait mourir l'année suivante; Parny, que l'on appelait le *Tibulle français*, et qui était en train de chanter son Éléonore, tandis que son frère, avec moins de poésie peut-être, mais avec tout autant d'esprit, chantait Mlle Contat; et enfin cinq ou six autres jeunes gens qui tous avaient un nom ou étaient en train de s'en faire un.

Sir William eut sa cour, et j'eus aussi la mienne. Les poëtes vinrent à moi, les peintres allèrent à sir William. Il entra sur le costume antique dans une savante discussion avec David et Talma, tandis que je faisais sur leurs vers des compliments aux chevaliers Bertin et Parny, et qu'ils m'en faisaient, eux, sur ma beauté.

Sir William, toujours préoccupé de mes triomphes, m'en ménageait un.

Il invita Talma, en le priant d'inviter tous ses amis qui se trouvaient dans sa loge, à venir passer la soirée du lendemain à l'hôtel des *Princes*. Si Talma consentait à dire des vers de Corneille, de Racine et de Voltaire, lady Hamilton, de son côté, en dirait de Shakspeare.

Talma était prié de prévenir ses amis que la soirée serait terminée par un souper.

L'invitation acceptée à l'unanimité, nous nous retirâmes.

Nous avions, on se le rappelle, rendez-vous à dix heures du matin à la Bastille pour y déjeuner avec le gouverneur.

XII

Je remerciai, en rentrant, sir William Hamilton de la charmante soirée qu'il m'avait fait passer. L'art, au bout du compte, me semblait toujours le milieu auquel j'étais destinée, et, si, suivant ma véritable vocation, j'eusse pu entrer dans un théâtre, j'y eusse certainement laissé une réputation égale à celle de Mlle Champmeslé ou de mistress Siddons.

Le lendemain, dès le matin, je fis venir deux couturières; je leur fis le dessin des deux costumes que je désirais pour le soir, celui d'Ophélia et celui de Juliette; je leur dis de prendre autant d'aides qu'elles voudraient, pourvu qu'à huit heures du soir, les deux costumes fussent prêts.

Les deux couturières m'engagèrent leur parole; aussi assurée sur cette parole que je l'avais été la veille sur la *foi de gentilhomme* de M. de Launay, je montai en voiture à neuf heures et demie, pour me rendre avec sir William à la Bastille; mais, quand nous arrivâmes au boulevard du Temple, la foule était si grande, qu'il nous fut impossible d'avancer. Nous prîmes par la rue du Temple, nous gagnâmes le quai et revînmes par l'Arsenal. De ce côté, l'espace était libre, l'émeute ne dépassant pas la Bastille et se versant à gauche dans le faubourg Saint-Antoine.

M. de Launay nous attendait, et la table était mise avec un grand luxe. Il nous invita à déjeuner sans retard, attendu que l'émeute serait vraisemblablement vers midi dans toute sa splendeur.

Dès le premier service, en voyant la profusion des mets et la finesse des vins, nous accusâmes M. de Launay d'avoir manqué à sa parole en ne nous donnant pas l'ordinaire des prisonniers.

Mais lui, au contraire :

— Milady, dit-il, vous m'avez imposé des conditions, mais, dans ces conditions, vous m'avez laissé toute latitude. Nous avons à la Bastille prisonniers et prisonnières, depuis les princes du sang jusqu'aux pamphlétaires. Or, pour la nourriture d'un prince du sang, il est alloué cinquante livres par jour; pour celle d'un maréchal de France, trente-six livres; pour celle des généraux et des brigadiers, vingt-quatre livres; pour celle d'un conseiller, quinze livres; pour celle d'un juge ordinaire, dix livres; pour celle d'un ecclésiastique, six livres; enfin, pour celle d'un pamphétaire, un écu.

— Eh bien? lui demandai-je, ne sachant pas trop où il voulait en venir avec cette longue énumeration.

— Eh bien, reprit-il, je vous traite en prince du sang. Vous avez un déjeuner de prince du sang, voilà tout!

— Nous avons le déjeuner de M. de Beaufort, alors? lui demandai-je.

— Vous vous trompez, chère amie, dit sir William, M. de Beaufort a été enfermé, non point à la Bastille, mais à Vincennes : c'est M. de Condé qui a été à la Bastille.

— Comment! c'est ici qu'il cultivait ses œillets? S'il en reste un, monsieur le gouverneur, vous me le donnerez!

— Vous vous trompez encore, dit sir William : celui qui s'était fait jardinier était Louis II, le grand Condé, et celui-là aussi a été à Vincennes, à moins que vous n'admettiez que ce soit avoir été à la Bastille que d'y être né. C'est Henri II, son père, un assez triste sire, qui fut enfermé à la Bastille.

— A la bonne heure ! s'écria M. de Launay, voilà un savant anglais qui m'en remontrerait, à moi, sur l'histoire de ma forteresse. Allons ! un toast à la Tour de Londres ! et qu'elle débarrasse toujours les rois d'Angleterre de leurs ennemis, comme la Bastille débarrasse le roi de France des siens. Je puis affirmer à Votre Seigneurie que le duc de Clarence n'a pas été noyé dans un meilleur vin que celui qu'elle boit en ce moment.

Nous venions de vider nos verres pour faire raison à M. de Launay, lorsqu'on nous annonça que, si nous voulions voir l'émeute dans toute sa beauté, nous n'avions pas un moment à perdre.

M. de Launay voulait nous retenir à table, nous affirmant que nous avions tout à fait le temps ; mais la curiosité l'emporta ; nous insistâmes et montâmes sur la tour la plus rapprochée du faubourg Saint-Antoine.

En effet, lorsque nous eûmes atteint ce point élevé, d'où aucun détail ne pouvait nous échapper, nous vîmes cette affreuse scène dans toute sa laideur.

— Ah ! pardieu ! nous dit M. de Launay en touchant doucement l'épaule de sir William, je puis non-seulement vous montrer le pillage du magasin de Réveillon, mais encore vous montrer Réveillon lui-même.

— Comment cela ?

— J'oubliais de vous dire qu'hier matin, sachant qu'il n'y allait pas moins pour lui que d'être pendu, il est venu me demander un asile que, bien entendu, je lui ai accordé. Voyez-vous ce petit homme aux cheveux crépus, aux poings crispés, au visage grimaçant, qui paraît prendre tant d'intérêt à ce qui se passe, qui se penche en dehors des créneaux de manière à faire croire qu'il veut se jeter du haut en bas des murailles ?

— C'est lui ?

— Lui-même.

Et, pour que nous n'en doutions pas :

— Eh ! monsieur Réveillon, dit-il, que pensez-vous de ce qui se passe là-bas ?

Réveillon tressaillit.

— Je pense, monsieur le gouverneur, répondit le pauvre diable, que, si la cour n'avait pas besoin d'une émeute pour gagner du temps à l'endroit des états généraux, on en aurait bien vite fait avec ce tas de pillards !... Tenez, n'est-ce point une dérision ? Ils sont deux mille qui pillent ma maison et qui vont probablement y mettre le feu ; eh bien, M. de Bezenval envoie... Combien ? Comptons-les... dix, quinze, vingt, vingt-cinq, trente... M. de Bezenval envoie trente hommes pour en maintenir deux mille ? Sans compter cent mille spectateurs que cela amuse, et qui, par conséquent, poussent les autres à continuer.

— Seigneur Réveillon, seigneur Réveillon, dit M. de Launay, prenez garde ! Il me semble que vous parlez bien légèrement du gouvernement de Sa Majesté, et, tandis que vous êtes à la Bastille, on pourrait bien vous y laisser.

— Oh ! dit Réveillon, qui s'exaspérait à la vue de ses meubles brisés, je suis bien tranquille : ce n'est pas pour les gens comme moi que la Bastille est faite ; c'est pour les grands seigneurs ; et tenez, vous-même, par exemple, si vous vouliez...

Il s'arrêta, hésitant.

— Eh bien ? demanda le gouverneur en riant.

— Eh bien, vous n'auriez qu'un mot à dire, et vous me sauveriez ; car, demain, je serai réduit à la misère...

— Et quel mot me faudrait-il dire ?

— Vous n'auriez qu'à dire : « Feu ! » et un de vos canons n'aurait qu'à obéir, la place serait bientôt vide.

— Mais, dit sir William au gouverneur, il me semble que ce malheureux n'a pas tout à fait tort.

— Au contraire ! dit M. de Launay ; il a même tout à fait raison ; mais je commande un château royal : je ne puis bouger un canon, ni brûler une amorce, sans un ordre du roi.

Et cependant, le pillage allait son train ; après le pillage, vint l'incendie. Le feu commença de sortir par les fenêtres. Quelques compagnies de gardes-françaises vinrent alors et firent feu ; deux ou trois des émeutiers tombèrent : mais, à coups de pierres, les autres repoussèrent les soldats. Je cherchai des yeux Réveillon ; il n'était plus là. Sans doute, la vue du pillage de sa maison l'avait si fort attristé, qu'il n'avait pas pu la supporter, et qu'il s'était retiré dans quelque chambre de la Bastille.

Enfin, au bout de deux ou trois heures, pendant lesquelles on laissa les pillards et les incendiaires faire à leur caprice, les suisses arrivèrent à leur tour. Les émeutiers voulurent faire, avec ceux-ci, ce qu'ils avaient fait avec les gardes-françaises ; mais les suisses n'étaient pas de si bonne composition : ils firent feu sérieusement, non plus à poudre, mais à balles, tuèrent une vingtaine d'hommes et dispersèrent, non-seulement les pillards, mais encore les curieux.

Puis ils pénétrèrent dans la maison incendiée, d'où ils tirèrent, pour les apporter dans la rue, des hommes qui nous parurent morts, mais qui n'étaient qu'ivres, et qu'on avait trouvés dans les caves. Quelques-uns cependant, en croyant boire le vin de Réveillon, avaient bu les couleurs de la fabrique : ceux-là moururent empoisonnés.

Je vis qu'à tout prendre une émeute n'était pas si gaie que je l'imaginais ; celle-là, qui avait commencé par la pendaison d'un mannequin, finissait par le pillage et l'incendie d'une maison, plus la mort de cinq ou six soldats et d'une vingtaine d'hommes qui, pour être des misérables, n'en étaient pas moins des hommes.

Nous remerciâmes M. de Launay de son émeute et de son déjeuner ; mais nous lui avouâmes que la vue de l'une nous empêchait de finir l'autre.

Nous laissâmes donc à moitié son ordinaire des princes du sang, qui, je dois le dire, était exquis ; et, plus facilement que nous n'étions venus, nous retournâmes à notre hôtel.

Lorsque, quatre mois plus tard, nous apprîmes à Naples la prise de la Bastille et la mort de M. de Launay, les deux nouvelles nous causèrent une impression d'autant plus profonde que nous connaissions le château et son gouverneur.

Seulement, on se demande quand on a vu la hauteur des tours, l'épaisseur des murailles, la force des portes, comment un peuple mal armé, mal commandé, sans canons, sans machines de guerre, prend une forteresse telle que la Bastille.

La question est posée depuis vingt-cinq ans, et la réponse n'est pas encore faite.

Une fois rentrée, je ne m'occupai plus que des préparatifs de notre soirée. Je mettais une singulière coquetterie à conquérir les suffrages d'une telle réunion d'hommes intelligents. Je craignais seulement que les événements de la journée ne fissent tort à nos projets du soir.

Mais je ne connaissais pas encore les Français, ce peuple multiple qui trouve du temps pour tout, qui manie dans le même jour, avec une égale insouciance, et je dirai presque avec la même habileté, le fusil, et crayon, la plume ; qui, le matin, fait de l'émeute, le soir fait de l'art, et tout cela avec une férocité et une délicatesse qui n'appartiennent qu'à lui.

A huit heures, mes deux couturières m'avaient tenu parole et j'avais mes deux costumes. L'exactitude avec laquelle nos invités se présentèrent, de neuf heures à neuf heures et demie, nous prouva le plaisir qu'ils avaient à se rendre à l'invitation.

On parla, d'abord, de la nouvelle du jour, de l'émeute ; je vis avec étonnement que tous ces artistes, tous ces poëtes, tous ces publicistes, s'ils ne la mettaient pas tout à fait sur le compte de la cour, étaient du moins de l'avis du pauvre Réveillon regardant brûler son magasin : c'est que la cour ne s'y était pas opposée autant qu'elle aurait pu.

Le poëte Chénier et le peintre David allèrent plus loin ; ils prétendirent non-seulement que la cour ne s'était pas opposée à l'émeute, mais encore que l'impulsion venait d'elle. Elle espérait, disaient-ils, que toute cette tourbe affamée, tous ces hommes sans pain, cinquante mille ouvriers sans travail, se joindraient aux émeutiers et se mettraient à piller les maisons des riches. Alors, tout changeait de face, la cour avait un excellent motif pour concentrer une armée sur Paris et sur Versailles, un admirable prétexte pour ajourner les états ; mais, contre l'attente de la cour, la multitude était restée honnête et s'était abstenue.

Ils disaient ces choses-là d'un air si convaincu, leurs auditeurs étaient si près de se rendre à leur avis, que ma conscience était fort ébranlée. Quant à sir William, sa réserve diplomatique ne lui permettait pas d'être ouvertement de cette opinion ; mais je remarquai qu'il la laissait se manifester sans la combattre autrement que par des *peut-être* et des *croyez-vous*?

Mais, comme la réunion n'avait pas un but politique, peu à peu l'on cessa de parler des affaires du moment pour en revenir à la poésie et à la littérature. M. Talma, comme on nous l'avait dit, était un homme d'un jugement tout à fait supérieur, et, tout en s'apprêtant à jouer l'*Hamlet* de Ducis, il regrettait en face de celui-ci, qu'il eût cru devoir faire tant de sacrifices au goût français.

Je pensai que c'était le moment de faire pencher la balance du côté de Shakspeare, et, sans rien dire, je passai dans ma chambre. Cinq minutes me suffirent pour revêtir mon costume d'Ophélia ; et la discussion, chauffée par sir William, qui avait compris mon intention, durait encore lorsque tout à coup la porte s'ouvrit, et que, dans l'obscurité adroitement ménagée de la pièce voisine, j'apparus pâle et l'œil fixe, comme le spectre d'Ophélia.

Il n'y eut qu'un cri au salon, et chacun recula instinctivement devant moi pour me faire place.

La folie d'Ophélia et les scènes de Juliette au balcon étaient mon triomphe ; j'avais pu m'en assurer chaque fois qu'à Londres j'avais joué ces deux scènes. En France, j'avais à la fois un avantage et un désagrément : la chose était complétement nouvelle, et, par conséquent, devait produire un plus grand effet; mais aussi, peu de personnes comprenant la langue anglaise, il fallait que le jeu de ma physionomie fît deviner l'intention du poëte.

Par bonheur, cette splendide scène de la folie d'Ophélia n'avait pas besoin d'explication, tant la pantomime qui l'accompagne peut devenir parlante ; presqu'à chaque vers, j'étais interrompue par des applaudissements qui, au lieu d'augmenter l'effet, ne pouvaient que l'amoindrir.

Aussi Talma, allant au-devant de mon désir, supplia-t-il qu'on me laissât au moins accomplir, sans être interrompue, les différentes périodes que présente la scène.

Je le remerciai d'un signe de tête, et, sans m'interrompre, ni être interrompue, je continuai jusqu'à la fin de la première scène :

« Adieu, milady ! ma voiture !... »

Mais alors ce fut un véritable tonnerre d'applaudissements. Talma, tout en me demandant pardon de la familiarité, s'élança vers moi, déclarant que je n'étais pas le moins du monde l'ambassadrice d'Angleterre, mais mistress Siddons, voyageant incognito.

En conséquence de quoi, il me baisa la main.

J'avouerai une chose en passant : c'est que jamais grand seigneur, prince ou roi me baisant la main, ne me fit le plaisir, je dirai mieux, l'honneur que me fit Talma en ce moment.

Et sir William le comprit bien, lui si artiste, car il saisit de son côté la main de Talma et la lui serra avec une affection dans laquelle il entrait une part de reconnaissance.

Je m'échappai de la salle, au milieu des cris qui me rappelaient. On croyait la scène finie; mais Talma expliqua que la moitié seulement était jouée, et que celle qui restait était la plus pittoresque et la plus dramatique.

Je ne voulus pas laisser refroidir l'enthousiasme de mes admirateurs, et je reparus presque aussitôt avec mes cheveux dénoués, ma couronne de coquelicots et de folle avoine, et mes fleurs sauvages dans mon voile.

J'ai déjà dit une fois l'effet que je produisais dans ce rôle ; qu'on pardonne à mon orgueil de se répéter; ce sont les seuls triomphes qui ne m'aient pas laissé de remords; c'est le côté pur qu'il y avait en moi qui se faisait jour; c'était la flamme artistique qui me couronnait de son auréole.

Pourquoi Dieu n'a-t-il pas permis que je vécusse dans le monde de l'intelligence, au lieu de vivre dans le monde de la grandeur?

Il va sans dire que mon succès fut encore plus grand la seconde fois que la première. Il se termina par une véritable querelle que Talma fit au pauvre Ducis pour avoir défiguré l'*Hamlet* de Shakspeare, à ce point de n'avoir point osé y introduire les deux scènes que je venais de représenter. Ducis paraissait tout à fait converti à l'idée de Talma; mais il me parut qu'il aimait mieux laisser son *Hamlet* ainsi qu'il était que de le recommencer. Comme l'abbé Vertot, son siége était fait.

— Je vous l'avais bien dit ! je vous l'avais bien dit ! répétait Talma. Avec votre rage de tout arranger ! C'est comme mon monologue ; c'est comme le fameux *To be or nos to be*, que vous m'avez gâté. — Tenez, mon cher Ducis, voulez-vous voir ce qu'il était en anglais ? Regardez et écoutez.

A l'instant même chacun s'écarta de lui ; il mit un instant sa main sur son visage pour donner le temps à sa physionomie de se décomposer ; puis, laissant doucement glisser sa main, le front rêveur, l'œil fixe, la tête basse, il commença en anglais, avec un excellent accent, le fameux interrogatoire où la vie met la mort en demeure de lui avouer son secret.

Talma fut sublime. — Oh ! si j'eusse été libre, s'il m'eût été permis de briser ma chaîne dorée, comme je lui eusse dit : « Prenez-moi, enlevez-moi avec vous dans les hauteurs où vous planez, et ne me laissez retomber sur la terre, qu'appuyée à votre cœur. »

Hélas ! j'avais d'autres destins. Pardonnez-moi, mon Dieu, de n'avoir pas su choisir, ou plutôt de n'avoir pas su attendre.

A quoi bon dire le reste de cette soirée d'enivrement? Après vingt-deux ans, elle luit encore dans la nuit du passé, plus brillante que mes plus beaux jours.

Nous restâmes jusqu'au jour réunis, sans que personne, de neuf heures du soir à six heures du matin, eût songé une seule fois à écouter sonner l'heure.

XIII

Le surlendemain 30 avril, nous reçûmes de l'ambassade d'Angleterre des billets pour assister à l'ouverture, ou plutôt à la procession des états généraux à Versailles.

Notre départ était fixé au lendemain de cette cérémonie, c'est-à-dire au 5 mai.

Si les états étaient encore retardés une fois, nous continuerions notre route, sir William ne comptant pas prolonger plus longtemps son séjour à Paris.

Le 3 mai au soir, nous allâmes coucher à Versailles. L'ambassadeur d'Angleterre avait loué une maison pour la moitié de l'année, présumant que c'était là particulièrement que le pouls de la nation allait battre, et il nous avait donné deux chambres au premier étage de cette maison, située sur le chemin que devait suivre la procession.

Nous allâmes d'abord dans une tribune entendre la messe du Saint-Esprit. Je ne sais si beaucoup des assistants pensèrent à ces paroles de l'Ecriture : « Tu vas créer des peuples, et la face de la terre sera renouvelée. » Un peu avant la fin du *Veni Creator*, nous sortîmes pour aller prendre nos places sur la route de la procession.

Les larges rues de Versailles, toutes bordées de gardes-françaises et de gardes suisses, tendues des tapisseries de la couronne, ne pouvaient contenir la foule.

Tout Paris était à Versailles. Les portes, les fenêtres, les toits, les arbres même étaient chargés de spectateurs; les balcons, couverts d'étoffes brillantes, de châles de prix, servaient de loges à des femmes chargées de plumes et de fleurs. On eût dit qu'au moment de se jeter dans l'arène de la guerre civile, les femmes qu'allaient frapper les lois somptuaires de l'égalité avaient saisi cette occasion pour se montrer encore une fois dans toute leur toilette et dans toute leur gloire.

Il était évident qu'une grande chose commençait. Quel en serait le résultat? Tout le monde l'ignorait encore.

Nous vîmes d'abord apparaître, au bout de la rue, une masse noire : c'était le tiers état. Cinq cent cinquante députés, parmi lesquels trois cents légistes, avocats, magistrats; tous noms inconnus, ou à peu près, excepté un, connu par ses scandales. Faut-il que je sois franche comme toujours? C'était celui-là que j'étais venue voir surtout : Honoré Riquetti de Mirabeau.

La France et l'étranger avaient retenti de son nom; ses amours, ses rapts, ses adultères, ses prisons, formaient un roman plus émouvant, plus mouvementé, plus terrible, qu'aucun des romans rêvés par l'imagination des poëtes.

Je n'avais qu'une question : « Où est Mirabeau? où est Mirabeau? »

On me le montra.

De loin, je vis, rejetée en arrière, cette tête dominatrice, marquée d'une puissante laideur, secouant, à la manière des lions, une forêt de cheveux. C'était la société de l'époque tout entière réunie dans un homme. Je répète dans un homme, car les autres près de lui semblaient des ombres.

Je le suivis des yeux autant que je pus le suivre.

Son passage, ou plutôt celui du tiers, éveilla une tempête d'applaudissements et de bravos, qui cessa lorsque apparut la noblesse.

Tout au contraire du tiers état, remarquable par la simplicité et l'uniformité de sa mise, la noblesse, toute vêtue de soie et de velours, présentait un assortiment des couleurs les plus vives, rehaussées des broderies les plus éclatantes.

Je demandai les noms d'une vingtaine de ces illustres oseurs : aucun nom ne m'était connu. On me montra la Fayette, le héros de l'Amérique; je m'attendais à voir une de ces vigoureuses natures appelées par la Providence à soutenir, de la voix, de la plume ou de l'épée, les grands principes : je vis un jeune homme mince, pâle, ou plutôt blond et rose, qui ne donnait aucunement la mesure du rôle qu'il avait joué dans le passé et surtout de celui qu'il allait jouer dans l'avenir.

La noblesse passa. Le duc d'Orléans seul fut applaudi, mais applaudi frénétiquement; on savait faire peine à la reine, et l'on s'acharnait à la vengeance.

Depuis longtemps, c'était une guerre déclarée entre Philippe d'Orléans et Marie-Antoinette; on donnait à cette antipathie les sources les plus étranges; elle durait depuis huit ou neuf ans, et ne devait s'éteindre que sur l'échafaud, où ils montèrent à vingt-deux jours de distance l'un de l'autre.

Après la noblesse venait le clergé. Le silence était le même. Dans le clergé seulement semblaient être réunis les deux ordres que nous venions de voir passer séparés : noblesse et tiers état.

En avant, en effet, marchaient une trentaine de prélats en rochet, en robe violette.

Puis un chœur de musiciens.

Puis enfin, derrière les musiciens, deux cents curés, à peu près, avec leur robe noire de prêtre.

Ceux-là, le peuple, sans les applaudir, se rapprochait instinctivement d'eux. Ils étaient le peuple de l'Eglise, celui qui, dans les premiers âges, a non-seulement représenté le peuple, mais encore sauvegardé les libertés du peuple.

Depuis, peut-être, s'était-il un peu écarté de cette mission ; mais on ne demandait pas mieux que de lui pardonner ces écarts s'il rentrait dans le bon chemin.

Le roi, à son tour, obtint quelques applaudissements ; mais ils étaient loin de ceux prodigués à Mirabeau et au duc d'Orléans.

Puis vint la reine. Un changement terrible s'était fait en elle entre mon premier et mon second voyage à Paris ; au lieu de la charmante douceur de son visage, il y avait dans sa physionomie quelque chose de sec, de terne, d'ingrat.

On lui cria aux oreilles : « Vive le duc d'Orléans ! » et, au milieu des cris, un sifflet se fit entendre. Elle pâlit et pensa s'évanouir.

Mais, presque aussitôt, rappelant son courage, elle revint à elle, releva la tête, lança autour d'elle un regard de défi, plein de haine et de courroux, puis reprit son air habituel, dédaigneux et endurci.

La reine passée, je quittai la fenêtre et j'allai m'asseoir. J'éprouvais le même effet que s'il venait de m'entrer un morceau de glace dans le cœur ; on m'aurait dit : « Ce roseau de fer ne voudra point plier et sera brisé, » que l'on ne m'eût aucunement étonnée.

Nous nous reposâmes un instant ; puis, ayant vu ce que nous voulions voir, nous repartîmes pour Paris.

Pendant la route, sir William m'expliqua la situation. C'était une véritable lutte qui s'engageait entre le bas clergé, entre le tiers état et les prélats et la noblesse soutenus par le roi.

Toutes ces questions étaient trop graves pour que j'y arrêtasse longtemps mon esprit. Mon mauvais sort voulut que je fusse mêlée à la politique d'un autre pays ; mais j'y fus entraînée par un double sentiment : mon amitié profonde pour la reine Caroline et mon amour irrésistible pour Nelson. Le moment venu, ni l'une ni l'autre ne me seront une excuse, je le sais ; mais j'aime mieux, ayant un si terrible compte à rendre, le rendre au nom de mon amour et de mon dévouement qu'au nom de mon intérêt personnel.

Nous quittâmes Paris le lendemain 5 mai 1789. Nous prîmes la route de la Belgique et de la Suisse ; nous traversâmes le Saint-Gothard, nous descendîmes sur le lac Majeur, nous gagnâmes Livourne en poste, nous y trouvâmes notre felouque, et, le 20 mai, nous mîmes le pied à l'Immacolatella.

En rentrant à l'ambassade, sir William trouva un billet du roi conçu en ces termes :

« Le lendemain de votre arrivée, mon cher sir William, je vous attendrai à dîner entre nous au château de Caserte ; mais la reine, qui désire faire avec votre charmante femme une connaissance plus intime que l'on ne fait dans une présentation officielle, l'attendra entre onze heures et midi.

« Restez donc à vos affaires jusqu'à quatre heures ; mais envoyez-nous lady Hamilton, comme la colombe de l'arche, pour nous annoncer que vous avez mis pied à terre.

« Votre affectionné,

« FERDINAND B. »

Sir William répondit :

« Sire,

« La colombe sera chez vous à l'heure dite ; mais ne vous attendez point à ce qu'elle vous apporte le rameau d'olivier : je doute que, de longtemps, on puisse se livrer à la culture de ces arbres en France.

« J'irai à mon tour, à l'heure qui m'est assignée, remercier Votre Majesté de toutes ses bontés pour moi.

« J'ai l'honneur d'être, avec respect,

« De Votre Majesté,

« Le très-humble et très-obéissant serviteur,

« W. HAMILTON. »

Comme on le voit, mon triomphe était complet.

XIV

J'avais rapporté de France une foule de robes ; j'hésitai quelques temps pour savoir dans quelle espèce de toilette je devais me présenter chez la reine. Je m'arrêtai à la plus simple.

Une robe de satin blanc, une plume blanche dans les cheveux, un cachemire bleu clair sur les épaules, furent tout le luxe que je déployai.

A dix heures, je partais pour Caserte ; à onze heures, je descendais au pied du grand escalier.

Au premier étage, on m'ouvrit une porte donnant sur un corridor ; la reine m'attendait dans ses petits appartements.

Je n'ai pas besoin de dire à quel point le cœur me battait ; je me sentais pâle, tant mon sang se concentrait dans ma poitrine.

Enfin, après trois ou quatre portes ouvertes et refermées, on en ouvrit une dernière, et, au milieu d'un éblouissement, j'entendis le laquais qui me précédait prononcer ces mots :

— Lady Hamilton!

J'entrai sans rien voir; un brouillard s'était étendu sur mes yeux; je voulus faire une révérence, je chancelai et fus obligée de me retenir à un fauteuil.

Je sentis que l'on me soutenait par la taille.

— Qu'avez-vous, milady? me dit une voix bienveillante.

— Pardon, madame, balbutiai-je, l'émotion que me cause l'honneur tant désiré et tant attendu de me trouver devant Votre Majesté...

— Ah! mon Dieu! mais je suis donc bien imposante?

— Vous êtes reine, madame.

— Voilà ce qui vous trompe : je suis femme, et une femme qui cherche une amie. Cette amie, si vous me l'apportez, vous m'aurez plus donné que je ne pourrai vous rendre jamais. Ceci posé, asseyez-vous et laissez-moi vous regarder tout à mon aise.

Je fis un mouvement pour cacher ma tête entre mes mains.

— Voulez-vous bien me laisser voir ce joli visage, que je n'ai vu jusqu'ici que de travers ou à la dérobée!

Je jetai deux ou trois cris étouffés, et j'éclatai en sanglots.

—Ah! par exemple, s'écria la reine, je ne vous croyais pas folle à ce point! Voyons, faut-il que je vous fasse des excuses?

— Oh! madame, murmurai-je.

— Coquette! dit-elle. Tout au contraire des femmes qui s'enlaidissent en pleurant, elle sait que les larmes la rendent plus jolie encore. Voyons, il n'y a qu'une femme ici; il est donc inutile de faire *la civetta*. Laissez-moi vous essuyer les yeux, et causons.

La reine voulut, en effet, m'essuyer les yeux: je me jetai à ses pieds et lui baisai les mains.

— Voilà qui est déjà mieux! dit-elle, et quand je vous aurai embrassée sur les deux joues, nous serons quittes.

Et elle m'embrassa.

— La! maintenant, dit-elle, voilà les enfantillages finis, n'est-ce pas? Reprenez votre place près de moi, et soyons bonnes amies... à moins que vous ne vouliez pas, et alors ce ne sera plus de ma faute.

Je ne trouvai rien à lui répondre, et je lui souris de mon sourire le plus reconnaissant.

— A la bonne heure! me dit-elle en jouant avec mes cheveux, je n'aime pas les matinées qui commencent par la pluie.

— Oh! madame, balbutiai-je, qui m'eût jamais dit qu'une grande reine, que l'auguste fille de Marie-Thérèse...

— Chut! chut!... ou plutôt, à propos de reine, je sais que vous avez vu ma sœur à Versailles; dans sa dernière lettre, elle m'écrit que tout va au plus mal en France, qu'elle est très-souffrante et change à vue d'œil. Qu'y a-t-il de vrai dans tout cela?

— Hélas! Votre Majesté, je n'avais pas vu la reine de France depuis huit ans, et je dois avouer que, dans ces huit années, elle semble avoir dit adieu à tout le beau, à tout l'heureux côté de la vie.

— Et moi qui ne l'ai pas vue depuis dix-neuf ans, que serait-ce donc si je la revoyais? Pauvre Antoinette!

— Elle n'a cependant que trente-trois ans répliquai-je, et, à trente-trois ans, on est jeune.

— Pas quand on est reine, répondit Caroline en fronçant le sourcil. Au reste, si les affaires continuent de s'assombrir, ce sera à nous d'aviser. Maintenant, laissez-moi regarder votre toilette. Je ne sais pas si c'est vous qui allez bien à votre robe, ou si c'est votre robe qui vous va bien; mais ce qu'il y a de certain, c'est qu'elle est d'un goût charmant. Je veux m'en faire faire une exactement pareille; j'ai un cachemire bleu comme le vôtre, nous aurons l'air de deux sœurs.

— Oh! madame...

— Vous serez la cadette, bien entendu. Quel âge avez-vous? Vingt-trois ans?

— Un peu plus de vingt-six, madame.

— Votre visage a un inappréciable défaut, ma chère : c'est de mentir à votre avantage. Moi, c'est tout le contraire, j'ai toujours paru plus vieille que je ne suis. Vous n'allez pas me faire de compliments, n'est-ce pas?... Vous m'enverrez votre robe demain, c'est convenu, et j'en ferai tout de suite faire une pareille... Bon! qui vient nous déranger?... Ah! c'est le roi, je reconnais son pas.

— Le roi, madame? m'écriai-je en me levant. Je suis peu savante, comme vous avez pu le voir, sur les choses d'étiquette; que dois-je faire?

— Comment donc! vous devez rester. Sa Majesté, d'ailleurs, ne me fait jamais de longues visites; nos atômes crochus, comme disait feu M. Descartes, en sont encore à s'accrocher.

En ce moment, la porte s'ouvrit et le roi entra bruyamment.

Au reste, quand je dis le roi, il était bien heureux que la reine m'eût prévenue qu'elle *reconnaissait le pas du roi;* car, certes, je n'eusse pas reconnu le roi dans l'espèce de paysan qui faisait invasion chez Marie-Caroline.

Figurez-vous un homme encore jeune. de haute taille, assez bien fait, quoique ayant les pieds trop grands et les mains trop grosses, chaussé de souliers de chasse avec de grandes guêtres de cuir, vêtu d'un gilet de peau de daim et d'une veste et d'une culotte de velours, au teint hâlé, au front et au menton fuyants, au nez énorme qui lui donnait l'air, non pas d'un aigle, mais d'un perroquet, coiffé avec des oreilles de chien et une queue en salsifis, tenant à la main et par les pattes trois dindes qui se débattaient et qui gloussaient de leur mieux; ajoutez à cela des gestes communs, un accent vulgaire, et vous aurez une idée de ce qu'était le roi Ferdinand IV.

— Eh! bon Dieu! dit la reine, que vous arrive-t-il donc, monsieur? Je suis habituée à vous voir revenir de la chasse; mais, aujourd'hui, il me semble que vous faites mieux : il me semble que vous sortez du poulailler.

— Ah! ma chère maîtresse! dit Ferdinand, — c'était le nom dont il nommait sa femme dans ses moments de bonne humeur, attendu que c'était elle qui lui avait appris, ou à peu près, à lire et à écrire; — vous qui me dites toujours que, si je n'étais pas roi, je ne saurais pas gagner mon pain, voilà qui va vous prouver le contraire! Regardez-moi un peu ces trois dindes.

— Je les regarde.

— Faites-moi le plaisir de les tâter.

— C'est fait, monsieur.

— A votre tour, milady.

Et il me les présenta. Je ne savais que faire, j'hésitais.

— Tâtez, tâtez! dit-il. Comme vous en mangerez, il n'y a pas de mal à ce que vous vous assuriez qu'elles sont grasses. J'espère que nous avons à dîner, sir William?

— Il aura l'honneur de se rendre à l'invitation de Votre Majesté.

— Et il fera bien! Il mangera des dindes gagnées par moi.

— Mais enfin, monsieur, dit la reine avec impatience, finissez-nous donc l'histoire de ces malheureux oiseaux!

— Ah! vous pouvez bien dire la mienne; elle est assez intimement liée à la leur pour que nous ne les séparions pas l'une de l'autre. Imaginez-vous que je me promenais hier dans le jardin quand je rencontre une pauvre femme qui m'arrête et qui me dit :

« — Monsieur, on m'a dit de me mettre ici pour me trouver sur le passage du roi; croyez-vous que le roi passe bientôt?

« — Rien de plus probable, ma bonne femme.

« — Comment sera-t-il vêtu, pour que je puisse le reconnaître? »

J'avais envie de lui donner le signalement de San-Marco ou de d'Ascoli; mais je préférai pousser l'aventure jusqu'au bout.

« — Ecoutez, lui dis-je, comme le roi ne se promène pas tous les jours, et que vous pourriez l'attendre jusqu'à la nuit sans qu'il passât, faisons mieux : si vous avez quelque requête à lui faire tenir, je m'en charge.

« — Je vous aurai bien de l'obligation, dit la bonne femme; je ne suis qu'une pauvre veuve, et je n'ai que trois dindes, mais, si vous me tenez parole, je vous les donne.

« — Sont-elles grasses? lui demandais-je. »

Vous comprenez que je ne voulais pas acheter chat en poche.

« — Comme des oies, mon cher monsieur! me répond-elle.

« Alors, c'est marché fait. Venez demain avec vos trois dindes. Vous avez votre requête?

« — Oui.

« — Donnez-la-moi... Demain, je vous la rapporterai apostillée par le roi. Je vous rends votre requête, vous me remettez les trois dindes, et nous sommes quittes.

« — Donnant donnant?

« — Donnant donnant, cela va! »

Vous pensez bien que je n'ai pas manqué au rendez-vous. J'avais aposté un homme en sentinelle; aussitôt qu'il est venu me dire : « Il y a en bas une paysanne avec trois dindes, » je suis descendu; j'ai remis à la bonne femme sa requête apostillée par moi, et elle m'a remis ses trois dindes. Pauvre femme! j'ai bien peur qu'elle ne soit volée!

— Pourquoi cela?

— Parce que les juges n'auront pas grand égard à ma recommandation. Mais, cette fois, je suis décidé à faire, s'il le faut, un coup d'Etat pour qu'on rende justice à cette pauvre veuve... si ses dindes sont tendres, toutefois!

Et le roi sortit en éclatant de rire, tenant à la main ses trois dindes, qu'il alla porter lui-même aux cuisines.

La reine le suivit des yeux avec une indéfinissable expression de dédain, et, ramenant son regard sur moi :

— Vous l'avez vu, dit-elle; je n'ai pas autre chose à vous en dire.

Mes yeux, alors, s'arrêtèrent sur elle-même, et je la détaillai avec la plus grande attention.

Elle avait trente-sept ans, comme elle

avait dit : de sorte que déjà, chez elle, la beauté de la matrone succédait à celle de la jeune femme ; elle avait le teint blanc des femmes du Nord, des cheveux d'un blond admirable, des yeux bleus aptes à rendre toutes les expressions, depuis celles de l'amour le plus tendre jusqu'à celles de la haine la plus violente ; dans ce dernier cas, son visage était d'une dureté à laquelle on n'aurait pas cru qu'il pût atteindre. Le nez était droit et bien fait, et la bouche, quoique belle, était gâtée par ce prolongement de la lèvre inférieure particulier aux princes de la maison d'Autriche ; les épaules, les bras et les mains étaient magnifiques ; mais, il faut le dire, l'habitude de la majesté royale donnait à tout cela une raideur qui ôtait à la reine beaucoup de la grâce de la femme. Les Italiens ont créé un mot pour ce genre de grâce qui manque surtout en Italie : ils l'ont appelé *morbidezza ;* le charme nonchalant des créoles en donnera la plus complète idée.

Nous mangeâmes les dindes à dîner, rôties et en pâté. Elles étaient grasses, mais dures : cela tenait à ce que le roi n'avait pas voulu attendre quelques jours pour s'assurer de leur qualité.

Finissons-en tout de suite avec cette histoire de dindes.

Comme l'avait pensé Ferdinand, sa signature n'avait pas eu la moindre influence : le juge avait lu la recommandation, et, la regardant comme une de ces recommandations que l'importunité ou l'inadvertance arrachent aux souverains, il avait haussé les épaules et mis de côté la requête.

Il en résulta qu'au bout d'une quinzaine de jours le roi retrouva la veuve sur son chemin; elle lui fit une scène, l'accusa d'avoir abusé de sa bonhomie en lui faisant accroire qu'il connaissait le roi.

— Ecoutez, lui dit Ferdinand, revenez d'aujourd'hui en quinze jours, et, si votre procès n'est pas gagné, je m'engage à vous donner cent ducats pour chacune de vos dindes.

La bonne femme secoua la tête; il était évident qu'elle ne croyait pas plus au remboursement des deniers qu'au gain du procès, et elle grommela entre ses dents qu'il y avait comme cela des intrigants qui promettaient beaucoup, se faisaient payer d'avance, et ne tenaient pas leurs promesses.

Le roi prit le nom du rapporteur et écrivit au trésorier de la justice de ne pas lui payer son mois d'appointements qui devait écheoir le surlendemain, ordonnant que, s'il demandait une explication, on lui dît que, quand il aurait expédié le procès recommandé par le roi, il serait payé, mais pas auparavant.

Quinze jours après, le roi remettait à la bonne femme l'arrêt qui lui donnait gain de cause, et, en se faisant connaître, y ajoutait les trois cents ducats promis pour les trois dindes.

XV

Comme ma vie, pendant une période de dix ans, va se passer à la cour de Naples, je dois, pour l'intelligence des faits qui vont suivre, donner à mes lecteurs une connaissance plus complète des deux personnages près desquels je viens de les introduire, c'est-à-dire du roi Ferdinand et de la reine Caroline.

Je n'ai pas besoin de dire comment Charles III, tige des Bourbons de Naples, second fils de Philippe V et premier fils d'Elisabeth Farnèse, s'empara du trône des Deux-Siciles en 1734, et fut reconnu roi en 1735.

Lorsque son frère aîné mourut sans enfants, il fut appelé au trône d'Espagne, et dut se choisir un successeur.

Nous disons *se choisir*, parce qu'à cette occasion le droit de primogéniture dut être interverti, l'infant don Philippe, à la suite, dit-on, des mauvais traitements qu'il avait eu à supporter de sa mère, étant devenu idiot.

Il n'y avait donc point à penser à lui.

Le roi Charles III le laissa à Naples pour y mourir de sa maladie, reconnue incurable ; il emmena avec lui son fils Charles, prince des Asturies, qui, à sa mort, arrivée en 1788, je crois, devint roi sous le nom de Charles IV, et désigna comme l'héritier du royaume des Deux-Siciles son troisième fils, âgé de sept ans.

Avant de partir pour l'Espagne, il voulut lui choisir un gouverneur ; mais, comme à cause de son très-jeune âge, ce soin regardait plutôt la mère que le père, ce fut malheureusement la reine qui fit ce choix : elle mit la place à l'encan, et le prince de San-Nicandro, un des hommes les moins dignes d'un tel emploi, fut choisi pour le remplir.

Une des recommandations du roi Charles III fut celle-ci :

— Faites surtout de mon fils un bon chasseur; la chasse est le seul plaisir qui soit vraiment digne d'un roi.

Charles III mettait, en effet, la chasse au-dessus de tout, même du bonheur de son peuple.

Je ne citerai qu'une anecdote à ce sujet.

Ayant destiné l'île de Procida à la chasse particulière du faisan, il rendit un édit qui ordonnait l'extinction totale de la race des chats ; posséder un de ces animaux devint, à partir de ce moment, un crime que pouvait seule expier une peine afflictive et même infamante.

Un homme contrevint à l'édit, garda son chat, fut dénoncé, arrêté, convaincu, et condamné à être fouetté par le bourreau, à être promené dans toute l'île, portant à son cou la preuve de son crime, c'est-à-dire son chat, et enfin envoyé aux galères.

C'était dur, on en conviendra.

Qu'arriva-t-il ?

C'est que les taupes, les rats et les souris, délivrés des chats, leurs ennemis naturels, crûrent et multiplièrent librement et en telle quantité, que des enfants au berceau furent dévorés par eux. Alors, les Procidains, désespérés, prirent les armes, et, réunis en corps, résolûrent d'émigrer chez les puissances barbaresques, plutôt que de vivre sous un gouvernement si inique ; de sorte qu'en définitive Charles III fut forcé de révoquer son édit.

Passons à une autre anecdote qui montre le fanatisme du même roi Charles III pour ses chiens ; elle fera opposition à sa haine pour les chats.

Un officier du régiment des gardes italiennes était de garde à Caserte ; il était, en conséquence, vêtu de son uniforme de gala, et, vu la médiocrité de la solde, ce n'était pas sans peine qu'il avait acheté cet uniforme. Le roi Charles III passa, revenant de la chasse et suivi de sa meute. Un des chiens, couvert de boue, sauta contre l'officier, dans la bienveillante intention de le caresser, et souilla son uniforme ; sans égard pour l'intention, en voyant le dégât fait à son habit, l'officier écarta le chien d'un coup de pied ; le chien jeta un cri qui attira l'attention du roi. Charles III se retourna, regarda l'officier, et, marchant à lui :

— Ne sais-tu pas, race de punaise, lui dit-il, que l'animal que tu as eu l'indignité de frapper m'est plus cher que cinquante de tes pareils ?

L'officier, effrayé de se voir traité ainsi pour avoir donné un coup de pied à un chien, changea de couleur ; la fièvre le prit, il tomba malade et mourut le lendemain.

Revenons au jeune Ferdinand et à son précepteur le prince de San-Nicandro.

Je n'ai pas connu le prince de San-Nicandro, qui était mort lorsque je vins à Naples ; mais il n'y avait qu'une voix sur son compte, et l'éducation du roi confirmait l'opinion unanime : c'est-à-dire qu'il était indigne de l'honneur qui lui avait été fait par la reine.

Le prince de San-Nicandro était lui-même d'une ignorance crasse ; il n'avait lu de sa vie que l'office de la Vierge, bon livre, mais insuffisant à un homme chargé de l'éducation d'un roi. Or, ne sachant rien, il ne pouvait rien apprendre à son élève, qui, lorsqu'il se maria, savait à peine lire et écrire, et ne parla jamais que le patois napolitain. D'ailleurs, ayant reçu du roi Charles III l'unique recommandation de faire du jeune prince un bon chasseur, il croyait n'avoir pas à se préoccuper d'autre chose. De son côté, le vieux ministre toscan de Charles III, Tanucci, qui, pendant vingt-quatre ans, avait régné sous le nom de son maître, et qui avait été nommé chef de la régence du jeune prince, ne demandait pas mieux que de recevoir à sa majorité un roi imbécile, sous le nom duquel il continuerait de régner comme par le passé. Il ne donna donc aucun conseil sur l'éducation du jeune roi, si ce n'est celui de joindre le goût de la pêche à celui de la chasse ; de cette façon, se reposant d'un plaisir fatigant par un plaisir tranquille, le jeune roi n'aurait pas le temps de songer aux affaires de l'Etat.

La seule chose qui inquiétât le prince de San-Nicandro et dont il se plaignait avec une touchante mélancolie, c'était la trop grande bonté du jeune roi.

Aussi prit-il soin de corriger ce don du ciel, si rare chez les rois

Le prince des Asturies, auquel on ne pouvait reprocher les mêmes dispositions à la mansuétude, prenait un vif plaisir à écorcher des lapins vivants. Le prince de San-Nicandro vanta beaucoup cette distraction à son élève ; mais, voyant que celui-ci y répugnait par trop, il mit son imagination en travail et trouva une variante, consistant à placer le jeune prince, auquel on n'osait encore mettre un fusil entre les mains, derrière une porte trouée d'une chatière, et à rabattre des lapins sur cette porte. Armé d'un bâton, Ferdinand les guettait au passage et les assommait : c'était déjà quelque chose. A ce divertissement le prince de San-Nicando en joignit bientôt un autre : ce fut d'apprendre à son élève à berner des lapins, des chiens, des chats, des enfants, des paysans et des ouvriers sur des couvertures. Le roi Charles III, auquel on rendait compte de ces récréations de son fils, les trouva bonnes, et écrivit qu'il fallait seulement faire une réserve pour les chiens, animaux nobles puisqu'ils servaient à la chasse; et le jeune prince continua de berner les lapins, les chats, les enfants, les paysans et les ouvriers, qui, n'étant point des animaux nobles, n'avaient pas droit à l'exception.

C'est ainsi qu'un jour, ayant aperçu parmi les spectateurs un jeune abbé toscan, faible de corps et pâle de figure, Ferdinand eut l'idée de le berner, et donna tout bas des ordres à ses laquais, qui s'emparèrent de ce malheureux, le mirent sur une couverture et le bernèrent jusqu'à ce qu'il s'évanouît. Fou de honte en revenant à lui, le jeune homme se sauva à Rome, où il tomba malade et mourut au bout de deux mois. Il se nommait Marrighi.

Ce fut au milieu de ces amusements que grandit le roi, devenant intrépide chasseur, beau cavalier, pêcheur incomparable, lutteur de première force, faisant faire l'exercice d'abord à ses jeunes camarades avec des bâtons, dont il leur caressait les épaules lorsqu'ils faisaient quelque fausse manœuvre, et ensuite à un régiment qu'il organisa et qu'il appela ses Lipariotes, parce qu'en grande partie les jeunes gens qui le composaient étaient tirés de l'archipel de Lipari.

Il gagna ainsi, sans s'inquiéter le moins du monde des affaires du royaume, ses dix-sept ou dix-huit ans, c'est-à-dire l'âge de se marier.

Son mariage était dès longtemps arrêté avec la jeune archiduchesse d'Autriche Maria-Giuseppa, fille de l'empereur François Ier; mais, les portraits et les présents de noce échangés, les fêtes préparées sur la route que devait parcourir la jeune princesse, le jour du départ fixé, Maria-Giuseppa tomba malade et mourut.

Alors, à la place de celle qui venait de mourir si tristement, on désigna sa sœur cadette, Marie-Caroline, qui partit de Vienne dans le mois d'avril 1768.

La fleur impériale entrait dans son royaume avec le mois du printemps; étant née en 1752, elle avait seize ans à peine. Elle arrivait, portant avec elle les secrets de la cour d'Autriche, et chargée de diriger la politique de la cour de Naples dans le sens que lui indiquerait Marie-Thérèse. Sa mère, dont elle était la bien-aimée, pouvait se confier à elle. Caroline avait un esprit au-dessus de son âge; elle était plus qu'instruite, elle était lettrée; elle était plus qu'intelligente, elle était philosophe. Elle était belle dans toute l'étendue du mot, charmante quand elle le voulait.

J'ai dit ce qu'elle était à trente-sept ans, lorsque je la connus, et l'on peut juger par là de ce qu'elle devait être à seize.

Elle parlait et écrivait quatre langues : l'allemand, le français, l'espagnol et l'italien; seulement, lorsqu'elle s'échauffait en parlant, elle éprouvait un certain embarras de langue, qui produisait le bredouillement; mais ses yeux brillants et mobiles, mais la netteté de ses idées faisaient oublier cette petite imperfection.

Elle emportait avec elle, vers l'ardent Midi, tous les songes de la poésie brumeuse du Nord; elle allait voir ce pays fabuleux des sirènes, où naquit le Tasse, où mourut Virgile; elle allait cueillir de sa main le laurier qui croissait sur la tombe du chantre d'Auguste et sur celle du poëte de Godefroy. Son mari avait dix-huit ans; serait-il Euriale ou Tancrède, Nisus ou Renaud?

Pourquoi pas? N'était-elle point tout à la fois Vénus et Armide?

Elle trouva le roi que j'ai essayé de peindre, avec de gros pieds, de gros genoux, de grosses mains, un gros nez, parlant le dialecte napolitain avec des gestes de lazzarone.

Un article du contrat de mariage de la reine, que Tannucci avait laissé passer sans y faire attention, devait changer toute la face de la politique du royaume des Deux-Siciles.

Il disait : « Lorsque la reine aura donné à Naples un héritier de la couronne, elle aura le droit d'entrer au conseil. »

Il est vrai qu'elle fut six ans sans donner cet héritier; mais, à vingt-deux ans, Caroline n'en était que plus apte à servir les vœux de sa mère.

D'abord, la reine crut qu'elle pourrait refaire complétement l'éducation de son mari; et cela lui paraissait d'autant plus facile qu'après l'avoir entendue parler avec Tannucci et les rares personnes instruites de la cour, Ferdinand était resté stupéfait d'étonnement; incapable de distinguer la vraie science du bavardage, il s'écriait avec admiration :

— En vérité, la reine, c'est la science universelle!

Mais, bientôt, cette admiration se calma, et plus d'une fois je l'entendis s'écrier :

— Comment, étant si savante, la reine fait-elle plus de bêtises que moi qui ne suis qu'un âne!

Néanmoins, dans les premiers temps de son mariage, Ferdinand se soumit aux leçons que la reine voulut bien lui donner, et elle lui apprit à lire et à écrire à peu près régulièrement. Et c'est à ces leçons données par elle qu'il faisait allusion lorsque, dans ses moments de bonne humeur, il l'appelait *ma chère maîtresse*.

Mais ce qu'elle ne put jamais lui apprendre, ce furent les manières élégantes des cours du Nord et de l'Occident; ce furent ces soins de soi-même si rares dans les pays chauds, où ils sont cependant plus nécessaires que partout ailleurs; ce fut ce doux et gracieux babillage de la galanterie qui fait de l'amour une langue empruntée partie au parfum des fleurs, partie aux chants des oiseaux.

La supériorité de Caroline humiliait Ferdinand; la grossièreté de Ferdinand humiliait Caroline.

Nous verrons ce qui résulta de ces disparités de caractères et de cette opposition d'humeurs.

XVI

Voilà donc nos deux personnages face à face : d'un côté, la reine, belle, altière, gracieuse, distinguée, délicate, sensuelle, un peu pédante, facile à irriter, difficile à apaiser, méprisant son mari pour la vulgarité de ses paroles et la faiblesse de son esprit; de l'autre côté, le roi, gai, ingénu jusqu'à l'ignorance, libre jusqu'à la grossièreté, sans aucun soin de sa personne, sans aucune délicatesse dans ses procédés, ressemblant, non pas à un souverain, non pas à un prince, non pas même à un simple gentilhomme, mais à un lazzarone.

Une des choses qui faisaient le désespoir de la reine Caroline, et qui l'amenèrent à se priver presque entièrement du spectacle, fut la façon dont le roi s'y conduisait, se faisant, pendant les entr'actes, l'acteur de la canaille.

Entre l'opéra et le ballet, on lui apportait à souper dans sa loge; un des éléments de ce souper était toujours un plat de macaroni; le roi prenait ce plat, s'avançait sur le devant de la loge, et, aux grands applaudissements du parterre, avec les lazzis physionomiques et les gestes de Polichinelle, le grand mangeur de macaroni napolitain, il inglutissait le plat tout entier, se servant de ses doigts en guise de fourchette, et répondant par des saluts aux acclamations des spectateurs.

La reine crut d'abord avoir acquis sur lui un empire beaucoup plus grand que celui qu'elle avait en réalité et qu'elle acquit par la suite. Ayant un jour pris de l'humeur contre le duc d'Altavilla, favori de Ferdinand, elle accabla ce seigneur d'injures, et l'accusa de ne maintenir son crédit près du roi qu'en employant des moyens indignes d'un gentilhomme. Le duc, blessé dans sa dignité, se plaignit au roi des injures de la reine et lui demanda la permission de se retirer dans ses terres; le roi, irrité des procédés de sa femme, passa chez elle et lui fit de vifs reproches; mais elle, au lieu de l'apaiser, l'irrita encore davantage par ses réponses, si bien que la discussion se termina par un vigoureux soufflet dont la reine eut trois ou quatre jours la joue toute marbrée.

Alors, comme Achille, elle se retira sous sa tente; mais le roi tint bon, et force fut à la reine de s'humilier, et cela, au point d'être contrainte d'implorer la faveur du duc d'Altavilla pour rentrer en grâce. Ce fut l'empereur Joseph, lequel voyageait alors en Italie, qui, en arrivant à Naples, parvint à réconcilier les deux époux.

Pendant quelque temps, le roi s'affecta des dédains de la reine; mais, bientôt, il résolut de s'en consoler en se passant d'elle; ce qui eut pour Caroline le désagrément de ne savoir comment ni à quel moment reprendre son influence sur son mari.

Très-grand chasseur, comme je l'ai raconté, Ferdinand laissait rarement passer un jour sans aller à la chasse. Il avait fait construire, dans chaque canton de ses forêts, de grandes chaumières dont l'intérieur offrait un ameublement simple et commode; lorsqu'il y entrait, sous prétexte de prendre quelque repos, il y trouvait toujours, dans le costume élégant des contadines des environs de Naples, quelque jolie paysanne qui attendait là le bon plaisir de Sa Majesté; seulement, il avait grand soin de recommander aux complaisants serviteurs chargés de le servir de se conduire avec tant de discrétion, que la reine ne pût pas être instruite de ce détail amoureux.

— Bah! lui dit un jour un valet de chambre à qui il avait donné son franc parler, à quoi bon tant de mystère, puisque, de son côté, la reine en fait autant, et, qui sait? même peut-être plus que vous?

— Tais-toi! tais toi! et laissons-la faire, dit le roi; cela croise les races.

Et, aujourd'hui que j'ai promis de ne rien cacher de la vérité, je dois le dire, le vieux valet de chambre ne mentait pas : la reine, dont le premier amant fut le prince de Caramanico, eut ensuite Acton et en même temps qu'Acton, — sans qu'Acton s'en préoccupât plus que Potemkin ne se préoccupait des amants de Catherine II, — et, en même temps qu'Acton, le duc della Regina, dont le nom semble, comme on le voit, prédestiné; et Pic d'Anceni, qui a, sinon inventé, du moins perfectionné les ballets en Italie. Comme la grande Catherine, elle voulait récompenser ses amants; mais, moins riche qu'elle, elle se ruinait, et, pour cette raison, se trouvait toujours sans un ducat.

Revenons au roi.

Outre ses haltes de chasse, le roi avait de temps en temps des goûts passagers pour des dames de la cour ou d'une autre condition. Caroline n'était point jalouse de son mari, que non-seulement elle n'aimait pas, mais qu'elle méprisait; toutefois, elle craignait qu'une femme, plus habile que les autres, ne s'emparât d'une puissance qu'à aucun prix elle ne voulait laisser échapper; dans certains moments alors, avec une adresse et une insistance toute féminines, la reine obtenait le secret de ces intrigues amoureuses et se vengeait de ses rivales. Ainsi, après quelques mois d'intimité avec la duchesse de Luciano, le roi avoua cette intrigue à Marie-Caroline; celle-ci fit exiler la duchesse dans ses terres. Indignée, la duchesse s'habilla en homme, et, se plaçant sur le passage du roi, l'accabla de reproches. Le roi, faible vis-à-vis d'elle comme il avait été faible vis-à-vis de la reine, avoua ses torts; mais la duchesse n'en fut pas moins obligée de se retirer dans ses terres, où elle était encore lors de mon arrivée à Naples.

Même chose arriva pour la duchesse de Cassano-Serra, quoique causée par des motifs absolument contraires. Ferdinand s'occupa d'elle; mais, malgré tous ses soins et toutes ses instances, elle refusa constamment de lui céder. Le roi se plaignit à sa femme de ces rigueurs, et la reine trouva moyen de faire exiler la duchesse de Cassano pour avoir été trop sage, comme elle avait trouvé moyen de faire exiler la duchesse de Luciano pour ne pas l'avoir été assez.

Hélas! la pauvre duchesse paya sa vertu deux fois plus cher qu'un autre eût payé ses fautes, et, par malheur pour elle, en 1799, elle était revenue de son exil.

Nous avons dit que le prince de San-Nicandro s'était astreint à faire de son élève le premier chasseur et le premier pêcheur du royaume, et cela, dans le but égoïste, inspiré de Tannucci, d'empêcher le jeune prince de prendre part aux affaires de l'Etat; en effet, lorsqu'il assistait au conseil, le roi y portait la préoccupation de la pêche et de la chasse au point de ne pas permettre que l'on mît d'encrier sur la table des délibérations, de peur que l'on n'eût l'idée de rédiger quelque arrêté qu'il serait obligé de signer. Il avait, pour ces occasions, fait faire une griffe qu'il appliquait ou laissait appliquer au bas des arrêtés pris en sa présence ou en son absence.

Ainsi, par exemple, quelques jours après ma première arrivée à Naples, j'y trouvai cette anecdote toute fraîche :

Le roi tenait à Caserte un conseil d'Etat; la reine, le ministre Acton, Caracciolo et quelques autres y assistaient. Il s'agissait d'une affaire de la plus haute importance. Laquelle? Je n'en sais rien. Au milieu de la discussion, on entendit frapper à la porte. L'interruption surprit tout le monde; quel était l'homme assez hardi pour venir ainsi se jeter à travers les délibérations d'un conseil d'Etat? Mais le roi avait reconnu la manière de frapper; il s'élança vers la porte, l'ouvrit et sortit. Bientôt après, il reparut avec les signes de la joie la plus vive.

— Messieurs, dit-il, je vous prie de terminer très-vite la discussion, parce que j'ai une affaire d'une bien autre importance que celle dont on s'entretient.

On leva la séance; le roi se retira de bonne heure et se coucha pour être le lendemain sur pied au point du jour.

Cette grande affaire était un rendez-vous de chasse; ces coups donnés à la porte du conseil étaient un signal convenu entre le roi et un piqueur, lequel venait l'avertir qu'une bande de sangliers avaient été vus dans la forêt au point du jour; on les avait détournés, et, pour les retrouver le lendemain, il fallait être prêt avant l'aurore.

Quelques jours plus tard, dans les mêmes circonstances, trois coups de sifflet se firent entendre dans la cour du château; c'était encore un signal entre le roi et son piqueur. Le roi interrompit le conseil, ouvrit la fenêtre et donna audience au messager. Celui-ci venait lui annoncer un vol d'oiseaux et lui indiquer l'endroit où ce vol s'était posé; aussi le roi, se retournant vers Caroline :

— Ma chère maîtresse, lui dit-il, préside à ma place, et finis l'affaire comme tu l'entendras; je te donne carte blanche.

Et, s'élançant hors de la chambre, il alla poursuivre son vol d'oiseaux.

Il existait entre le roi de Naples et le margrave d'Anspach une correspondance intime, suivie, hebdomadaire, sur tout ce qui était relatif à la chasse; chacun de ces princes tenait un registre exact où étaient inscrits, jour par jour, heure par heure, les hauts faits qui les illustraient.

Un même registre et une correspondance pareille étaient tenus entre le roi de Naples et le roi d'Espagne son père; or, souvent il arriva que des différends politiques brouillèrent les deux monarques;

mais, si brouillés qu'ils fussent politiquement parlant, jamais le registre cynégétique ne subit aucune interruption.

La liste des bêtes fauves sacrifiées aux plaisirs du monarque fut toujours régulièrement dressée; le menu gibier y était porté comme la grosse bête, depuis le faisan jusqu'au bec-figue. Dans une colonne d'observations étaient notées les difficultés qu'il avait fallu surmonter, les accidents qui étaient survenus, les personnes qui avaient accompagné le roi, et mention honorable était faite des prouesses par lesquelles ces personnes s'étaient distinguées.

Celui des deux registres qui était destiné au margrave d'Anspach était le registre préféré, par la raison infiniment simple que, si adroit que fût Ferdinand, il était moins bon tireur que Charles III, tandis qu'au contraire il était meilleur tireur que le margrave d'Anspach.

La plus douce flatterie dont on pût caresser l'oreille du roi était de lui dire qu'il tirait mieux que le margrave d'Anspach; ce qui était constaté par le nombre de pièces qu'avait tuées Ferdinand et qui surpassait le nombre de pièces tuées par le margrave; tandis que, si le nombre des pièces tuées par le roi Charles III l'emportait sur le sien, cela tenait, non pas à son adresse, mais à l'étendue et à la fécondité giboyeuse des forêts espagnoles.

Je rapporterai encore deux anecdotes qui compléteront le portrait que je viens de tracer du roi; puis je passerai immédiatement au récit des événements qui troublèrent le royaume de Naples et auxquels je pris part, bien plus par amitié pour le roi et pour la reine que par un sentiment d'antipathie raisonnée contre le peuple français et contre les patriotes italiens.

Le roi chassait dans une de ses forêts; une pauvre femme le rencontra. Elle ne le connaissait point et paraissait fort affligée. Sans avoir ni le cœur ni l'esprit de Henri IV, Ferdinand avait une sorte d'instinct pour les aventures populaires Il s'approcha de la bonne femme et l'interrogea; celle-ci lui répondit qu'elle était veuve, qu'elle avait sept enfants à nourrir, et, pour arriver à cela, ne possédait qu'un petit champ qui venait d'être dévasté par la meute du roi.

— Or, vous conviendrez, monsieur, ajouta la veuve en pleurant, qu'il est bien dur d'avoir pour souverain un chasseur dont les plaisirs sont une cause de larmes pour ses sujets.

Ferdinand lui répondit que ses plaintes étaient justes et que, comme il était au service de Sa Majesté, il ne manquerait pas de l'en informer.

— Oh! dites-le-lui, ou ne le lui dites pas, repartit la femme, je n'en espère ni plus ni moins. Il n'y a qu'un homme sans cœur qui puisse dévaster pour son plaisir le bien des pauvres gens, parce qu'il sait que les pauvres gens ne peuvent rien contre lui.

Cette déclaration de la veuve n'empêcha point le roi de l'accompagner jusqu'à sa chaumière et de voir par ses yeux le dégât qu'il avait causé.

Arrivé là, il appela deux paysans voisins de la femme, et les pria d'établir une estimation du dégât. Ceux-ci firent leur calcul, et l'évaluèrent à vingt ducats.

Le roi tira de sa poche soixante ducats et en donna quarante à la veuve, en disant qu'il était juste qu'un roi payât le double d'un particulier.

Les vingt autres ducats furent partagés entre les deux arbitres.

Un jour de la semaine, le roi donnait audience à Capodimonte, palais bâti par le roi Charles III, expressément pour la chasse des bec-figues; ce jour-là, tout le monde pouvait parvenir jusqu'à lui sans lettre d'audience; il ne s'agissait que d'attendre son tour; aussi les antichambres étaient-elles encombrées.

Un vieux curé des environs de Capodimonte, ayant une grâce à demander au roi, résolut de profiter de ce jour d'audience publique et de s'adresser directement à Sa Majesté.

Mais, comme il pouvait faire antichambre plus ou moins longtemps, il songea à prendre ses précautions contre la faim, et mit dans sa poche un morceau de pain et de fromage; non pas qu'il eût l'idée de manger ce morceau de pain dans l'antichambre: pour rien au monde il n'eût commis une pareille irrévérence! mais, comme il avait trois heures à faire à pied pour regagner son village, il comptait bien, son audience obtenue, s'arrêter à la première fontaine qu'il rencontrerait, y manger son pain et son fromage, les arroser de quelques gorgées d'eau, et, ses forces réparées, se remettre en route pour son presbytère.

Après trois ou quatre heures d'attente, le tour du curé vint; il entra.

Le roi était assis dans un fauteuil, et avait, couché à ses pieds, un grand épagneul qui était son favori à cause de la finesse de son flair.

A peine le prêtre eut-il paru, que le chien ouvrit les narines, souleva la tête, fit ses yeux tendres et remua la queue.

Toutes ces démonstrations amicales étaient adressées au prêtre, ou plutôt au morceau de fromage qu'il avait dans sa poche ; on sait l'irrésistible tendresse que les chiens de chasse ont pour ce comestible.

Aussi, au fur et à mesure que le prêtre s'approchait, faisant force révérences, le chien se soulevait et, de l'air le plus aimable, allait au-devant du curé.

Celui-ci, qui ne croyait peut-être pas les démonstrations du chien aussi amicales qu'elles l'étaient réellement, le voyait approcher avec inquiétude.

Cette inquiétude se changea en terreur quand il vit le chien passer derrière lui.

Mais ce fut bien pis quand, au milieu de l'exposition de sa demande, il sentit le museau du chien s'introduire insidieusement dans sa poche.

L'amour du roi pour les chiens était connu ; il ne s'agissait pas de se débarrasser par un coup de pied de l'épagneul favori du roi, et cependant celui-ci commençait à pousser l'indiscrétion jusqu'à l'importunité.

Quant au roi, il était dans la joie de son âme ; insensible à une fine plaisanterie, la grosse farce le réjouissait outre mesure.

Il interrompit le prêtre au milieu de sa harangue déjà suffisamment tourmentée.

— Pardon, mon père, dit-il, mais qu'avez-vous donc dans votre poche que mon chien tienne si fort à y regarder ?

— Hélas ! sire, répondit le prêtre avec hésitation, un simple morceau de fromage destiné à mon repas du soir, attendu qu'il est quatre heures de l'après-midi, comme vous pouvez voir ; que j'ai encore trois lieues à faire pour retourner à ma cure, et que je ne suis pas assez riche pour dîner à la ville.

— Par ma foi, vous dites vrai, reprit le roi, car voilà Jupiter — c'était le nom du chien — qui en est arrivé à s'emparer du fromage. Continuez donc votre demande, car il est probable maintenant qu'il vous laissera tranquille.

Le curé dit donc, tandis que Jupiter mangeait son fromage, ce qu'il avait à dire au roi, qui l'écouta avec la plus grande attention.

— C'est bien, dit Ferdinand quand le curé eut fini, nous aviserons.

Mais, contre les prévisions de Sa Majesté, Jupiter, après avoir mangé le fromage, semblait ne pas vouloir tenir le curé quitte du pain.

— Allons, allons, dit le roi, ne faites pas le sacrifice à moitié : videz complétement votre poche.

— Tout cela est bel et bon, sire, dit le prêtre ; mais mon dîner à moi ?

— Bon ! ne vous inquiétez pas de si peu ; le bon Dieu y pourvoira.

Le prêtre donna son pain et sortit.

Tandis que Jupiter mangeait le pain, le roi sonna.

— Retenez, dit-il, le prêtre qui vient de sortir, et donnez-lui un assez bon dîner pour qu'il reste une heure à table.

L'ordre de Ferdinand fut exécuté ; pendant cette heure, le roi retourna à Naples, et expédia l'affaire du prêtre ; de sorte qu'en rentrant à sa cure, déjà réconforté par un bon repas, celui-ci apprit qu'en outre la faveur qu'il avait été solliciter lui était accordée.

Je me suis fort étendue sur la chasse, ce qui m'a fait négliger la pêche. Un mot sur ce second amusement, dont le roi était presque aussi fanatique que du premier.

Dire que Ferdinand pêchait, ce ne serait rien dire : le vrai plaisir du roi n'était pas de pêcher, c'était de vendre son poisson lui-même. J'ai vu ce singulier spectacle, non pas une fois, mais dix fois.

Voici comment la chose se passait :

Le roi pêchait ordinairement dans une partie de la mer réservée, en face d'une petite maison qui lui appartenait, dans le quartier du Pausilippe. Lorsqu'il avait fait une ample capture de poisson, il revenait à terre, faisait porter son poisson sur la Marina, appelait les acheteurs, qui ne manquaient pas, comme on le présume, d'accourir à l'appel royal. Là, on mettait le poisson à prix comme sur la pierre du marché ; chacun pouvait enchérir, fût-ce d'un grain. Quand le roi trouvait que le prix était trop faible, il poussait lui-même, et, si le poisson restait pour son compte, il le gardait et on le mangeait au palais. Tout le monde, dans cette circonstance, comme toujours d'ailleurs, s'approchait du roi, pouvait lui parler et même le quereller ; ce que ne manquaient pas de faire, dans leur patois, ses bons amis les lazzaroni, qui ne prenaient pas la peine de lui donner de la *Majesté*, mais l'appelaient simplement *Nasone*, à cause de son nez, trois fois gros comme un nez ordinaire.

Cette vente était, en général, très-comique. Le roi vendait, comme je l'ai dit, le plus cher qu'il lui était possible, vantait son poisson, le prenait par les ouïes, le soulevait pour le faire voir, en souffletait ceux qui en offraient un trop bas prix s'ils se trouvaient à sa portée ; de leur côté, les lazzaroni lui répondaient par des injures, ni plus ni moins que s'ils avaient eu affaire à un marchand ordinaire ; ces invectives le faisaient rire à gorge déployée. La vente finie, tout trempé de l'eau de la mer, tout infecté de l'odeur du poisson, il revenait au palais, et, avant de se laver, avant de changer d'habits, venait tout raconter en riant à la reine, laquelle, selon l'humeur où elle se trouvait, l'écoutait patiemment ou le mettait à la porte en lui reprochant ces plaisirs grossiers, auxquels, cependant, elle eût été bien fâchée qu'il renonçât, puisque, grâce à ces plaisirs grossiers qui l'emportaient sur les affaires, elle gouvernait à son gré le royaume !

FIN DU TROISIÈME VOLUME.

I

La reine, comme je l'ai dit, m'avait demandé ma robe, pour en faire faire une pareille ; je la lui envoyai le même soir.

Trois jours après, son valet de chambre vint me prévenir que Sa Majesté était au palais royal et me faisait appeler en me recommandant de prendre mon cachemire bleu.

Il y avait dix minutes à peine qu'elle était arrivée de Caserte, et, pour que je ne la fisse pas attendre, elle m'envoyait chercher dans une des voitures du palais.

Je prévins sir William de ma sortie, et je me rendis immédiatement près de la reine.

Les appartements de Marie-Caroline étaient dans l'angle du palais le plus avancé vers la mer, et donnaient sur une terrasse toute couverte d'orangers et de citronniers.

Je trouvai Sa Majesté vêtue de la robe nouvelle qu'elle venait de faire faire sur le modèle de la mienne. Elle avait une seule plume blanche dans ses cheveux, son cachemire bleu était jeté sur un fauteuil.

Je voulus la saluer avec le cérémonial d'usage ; mais, après m'avoir attirée à elle et embrassée :

— Allons, vite ! vite ! dit-elle, à la toilette !

Je ne savais pas trop d'abord ce que signifiait l'invitation ; mais elle me fit voir ma robe posée sur un fauteuil, et je compris que la reine voulait se passer le caprice de nous voir habillées l'une comme l'autre.

C'était bien là, en effet, son intention.

Je lui demandai alors si elle voulait me permettre de passer dans un cabinet voisin pour y changer de robe.

Mais elle haussa les épaules.

— A quoi bon, dit-elle, de semblables cérémonies entre nous ?

Puis, comme je paraissais être assez embarrassée :

— Laissez-moi faire, ajouta-t-elle, je serai votre femme de chambre, et vous verrez que j'en vaux bien une autre.

J'étais tellement confuse, que je ne savais ce que je faisais ; je balbutiais, je tremblais, je me piquais les doigts avec mes épingles, j'essayais de me dérober aux mains de la reine.

— Mais est-elle folle ! disait-elle. Voulez-vous bien vous laisser faire ! Je vous l'ordonne.

Puis, pour me prouver que l'ordre, quoique prononcé d'une voix impérative, était une faveur nouvelle, en me le donnant, elle m'embrassa sur l'épaule.

Un frisson me passa par tout le corps.

J'étais si loin de m'attendre à de telles familiarités de la part d'une reine qui passait pour la femme la plus fière et la plus impérieuse de son royaume, que je croyais rêver. Je me demandais si elle était bien la fille de l'impératrice Marie-Thérèse, et si j'étais bien, moi, la fille d'une pauvre servante de village.

J'avais comme un éblouissement moral.

Bon gré mal gré, je dus me laisser faire. La reine m'aida à enlever la robe avec laquelle j'étais venue ; elle me passa ma robe de satin blanc, me coiffa d'une plume blanche, puis elle approcha nos deux têtes de la glace et y regarda un instant.

Alors, avec un accent demi-boudeur :

— Par ma foi, dit-elle, je fais là un sot métier. Décidément, milady Hamilton, vous êtes plus jolie que moi !

J'étais toute confuse, rouge jusqu'aux oreilles, et ne savais où me cacher.

— Votre Majesté, lui dis-je, me permettra de ne pas être de son avis. Je suis jolie, peut-être ; mais vous... Oh ! vous, vous êtes bien belle !

— Trouvez-vous cela, véritablement, et me le dites-vous sans flatterie ?

— Oh ! je vous le jure ! m'écriai-je du fond du cœur.

— Ainsi, dit-elle en jetant un coup d'œil sur ses magnifiques épaules, si vous étiez homme, chère lady, vous seriez amoureux de moi ?

— Mieux que cela, madame : je vous adorerais à genoux.

Elle secoua la tête en souriant avec mélancolie.

— Etre aimée est déjà chose rare, dit-elle, pour une reine surtout ! Ne demandons pas l'impossible... Et cependant...

Elle s'arrêta, poussant un soupir.

Je la regardai avec un intérêt auquel elle ne pouvati se méprendre.

— Et cependant?... répétai-je après elle.

Elle me jeta un bras autour du cou et me fit asseoir à son côté sur un sofa.

— Combien de fois avez-vous été aimée? me dit-elle.

— Votre Majesté me demande-t-elle combien de fois j'ai aimé ou combien de fois j'ai été aimée?

— Vous avez raison, ce n'est point la même chose. Je demande combien de fois vous avez été aimée.

— Une fois d'une tendre amitié, une fois d'un profond amour.

— Et lequel de ces deux sentiments vous a rendue le plus complétement heureuse?

— La tendre amitié, je crois.

— Et vous?

— Moi?

— Oui, vous... De tous vos adorateurs, quel est celui que vous avez le plus aimé?

Je souris.

— Dois-je répondre franchement? demandai-je..

— Avec moi, toujours!

— Un troisième qui ne m'aimait pas.

La reine fit un mouvement de tête, et, poussant un nouveau soupir:

— Voilà pourtant le vrai, dit-elle; voilà comme nous sommes, nous autres femmes! Moi aussi, ma pauvre Emma, j'ai sacrifié un amour vrai, un amour réel à un amour feint et ambitieux; j'en porte la peine. J'ai un mari que je n'aime pas, et, vous l'avouerai-je? que je ne puis pas aimer, et un amant que je méprise... Vous vous étonnez que je vous dise cela avec une pareille franchise; que voulez-vous! j'ai un instinct qui m'entraîne de votre côté; d'ailleurs, on crie la chose assez haut à Naples pour que le mérite de la confidence ne soit pas grand, et, selon toute probabilité, vous savez déjà depuis longtemps ce que je vous répète moi-même aujourd'hui.

— Ce que me dit Votre Majesté ne m'en touche pas moins.

— Ma Majesté est une triste Majesté, va! sous le rapport du bonheur; mais, en mettant le pied sur le sol de Naples, en apercevant l'homme auquel j'étais destinée, j'ai senti que j'étais condamnée.

— En effet, quelle différence, mon Dieu, entre le roi et vous! m'écriai-je.

— Tu viens de te charger de ma seule excuse, chère Emma. Toi, nature délicate, fine, exquise, te figures-tu mon désappointement? J'étais jeune, j'avais quinze ans à peine; on m'avait dit que j'allais régner sur la terre où était mort Virgile, sur le pays où était né le Tasse; que j'allais épouser un jeune prince de dix-huit ans, un petit-fils de Louis XIV, un arrière-petit-fils de Henri IV! J'arrivais, pour ainsi dire, l'*Enéide* d'une main, la *Jérusalem délivrée* de l'autre; j'arrivais avec toutes les espérances d'un cœur vierge, tous les songes d'un esprit nourri des ballades de notre vieille Allemagne! Je vis... Tu le connais, je n'ai pas besoin de te faire son portrait: une espèce de paysan illettré, ne parlant pas d'autre langue que son patois napolitain; un lazzarone du môle, mangeant son macaroni dans la loge royale; un pêcheur de Mergellina, vendant son poisson dans le langage des mariniers du port; un chasseur grossier, sans poésie; un coureur de paysannes, un sultan de village, qui s'est fait un harem de vachères! Ah! je t'en réponds, l'illusion ne fut pas longue. Un jour, je crus que je pouvais encore être heureuse. J'avais rencontré sur mon chemin un homme doué de toutes les qualités qui manquaient au roi: jeune, beau, élégant, spirituel, prince par-dessus le marché, ce qui ne gâtait rien...

— Le prince de Caramanico, fis-je sans m'apercevoir de l'inconvenance de mon interruption.

— Tu sais son nom? dit la reine.

Je rougis.

— Oh! ne rougis pas, me dit-elle. Celui-là, une reine pouvait l'avouer; il m'aimait véritablement, le pauvre Joseph! non pas comme l'autre, parce que j'étais reine; et, je le sais, il m'aime toujours.

— Mais, alors, qui empêche Votre Majesté de le revoir?

— On a eu soin de l'éloigner de moi.

— Faites-le revenir, rappelez-le... Oh! si j'étais reine, moi, et que j'aimasse un homme et détestasse mon mari, rien au monde ne m'empêcherait d'avoir près de moi celui que j'aime.

— Que la crainte de le tuer en le rappelant, n'est-ce pas? me dit la reine d'une voix sombre.

Je tressaillis.

— Et qui donc pourrait commettre un pareil crime? demandai-je.

— Celui qui a pris sa place et qui pourrait craindre qu'il ne la reprît.

— Votre Majesté a une pareille conviction, m'écriai-je, et elle garde cet homme près d'elle?

— Que veux-tu! dans les régions que nous habitons, il y a des piéges politiques; on est prise, il faut rester prise. Crier, c'est défendu; tout un peuple vous écoute et vous dit en vous riant au nez: « C'est bien fait! » Se plaindre... oui, c'est un grand soulagement; mais, pour se plaindre il faut une amie. Aussi, tu le vois, sans même savoir si j'ai une amie, je me plains.

— Oh! vous en avez une, madame! qui vous aimera, non point parce que vous êtes reine, m'écriai-je, prête à lui jeter les bras au cou comme à mon égale.

Je réprimai ce mouvement.

— Mais qui s'écartera de moi parce que je le suis, dit Caroline avec un triste sourire. Hélas! ma pauvre Emma, les régions du trône sont, comme les sommets des Alpes, stériles à une certaine hauteur : il n'y pousse plus rien, ni amitié ni amour.

— Vous voyez bien que vous vous trompez, madame, puisque cet homme vous a aimée, puisque vous dites qu'il vous aime encore, et puisqu'enfin, moi...

— Eh bien, toi?

— Moi, encouragée par ce que vous me dites, j'ose vous avouer que je vous aime aussi.

— Oh! j'ai souvent rêvé cela, une amie! Mais je n'ai trouvé que des complaisantes : la San-Marco et la San-Clemente, qui sont sans cesse à me demander pour elles; qui, lorsqu'elles ne me demandent pas pour elles, me demandent pour leurs amants, et qui, lorsqu'elles ne me demandent pas pour leurs amants, me demandent pour leurs maris... Sont-ce des amies, cela?

— Moi, madame, m'écriai-je, je n'ai rien à vous demander pour personne, ni pour moi ni pour mon mari, et, quant à un amant, je n'en ai plus, et j'ai même grand'peur de n'en plus avoir.

— C'est justement parce que tu n'as rien à me demander, ni pour toi ni pour les autres, dit la reine avec un sourire amer, que tu ne prendras pas la peine d'être mon amie.

— Oh! si, si! m'écriai-je ne pouvant plus résister à l'attraction qui me poussait vers elle, et en lui jetant, cette fois, les bras au cou; si, je vous jure!

— A la bonne heure, reprit Caroline, voilà un bon mouvement. Eh bien, je vais te récompenser en te montrant ce que je ne montrerais à personne : son portrait...

Puis, s'arrêtant :

— Plus tard, me dit-elle, dans dix ans, tu sauras cela, que, dans la vie d'une femme, fût-elle reine ou lavandière, il y a toujours un amour qui laisse une trace plus profonde que les autres. Cet amour, c'est souvent le premier. A chaque homme qui passe en réalité, ou qui repasse en souvenir devant ce miroir qu'on appelle le cœur, on secoue tristement la tête et l'on dit : « Ce n'est pas lui! » puis, peu à peu, le miroir se ternit et ne réfléchit plus aucune image; et cependant, lorsque l'on regarde derrière le brouillard étendu à sa surface, c'est lui, toujours lui que l'on retrouve là!

Je baissai la tête; le seul homme que j'eusse aimé ou cru aimer était sir Harry, et je sentais qu'aucun de ceux que j'avais connus n'avait laissé dans mon cœur cette trace profonde dont parlait la reine.

Étais-je donc destinée à ne plus aimer? ou n'avais-je pas encore éprouvé de véritable amour?

La reine alla à son secrétaire, chef-d'œuvre de Boulé, magnifique cadeau du roi Louis XVI, ouvrit un tiroir à secret, et revint près de moi, tenant à la main une petite cassette.

Cette cassette renfermait un médaillon dans son écrin, un paquet de lettres, des fleurs et des feuilles séchées.

Je souris; je songeais à cette reine altière, puissante, absolue; à cette femme que l'on accusait d'avoir un cœur de bronze ou même de n'en pas avoir du tout, ce qui était bien pis, et qui, comme une simple femme, comme une pensionnaire pleurant ses dernières vacances, comme une religieuse regrettant sa liberté, me montrait des fleurs et des feuilles séchées, des lettres et un portrait!

Le sceptre peut dessécher la main, la couronne peut brûler le front de la reine; mais il y a un coin du cœur où la femme reste toujours femme.

Je souris à cette nouvelle preuve de notre force ou de notre faiblesse, comme on voudra.

— Tu ris, me dit la reine, et tu trouves que je suis folle? Eh bien, ris plus fort, si tu veux : une portion de mon cœur est où il est; l'autre est avec ces lettres, ces fleurs et ce portrait. Souvent, lorsque j'ai supporté tout un jour un mari que je hais et un amant que je méprise, je m'enferme seule dans cette chambre, je tire ma chère cassette de mon secrétaire, je l'ouvre, et je me dis : « Cette feuille de laurier, nous l'avons cueillie un soir au tombeau de Virgile; la lune, qui se levait splendide derrière le mont Sant'Angelo, jetait de larges ombres sur le Pausilippe; nous étions perdus tous deux dans un de ces angles de ténèbres et comme retranchés du monde des vivants qui bruissait au-dessous de nous; onze heures sonnaient à l'horloge du couvent de Sant'Antonio; il était à mes genoux comme un berger de Théocrite ou de Gessner, et me suppliait... Nous nous étions dit que nous nous aimions; mais je ne lui avais encore rien accordé, que la virginité de mon cœur... Au dernier tintement de la onzième heure, je cueillis cette feuille ; je l'appuyai sur mes lèvres, et j'abaissai ma tête vers lui ; sa bouche se posa sur l'autre côté de la feuille, dont l'épaisseur séparait seule ses lèvres des miennes ; je tirai tout à coup vivement la feuille, nos lèvres se touchèrent... Il jeta un cri, comme si un fer rouge lui fût entré dans le cœur ; je le vis pâlir, fermer les yeux et se renverser en arrière ; je le retins dans mes bras, je le rapprochai de mon cœur !... C'était par une belle soirée du mois de mai, le 7 ; la mer resplendissait comme un lac d'argent fondu ; Jupiter se levait au-dessus du Vésuve, rouge, comme s'il sortait du cratère... Ah ! pauvre feuille séchée ! Il y a quatorze ans que tu es cueillie, et tu vois cependant que je n'ai rien oublié ; chacune de ces plantes ou de ces fleurs est un jalon de nos amours et à son histoire comme cette fleur de laurier ; avec elles je pourrais recomposer le poëme tout entier de mon bonheur et de ma jeunesse. Cette branche de bruyère, je la portais à mon côté dans une nuit de folie. Le roi avait un régiment privilégié, qu'il appelait ses Lipariotes, parce que tous ceux qui le composaient, ou presque tous du moins, étaient tirés des îles Lipari. Joseph était capitaine de ce régiment. A cette époque, surveillée que j'étais par le vieux Tannucci, que je détestais et qui me haïssait, nous ne pouvions nous voir qu'avec mille dangers. Je fis naître dans l'esprit du roi l'idée de donner une fête à son régiment. Il fut convenu que nous nous déguiserions, lui en hôtelier, moi en hôtelière, et que nous hébergerions les officiers du régiment. On dressa deux tentes immenses, l'une à laquelle présidait le roi, en bonnet blanc, le tablier de cuisine noué à la ceinture, le couteau passé au côté ; il avait, pour garçons d'auberge, les principaux seigneurs de sa cour. Moi, vêtue du costume des femmes de Procida, le mouchoir rouge noué sur la tête, le corsage brodé d'or serrant la taille, la jupe courte d'écarlate laissant voir le bas de la jambe, j'avais, pour servantes, les douze principales dames de la cour. Caramanico vint s'asseoir à l'une de mes tables, et je pus m'occuper de lui en m'occupant des autres. Avec quel bonheur j'étais sa servante ; quand il buvait à la santé de la reine, comme je savais que c'était à celle de Marie-Caroline, et non à celle de la reine, qu'il buvait ! Je passais près de lui, ma robe frôlait son genou, mon bras son épaule ; je passais et repassais sans cesse, et j'avais toujours affaire dans cet étroit chemin, qu'il me faisait le plus étroit possible. La musique donna le signal de la danse. Comme un des principaux officiers du régiment, il avait le droit de m'inviter ; trois fois nous dansâmes ensemble. Il avait vu le bouquet que j'avais à ma ceinture, il profita d'un moment où il ne dansait point pour en composer un pareil ; il me le donna, je lui donnai le mien... Voilà le sien : c'est cette bruyère entourée d'œillets. Veux-tu voir la lettre qu'il m'écrivit le lendemain ? La voici, tiens, lis !

Je pris la lettre des mains crispées de la reine, et je lus :

« O ma Caroline bien-aimée ! me voilà donc retombé du ciel dans ce désert qu'on appelle la terre, quand tu n'y es pas ! Est-ce un rêve ? est-une réalité ? Une déesse, Hébé, ou Vénus, — je ne sais pas laquelle, toute deux sont blondes, toutes deux sont jeunes, toutes deux sont belles, — m'a servi l'ambroisie et m'a versé le nectar... Ne penses qu'à une chose, ma bien-aimée Caroline ; seulement, penses-y avec ton esprit, avec ton âme, avec ton cœur, avec tout ce que Dieu a mis en toi d'amour : penses à me donner une nuit, une de ces belles nuits étoilées de baisers qui restent dans ma mémoire, mille fois plus brillantes que mes jours. Hélas ! pourquoi es-tu reine ! pourquoi n'est-tu pas simplement et réellement une de ces belles filles de l'île grecque dont tu portais hier le costume ? Alors, il n'y aurait plus de palais gardé par des sentinelles, plus de corridors gardés par des dames d'honneur, plus de chambre gardée par un roi.

« Il y aurait une barque avec la mer sous nos pieds, le ciel sur nos têtes, un promontoire au doux nom qui s'appellerait Misène, un golfe aux amoureux souvenirs qui s'appellerait Baïa ; des forêts d'orangers où nous nous perdrions pour nous retrouver le plus tard possible, et qui s'appelleraient Sorrente ! Oh ! la vie avec toi, la liberté avec toi, le malheur avec toi, le la mort avec toi ! mais rien sans toi, pas même la gloire, pas même le bonheur, pas même une place à la droite de Dieu !

« Ton JOSEPH. »

Je laissai tomber la lettre en soupirant.

— Crois-tu qu'il m'aimait ? demanda la reine en la ramassant et en l'appuyant contre ses lèvres.

Je ne répondis pas.

— Oui, je comprends, dit-elle. Tu te demandes à toi, n'osant le demander à moi, comment, étant aimée d'un pareil homme, j'ai pu consentir à l'éloigner de moi ; tu te demandes comment, l'ayant aimé, j'en ai pu aimer un autre... Je n'en ai pas aimé un autre : j'ai été la maîtresse d'un autre, voilà tout. Que veux-tu! Cléopâtre, après avoir été l'amante du divin César, qui avait mis sa statue d'or au Capitole, a bien été la maîtresse de l'ivrogne Antoine... Ne parlons plus de cela, c'est ma souillure. Veux-tu voir son portrait?...

Elle ouvrit violemment, presque avec colère, l'écrin, et me mit une charmante miniature sous les yeux.

C'était le portrait d'un homme de vingt-huit à trente ans, à la physionomie plutôt sévère que tendre, avec de beaux cheveux noirs, des beaux yeux noirs, un beau teint pâle.

Il portait l'uniforme de capitaine des Lipariotes. Le portrait avait été commencé le lendemain de ce fameux jour rappelé par la branche de bruyère, glorifié par la lettre, et donné à la reine pendant cette nuit demandée avec tant d'instances.

En ce moment, on frappa à la porte.

— Qui est là? demanda vivement la reine en remettant, comme si elle eût craint qu'un regard profane ne les souillât, fleurs, lettres et portrait dans la cassette.

— Moi, madame, répondit une voix d'homme.

Les sourcils de la reine se froncèrent et donnèrent à son beau visage une incroyable expression de dureté.

— J'avais dit que je n'y étais pour personne, répondit Caroline.

— Pas même pour moi? demanda la voix.

— Quand je dis *pour personne*, répliqua la reine d'un ton rude, il n'y a pas d'exception.

— J'avais d'importantes nouvelles politiques à communiquer à Votre Majesté.

— Communiquez-les au roi; je lui passe pour aujourd'hui mes pleins pouvoirs.

— Cependant, lorsque Votre Majesté saura...

— Je ne veux rien savoir aujourd'hui, dit la reine impatiente et en frappant du pied.

— Votre Majesté est avec lady Hamilton?

— Je crois que vous m'interrogez! dit Caroline.

— Non, madame; mais sir William est venu pour prévenir milady qu'ayant reçu les mêmes nouvelles que moi, il partait pour Caserte.

— Il sait que milady est ici?

— Oui, Votre Majesté.

— Eh bien, qu'il aille à Caserte.

— Alors, je pars avec lui, continua la voix.

— Partez, monsieur.

On entendit le bruit des pas qui s'éloignait.

— Il allait me gâter ma journée! dit la reine.

— Cependant, madame, hasardai-je, si les nouvelles qu'on vous apportait sont réellement aussi graves qu'il semble...

— Aujourd'hui que je tiens son portrait d'une main, et que, de l'autre, je serre une amie sur mon cœur, répondit Caroline, je donnerais mon trône pour un carlin; à plus forte raison celui des autres!

II

On comprend que c'était du prince Joseph de Caramanico, alors vice-roi de Sicile, qu'il avait été question entre la reine Caroline et moi. Il était ministre du roi et amant de la reine lorsqu'il proposa, dans le but de créer une marine à Naples, d'appeler de Toscane le capitaine de frégate Jean Acton.

Pourquoi cet homme, à peu près inconnu et qui n'avait aucune aptitude supérieure, était-il choisi par le prince de Caramanico, qui était, lui, un esprit de premier ordre?

Tout n'est qu'heur et malheur en ce monde. Né à Besançon d'une famille irlandaise, Jean Acton entra dans la marine française, y subit des humiliations que l'on assura être méritées, et quitta la France en lui gardant une rancune qui devint plus tard une haine acharnée.

Cette rancune, il l'avait fait partager à la reine Caroline bien avant qu'elle eût eu les motifs trop légitimes de la mort de Louis XVI et de Marie-Antoinette. Un seul fait donnera une idée de cette haine d'Acton pour la France. Pendant une disette où l'on mourait littéralement de faim à Naples, il fit refuser un vaisseau de blé qu'envoyait Louis XVI, parce que ce vaisseau venait de France.

Dans une expédition contre les Barbaresques, expédition dans laquelle il commandait une frégate, il était le seul qui eût déployé une certaine intelligence, et, en côtoyant le rivage, il avait pu soutenir les hommes dans leur débarquement et les aider dans leur rembarquement. Le bruit de ce fait était arrivé jusqu'aux oreilles du prince de Caramanico; épris de la gloire d'un trône sur lequel était assise la femme qu'il adorait, il avait proposé Acton au roi: un signe de tête de la reine l'avait fait accepter.

Maintenant, comment le prince, si plein

de loyauté, d'élégance et de dévouement, fut-il remplacé par un simple officier irlandais, brutal, médiocre, sans jeunesse et sans beauté ? C'est un de ces mystères que l'amour ou le caprice accomplit, mais que l'intelligence n'explique pas.

La chose inexplicable arriva cependant. Jean Acton succéda au prince Joseph de Caramanico, qui fut envoyé ou plutôt exilé à Londres avec le titre d'ambassadeur, et qui, au bout de deux ou trois ans, retourna en Sicile avec celui de vice-roi.

Il était à Palerme au moment où la reine me faisait la confidence que je viens de rapporter.

On voit que le seigneur Jean Acton avait mal pris son temps de venir frapper à la porte de la reine en ce moment-là.

Cependant, comme si cette interruption eût suffi pour changer le cours de ses idées, Caroline referma la petite cassette, la reporta dans son tiroir, releva la tablette du secrétaire qui dissimulait ce tiroir, s'arrêta devant une glace, y donna un tour à ses cheveux, et, avec un accent d'indifférence et de légèreté affectées :

— Allons nous promener, dit-elle en tirant avec violence le cordon de la sonnette.

Un instant après, on gratta à la porte.

— Entrez! dit la reine en jetant son cachemire sur ses épaules.

— Votre Majesté oublie qu'elle a fermé la porte en dedans.

— C'est vrai... Ouvre, Emma.

J'ouvris.

La reine se retourna pour voir qui entrait.

— Ah! c'est toi, San-Marco? dit-elle. Nous soupons entre femmes ce soir : toi, la San-Clemente, Emma et moi. On allumera le boudoir rose et le petit salon; on préviendra nos habitués : Rocca Romana, le vieux Gatti, Maliterno, Pignatelli; mais pas de gens ennuyeux et sermonneurs, pas de diplomates. Termoli, s'il vient, sera le bienvenu.

— Faut-il l'inviter? demanda la marquise de San-Marco.

— Ma foi, non! Laissons quelque chose au hasard.

Puis, s'adressant à moi :

— C'est le fils de San-Nicandro, dit-elle, de l'idiot qui a fait l'éducation du roi. Il est si honteux de la façon dont son père a réussi, qu'il a pris le nom d'un de ses fiefs, Termoli. C'est d'un homme d'esprit; aussi ai-je décidé que la faute du père ne retomberait pas sur le fils, et lui ai-je pardonné... Mais Lemberg, sous aucun prétexte; pas de savants! Dans tous les pays du monde, ma chère, les savants sont ennuyeux; en Italie, ils sont assommants... Tu entends, San-Marco? dit-elle en se retournant; en somme, dix ou douze personnes au plus; de mes intimes.

Puis, m'emmenant par le grand escalier :

— Il y a mes intimes et ceux du roi, reprit-elle. Il est vrai que ceux du roi ne sont pas nombreux.

Nous descendîmes; une calèche nous attendait dans la cour, attelée de deux chevaux, sans autre distinction qu'une F. et un B. surmontés d'une couronne fermée : le cocher était en petite livrée.

La reine et moi, nous étions mises exactement l'une comme l'autre ; une robe de satin blanc, une plume blanche dans les cheveux, un cachemire bleu composaient toute notre toilette; la seule différence qu'il y eût entre nous, c'est que la reine avait les cheveux d'un blond d'or, et que je les avais châtain foncé.

Nous sortîmes du palais, nous tournâmes par la descente du Géant et Sainte-Lucie; nous passâmes devant le petit palais Chiatamone, une des maisons de plaisir du roi, puis nous descendîmes la rivière de Chiaïa et suivîmes la plage de Mergellina, jusqu'à la ruine que le peuple, qui fait toujours une popularité aux grandes débauches ou aux grands crimes, appelle le palais de la reine Jeanne, et qui est, en réalité, le palais d'Anna Caraffa, que le duc de Medina-Cœli, son époux, rappelé en Espagne après la chute du grand-duc Olivarès, laissa à moitié achevé, et qui est encore aujourd'hui comme il l'a laissé. Pour arriver là, nous avions passé devant une maison d'assez belle apparence, qui ne portait pas de numéros à cette époque, les maisons de Naples n'ayant été numérotées que cinq ou six ans plus tard, pour la plus grande facilité des visites domiciliaires; mais, en passant devant cette maison, la reine étendit le bras.

— Tu vois cette maison, dit-elle.

— Oui, Votre Majesté, répondis-je.

— Eh bien, c'est la maison de pêche de mon auguste époux. C'est là, sur la plage, qu'il vend le poisson qu'il a pris, avec un langage qui ne le cède en rien à celui de ses bons amis les lazzaroni. Tu n'as jamais vu ce curieux spectacle?

— Non, Votre Majesté, ni ne désire le voir.

— Tu as tort : cela te donnerait probablement de la majesté royale une tout autre idée que tu en as.

Et elle se rejeta au fond de sa voiture, avec un de ces mouvements d'impatience et de dédain comme elle n'en avait qu'en parlant de son mari.

C'était l'heure de la promenade. Il y avait une énorme affluence de voitures qui, selon la coutume, allaient jusqu'à l'extrémité de Mergellina, revenaient par la rivière de Chiaïa, remontaient la rue de Chiaïa jusqu'à l'église San-Ferdinando, puis suivaient la rue de Tolède jusqu'au Mercatello, et revenaient, faisant, comme si elles y étaient condamnées, toujours le même chemin. Il n'y a, en effet, qu'une promenade à Naples, si l'on peut appeler promenade un pavé poussiéreux et une rue qui, chauffée à cinquante degrés le jour, reste chauffée à trente pendant la nuit.

Durant toute la promenade, la calèche royale fut l'objet de la curiosité publique. J'étais encore peu connue à Naples, de sorte que cet honneur fait à une personne étrangère, à un visage nouveau, était un étonnement pour chacun. Quelques dames de la cour seulement, se soulevant dans leur voiture comme mues par une secousse électrique, s'écriaient, les unes : « Lady Hamilton ! » Les autres : « L'ambassadrice d'Angleterre ! » Deux ou trois s'écrièrent : « Emma Lyonna ! » tout court; ce qui prouvait malheureusement que, sous ce nom aussi, j'étais connue.

Nous croisâmes mon vieil adorateur l'évêque de Derry. Lorsqu'il m'aperçut dans la voiture de la reine, son visage s'éclaira d'un rayon de joie ; mais il ne parut nullement étonné. Il m'eût vue assise à la droite de Junon ou à la gauche de Minerve, qu'il eût trouvé que j'étais à peine à ma place.

Et à toutes ces exclamations, à tous ces étonnements, la reine souriait de son sourire altier, qui semblait dire : « Pourquoi pas, si tel est mon bon plaisir ? »

Nous rentrâmes à la nuit.

Près de la salle à manger, éclairée à *giorno*, et où la table était servie pour notre petit comité avec le même luxe que s'il y eût eu grand gala, était le petit boudoir dont avait parlé la reine; ce mystérieux réduit n'était éclairé que par une lampe d'albâtre répandant sa lumière laiteuse sur les meubles et les tapis ; les fenêtres donnaient sur la terrasse, et, à travers les feuilles des orangers, on voyait étinceler la mer, rougie des derniers feux du soleil couchant.

Marie-Caroline, en entrant, ne fit que traverser la salle à manger et m'entraîna dans le boudoir.

Je doute que la reine de la volupté, Vénus Astarté elle-même, soit à Cnyde, soit à Paphos, soit à Cythère, au temps où elle était aimée d'Adonis, et adorée par Périclès et Alcibiade, ait inventé quelque chose de plus suave, de plus parfumé que ce charmant nid de colombe, où la brise de la mer n'arrivait qu'à travers le feuillage fleuri des orangers. Evidemment, ce boudoir, qui semblait fait de nacre de perle et de feuilles de rose, n'avait d'écho que pour les douces paroles et les murmures du cœur; rien qu'à en respirer les émanations parfumées, on se sentait enveloppé dans les plus voluptueux courants magnétiques de la nature. Aussi, à peine y fus-je entrée, que j'éprouvai une émotion étrange, comme si quelque doux chant endormi en moi se réveillait tout à coup. C'était un enchantement pareil à celui que j'avais éprouvé cette nuit où sir Harry s'était approché de mon lit pour y prendre la place de son ami sir John. Tous les sentiments de mystérieuse langueur assoupis dans mon âme depuis mon mariage avec sir William, et que j'y avais crus morts et ensevelis, commencèrent d'y tressaillir et d'y palpiter de nouveau. Mes lèvres se séchèrent comme sous une haleine brûlante; mes yeux alanguis se fermèrent à moitié; ma poitrine se gonfla et je tombai à demi couchée sur les coussins en murmurant :

— Ah ! comment ne pas aimer ici!

En ce moment, la porte du boudoir s'ouvrit et nous entendîmes ces mots :

— Sa Majesté est servie.

— Viens ! dit la reine.

Et nous entrâmes dans la salle à manger.

III

Les dames de la reine, — celles qui passaient pour ses deux amies et qui n'étaient que ses confidentes, la marquise de San-Marco et la baronne de San-Clemente, — étaient en grande toilette de cour, ce qui faisait un singulier contraste avec nous. Elles étaient coiffées en poudre, avaient des fleurs dans les cheveux, du rouge et des mouches sur les joues, des tailles raides prises dans des corps d'acier. Pour la première fois je m'aperçus du côté ridicule de ces grandes toilettes. Les pauvres femmes avaient l'air de deux masques.

Et cependant toutes deux étaient belles, la marquise de San-Marco surtout; mais c'était la beauté sans grâce, sans flexibilité, sans charme.

La reine, au contraire, quoique déjà un peu épaissie par ses trente-six ans, était charmante ; on eût dit que, sous le coup d'une nouvelle désagréable qu'elle ignorait encore, mais qu'elle ne pouvait manquer d'apprendre le lendemain, elle avait hâte de voler au temps, aux événements, à la politique, quelques heures heureuses.

Elle fut aimable pour ces dames, mais adorable pour moi; elle m'avait fait asseoir à son côté, et, pendant tout le souper, elle me servit elle-même.

Habituée que j'étais à boire de l'eau ou à la rougir à peine avec des vins français, il me fallut, pour céder aux instances de la reine, goûter à tous les vins capiteux de la Sicile et de la Hongrie ; ces vins semblaient changer en flamme le sang qui coulait dans mes veines.

Avant la fin du dîner, ou plutôt du souper, on nous annonça que les quelques personnes dont la reine avait autorisé la réception étaient arrivées et attendaient au salon.

La reine fit ouvrir les portes, s'appuya à mon bras, et fit son entrée.

J'ai dit combien, ce soir-là, elle était plus belle que d'habitude. Elle semblait heureuse ; son front était calme, un sourire bienveillant courait sur sa lèvre, ordinairement si dédaigneuse.

En la voyant, un murmure d'admiration s'éleva, qui finit par des applaudissements.

Elle donna sa main à baiser à Rocca-Romana et à Maliterno.

Rocca-Romana, qui débutait dans la vie d'aventures qui a fait de lui le Richelieu de Naples, était encore un jeune homme, presqu'un enfant; il n'était pas au-dessous de sa réputation, c'est-à-dire qu'il était admirablement beau et d'une parfaite élégance.

On sentait l'homme né dans la plus pure aristocratie et destiné à vivre à la cour.

Maliterno était plus âgé et moins beau que lui ; sa figure était plus sévère et plus masculine, et, quelques années plus tard, en 1796, dans le Tyrol, un coup de sabre qu'il reçut à travers la figure, et qui lui creva un œil, donna à sa physionomie un aspect plus sombre encore.

Quant au docteur Gatti, je crois en avoir déjà parlé ; c'était un courtisan à l'échine flexible, qui, grâce à son titre de médecin, entrait partout, non pas pour faire de la médecine, mais pour faire de l'intrigue. La reine avait pour lui une médiocre tendresse, et cependant lui concédait une certaine influence.

Le prince Pignatelli, qui acquit depuis une grande célébrité comme vicaire général du royaume, lorsque la famille royale abandonna Naples et s'enfuit en Sicile, était alors un homme de trente-deux à trente-quatre ans, sans aucun trait remarquable ni dans le caractère ni dans la physionomie ; c'était un de ces ministres complaisants et sans résistance, comme les mauvais génies des peuples en placent près des rois aux jours des révolutions, pour suivre trop exactement les ordres que les rois leur donnent.

En voyant la reine si radieuse, toutes les figures se mirent à l'unisson de la sienne.

La reine me présenta successivement les sept ou huit familiers du palais royal qui s'étaient rendus à son appel, et dont j'ai nommé les principaux.

La reine, comme toutes les Allemandes, aimait beaucoup la musique ; aussi le salon était-il garni de toute sorte d'instruments, dont les principaux étaient un clavecin et une harpe. La reine me demanda si je jouais de l'un ou de l'autre de ces instruments. Je jouais de tous les deux.

Je pris la harpe. Il était évident que j'allais faire le début le plus solennel que j'eusse jamais fait.

Quelques mois auparavant, on avait découvert à Herculanum un manuscrit renfermant des vers de Sappho.

Ces vers avaient été traduits en italien par le marquis de Gargallo, et mis en musique par Cimarosa.

Je dénouai mes cheveux, je les jetai d'un mouvement de tête sur mes épaules ; ils étaient abondants, très-longs, et, comme je n'avais jamais porté de poudre, très-fins et très-déliés ; ils tombèrent en ondoyant au-dessous de ma ceinture. J'essayai de donner, — et l'on sait que j'excellais dans la mimique, — j'essayai de donner à tous mes traits l'air d'inspiration de la poésie antique, et, après un prélude pendant lequel les applaudissements commencèrent d'éclater, je chantai les vers suivants sur de simples accords :

Fille de Jupiter, ô Vénus immortelle !
Qui sur ton trône d'or gouvernes l'univers,
Ne livre point mon âme à l'angoisse cruelle,
Vénus! perle divine éclose au sein des mers!

Au lieu de m'être hostile, ô déesse ! au contraire,
Comme autrefois des cieux à ma prière accours,
Et quitte le palais azuré de ton père,
Toi qui d'Eros, ton fils, connais tous les détours.

Ainsi que je te vis, que je te voie encore,
Pour venir à ma voix alors que, fendant l'air
Tes passereaux charmants, de leur aile sonore,
Faisaient voler ton char aussi prompt que l'éclair.

Aussitôt que tu fus sur la plage posée,
De ta bouche divine un sourire vermeil
Tarit mes pleurs ainsi que tarit la rosée
Un rayon matinal, sourire du soleil.

« Pourquoi m'appelles-tu ? demanda ta voix douce.
En quels désirs nouveaux s'égare ton ardeur ?

Quel mortel, attiré par ta main, la repousse?
Quel cœur refuse donc de répondre à ton cœur!

« Malheur à celui-là qui te fait cette injure,
O Sappho! car tes dons, qu'il refuse aujourd'hui,
Il les implorera demain, je te le jure,
Et c'est toi qui, demain, ne voudras plus de lui. »

Oh! viens donc sans retard, secourable déesse!
A ton pouvoir divin de nouveau j'ai recours.
Vénus! je crie à toi du fond de ma détresse.
Je t'implore à genoux. Accours, Vénus! accours!...

Ai-je besoin de rappeler ici à mes lecteurs à quel degré de perfection j'étais arrivée dans ces sortes de représentations, moitié chantées, moitié mimées? Dès le premier couplet, je m'étais complétement identifiée avec mon personnage, et, par conséquent, emparée de l'esprit de mes auditeurs. Si les applaudissements ne m'interrompirent pas après chaque strophe, c'est que l'on craignait de perdre une note de ma voix, une vibration de l'instrument; mais, lorsqu'au dernier vers du dernier couplet, en tombant à genoux, les yeux au ciel, je jetai à la déesse cette supplication :

Je t'implore à genoux. Accours, Vénus! accours!

Il n'y eut qu'une exclamation dans laquelle on pouvait reconnaître autant d'étonnement que d'admiration.

Il était évident que je venais de produire un effet inconnu, une émotion ignorée, quelque chose de complétement nouveau, d'entièrement inattendu.

La reine, me releva, me serra contre son cœur, et m'embrassa.

— Oh! bis! bis! s'écria-t-elle; une seconde fois, Emma, je t'en prie!

Mais je secouai la tête.

— Majesté, lui dis-je, je dois mon succès à une surprise; du moment qu'il n'y aurait plus de surprise, il n'y aurait plus de succès. N'exigez donc jamais de moi que je me répète; mais je tenterai autre chose, si vous voulez bien.

— Tout ce que tu voudras; mais vite! vite! vite! nous avons hâte de t'applaudir. Avez-vous jamais vu quelque chose de pareil, Gatti? Avez-vous jamais vu quelque chose de pareil, Rocca-Romana?

La réponse, comme on le comprend bien, fut unanime.

Seulement, tout le monde s'unit à la reine pour me demander autre chose.

J'étais sûre de l'effet que je produirais dans la scène de folie d'Ophélia.

Je demandai à la reine un voile de tulle et des fleurs.

— Viens dans ma chambre, dit-elle, tu choisiras parmi tous mes voiles celui qui te conviendra. Quant aux fleurs, tu en trouveras tant que tu voudras sur la terrasse.

Nous passâmes, la reine et moi, dans sa chambre à coucher. Je pris un simple voile de tulle; puis nous allâmes ensemble sur la terrasse, la reine se mettant à ma disposition, et me disant :

— Veux-tu ce géranium? Veux-tu cette branche d'oranger? Veux-tu cette fleur de laurier-rose?

Ce n'était point tout cela qu'il m'eût fallu; ces fleurs de la civilisation et de l'aristocratie faisaient un contre-sens avec la folie simple et sauvage d'Ophélia. C'étaient des coquelicots, des bleuets, de la folle avoine que réclamait le texte shakspearien; du romarin, de la rue, que sais-je, moi? Les fleurs que l'on m'offrait étaient couronne royale, bonnes pour la fille de Marie-Thérèse, et non pour la fille de Polonius. Mais je commençais à n'être plus si difficile, et à prendre des diamants et des perles quand je ne trouvais pas autre chose.

La reine voulait rester pour m'aider dans ma toilette, mais c'était elle surtout que je tenais à impressionner; je la renvoyai donc impitoyablement de la chambre. Du reste, grâce à mon habileté dans ces sortes de changements à vue, à peine Caroline était-elle rentrée au salon et avait-elle repris place sur son fauteuil, que la chambre à coucher se rouvrait et que j'apparaissais dans l'encadrement de la porte, pâle, les yeux hagards, les lèvres crispées par la folie.

Si mes spectateurs étaient peu familiers, eux, descendant des Athéniens, avec la poésie de la muse de Lesbos, à plus forte raison étaient-ils étrangers aux chants du poëte de Straffort-sur-Avon; pas un, d'ailleurs, ne comprenait assez l'anglais pour entendre Shakspeare. Ce fut donc pour eux une simple scène de pantomime.

Mais que m'importait, à moi? n'était-ce pas dans la pantomime que j'excellais?

Je dois dire que jamais, je crois, même dans mes plus complètes inspirations, je n'atteignis à la hauteur où je m'élevai ce soir-là. Oh! j'étais véritablement la naïve Valentine d'Hamlet, la fille désespérée de Polonius, la sœur insensée de Laërte. Les répliques me manquaient, mais je suppléais à tout; la conviction où j'étais que l'on ne s'apercevait point des lacunes me soutenait, et peut-être même m'élevait encore. J'étais tout à la fois poëte et actrice; j'improvisais, là où manquait le vers; Shakspeare lui-même, j'en suis sûre, eût été content de moi.

Je n'essayerai pas d'exprimer l'étonnement de mes auditeurs; c'était la première fois, selon toute probabilité, que la poésie du Nord apparaissait pâle, les cheveux épars et lamentant ses douleurs, à ces organisations. La reine seule y retrouvait quelque chose des poëtes de sa nuageuse patrie.

A ma première sortie, on crut que tout était fini, et l'on voulut s'élancer vers moi pour me féliciter; mais je savais que c'était dans la seconde scène que m'attendait mon plus grand triomphe. Je m'arrêtai donc sur le seuil de la porte de la chambre à coucher, j'étendis le bras, et, comme si j'étais lady Hamlet ou Marie-Caroline, je dis ce seul mot :

— Attendez!

Et chacun retomba silencieux et haletant sur sa chaise.

Cinq minutes après, je rentrai avec un voile noir au lieu d'un voile blanc; j'avais parsemé mes cheveux de fleurs rouges de géranium et de quelques épis que j'avais trouvés dans une coiffure de la reine; en outre, j'avais utilisé cette espèce de flamme sensuelle dont j'étais dévorée : mes yeux brillaient de la fièvre la plus ardente, et leur éclat contrastait avec la pâleur de mon visage.

La reine se leva et s'élança vers moi pour me demander si je ne me trouvais point mal.

Mais, moi, souriant, moitié pour la rassurer, moitié parce qu'il était dans mon rôle de sourire, je commençai ma scène de folie, en lui faisant une révérence et en lui disant :

« Bonjour, prince! »

Puis, aussitôt, changeant de physionomie et d'intonation, avec des notes déchirantes, je commençai la lamentable complainte :

On l'enterra, sans voiler son front pâle,
Hélas! hélas! trois fois hélas!
Et tous les cœurs pleurent sa mort fatale

Alors après une pause d'un instant, où mon visage se détendit, passant peu à peu de l'expression la plus douloureuse jusqu'au sourire, je continuai gaîment par ces paroles :

« Adieu, mon tourtereau! »

Puis je retombai, par une gamme désespérée, au plus profond de la douleur pour murmurer :

En bas! qu'on le porte en bas!
Hélas! hélas! trois fois hélas!

On connaît cette scène sans pareille dans l'art, tant elle semble violemment arrachée à la nature; cette scène, que l'on a essayé d'imiter depuis sur tous les théâtres et dans laquelle Ophélie, arrachant les fleurs de ses cheveux et de sa poitrine, donne les unes à son frère, qu'elle prend pour son amant, en lui disant :

Pensé à moi, doux ami! Tiens, voilà des pensées,
Et puis le romarin, la fleur du souvenir.
Séparés, son parfum saura nous réunir!

Puis, se tournant vers la reine à son tour, lui donne les autres fleurs, en accompagnant chacune d'elles d'un de ces vers qu'il faudrait laisser dans leur langue primitive pour ne leur rien ôter de leur charme et de leur mélancolie :

Partageons entre nous, madame, cette rue :
Pour vous herbe de grâce, herbe de pleurs pour moi.

Voici de l'aucolie et du fenouil, je croi;
Et puis encor, tenez, de blanches pâquerettes...
Je voulais vous donner aussi des violettes
Mais toutes ont péri, tristement, tristement
Lorsque mon père est mort... mort, dit-on, saintement!

Et, en ce moment, ramenée à l'affreux malheur qui l'a frappée, absorbée tout entière dans sa douleur, ce n'est plus à personne qu'Ophélia offre ses fleurs; ce qui lui en reste, c'est pour la tombe de son père : elle les éparpille sur son voile, devenu pour elle un linceul; puis, comme si aucune idée ne pouvait se dérouler complète dans son cerveau, c'est alors qu'elle chante ces vers et cet air si naïf, que l'on croirait entendre l'écho d'une veillée de village :

Le bon petit Robin,
Il fait toute ma joie!

Après quoi, se brisant de nouveau, sa pensée revient à la cause de sa folie, à la mort de son père, elle laisse, du fond de son cœur, échapper cette plainte :

Ses cheveux, blancs comme neige,
Egalaient en douceur le lin...
J'ai vu le noir cortége...
Que Dieu protége
Le mort et l'enfant orpholin!

Le grand poëte a senti qu'arrivés là, les spectateurs n'en sauraient supporter davantage; aussi Ophélie, qui n'a plus qu'à mourir, sort-elle en disant :

Le ciel soit avec vous!

Dernier vœu du pauvre ange qui va rencontrer la rivière sur son chemin et qui s'y noiera en cueillant des fleurs.

L'effet auquel j'avais voulu atteindre était produit. Ma sortie fut accompagnée d'un cri échappé à toutes les poitrines, et le bruit des sanglots mêlés aux applaudissements me poursuivit dans ma chambre.

La reine s'y élança derrière moi, me prit entre ses bras.

Puis, entendant des pas qui s'approchaient de la chambre :

— Qui va là? s'écria-t-elle.

La personne importune, qui était ou la San-Marco, ou la San-Clemente, rentra au salon, ou plutôt ne fit pas un pas de plus vers la chambre.

La reine parut réfléchir un instant; puis, tout à coup :

— Tiens-toi là, dit-elle, et ne rentre pas au salon.

Je ne demandais pas mieux, j'étais brisée. Je me laissai aller sur un fauteuil. La reine s'éloigna, et je l'entendis qui disait :

— Notre Anglaise, pour la plus grande gloire de son poëte, et pour notre plus grand amusement à nous, y a été bon jeu, bon argent; de sorte qu'elle est tout simplement à moitié morte de fatigue. Je vous demande grâce pour elle. Bonsoir et bonne nuit, messieurs!

— Est-il au moins permis de l'applaudir? demanda Rocca-Romana.

— Oh! cela, tant que vous voudrez, dit la reine, et vous n'applaudirez jamais assez. Avouez que c'est merveilleux!

Il y eut un chœur d'applaudissements et de louanges, puis j'entendis les voix et les applaudissements s'éteindre peu à peu; la reine remercia ses dames d'honneur, qui lui offraient leurs services, et referma la porte derrière elles.

Quand elle se retourna, elle me vit soulevant la portière de soie du salon.

— Oh! me dit la reine, tu as chanté les strophes de Sappho commençant par ce vers :

Fille de Jupiter, ô Vénus immortelle!

Ce n'étaient point celles-là qu'il fallait me chanter, c'étaient celles qui commencent par celui-ci :

Assis à tes côtés, celui-là qui soupire...

— Je ne pouvais vous les chanter, chère reine, lui dis-je, je ne les sais pas.

— Eh bien, je les sais, moi, répliqua-t-elle, je vais te les dire.

Elle se laissa glisser sur un genou, et, couchée sur le tapis, à mes pieds, l'œil ardent de fièvre, attaquant les cordes de la harpe avec une espèce de délire, elle chanta, d'une admirable voix de contralto les vers suivants :

Assis à tes côtés, celui-là qui soupire,
Écoutant de ta voix les sons mélodieux,
Celui-là qui te voit, ô rage! lui sourire,
Celui-là, je le dis, il est l'égal des dieux!

Dès que je t'aperçois, la voix manque à ma lèvre;
Ma langue se dessèche et veut en vain parler...
Dans mes tempes en feu, j'entends battre la fièvre
Et me sens tout ensemble et transir et brûler.

Plus pâle que la fleur qui se soutient à peine,
Quand le lion brûlant la sécha tout un jour,
Je tremble, je pâlis, je reste hors d'haleine
Et meurs, sans expirer, de désir et d'amour!

Au moment où le dernier vers s'éteignait sur ses lèvres, au moment où les derniers sons de la harpe mouraient dans l'air, on gratta doucement à la porte.

— Que me veut-on encore? demanda la reine impatiente en se redressant sur un genou.

— Les gens et la voiture de lady Hamilton, répondit une voix.

— Qu'ils retournent à l'hôtel de l'ambassade, dit la reine; il n'est point besoin d'eux ici. Je garde lady Hamilton.

— Sir William Hamilton est à Caserte, dit-elle, et ne reviendra que demain!...

IV

La nouvelle qui, depuis la veille, était suspendue sur la tête de la reine, c'était la prise de la Bastille.

Certes, rien ne pouvait plonger Caroline dans une plus profonde stupéfaction; c'était comme si l'on fût venu lui annoncer que les Napolitains avaient pris le château Saint-Elme.

Cette nouvelle,— quoique l'on ne connût pas d'autre messager venant de France que celui qui l'avait apportée, et quoiqu'on eût retenu et enfermé le courrier au palais, — s'était répandue dans Naples et y avait produit une singulière sensation.

Lorsque, quelques années auparavant, la franc-maçonnerie en France, les illuminés en Allemagne, les swedenborgistes en Suède commencèrent à former des sociétés secrètes, la franc-maçonnerie avait fait quelques progrès dans l'Italie, et surtout dans l'Italie méridionale, la cour de Naples n'ayant point encore rompu avec la France pour se faire le satellite de l'Autriche. C'était au début des amours de la reine avec le prince de Caramanico que cette invasion maçonnique avait eu lieu, et la reine, qui cherchait toutes les occasions de se trouver avec son amant, l'avait poussé à se faire recevoir maçon; ce qu'il avait fait sans hésiter, et, elle-même, profitant de la loi qui permettait de fonder des loges de femmes, s'était déclarée vénérable d'une loge à laquelle plusieurs dames napolitaines étaient affiliées. Quant au roi, il avait toujours repoussé son admission, à cause des épreuves physiques et morales auxquelles il ne voulait pas se soumettre, n'étant pas sûr d'en triompher.

Puis, peu à peu, la reine s'étant faite plus libre, les amants ayant pu se voir autant qu'ils voulaient après la mort du ministre Tannucci, on avait laissé les loges maçonniques se réunir et faire tranquillement leur œuvre. Or, cette œuvre, on se le rappelle, était alors une vaste conspiration contre la royauté.

A cette époque, plusieurs hommes remarquables avaient apparu et avaient fait école en Italie.

C'étaient les héritiers de Vico-Genovese, Beccaria, Filangieri, Pagano, Cirillo, Conforti, et tous ceux enfin qui voulaient le triomphe des mêmes principes, c'est-à-dire le progrès marchant à travers le monde à la lumière de cette philosophie qui venait, en France, de se convertir en un incendie.

Tout ce qui, dans l'Italie méridionale, avait l'œil fixé sur la France, sachant d'avance que c'était de Paris que viendrait le mouvement, tressaillit de joie à la nouvelle de la prise de la Bastille.

On comprend que la cour de Naples éprouva une sensation tout opposée.

La Bastille prise, et prise sans siége, en un jour, en trois heures, par un peuple hier désarmé, aujourd'hui possédant trente mille fusils; la cocarde blanche, cet emblème de la monarchie des lis, changée en cocarde tricolore, emblème de la Révolution; Louis XVI adoptant cet emblème et le mettant lui-même à son chapeau; tout cela c'était de ces choses inouïes, inattendues, incroyables, qui devaient frapper et qui frappèrent la cour de Naples de stupeur.

Les relations politiques, grâce à la haine du ministre Acton pour la France, et à l'influence qu'il avait prise dans le conseil, étaient devenues froides et contraintes entre les deux royaumes ; mais les relations de famille entre Marie-Caroline et sa sœur étaient restées aussi tendres que jamais, et rarement il se passait quinze jours sans un échange de lettres, où les deux archiduchesses se racontaient leurs joies, leurs douleurs, et surtout leurs déceptions conjugales

Soit que le ministre Acton, dans son haineux instinct, devinât les événements qui allaient se passer en France, soit qu'il ne cédât qu'à ce sentiment vindicatif dont son cœur était plein, il exagéra plutôt qu'il ne calma les terreurs du roi Ferdinand, et lui fit prévoir le cas d'une intervention armée, dans laquelle Naples aurait un rôle à jouer ou une mission à remplir.

Il rencontrait, à ce propos, un puissant auxiliaire dans sir William Hamilton, qui poussait jusqu'au fanatisme son amour pour son frère de lait, le roi George, et pour l'Angleterre, sa patrie.

Quant à moi, en dehors de toute question politique, et fort ignorante des droits des peuples et du pouvoir des rois, je devais naturellement subir des influences et suivre aveuglément l'impulsion qui me serait donnée, surtout si cette impulsion venait d'un homme comme sir William, auquel chacun reconnaissait un esprit supérieur, et d'une femme comme Marie-Caroline, qui, dès le premier jour où je l'avais vue, avait exercé sur moi un grand empire.

J'entrai donc, à partir de ce moment, dans la haine et dans les sympathies des personnes qui m'entouraient, sans raisonner ces haines ni ces sympathies, qui devinrent chez moi des sentiments plutôt instinctifs que soumis à une règle ou à un calcul quelconque.

On comprend, au reste, que ces sentiments ne firent que se développer dans les personnes dont j'étais le reflet d'abord, et dont, par malheur, je finis par devenir l'agent.

Les nouvelles de France ne s'arrêtèrent pas à la prise de la Bastille et au changement de cocarde : on apprit successivement les troubles arrivés au banquet des gardes du corps, où la cocarde nationale avait été foulée aux pieds et la cocarde noire arborée, et les journées des 5 et 6 octobre, pendant lesquelles le palais de Versailles avait été envahi, deux gardes du corps tués, et le roi et la reine ramenés de force à Paris.

Cette dernière nouvelle rendit la reine Marie-Caroline fort triste; elle m'avait montré une lettre de sa sœur Marie-Antoinette, dans laquelle celle-ci lui faisait part d'un projet qui avait pour but ou de fuir hors de France, ou de reconquérir tout le pouvoir perdu par la royauté depuis le mois de juillet.

Ce projet devait mettre l'Europe en feu, et, par cela même, plaisait fort à l'esprit de Marie-Caroline, qui, en entrant dans la lutte contre la Révolution, entrait dans son véritable élément.

Voici quel était ce projet; on verra, par l'exposé que j'en vais faire en quelques lignes, que c'était l'idée première de la fuite à Varennes.

On devait attirer et réunir autour de Versailles neuf mille hommes de ce que l'on appelait la maison du roi; de ces neuf mille hommes, les deux tiers appartenaient à la noblesse, et, par conséquent, étaient des hommes dévoués.

On s'emparerait de Montargis, ville située à vingt lieues de Paris à peu près, et dans laquelle commandait le baron de Viomesnil, compagnon de guerre de La Fayette en Amérique, mais qui, par jalousie contre La Fayette, qui s'était fait constitutionnel, s'était fait, lui, contre-révolutionnaire.

Dix-huit régiments choisis parmi les carabiniers et les dragons, c'est-à-dire parmi les deux armes les plus royalistes, couperaient les routes et arrêteraient tout convoi de vivres se dirigeant sur Paris.

Le roi et la reine se retireraient à Montargis, et, de là, aviseraient à ce que l'on devait faire; probablement affamerait-on Paris, qui, une fois affamé, serait forcé d'en passer par où l'on voudrait.

L'argent ne manquerait pas: outre celui que le roi pourrait emporter de Paris, on comptait sur les dons volontaires; un seul procureur de bénédictins avait offert cent mille écus.

Marie-Caroline s'était écriée:

— Je donnerai un million, dussé-je vendre mes diamants!

Derrière cette offrande royale, j'avais bien humblement, au nom de sir William et au mien, offert 50,000 fr., qui avaient été acceptés.

Mais les journées des 5 et 6 octobre avaient rendu l'exécution de ce projet impossible.

Toutes ces nouvelles réagissaient sur la reine de Naples; elle avait le pressentiment qu'un jour, elle aussi, dans des circonstances pareilles à celles où se trouvait sa sœur, serait obligée, comme elle, ou de fuir, ou de courber la tête sous la volonté populaire.

Elle pensa que c'était l'heure de resserrer les liens de famille avec l'Autriche, et, par cette union, d'offrir à sa sœur Marie-Antoinette, de plus en plus dépopularisée en France, le seul point d'appui qu'elle pût invoquer contre son peuple, la famille.

La reine me témoignait une telle confiance, qu'elle avait non-seulement la bonté de me faire part de tous les événements, dont j'eusse, du reste, été instruite par sir William, mais encore de me consulter sur toute chose.

Deux de ses filles étaient en âge d'être mariées; il fut convenu, entre la cour de Naples et celle d'Autriche, qu'elles épouseraient les deux archiducs François et Ferdinand, tandis que le prince héréditaire François de Naples, duc de Calabre, qui, alors, avait à peine treize ans, épouserait, dès qu'il serait en âge de se marier, la jeune archiduchesse Marie-Clémentine, qui avait deux années de moins que lui.

De son côté, Marie-Antoinette correspondait activement avec son frère Joseph II, par l'intermédiaire de ses conseillers, qui, tous par malheur, étaient Autrichiens. Ces conseillers étaient l'abbé Vermond et le comte de Breteuil. L'ambassadeur d'Autriche à Paris, le comte Merci d'Argenteau, recevait les lettres de Vienne et envoyait à Vienne les lettres de Paris.

Le 20 février 1790, l'empereur d'Allemagne, Joseph II, mourut, et, quelques jours après, la reine apprit cette mort, à laquelle on s'attendait d'ailleurs depuis longtemps. L'empereur mourait phtisique, désespéré d'avoir régné sans gloire après le règne glorieux de Marie-Thérèse, et entrevoyant de son lit de mort les dangers qui menaçaient sa famille.

Le grand-duc de Toscane Léopold monta sur le trône; il avait la réputation d'un profond philosophe et d'un grand réformateur. La reine Caroline craignait que la philosophie de son frère n'allât jusqu'à laisser s'accomplir, sans s'y opposer, les événements qui se déroulaient en France.

Cette considération la détermina à faire un voyage à Vienne avec son mari. Le but apparent était de prendre avec le nouvel empereur, qui aimait beaucoup sa sœur Marie-Caroline, des dispositions pour les mariages de famille; le but réel était d'aviser aux moyens de sauver Marie-Antoinette, soit en l'aidant à fuir, soit en opérant une contre-révolution en France, soit en essayant, par le moyen d'une coalition, une intervention à main armée.

La reine ne pouvait se décider à me quitter; j'étais la seule personne, disait-elle, qu'elle regrettât à Naples. Elle me fit promettre de lui écrire trois fois la semaine.

Je lui avais offert de l'accompagner, et elle avait accepté avec reconnaissance; mais ma présence à la cour de Vienne, comme femme de l'ambassadeur d'Angleterre, au moment où se tramait à cette même cour une coalition contre la France, parut trop significative à sir William.

Il exposa ses raisons à la reine, qui les trouva justes et qui fut la première à me dire de rester.

Ce fut avec un véritable désespoir qu'elle me quitta, quelques jours après la mort de son frère. Elle me fit jurer de ne voir, en son absence, personne que mon vieil adorateur le comte de Bristol, à qui elle me remit en lui disant de lui garder son trésor; elle fit faire un portrait de moi, me donna un portrait d'elle, et, comme preuve suprême de confiance et d'amitié, me pria de lui garder sa cassette.

Puis enfin elle partit.

Partout où elle s'arrêta en route, elle trouva le temps de m'écrire, et, pendant tout le moyen de son séjour à Vienne, je reçus chaque semaine une lettre d'elle. Elle me racontait les fêtes du couronnement, auxquelles elle assistait, tant à Vienne qu'à Pesth, puisque, comme roi de Hongrie, l'empereur devait recevoir non-seulement la couronne impériale à Vienne, mais encore la couronne royale à Pesth. Quant aux choses politiques, c'est-à-dire quant aux mesures à prendre pour sauver Marie-Antoinette ou coaliser l'Europe contre la France, une seule ligne, en post-scriptum, y faisait allusion et ne contenait que ces trois mots : *Tout va bien.*

En effet, ce fut pendant ce voyage que Caroline, réunie à son frère, prépara la fuite de Varennes, et qu'il fut arrêté qu'une armée se tiendrait prête à soutenir le roi et la reine de France, aussitôt qu'ils auraient passé la frontière.

Le roi Ferdinand, à son retour à Naples, mettrait son armée en état d'agir conjointement avec l'armée autrichienne.

Enfin, dans les premiers jours d'avril, je reçus une lettre de la reine qui m'annonçait son retour; seulement, forcée de passer par Rome pour régler quelques affaires politiques avec le pape Pie VI, elle s'y arrêterait une semaine ; mais, aussitôt arrivée, elle me donnerait de ses nouvelles.

En effet, à peine arrivée à Rome, elle m'écrivit. La froideur qui avait, pendant quelques années, séparé la cour de Rome de la cour de Naples, et qui avait eu pour cause le refus fait par le roi Ferdinand, ou plutôt par le vieux ministre Tannucci, de payer le tribut de la hacquenée, cette froideur avait disparu devant le danger commun. Il fut arrêté entre les deux souverains que le tribut de la hacquenée resterait aboli, mais que seulement, lors de leur couronnement, les souverains de Naples, en signe de leur dévotion aux apôtres saint Pierre et saint Paul, offriraient une grosse somme d'argent au saint-père.

Dans la lettre qui m'annonçait son départ de Rome, la reine me disait le jour et l'heure de son arrivée à Caserte, où elle m'invitait à venir au-devant d'elle et à l'attendre, pour que nous nous revissions plus tôt, et surtout plus intimement.

Moi seule étais avertie de son retour; ses femmes et même ses enfants ne devaient la joindre que le lendemain.

Le roi continuerait son voyage jusqu'à Naples, et, tandis que la reine se reposerait à Caserte, il tiendrait conseil avec le chevalier Acton et sir William, pour lequel la cour de Naples n'avait point de secrets.

Pour faire preuve, de mon côté, d'une impatience égale à celle dont j'étais l'objet, j'avais devancé de beaucoup l'heure de l'arrivée de la reine, et je pus, lorsqu'on aperçut sa voiture sur la route de Capoue, la saluer de loin en faisant flotter mon mouchoir. La reine me vit et agita le sien pour me répondre. La voiture royale redoubla alors de vitesse, et je n'eus que le temps de descendre le grand escalier pour recevoir Sa Majesté dans mes bras.

Comme il était convenu, le roi continua sa route, et nous restâmes seules à Caserte, la reine et moi.

V

Grâce à la précaution prise par Sa Majesté, nous avions vingt-quatre heures à rester ensemble.

Marie-Caroline était radieuse. Outre le bonheur qu'elle disait éprouver à me revoir, elle arrivait avec l'assurance de l'empereur Léopold qu'une coalition, dans laquelle on espérait entraîner la Prusse, serait formée contre cette France qu'elle haïssait tant. Pendant son séjour à Vienne, elle avait été visitée par les émigrés, qui tous lui avaient représenté la France comme déchirée par dix factions diverses, et appelaient l'étranger à grand cris. Suivant eux, ce serait, de la frontière à Paris, une promenade qui n'aurait pas même le mérite du danger. Quant à Louis XVI et à Marie-Antoinette, tout était d'avance arrêté pour leur fuite ; le 12 juin, ils quitteraient Paris et, par la route de Châlons, de Verdun et de Montmédy, gagneraient la frontière, où les attendrait le roi de Suède Gustave, qui se mettrait à l'instant à la tête de l'armée destinée à marcher sur Paris.

Ce que la reine avait à faire d'ici là, c'était d'entraîner dans la coalition tous les petits princes d'Italie et le roi d'Espagne ; chose que l'on regardait comme facile, le roi Charles IV étant le frère du roi Ferdinand.

Marie-Caroline ne doutait point de réussir dans cette double opération politique, et elle goûtait d'avance la double joie de la haine satisfaite et de l'orgueil vengé.

Je ne sais si la reine avait autant de bonheur à descendre jusqu'à moi que j'avais de délices à monter jusqu'à elle : j'en doute. Il y a, dans les amitiés royales qui veulent bien oublier la dignité du trône, une singulière attraction, en ce que ces amitiés parlent non-seulement au cœur, mais encore à toutes ces fibres orgueilleuses qui, chez la femme surtout, correspondent aux ambitions les plus secrètes de l'âme. Pour nulle femme au monde, je n'eusse éprouvé ce sentiment profond et dévoué que j'éprouvais pour la reine, par cela même qu'elle était reine, s'appelait Marie-Caroline, était fille de Marie-Thérèse ; tandis que moi, qu'étais-je près d'elle, même en oubliant que je fusse Emma Lyonna pour me souvenir seulement que j'étais lady Hamilton?

Qu'on ne s'étonne donc pas que l'enivrement de cette faveur royale m'ait entraînée à de si grandes fautes, peut-être devrais-je dire à de si grands crimes. Hélas ! je suis une fille de l'orgueil.

Pendant que nous étions, la reine et moi, à Caserte, le roi réunissait le conseil, et, le lendemain de son arrivée, on y décidait que non-seulement on préparerait tout pour faire la guerre à la France, mais encore que l'on surveillerait scrupuleusement cet esprit révolutionnaire qui semblait vouloir se faire jour à Naples, et qui pouvait y causer les mêmes désordres qu'en France.

C'était une bien grande et bien dangereuse décision à prendre que celle de faire la guerre à la France, et cela, pour deux raisons : ni le roi de Naples ni le peuple napolitain n'étaient guerriers.

Les inclinations guerrières du roi s'étaient bornées jusque-là à une passion immodérée pour la chasse, et, si quelquefois, par hasard, il avait changé de but et détourné son fusil des cerfs, des daims et des sangliers, ses points de mire habituels, pour le ramener sur l'homme, gibier plus dangereux, il avait eu soin que ce fût sur quelque pauvre diable de paysan dont il s'amusait, pour faire preuve d'adresse, à abattre le chapeau à balle franche ; et encore, depuis que, dans une de ces expériences, au lieu de toucher le chapeau seulement, il avait touché le crâne et tué raide le malheureux qui avait eu à la fois l'honneur et la disgrâce de lui servir de cible, le roi avait renoncé à ce genre de divertissement.

Quant au peuple napolitain, à part quelques émeutes, dont la plus longue, celle de Masaniello, avait duré quatorze jours, il avait toujours eu, quoique courageux dans les luttes individuelles, un assez médiocre amour pour les batailles rangées. Les sept millions d'hommes qui le composaient à cette époque n'étaient aucunement exercés aux armes ; et, depuis les batailles de Bitonte et de Velletri, batailles auxquelles les Napolitains n'avaient eu aucune part, puisqu'elles s'étaient décidées entre les Espagnols et les Autrichiens, Naples n'avait pas entendu le bruit du canon. Or, la dernière, celle de Velletri, avait eu lieu quelque quarante-sept ou quarante-huit ans auparavant ; l'écho même du canon avait donc eu le temps de s'éteindre, et la génération actuelle se composait des petits-fils de ceux, non pas même qui avaient combattu, mais qui avaient vu combattre.

Maintenant, ce n'était pas sans raison que la reine soupçonnait les principes nouveaux proclamés en France d'avoir eu leur retentissement à Naples. Tout le *mezzo ceto*, formé particulièrement d'avocats, de médecins, d'artistes, de légistes, était imbu de ces principes. La jeunesse surtout, qui avait dévoré avidement les livres de Voltaire, les œuvres de Rousseau, les publications des philosophes, celles des encyclopédistes, et qui voyait ces mêmes livres, autorisés un instant, défendus avec sévérité et poursuivis avec acharnement, la jeunesse se demandait de quel droit, quand un peuple voisin marchait à la lumière, on voulait la maintenir dans les ténèbres.

Il est vrai qu'en opposition avec cette minorité progressive, libérale et éclairée, s'offrait, pour auxiliaires de la royauté, une noblesse qui n'avait d'autre gloire et d'autre espérance que les charges à la cour et les faveurs du roi ; un clergé corrompu et ignorant, qui voyait dans le triomphe des principes français la chute de sa puissance et la perte de sa fortune ; enfin, un peuple fanatique, sincèrement attaché à Ferdinand, non-seulement parce que Ferdinand était son roi par droit d'héritage, mais aussi parce que ce roi, familier et libéral à son égard, avait avec lui, par son langage vulgaire, par ses occupations communes, par ses instincts inférieurs, une ressemblance qui faisait, du fils de Charles III, non pas ce qu'il eût dû être, c'est-à-dire le premier des gentilhommes du royaume, mais le chef des lazzaroni du môle.

Il faut rendre cette justice au roi Ferdinand, qu'il faisait tous ces préparatifs de guerre auxquels le poussaient la reine, le chevalier Acton et sir William, sans conserver grande illusion sur les triomphes auxquels cette armée qu'il organisait était réservée ; mais il n'y avait pas à reculer : Ferdinand s'était engagé à jouer un rôle dans la grande lutte qui se préparait et il y avait une chose à laquelle il était bien décidé, c'était de n'y pas risquer imprudemment sa vie.

Cependant, le temps s'écoulait et on approchait du 12 juin, époque fixée pour la fuite du roi; la reine me parlait tous les jours de cette tentative désespérée de sa sœur et de son beau-frère, et elle ne se dissimulait pas que, sur ce coup de dé, ils jouaient le tout pour le tout.

Marie-Caroline, sans dire dans quel but, commanda, pour le 12 juin, des prières dans toutes les églises.

Cette étrange organisation réunissait les deux extrêmes : elle était à la fois superstitieuse et esprit fort, et les instincts dévots luttaient chez elle avec l'éducation philosophique.

Le 12 juin arriva; elle passa la journée presque tout entière à genoux, dans la chapelle du château, ne me permettant pas de l'y accompagner, de peur que, comme hérétique, je ne lui portasse malheur; mais, le soir, elle m'envoya chercher, me retint la nuit près d'elle, et passa une partie de cette nuit à suivre, sur une carte, cette fuite qui la préoccupait tant.

— A cette heure, ils doivent quitter les Tuileries, disait-elle. A cette heure, ils doivent être à Bondy. A cette heure, ils doivent être à Meaux. A cette heure, ils doivent être à Montmirail.

Elle ne se coucha qu'à cinq heures et ne s'endormit qu'à huit.

Dans la soirée arriva un courrier de France, porteur d'une lettre de Marie-Antoinette.

J'étais près de la reine quand cette lettre arriva; elle n'avait pas permis que je la quittasse de la journée. Elle ouvrit la lettre d'une main tremblante, et, à la première ligne, s'écria avec impatience :

— Comprends-tu, Emma? Ils ne sont point partis le 12!

Et, tirant son mouchoir, elle s'essuya le front; puis, continuant de parler en lisant :

— Mme de Rochereul, maîtresse d'un aide de camp de La Fayette, était de service près du dauphin jusqu'au 13 au soir; on a craint une dénonciation... C'est prudent, murmura-t-elle ; mais c'eût été mieux d'y penser plus tôt.

Elle lut de nouveau quelques lignes.

— Le départ est remis au 18, dit-elle. Encore huit jours d'angoisses!

Elle froissa le papier dans sa main ; mais, au lieu de le jeter, elle le mit tout froissé dans sa poitrine.

— Quel est le courrier qui a apporté cette lettre? demanda-t-elle.

— Celui que Votre Majesté a envoyé, il y a trois semaines, à la reine de France.

— Ferrari? s'écria-t-elle.

— Ferrari, oui, Votre Majesté.

— Faites-le monter, alors; il aura, sans doute, quelque chose à me dire de vive voix.

— En effet, il a recommandé que l'on n'oublie pas de dire son nom à Sa Majesté.

Un instant après, Ferrari parut.

C'était un homme de vingt-huit à trente ans, depuis huit ou dix ans déjà de service au château, très-vigoureux et très-excellent cavalier, qui faisait sans se reposer des traites de cent et de deux cents lieues. C'était lui qui, au retour du voyage de Vienne, avait couru devant la voiture royale pour faire préparer les chevaux. Marie-Caroline l'avait recommandé à sa sœur comme un homme auquel elle pouvait se fier entièrement.

Aussi, Marie-Antoinette, si bien gardée qu'elle fût par M. de La Fayette et son état-major, était parvenue à faire entrer Ferrari aux Tuileries, et on avait donné à celui-ci tous les détails sur la manière dont on comptait tromper la surveillance du général de la garde nationale.

Pour avoir une idée des difficultés que présentait la fuite, il faut d'abord savoir comment la famille royale était gardée.

La Fayette, répondant d'elle corps pour corps à l'Assemblée, avait pris toutes ses précautions.

Six cents gardes nationaux, tirés des différentes sections, montaient jour et nuit la garde aux Tuileries.

Deux gardes à cheval se tenaient constamment devant la porte extérieure.

Des sentinelles étaient placées à toutes les portes du jardin, et la terrasse de la rivière était garnie de factionnaires échelonnés à cent pas l'un de l'autre.

A l'intérieur, la surveillance n'était pas moins grande.

Il y avait des sentinelles jusque dans les issues qui conduisaient au cabinet du roi et de la reine, jusque dans un petit corridor noir pratiqué dans les combles, et auquel aboutissaient les escaliers dérobés consacrés au service de la famille royale.

Le roi et la reine, qui n'avaient plus de gardes du corps, ne sortaient que sous l'escorte de deux ou trois officiers de la garde nationale.

Or, au milieu de toutes ces difficultés, voici ce que le roi et la reine avaient imaginé :

La première dame du dauphin, celle dont on se défiait, quittait son service le 12, comme la reine Marie-Antoinette le disait dans sa lettre.

La petite chambre qu'elle occupait aux Tuileries allait rester vacante.

Cette petite chambre donnait sur un appartement vide depuis six mois, et qui était celui de M. de Villequier, premier gentilhomme de la chambre; il était vide, parce que M. de Villequier avait émigré. Cet appartement, situé au rez-de-chaussée, avait deux issues : une sur la cour des Princes, l'autre sur la rue Royale.

La reine disait qu'étant trop gênée, elle retenait pour sa fille, madame Royale, la chambre de madame de Rochereul, qui devenait vacante par la fin du service de celle-ci.

Quant à l'appartement de M. de Villequier, le roi, excellent serrurier, forgerait une clef à l'aide de laquelle on l'ouvrirait; si nombreuses que fussent les sentinelles, on avait oublié d'en mettre une à la porte de cet appartement; d'ailleurs, une fois onze heures sonnées, les sentinelles des cours étaient habituées, le service du château finissant à cette heure, à voir sortir beaucoup de monde à la fois.

On avait donc chance de sortir, au milieu de tout ce monde, sans être reconnu.

Une fois hors des Tuileries, un Suédois dévoué à la reine, M. de Fersen, se chargeait du reste. Il attendrait, déguisé en cocher de fiacre, au guichet de la rue de l'Echelle, et conduirait les fugitifs à la barrière de Clichy, où une berline de voyage commandée par lui attendrait, tout attelée, chez un de ses amis, M. Crawfort.

Le roi sortirait déguisé en intendant, c'est-à-dire portant un habit gris, une veste de satin, une culotte grise, des bas gris, des souliers à boucles et un petit chapeau à trois cornes.

Un valet de chambre du roi, nommé Hue, de la même taille que le roi, et dont le roi s'était attaché à imiter la tournure, sortait depuis deux ou trois jours, et continuerait de sortir jusqu'au soir de l'évasion, afin que l'on s'habituât à voir passer cet homme vêtu de gris.

M. le dauphin serait habillé en petite fille.

La reine, Mme Elisabeth, Mme Royale, sortiraient mêlées aux femmes de service, et, on l'espérait du moins, passeraient inaperçues dans le nombre.

Il fallait des passe-ports à tout ce monde. M. de Fersen s'était chargé de l'affaire : une de ses amies, Mme de Korff, allait quitter Paris; elle avait un passe-port pour elle, ses deux enfants, un valet de chambre et deux femmes de chambre; elle avait donné ce passe-port à M. de Fersen, qui l'avait remis à la reine.

C'est ainsi que l'on comptait sortir de Paris.

M. de Bouillé, homme de tête et de main, sur lequel le roi pouvait compter, avait sous son commandement toutes les troupes de la Lorraine, de l'Alsace, de la Franche-Comté et de la Champagne; il était chargé de faire explorer la route qui conduit de Châlons à Montmédy en passant par Varennes.

Des troupes échelonnées sur cette route et commandées par des officiers dévoués, attendraient l'arrivée du roi et lui serviraient d'escorte.

Un million en assignats avait été envoyé à M. de Bouillé pour faire face à toutes les dépenses.

Voilà où en étaient les choses, lorsque, le 13 juin au soir, Ferrari arriva à Naples. Il avait mis neuf jours à faire la route, et, par conséquent, était parti de Paris le 4.

La reine Marie-Caroline donna deux cents ducats à Ferrari, l'invita à aller se reposer, et lui dit de se tenir prêt à tout événement. Ferrari répondit à Sa Majesté que vingt-quatre heures lui suffiraient, et que, même avant ces vingt-quatre heures, elle pouvait disposer de lui.

VI

Pendant tous ces jours d'inquiétude qui suivirent l'arrivée du courrier, la reine exigea que je me tinsse près d'elle; pour tout le monde, elle était impatiente, brutale, violente ; pour moi seule, elle restait douce et bonne, car à moi seule elle disait ses craintes et ses espérances.

Le courrier de l'ambassade arrivait toutes les semaines. Le 16 était le jour de son arrivée. Le 16, pendant que nous nous promenions, la reine et moi, dans le vieux parc des ducs de Caserte, un secrétaire du ministère des affaires étrangères nous fut amené par un des huissiers du palais. De loin, la reine vit que ce secrétaire tenait une lettre à la main; elle se leva du banc où nous étions assises et marcha rapidement au-devant de lui.

Le jeune homme s'inclina et lui remit la lettre.

La reine l'ouvrit rapidement, la lut, fit un signe d'impatience et me la passa.

— Sa Majesté a-t-elle quelques ordres à me donner? demanda le jeune homme.

— Non, monsieur; je n'ai que des remercîments à vous faire.

Le jeune homme s'inclina et, en se reti-

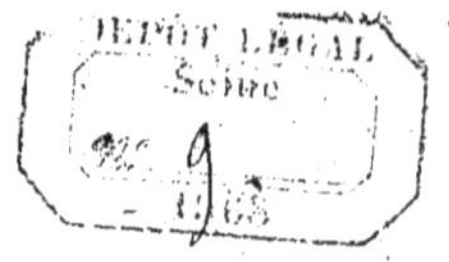

rant, demanda que l'huissier fût autorisé à lui donner un reçu de la lettre et à certifier qu'elle avait été remise à la reine elle-même.

L'huissier eut ordre de faire ce qui lui était demandé. Le jeune homme et lui s'éloignèrent.

La reine passa son bras autour de mon cou, et, lisant par-dessus mon épaule :

— Comprends-tu? dit-elle.

— Oui, répondis-je, parfaitement!

Et je lus tout haut :

« La chasse est remise au 21. On partira à minuit, pour arriver au rendez-vous au point du jour. Ce retard est causé par une lettre de crédit à toucher le 20 au matin. »

La lettre était sans signature; mais la reine reconnut l'écriture de sa sœur Marie-Antoinette.

— Comment! Votre Majesté ne comprend pas? demandai-je.

— Si fait! dit la reine. On ne partira que le 20 à minuit, au lieu de partir le 18, parce que c'est le 20 au matin que le roi touche son quartier de liste civile.

— Et de combien est ce quartier? demandai-je.

— De six millions.

— Dame, cela en vaut la peine, dis-je en souriant.

— Oui, répondit la reine, mais deux jours de retard encore! Qui sait ce qui peut arriver dans ces deux jours?

Puis, secouant la tête :

— Ah! ma pauvre Emma, dit-elle, j'ai de tristes pressentiments.

Il est à remarquer que la reine gardait tous ses chagrins pour elle et pour moi et n'en disait pas un mot au roi ni au ministre.

Les jours s'écoulèrent. Caroline n'allait point à Naples, elle ne quittait point Caserte et je ne la quittais pas. Sir William, pour lequel nous n'avions pas de secrets, et qui connaissait les inquiétudes de Sa Majesté, m'invitait lui-même à lui faire fidèle compagnie.

Pendant la journée du 20, elle ne put rester ni debout ni assise; on eût dit qu'à force de fatigues physiques elle essayait de chasser les préoccupations de haine. A partir de minuit, son agitation augmenta encore, s'il était possible.

Elle avait eu un instant l'idée de renvoyer Ferrari à Paris; mais elle avait compris que, quelque diligence qu'il fît, il n'arriverait toujours que le lendemain ou le surlendemain du départ de la famille royale; on avait donc gardé Ferrari pour un cas d'urgence.

Elle espérait qu'au moment du départ, le roi ou la reine lui aurait envoyé un courrier pour lui annoncer ce départ; dans ce cas, ce courrier était attendu pour le 29 juin.

La journée du 29, celle du 30, et la matinée du 1er juillet s'écoulèrent sans nouvelles; mais, le 1er juillet, vers les onze heures du matin, sir William arriva en personne et me fit demander.

La reine, pour qui tout était un sujet d'inquiétude, me pressa de descendre.

Sir William m'attendait dans un petit salon du rez-de-chaussée. Au premier coup d'œil, je vis sur sa physionomie qu'il était porteur de mauvaises nouvelles.

— Qu'y a-t-il? lui demandai-je en anglais.

— Le roi et la reine ont été arrêtés dans une ville nommée Varennes, me répondit sir William, et, à cette heure, ils doivent avoir été ramenés à Paris.

— Vous dites, sir William?

Je me retournai; la reine, impatiente, et se doutant de quelque malheur, était debout au seuil de la porte. Elle m'avait suivie et elle avait entendu, sans la comprendre, la phrase de sir William; mais, à l'intonation avec laquelle il la prononçait, elle avait deviné qu'il ne m'annonçait rien de bon.

Elle avait fait la question en français.

— Madame, répondit sir William, j'annonçais un grand malheur à milady.

— Ma sœur a été assassinée! s'écria la reine.

— Non, madame! Dieu n'a point permis un pareil crime. Votre sœur vit, mais elle a été arrêtée dans sa fuite et ramenée prisonnière à Paris.

— Prisonnière! ma sœur! On a osé porter la main sur une personne royale?

— Votre première pensée, madame, avait bien été qu'elle était assassinée.

— Je comprends que l'on assassine une reine : il ne faut pour cela qu'un fanatique ou un fou; mais, pour qu'on l'arrête, il faut une rébellion ouverte, il faut un soulèvement populaire, il faut une révolution.

— Comment Votre Majesté appellera-t-elle ce qui se passe en France, si elle ne l'appelle pas une révolution?

— J'espère au moins que, si la reine est prisonnière, c'est dans son palais?

— Nous ne savons rien encore, madame, sinon qu'à quarante ou cinquante lieues de Paris, dans une petite ville que l'on appelle Varennes, Leurs Majestés le roi et la reine de France ont été arrêtées. Un courrier m'est envoyé par l'ambassade d'Angleterre, porteur d'une dépêche qui n'en dit pas davantage. Au départ du courrier, le roi et la reine étaient déjà ramenés à Châlons, et trois représentants du peuple partaient de Paris pour aller au-devant d'eux et les protéger.

— Les protéger! s'écria Marie-Caroline. Trois avocats, probablement, protégeant le roi et la reine de France! c'est curieux!... Puis-je voir le courrier?

— Je l'ai amené avec moi, pensant que Votre Majesté désirerait peut-être l'interroger.

— Merci! Faites-le venir. Tu voudras bien me servir d'interprète, n'est-ce pas, Emma?

— Je crois qu'il parle français, répondit sir William.

— Cela n'est que mieux, dit la reine.

Cinq minutes après, le courrier était en sa présence.

Mais le courrier ne savait rien que ce qu'il avait entendu dire dans la rue. On lui avait raconté que, lorsqu'on avait appris la fuite du roi, on avait voulu tuer M. de La Fayette, que l'on accusait d'avoir favorisé cette fuite. Ce qu'il avait vu de sérieux, c'est que les Parisiens étaient furieux; ce qu'il pouvait affirmer, c'est que le roi avait tout à craindre lors de sa rentrée à Paris, si les plus grandes précautions n'étaient pas prises pour sa sûreté.

Tout à coup, en donnant ces détails à la reine, il se rappela qu'entendant crier dans les rues : *Arrestation du roi Louis XVI*, il avait acheté le journal où cette arrestation était racontée.

La reine tendit avidement la main; le courrier fouilla dans ses poches, et finit par tirer de l'une d'elles un numéro des *Révolutions de France et de Brabant*, de Camille Desmoulins.

La reine parcourut rapidement le journal; puis, le froissant entre ses mains avec une expression de rage impossible à décrire :

— Oh! les misérables! s'écria-t-elle; mais il vaudrait mieux qu'ils le tuassent dix fois, cent fois, mille fois, que de l'insulter ainsi!

Je lui pris le journal des mains et voulus le rendre au messager.

— Oh! lis! lis! dit-elle. Je veux que tu voies toi-même comment ces infâmes Français traitent leur roi.

Mes yeux tombèrent sur ce paragraphe :

« A quoi tiennent les grands événements! A Sainte-Menehould, ce nom rappelle à notre Sancho Pança couronné les fameux pieds de cochon! Il ne sera pas dit qu'il aura passé à Sainte-Menehould sans avoir mangé sur les lieux des pieds de cochon. Il ne se souvient plus du proverbe : *Plures occidit gula quam gladius*. Le délai de ces apprêts lui fut fatal. »

— De pareilles attaques ne méritent que le mépris, dis-je à la reine.

Mais elle, sans m'écouter :

— Et, en voyant traiter ainsi leur frère, s'écria-t-elle, tous les rois ne se lèvent pas et ne font pas vœu de marcher sur Paris et de ne pas laisser pierre sur pierre dans la ville maudite. O rois! famille de lâches! ne voyez-vous donc pas que c'est votre procès à tous que l'on vous fait là-bas?... Sir William!

— Madame? fit sir William en s'inclinant.

— Retournez-vous à l'instant à Naples?

— Si Votre Majesté le désire.

— Oui, je le désire; et vous pouvez me donner une place dans votre voiture?

— Ce sera un grand honneur pour moi, madame.

— Non, mieux que cela : partez; nous vous suivons dans un quart d'heure. Allez au palais, et dites, je vous prie, de ma part au roi de rassembler le conseil. Je veux parler à tous ces hommes; je ne vois pas que l'on se prépare à la guerre, et cependant, nous avons pris des engagements avec notre frère Léopold. Ce serait une honte qu'il fût prêt et que nous ne le fussions pas. Allez, sir William! allez! et tâchez de savoir si nous pouvons compter sur l'Angleterre.

En général, quand la reine parlait ainsi, il y avait une telle puissance dans sa parole, une telle dignité dans son geste, une telle majesté dans sa personne, que ceux qui l'écoutaient ne songeaient plus qu'à lui obéir.

Sir William se contenta donc de saluer, remonta en voiture, et cria au cocher :

— Au palais royal, très-vite!

Un quart d'heure après, comme la reine l'avait dit, nous montions nous-mêmes en voiture et le suivions.

VII

Quoique la reine eût fait à son cocher la même recommandation que sir William avait faite au sien, comme sir William avait les meilleurs chevaux de Naples, sans en excepter ceux du roi, il arriva vingt minutes avant nous.

Il en résulta qu'en entrant au palais, la reine trouva le conseil assemblé. Le ministre Acton avait, de son côté, reçu la nouvelle de l'arrestation du roi de France, et il avait pensé que la chose valait la peine d'être portée au conseil.

Comme je ne suivis pas la reine, et que la voiture, après l'avoir déposée au palais, me conduisit à l'hôtel de l'ambassade, je ne sus que par elle ce qui s'était passé.

Le roi avait pris place d'assez mauvaise humeur, en déclarant d'avance qu'il avait des affaires bien autrement importantes que celle qui occupait le conseil, et en prévenant les ministres qu'il ne resterait pas jusqu'à la fin. En voyant arriver la reine, il pensa d'abord qu'il allait se décharger de la présidence du conseil sur Marie-Caroline, et, s'approchant d'elle, il lui fit toute sorte d'amabilités, l'appelant sa chère maîtresse, ce qu'il ne faisait que dans ses moments de suprême bonne humeur. Tout à coup, au moment où la discussion était le plus animée, on frappa d'une certaine façon à la porte.

La reine demanda avec impatience qui avait l'audace de venir frapper avec cette familiarité à la porte du conseil ; mais le roi fit un signe.

— Chère maîtresse, dit-il, ne t'inquiète pas : c'est pour moi ; je sais ce que c'est.

Et il sortit.

La reine allongea la tête, et, par l'entre-bâillement de la porte, vit un piqueur qui attendait le roi.

Presque aussitôt, la porte se rouvrit.

— Je ne puis rester, j'ai affaire, dit Ferdinand. Remplace-moi, chère Caroline. Comme toujours, ce que tu feras sera bien fait.

Et, saluant la reine et les ministres d'un geste de la main, il referma la porte, et l'on entendit des pas qui s'éloignaient précipitamment.

La reine était habituée à ces façons d'agir du roi et s'en inquiétait d'habitude médiocrement ; mais, cette fois, les circonstances lui paraissaient assez graves pour que le roi, malgré la répugnance que lui inspiraient les affaires publiques, restât au conseil jusqu'à la fin ; car c'était un peu aussi son procès à lui qui se jugeait.

Au milieu de la délibération, on apporta à la reine une lettre qui arrivait de Vienne ; elle était de son frère Léopold, et lui annonçait des nouvelles de la plus haute importance.

L'empereur lui mandait qu'il avait, le mois suivant, vers le 20 août, un rendez-à Pilnitz avec le roi de Prusse, Frédéric-Guillaume. Selon toute probabilité, il résulterait de cette entrevue une déclaration de guerre à la France.

L'empereur priait son beau-frère Ferdinand de se tenir prêt, dans ce cas, à fournir le contingent auquel il s'était taxé lui-même lors de son voyage à Vienne. L'empereur ignorait encore l'arrestation de Varennes, ou plutôt il devait la connaître à cette heure, les communications étant plus rapides entre Paris et Vienne qu'entre Paris et Naples ; mais sa lettre, à la date du 23 juin, avait été écrite trois ou quatre jours avant qu'il eût pu savoir la triste nouvelle.

Il fut heureux pour la reine que son mari lui eût délégué la présidence ; jamais le roi, entré en conseil à une heure et demie, n'eût consenti à y rester jusqu'à six heures.

Caroline eut la satisfaction d'apprendre par les renseignements qu'avait recueillis Acton, que, si les hostilités n'étaient pas commencées encore avec la France, au moins tout se préparait pour l'envahissement du territoire français. Trente-cinq mille Allemands s'avançaient vers les Flandres ; quinze mille autres vers l'Alsace ; quinze mille Suisses s'apprêtaient à marcher sur Lyon ; une armée piémontaise menaçait le Dauphiné, et vingt mille Espagnols se tenaient prêts à passer la frontière.

Le général Acton, comme ministre de la marine et de la guerre, fut chargé de porter le matériel de guerre au complet en bâtiments, en canons, en caissons. Il promit à la reine d'organiser des manufactures d'armes et des fabriques de poudre ; enfin il écrivit aux princes de Hesse-Philipstadt, de Wurtemberg et de Saxe pour leur offrir à tous trois des commandements.

Ceci était pour l'extérieur ; mais la reine avait résolu de soumettre l'intérieur à une surveillance qui prévînt tout événement se rapprochant, dans son principe ou dans son but, de ceux qui s'accomplissaient en France. On décida de numéroter les maisons de la ville qui ne l'étaient pas ; on établit dans chaque quartier des commissaires exclusivement chargés d'une police politique. Enfin, un jeune homme que le général Acton croyait pouvoir recommander à la reine comme entreprenant, habile et *ambitieux*, reçut un titre aboli depuis longtemps, mais remis en usage pour ces moments d'agitation, celui de régent de la vicairie.

Ce jeune homme était le chevalier Louis de Médicis, qui, une fois entré au pouvoir, ne devait plus le quitter.

La reine n'avait point à se plaindre : on avait fait, en une seule séance, plus de besogne que l'on n'en faisait ordinairement en dix. Au sortir du conseil, Sa Majesté voulut savoir qu'elle était cette affaire si urgente qui avait motivé le brusque départ de Ferdinand, et pourquoi le piqueur s'était cru permis de frapper à la porte.

Ce piqueur venait annoncer au roi qu'un magnifique vol de becfigues s'était posé à Capodimonte, et, comme le vol était attendu, vu que c'était l'époque du passage de ces oiseaux, le roi avait ordonné à son piqueur de le prévenir aussitôt qu'il y aurait un beau coup de fusil à faire.

Le piqueur n'y avait pas manqué, et telle était l'affaire importante qui avait empêché le roi Ferdinand de prendre sa part des mesures qui devaient, on l'espérait du moins, contribuer à sauver son beau-frère Louis XVI et sa belle-sœur Marie-Antoinette!

La reine m'avait dit d'être à six heures précises au palais; je l'attendais depuis une demi-heure lorsqu'elle sortit du conseil. Elle me raconta, en haussant les épaules, l'histoire du roi; mais, au bout du compte, cette insouciance de son mari la faisait à la fois roi et reine, et son despotisme s'en arrangeait assez bien.

Nous remontâmes en voiture et nous repartîmes pour Caserte.

En chemin, nous croisâmes une espèce de chaise de poste couverte de poussière et qui paraissait avoir fait une longue route. En reconnaissant la livrée royale, une femme sortit à moitié hors de la chaise et cria à son postillon d'arrêter.

Il était évident que cette femme, de quelque part qu'elle vînt, venait pour la reine.

La reine fit arrêter notre voiture et attendit.

La voyageuse se précipita à bas de sa chaise, et en un instant fut près de nous.

— De la part de la reine Marie-Antoinette! dit-elle.

— Vous venez de la part de ma sœur?

— Oui, madame.

— Avez-vous une lettre d'elle?

— Dans mon portefeuille... d'elle-même? Votre Majesté connaît le chiffre de la reine?

— Parfaitement! Dites à votre voiture de nous suivre et montez avec nous... Votre nom?

— Mon nom vous est inconnu, madame, mais je crois qu'en vous disant que je suis l'*Inglesina*...

— Ah! oui, oui; vous êtes attachée à la princesse de Lamballe. Montez avec nous, montez!

La jeune femme adressa au postillon quelques mots en excellent italien, monta avec nous, se plaça sur le devant. Sa chaise suivit.

— Vite! vite! dites-nous où en sont les choses. Quel jour avez-vous quitté Paris?

— Le 26 juin, madame; le lendemain de la rentrée de la reine.

— Et ma sœur était bien portante?

— Oui, madame, à part les émotions et la fatigue de ce terrible voyage.

— Quelle est sa situation aux Tuileries?

— Prisonnière, madame, il ne faut pas se le dissimuler; et elle sera prisonnière jusqu'au moment où le roi aura juré la Constitution.

— Qu'il la jure donc, et qu'il gagne du temps, jusqu'à ce que nous puissions arriver à son secours.

— Ah! madame, c'est ce secours que je viens presser au nom de Sa Majesté.

— Nous nous en occupons, soyez tranquille.

Pendant ce temps, la reine décachetait la lettre de sa sœur; mais elle essayait vainement d'en comprendre le sens.

— Je ne puis lire sans avoir le chiffre sous les yeux, dit-elle avec impatience.

— C'est le mot *Ludovico* trois fois répété et suivi d'un D.

— Oui; mais je la lirai à Caserte à tête reposée. Dites-moi qui vous envoie; donnez-moi les détails de votre voyage, répétez-moi ce que l'on disait à Paris au moment de votre départ.

— Au risque d'être écrasée, j'ai voulu être sûre que Sa Majesté était rentrée au palais sans accident, et, comme l'itinéraire des augustes souverains était tracé, que l'on savait qu'ils rentreraient par la barrière de l'Étoile, j'ai, dès le matin, été me placer dans le jardin des Tuileries. Aussitôt la reine rentrée, je devais venir rendre compte à Mme la princesse de Lamballe, qui était chez son père le duc de Penthièvre. Je dois avouer à Votre Majesté que l'aspect de la population était plein de menaces.

— Contre qui?

— Contre le roi et la reine, madame.

— Oh! Français maudits!

— On avait bandé les yeux de la statue du roi Louis XV, pour peindre l'aveuglement de la monarchie; enfin, de place en place, de grands écriteaux dominaient la foule, portant cette inscription:

Quiconque applaudira le roi
Sera bâtonné!
Quiconque l'insultera
Sera pendu!

Je me sentis frissonner. La reine devint très-pâle.

— Continuez, dit-elle.

— Je vis, de loin, venir la voiture royale. Elle était protégée par les grenadiers, dont les hauts bonnets à poil cachaient les portières. Deux grenadiers étaient placés sur le marchepied de l'avant-train, et étaient chargés de protéger les trois gardes du corps qui, restés fidèles au roi, l'avaient accompagné dans sa fuite, et qui avaient refusé de s'évader à Meaux, comme le leur avait proposé Barnave, voulant suivre jusqu'au bout la fortune du roi.

— Savez-vous le nom de ces braves gens? demanda la reine.

— MM. de Moustier, de Malden et de Valori!

La reine prit les trois noms sur ses tablettes.

— Allez! allez! continua-t-elle tout en écrivant.

— M. de La Fayette, avec tout son état-major, attendait la voiture à la grille des Tuileries. Dès que la reine l'aperçut, elle lui cria : « Monsieur de La Fayette, sauvez les trois gardes ; ils n'ont fait qu'obéir au roi. »

Mais cette simple obéissance leur était reprochée comme un crime.

Une haie de gardes nationaux s'étendait de la grille du pont Tournant jusqu'au perron du palais ; à ce perron, il fallait que les augustes voyageurs descendissent : c'était là qu'était le danger.

L'Assemblée avait envoyé vingt députés ; ils attendaient devant la porte du château.

M. de La Fayette sauta à bas de son cheval, et fit faire, de la terrasse à la porte du jardin, une véritable route de fer avec les fusils et les baïonnettes de la garde nationale.

Les deux enfants, madame Royale et monseigneur le dauphin, sortirent les premiers et gagnèrent le palais sans obstacle.

Puis ce fut le tour des gardes du corps. On avait juré de ne pas les laisser rentrer vivants au palais ; on avait répandu le bruit que c'étaient eux qui, le 2 octobre, avaient foulé aux pieds la cocarde tricolore. Au moment où ils descendirent du siége, il y eut donc une lutte terrible ; les sabres, les piques des hommes du peuple se faisaient jour entre les gardes nationaux. MM. de Valori et de Malden furent blessés.

La reine Caroline essuya avec son mouchoir son front couvert de sueur.

— Oh! dit-elle, quand je pense que nous sommes peut-être destinés à voir de semblables horreurs!... Oh! non, non, non! continua-t-elle en serrant les dents, je les exterminerai plutôt tous!

Je lui pris les mains.

— Oh! jamais, jamais! lui dis-je ; soyez donc tranquille.

— Si tu savais comme ces Napolitains me haïssent! plus peut-être que les Parisiens ne haïssent ma sœur... Mais elle, elle, voyons, comment gagna-t-elle le palais?

— Elle y fut en quelque sorte portée par ses deux plus grands ennemis, M. de Noailles et M. d'Aiguillon ; aussi, lorsqu'elle se vit entre leurs mains, se crut-elle perdue. Elle se trompait : ils étaient venus là, non point pour la perdre, mais pour la sauver.

— Et le roi?

— Le roi descendit le dernier, madame. Il me parut fort calme ; il marchait de son pas ordinaire, entre M. Barnave et M. Pétion.

— Et alors, vous?

— Je suis revenue à l'hôtel de Penthièvre donner cette bonne nouvelle à la princesse de Lamballe, que la reine était rentrée au palais sans accident. Dans la soirée, Mme Campan vint. Elle apportait, de la part de la reine, cette lettre que je viens d'avoir l'honneur de remettre à Votre Majesté ; elle priait, au nom de la reine Marie-Antoinette, Votre Majesté d'en envoyer un double à l'empereur Léopold, à qui elle n'a pas eu le temps d'écrire. C'est à Meaux, où elle a passé la nuit du 23 au 24, dans l'évêché, qu'elle a trouvé moyen d'écrire à Votre Majesté.

— Ah! ma pauvre Marie! ma pauvre Marie!... s'écria la reine. Oh! pourquoi n'est-ce pas elle, au lieu de cette lettre, que je presse sur mon cœur! Qu'elle se sauve, qu'elle fuie, qu'elle vienne me trouver. Elle sera plus heureuse cent fois à Caserte et à Naples qu'à Versailles et à Paris!

— Si elle le pouvait, madame, dit *Inglesina*, elle n'y manquerait certes pas, et se regarderait comme bien heureuse!

On entrait au palais de Caserte.

— Charge-toi de notre chère *Inglesina*, dit la reine en s'adressant à moi. Veille à ce qu'elle ne manque de rien. Moi, je vais lire la lettre de ma pauvre Marie et suivre les instructions qu'elle me donne.

Une heure après, un courrier partait pour Naples, invitant le général Acton à venir le lendemain à Caserte, et ordonnant au courrier de l'empereur Léopold de ne point partir sans venir prendre les dépêches de la reine.

VIII

L'histoire de notre *Inglesina* — que je continuerai d'appeler de ce nom, la recommandation nous ayant été faite par elle de ne pas prononcer son nom véritable, — était toute simple. Seule descendante d'une famille noble ruinée, et protégée par le duc de Norfolk et lady Mary Duncan, qui avaient connu sa famille et l'avaient placée au couvent irlandais de la rue du Bac, elle y prenait des leçons de Sacchini, maître de musique de la reine. Emerveillé des progrès que faisait son élève, et lui ayant en outre, entendu parler avec une grande pureté l'italien et l'allemand, l'auteur d'*Œdipe à Colone* fit tant d'éloges de cette jeune fille à Marie-Antoinette, que celle-ci désira la voir. La princesse de Lamballe offrit alors à Sa Majesté de se trouver incognito au couvent, au moment où Sacchini donnerait sa leçon. Elle vint, en effet, et assura à Marie-Antoinette, à son retour aux Tuileries, que les éloges de l'illustre compositeur n'étaient point exagérés. Le surlendemain, Inglesina fut reçue par la reine, qui, songeant aux services que pouvait lui rendre, dans les graves circonstances où elle se trouvait, une femme parlant à la fois l'anglais, l'allemand et l'italien, s'attacha la jeune fille, bien plus par de douces paroles que par l'espoir de récompenses qu'à cette époque la reine n'eût pas même osé promettre, de peur de ne les pouvoir donner.

Inglesina nous raconta elle-même comment elle avait reçu de la reine de France la mission qu'elle accomplissait en ce moment près de la reine de Naples. Elle était partie de France porteur de deux lettres : l'une pour Marie-Caroline, et c'était celle qu'elle venait de lui remettre ; l'autre pour la duchesse de Parme ; Parme étant sur la route de Naples, la lettre de la duchesse de Parme avait dû nécessairement être remise la première.

Inglesina, en arrivant à Parme, avait appris que la duchesse était à Colorno, sa maison de campagne.

Elle partit aussitôt pour Colorno, et arriva au moment même où la duchesse allait sortir à cheval ; elle fit signe à un domestique qui s'approcha de sa voiture, et qu'elle pria d'avertir la duchesse de son arrivée. Le domestique alla à la duchesse et lui annonça qu'une jeune dame, arrivant de Paris, avait à lui parler, étant porteur d'une lettre qu'elle ne pouvait remettre qu'à Son Altesse elle-même.

Inglesina suivait des yeux le domestique, qui était devenu son intermédiaire. A ces mots : « Une jeune dame arrivant de Paris, » elle avait vu la duchesse tressaillir et se troubler ; mais, aussitôt qu'elle connut sa présence, la duchesse s'approcha de la voiture, et Inglesina lui répéta en allemand, afin de n'être comprise ni des Français ni des Italiens qui entouraient Son Altesse, ce qu'elle lui avait déjà fait dire par le domestique : à savoir qu'elle était chargée par la reine Marie-Antoinette d'une lettre qui ne pouvait être remise qu'à elle seule.

La duchesse avait alors invité Inglesina à descendre de voiture, l'avait fait entrer au palais, l'y avait suivie et avait lu la lettre, tandis que la messagère prenait quelques rafraîchissements.

A peine la duchesse avait-elle lu la première ligne, qu'elle s'était écriée en italien :

— Oh ! mon Dieu ! tout est perdu ! il est trop tard !

A mesure qu'elle lisait, cette exclamation s'échappait de sa bouche :

— Inutile ! absolument inutile ! ils sont tous perdus !

Puis, se tournant vers Inglesina, elle avait ajouté :

— Je regrette qu'il ne vous soit pas possible de vous arrêter ici et d'y prendre un peu de repos. Si vous revenez à Parme, je serai bien aise de vous voir.

Puis elle avait tiré un mouchoir et essuyé une larme en disant :

— Les circonstances sont aujourd'hui de telle nature, que répondre à cette lettre ce serait m'exposer, et en même temps exposer ma sœur et vous-même.

Sur quoi, elle était remontée à cheval, avait souhaité un bon voyage à Inglesina et était partie au galop.

Inglesina avait continué son chemin, trouvant la duchesse de Parme un peu froide à l'endroit des dangers que courait sa sœur ; mais, pressée d'arriver à Naples, elle s'était remise en route sans prendre aucun repos.

Après les désappointements vinrent les catastrophes. Inglesina voyageait, comme je l'ai dit, en chaise de poste, ayant un domestique sur le siége. Ce domestique avait sous les pieds la cassette où la voyageuse renfermait son argent et ses objets les plus précieux. Voulant arriver de jour à Rome, elle avait envoyé son domestique en courrier pour commander les chevaux ; mais, personne n'étant plus là pour garder la cassette, elle fut volée entre Aqua-Pendente et Monte-Rosa ; de sorte qu'en arrivant à Rome, la pauvre enfant s'aperçut qu'il lui restait encore assez d'argent sur elle pour payer sa poste, mais pas un sou pour continuer sa route vers Naples. Par bonheur, elle avait une lettre de recommandation pour la duchesse de Paoli, qui demeurait à Fontana-Trevi. Le lendemain de son arrivée, elle se rendit chez la duchesse, lui remit sa lettre et lui raconta ses malheurs.

La duchesse lui prêta une centaine de ducats avec lesquels elle continua sa route. Inglesina savait bien qu'une fois à Naples, elle n'aurait plus besoin de rien.

La duchesse, en outre, lui avait donné une lettre de recommandation, justement pour qui? Pour sir William. Ne sachant pas qui j'étais, Inglesina me demanda si je connaissais l'ambassadeur d'Angleterre, si c'était un homme obligeant et si je pouvais la recommander à lui. Pour toute réponse, au grand étonnement d'Inglesina, je décachetai la lettre adressée à sir William. La duchesse de Paoli priait sir William d'ordonner toutes les recherches nécessaires pour que la pauvre Inglesina retrouvât sa cassette. Ne sachant pas si je verrais sir William avant le départ du courrier de l'empereur, qui repassait par Rome et qui était mandé pour le lendemain matin, je pris une plume et j'écrivis au consul anglais à Rome, le priant d'insister près des autorités pontificales pour que toutes les démarches fussent faites, non pas comme elles se faisaient d'ordinaire, mais sérieusement. J'indiquais les deux postillons comme ceux qu'il fallait arrêter avant tout, Inglesina m'ayant dit qu'on les lui avait signalés comme deux voleurs de profession. La lettre terminée, je la donnai à lire à Inglesina, qui comprit tout le mystère de mon indiscrétion en voyant ma lettre signée lady Hamilton; en même temps, je tirai de mon doigt un beau brillant que je la priai d'accepter en souvenir de la façon originale dont nous avions fait connaissance.

Nous en étions là, lorsque la reine rentra, et eut la bonté de s'informer elle-même près d'Inglesina si j'avais eu bien soin d'elle. Inglesina répondit en me prenant vivement la main et en la baisant avant que j'eusse le temps de m'y opposer.

La reine l'interrogea encore, et de manière à lui prouver qu'elle prenait un bien autre intérêt que la duchesse de Parme aux événements de France et aux dangers que courait sa sœur; puis, voyant que la pauvre Inglesina, malgré tout le respect que lui inspirait sa royale présence, dormait debout, elle l'envoya se reposer.

Mais, à la porte, la jeune femme se heurta presque avec le général Acton, qui, quoique mandé pour le lendemain seulement, sachant qu'il était question d'un messager, ou plutôt d'une messagère, venant de France, accourait pour faire preuve de zèle et se mettre à la disposition de la reine.

— Pardon, madame, dit Acton, j'allais me faire annoncer lorsque mademoiselle a ouvert la porte, et que je me suis trouvé en face de Votre Majesté.

— Venez vite, général! dit la reine. Il ne s'agit point d'étiquette dans des moments comme ceux-ci. Vous savez ce qui se passe; vous savez que ma sœur et son mari sont prisonniers aux Tuileries! Louis XVI est justement dans la même position que le roi Charles Ier d'Angleterre. Ils le décapiteront comme lui!

— Oh! madame, dit le général, croyez que l'on exagère.

— Rentrez, Inglesina, rentrez! s'écria la reine, et dites-lui où en sont les choses. Ils me font damner avec leur sang-froid!

— A quelle époque avez-vous quitté Paris? demanda le général.

— Eh! mon Dieu, monsieur, dit la reine impatiente, quand tout était perdu!

— De grâce! laissez parler madame, dit Acton, et vous verrez que tout n'est pas perdu. Ayez un peu de patience!

— Patience! dit la reine, patience! Depuis la prise de la Bastille, c'est-à-dire depuis deux ans, je n'entends pas dire autre chose.

Puis, tombant sur un fauteuil et s'adressant à Inglesina, que cette émotion de la reine avait complétement ranimée :

— Racontez-lui tout, dit-elle, et quand il saura ce que je sais, nous verrons s'il osera encore dire : « Patience! »

Au fur et à mesure qu'Inglesina parlait, la reine faisait des mouvements de tête en répétant :

— Eh bien? eh bien? eh bien?

Puis, quand la messagère eut fini :

— J'ai reçu une lettre de mon frère l'empereur, dit Caroline. Il m'écrit qu'il doit avoir, le 27 août, une entrevue à Pilnitz avec le roi Frédéric-Guillaume. Ecrivez-lui, au nom du roi Ferdinand, que nous adhérons d'avance à tout ce qu'il fera, et qu'il peut compter sur ving-cinq mille hommes et vingt-cinq millions.

Le général sourit.

— Les hommes, passe encore! dit-il; mais l'argent, ce sera chose plus difficile à trouver. Les caisses sont à sec, vous le savez, madame.

— Bon! on les remplira, dût-on prendre pour cela les diamants de la couronne! D'ailleurs, si vous ne lui écrivez pas cela au nom du roi Ferdinand, je le lui écrirai au mien, ou plutôt je le lui ai déjà écrit, et voici la lettre.

— Votre Majesté sait, dit le général

Acton en s'inclinant, que je n'ai jamais d'autre avis que le sien; mais je ferai observer à Votre Majesté que mademoiselle — il désigna Inglesina — a presque l'air d'être malade, tant elle est fatiguée.

— Je le suis moins de mon voyage que de mon chagrin, répondit Inglesina, en songeant aux malheurs qui menacent les illustres personnages que j'ai quittés depuis si peu de temps!

— N'importe, n'importe, dit la reine, retirez-vous dans votre chambre, mettez-vous au lit, et dormez vingt-quatre heures si vous pouvez.

Et, en effet, la pauvre Inglesina était plus malade qu'elle ne le croyait elle-même, ou qu'elle ne voulait l'avouer: elle fut prise, dans la nuit, d'une fièvre violente et fut forcée de garder huit jours le lit.

Pendant cette semaine, la reine ne fut pas un seul jour sans venir elle-même la visiter dans sa chambre et prendre de ses nouvelles.

Inutile de dire que, malgré toutes les recherches que nous fîmes faire, sir William Hamilton et moi, la cassette d'Inglesina ne fut point retrouvée. Nous apprîmes seulement que l'un des deux postillons était filleul d'un cardinal; ce qui lui permettait de cumuler le métier de voleur avec l'état de postillon.

Au bout de huit jours, bien réparée et tout à fait guérie, Inglesina repartit pour la France. Elle emportait une lettre en chiffres de la reine de Naples pour la reine Marie-Antoinette.

Le 27 août, l'empereur Léopold eut à Pilnitz, avec le roi Frédéric-Guillaume, l'entrevue promise. Les deux témoins qui assistèrent à cette entrevue eussent seuls pu indiquer quel en était le but: l'un était M. de Bouillé, qui venait de donner au roi une si grande preuve de dévouement à Varennes, en essayant jusqu'au dernier moment de le tirer des mains du peuple; l'autre était M. de Calonne, ce joli ministre de la guerre, inventé par Mme de Staël, qui eut un instant l'espoir de faire passer son génie dans cette tête éventée. Un mystère, que des propos de cour avaient rendu fort transparent, enveloppait la naissance de ce beau gentilhomme, lequel n'était pas moins, disait-on, que le fruit d'un inceste entre le roi Louis XV et sa fille, madame Adélaïde, qui était alors à Rome, et que, huit ans plus tard, nous devions voir avec ses deux sœurs à Palerme.

Cependant, les nouvelles de France étaient meilleures. L'Assemblée nationale avait terminé l'acte constitutionnel qui fut connu plus tard sous le nom de Constitution de 91. Le 14 septembre, le roi s'était rendu à la Constituante et avait prêté serment à la Constitution, s'engageant à la maintenir par tous les pouvoirs qui lui étaient délégués.

Aussitôt, comme si l'Assemblée n'eût attendu que cet acte solennel pour réconcilier la nation avec le roi, la faculté fut rendue à Louis XVI de donner tous les ordres qu'il jugerait convenable pour sa garde et la dignité de sa personne; les scellés furent levés dans ses appartements, et le jardin, ainsi que le château des Tuileries, fut rendu au public.

Mais les préparatifs de guerre ne s'en poursuivaient pas moins avec activité de la part du roi de Prusse, de l'empereur Léopold et du roi Ferdinand, lorsque, tout à coup, trois nouvelles des plus inattendues se succédèrent à la cour de Naples. On y apprit que l'empereur Léopold était mort, le 1er mars; que Gustave III, roi de Suède, avait été assassiné, le 16 du même mois; enfin, que la France avait déclaré la guerre à François Ier, roi de Hongrie et de Bohême, le 20 avril.

Je ne saurais dire si, dans la situation d'esprit où était la reine, la mort de son frère Léopold lui fut bien douloureuse. Malgré le traité de Pilnitz, malgré les préparatifs extérieurs de guerre, on disait tout bas qu'il y avait entente, entre le ministre français Delmare et le cabinet de Vienne, pour maintenir la paix; en sa qualité de philosophe, Léopold n'aimait point la guerre; d'ailleurs, il n'était pas prêt à la faire.

L'empereur François, au contraire, le neveu de la reine, qui succédait à son père, caractérisait parfaitement la contre-révolution et était bien l'homme de Marie-Caroline.

C'était un Allemand né à Florence et, par conséquent, faux Italien et faux Allemand, mais mêlé des deux natures. La reine de Naples croyait pouvoir prendre une influence facile sur cet esprit borné, sur ce caractère faible et violent. Lorsque je le vis, dix ans plus tard, c'était un homme encore jeune, en supposant toutefois que ce fût un homme et non une statue; il marchait raide et comme sur des ressorts, pareil au spectre de Banquo; il avait le visage ou plutôt le masque frais et rose et d'une fixité effrayante. Sir William disait de lui:

— Voilà un homme qui n'aura jamais de remords; il fait le crime avec conscience.

La contre-révolution avait donc tout gagné à la mort de Léopold, puisqu'à un empereur philosophe succédait un empereur bigot et hypocrite; et la preuve ne tarda point à nous en être donnée, à la grande satisfaction de Marie-Caroline. Aussitôt l'empereur Léopold mort, l'ambassadeur de France à Vienne, M. de Noailles, fut à peu près prisonnier dans son palais. Pour la Prusse, on était sûr d'elle : c'était sous sa protection que manœuvraient les émigrés, et, dans une audience publique, le roi Frédéric-Guillaume avait tourné le dos à M. de Ségur, ambassadeur de Louis XVI, ou plutôt de l'Assemblée nationale, et avait demandé tout haut à l'envoyé de Coblence, c'est-à-dire des princes, comment se portait le comte d'Artois.

L'assassinat de Gustave était certainement un grand crime; mais ce n'était point un grand malheur, pour la cause des rois du moins. D'abord, Gustave passait, bien à tort, pour avoir été assassiné par les révolutionnaires; cela n'était point, mais ce bruit, accrédité, mettait un crime de plus au compte de nos ennemis. Il est vrai qu'il était désigné comme le futur général en chef de la Révolution; mais ce général en chef était-il bien terrible? Il passait pour haïr la France comme un amant hait une maîtresse infidèle, et sa grande préoccupation, en mourant, était de savoir ce que penserait la France de sa mort.

— Que va dire Brissot? murmura-t-il en expirant.

Quant à la déclaration de guerre de la France à l'Autriche, comme il était évident que c'était le ministère girondin, et non pas le roi, qui déclarait cette guerre, et que, d'ailleurs, cette guerre n'était déclarée que sur un ultimatum de l'empereur François qu'il était impossible que la France acceptât; comme enfin cette guerre comblait tous les désirs de la reine, elle fut plutôt reçue comme une bonne que comme une mauvaise nouvelle.

Le double deuil qui se porta à Naples, à cause de la mort de l'empereur d'Autriche et de l'assassinat du roi de Suède, fut donc, à mon avis, plutôt un deuil de cour qu'un deuil de cœur.

IX

A l'époque où je traversai l'Allemagne en revenant de Vienne avec sir William et lord Nelson, c'est-à-dire en 1801, je vis en exil l'homme qui avait fait prendre en 1792 au roi Louis XVI la résolution de faire la guerre à l'Autriche.

Cet homme, c'était Charles-François Dumouriez, qui, pour notre malheur, sauva la France à Valmy et à Jemmapes.

J'en avais tant entendu parler à la cour de Naples, que je le regardai avec la plus grande attention, et que je ne perdis pas un mot de la conversation qu'il eut avec milord (1). Quand j'en serai à cette époque de ma vie, je dirai l'effet qu'il me produisit.

Nous avons dit qu'après le serment prêté à la Constitution, une espèce de paix s'était formée entre l'Assemblée, représentant la nation, et le roi, représentant le droit divin, mais entraîné, malgré lui et malgré la reine, à se faire le champion des principes révolutionnaires de 89. Nous eussions dû dire une trêve.

A la première occasion, cette trêve fut rompue.

Cette occasion fut le renvoi des ministres qui avaient fait déclarer la guerre.

Nous apprîmes à la fin de juin, par une lettre même de la reine Marie-Antoinette, l'invasion des Tuileries par les faubourgs Saint-Antoine et Saint-Marceau, sous la direction du fameux Santerre, qui avait commencé, comme Cromwell, par être brasseur, mais qui, faute du génie du protecteur, s'arrêta au tiers du chemin que parcourut le député de l'université de Cambridge. Cette lettre était l'avant-dernier cri du désespoir de Marie-Antoinette. Nous n'entendîmes pas le dernier, poussé le 10 août. A partir du 1er juillet 1792, la reine Caroline n'eut plus que des nouvelles indirectes de sa sœur, et l'on ne vit plus ce qui se passait en France que comme on voit de temps en temps les éclairs à travers la tempête.

La lettre de la reine Marie-Antoinette était longue; elle expliquait comment Louis XVI avait consenti à la guerre avec l'Autriche et était venu le premier la proposer à l'Assemblée nationale.

Marie-Caroline se doutait bien que son beau-frère avait fait cette démarche malgré lui; mais elle ignorait la situation précise dans laquelle il se trouvait; la lettre de sa sœur la lui exposait dans toute sa clarté.

Le roi, que les jacobins, Robespierre surtout, accusaient de vouloir la guerre, la voulait, en réalité, moins que personne. En effet, il avait tout à perdre à une guerre, et la reine l'expliquait très-bien. Une victoire de La Fayette ou de tout autre général ne relevait le trône que pour le

(1) A quelques exceptions près, lady Hamilton, en parlant de Nelson, dans ses Mémoires, dit *milord* tout court.

mettre en tutelle ; d'un autre côté, une défaite exaspérait Paris, lançait l'émeute dans les rues, et, des rues, la poussait jusqu'aux Tuileries, où elle n'avait pas encore pénétré ; car le roi serait naturellement accusé d'avoir préparé cette défaite, ou du moins, d'en être satisfait. Enfin, si, contre toute probabilité, le roi ne disparaissait pas dans la tempête, si la royauté du droit divin triomphait, au profit de qui triomphait-elle ? Au profit de Monsieur et de l'émigration, car Monsieur ne cachait plus ses projets : Monsieur voulait l'abdication de Louis XVI et la régence jusqu'à la majorité du dauphin.

La reine, particulièrement, avait tout à craindre, et, quoique son caractère énergique, qui avait de si grands rapports avec celui de Marie-Caroline, la portât à affronter le danger, elle ne se dissimulait pas qu'elle n'avait d'amis ni à Paris ni à l'étranger. A Paris, elle avait été appelée tour à tour ou *madame Déficit* ou *madame Véto*, et elle avait pour ennemis le peuple tout entier. A Coblence, elle était outrageusement chansonnée et avait pour ennemis mortels Monsieur et l'ancien ministre Calonne, qui, après avoir été son serviteur, l'avait prise en haine et tenait en main M. le comte d'Artois, autrefois bienveillant pour elle, mais qui, depuis, avait passé dans le camp de ses adversaires.

Ainsi, la France victorieuse, c'était probablement, pour Marie-Antoinette, la déchéance ; les princes vainqueurs, c'était pis : c'était la répudiation et un couvent.

La guerre avait été déclarée par le roi de France à l'Autriche le 20 avril. Le 28 avait eu lieu, à Quiévrain, la première rencontre ; les révolutionnaires avaient été battus et avaient massacré, dans une grange, le général Théobald Dillon, frère du bel Arthur Dillon, qui passait pour avoir été le premier amant de Marie-Antoinette. Or, la haine contre la pauvre reine de France était si grande, que les soldats, confondant Théobald avec Arthur, tuèrent celui-ci en haine de son frère et en criant à la trahison.

L'autre fut plus malheureux encore : il mourut en 94 sur l'échafaud.

Malheureusement, les Prussiens ne surent pas profiter de ces premières victoires. Ils avaient une si grande confiance en eux que le duc de Brunswick, auquel la reine avait écrit pour lui recommander son beau-frère et sa sœur, lui répondait :

« Que Votre Majesté se rassure. Ce n'est point une guerre que nous allons faire, c'est une promenade militaire. Nos étapes sont marquées d'avance, et, vers le 15 septembre, nous serons à Paris. »

Et, en effet, le 23 août, le général Clerfayt prenait Longwy après un bombardement de vingt-quatre heures, et, le 2 septembre, le roi de Prusse en personne prenait Verdun et se mettait en marche sur Paris.

Mais, avant ces nouvelles un peu rassurantes, de désastreuses nouvelles nous étaient parvenues.

Le 10 août, les Tuileries avaient été prises d'assaut, et, le 13, le roi et la famille royale avaient été enfermés au Temple.

Puis arriva la nouvelle du massacre des prisons. Dans le premier moment, on annonça à la reine que tous les prisonniers étaient massacrés ; qu'il n'y avait eu d'exception pour personne, et que le roi et la reine avaient péri avec les autres. Marie-Caroline pensa devenir folle de rage et de douleur.

Mais on reçut à la fois une lettre de M. de Breteuil, agent de Louis XVI, et une autre de M. de Mercy-Argenteau, qui rassuraient la reine de Naples à ce sujet : le roi et la reine de France étaient vivants ; mais on parlait de faire son procès au roi.

M. de Mercy-Argenteau annonçait, en outre, dans un post-scriptum, que la Vendée s'était soulevée. Ainsi, les républicains avaient en face l'épée de l'étranger, dans les reins le poignard royaliste.

Nous apprîmes en même temps la victoire de Valmy, la proclamation de la République, la mise en accusation du roi et la paix probable avec la Prusse. La promenade militaire de S. M. le roi Frédéric-Guillaume n'avait point dépassé la lisière de la forêt de l'Argonne et s'était arrêtée au camp de la Lune.

Ce fut alors que Marie-Caroline résolut de faire entrer en ligne le gouvernement napolitain.

Le premier signe d'hostilité que donna le roi Ferdinand à la nouvelle République fut de refuser de la reconnaître dans la personne de son ambassadeur le citoyen Mackau, et de faire faire le même refus, à Constantinople, au citoyen Sémonville. Puis la reine fit rédiger, par le général Acton, une note pour les gouvernements de Venise et de la Sardaigne. Cette note, qui poussait à une ligue italienne, était conçue en ces termes :

« Quelle que soit sur le Rhin la situation des armées allemandes, il importe à l'Italie d'avoir sur les Alpes des forces qui lui servent de rempart et empêchent les

Français, ou vaincus sur d'autres points, et pour faire une diversion désespérée, ou vainqueurs, et, pour se venger en poursuivant leurs conquêtes, de venir inquiéter les gouvernements italiens. Si le royaume de Naples, la Sardaigne et Venise se liguaient dans ce but, le souverain-pontife se joindrait à cette sainte cause, les petits Etats intermédiaires suivraient bon gré malgré le mouvement général. Et il en résulterait une masse de forces capable de défendre l'Italie et de lui donner du poids et de l'influence dans les guerres et les conseils de l'Europe. L'objet de cette note est de proposer l'établissement d'une confédération dans laquelle le roi des Deux-Siciles prendrait la plus grande responsabilité, quoiqu'il soit le dernier que les armes de la France puissent atteindre. Mais il croit devoir rappeler aux princes italiens que l'espoir d'échapper isolément au danger d'une invasion a toujours été la ruine de l'Italie. »

On venait de recevoir la réponse de la Sardaigne, qui acceptait; on allait recevoir celle de Venise, lorsque, le 16 décembre, tandis que les ministres étaient en conseil avec sir William, et que, moi, je venais de déjeuner avec la reine, qui se tenait debout à la fenêtre, frappant avec distraction du doigt sur les carreaux, elle m'appela tout à coup, et, me montrant la mer couverte de vaisseaux dans tout l'intervalle existant entre la pointe du Pausilippe et Capri :

— Qu'est-ce que cela ? me demanda-t-elle.

Je regardai, aussi ignorante qu'elle. Mais, lorsque l'escadre fut en vue de Naples, elle arbora ses pavillons, et, à leur triple couleur, si abhorrée à Naples, on reconnut une flotte française.

En ce moment, nous entendîmes des pas précipités dans la chambre précédente ; la porte s'ouvrit violemment; le roi parut, très-pâle et très-agité, et, se jetant dans un fauteuil tout en indiquant du doigt les quelques bâtiments qui s'avançaient à pleines voiles :

— Tenez, madame, dit-il s'adressant à la reine, voilà votre ouvrage!

La reine, de son côté, devint très-pâle aussi, mais de colère ; sa lèvre inférieure, sa lèvre autrichienne, s'allongea dédaigneusement, et, les sourcils froncés, et regardant son mari en face :

— Veuillez me faire la grâce de vous expliquer, dit-elle, car je ne vous comprends pas.

—Pardieu ! fit le roi, c'est bien facile à comprendre cependant! Vous m'avez fait refuser de recevoir M. *Magot* ; — le roi, dans son patois napolitain, estropiait volontairement, ou involontairement, le nom de l'ambassadeur de la République française ; — vous m'avez fait écrire à mon bon ami le Grand Turc, que je n'ai jamais vu, et dont les beys de Tunis, de Maroc et de Tripoli enlèvent mes sujets et les font ramer sur leur galères; vous m'avez fait écrire à nom ami le Grand Turc pour qu'il refusât aussi de recevoir M. de Sémonville, et il n'a eu garde de se priver de ce plaisir. Vous m'avez mis à la tête d'une confédération de princes italiens, dont la moitié me laisseront là au milieu du danger, pour faire une coalition contre la France. Eh bien, voilà la France qui se fâche et qui m'envoie une flotte ; pourquoi faire? Dieu le sait! Pour bombarder Naples, peut-être!

— Eh bien, après ? demanda la reine.

— Comment après ? après que Naples sera bombardée ?

— Naples sera bombardée, si elle ne se défend pas.

— Au contraire, madame, elle sera bombardée si elle se défend.

— Alors, vous comptez laisser entrer les Français dans le port sans tirer un coup de canon ?

— Je le crois bien! D'abord, la poudre que l'on fait à Naples ne vaut rien, attendu qu'il y a dix fois plus de charbon que de salpêtre ; si je chassais avec de la poudre de Naples, je ne tuerais pas le tiers de mes coups; aussi, je fais venir ma poudre d'Angleterre.

— De sorte que vous avez ordonné...?

— Que l'on aille au-devant du vaisseau amiral pour rappeler au commandant de la flotte qu'un ancien traité ne permet l'entrée du port qu'à six vaisseaux de guerre français.

— A la bonne heure! s'écria la reine.

— Attendez donc!... Mais pour lui dire, continua le roi, qu'une fois n'est pas coutume, et que je le prie seulement, avant qu'aucun officier de la flotte descende à terre, de me faire savoir quelle est l'heureuse circonstance qui me procure l'honneur de sa visite.

— Tu l'entends, Emma! fit la reine impatientée et frappant du pied.

Le roi fit semblant de ne pas s'apercevoir de ce mouvement de la reine.

— Eh! tenez, dit le roi, voilà le capitaine François Caracciolo qui va, dans la yole royale, accomplir ma commission.

— Je vous admire! dit la reine raillant. Vous envoyez un prince à des républicains.

— Madame, comme je présume que la

République française m'envoie ce qu'elle a de mieux, je lui envoie ce que j'ai de mieux de mon côté. Tenez, les voyez-vous, ces gredins de Français! Ils n'ont peur de rien, ces diables de jacobins! Voilà le vaisseau amiral qui jette l'ancre à une demi-portée de canon du château de l'Œuf. Il faut qu'ils sachent que nous avons de mauvaise poudre; sans quoi, ils ne s'exposeraient pas à se faire couler bas.

— Hélas! non, murmura la reine, ils ne savent pas cela; mais, probablement, ils savent autre chose...

— Que je suis incapable de profiter de leur imprudence? dit le roi de ce ton narquois qui faisait qu'on ne pouvait jamais deviner s'il raillait ou parlait sérieusement, s'il lançait un trait d'esprit ou disait une bêtise. Ils ont raison, ces chers sans-culottes! Eh! ma foi, voilà toute la flotte qui se déploie en ligne de bataille; ils manœuvrent à merveille! Et quand on pense que, depuis huit ou dix ans, mon ministre de la marine, M. le général Acton, me mange huit ou dix millions par an, en me promettant une flotte que je ne vois jamais venir; avec cent millions, je devrais avoir une flotte triple de celle-ci. Descendez donc au conseil, madame, et faites donc cette observation à M. Jean Acton; venant de votre part, elle lui fera probablement plus d'effet que de la mienne; car enfin, comprenez-vous? si j'avais une flotte triple de celle-là, si mauvaise que soit notre poudre, nous pourrions nous défendre, tandis qu'ayant de la mauvaise poudre et cinq ou six pauvres vaisseaux qui courent les uns après les autres, la chose est impossible!

La reine, qui comprenait l'intention du roi, se mordait les lèvres jusqu'au sang; le roi lui disait du même coup : «Tu as un mari qui est un lâche, et un amant qui est un voleur. »

— Vous avez raison, monsieur, dit-elle. J'y descendrai, au conseil, et j'y parlerai dans le sens que vous dites.

— Oh! vous avez le temps! Tenez, voilà Caracciolo qui monte seulement à bord. Voyez donc comme cela intéresse ce bon peuple! Tout Naples est sur les quais. Le beau carnage si l'on se battait. Il est vrai que cela se sauverait bien vite!

— L'impitoyable cynique! murmura la reine. L'entends-tu? Je crois que, s'il n'avait personne à railler, il se raillerait lui-même.

— Diable! fit le roi, l'entrevue n'a pas été longue : voilà Caracciolo qui redescend dans sa yole. Avant dix minutes, il sera ici. Nous faites-vous l'honneur d'assister au conseil, madame? Vous savez que c'est votre droit depuis que vous avez donné un héritier à la couronne; vous en avez même fait sortir Tannucci en usant de ce droit : il était pour la politique française, et vous étiez pour la politique autrichienne. Oh! s'il était ici, lui, il nous donnerait un bon conseil!

Et le roi sortit en secouant la tête et en disant :

— Pauvre Tannucci!

X

J'avoue que j'étais restée pétrifiée. Je savais bien le roi de Naples assez peu soucieux de sa propre dignité; mais je ne croyais point qu'il en poussât l'oubli jusque-là.

Je regardai la reine.

— Irez-vous, madame? lui demandai-je.

— Oh! certes, oui, j'irai! répondit-elle. Et tu y viendras même avec moi.

— Moi, madame, et à quel titre?

— Tu y viendras, dit la reine avec impatience. Je veux que tu puisses répéter à sir William comment les choses se sont passées, et lui dire quel est l'homme, du roi ou de la reine.

Il n'y avait rien à répondre; ce n'était plus une invitation, c'était un ordre. Je suivis la reine; et, cinq minutes après, nous entrions au conseil. Ce conseil se composait du général Acton, de Carlo de Marco, de Ferdinando Corradini, de Saverio Simonetti, et du nouveau régent de la vicairie, Louis de Medicis. Le roi présidait d'habitude ce conseil; mais on sait de quelle manière, en apparaissant et en disparaissant.

Ferdinand avait bien calculé le temps que devait mettre le capitaine Caracciolo à revenir du bâtiment amiral français : à peine la reine avait-elle pris place à la table en face du roi, et m'étais-je assise dans un coin, que la porte s'ouvrit et que l'on annonça le messager.

C'était la première fois que je voyais l'homme à la mort duquel je devais, sept ans plus tard, prendre une si cruelle part. Caracciolo était alors un homme de quarante ans, à l'œil noir, aux traits fortement accentués. Il avait en lui quelque chose d'âpre et de dominateur qui sentait le patricien de race; et, en effet, il était prince, ou plutôt *des* princes Caraccioli, descendant de ces fameux Caraccioli qui jouèrent un si grand rôle dans les guerres civiles de Naples, et dont l'un, Sergiani, amant de la reine Jeanne IIe, fut assassiné au castel Capuano, par vengeance du soufflet qu'il avait, dans une minute d'emportement, osé donner à sa royale maîtresse.

Il entra, regarda autour de lui, sembla voir avec étonnement deux femmes, dont une étrangère, assister au conseil, salua profondément et resta muet.

— Eh bien? lui demanda Ferdinand avec impatience.

— Le roi m'ordonne de parler? demanda Caracciolo.

— Tu as donc besoin d'un ordre pour rendre une réponse au roi?

— Le roi était seul quand il m'a envoyé...

— Oui, dit la reine, et le roi n'est plus seul maintenant; mais vous devez connaître, il me semble, les personnes devant lesquelles vous êtes introduit.

— J'ai l'honneur de connaître Leurs Majestés et Leurs Excellences, répondit d'une voix ferme Caracciolo; mais je n'ai pas l'honneur de connaître madame.

— Madame est mon amie intime, dit la reine.

— C'est un titre à notre respect, madame, repartit le prince en s'inclinant; mais, comme il s'agit des affaires de l'Etat...

— Voulez-vous ordonner au capitaine Caracciolo de parler, général? dit la reine au ministre Acton. Votre ordre aura peut-être plus de puissance sur lui que l'invitation du roi et la mienne.

— Voyons, parle! dit le roi.

— Sire, reprit Caracciolo, l'officier qui commande la flotte française est l'amiral Latouche-Tréville.

— Qu'est-ce que cela, l'amiral Latouche-Tréville? demanda Ferdinand.

— Un des meilleurs marins de la marine française, sire. C'est lui qui soutint, en 1781, avec le capitaine La Peyrouse, — La Peyrouse commandant *l'Astrée*, et lui commandant *l'Hermione*, — un combat de cinq heures contre quatre frégates et deux corvettes anglaises, et, malgré la supériorité du nombre, eut les honneurs de la journée.

— Et que vient-il faire ici?

— Il a refusé de s'en ouvrir à moi, sire; mais il a dit que, dans une heure, il enverrait son second pour vous donner toute explication à ce sujet.

— Eh bien, messieurs, dit le roi, attendons les explications de monsieur... pardon, je me trompe : du citoyen Latouche-Tréville.

— J'ai bien peur, sire, dit Acton, que nous ne soyons menacés d'une scène pareille à celle que fit, dans le port de Naples, au commencement du règne de l'auguste père de Sa Majesté, l'amiral Martinn, lorsqu'il vint, au nom de l'Angleterre et de l'Autriche, signifier au gouvernement italien qu'il eût à garder la neutralité dans la guerre d'Italie.

— Oui, oui, dit Ferdinand, l'officier chargé de parler au nom du commodore fut même fort insolent; il tira une montre de sa poche, la régla sur la pendule, — c'est encore la même aujourd'hui, — et donna deux heures au roi pour signer un traité de neutralité et expédier l'ordre à Montemar de rentrer dans le royaume avec ses troupes.

— Et que fit le roi votre père? demanda la reine.

— Pardieu! répondit Ferdinand, il fit ce qu'exigeait l'Angleterre.

— Mais parce qu'à cette époque, s'écria Caracciolo oubliant qu'on ne l'interrogeait point, parce qu'à cette époque, sire, la ville était sans défense, sans retranchements, sans garnison, sans approvisionnements; parce que la cour n'était pas militaire, parce que les ministres étaient des hommes timides; tandis qu'aujourd'hui...

— Tais-toi! dit le roi; on ne te demande pas ton avis.

— Parlez, au contraire! dit la reine. Nous voulons être renseignés.

Puis, se tournant vers le roi :

— Vous permettez, n'est-ce pas, sire?

— Oh! vous savez bien que je permets tout, répondit Ferdinand; ce qui n'empêche pas que je ne fasse à ma tête.

Il se leva et sortit.

— Vous disiez, monsieur, reprit la reine, s'adressant à Caracciolo : « Tandis qu'aujourd'hui... »

— Tandis qu'aujourd'hui, reprit le capitaine, la ville est abondamment pourvue de canons, d'hommes, d'armes et de munitions. Avec un feu bien dirigé du château de l'Œuf et du château Neuf, on tiendra la flotte française hors de la portée de la bombe.

— Le roi prétend que la poudre ne vaut rien, dit la reine.

— Eh bien, madame, dit Caracciolo, on essayera de l'abordage. Qu'on me laisse prendre trois cents barques dans le port, et j'irai, à leur tête, attaquer le vaisseau amiral.

Le roi rentrait, et, entendant les dernières paroles de Caracciolo, il haussa les épaules.

— J'en demande pardon à Votre Majesté, dit Caracciolo, mais les corsaires barbaresques et les corsaires malais ne font pas autrement.

— Monsieur, dit la reine, au nom du ciel, écoutez ce que vous dit le capitaine. Il s'agit ici de l'honneur de votre couronne.

— Il y a plus, madame, dit Caracciolo s'adressant à la reine, qu'il voyait passer de son côté ; nous sommes dans une saison où le port de Naples n'est point tenable. D'après la connaissance que j'ai de notre climat, continua-t-il en interrogeant le ciel du regard, je répondrais même que vingt-quatre heures ne s'écouleront pas sans que quelque coup de vent force la flotte française à prendre le large. Son Excellence M. le ministre de la guerre, qui est marin, peut attester que je dis la vérité.

— Répondez, général ! dit Caroline.

— Il y a, en effet, dit le ministre, beaucoup de vrai dans ce que dit M. Caracciolo ; mais nous sommes pris de court.

— Non, général, reprit le capitaine ; car, à la vue de la première voile, j'ai tout ordonné à bord de ma corvette, comme si j'étais sûr que cette voile fût ennemie, et je suis convaincu que mes collègues en station dans le port en ont fait autant que moi.

— Eh bien, sire, demanda la reine à Ferdinand, qui, un genou croisé sur l'autre, faisait danser sa jambe, que dites-vous?

— Vous le voyez, madame, répliqua le roi, je ne dis rien.

— Que faites-vous, alors?

— J'attends.

Au moment où le roi prononçait ce mot, on entendit un premier coup de canon, puis un second, puis un troisième.

— Ah ! s'écria la reine en se levant et en courant à la fenêtre, il me semble que le château de l'Œuf fait feu.

— Oui, madame, dit Caracciolo, mais à poudre. Le fort de l'Œuf salue l'envoyé de M. de Latouche-Tréville. Et, tenez, voici le château Neuf qui lui fait écho.

En effet, les coups se succédaient avec régularité, et l'on put compter les vingt et un coups qui sont le salut d'usage entre puissances amies.

— Votre Majesté veut-elle me permettre de me retirer? dit Caracciolo, s'adressant à la reine. Je n'ai plus rien à faire ici.

— Ni moi non plus, dit la reine ; aussi, je me retire en même temps que vous. Viens, Emma !

La reine me fit signe de la suivre ; j'obéis. Caracciolo s'effaça pour nous laisser passer, salua profondément et respectueusement la reine, mais se releva à mon passage, et me jeta un regard si dédaigneux, que le rouge de la honte me monta au front.

C'était la seconde insulte qu'il me faisait ce jour-là.

La reine marchait vivement et sans se retourner, même pour voir si je la suivais. Elle gagna la porte de sa chambre, s'y précipita, et, se laissant tomber sur un canapé en enfonçant ses mains dans ses cheveux :

— Eh bien, dit-elle, tu l'as vu ! Mon beau-frère Louis XVI est un lion près de cet homme. Oh ! combien de hontes il nous reste à boire, ma pauvre Emma, si ton gouvernement ne vient point à notre secours !

— Madame, répondis-je, je ne suis qu'une pauvre femme fort étrangère à la politique ; mais il me semble que, dans tout cela, il y a autant de la faute des ministres que de celle du roi.

— Que veux-tu ! tous ces hommes ne sont pas des ministres, ce sont des laquais. Ah ! mon pauvre Joseph ! si tu étais là, ce n'est pas toi qui laisserais insulter ta reine... Tiens, entends-tu, voilà les salves qui recommencent. La République prend possession de la terre de Naples. En vérité, ce Caracciolo est une vigoureuse nature.

— Que Votre Majesté me permette d'en rester pour lui à l'admiration, et n'exige pas que j'en vienne à la sympathie. Il n'a été rien moins que poli pour moi.

— Tous ces nobles Napolitains sont ainsi faits : à plat ventre comme des lazzaroni, ou orgueilleux comme des barons du Saint-Empire. Ces Caraccioli prétendent remonter aux empereurs grecs ; ils sont fiers ; mais, au moins, ils sont braves. Tu as vu celui-là ; on lui aurait dit d'aller attaquer, avec sa *Minerve*, le vaisseau amiral, qu'il y eût été comme à une fête. J'aime mieux ces hommes-là, à tout prendre, que ces roseaux qui plient à chaque vent.

La reine s'approcha de la fenêtre.

— Est-ce que tu n'aurais pas eu du plaisir, dit-elle, à contempler d'ici un beau combat? Vois donc avec quelle insolence ils font flotter au vent leur bannière révolutionnaire ! « Prenez ces couleurs, sire, a dit La Fayette en donnant sa cocarde au roi ; elles feront le tour du monde. » J'espère bien que l'Angleterre ne permettra point que cette orgueilleuse prédiction s'accomplisse. Oh ! tiens, quand je pense qu'il y a, à l'autre bout de ce palais, un Français qui vient nous imposer des lois, au nom d'un gouvernement qui tient ma sœur en prison et qui va peut-être couper le cou à mon beau-frère, en vérité, j'en deviens folle de rage !

En ce moment, on gratta à la porte.

Un huissier annonça l'ambassadeur d'Angleterre.

— Qu'il entre! qu'il entre! cria la reine.

Puis, tendant la main à sir William :

— Ah! vous arrivez bien! lui dit-elle. Vous savez ce qui se passe?

— Je sais ce que l'on dit, voilà tout; mais que Votre Majesté me permette de m'informer d'abord de l'état de sa santé.

— Il s'agit bien de ma santé à moi! C'est de la santé du royaume qu'il faut s'inquiéter. Nous sommes bien malades, mon cher Hamilton, et, si M. Pitt ne nous vient en aide, j'ai grand' peur que, comme à mon frère Louis XVI, le 20 juin, on ne nous enfonce le bonnet rouge jusqu'aux oreilles.

— M. Pitt, madame, dit sir William, viendra à votre aide, n'en doutez pas. Mais il a un système que je ne saurais approuver, puisqu'il est contraire aux désirs de Votre Majesté : M. Pitt est un wigh devenu tory, ne l'oubliez pas; il veut que la France se place d'elle-même au ban des nations.

— Oui, c'est-à-dire qu'au lieu de sauver Louis XVI, ce qu'il eût fait en se réunissant à la coalition, il le vengera quand les Français l'auront tué. Au reste, je suis bien exigeante de vouloir que le ministre d'une nation qui a décapité Charles Ier se fâche parce qu'une nation voisine veut imiter son exemple. Oh! s'il haïssait les Français comme moi!

— Je vais dire à Votre Majesté une chose qui lui paraîtra impossible, et qui cependant est vraie : M. Pitt hait les Français plus qu'elle.

— Plus que moi?

— Oui, madame.

— Je l'en défie bien!

— Oh! le défi est accepté depuis longtemps. Croyez-moi; j'ai connu le père, lord Chatam; j'ai connu le fils, je l'ai vu enfant; il est né enragé, malade, d'une violence innée. C'est une créature triste, amère, âpre, acharnée à tout; il l'est aujourd'hui à la ruine de la Révolution; seulement, il attend, pour prendre son heure. Fox et Sheridan, à qui j'ai écrit, ont fait tout au monde pour que le gouvernement intervînt auprès de la Convention; lui n'a pas voulu. C'est triste à dire, à Votre Majesté surtout, mais il spécule sur l'horreur que produira en Europe l'événement. M. Pitt a ri deux fois dans sa vie, madame, et deux fois il est descendu jusqu'à plaisanter : la première fois qu'il a ri, c'est quand il a su la révolte de Saint-Domingue, que les nègres brûlaient tout et égorgeaient tout. Il a ri, et il a dit : « Les Français pourront maintenant prendre leur café au caramel! » La seconde fois qu'il a ri, c'est il y a quinze jours, quand Fox et Shéridan, poussés par moi, lui ont fait observer que, s'il n'intervenait pas, les Français pourraient pousser la folie jusqu'à tuer leur roi; il a ri et il a dit : « En ce cas, il y aura un blanc sur la carte de l'Europe. »

— Mais c'est un monstre que votre Pitt! s'écria la reine.

— Je n'ai point d'opinion sur M. Pitt, dont j'ai l'honneur d'être ambassadeur, madame, dit sir William en riant; mais je sais qu'il a eu le talent de se faire adorer des trois Angleterres.

— Qu'appelez-vous les trois Angleterre, sir William? l'Angleterre, l'Irlande et l'Écosse?

— Oh! non : de la vieille Angleterre, de l'Angleterre féodale, qui, depuis 89, se mourait de peur, croyant, à chaque bateau venant de France, voir débarquer les droits de l'homme; de l'Angleterre marchande, couchée sur la mer comme sur son fief, et à laquelle il a promis l'anéantissement de la marine française; enfin, de l'Angleterre oisive, spéculatrice, agioteuse : la France sépare sa terre; les Anglais séparent leurs rentes. Chaque Anglais a son coupon, et, chaque matin, il calcule ce qu'il a gagné dans la nuit. Quand la France, marchant à la banqueroute, émit pour deux milliards d'assignats, notre cinq pour cent, qui était à 92, monta à 120 : Pitt fut un grand homme! Le quatre, qui était à 75, alla à 105 : Pitt fut un héros! Le trois, enfin, qui était à 57, est à 97 : Pitt est un dieu!

— Triste dieu!

— Hélas! vous le savez, madame, les hommes se font des dieux selon leur amour ou leur haine. Les Indiens adorent une vache, les Mongols un lama, les Siamois un éléphant blanc. Laissez-nous adorer le veau d'or; c'est encore notre religion la plus étendue, allez!

En ce moment, on entendit le canon qui retentissait de nouveau, annonçant que le messager de M. de Latouche-Tréville remontait dans le canot amiral, et l'on vint prévenir sir William que le roi le priait de passer chez lui.

XI

D'après les dispositions du roi et celles du conseil, on a pu prévoir que l'envoyé de M. de Latouche-Tréville ne rencontrerait pas de grandes difficultés dans le succès de sa négociation; en effet, le roi était décidé à accorder à la France tout ce qu'elle lui demanderait, quitte à lui manquer de parole ou à la trahir quand l'Angleterre se déciderait à se mettre de la partie.

Le roi avait donc déclaré, séance tenante, de vive voix et par écrit, qu'il était prêt à recevoir le citoyen Mackau, et à le traiter en ambassadeur de puissance amie.

Il avait promis de garder la neutralité la plus complète, dans les guerres de la France avec l'Europe ; enfin, il s'était engagé à rappeler de Constantinople son ambassadeur, lequel avait été cause de la non réception de M. de Sémonville, c'est-à-dire qu'il avait cédé sur tous les points et avait donné à la France toute satisfaction.

Aussi, le même soir, vîmes-nous la flotte française mettre à la voile, puis s'éloigner et se perdre dans le crépuscule. Le lendemain, au jour, pas un bâtiment n'était en vue.

Mais, avant de partir, l'amiral de Latouche-Tréville avait débarqué l'ambassadeur de France à Naples, lequel était accompagné de l'ambassadeur près la cour de Rome, le citoyen Basseville.

Comme l'avait fait remarquer le roi, la foule qui regardait le spectacle d'une flotte française manœuvrant à toutes voiles dans le golfe était immense sur tous les points du vaste amphithéâtre; mais elle s'était pressée plus épaisse et plus tumultueuse que partout ailleurs, là où avait débarqué l'envoyé de l'amiral français. Le drapeau tricolore qui ornait la poupe du vaisseau amiral avait éveillé en flottant si près de la terre napolitaine des émotions bien différentes : les lazzaronni l'avaient regardé avec une espèce d'idiotisme haineux ; mais tout ce qui appartenait à la jeunesse éclairée de Naples, ainsi que les hommes exerçant des professions libérales, quel que fût leur âge, avaient senti battre leur cœur à ce signe visible d'une révolution avec laquelle tout le parti avancé espérait pactiser un jour. On rapporta tous ces détails à la reine, et on lui assura même que quelques jeunes gens, parmi lesquels se trouvait un certain Emmanuel de Deo, n'avaient pu contenir leur enthousiasme, et, au moment où l'envoyé de l'amiral avait repassé au milieu d'eux avec son costume républicain, avaient crié : « Vive la France ! »

Le soir, en revenant au palais de l'ambassade anglaise, situé au coin de la rivière et de la rue de Chiaïa, je vis des groupes rue Chiatamonis; ces groupes étaient causés par la vue du drapeau tricolore français flottant au-dessus d'une porte ; cette porte était celle du citoyen Mackau.

Le lendemain, dans l'après-midi, ce qu'avait prédit le capitaine Caracciolo arriva : les vents passèrent au sud-ouest, et une effroyable tempête éclata. Si Naples avait résisté vingt-quatre heures seulement, la flotte française, ou était forcée de prendre le large et, par conséquent, de fuir, ou elle était perdue depuis son premier jusqu'à son dernier vaissseau.

A cette vue, qui lui donnait si complétement raison, la reine ne put y tenir : elle reprocha au roi sa lâcheté, reproche auquel Ferdinand, il faut l'avouer, était peu sensible ; au lieu de se féliciter de cette tempête, qui pouvait, sans que le canon napolitain eût besoin de s'en mêler, faire éprouver de terribles avaries à la flotte de l'amiral français, il déplorait une partie de chasse arrêtée pour le lendemain dans la forêt de Persano, et à laquelle il était forcé de renoncer. Il avait néanmoins un peu rassuré la reine en lui faisant une théorie sur sa manière d'envisager la foi due aux traités, et s'était engagé positivement, avec sir William, à tourner le dos à la France aussitôt que les Anglais se joindrait à la coalition; M. Pitt n'aurait qu'à lui faire un signe, et hommes et vaisseaux seraient à la disposition de l'Angleterre.

Le 20 décembre, c'est-à-dire quatre jours après le départ de la flotte, je fus réveillée par un grand bruit; un flot de peuple s'écoulait bruyamment par Ponte de Chiaïa, et se répandait dans les jardins de la villa.

Je sonnai et demandai quel événement causait toute cette rumeur ; on me répondit que c'était la flotte française qui rentrait dans le port.

Je me levai et m'habillai précipitamment, pensant bien que la reine allait m'envoyer chercher ; et, en effet, au moment où j'achevais ma toilette, je reçus d'elle un billet dans lequel elle m'invitait à passer au château. Presqu'au même instant, sir William entra chez moi. Il venait de recevoir du roi la même invitation et m'offrait de me conduire.

Nous montâmes en voiture et dîmes au cocher de prendre par Sainte-Lucie.

En effet, à peine fûmes-nous arrivés sur le quai, que nous vîmes toute la flotte qui rentrait dans le port, non plus dans l'ordre admirable où elle s'y était présentée quelques jours auparavant, mais comme une troupe d'oiseaux de mer effarouchés, tirant de l'aile chacun de son mieux pour regagner son abri.

Nous arrivâmes au château. On avait convoqué en hâte le conseil, et, en montant par le grand escalier, nous rencontrâmes ce même capitaine Caracciolo, que

l'on avait jugé à propos d'appeler, quoique, la première fois, il eût été d'un avis différent de celui du roi.

Sir William me mit à la porte de la reine, et se rendit à la salle du conseil.

En entrant chez la reine, je lui dis la rencontre que je venais de faire sur l'escalier ; elle sonna aussitôt.

— Que l'on prie le capitaine Caracciolo d'entrer chez moi avant de se rendre au conseil, dit-elle; j'ai à lui parler.

Puis, m'entraînant :

— Comprends-tu quelque chose à ce qui se passe ? Nous qui nous croyions débarrassés de cette flotte française ! Que nous veut donc cet amiral de Latouche-Tréville avec ses bannières et ses cocardes tricolores ? Vient-il ici pour faire de la propagande républicaine, pour nous mettre, nous aussi, en révolution ? Oh ! qu'ils y prennent garde ! Nous sommes prévenus à temps. On n'aura pas si bon marché de nous que de Louis XVI et de Marie-Antoinette. Quant à moi, je le déclare, je serai sans pitié.

Je n'avais pas encore eu le temps de répondre, lorsque la porte s'ouvrit et que l'on annonça le capitaine François Caracciolo.

— Venez, venez, monsieur ! dit la reine. Vous êtes le seul qui, l'autre jour, ait été de mon avis.

Caracciolo s'inclina.

— Et c'est un grand bonheur pour moi, dit-il ; car, l'autre jour, Votre Majesté parlait au nom de l'honneur napolitain.

— Eh bien, voyons ; aujourd'hui, franchement, qu'arrive-t-il ?

— Ce que j'avais prédit, madame : la flotte française a été battue et dispersée par la tempête ; si nous avions tenu seulement vingt-quatre heures, nous étions les maîtres de la situation.

— Ne pouvons-nous pas le redevenir ?

— Comment cela, madame ?

— A votre avis, la flotte française rentre à Naples parce qu'elle est en détresse ?

— Autant que j'en puis juger, dit Caracciolo en jetant un regard du côté de la mer, il n'y a pas un bâtiment qui n'ait subi des avaries.

— Eh bien, si l'on profitait de la situation et si l'on tentait aujourd'hui ce que l'on n'a pas osé faire l'autre jour, seriez-vous toujours prêt à aller attaquer le vaisseau amiral avec votre corvette ?

— Impossible, madame !

— Comment, impossible ?

— L'autre jour, je proposais d'attaquer un ennemi.

— Après ?

— Aujourd'hui, cet ennemi est devenu notre allié.

— Notre allié ?

— Sans doute ; une parole a été échangée, madame, un traité a été signé. L'amiral de Latouche-Tréville, l'autre jour, venait imposer des conditions à une nation ennemie ; aujourd'hui, il vient demander du secours à un royaume allié. Combattre, l'autre jour, à mon avis, était un devoir ; attaquer aujourd'hui serait une trahison.

— Et si cependant vous en receviez l'ordre du roi ?

— D'attaquer ?

— Oui.

— J'espère, madame, que le roi ne me donnera pas un pareil ordre.

— Mais enfin s'il vous le donnait ?

— J'aurais le regret de lui offrir ma démission.

— Tu l'entends, Emma ! dit la reine en se tournant de mon côté. Juge des autres par lui : voilà comme ils nous sont dévoués !

Puis, à Caracciolo :

— C'est bien, monsieur ; j'ai su de vous tout ce que je voulais savoir ; je ne vous retiens plus.

Caracciolo s'inclina et sortit.

— Tout s'explique maintenant, continua la reine. La flotte a subi des avaries et elle vient se réparer à Naples. Pourquoi pas ? Naples, comme l'a dit le *citoyen* Caracciolo, — elle appuya sur le mot *citoyen*, — Naples n'est-elle pas l'alliée de cette république française qui vient de déclarer la guerre aux rois, et qui va couper la tête à mon beau-frère ?

Je restais muette.

— Eh bien ! demanda la reine, tu ne me réponds pas ? tu n'as rien à me dire !...

— Je craindrais de blesser la reine en lui disant mon opinion franchement.

— Me blesser, toi ? Tu es folle ! En quoi pourrais-tu me blesser, toi ?

— Mais en me rangeant à l'opinion de cet homme.

— De quel homme ?

— Du prince Caracciolo, et Dieu sait que ce n'est point par entraînement vers lui.

— Alors, tu trouves que ces Français ont raison de nous mettre le pied sur la tête ?

— Je trouve, madame, que l'on a eu tort de traiter avec eux.

— Et que, maintenant que l'on a traité, nous devons subir les conséquences de notre parole engagée. Tu as peut-être raison. Nous consulterons sir William là-dessus.

Pendant ce temps, la flotte française

était entrée dans le port, comme on entre dans un port ami, et y avait jeté l'ancre.

Une heure après, nous apprîmes que tout ce qu'avait prévu le capitaine Caracciolo était arrivé. A peine en mer, la flotte française avait été battue par une effroyable tempête : sept bâtiments sur onze avaient souffert de graves avaries et l'amiral de Latouche-Tréville, son traité à la main, traité qui lui assurait les avantages accordés aux nations les plus favorisées, venait demander à réparer ses vaisseaux endommagés, à renouveler sa provision d'eau douce et à communiquer avec le port pour acheter des vivres, des cordages et des toiles.

Toutes ces demandes lui furent accordées.

Il y a plus : dans la hâte qu'avait le gouvernement napolitain d'éloigner ces hôtes dangereux, on s'empressa de fournir à l'amiral des ouvriers, des matériaux, des vivres, et, par un conduit provisoire, on amena jusqu'à la pointe du môle les eaux de Carmignano, les plus limpides et les plus saines de Naples.

Quant à la reine, pour ne pas avoir sans cesse sous les yeux ces uniformes odieux et ces bannières détestées, elle se retira à Caserte, quoiqu'on fut au plus fort de l'hiver, c'est-à-dire au mois de janvier, et elle m'emmena avec elle.

XII

Pendant que nous étions à Caserte, toutes les prévisions de la reine se réalisaient à Naples. — Soit que Latouche-Tréville eût véritablement besoin de réparer ses vaisseaux, soit que cette réparation ne fût autre chose qu'une feinte et qu'il suivît les instructions secrètes de la République, qui étaient de pousser tous les peuples avec lesquels la France se mettait en contact dans la voie de la Révolution, l'amiral utilisait sa présence dans la capitale du royaume des Deux-Siciles, en engageant les patriotes napolitains à s'organiser en société secrète et à préparer pour l'Italie méridionale le triomphe des principes qui régnaient alors sur la France. Chaque jour, ses officiers — et l'on sait que les officiers de la marine française sont, en général, des hommes distingués et instruits, — chaque jour ses officiers descendaient à terre, se répandaient dans la population, y faisaient des prosélytes et jetaient dans toutes ces jeunes têtes la semence des révolutions, qui, quelques années plus tard, allaient faire couler tant de sang! La veille du jour où la flotte devait lever l'ancre, il y eut un grand dîner offert par les jeunes gens aux officiers de la flotte ; on y chanta des chants révolutionnaires, et, au milieu de ces chants, *la Marseillaise*, qui venait d'être composée par Rouget de Lisle, et qui, en éclatant le 10 août, avait fait une si terrible immortalité à son auteur. On avait arboré le bonnet rouge, et l'on avait juré d'avoir aussi, à Naples une cocarde aux trois couleurs, que l'on substituerait à la cocarde blanche des Bourbons. De plus, tous ceux qui avaient assisté à ce repas avaient adopté la mode française, inaugurée par Talma dans la tragédie de *Titus*. Ils avaient fait couper leurs cheveux, renié la poudre et baptisé du nom de *caudini*, c'est-à-dire de porteurs de queues, ceux qui persistaient dans leur fidélité à l'ancienne mode. Pendant tout ce temps, la reine, sans me faire aucune confidence, m'avait paru préoccupée de quelque œuvre sombre ; souvent, tandis que nous étions ensemble, on venait lui parler bas, et lui dire qu'on la demandait ; elle se levait aussitôt sans interroger et comme si elle eût connu d'avance la cause de ce dérangement ; puis, un quart d'heure, une demi-heure, une heure après, elle revenait, me serrait la main en me disant :

— Tout va bien !

Un jour que la reine était dans une de ces conférences secrètes, je descendis au jardin, et j'y vis un homme vêtu de noir, qui m'était inconnu.

Sans savoir que cet homme acquerrait plus tard une terrible réputation, je ne pus m'empêcher de le remarquer.

Il était plutôt grand que petit, portait la tête inclinée sur la poitrine, quoique son regard sombre et concentré se fixât devant lui à hauteur d'homme ; mais ce regard, on le comprenait, devait souvent regarder sans voir. Le visage était couleur de cendre, l'allure était irrégulière comme celle des animaux féroces ou inquiets, tantôt lente et tantôt rapide. Il passa près de moi, et cependant ne parut pas me voir ; il se parlait à lui-même, et j'entendis ces mots, qui s'échappaient de sa bouche, comme brisés entre ses dents :

— La torture ! il me faut la torture ! Sans la torture, que veut-on que je fasse ? Ils n'avoueront jamais !

Cet homme me fit peur.

Je le suivis des yeux ; on le vint chercher de la part de la reine.

Je m'assis sur un banc ; mes jambes tremblaient.

Bientôt je vis apparaître la reine à la

porte du jardin; elle regarda autour d'elle, elle me cherchait. Je me levai et j'allai au-devant d'elle.

— Bon Dieu! chère reine, lui demandai-je, quel est cet homme que j'ai rencontré dans le jardin et qui mâchait de si tristes paroles?

— Lequel? demanda la reine.

— Celui que Votre Majesté a envoyé chercher.

— Ah! dit la reine en riant, tu l'as vu? C'est mon limier. Je suis comme le roi, prise de la passion de la chasse; je veux, comme lui, avoir ma meute, et, d'ici à peu, nous pourrons courre le jacobin: c'est un animal fort dangereux mais seulement quand on lui laisse prendre ses avantages sur le chasseur.

— Mais enfin, madame, cet homme...?

— Eh bien, cet homme?

— Cet homme est donc le bourreau?

— Pas tout à fait; mais ce sera son pourvoyeur, je l'espère bien.

Puis, étendant le bras du côté de la France:

— Oh! ma sœur, ma pauvre sœur, s'écria-t-elle, ils te tiennent, toi! mais je les tiens, eux! et sois tranquille, puisque tous les hommes sont frères, les frères de Naples payeront pour les frères de Paris.

Je restai muette. Je comprenais la haine de la reine pour la Révolution; mais tant d'énergie m'effrayait dans une femme. Il est vrai que cette femme était la fille *du roi* Marie-Thérèse.

Je marchai silencieuse, appuyée au bras de la reine; ce bras, roidi par une crispation nerveuse, me paraissait avoir la force d'un bras d'homme.

— Que veux-tu, ma pauvre Emma! me dit Caroline après un moment pendant lequel elle avait marché d'un pas ferme et rapide, il faut en prendre ton parti: tu as cru venir dans un pays de délices; tu avais entendu dire que l'air de Pæstum était si doux, que les rosiers y fleurissaient deux fois; que l'air de Sorrente était si embaumé, qu'on reconnaissait une Sorrentine au parfum qui s'échappait de ses cheveux; tu croyais que la vie s'écoulait ici comme dans l'ancienne Sybaris, au milieu des festins et des fêtes, qu'on y dormait sur des lits de mousse, qu'on y marchait sur des tapis de fleurs. On avait oublié de te dire qu'il y avait au milieu de tout cela une montagne qui portait l'enfer dans ses entrailles, qui semblait sourire comme tout le reste de la création, et qui tout à coup, secouant les maisons comme des châteaux de cartes, couvrait Herculanum de laves, Pompéi de cendres, et faisait reculer la mer épouvantée de la plage de Regina au rocher de Capri; on avait oublié de te dire cela; mais, moi, je te le dis.

Je la regardai, presque épouvantée.

— Nous commençons une lutte terrible où nous pouvons être vaincus, quoique nous ayons quatre-vingt-dix chances sur cent d'être vainqueurs; mais il faudra combattre, et le combat sera rude. Fille des fraîches prairies et des gazons verts, te sens-tu trop faible pour monter sur mon char de bataille? Alors, abandonne ta reine, retourne dans ton pays de Galles, et remonte à ton berceau, comme un ruisseau transparent qui, de peur de se mêler aux flots troublés de la mer, remonte vers sa source.

— Oh! non! non! m'écriai-je en lui jetant mes deux bras au cou; je vous aime trop pour vous abandonner au moment où vous dites vous-mêmes que vous courez un danger. Je suis faible; mais vous êtes forte, forte pour vous et pour moi; vous me soutiendrez si je faiblis, vous me relèverez si je tombe. Je ne suis pas entrée assez avant dans les secrets de la politique pour savoir qui a raison dans cette grande lutte des peuples contre les rois; mais, si vous avez tort, ma chère reine, je veux avoir tort avec vous, et, si le Vésuve ou la révolution éclate sur Naples, je veux être brûlée par la même lave et étouffée par la même cendre que vous.

La reine m'enveloppa de son bras et me serra contre son cœur:

— A la bonne heure! dit-elle. Il me semblait, depuis quelque temps, t'avoir à moitié perdue; mais voilà que je te retrouve. Je m'attristais déjà de me sentir seule. Oh! je n'aurai pas de secrets pour toi. Oui, je fais une œuvre sombre; comme les Euménides, je tresse des serpents dans les ténèbres. Avec de l'or et des titres, ici l'on fait tout ce qu'on veut. Cet homme que tu as vu, et qui t'a si fort effrayée, c'est une de mes vipères: il s'appelle Vanni. Les deux autres s'appellent Guidobaldi et Castelccala. Le dernier est prince; il était notre ambassadeur à Londres. Je lui ai proposé de revenir pour être le chef de mes espions, le président de ma junte d'État; il a accepté. Oh! je donnerai de telles récompenses aux dénonciateurs, que je ferai, comme dans l'ancienne Rome, de la dénonciation un état honorable, ou sinon honorable, envié du moins.

— Alors, repris-je, je m'explique pourquoi ce Vanni parlait de tortures et disait que sans la torture ils n'avoueraient pas.

— Oui, la torture est son idée fixe, et, à son point de vue, il a raison. Il a de l'ambition, cet homme! Quand les autres se contentent de dire : *Notre roi*, lui dit : *Mon roi*, comme si le roi était à lui tout seul, et comme si lui tout seul avait charge de le garder. Or, les dénoncés ne manqueront pas, les prévenus ne manqueront pas; mais les coupables manqueront peut-être, car, pour certains esprits obstinés, il n'y a de coupables reconnus que ceux qui avouent leur crime; et ici personne n'avoue. Eh bien, Vanni prétend qu'à l'aide de certains procédés inventés par lui, pourvu qu'on l'autorise à mettre ses procédés en pratique, il fera parler des pierres. Moi, je lui ai dit que, pour mon compte, je ne m'y opposais nullement, et que la vérité était chose si précieuse, que tous les moyens étaient bons pour y arriver. Maintenant, il y a une difficulté : il paraît que ce n'est pas tout à fait dans les lois. Les jacobins non plus ne sont pas dans les lois; le jacobinisme n'est pas un crime prévu. On ne pouvait donc pas faire une loi contre lui, et, puisqu'il est en dehors de la loi, on peut se servir, pour le réprimer, de moyens en dehors de la loi. Tu comprends que je ne suis pas assez habile jurisconsulte pour savoir tout cela; c'est ma vipère, c'est mon Vanni qui m'a sifflé cet argument. Il a cité Cicéron étranglant Lentulus et Céthégus, malgré la loi, qui défendait d'attenter aux jours des citoyens romains. C'est un homme très-savant que maître Vanni. Je le ferai marquis et chevalier de l'ordre de Saint-Georges constantinien.

Je regardais la reine avec un étonnement qui, je l'avoue, n'était pas exempt d'une certaine terreur.

Elle s'aperçut de l'impression qu'elle produisait sur moi.

— Oui, dit-elle, je comprends, tu trouves qu'il y a une différence entre la Caroline d'aujourd'hui et celle des premiers jours; celle-là mettait sa fantaisie à s'habiller de la même robe, à se coiffer de la même plume, à s'envelopper du même châle que toi; toute son ambition était d'être trouvée belle, même à côté de toi; celle-là connaissait la douleur, mais pas encore la haine; si elle s'enfermait seule avec toi, c'était pour chercher les étincelles d'un bonheur passé dans les cendres de son amour, c'était pour te dire : « J'ai aimé et je n'aimerai plus; » c'était pour te dire : « Moi aussi, quoique reine, j'ai eu un cœur. » La Caroline d'aujourd'hui n'a plus le temps de songer au passé; il lui faut combattre pour l'avenir. Qu'est-ce qu'un amant exilé en Sicile, près d'une sœur emprisonnée en France, et d'un frère ayant un pied sur les marches de l'échafaud? Il s'agit bien de bonheur! il s'agit bien de poésie! il s'agit bien d'amour! Il s'agit de la vie! Il n'y a pas d'animal, depuis l'aigle jusqu'à la colombe, qui ne défende son aire et qui ne combatte pour ses petits. Tuer qui veut nous tuer n'est pas de la vengeance, c'est l'instinct de la conservation. Si, nous aussi, nous avons des Vergniaud, des Pétion et des Robespierre, nous n'attendrons pas qu'ils nous fassent un 20 juin et un 10 août; nous leur ferons une Saint-Barthélemy. Les Valois ont appris aux Bourbons que mieux vaut tirer du Louvre dans la rue, que laisser tirer de la rue dans le Louvre. — Qu'ils m'appellent *madame Véto*, qu'ils m'appellent *madame Déficit*, qu'ils m'appellent comme ils voudront; mais ils ne m'appelleront ni Jane Gray ni Marie Stuart.

— Dieu nous garde d'un pareil malheur! dit une voix à deux pas de nous.

Nous nous retournâmes vivement, la reine et moi, et nous nous trouvâmes en face d'un homme, qu'à certaines parties de son costume, plutôt religieux que laïque, il était facile de reconnaître pour un dignitaire de l'Eglise.

Je vis, au regard de la reine, qu'elle ne connaissait pas l'étranger qui avait la double hardiesse et de nous surprendre et de se mêler à la conversation.

Mais, moi, je le reconnus et je m'écriai :

— Monseigneur Fabrizzio Ruffo!

— Puisque lady Hamilton veut bien me faire la grâce de me reconnaître, voudra-t-elle y ajouter celle de me présenter à la reine, près de laquelle je viens, au reste, de la part du roi?

Je consultai la reine des yeux; en m'entendant nommer le favori du pape Pie VI, avec lequel la cour de Naples, je l'ai dit, était au mieux, sa figure avait pris une expression de bienveillance qui me permettait d'entrer dans les désirs du noble prélat.

—Madame, dis-je, souffrez que, sur le désir qu'il vient d'exprimer, j'aie l'honneur de présenter à Votre Majesté monseigneur Fabrizzio Ruffo, trésorier de Sa Sainteté.

— Madame, dit le prélat en s'inclinant, tout en remerciant lady Hamilton de son obligeance, permettez-moi de rectifier deux petites erreurs qu'elle a faites et qu'elle devait faire. Je ne suis plus trésorier et je suis cardinal.

— Je vous en fais mon compliment, monsieur, dit la reine. Mais Votre Eminence ne m'a-t-elle pas dit qu'elle venait de la part du roi?

— Je l'ai dit, madame, et Sa Majesté fût même venue avec moi à Caserte sans une chasse au sanglier, dans les bois du lac Fusaro, chasse qu'il lui était impossible de remettre.

— Je reconnais là mon auguste époux, dit la reine en souriant. Mais vous n'en serez pas moins le bienvenu, surtout si vous m'apportez une bonne nouvelle.

Je vous en apporte au moins une grande, madame ; une nouvelle qui pourra bien avoir les plus graves conséquences. L'ambassadeur de la république française à Rome, le citoyen Basseville, vient d'être assassiné dans une émeute populaire.

La reine tressaillit.

— C'est, en effet, une grande nouvelle que vous m'annoncez là ! Et comment la chose s'est-elle passée ?

— Votre Majesté sait qu'en amenant l'ambassadeur de Naples, le citoyen Mackau, l'amiral français avait en même temps à son bord l'ambassadeur près la cour de Rome, le citoyen Basseville ?

Le cardinal appuya sur ce mot *citoyen* deux fois répété, de façon que, grâce à l'accent avec lequel il était prononcé, il n'eut rien de désagréable à l'oreille de la reine.

Elle laissa donc passer cette première phrase sans autre expression de visage qu'un sourire dédaigneux, et en faisant signe qu'elle écoutait.

Le cardinal continua.

— La nouvelle avait fait grand bruit et s'était répandue dans nos campagnes. Je n'ai pas besoin de vous dire, madame, sous quel jour nos dignes prêtres peignent la république française à leurs ouailles des villages et des villes ; pactiser avec elle, c'est pactiser avec l'enfer. A cette nouvelle annoncée dans les chaires, la populace de Rome, les barbares du Transtevère, les sauvages de la Sabine, les bouviers des marais, aveugles et féroces comme leurs buffles, s'étaient réunis sur le chemin que l'ambassadeur devait parcourir. Pendant trois jours, on attendit. Tous les soirs, les prêtres répétaient dans les confessionnaux, aux femmes éperdues, que cet ambassadeur français venait dans la ville sainte lever le drapeau de Satan. Les femmes brûlaient des cierges, priaient et hurlaient ; les hommes grinçaient des dents et repassaient leurs couteaux.

— Brave peuple ! murmura la reine.

— Enfin, avant-hier 13 janvier, de grands cris annoncèrent l'approche de la voiture ; tout le peuple se précipita du côté où elle arrivait. L'ambassadeur était en grand costume républicain : habit bleu, ceinture tricolore nouée sur l'habit, chapeau à trois cornes au front, panache tricolore au chapeau ; deux amis, vêtus du même costume à peu près, étaient dans la même voiture. A cette vue, les cris éclatèrent. Les trois voyageurs semblaient sourds et indifférents et continuaient leur chemin ; les roues et les chevaux de leur voiture avaient disparu : on eût dit une barque fendant des vagues humaines. Ils abordent ainsi au palais du cardinal Zelada, entrent chez lui et le somment de reconnaître leurs pouvoirs. Le cardinal, qui avait des instructions positives de Sa Sainteté, refuse et déclare que, pour la cour de Rome, la république française n'existe pas et n'existera jamais. L'ambassadeur salue le cardinal, remonte en voiture, et, soit pour soutenir l'honneur de la France, soit pour faire appel aux patriotes italiens, plante un drapeau tricolore à côté du cocher.

A cette vue, comme le comprend Votre Majesté, les cris redoublent, et les pierres commencent à pleuvoir. Le cocher, effrayé, lance ses chevaux au galop et pousse la voiture dans la cour d'un banquier français. Par malheur ou par bonheur, selon le point de vue duquel on envisage les choses, le temps manque pour refermer la porte derrière la voiture ; le peuple se précipite, et, ma foi, dans la bagarre, on ne sait pas comment cela s'est fait, Son Excellence le citoyen Basseville a eu le ventre ouvert d'un coup de rasoir.

— Et connaît-on l'assassin ? demanda vivement la reine.

— Oui et non, répondit monseigneur Ruffo. Sa Sainteté le connaît ; mais le gouvernement de Sa Sainteté ne le connaîtra pas. Or, le pape, déjà compromis par la guerre de la Vendée, prêchée par ses émissaires, est encore plus compromis par la mort de l'ambassadeur français ; il aura beau faire comme feu Pilate, se laver les mains du sang de Basseville, il en restera toujours quelque trace au bout de ses doigts. Donc, la mort de Basseville, c'est la guerre contre la France. Je viens, au nom de Sa Sainteté, demander au roi Ferdinand s'il est en état de la soutenir, et, dans ce cas, toujours de la part de Sa Sainteté, mettre à la disposition du champion de l'Eglise, le peu de talent dont la nature et l'éducation m'ont doué à cet endroit.

La reine sourit.

— Alors, Votre Eminence appartient, si je l'en crois, à l'Eglise militante ?

— Eh ! croyez-le, madame ! je suis de la race des Lavalette et des Richelieu. Au moyen âge, j'eusse porté la cuirasse et l'épée, et fait la guerre aux Turcs ou aux huguenots. Aujourd'hui, je suis tout prêt à faire la guerre aux Français, qui sont des païens d'une bien pire espèce !

— Eh bien, monsieur le cardinal, dit la reine, nous tâcherons de vous donner de la besogne. Malheureusement, la chose ne dépend pas de moi seule !

— Je le sais, reprit Ruffo ; mais, ajouta-t-il en me regardant, si madame veut s'en mêler...

— Moi, monsieur le cardinal ? Et que voulez-vous que j'y fasse, bon Dieu ?

— Eh ! madame, Périclès a fait la guerre de Samos, celles de Mégare et du Péloponèse d'après les conseils et sous l'influence d'Aspasie. Aspasie n'était pas plus belle que vous, et Périclès n'avait pas plus d'influence sur les affaires de la Grèce que sir William Hamilton, par son frère de lait le roi George, n'en a sur les affaires d'Angleterre. Que l'Angleterre déclare la guerre à la France, et nous sommes sauvés !

— Tu l'entends ? me dit la reine. Le cardinal parle au nom de notre saint-père le pape, et notre saint-père le pape est infaillible.

— Eh bien, soit, ma chère reine ! répondis-je ; je ferai de mon mieux. Eh ! voilà justement Périclès qui vient se mettre à notre disposition !

En effet, sir William s'avançait de notre côté. Comme il était l'heure du dîner, nous rentrâmes au château. Sa Majesté invita sir William à dîner, retint le cardinal, et, tout en dînant, nous fîmes les projets les plus belliqueux du monde.

Quand je pense aujourd'hui que je pesai, ne fût-ce que du poids d'un grain de sable, dans le plateau que ce poids fit pencher du côté d'une guerre qui dura vingt ans, et qui n'est peut-être point encore éteinte, je m'effraye de la responsabilité qu'un grain de sable peut avoir devant Dieu !

XIII

Le cardinal avait raison ; le meurtre de Basseville eut un immense retentissement en France. La Convention décréta qu'une éclatante vengeance serait tirée de ce meurtre, et que la patrie adoptait le fils de la victime.

Mais ce bruit s'éteignit bientôt dans le bruit d'une catastrophe bien autrement terrible ! Le 27 janvier, on apprit à Naples que Louis XVI avait été condamné à mort ; le 1er février, on apprit qu'il avait été exécuté.

Au moment même où la nouvelle en arriva à Londres, Pitt signifia au ministre de France qu'il eût à quitter l'Angleterre dans les vingt-quatre heures. Pressé par moi, — et je dois dire qu'il n'avait pas besoin de cet aiguillon, — sir William avait écrit directement trois ou quatre lettres au roi George, et celui-ci lui avait répondu un petit billet de son écriture, dans lequel il était dit que l'Angleterre, voulant mettre les torts du côté de la France, attendrait que les Français eussent exécuté le roi, mais que, le roi exécuté, à l'instant même on romprait avec la République.

Nous reçûmes à Naples les deux lettres en même temps : celle qui annonçait l'exécution de Louis XVI le 21 janvier, et celle qui annonçait le renvoi de Londres de l'ambassadeur de France.

Quoiqu'on s'attendît à cette mort, ce fut un coup terrible pour la reine. La lettre de l'ambassadeur était sur papier de deuil, et cachetée de noir. En apercevant la lettre, Caroline comprit tout ; elle jeta un cri et s'évanouit en disant :

— Ils l'ont tué !

A l'instant même, les ordres furent donnés pour que toutes les fêtes du carnaval cessassent, pour que la cour et toutes les autorités prissent le deuil, et pour que les prières des morts fussent dites dans toutes les églises.

Castelcicala, Guidobaldi, Vanni surent qu'ils pouvaient commencer l'œuvre pour laquelle ils avaient été appelés.

Des arrestations furent faites, et, quand le nombre des jacobins incarcérés ne fut pas moindre de trois cents, alors seulement la reine se reprit à sourire.

Puis, tout en restant l'allié de la France, le gouvernement napolitain prépara la guerre ; l'armée de terre fut portée au chiffre de 36,000 hommes, et l'armée navale à celui de 102 bâtiments de toutes sortes de grandeurs.

Le cardinal Ruffo avait, dans toutes les circonstances, voulu prendre une importance militaire ou politique que lui faisait sans doute désirer la conscience de son mérite, et à laquelle lui donnaient droit non-seulement la recommandation du souverain pontife, mais encore des études faites dans l'art de l'artillerie, — études qui consistaient, je crois, dans l'invention d'une nouvelle manière de chauffer les boulets ; — mais, soit que le ministre Acton ne partageât point la confiance que le cardinal avait en son propre mérite, soit qu'au contraire il craignît pour sa fortune l'influence d'un homme supérieur, soit enfin que la reine, éprouvant une certaine répulsion pour le cardinal, eût neutralisé les bonnes intentions du roi, qui l'avait pris franchement sous sa protection, — deux ou trois mois se passèrent sans que le cardinal Ruffo obtînt aucune position officielle à la cour.

Marie-Caroline était loin de se douter, à cette époque, du service que lui rendrait, six années après, comme soldat, le même cardinal qu'elle éloignait aujourd'hui des choses militaires !

Mais le roi qui, tout au contraire, avait, comme je l'ai dit, une grande sympathie pour Son Eminence, voulut enfin lui donner une preuve de cette sympathie ; seulement, comme il mêlait assez volontiers la raillerie à l'obligeance, il lui assigna le poste qui assurément convenait le moins à un homme d'Eglise : il le nomma inspecteur de sa colonie de San-Leucio.

Je voudrais bien entrer ici dans quelques détails sur cette colonie de San-Leucio, dont j'ai donné seulement une idée sommaire dans un précédent chapitre de ces Mémoires.

La chose est assez difficile à dire, mais n'importe ! J'ai déjà dit tant de choses difficiles, et il m'en reste encore tant à dire, que l'hésitation même serait ridicule. D'ailleurs, je laisserai parler le roi Ferdinand lui-même, et l'on décidera quel sentiment, de la bonhomie, de l'hypocrisie ou du cynisme, le porta à rendre compte de sa création de la colonie de San-Leucio, harem villageois où il était non moins sultan que le Grand Turc dans le sien. Je copie sur le manuscrit original du roi, que, dans un de ses jours de gaieté ou de mépris, me communiqua la reine Caroline, et qui était intitulé : *Origine et progrès de la population de San-Leucio.*

« Un de mes plus vifs désirs, dit Ferdinand dans cet écrit, ayant toujours été de trouver un lieu agréable et éloigné du bruit de la cour, où je puisse employer avec profit le peu d'heures de loisir que me laissent les graves affaires de mon royaume ; les délices de Caserte, et la magnifique habitation commencée par mon père et achevée par moi ne présentant point le silence et la solitude nécessaires aux méditations et au repos de l'esprit, mais formant, pour ainsi dire, une seconde capitale au milieu de la campagne, avec les mêmes idées de luxe et de magnificence qui m'assiégent à Naples, — je pensai à me choisir, dans le parc même du château de Caserte, un lieu plus retiré, qui devînt presque une Thébaïde, et, dans ce but, je m'arrêtai au site de San-Leucio. »

Vous allez voir de quelle façon le roi Ferdinand entendait la méditation et le repos de l'esprit.

« En conséquence, ayant fait, en 1773, murer le bois, dans l'enceinte duquel était la vigne et l'ancien casino des princes de Caserte appelé le *Belvedère*, je fis, sur une éminence, construire un petit pavillon pour ma simple commodité chaque fois que j'allais à la chasse. Je fis, en outre, raccommoder tant bien que mal une vieille maison à moitié détruite, et j'en fis construire quelques nouvelles ; je colloquai cinq ou six individus commis à la garde du bois et chargés de veiller sur le susdit pavillon, sur les vignes, sur les plantations et sur les territoires qui se trouvaient compris dans l'enclos. En 1776, le salon de l'ancien Casino fut changé en église, et cette église érigée en paroisse pour le besoin des habitants qui s'accroissaient tous les jours, et qui atteignirent bientôt le nombre de dix-sept familles. Il fut donc nécessaire d'augmenter les habitations en raison du nombre des habitants. »

Le roi continue :

« Lorsque le pavillon fut agrandi, je commençai à aller y demeurer et à y passer l'hiver ; mais, ayant eu le malheur de perdre mon premier enfant, et pour cette raison n'y allant plus qu'à la passade, je résolus de faire de cette habitation un plus utile usage. Les habitants dont j'ai parlé, avec quatorze autres familles qui s'étaient jointes à eux, ayant atteint le chiffre de cent trente-quatre, grâce à la favorable prolification produite par la pureté de l'air et par la tranquillité et la paix domestiques dans laquelle ils vivaient, je craignis que tant de bambins et de bambines, qui s'augmentaient tous les jours, ne formassent dans l'avenir, par le manque d'éducation, une dangereuse société de débauche et de malvivants, et je pensai à établir une maison d'éducation pour les enfants de l'un et de l'autre sexe, me servant, pour les réunir, de mon pavillon de chasse. Je commençai donc à poser les règles et à rechercher les personnes habiles et propres à tenir les emplois nécessaires à mon but.

« Après avoir mis à peu près tout en ordre, je réfléchis que toutes les peines que j'allais me donner, toutes les dépenses que j'allais faire, seraient malheureusement inutiles, puisque ces jeunes gens, au moment où leurs études seraient terminées, ou resteraient à ne rien faire, ou, voulant s'appliquer à un métier quelconque, devraient quitter la colonie pour chercher leur vie ailleurs, mon service n'en pouvant occuper que quelques-uns ; et, dans ce cas, je songeai combien les séparations étaient douloureuses pour les familles respectives, et combien j'éprouverais moi-même de chagrin en me voyant privé de toute cette belle jeunesse, que j'avais toujours regardée comme mes propres enfants, et que j'avais fait croître avec tant de peine ! Je me tournai donc vers un autre but ; je pensai à régir cette colonie qui, sans cesse accrue, pouvait devenir utile à l'Etat, aux familles et à chaque individu en particulier, de manière à rendre tous ces pauvres gens tranquilles et heureux, à les faire vivre dans la sainte terreur de Dieu et dans une parfaite harmonie. Jusque-là, ils ne m'avaient pas donné un seul motif de plainte ; mais, au contraire, ils m'avaient fait jouir, au milieu d'eux de cette suprême satisfaction tant enviée aux heures où les affaires publiques conspiraient contre mon repos. »

Comme on le voit, le roi Ferdinand avait enfin trouvé « ce silence et cette solitude si nécessaires à la méditation et au calme de l'esprit. »

Etant parvenu à ce but inespéré, le roi Ferdinand, dans sa reconnaissance pour cette belle jeunesse qui réjouissait son âme, résolut de donner à sa colonie si prospère, et qui promettait de le devenir davantage encore, des lois qui rappelassent celles que Saturne et Rhée avaient données à leurs peuples dans l''âge d'or.

En conséquence, il commença par abolir les droits tyranniques des parents sur les enfants, droits qui empêchent si souvent ceux-ci de suivre les inspirations de leur cœur et les instincts de la nature.

Les enfants furent donc libres de se choisir et de s'épouser, sans que les parents eussent rien à voir dans cette grave affaire du mariage, dont ils ne se mêlent le plus souvent que pour tout gâter. Le jour de la Pentecôte de chaque année, en sortant de la grand'messe, les jeunes gens faisaient connaître à tout le village le choix qu'ils avaient fait; le jeune homme, sous le porche de l'église, offrait ni plus ni moins qu'un berger de Watteau ou de Boucher, un bouquet de roses roses à la jeune fille qu'il aimait; si celle à qui le bouquet était offert payait le jeune homme de retour, elle lui rendait un bouquet de roses blanches, et tout était dit; les deux amants étaient fiancés à partir de ce jour et mariés le dimanche suivant.

Dans l'intervalle, le roi les faisait venir chez lui, séparément bien entendu ; il leur faisait un discours sur leurs devoirs conjugaux, et, comme il s'était réservé de doter les nouveaux époux, selon que la jeune fille avait écouté le discours du roi avec plus ou moins de componction, la dot augmentait ou diminuait. On comprend dès lors toute l'attention que prêtait la fiancée à un discours si important. Au reste, pas de juges, pas de tribunaux. Quand quelque procès surgissait entre les individus, trois vieillards, élus par la colonie, rendaient leur jugement, comme saint Louis, sous un chêne.

Pour éviter les folies où le luxe entraîne même les paysannes, toutes les jeunes filles de la colonie portaient le même costume, simple mais élégant; le roi l'avait fait dessiner par son peintre ordinaire, et, à part les distinctions introduites par Ferdinand lui-même pour les bonnes travailleuses, personne n'y pouvait rien changer.

En outre, la conscription était abolie pour les jeunes gens.

On le voit, pour arriver à un si heureux résultat, le roi Ferdinand avait dû réunir la sagesse du roi Salomon à la science sociale d'Idomenée.

Eh bien, ne sachant que faire du cardinal Ruffo, le royal fondateur de la colonie de San-Leucio le mit à la tête de cet établissement.

Peut-être n'était-ce point la place d'un cardinal; mais les hommes d'esprit ne sont, dit-on, déplacés nulle part, et le cardinal Ruffo était un homme d'infiniment d'esprit.

Quant à la reine, qui avait non moins d'esprit que le cardinal Ruffo, elle voyait avec une grande satisfaction l'établissement de San-Leucio prospérer, s'agrandir et se peupler. Si le roi avait étudié Salomon et Idoménée, elle avait étudié, elle, madame de Pompadour, et elle régnait tandis que le roi s'amusait.

Il est vrai que ce n'était pas chose gaie que de régner en l'an de grâce 1793.

Nous allons bien le voir en revenant aux affaires d'Etat.

XIV

J'ai dit que, le jour même où l'on avait appris à Londres l'exécution de Louis XVI, le gouvernement anglais avait invité l'ambassadeur de France à prendre ses passeports.

C'était une insulte que, dans son orgueil, la France ne pouvait supporter. De même qu'elle avait la première déclaré la guerre à l'Autriche, la première aussi, neuf jours après le renvoi de son ambassadeur, elle déclara la guerre à l'Angleterre et à la Hollande.

L'Angleterre n'attendait que cette mise en demeure. J'entendis alors sir William et la reine énumérer les forces des deux puissances, et constater avec joie la supériorité des forces matérielles de la Grande-Bretagne sur celles de la France.

La France était sans argent, sans armes, presque sans armée ; toutes ses forces navales consistaient en soixante-six vaisseaux de ligne et quatre-vingt-seize frégates ou corvettes.

L'Angleterre était financièrement dans un état si prospère, que M. Pitt disait que, si par impossible il avait assez d'argent pour rembourser la dette, au lieu de la rembourser, il jetterait cet argent dans la Tamise.

Quant à ses forces navales, elles étaient de cent cinquante-huit vaisseaux de ligne, de vingt-deux vaisseaux de cinquante canons, de vingt-cinq frégates et de cent huit cutters.

C'est-à-dire qu'elle avait quatre fois, à peu près, le nombre des bâtiments qu'avait la France.

Joignez à cela les cent vaisseaux de guerre que possédait la Hollande, et vous verrez que les deux puissances alliées pouvaient opposer cinq cent trois bâtiments de guerre à cent soixante-deux.

Ce calcul, fait et refait dix fois devant le roi Ferdinand, donna à celui-ci le courage de se réunir à l'Angleterre, et, le 20 juillet 1793, sans qu'aucune intention de rupture eût été dénoncée à la France, le gouvernement de Naples signa un *traité secret* avec le gouvernement britannique.

Ce traité portait que le roi de Naples joindrait douze bâtiments, dont quatre vaisseaux de ligne et autant de frégates, à l'escadre que l'Angleterre enverrait dans la Méditerranée, et six mille hommes aux troupes qui monteraient cette escadre.

Le roi avait à peu près abandonné la présidence du conseil ; c'était la reine qui assistait aux délibérations et qui les pressait avec la rage de la haine. Hommes et vaisseaux furent prêts en deux mois, et une partie alla rejoindre la flotte anglo-espagnole qui croisait devant Toulon.

Par un agent royaliste que la reine avait dans cette ville, nous étions informés de tout ce qui s'y passait. Toulon avait pris part à la grande insurrection qui s'était formée dans le midi de la France contre la Convention.

La ville était divisée en trois partis : les jacobins, les royalistes constitutionnels, les royalistes purs.

Nous savions que les royalistes constitutionnels et les royalistes purs, effrayés des exécutions qui avaient commencé de les décimer, s'étaient réunis, et qu'il ne s'agissait pas moins que de livrer la ville aux Anglais.

Le 10 septembre, on signala un vaisseau anglais faisant voile vers le port de Naples, et paraissant venir des côtes de France.

Depuis quelques semaines, dans l'attente de nouvelles importantes, nous nous éloignions peu de Naples.

La reine fut donc prévenue de l'événement, et nous fit prévenir, sir William et moi ; je dis : de l'événement, car, dans les circonstances où nous nous trouvions, l'arrivée d'un vaisseau anglais était un événement.

Nous accourûmes au palais. La reine était sur la terrasse, une lunette à la main, examinant le bâtiment, qui carguait peu à peu ses voiles pour diminuer sa marche et qui entrait dans le port. Par les signaux, on savait déjà que ce bâtiment était *l'Agamemnon*, vaisseau de ligne de Sa Majesté Britannique, venant de Toulon.

Ce peu que l'on venait d'apprendre en disait tant, que le roi et sir William n'eurent point la patience d'attendre les nouvelles que le bâtiment apportait, et qu'ils allèrent au-devant d'elles.

Tous deux s'embarquèrent sur un canot de la marine royale, et, au mépris des lois sur la santé, montèrent à bord.

A peine y furent-ils, que les flancs du vaisseau éclatèrent dans une salve d'honneur, et que *l'Agamemnon* disparut dans un nuage de fumée.

Au bout d'une demi-heure, le roi et sir William revinrent à terre.

Sir William s'était rendu directement à l'hôtel de l'ambassade et me faisait dire de l'y venir rejoindre, ayant besoin de moi pour l'aider à recevoir un hôte inattendu.

Je laissai Sa Majesté donner à la reine les nouvelles dont elle était avide, et, pensant que sir William était aussi bien instruit que le roi, puisque, dans la conférence entre le roi et le capitaine de *l'Agamemnon*, il avait servi d'interprète, je pris congé de la reine et montai en voiture en ordonnant au cocher de toucher à l'hôtel.

Sir William m'attendait.

— Ma chère Emma, me dit-il en m'apercevant, je vais vous présenter un petit homme qui ne peut pas se vanter d'être beau, mais qui, à mon avis, sera un jour un des plus grands hommes de guerre que l'Angleterre ait jamais eus.

Je me mis à rire de l'enthousiasme de sir William.

— Et comment prévoyez-vous cela? lui demandai-je.

— Par le peu de paroles que nous avons échangées, et je vous réponds que celui-là étonnera le monde. Vous savez que je n'ai jamais voulu recevoir chez moi aucun officier anglais ; eh bien, pour l'amour de moi, je vous prie de faire à celui-ci les honneurs de la maison. Donnez donc vos ordres pour qu'on lui prépare un appartement et pour qu'il ne manque de rien.

— Et quand arrive votre futur grand homme, sir William ? demandai-je.

— D'un moment à l'autre. Nous dînons tous ensemble chez le roi, et demain, tous ensemble, nous allons passer la journée à Portici.

— Vous me direz, au moins, comment s'appelle votre héros ?

— Horace Nelson, chère amie. N'oubliez pas ce nom, il sera célèbre un jour.

Je n'avais aucune observation à faire et n'en fis aucune.

L'hôtel de l'ambassade était immense. Le bruit avait couru, quelque temps auparavant, que le prince de Galles — ce même prince qu'un soir j'avais vu resplendissant de jeunesse et d'amour à travers les fenêtres ouvertes de miss Arabell — devait venir à Naples ; à cette nouvelle, sir William s'était empressé de lui faire préparer un appartement. Le prince n'était pas venu, l'appartement était resté tout prêt à recevoir un prince ; je pensai que rien n'était trop bon ni trop beau pour le futur grand homme de sir William ; je destinai au capitaine Nelson l'appartement du prince de Galles.

Le hasard voulut que l'un des plus beaux portraits que Rowmney avait faits de moi se trouvât dans cet appartement.

Lorsque je rentrai au salon, sir William n'était plus seul : il était avec un officier portant l'uniforme de la marine anglaise.

A ma vue, tous deux se levèrent et s'avancèrent vers moi. Sir William me présenta le capitaine Nelson.

S'il était permis de croire aux pressentiments, je constaterais ici que, soit attraction instinctive, soit puissance de la préoccupation à la suite de ce que m'avait dit sir William, j'éprouvai une certaine émotion en répondant au salut du capitaine Nelson. Comme l'avait dit sir William, le capitaine Nelson était cependant loin d'être un bel homme.

Dix-huit ans se sont écoulés depuis cette époque, et, cependant, je le vois exactement tel qu'il était le jour où il me fut présenté, et où la guerre lui avait épargné les mutilations qu'il subit depuis.

C'était un homme de trente-cinq ans, petit de taille, pâle de visage, avec des yeux bleus, ce nez aquilin qui distingue le profil des hommes de guerre, et ce menton vigoureusement dessiné qui indique la ténacité portée jusqu'à l'obstination ; les cheveux et la barbe étaient d'un blond fauve ; les cheveux étaient rares ; la barbe était mal plantée.

Il me baisa la main assez gauchement, mais assez galamment. Il était facile de reconnaître en lui l'homme de mer dans toute l'acception du mot, et l'on y eût vainement cherché le gentleman anglais dont mes premières connaissances m'avaient laissé le souvenir.

On sait déjà la nouvelle qu'il apportait ; cette nouvelle était terrible pour la France : son premier port militaire avait été livré aux Anglais.

Voici en deux mots les détails de l'événement, recueillis de la bouche même du capitaine Nelson :

J'ai dit ce que nous savions des trois différents partis existant à Toulon : jacobins, royalistes constitutionnels, royalistes purs.

Les deux derniers, réunis contre les jacobins, n'attendaient qu'une occasion favorable pour entrer en lutte avec leurs adversaires.

L'occasion se présenta bientôt. La Constitution de 1793 avait été décrétée, et les jacobins l'avaient fait proclamer à Toulon à son de tambour et de trompe.

Une fermentation générale s'établit dans la ville à la suite de cette proclamation, et les contre-révolutionnaires résolurent de s'opposer à l'acceptation de l'acte constitutionnel.

Les autorités jacobines prévoyant ce qui allait arriver, firent afficher un décret qui punissait de mort quiconque oserait proposer l'ouverture des sections. Ce décret produisit un effet contraire à celui qu'on en attendait ; chacun des partis coalisés se porta en foule vers les sections, et l'empressement fut tel, que les portes en furent non pas ouvertes, mais brisées.

En un instant, la contre-révolution fut accomplie ; les papiers du club des jacobins furent saisis, les principaux chefs de la Société arrêtés et conduits dans les prisons, d'où, pour leur faire place, on fit sortir les royalistes.

Il en fut de l'échafaud comme des prisons, qui, après avoir servi aux royalistes, servirent aux jacobins. L'échafaud, loin d'être abattu, continua de fonctionner ; seulement, il abattit des têtes républicaines au lieu d'abattre des têtes royalistes.

Une de ces exécutions amena un grand trouble et faillit tout perdre (1).

Le nouveau tribunal condamna à mort un nommé Alexis Lambert, homme fort populaire à Toulon; une conjuration se forma pour le sauver; et, en effet, au moment où on le conduisait au supplice, un immense flot de peuple se précipita sur la force armée qui l'escortait; le cortége funèbre était arrivé dans la rue des Chaudronniers, qui devint le théâtre d'un combat terrible. Un des hommes de l'escorte alors, voyant que le peuple allait triompher, déchargea à bout portant son fusil sur le prisonnier, qui tomba dangereusement blessé, mais peut-être pas mortellement, bien que la balle lui eût traversé le corps. Quoi qu'il en soit, les sections finirent par prendre le dessus. Les assaillants furent mis en fuite; Alexis Lambert, suivi à la trace du sang comme un daim blessé, retomba entre les mains des sectionnaires qui se disputèrent la proie, les uns voulant qu'il fût sursis à l'exécution, les autres voulant qu'elle eût lieu à l'instant même. La majorité fut pour l'exécution immédiate; et, en effet, le même jour, Alexis Lambert fut exécuté.

Toulon fut mis hors la loi par la Convention. Mais, malgré sa révolte, chose singulière, Toulon avait conservé toutes les formes républicaines, et le drapeau tricolore continuait de flotter sur la ville. Les royalistes jugèrent qu'ils n'avaient point fait assez. En jetant les yeux du côté de la mer, ils virent la croisière anglo-ispanonapolitaine qui bloquait le port; ils résolurent de livrer Toulon aux Anglais, et d'échapper, par cette trahison, à l'anathème de la Convention nationale.

On ouvrit des négociations avec l'amiral Hood, qui ne voulut rien décider qu'il ne fut sûr de la coopération du général comte Mandès, commandant de la place, et de l'amiral Trogoff, commandant de la flotte; ceux-ci entrèrent dans la combinaison, mais on ne put faire entendre si facilement raison au contre-amiral Saint-Julien, qui était un jacobin indécrottable. Il n'eût pas plus tôt connaissance du projet, qu'au lieu de le seconder, il assembla son équipage, le harangua avec véhémence, et fit jurer aux officiers et aux marins de ne jamais souffrir que les flottes ennemies entrassent dans le port de Toulon. Le contre-amiral Saint-Julien avait profité, pour faire ce speech républicain, du moment où son supérieur était à terre. Voyant l'unanimité, non-seulement de son équipage, mais encore de ceux des autres vaisseaux, M. de Saint-Julien prit le commandement de l'escadre, et manœuvra de manière à barrer entièrement le passage de la rade.

Cette fois, sans un coup de désespoir, les royalistes étaient perdus. L'armée du général Carteaux, qui venait de prendre Marseille, marchait sur Toulon, et le contre-amiral Saint-Julien, en barrant la rade, leur fermait toute retraite.

Ce coup de désespoir fut tenté et réussit.

Les royalistes passèrent avec les Anglais un traité par lequel il fut reconnu qu'en entrant dans Toulon, ils prenaient possession de la place au nom et comme alliés de Sa Majesté le roi Louis XVII. Puis, ce traité passé, ils déclarèrent la flotte rebelle à la volonté générale des habitants, et arrêtèrent que la force serait employée contre elle. En conséquence, on mit des officiers royalistes à tous les postes où il y avait des officiers républicains, et particulièrement à la grosse Tour, dont on chargea le chef de chauffer les batteries rouges et de tirer sur la flotte au premier signal, en même temps que l'amiral Hood attaquerait de son côté et essayerait de forcer l'entrée de la rade.

Ces nouvelles parvinrent au contre-amiral Saint-Julien, qui y répondit en annonçant qu'il allait bombarder la ville, et en faisant retentir sur tous les vaisseaux le branle-bas de combat.

La guerre civile allait éclater, et nul ne peut dire comment la chose eût fini, lorsque la frégate *la Perle*, commandée par le lieutenant Van Kempen, se détacha tout à coup de la flotte et vint se ranger du côté de la ville. L'amiral Trogoff profita aussitôt de l'occasion. Il se fit transporter sur la frégate, et y arbora son pavillon de commandant, sachant combien ce signe respecté a de prestige pour les marins. En effet, à sa vue, une partie de l'escadre abandonna le contre-amiral Saint-Julien. Resté avec sept vaisseaux seulement, celui-ci résolut de passer au milieu de la flotte anglaise, résolution qu'il exécuta avec un bonheur inouï; mais, dès lors, Toulon demeura sans défenseurs, et les royalistes, devenus les maîtres, y introduisirent les Anglais.

Quoique le récit de ces événements ne paraisse pas appartenir aux Mémoires d'une femme, je m'y suis appesantie pour deux raisons : la première, parce qu'ils eurent une grande influence sur d'autres événements auxquels j'ai pris plus tard une part trop active; la seconde, parce que

(1) Qu'on n'oublie pas que c'est Emma Lyonna qui parle, et qui, par conséquent, parle au point de vue royaliste; nous eussions dit nous : — *et faillit tout sauver*. A. D.

mon intimité avec la reine de Naples m'a mis à même de connaître des particularités restées ignorées, même des historiens qui ont écrit sur cette époque.

XV

Quelque temps avant l'arrivée du capitaine Nelson à Naples, je me présentais chez la reine, peut-être avant l'heure accoutumée ; on me répondit, à mon grand étonnement, que la reine s'était enfermée et avait défendu de laisser pénétrer personne près d'elle sans sa permission.

Comme il y avait toujours exception pour moi, je me retirai étonnée que cette exception n'eût point été maintenue ce jour-là comme les autres, lorsque j'entendis sonner dans la chambre de la reine.

On accourut au bruit de la sonnette, et, à travers la porte, on demanda :

— Que désire Votre Majesté ?

— Appelez Louis Custode, répondit la reine.

Voulant alors savoir pourquoi j'étais consignée comme les autres à la porte de son appartement :

— Je suis là, Votre Majesté ! criai-je.

— Emma ! fit-elle.

Et elle ouvrit la porte toute grande.

— Je le vois bien, que tu es là, dit-elle en riant ; mais pourquoi y es-tu ?

— Mais, répondis-je, parce que Votre Majesté a interdit sa porte *à qui que ce soit.*

— Est-ce que tu es jamais comprise dans le *qui que ce soit !* Tu es Emma, c'est-à-dire mon amie, la seule femme pour laquelle je n'aie pas de secrets. Viens donc ! viens !

Et elle m'appela de la tête en même temps que de la voix.

Je la suivis.

Dans sa chambre à coucher, sur un vaste canapé placé en face du lit, il y avait tout un monde de papiers qui, pareils à une cascade, avaient roulé du sofa sur le parquet.

— Oh ! mon Dieu ! m'écriai-je, Votre Majesté n'est pas condamnée, je l'espère, à lire tout cela ?

— Non, mais je l'ai lu sans y être condamnée.

— Cela ne m'étonne plus, que Votre Majesté soit si pâle et ait l'air si souffrant ce matin.

— Cela se conçoit, je n'ai pas dormi.

— Qu'a donc fait Votre Majesté ?

— Je te l'ai dit : j'ai lu tous ces papiers que tu vois depuis le premier jusqu'au dernier.

— Et dans quel but, mon Dieu ?

— Regarde à qui ces papiers sont adressés.

Et elle me montra une enveloppe.

« Au citoyen Mackau, ambassadeur de la République française à Naples. »

Je regardai la reine.

— Comment ! lui demandai-je avec étonnement, le citoyen Mackau communique à Votre Majesté les lettres qu'il reçoit de son gouvernement ?

— Oh ! la bonne naïveté ! fit la reine.

Dans ce moment, on entendit une voix qui disait à travers la porte :

— Voici l'homme que Votre Majesté a fait demander.

Caroline alla elle-même tirer le verrou qu'elle avait poussé derrière elle, et ouvrit la porte.

Un homme apparut qui semblait appartenir à la domesticité.

En apercevant la reine, il s'inclina jusqu'à terre.

— Est-il bien sûr, lui dit Caroline, que j'aie là tous les papiers de l'ambassade française ?

— Tous sans exception, Votre Majesté ! jusqu'à ceux qui étaient dans le tiroir du bureau de l'ambassadeur.

— Tu ne mens pas ?

— Votre Majesté le verra bien aux cris que poussera l'ambassadeur quand il s'apercevra qu'il a été volé.

— Je t'ai fait promettre deux mille ducats pour ce vol.

— Oui, Votre Majesté, et j'en ai reçu mille à-compte.

— Quoique les papiers ne soient pas tels que je les espérais, voici les mille autres ducats.

— Merci, Votre Majesté ; mais ce n'est pas tout ce qui m'a été promis.

— Que t'a-t-il donc été promis encore ?

— Comme il n'y a que moi qui entrais dans le cabinet du citoyen ambassadeur, je serai le premier soupçonné, et l'on m'arrêtera très-certainement.

— Que t'importe, pourvu que les juges ne te condamnent pas ?

— Il y aura toujours quelques mois de prison à faire.

— Que t'importe encore, si tu reçois cent ducats par chaque mois de prison que tu feras ?

— Le fait est que ce sera un dédommagement. En tout cas, je me fie à la bonté de la reine.

— Laisse-toi arrêter, nie hardiment,

quelques preuves qui s'amassent contre toi, ne nous compromets sous aucun prétexte, et sois tranquille !

Le voleur — car on l'a vu, c'était bien un voleur — mit la bourse dans sa poche.

— Comment ! lui dit la reine, tu ne comptes pas ?

— Oh ! après Votre Majesté !...

— C'est bien ; tu seras récompensé de ta confiance. Va-t'en !

L'homme s'inclina de nouveau jusqu'à terre et sortit.

— Eh bien, me demanda la reine, comprends-tu maintenant ?

— Non, car je ne puis me persuader que Votre Majesté ait fait prendre les papiers de l'ambassadeur français par cet homme.

— C'est pourtant la simple et exacte vérité.

J'avoue que je fus effrayée ; il me semblait qu'un vol, fût-il exécuté par l'ordre d'une reine, était toujours un vol.

Caroline devina ce qui se passait en moi.

— Je croyais trouver dans ces papiers des preuves de connivence entre les jacobins de Naples et ceux de Paris, dit-elle. Je me trompais ; mais j'y ai trouvé autre chose de non moins important.

— Et qu'a trouvé Votre Majesté ?

— Attends, dit-elle ; il me semble que je reconnais le pas du roi... Oui, c'est lui... Que vient-il faire chez moi à cette heure ?

En ce moment, on frappa assez rudement à la porte.

— Quand je te disais que c'était lui ! fit la reine en s'asseyant de manière à cacher les papiers sous elle et sous les plis de sa robe.

Le roi avait sur le visage une expression d'inquiétude.

— Oh ! mon Dieu ! dit Caroline en riant, qu'avez-vous, monsieur, et d'où vous vient cette mine effarée ?

— Vous ne savez point ce qui s'est passé cette nuit ?

— Non ; mais, quand vous me l'aurez dit, je le saurai.

— Laissez-moi auparavant, en galant chevalier, baiser la main à milady et lui demander des nouvelles de sir William.

Je tendis la main au roi, qui, ainsi qu'il l'avait dit, la baisa galamment.

— Sir William se porte à merveille, répondis-je, et il sera très-heureux du bon souvenir de Sa Majesté.

— Maintenant que voici vos devoirs accomplis, reprit la reine, dites-moi cette chose si terrible qui s'est passée cette nuit ?

— Eh bien, cette nuit, on a volé les papiers de l'ambassade française.

— Bah !

— Et, ce matin, le chancelier est venu, de la part du citoyen Mackau, porter plainte au général Acton.

— Vraiment ?

— Et la plainte est portée de telle façon, qu'il semble qu'on soupçonne quelqu'un de la cour de Naples d'avoir fait le coup.

— Alors, il est encore plus intelligent que je ne le croyais.

— Qui cela ?

— Le citoyen Mackau.

— Que voulez-vous dire ?

— Je veux dire que votre meilleur limier, sire, n'eût pas mieux suivi la piste des papiers que ne l'a fait le citoyen Mackau.

— Comment ! madame, vous avez connaissance de ce vol ?

— J'en ai entendu parler, oui.

— Et vous savez où sont les papiers ?

— Je m'en doute.

— Mais où sont-ils donc ?

— Voulez-vous le savoir ?

— Sans doute, ne fût-ce que ponr répondre aux réclamations du citoyen ambassadeur.

— Eh bien, les voici, dit la reine en se levant et en démasquant les papiers sur lesquels elle était assise et ceux qu'elle couvrait de sa robe.

— Oh ! mon Dieu ! fit le roi en pâlissant.

— Emma ! Emma ! dit la reine en riant, avance un fauteuil à Sa Majesté ; elle va se trouver mal.

L'envie de rire m'avait gagnée, moi aussi, et j'avançai un fauteuil au roi, qui se laissa franchement tomber dessus.

— Mais, madame, dit-il, on saura que c'est nous qui avons soustrait ces papiers, et la soustraction de ces papiers, c'est la guerre avec la France !

— D'abord, monsieur, dit la reine, ce n'est pas *nous* qui avons soustrait ces papiers : c'est *moi* qui les ai soustraits ; ensuite, on ne saura pas que c'est *moi ;* enfin, nous aurions eu la guerre avec la France sans cela ; la soustraction des papiers ne change donc rien à la question.

— Et pourquoi eussions-nous eu la guerre avec la France ?

— Tout simplement parce que le citoyen Mackau a des yeux, qu'il a vu nos armements, qu'il a compté les hommes et les vaisseaux que nous avons envoyés à Toulon, que la France est prévenue de tout, et qu'à cette heure, elle n'ignore pas que nous avons à Toulon quatre mille hommes et quatre vaisseaux.

— N'importe ! Nous ne pouvons pas refuser à l'ambassadeur la satisfaction qu'il demande.

— Et quelle satisfaction demande-t-il?

— La poursuite du vol, dans le cas où le voleur serait un Napolitain.

— Eh! donnez-la-lui, cette satisfaction!

— Mais si le voleur avoue?

— Il n'avouera pas.

— S'il est condamné, cependant?

— Il ne sera pas condamné, puisqu'il sera jugé par un tribunal napolitain.

— Oh! madame, dit le roi, ne vous y fiez pas; l'esprit du jour est à l'indépendance.

— Eh! c'est justement ce que je veux réprimer, monsieur, dit la reine en fronçant le sourcil; et, s'il le faut, c'est par les tribunaux que je commencerai.

— Alors, cela vous regarde?

— Cela me regarde.

— Vous vous chargez de cette affaire?

— Je m'en charge.

— Allez donc, et faites à votre guise! Que m'importe, à moi, ce qui peut arriver, pourvu qu'il me reste mes forêts pour chasser et le golfe pour pêcher.

— Et San-Leucio pour vous reposer, ajouta la reine avec un rire dédaigneux

— Est-ce que Votre Majesté me ferait l'honneur de s'inquiéter de San-Leucio? demanda le roi.

— Et pourquoi m'inquiéterais-je de San-Leucio, quand cette intéressante colonie a maintenant à sa tête un homme du mérite du cardinal Ruffo? Oh! s'il était trésorier au lieu d'être inspecteur, je n'aurais peut-être pas la même tranquillité.

— Vous lui en voulez, à ce pauvre cardinal? Je vous assure cependant que c'est un homme qui nous est très-dévoué.

— Qui vous est très-dévoué, vous voulez dire?

— Eh! bon Dieu! madame, dit en riant le roi, ne faisons-nous pas *un?*

— Oh! non, monsieur, et je m'en vante!

— Vous me traitez bien mal ce matin, madame!

— Vous traiterais-je mieux le soir que le matin?

— Que voulez-vous que pense de moi lady Hamilton?

— Les opinions de lady Hamilton sont modelées sur les miennes.

— C'est-à-dire, reprit le roi en riant, que lady Hamilton me fait, comme vous, l'honneur de me détester.

— Oh! dit la reine, Votre Majesté sait bien que c'est un autre sentiment que celui de la haine que j'ai pour elle.

— Allons, je vois bien que, ce matin, je n'aurai pas le dernier avec vous.

— Etiez-vous venu pour cela?

— Non, madame; j'étais venu pour vous voir et pour vous dire les nouvelles de la matinée.

— Eh bien, je vais, en échange, vous dire celles du jour. Nous avons décidé, M. Acton et moi, que deux vaisseaux et trois mille hommes de renfort seraient envoyés à la flotte anglo-espagnole; ils seront commandés par les généraux de Gambs et Pignatelli. Je vous laisse l'honneur de l'initiative, si vous voulez la prendre aujourd'hui au conseil; seulement, pressez leur envoi : le capitaine Nelson réclame ce renfort à cor et à cri.

— Et, moyennant cette activité, rentrerai-je en grâce près de vous?

— Mais vous n'en êtes jamais sorti, monsieur, dit la reine avec un sourire demi-gracieux, demi-railleur.

Le roi s'approcha d'elle, lui prit la main et la baisa, tandis qu'elle le regardait avec une indescriptible expression.

— Alors, madame, vous êtes *décidément décidée* à la guerre?

— Décidément décidée, monsieur! et d'autant plus décidément décidée, que nous ne pouvons faire autrement.

— Allons donc, madame! va pour la guerre! Vous verrez que, quand le moment sera venu de tirer l'épée du fourreau, je m'en acquitterai aussi bien qu'un autre.

— Cela vous sera d'autant plus facile, monsieur, que, quand le roi Charles III, votre père, a quitté Naples, il vous a laissé l'épée avec laquelle Philippe V avait conquis l'Espagne et lui le royaume de Naples; seulement, cette épée n'a pas vu le jour depuis la bataille de Velletri, et, en quarante-trois ans, il se passe bien des choses entre un fourreau et une lame.

— Ma foi, ma chère maîtresse, fit le roi en secouant la tête, vous avez trop d'esprit pour moi, et je vous quitte la place.

Et, nous ayant saluées toutes deux, il se retira.

— Maintenant, dit la reine, en attendant que mon cher époux devienne un Alexandre ou un César, brûlons ceux de ces papiers qui sont inutiles, et n'en gardons que ceux qui sont bons à garder.

Nous nous mîmes à l'œuvre, et, je dois le dire, de ma part sans objection aucune; ce caractère décidé m'entraînait dans sa volonté, comme l'astre entraîne le satellite dans son tourbillon.

Les choses que je viens de raconter s'étaient passées huit ou dix jours avant l'arrivée du capitaine Nelson, auquel il est temps de revenir.

FIN DU QUATRIÈME VOLUME.

I

On se rappelle la réponse de Desdemona à cette demande du Sénat de Venise :

« Comment vous, jeune, belle et noble, comment avez-vous aimé cet homme, qui n'est ni noble, ni beau, ni jeune ? »

Desdemona répond :

« Il me racontait ses voyages, ses dangers, ses combats, et mon âme, pendant des heures, restait suspendue à ses lèvres. »

Il en fut ainsi, à peu près, je ne dirai pas du premier sentiment d'amour, mais du premier sentiment de sympathie que m'inspira Nelson.

C'était un marin à la parole rude, une espèce de John Bull, type symbolique du peuple anglais, qui avait d'immenses désirs d'ambition, et qui, né loin des trônes, fut ébloui par les rayonnements qui s'en échappent, dès qu'il en approcha.

Voici son histoire, telle qu'il nous la raconta un soir, à la reine et à moi.

Il était né le 29 septembre 1758, dans un petit village du comté de Norfolk; il avait donc trente-cinq ans à l'époque où je le connus.

Il n'avait point encore fait le siége de Ténériffe et la campagne de Corse, de sorte qu'il n'avait encore perdu ni le bras droit, ni l'œil gauche.

Il était fils d'un simple pasteur. Le village où il naquit se nommait Barnham-Thorpes.

Sa mère mourut encore jeune, laissant onze enfants à la charge du pauvre ministre de village.

Le père les éleva avec économie et avec cette douce affection qui relie entre eux les membres d'une famille nombreuse et pauvre; il fit l'éducation de tous, des garçons comme des filles; il y ruina sa santé et fut forcé, pour se rétablir, d'aller prendre les eaux de Bath.

L'aîné de la famille, William Nelson, prit, en l'absence du père, la direction de la petite colonie.

La pauvre famille avait un parent, un frère de la mère, qui était allié aux Walpole; lien éloigné mais réel. Cet oncle était capitaine de vaisseau et se nommait Maurice Suckling.

Un jour, le hasard fit — à quoi tient l'avenir des hommes et même celui des royautés! — un jour, le hasard fit que, pendant les fêtes de Pâques, le jeune Horace Nelson lut sur un journal que son oncle avait obtenu le commandement du *Raisonnable*, vaisseau de soixante-quatre canons.

— Mon frère, s'écria-t-il en s'adressant à William, écrivez, s'il vous plaît, sans perdre un moment, à notre père, et priez-le de demander à mon oncle Maurice de m'embarquer avec lui.

Le jour même, la lettre partit.

En la lisant, le père s'écria :

— Il faut que ce soit la vocation de l'enfant; je serais bien étonné, s'il ne monte pas *au haut du mât*.

Nelson, effectivement, y monta.

La proposition fut acceptée par Maurice Suckling, et le petit Horace Nelson, frêle comme une baguette de saule, fut embarqué à bord du *Raisonnable*.

Horatio Nelson fit deux campagnes sur ce bâtiment, puis une troisième sur le *Triumph*, et, ce dernier bâtiment ayant été désarmé, il s'embarqua sur un navire marchand. A son retour à Londres, il trouva son oncle directeur d'une école pratique d'aspirants établie à bord de ce même *Triumph* sur lequel il avait navigué. Il se fit recevoir à cette école; mais, cette espèce de surnumérariat d'eau douce lui étant insupportable, il s'enrôla volontairement pour faire partie d'une expédition de découverte au pôle nord.

Il montait alors le *Race-Horse* (1). Arrivé aux extrêmes limites de l'Océan, le bâtiment fut pris au milieu des glaces. Dans une de ses expéditions sur la mer devenue complétement solide, le jeune Horace rencontra un ours et l'attaqua le premier, quoiqu'il n'eût pour toute arme qu'un couteau; pris corps à corps par son terrible adversaire, il était près de périr étouffé entre les bras du monstre, lorsqu'un de ses compagnons déchargea à bout portant son fusil dans l'oreille de l'ours et le tua.

Il avait seize ans et était encore si faible, qu'à peine en paraissait-il douze.

— Comment, n'étant pas plus vigoureux que vous ne l'êtes, demanda le capitaine, vous êtes-vous attaqué à un pareil adversaire?

— Je voulais reporter sa peau à mon père et à mes sœurs, répondit l'enfant.

Les rudes épreuves auxquelles la mer soumet ses amants développèrent plus tard les forces et raffermirent la santé de Nelson.

Délivrée des glaces, l'expédition se retrouva dans la mer libre. Nelson passa alors sur le *Sea-Horse* (2), bâtiment de vingt ca-

(1) Le *Cheval de race*.
(2) *Le Cheval de mer*.

nons, et entra dans la mer de l'Inde. Après deux ans de station sur ces côtes, dont l'air est empoisonné, le jeune marin revint en Angleterre dans un état de dépérissement que l'on crut mortel.

Six mois suffirent pour lui rendre la santé. Il profita de cette convalescence pour se mettre en état de passer ses examens, dont il sortit avec les honneurs du triomphe et avec le grade de sous-lieutenant de marine. Il fit alors la guerre contre l'indépendance de l'Amérique, défendit la Jamaïque contre l'amiral d'Estaing, passa dans l'Amérique du Sud, et y renouvela les exploits de ces Frères de la côte dont l'histoire est arrivée jusqu'à nous, avec tout le prestige du roman.

Un jour, pendant une de ses expéditions dans les forêts du Pérou, il s'endormit au pied d'un arbre.

Un serpent s'introduisit sous le manteau dont Nelson était enveloppé.

Un mouvement que fit le dormeur dérangea le reptile, qui le mordit. C'était un serpent noir de l'espèce la plus dangereuse. Le contre-poison, appliqué à temps à l'intérieur et à l'extérieur par les naturels du pays, sauva le jeune marin ; mais, pour la seconde fois, il revint mourant en Angleterre.

Il guérit cependant, mais pas complétement, et il se ressentit de cet empoisonnement toute sa vie.

Trois mois après son retour, sur la recommandation de lord Cornwallis, il obtint le commandement d'un brick de vingt-six canons, avec lequel il fit une croisière dans la mer du Nord, et étudia les côtes du Danemark.

Au printemps, Nelson fut envoyé dans l'Amérique du Nord. Poursuivi et enveloppé par quatre frégates françaises, il leur échappa en engageant son brick dans une passe jusqu'alors déclarée impraticable.

Il toucha au Canada.

C'était là que Nelson devait aimer pour la première fois, et la violence de cette première passion put donner la mesure de l'influence que l'amour aurait sur sa vie. Pour ne pas se séparer de la femme qu'il aimait, Nelson voulait donner sa démission, renoncer à son emploi, et renvoyer sans lui son bâtiment en Angleterre ; ses officiers, qui l'adoraient, le traitèrent en fou et résolurent de le guérir de sa folie : ils firent semblant d'obéir à ses ordres, s'éloignèrent, puis revinrent la nuit, pénétrèrent dans sa chambre, lui lièrent bras et jambes, et, maîtres de lui, l'emportèrent à bord, levèrent l'ancre et ne lui rendirent la liberté que lorsqu'il fut dans la haute mer.

Cette passion ne s'éteignit que pour faire place à une autre. De retour en Angleterre, il devint amoureux de mistress Nisbett, jeune veuve de dix-neuf ans, et l'épousa.

Il conduisit sa jeune femme et un charmant petit garçon, nommé Josuah, qu'elle avait eu de son premier mariage, dans la maison de son père mourant, et, une seconde fois, on le crut perdu pour la marine.

Et, en effet, il ne fallut pas moins que la déclaration de guerre de la France contre l'Angleterre pour l'arracher à cette douce obscurité dans laquelle il s'était réfugié. L'Amirauté alla le chercher jusque sous le toit conjugal, et lui donna le commandement de *l'Agamemnon*, sur lequel il rejoignit l'escadre de l'amiral Hood dans la Méditerranée. Il arriva à temps pour prendre part à la prise de Toulon, après laquelle, comme on vient de le voir, il fut envoyé à Naples pour y chercher des renforts.

J'ai dit comment il avait été reçu du roi et de la reine.

Une fois décidé à la guerre, Ferdinand ne pouvait désirer de meilleures nouvelles que celles que lui apportait Nelson. On était complétement et ouvertement brouillé avec la France. Sur la plainte du citoyen Mackau, le voleur de l'ambassade avait été arrêté, mis en jugement et acquitté, quoique les preuves de sa culpabilité fussent patentes. L'ambassadeur, comme la reine avait pu s'en assurer par la lecture de ses papiers, avait reconnu tous les manques de foi de la cour de Naples ; il avait pu voir partir la flotte, il avait pu voir arriver Nelson ; l'écho des compliments qui lui avaient été faits par le roi et par la reine avaient retenti jusqu'à l'ambassade française ; enfin, un matin, l'ambassadeur avait reçu de son gouvernement l'ordre de quitter Naples, et il était parti, indigné contre le gouvernement napolitain et le gouvernement pontifical, emmenant avec lui la fille et la veuve de Basseville, assassiné à Rome, l'une pleurant un père, l'autre un mari.

De la terrasse du palais, nous le vîmes s'embarquer sur un navire neutre, et, comme de son côté, il vit un groupe de femmes en face des appartements royaux, il se douta que la reine était parmi ces femmes et étendit le bras vers nous en signe de menace.

Moi, je ne vis qu'une chose dans le groupe qui accompagnait l'ambassadeur : c'étaient ces deux femmes vêtues de noir, et dont le deuil criait vengeance plus haut

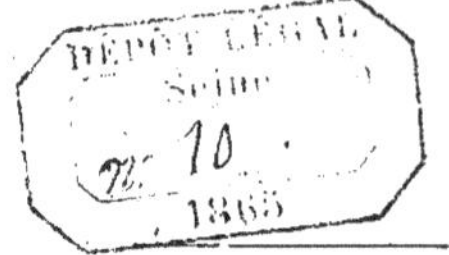

que le geste menaçant de l'ambassadeur.

Nelson était enivré de l'accueil qui lui avait été fait par le roi, la reine et sir William Hamilton. Enfant du peuple, né loin de la cour, il ressentait comme moi, plus profondément que les personnes nées dans une condition supérieure, la fascination qu'exerce le sourire royal.

Voici la lettre qu'il écrivait à sa femme le 14 septembre 1793 :

A madame Nelson.

« Les nouvelles que j'apportais ont été reçues avec une suprême satisfaction. Après être venu le premier me faire visite à bord de *l'Agamemnon*, le roi a envoyé deux fois savoir des nouvelles de ma santé. Il appelle les Anglais les sauveurs de l'Italie, et particulièrement les sauveurs de son royaume. Au reste, j'ai travaillé pour lord Hood avec un zèle que personne n'eût porté plus loin, et je lui rapporte la plus splendide lettre qui ait jamais été écrite par la main d'un roi.

« Je l'ai obtenue grâce à sir William Hamilton et au premier ministre, qui est Anglais. Lady Hamilton a été adorablement aimable pour Josuah.

« Quant à elle, c'est une jeune femme d'excellentes manières, et qui fait honneur au rang auquel elle a été élevée. J'emmènerai d'ici six mille hommes de renfort pour lord Hood.

« Rappelez-moi à la mémoire de mon cher père, à celle de lord et de lady Walpole, et croyez-moi votre tout affectionné,

« HORACE NELSON. »

Pendant tout le temps que Nelson resta à Naples, il demeura à l'ambassade. J'ai dit l'espèce d'impression qu'il avait faite sur moi; plus tard, il me répéta bien des fois que, du moment où il m'avait vue, il m'avait aimée; mais, pendant ce premier voyage, si la chose est vraie, ses regards seuls parlèrent pour lui, et encore si peu résolûment, qu'il partit me laissant dans le doute s'il avait pour moi de l'amour ou tout simplement une profonde affection fraternelle.

De mon côté, le sentiment que j'éprouvais, si toutefois ce sentiment dépassait les bornes de l'amitié, se répandait tout entier sur ce bel adolescent, fils de mistress Nisbett, et portant à treize ou quatorze ans l'uniforme du premier grade de la marine; et quand j'écoutais, couchée sur un divan, le bras passé autour du cou de Josuah, le récit des voyages, des dangers et des combats de son beau-père, sir William Hamilton, toujours épris de l'antiquité, s'amusait à me comparer à la reine de Carthage caressant Ascagne, tout en écoutant les discours d'Enée.

II

Marie-Caroline avait été un moment distraite des terribles préoccupations que lui causaient la mise en accusation de sa sœur, par la présence de Nelson à Naples; mais aussitôt après le départ du capitaine anglais, son esprit et son cœur retournèrent vers la Conciergerie, comme l'aiguille aimantée, un instant et accidentellement flottante, retourne invinciblement au pôle.

Le procès, pendant ce temps, avait suivi une marche rapide et fatale. Renvoyée au tribunal révolutionnaire et transportée à la Conciergerie le 1er août, Marie-Antoinette avait subi, le 12 octobre, un interrogatoire, et, le 16, avait été condamnée à mort et exécutée.

Quoique la reine de Naples se doutât bien que la Convention n'épargnerait pas Marie-Antoinette, le principal objet de sa haine, le coup qui la frappa, lorsqu'elle apprit son exécution, n'en fut pas moins terrible. Elle tomba dans des convulsions accompagnées de cris et de menaces, au milieu desquels sa figure se décomposa tellement, que c'était à douter si elle redeviendrait jamais belle.

Comme pour la mort du roi Louis XVI, on ordonna le deuil public, les prières dans toutes les églises, les processions funèbres dans les rues. La reine s'enferma, refusant de recevoir qui que ce fût au monde, excepté moi.

Pendant les huit premiers jours qui suivirent la nouvelle fatale, je ne la quittai pas une heure, couchant dans sa chambre, mangeant avec elle; ou plutôt, disons-le, elle ne dormit ni ne mangea. Enfin, elle parvint à pleurer et se sentit un peu soulagée par les larmes; mais, pendant ces huit jours, elle avait fait et m'avait fait faire mille serments de vengeance. Comment se vengerait-elle? Elle n'en savait rien. Comment l'aiderais-je à se venger? Elle l'ignorait. Mais, comme faisait Hamilcar au jeune Hannibal, elle me mettait la main sur l'autel en criant : « Vengeance! vengeance! »

Quant au roi, il parut très-affecté et surtout très-épouvanté le premier et le deuxième jour; mais, le troisième, sous prétexte de se distraire, il partit pour la chasse et ne reparut pas d'une semaine.

Ce fut en ce moment que la haine rapprocha Caroline du ministre Acton. Trois fois par jour, elle l'envoyait chercher, lui demandait des nouvelles de la guerre, et, en le quittant, s'écriait :

— Mais, vous qui êtes un homme, trouvez-moi donc un moyen de me venger!

Acton la consolait alors autant qu'elle pouvait être consolée, en lui disant dans quelles sanglantes convulsions se débattait la France.

Mais, un jour, je le vis entrer pâle, les dents serrés et frissonnant lui-même de rage. La reine, en l'apercevant, comprit qu'il était porteur de quelque nouvelle fatale.

Elle se dressa tout debout, et, me serrant violemment la main qu'elle tenait quand le général était entré :

— Qu'y a-t-il encore? demanda-t-elle.

— Il y a, madame, répondit Acton, que les républicains ont repris Toulon.

— Toulon! s'écria la reine en pâlissant; ils ont repris Toulon! et, il y a huit jours, vous me disiez que vous aviez reçu de l'amiral Hood une lettre dans laquelle il vous disait: « Si les jacobins me reprennent Toulon, je me fais jacobin moi-même. »

— Eh bien, il ne lui reste plus qu'à s'enfoncer le bonnet rouge jusqu'aux oreilles.

— Mais comment cela se peut-il? Selon vous, les gens qui assiégeaient Toulon étaient des imbéciles. Carteaux, le général Carteaux, disiez-vous, était incapable de faire le siége d'une ville de troisième ordre!

— Et je le dis encore, madame; seulement, par malheur, Carteaux a été rappelé, et Dugomnier envoyé à sa place. Mais ce ne sont point les généraux qui ont repris Toulon, c'est, à ce qu'il paraît, un jeune officier complétement inconnu et qui fait ses premières armes.

— Et qui se nomme?

— Buonaparte.

— Qu'est-ce que cela, Buonaparte? C'est un Italien?

— Oui et non.

— Comment, oui et non?

— C'est un Corse.

La reine frappa du pied.

— Toulon repris! s'écria-t-elle.

Elle garda le silence un instant, fronçant les sourcils et roidissant les bras.

— Et pas d'autres notions sur ce Buonaparte?

— Je vous ai dit tout ce que j'en sais, madame. La nouvelle a été apportée par un brick du commerce, bloqué dans le port et qui en est sorti avec la flotte anglaise et la nôtre; seulement, excellent marcheur, il a gagné sur elle, et, pris par un coup de vent au-dessus de l'île d'Elbe, il est venu en trois jours de la Pianosa ici.

— Qui avez-vous interrogé?

— Le capitaine.

— Ne puis-je voir cet homme?

— Rien de plus facile; mais il m'a dit tout ce qu'il savait.

— Quand croyez-vous recevoir d'autres nouvelles?

— Ce soir, cette nuit, demain matin au plus tard.

En ce moment, machinalement, le général jeta les yeux du côté de la mer.

— Eh! tenez, madame, dit-il, voici un bâtiment qui vient à nous à pleines voiles, et il me semble voir à l'horizon d'autres bâtiments qui le suivent.

— Apporte la lunette, Emma, dit la reine.

En effet, la reine avait fait demander au capitaine Nelson une bonne lunette, et le capitaine Nelson lui avait envoyé la meilleure de *l'Agamemnon*.

Le général Acton la prit, et, l'ayant mise à son point, la fixa sur le bâtiment qui apparaissait à l'horizon.

Puis, repoussant de la paume de sa main les tubes les uns dans les autres;

— Ou je me trompe fort, dit-il, ou, avant deux heures, nous allons avoir des nouvelles exactes, et par un homme qui n'aura rien perdu de ce qui s'est passé.

— Vous avez reconnu le bâtiment? demanda Caroline.

— Je crois que c'est *la Minerve*, capitaine François Caracciolo.

— Ah! fit la reine, si c'est lui, prévenez-le que je désire lui parler, et lui parler la première. Vous l'accompagnerez si vous voulez, général; mais qu'il vienne d'abord ici.

Le général s'inclina et sortit.

Nous restâmes seules. La reine reprit la lunette et suivit des yeux la corvette jusqu'à ce qu'elle fût entrée dans le port; mais, avant même qu'elle y fût entrée, la corvette avait échangé des signaux avec le château de l'Œuf, de sorte que le capitaine n'attendit même pas que l'ancre eût touché le fond de la mer pour descendre dans sa yole et ramer vers la darse.

Au loin, on voyait cinq ou six autres bâtiments qui paraissaient plus ou moins avariés, et qui venaient, selon leurs avaries, d'une marche plus ou moins lente.

Depuis qu'elle avait perdu de vue la chaloupe montée par le commandant de la corvette, la reine tenait ses yeux fixés sur la porte d'entrée.

Au bout de dix minutes, nous entendîmes des pas qui s'approchaient rapidement;

la porte s'ouvrit, et le général Acton annonça lui-même :

— Le capitaine François Caracciolo.

Le capitaine entra, fit un profond salut dont j'eus la liberté de prendre ma part si la chose me convenait, et attendit les interrogations de la reine.

— Eh! bon Dieu! monsieur, dit-elle, que me dit-on! ces infâmes jacobins nous ont repris Toulon! Est-ce vrai?

— Il faut bien que ce soit vrai, madame, répondit le prince Caracciolo avec un triste sourire, puisque me voici!

— Et l'on a rendu ainsi Toulon, sans combattre?

— On a combattu, madame; car nous avons eu deux cents hommes tués et quatre cents faits prisonniers.

— Alors, expliquez-moi cette défaite, monsieur; car c'est une défaite, n'est-ce pas?

— Dans toute l'étendue du mot, madame, et dans toute la réalité de la chose.

— Mais qui a pu ainsi, en quelques jours, changer la face des affaires?

— Un homme de génie, madame.

— Ce Buonaparte?

— Ce Buonaparte, oui.

— Qu'a-t-il donc fait?

— Il a découvert le seul point d'où Toulon était attaquable; il l'a enlevé à la baïonnette, et, de là, il a dirigé son feu sur la ville.

— Après? après? Continuez! Vous voyez bien que je vous écoute, monsieur.

— Eh bien, madame, après... quand on a vu les obus incendier la ville, quand on a entendu siffler les boulets dans les rues, quand on a vu les deux forts de l'Eguillette et de Balagnier se joindre à celui du Petit-Gibraltar pour foudroyer Toulon, la discorde s'est mise entre les Anglais, les Espagnols et les Napolitains. Les Anglais, décidés à évacuer la ville sans en faire part ni aux Espagnols ni à nous, mirent le feu à l'arsenal, aux magasins de la marine et aux bâtiments français qu'ils ne pouvaient emmener, et commencèrent à s'embarquer sous le feu des batteries françaises, abandonnant ceux qui avaient trahi la France pour eux, et qu'ils trahissaient à leur tour. Dès lors, madame, ce fut une confusion, une fuite, une déroute! Les Anglais firent tirer sur les royalistes qui se cramponnaient aux flancs de leurs vaisseaux pour fuir la vengeance des patriotes. Je n'ai pas cru devoir faire comme eux : j'ai reçu à mon bord une vingtaine de royalistes, et, parmi eux, le gouverneur de la ville, le comte Maudet. Je ramène ces malheureux; autant qu'ils meurent de faim ici, si le roi n'a pas pitié d'eux, que de périr là-bas fusillés ou guillotinés.

— Vous avez bien fait, monsieur, s'écria la reine, et vos royalistes ne mourront pas de faim, c'est moi qui vous le dis; car, si le roi refuse de leur donner du pain, je vendrai mes diamants pour leur en donner, moi.

Caracciolo s'inclina.

— Je ne sais, monsieur, continua la reine, si mon influence ira jusqu'à vous faire nommer amiral; mais, en tout cas, je demanderai au roi et à M. Acton que cette faveur, je me trompe, que cette récompense vous soit accordée.

Caroline fit un mouvement de la main, le prince s'inclina et sortit.

— Que dites-vous de cela, monsieur? demanda la reine à Acton.

— Je dis, madame, que le prince Caracciolo n'aime point les Anglais; de là vient sans doute le mauvais rôle qu'il fait jouer à mes compatriotes dans cette affaire.

— Ce qui veut dire que vous ne serez pas de mon avis, monsieur, quand on discutera au conseil si le grade que je demanderai pour le capitaine Caracciolo lui doit être accordé?

— Votre Majesté, dit Acton en s'inclinant, sait que je suis toujours de son avis. Maintenant, la reine, ne trouverait-elle pas bon que je donnasse sans retard des ordres pour que les vaisseaux et les hommes qui vont rentrer dans le port soient l'objet des soins et de la sollicitude du gouvernement?

— Allez, monsieur! allez! Faites panser les blessés, soigner les malades, donner des récompenses à ceux qui se sont bien conduits; nous ne sommes pas une assez grande puissance pour avoir le droit d'être ingrats envers nos défenseurs.

Acton se retira.

Le soir, le roi rentra de la chasse. Vers onze heures du soir, la reine s'informa de ce qu'il avait fait et dit.

Il avait soupé fort tranquillement, s'était fait raconter, pendant son souper, les événements dont on avait reçu la nouvelle, puis, sans dire un seul mot, s'était couché.

A minuit, la reine me pria de l'accompagner. Je la regardai avec étonnement prendre un poignard et un crayon noir; puis, comme je lui demandais ce qu'elle allait faire :

— Viens avec moi, dit-elle, et tu le verras.

Je la suivis à travers le corridor toujours solitaire par lequel le roi venait chez elle. Nous arrivâmes ainsi à une petite pièce qui précédait la chambre de son mari.

Là, elle s'arrêta, écouta si elle n'entendait aucun bruit. Le plus profond silence régnait, et dans la chambre du roi, qui dormait profondément, et dans celle du gentilhomme de service. La reine s'approcha de la porte de la chambre à coucher de son mari, y enfonça le poignard, et, me passant le crayon noir :

— Toi dont il ne connaît pas l'écriture, me dit-elle, écris autour de ce poignard ce que je vais te dire.

Je posai la pointe du crayon sur le bois de la porte.

— Écris : *Tutte le mode vengono di Francia* (1) !

J'écrivis.

— Maintenant, viens ! dit-elle. Nous verrons s'il déjeunera aussi bien demain qu'il a soupé ce soir !

Le lendemain, à huit heures du matin, le roi, pâle de terreur, accourait en robe de chambre chez la reine, lui présentait d'une main tremblante le poignard, et, d'une voix entrecoupée par des claquements de dents, lui répétait les paroles écrites par moi sur la porte.

Caroline ne parut pas étonnée.

— Cela prouve, dit-elle, que nous avons des jacobins jusque dans le palais.

— Mais que faire, s'écria le roi désespéré?

— Tout le contraire de ce qu'ont fait Charles Ier et Louis XVI, répondit la reine : prendre les devants, et tuer pour ne pas être tué.

— Eh ! je ne demande pas mieux que de tuer, dit le roi ; mais qui tuer ?

— Les jacobins !

— Voyons, entendons-nous, dit le roi, qui, dans son gros bon sens, ne pouvait se rendre compte de ce que voulait dire la reine par le mot *jacobin*. En France, les jacobins, à ce qu'il paraît, sont des sans-culottes coiffés d'un bonnet rouge, qui écrivent des journaux blasphémateurs et incendiaires ; ici, les jacobins sont des hommes comme il faut, instruits, savants, qui écrivent de bons livres ou du moins réputés tels. En France, ils s'appellent Santerre, Collot d'Herbois, Hébert ; ils sont marchands de bière, comédiens sifflés, vendeurs de contremarques ; ici, ils s'appellent Hector Caraffa, Cirillo, Conforti, c'est-à-dire qu'ils appartiennent à la première noblesse, à la médecine, au barreau. Il y a donc jacobins et jacobins, comme il y a fagots et fagots ?

— Oui, répondit la reine, il y a jacobins et jacobins, et plus les nôtres sont instruits, nobles ou riches, plus ils sont à craindre. En France, c'est le peuple qui est mauvais, et la classe élevée qui est bonne ; ici, tout au contraire, c'est le peuple qui est bon, et la classe élevée qui est mauvaise.

— Bon ! voilà aujourd'hui que c'est le peuple qui est bon ! Eh bien, alors, pourquoi donc le méprisiez-vous tant, ce peuple, quand il m'applaudissait en me regardant manger mon macaroni, et quand il montait sur le marchepied de ma voiture pour me tirer le nez et me pincer les oreilles?

— Parce que je ne le connaissais pas ; aujourd'hui, je le connais et je lui rends justice.

— Et moi aussi, je lui rends justice ; j'ai même sur vous l'avantage de la lui avoir rendue en tout temps. Oui, certes, il a du bon ; mais, par saint Janvier, il a bien du mauvais aussi !

— Enfin, ce n'est point un homme du peuple qui a pénétré dans votre palais, qui a planté le poignard dans votre porte, et qui vous a donné cet avis : *Tutte le mode vengono di Francia*. Ce n'est pas du patois napolitain, c'est du bel et bon italien.

— Cela, je suis forcé d'en convenir ; c'est si vrai, que j'ai été sur le point de faire arrêter le pauvre Riario Sforza, qui était de service près de moi cette nuit ; mais, en voyant le poignard, je crois qu'il est devenu encore plus pâle et plus tremblant que moi.

La reine alla à la fenêtre et l'ouvrit.

— Tenez, dit-elle au roi lui montrant les vaisseaux que l'on avait vus de loin la veille, et qui rentraient mutilés dans le port les uns après les autres, comme des oiseaux de mer dont le plomb du chasseur aurait brisé les ailes. Voilà un spectacle déplorable pour l'humanité, n'est-ce pas ? honteux pour le gouvernement à coup sûr ! Nos soldats tués ou prisonniers ; notre flotte démâtée ! C'est une calamité publique, et, voyez ! tout Naples est sur les quais pour assister à ce douloureux spectacle. Eh bien, déguisez-vous si vous pouvez, mêlez-vous à toute cette foule sans être reconnu ; vous verrez tout ce qui sera habillé de drap, tout ce qui sera riche, savant, patricien, vous verrez tout cela se réjouir de notre désastre ; et, au contraire, tout ce qui sera à moitié nu, ignorant, pauvre, pleurer, se lamenter, maudire les Français. Que les Français viennent, tous vos nobles, tous vos savants, tous vos médecins, tous vos légistes se joindront à eux. Qui les combattra ? Le peuple ! Qui se fera tuer pour vous ? Les lazzaroni !

— Hum ! fit le roi, les drôles sont bien spirituels pour se faire tuer pour quelqu'un ou pour quelque chose ! Peste ! c'est si bon

(1) Toutes les modes viennent de France.

de vivre couché, la tête à l'ombre et les pieds au soleil, et de ne se réveiller que pour écouter Polichinelle jouer à la morra, ou le regarder manger du macaroni!

— Viennent les Français et vous verrez!

— Bon! fit le roi avec une grimace qui n'appartenait qu'à lui, ils sont encore loin, les Français! Il faut qu'ils viennent par terre, vu que la mer est aux Anglais et que ceux-ci leur ont brûlé à Toulon vingt bâtiments de guerre et en ont emmené quinze. Puis, si Toulon est repris, Mayence et Valenciennes ne le sont pas; les Vendéens donnent du fil à retordre à la Convention. L'armée républicaine a gagné la bataille de Wattignies; mais où est Wattignies? En France, je crois, du côté de Lille. C'est la route des Flandres, et non celle de Naples. D'un autre côté, j'ai entendu dire que nos alliés les Anglais avaient pris Saint-Domingue.

— Aussi, ne vous dis-je point que ce sont les jacobins de France que je crains, monsieur; ce sont ceux de Naples.

— Eh bien, mais ceux de Naples, chère maîtresse, vous avez Médici pour les faire arrêter; vous avez Vanni, Guidobaldi et Castelcicala pour les juger; vous avez maestro Donato pour les pendre. Je vous les abandonne, faites-en ce que vous voudrez. Je tiendrais seulement à garder Cottugno, qui est bon médecin et qui connaît mon tempérament; mais tout le reste, vos savants, vos hommes de loi, vos nobles, vos Conforti, vos Pagano, vos Caraffa, je n'en donnerais pas une prise de ce bon tabac d'Espagne que mon frère Charles IV m'envoie... A propos, vous savez une nouvelle: c'est que j'ai comparé mon journal de chasse au sien, et que j'ai tué, de janvier dernier à aujourd'hui, c'est-à-dire en un an moins quelques jours, un tiers de plus que lui.

— Je lui en fais mon compliment bien sincère, dit la reine en haussant les épaules; c'est une occupation pleine d'intérêt, dans les circonstances où nous sommes, que de chasser du matin au soir.

— Madame, quand je n'eusse point chassé, croyez-vous que cela eût empêché les révolutionnaires de prendre Toulon?

— En vérité, monsieur, dit Caroline avec mépris, je ne sais si vous êtes plus philosophe que logicien, ou plus logicien que philosophe; je vous conseille donc de vous livrer à l'une ou l'autre de ces deux sciences, à toutes les deux même si vous voulez, tandis que, moi, je profiterai de la permission que vous me donnez d'utiliser les talents de Medici, de Vanni, de Guidobaldi, de Castelcicala et de maître Donato. Allez, monsieur! n'oubliez pas votre poignard, gardez-le à la portée de la vue, méditez la légende qui l'entourait, et cela vous fera venir de salutaires pensées. Chassez-vous aujourd'hui?

— Non, madame, je pêche.

—Ah! en effet, le moment est bien choisi! Allez pêcher, monsieur! allez pêcher! et, en revenant, vous me donnerez des nouvelles de vos vaisseaux.

Le roi, qui était déjà levé et avait déjà fait un pas vers la porte, s'arrêta.

— Vous avez raison, dit-il; je vais contremander la pêche. Je me contenterai, aujourd'hui, de tirer quelques faisans à Capodimonte.

Et il sortit.

Caroline fit appeler le général Acton, et il fut convenu:

Que, le jour même, on décréterait l'aliénation, au profit du Trésor, d'un grand nombre de propriétés ecclésiastiques;

Que Naples serait frappée d'une contribution extraordinaire de cent mille ducats au moins; la noblesse, de cent vingt mille;

Que les églises, les monastères, les chapelles donneraient ceux de leurs vases d'or et d'argent qui ne leur étaient pas d'absolue nécessité;

Que les citoyens vendraient leurs joyaux et leurs objets précieux, en verseraient le prix au Trésor, et, en échange, recevraient des bons de la Banque payables à une certaine époque;

Enfin, que, sans s'inquiéter des clameurs que la chose pourrait exciter, le gouvernement s'emparerait des banques publiques. Deux cent cinquante millions furent le résultat de ce coup de filet.

En outre, la junte d'Etat reçut, de la reine même, l'ordre de commencer ses fonctions, qu'elle commença en effet en arrêtant une centaine de personnes sur les indications de Marie-Caroline.

III

Disons un mot du premier criminel, ou plutôt du premier innocent qui ouvrit à tant de victimes la voie sanglante de l'échafaud et du gibet.

Comme la reine se trouvait à Naples pour la solennité de Pâques, qu'elle ne manquait jamais de célébrer, nous entendîmes raconter que l'église del Carmine, l'une des plus révérées de Naples, venait d'être souillée par une effroyable impiété.

Il faut que je dise d'abord ce que c'est que l'église del Carmine.

L'église del Carmine fut fondée par la reine Elisabeth, mère du jeune Conradin. Elle venait, avec un navire chargé d'or, pour racheter son fils des mains du duc d'Anjou, ou plutôt du roi de Naples; elle arriva trop tard! L'or qui devait racheter le malheureux enfant fut employé à bâtir une chapelle dans laquelle furent enterrés ses restes et ceux du duc d'Autriche, son ami, qui, ne pouvant vivre sans lui, voulut mourir avec lui.

En 1438, René d'Anjou, faisant le siége de Naples, un boulet tiré par lui menaça la tête du grand crucifix de bois qui surmontait l'autel sous lequel était enterré Conradin; le crucifix inclina la tête sur l'épaule droite, de telle façon que le boulet passa sans la toucher, et alla s'enfoncer dans la muraille.

Ce crucifix avait déjà une grande réputation de sainteté: par un miracle tout particulier du ciel, les cheveux poussent sur sa tête comme sur un crâne vivant, et, tous les ans, au saint jour de Pâques, le syndic de Naples coupe ces cheveux avec des ciseaux d'or, et, après avoir fait la part du roi, de la reine et du prince royal, distribue le reste aux fidèles.

C'est dans le cloître de cette même église, que fut, en 1647, assassiné Masaniello.

Donc, à cause de toutes ces traditions, moitié historiques, moitié religieuses, l'église del Carmine, qui touche au Vieux-Marché, c'est-à-dire au quartier le plus populeux de Naples, est en grande vénération, non-seulement parmi les lazzaroni, mais encore dans toutes les classes de la société.

Or, justement le dimanche de Pâques 1794, au moment où le prêtre levait l'hostie, d'abominables blasphèmes se firent entendre, et un homme pâle, les cheveux hérissés, le front couvert de sueur, l'écume à la bouche, ouvrit la foule en la battant de ses deux bras, s'élança vers l'autel, et, frappant le prêtre à la joue, lui arracha l'hostie des mains et la foula aux pieds.

Au moyen âge, on eût dit que cet homme était possédé, et on l'eût exorcisé.

Au dix-huitième, on le considéra comme blasphémateur et impie, propagateur des principes sacriléges de la France, et on lui fit son procès.

Ce ne fut pas long. Le coupable non-seulement ne nia rien, n'excusa rien, mais, en face des juges, il nia Dieu, nia Jésus, nia la Vierge.

Il se nommait Tommaso Amato; il était de Messine; il avait trente-sept ans, trois frères, une sœur, plus de père ni de mère, et n'avait point de domicile connu.

Telle fut, au moins, sa déclaration.

Le clergé tira grand parti de cet événement. Il dit que cet homme représentait l'impiété du temps et était un vivant symbole de la corruption où les principes révolutionnaires avaient poussé la société.

Quant aux juges, ils crurent ne pouvoir trop exprimer l'horreur que leur causait un pareil crime; ils condamnèrent le coupable non-seulement à être pendu, mais encore à marcher au gibet avec un bâillon à la bouche, de peur que les blasphèmes que ferait entendre le patient à sa dernière heure ne scandalisassent la conscience des bons chrétiens.

En outre, pendant les trois jours précédant l'exécution, des prières publiques devaient être faites dans toutes les églises pour l'expiation de ce crime.

Deux juges seulement, le président Cito et le conseiller Potenza, se prononcèrent contre la peine de mort et demandèrent que l'on renfermât Tommaso Amato dans un hôpital.

Le samedi 17 mai fut le jour fixé pour l'exécution.

On promena le condamné dans toutes les rues de Naples, excepté dans celles qui avoisinent le palais royal, parce que, dans quelqu'une de ces rues, il eût pu rencontrer le roi, et que cette rencontre l'eût sauvé. Le clergé voulait faire voir à tout Naples ce que c'était qu'un blasphémateur.

Enfin, on ramena le patient à la place du Marché, où l'exécution devait avoir lieu. Il était accompagné des *bianchi*, c'est-à-dire des membres de cette confrérie qui jouit du triste privilége de soutenir moralement et physiquement les condamnés à leur dernière heure, et des dix ou douze autres confréries de toutes les douleurs qui existent dans la ville de Naples.

Malgré cette longue et fatigante promenade, une espèce d'exaltation fiévreuse soutenait le condamné, qui monta l'échelle d'un pas aussi résolu que s'il eût ignoré que chacun des degrés le conduisait à la mort; puis, l'exécution terminée, le corps fut jeté dans un bûcher, et les cendres de ce bûcher, auxquelles les siennes étaient mêlées, furent lancées aux quatre vents.

Le soir même du jour où cette exécution terrible avait rempli Naples d'épouvante, arriva une lettre du général Danero, gouverneur de Messine, qui réclamait, comme s'étant enfui de l'hôpital de Messine, un malheureux fou nommé Tommaso Amato.

Quelque secrète que fût tenue cette lettre, elle transpira cependant, et Naples sut — chose que les jacobins se hâtèrent de répandre — que les juges avaient pris l'exaltation d'un fou pour l'impiété d'un athée.

Cette erreur, qui eût dû calmer l'ardeur des juges, sembla, au contraire, la redoubler. Ils arrêtèrent que les séances du tribunal auraient lieu sans désemparer, excepté pour les repas et le sommeil.

Ce fut vers ce même temps que, voulant venger sa défaite de Toulon, l'Angleterre décida l'expédition contre la Corse. Le cabinet de Saint-James avait depuis longtemps pratiqué Paoli et savait qu'il pouvait compter sur cet homme, que ses compatriotes regardaient alors comme le plus grand homme qu'eût produit leur pays.

La reine fut prévenue de ce projet par sir William Hamilton, ou plutôt par moi. Il s'agissait d'obtenir d'elle — et la chose n'était pas difficile — qu'elle réunît, selon les termes du traité signé entre la Grande-Bretagne et le royaume des Deux-Siciles, ses troupes à celles de l'Angleterre. Le roi fit alors courir le bruit qu'il avait, pour cette expédition, donné dix millions sur sa cassette particulière, et la reine se montra aux promenades et au spectacle avec de faux diamants, disant qu'elle avait sacrifié les vrais aux besoins de l'Etat.

Nelson fut chargé de faire le siége de Calvi. Un boulet, en frappant le sol à quelques pas de lui, fit jaillir une grêle de cailloux; un de ces cailloux l'atteignit à l'œil gauche et le lui creva.

Si l'on veut connaître la trempe dont était faite le cœur de ce rude marin, que le canon de la France démembra peu à peu jusqu'à ce qu'enfin il l'eût, en échange de deux flottes détruites, foudroyé à Trafalgar, il faut lire la lettre qu'il écrivait à l'amiral Hood, le jour même où il recevait cette terrible blessure.

« Mon cher lord,

« Les rapports qui vous sont parvenus sur la bataille ne vous ont probablement pas entretenu d'une chose en elle-même assez peu importante. Il s'agit d'une légère blessure que j'ai reçue ce matin; légère, vous le voyez, puisqu'elle ne m'empêche pas de vous écrire ce soir.

« Croyez-moi, avec l'estime la plus sincère, votre très-fidèle

« HORACE NELSON. »

Nous apprîmes, sir Willam et moi, cette nouvelle au point de vue de *légère blessure*, sans nous douter que cette légère blessure était l'arrachement d'un œil.

La reine, qui était loin de prévoir quels services lui rendrait Nelson quelques années plus tard, prit cependant un certain intérêt à l'événement. Quant au roi, apprenant que Nelson avait perdu un œil :

— Lequel ? demanda-t-il.

— Le gauche, sire, lui répondit-on.

— Bon ! fit-il, cela ne l'empêchera point de chasser.

Depuis que j'étais à Naples, j'avais désiré voir une éruption du Vésuve, et j'avais, en riant, prié sir William, vu son intimité avec le volcan, de lui commander pour moi quelque bon petit tremblement de terre.

Je fus servie à souhait.

Le 12 juin au soir, sir William rentra vers onze heures, et, comme j'étais encore chez la reine, il vint m'y prendre.

— Madame, me dit-il, après avoir salué Leurs Majestés, j'arrive de l'Observatoire. Vous avez désiré une éruption accompagnée de tremblement de terre : si j'en crois le pendule, vous allez en avoir une, et des plus belles !

— Bon ! s'écria le roi, il ne nous manquerait plus que cela !

— Monsieur, dit la reine, il y a des moments où la nature semble prendre sa part des événements humains, et entrer dans les colères privées. Vous savez les présages qui précédèrent la mort de César.

— Ma foi, non, madame. J'ai entendu parler un jour, par sir William, de quelque chose comme d'une comète; mais les comètes me sont assez indifférentes, tandis que les tremblements de terre me font peur, d'abord, à moi personnellement, comme tous les dangers dont je ne comprends point parfaitement la cause, et ensuite me ruinent en frais de reconstruction... Vous rappelez-vous ce que m'a coûté celui de 1783 ?

— J'espère que, le cas échéant, répliqua la reine, vous ne ferez pas les mêmes folies pour celui-ci; nous pouvons, à l'heure qu'il est, faire un meilleur usage de notre argent que de l'employer à rebâtir les cabanes de vos Calabrais.

— Peut-être vaudrait-il mieux le mettre à cela que de le dépenser à faire la guerre à la France ; c'est un rude volcan que celui-là, madame ! qui renverse non pas les cabanes, mais les palais.

— N'avez-vous pas peur que les jacobins de Paris ne vous prennent Portici et Caserte ?

— Eh ! eh !

La reine haussa les épaules.

— Dites ce que vous voudrez, madame,

continua Ferdinand, j'ai plus peur des jacobins de Paris que de ceux de Naples. Eh! je connais mon Naples, que diable! J'y suis né, et avec trois F j'en fais ce que je veux.

— Et quels sont ces trois F? demandai-je en riant au roi.

— Comment! ma chère, dit la reine, vous ne connaissez pas l'axiome favori de Sa Majesté?

— Non, madame.

— Avec trois F on gouverne Naples: *Forca, Festa, Farina.*

— Est-ce votre avis, madame? demandai-je en riant.

— Mon avis est que c'est trop de deux, et que *Forca* est bien suffisant.

— En attendant, dit le roi, nous allons avoir un tremblement de terre; c'est votre avis du moins, sir William?

— J'en ai peur.

Le roi sonna, un huissier parut à la porte.

— Faites mettre les chevaux à la voiture, dit le roi.

— Où allez-vous donc? demanda Caroline.

— A Caserte, dit le roi. Et vous?

— Moi, je reste ici.

— Et vous, madame? me demanda le roi.

— Si la reine reste, je resterai, répondis-je.

— Et vous, sir William?

— Sire, je ne suis pas fâché d'étudier de près ce phénomène.

— Etudiez, mon cher ami! étudiez! Par bonheur, vous n'êtes point gras ni asthmatique comme ce savant romain qui a été étouffé à Stabia..... Comment l'appelez-vous?

— Pline, sire.

— Pline, c'est cela! Hein! dites que je ne sais pas mon antiquité, madame?

— Ah! monsieur, qui a jamais pu vous reprocher une pareille chose? Quand on a eu pour professeur le duc de San-Nicandro, on sait tout.

— Eh! madame, dit le roi, c'est déjà savoir beaucoup que de savoir qu'on ne sait rien. C'est pour cela qu'ayant l'instinct à défaut de l'intelligence, je me sauve! Bien du plaisir, mesdames! Bien du plaisir, sir William!

Et, comme l'huissier reparaissait pour annoncer que la voiture était attelée:

— Me voilà! me voilà! dit le roi en se précipitant hors de la chambre.

Et, un instant après, nous entendîmes le roulement de la voiture qui emportait Sa Majesté loin de Naples.

IV

Marie-Caroline était naturellement vaillante et hasardeuse; elle aimait surtout, quand le roi donnait une preuve de lâcheté, à donner, elle, une preuve de courage. Quoique l'atmosphère fût lourde, quoique le sirocco, ce vent que tout Napolitain regarde comme son ennemi personnel, soufflât avec violence, elle me proposa, ainsi qu'à sir William, de monter en voiture et d'aller pour ainsi dire au-devant du danger, en poussant par la marine jusqu'au pont de la Madeleine.

Sir William avait le froid courage d'un vrai gentleman anglais, et, lorsqu'il s'agissait de sciences, il poussait ce courage jusqu'à la témérité. Il accepta donc avec joie.

Sans partager en rien l'enthousiasme scientifique de mon mari, sans avoir ce capricieux désir d'aventures qui agitait le cœur de la reine, je ne pouvais, quand tous deux allaient chercher un danger peut-être imaginaire, refuser de partager les chances de ce danger. J'eusse mieux aimé, sans doute, rester et attendre l'événement; mais, poussée par la honte, je m'offris à mon tour à aller au-devant de lui.

A minuit sonnant, nous montions en voiture sous la voûte du palais.

— Au pont de la Madeleine! cria la reine.

Le cocher obéit, traversa le largo del Castello, et, avant que les douze coups eussent cessé de tinter, nous étions au môle.

Le vent d'Afrique était complétement tombé; le peu d'air que l'on respirât était imprégné de soufre, et, malgré le roulement de la voiture, on entendait cette rumeur souterraine qui précède les grandes catastrophes volcaniques et qui inspire à toute la nature un vague sentiment du danger avant même que le danger existe.

La mer s'agitait, non point par de larges bandes de houle ou par des vagues roulant les unes sur les autres, comme c'est sa coutume aux jours de tempête, mais en bouillonnant comme fait une chaudière placée sur le feu, et que le bouillonnement monte du fond à la surface. Ce clapotement faisait du golfe tout entier, étincelant de phosphore, une vaste nappe de feu.

La lune nageait dans une vapeur livide; à onze heures, elle s'était levée derrière le volcan, et, à peine au deuxième ou troisième jour de sa décroissance, elle semblait, montant au-dessus du cratère, une bombe immense lancée en l'air par un monstrueux mortier.

Toute cette misérable population du *basso porto* était rentrée dans les tanières qu'elle semble s'être creusées à la base des maisons ; troublant seuls la solitude des ruelles étroites et sombres qui débouchent sur les quais, quelques chiens, errants et inquiets, se roidissaient sur leurs quatre pattes comme s'ils eussent senti déjà trembler la terre sous eux, et hurlaient lamentablement à la lune.

Je pris la main de la reine.

— Qu'avez-vous? dit-elle. Votre main est glacée!

— J'ai peur, lui dis-je.

— Rassurez donc votre femme, milord, dit la reine; car autrement elle va se trouver mal.

En ce moment, un homme enveloppé d'un manteau malgré la chaleur accablante qu'il faisait, s'arrêta et regarda avec étonnement passer la voiture. Et en effet, quoique sir William fût avec nous, ce n'était point l'heure où les femmes ont l'habitude de se promener, et surtout dans un tel quartier.

— Reine Caroline, dit cet homme, vous tentez Dieu!

Et il s'enfonça dans une petite ruelle voûtée qui s'appelle *via dei Sospiri-del-Abisso*, c'est-à-dire rue des Soupirs-de-l'Abîme, parce que les condamnés marchent à la mort par cette rue, et, de cette rue, aperçoivent l'échafaud.

— Oh! mon Dieu, madame! m'écriai-je, qu'est-ce que c'est que cela?

— Quelque jacobin oublié par Vanni, murmura la reine, et qui me menace, ne pouvant faire mieux.

Nous arrivâmes au pont de la Madeleine ; mais, à la hauteur de la statue de saint Janvier, les chevaux refusèrent absolument de marcher.

Le cocher les fouetta inutilement; ils s'entêtèrent, se cabrèrent, s'acculèrent au parapet du pont.

— Madame! madame! dis-je en saisissant la main de la reine, cet homme n'était pas un ennemi, c'était bien plutôt un ami... N'allez pas plus loin! ne tentez pas Dieu!

— Qu'ont donc tes chevaux, Gaetan? demanda la reine.

— Je ne saurais dire, madame, fit le cocher, mais ils ne veulent absolument pas dépasser la statue de saint Janvier.

— Y a-t-il sur la route quelqu'un ou quelque chose qui puisse les effrayer?

— Je ne vois rien, madame ; mais les animaux voient quelquefois des choses que les hommes ne voient pas.

— Entendez-vous ce que dit cet imbécile? demanda la reine à sir William.

— Madame, répondit celui-ci, votre cocher constate, sans l'expliquer, un des problèmes de la nature. Il est reconnu jusqu'à l'évidence que, dans les éclipses, dans les tremblements de terre, enfin dans tous les grands cataclysmes de la nature, les animaux sont avertis par leur instinct avant que l'homme soit averti par sa raison. Selon toute probabilité, la montagne ne tardera pas à nous donner de ses nouvelles.

Et, en effet, comme si le Vésuve n'eût attendu que ce moment pour entrer en fureur, un mugissement terrible se fit entendre, sortant des profondeurs de la terre, et une secousse violente fit rouler la voiture en arrière.

Les chevaux hennirent, et, sans faire aucun mouvement, se couvrirent de sueur, comme la mer se couvre d'écume.

— Madame! madame! s'écria le cocher, je le disais bien que mes chevaux voyaient quelque chose que je ne voyais pas... Tenez! tenez!

Et il montra du doigt la cime de la montagne.

Une fumée noire et épaisse commençait à sortir du cratère, s'élevant verticalement comme une immense tour. Cette fumée était lézardée d'éclairs, suivis chacun de détonations pareilles à celles de batteries de cent canons.

La reine prit ma main et la serra à son tour ; ce cœur de bronze commençait à sentir la crainte. Quant à moi, j'étais près de m'évanouir. Sir William était dans l'enthousiasme.

— Si Sa Majesté veut absolument rester ici, dit Gaetano d'une voix tremblante, je la prie instamment de descendre ; dans un instant, je ne réponds plus de mes chevaux.

En ce moment, une détonation effroyable se fit entendre ; nous éprouvâmes une secousse violente, et il me sembla voir tout osciller autour de moi.

— Madame, au nom du ciel, m'écriai-je, rentrons! rentrons!

Mais la reine n'eut point la peine d'en donner l'ordre ; les chevaux, d'un mouvement qui força la main du cocher, tournèrent sur eux-mêmes; puis, sans qu'on pût les arrêter, descendirent la pente du pont dans une course effrénée, et s'élancèrent sur la Marina.

— Madame! madame! cria le cocher

en se raidissant vainement, je ne suis plus maître de mes chevaux.

— Eh bien, à la garde de Dieu! dit la reine.

Une nouvelle détonation, plus effrayante que toutes celles qui avaient précédé, se fit entendre; je sentis un frisson me courir dans les veines et je m'évanouis de terreur.

Quand je rouvris les yeux, la voiture était arrêtée; Gaetano, à la tête de ses chevaux, les maintenait par le mors, et nous étions en face de cette ruelle *dei Sospiri-del-Abisso.*

Au moment où la voiture allait se briser à l'angle du quai, le même homme qui avait crié à la reine de ne pas tenter Dieu, s'était élancé à la bride des chevaux, et, au risque d'être écrasé par eux, les avait, avec une force surhumaine, arrêtés court.

La secousse avait été si violente, que Gaetano avait été précipité à bas de son siége; mais il s'était relevé aussitôt et avait saisi les chevaux au mors.

L'inconnu, le voyant maître de son attelage, s'était éloigné et avait disparu.

Je n'avais rien vu. Je me réveillai comme d'un songe. La reine me faisait respirer un flacon de sels.

— Ah! grâce à Dieu, m'écriai-je en revenant à moi, il n'est point arrivé malheur à Votre Majesté!

Et je me jetai dans ses bras, la couvrant à la fois de larmes et de baisers.

C'était une chose étrange, mais la reine avait sur moi le pouvoir que le magnétiseur a, dit-on, sur le magnétisé; quand j'étais près d'elle, mon âme semblait constamment aspirer à sortir de mon corps pour se réunir à la sienne.

Gaetano remonta sur son siége; les chevaux semblaient s'être calmés comme par enchantement; ils nous ramenèrent sans accident au palais.

J'étais brisée; la reine exigea que je rentrasse dans ma chambre, qui était contiguë à la sienne, et que je me misse au lit.

Sir William demanda la permission de monter sur la terrasse du palais pour mieux observer les phénomènes du volcan. Je crois que, pour résoudre un problème géologique, il se fût, comme Empédocle, lancé dans le cratère en laissant sa pantoufle sur le sommet de la montagne.

Je ne vis plus rien; mais voici ce que l'on me raconta :

Les secousses se succédèrent avec rapidité, en s'étendant particulièrement du nord au midi, c'est-à-dire de Portici à Torre-del-Annunziata.

Naples, comme toujours, fut épargnée.

Vers les trois heures du matin, la route longeant le pied du Vésuve se couvrit de fugitifs, qui se dirigeaient tous vers Naples, abandonnant leurs habitations, et, comme derrière un rempart, venant chercher un abri derrière le pont de la Madeleine, ou plutôt derrière la statue de saint Janvier, qui, du point culminant de ce pont, protége la ville.

Le soleil s'était levé brillant et dans un ciel pur, mais la colonne de fumée et de cendre qui sortait du Vésuve s'était bientôt étendue sur tout le firmament; les eaux, qui ne sont que le miroir du ciel, s'étaient couvertes d'une teinte grise, et le jour avait peu à peu disparu comme dans une éclipse.

Quand je me levai, quoiqu'il fût dix heures du matin, on eût juré qu'il était huit heures du soir.

A partir de ce moment, c'est-à-dire du 13 au 15 juin, le soleil ne se montra plus; les mugissements de la montagne redoublèrent et l'obscurité devint de plus en plus épaisse.

Le lendemain, 14, si les pendules n'eussent point marqué le cours du temps, il eût été impossible de dire si l'on était au matin, au soir ou dans la nuit. Les ténèbres étaient si profondes, qu'à Chiaïa et à Toledo, c'est-à-dire dans les deux plus grandes rues de Naples, on se fût cru dans une chambre obscure.

Le cardinal-archevêque, accompagné du clergé de toute la ville, vint prendre à la cathédrale le buste de vermeil de saint Janvier, et, suivi de toute la noblesse disant des prières, de tout le peuple chantant des hymnes, il se rendit au pont de la Madeleine, invoquant la protection du saint protecteur de la ville.

La reine alla entendre la messe qui précéda cette cérémonie; mais, comme protestante, je ne pus l'y accompagner : le peuple, en voyant une hérétique dans une église, eût été capable de m'attribuer la catastrophe et de me mettre en pièces.

L'archevêque, la noblesse, le peuple, restèrent en prières sur le pont depuis deux heures de l'après-dînée jusqu'à la nuit; quand je dis jusqu'à la nuit, je dis mal : il n'y avait ni jour ni nuit; les cloches seules, en sonnant l'*Ave Maria*, signalaient le retour des ténèbres.

Pendant la nuit du 15 au 16, un bruit semblable à celui d'une poudrière qui eût sauté, attira les regards de tout le monde; car toute la population de Naples était dans les rues : les plus effrayés couchés la face contre terre, les autres, les moins effrayés, à genoux ou tout au moins inclinés sous le poids de l'événement.

Une immense gerbe de feu s'élança du cratère, monta dans le ciel et retomba en débris enflammés sur la pente de la montagne; alors sortit du sommet un double fleuve de feu, dont une des branches prit son cours vers Resina, l'autre vers Torre-del-Greco.

Trente mille personnes, hommes, femmes et enfants, frappés de stupeur, suivaient des yeux ce double torrent de lave.

Toute la plaine qui s'étendait entre le volcan et Resina, toutes les maisons de campagne qui s'élevaient dans cette plaine furent couvertes de lave; mais la terrible inondation, comme à un commandement surhumain, s'était arrêtée aux portes de Resina.

Par malheur, il n'en fut point de même à Torre-del-Greco. Une ancienne inondation avait couvert la moitié de la ville, puis, s'arrêtant tout à coup, avait formé un sombre écueil qui dominait de près de cent mètres la partie de la cité épargnée par le fléau.

Sur cet écueil, comme sur une autre roche Tarpéienne, une nouvelle ville s'était élevée, et, entre la nouvelle et l'ancienne, une communication s'était établie au moyen d'un escalier taillé dans la lave.

Cette fois, ville vieille et ville neuve, tout fut envahi, submergé ; l'inondation volcanique coupa la ville neuve à sa base, et, du haut de l'écueil, la précipita avec elle, cataracte de feu, sur la ville vieille, que la lave engloutit et combla jusqu'au niveau des plus hautes maisons et du clocher de l'église ; puis le torrent, entraînant avec lui les débris des deux villes, roula vers la mer et alla former un môle derrière lequel les bâtiments purent trouver un abri.

Tout cela se passa pendant la nuit du 15 au 16, comme si la terreur de la catastrophe, pour arriver à son comble, avait besoin de la terreur qu'inspirent les ténèbres.

Le matin du 16, le soleil, que l'on n'avait pas vu depuis trois jours, reparut dans un ciel pur; une portion du Vésuve avait été engloutie par le Vésuve lui-même; la partie la plus élevée de la montagne s'était écroulée dans le cratère, et, se précipitant d'une hauteur de plus de mille mètres, l'avait comblé, puis, en le comblant, en avait, avec un bruit effroyable, fait jaillir ce splendide bouquet de flamme, lequel avait éclairé la mer à dix lieues à la ronde et fait déborder ces deux fleuves de lave qui avaient inondé la campagne, laissant, par cette chute, la royauté de l'air au cône jusqu'alors le moins élevé.

Pendant ces heures de deuil et d'effroi, tout fut suspendu à Naples, excepté les travaux lugubres de la junte d'Etat; car quelques-uns des actes émanés d'elle datent des trois jours de l'éruption. La colère de Dieu n'avait point apaisé celle des rois!

Le lendemain de cette nuit où les chevaux, en s'emportant, avaient compromis la vie de la reine et la nôtre, et où nous avions été sauvés tous par l'intervention miraculeuse du mystérieux inconnu, la reine avait fait venir le chef de sa police, et lui avait enjoint de faire les recherches les plus minutieuses pour découvrir son sauveur; mais tout fut inutile, et, quoique le chef de la police eût mis en campagne ses agents les plus adroits, aucune main ne fut assez habile pour soulever le voile qui couvrait cet étrange événement.

Le roi écrivit le 16 que, le temps s'étant rasséréné, il chasserait dans la journée du 17 et ne reviendrait, par conséquent, que le 18.

De ce qui avait pu arriver à Naples ou dans ses environs, il ne disait pas un mot; il ne lui était rien arrivé, à lui : c'était tout ce qui lui importait.

V

J'ai, en quelques mots, raconté la condamnation et la mort de Tommaso Amato, une des premières victimes de la junte, et dont le procès prévalut à cause de l'urgence, les crimes de lèze-divinité devant avoir le pas sur les crimes de lèze-royauté.

Les arrestations avaient commencé aussitôt après le départ de l'amiral de Latouche-Tréville. Il y avait donc bientôt quatre ans que quelques-uns des accusés étaient en prison.

Ces accusés étaient au nombre de cinquante. Le procureur fiscal Basilio Palmieri avait dit, au commencement de la procédure, qu'il avait des preuves contre vingt mille personnes.

En attendant, il avait conclu à la peine de mort contre trente des accusés, avec application préventive de la torture.

Mais le tribunal se contenta d'en condamner trois à la peine capitale; trois, aux galères; treize, à des peines moindres. Le reste fut mis en liberté.

Le chef de la conjuration était un certain Pietro di Falco. Il fit des confessions, révéla le plan des conjurés ; mais, je dois le dire, jamais ces confessions ne furent rendues publiques, et le dénonciateur fut envoyé à l'île de Tremiti sans avoir été confronté avec ses coaccusés.

Le choix des juges en faveur de la mort était étrange ; on eût dit qu'ils avaient voulu faire un holocauste qui fût agréable à la pâle déesse.

Les trois condamnés étaient trois jeunes gens, presque trois enfants, appartenant à la classe aristocratique, encore écoliers par l'âge, ignorants du monde, dans lequel ils n'avaient pas eu le temps d'entrer, et connus seulement de leurs condisciples par leurs triomphes de collége.

L'âge de tous trois ne faisait pas l'âge d'un vieillard.

L'aîné se nommait Vicenzo Vitagliano, et avait vingt-deux ans ; le second se nommait Emanuele de Deo, et en avait vingt; le troisième Vicenzo Gagliani, et en avait dix-neuf.

Ce fut un cri de pitié par toute la ville lorsque l'on y connut le choix fatal fait par la junte, et que l'on apprit que ce choix était tombé sur trois jeunes gens, dont le seul crime, a dit un historien contemporain, était d'avoir *parlé de choses sur lesquelles il eût mieux valu se taire, et d'avoir applaudi ce qui avait besoin d'être examiné.*

Leur grand crime était de s'être fait couper les cheveux et d'avoir, les premiers, adopté la mode introduite en France par l'acteur Talma, lors de cette première représentation de *Titus* que j'ai racontée.

Je l'avoue, lorsque l'on m'annonça cette nouvelle, lorsque l'on me dit l'âge des condamnés, qu'on me fit connaître qui ils étaient, que l'on m'expliqua qu'il était impossible qu'ils eussent conspiré sérieusement, je fus prise d'une grande pitié pour ces trois arbrisseaux qui allaient être fauchés par la racine sans avoir eu le temps de porter leurs fruits.

Je courus chez la reine ; elle me reçut le visage sévère et le sourcil froncé.

— Viens-tu aussi me parler pour eux? me demanda-t-elle.

— Et si je venais vous parler pour eux, madame, refuseriez-vous de m'écouter?

— Oui ; car je suis décidée à laisser la justice suivre son cours, et ta prière ne serait qu'une importunité inutile.

— Oh ! madame, lui dis-je en joignant les mains, si jeunes et si peu dangereux !

— Ce ne sont pas, en effet, de ceux-là qu'indiquait Tarquin au messager de son fils, et c'étaient les plus hauts pavots du jardin qui tombaient sous sa baguette.

— Oh ! madame, vous en convenez vous-même.

— Il y a des moments, vois-tu, où je me demande si ces misérables juges ont choisi ces trois enfants-là par bêtise ou par trahison ; mais, je te l'avoue, je penche pour la trahison.

Je la regardai avec étonnement.

— Tu ne comprends donc pas? Si je fais grâce à ceux-là, je suis obligée désormais de faire grâce à tous, car tous se croiront ou plutôt se diront aussi innocents que ceux-là. Si je les laisse exécuter, on criera à la cruauté, au cannibalisme ; tous les pères me prendront en haine, toutes les mères me maudiront ; il n'y aura pas une mère ayant un fils de vingt ans qui ne serre ce fils dans ses bras en disant : « Dieu te garde de la reine étrangère, de l'Autrichienne, » comme on appelait ma sœur !

— Ah ! madame, vous voyez bien que vous hésitez ! m'écriai-je ; et, si vous hésitez, c'est que les juges ont eu tort.

— La justice ne peut jamais avoir tort, Emma. La justice aura donc son cours.

Je poussai un soupir et penchai ma tête sur ma poitrine, en prononçant quelques paroles à voix basse.

— Que murmures-tu à part toi ? demanda Caroline.

— Je remercie Dieu de n'être pas reine, madame, lui répondis-je.

Il se fit un moment de silence que la reine interrompit la première.

— D'ailleurs, dit-elle, la sentence a été portée ce matin ; nous avons donc trois jours devant nous pour prendre une résolution. Tu resteras ici ce soir ; la nuit porte conseil.

En ce moment, le roi entra ; il me salua, selon son habitude, avec beaucoup de courtoisie, me faisant signe de me rasseoir et s'asseyant lui-même près de sa femme.

— Ma chère maîtresse, lui dit-il, je vous préviens que je m'absente pour trois ou quatre jours.

— Et où allez-vous?

— Je vais chasser à Persano.

— Avez-vous eu avis qu'un nouveau tremblement de terre allait avoir lieu?

— Non ; car, dans ce cas, je n'irais pas du côté de Salerne : j'irais du côté de Capoue. Vous comprenez bien que le Vésuve et l'Etna n'ont jamais pris au sérieux la séparation du détroit de Messine, que vous m'avez raconté avoir un jour été causée par un tremblement de terre ; ils correspondent toujours entre eux par des ramifications souterraines, et, quand ils ont quelque chose à se dire, il n'est pas bon de se trouver sur leur route... Non, ce n'est pas d'un tremblement de terre que j'ai peur dans ce moment-ci.

— Et de quoi avez-vous peur?

— Oh ! vous vous en doutez bien.

— Ne seriez-vous plus si convaincu que vous l'étiez de la vérité de votre axiome et douteriez-vous de l'efficacité d'une de vos trois F?

— Non pas de l'efficacité, mais de l'opportunité.

— Et dans le doute?...

— Je m'absente... Le sage ne donne-t-il pas un avis à peu près pareil?

— C'est-à-dire que vous ne voulez être ou, du moins, paraître pour rien dans ce qui va se passer?

— Ni être ni paraître, madame. Est-ce moi qui ai rassemblé la junte? Est-ce moi qui ai fait revenir de Londres Castelcicala? Est-ce moi qui ai organisé cette fameuse chambre obscure dont on parle tant, et dont, par bonheur, je puis nier l'existence, n'y étant jamais entré et ignorant même jusqu'à l'endroit du palais où elle est située? Non pas; tout cela, c'est votre affaire. Moi, je chasse, je pêche, je me repose à San-Leucio; je suis ce qu'on appelle, historiquement parlant, un roi fainéant. Vous, vous êtes la reine, vous portez le sceptre, vous êtes une Catherine Seconde; on vous appellera un jour la Sémiramis du Midi, comme on l'a appelée la Sémiramis du Nord, et ce sera fort glorieux pour vous et pour moi; mais, ayant les bénéfices de l'état, il est juste que vous en ayez les charges.

— C'est-à-dire que vous voulez, vis-à-vis de Naples et de l'Europe, me laisser la responsabilité de la mort de ces trois jeunes gens?

— De quels trois jeunes gens parlez-vous?

— De ceux qui ont été condamnés par la junte, ce matin.

— Ah! la junte a condamné trois jeunes gens, ce matin?

— Vous l'ignoriez, peut-être?

— Par ma foi, oui! je jouis d'une si médiocre influence dans le gouvernement, qu'on ne se donne pas la peine de me parler des affaires d'Etat.

— Assez plaisanter sur ce sujet, monsieur. La chose est grave; parlons-en donc gravement, ou n'en parlons pas.

— N'en parlons pas, je ne demande pas mieux. Vous savez que j'ai l'habitude de ne me mêler que des choses qui me regarpent. Je suis venu vous dire que je partais pour Persano, que je comptais y passer quelques jours; ne sachant pas ce que j'étais devenu, vous eussiez pu être inquiète de moi, et je ne veux pas un instant distraire votre esprit des hautes spéculations de la politique pour l'arrêter sur ma chétive personne. Vous me dites qu'il y a trois jeunes gens condamnés à mort? Pauvres jeunes gens! Cela me fait de la peine; mais, que voulez-vous! s'ils sont coupables, s'ils ont conspiré contre vous...

Je pris la parole.

— Et voilà justement, sire, ce qui préoccupe l'excellent cœur de Sa Majesté: c'est qu'elle n'est pas sûre que ces jeunes gens soient coupables, c'est qu'elle a même peur qu'ils ne soient innocents.

— Diable! dans ce cas, ma chère ambassadrice, il ne faudrait pas que la reine les laissât exécuter. La mort de ce fou que l'on a pendu l'autre jour a déjà produit un mauvais effet; la mort de trois innocents serait bien pire! Réfléchissez à cela, madame, réfléchissez-y!

— Mais, monsieur, reprit la reine visiblement impatientée d'avoir le dessous dans une discussion avec son mari, quand je voudrais leur faire grâce, en ai-je le droit? Je ne suis pas le roi, moi.

— Comment, vous n'êtes pas le roi?

— Non, je ne suis que la reine.

— Bon! et c'est à moi que vous dites cela? Ah! pardieu! vous êtes bien le roi. Qu'est-ce que le roi? C'est celui qui préside le conseil. Qu'est-ce que le roi? C'est celui qui donne des ordres aux ministres. Qu'est-ce que le roi? C'est celui qui déclare la guerre ou qui fait la paix. Où diable avez-vous vu que je m'occupe de ces choses-là? C'est vous qui vous en occupez, madame; c'est donc vous qui, en réalité, êtes le roi.

— Le roi, monsieur, c'est celui qui signe.

— Eh! vous savez bien, madame, que je suis si paresseux, que, pour ne pas même avoir la peine de signer, j'ai fait faire une griffe.

— Qui est enfermée dans une cassette dont vous avez la clef, monsieur.

— C'est justement ce dont je me suis aperçu au moment de partir pour Persano, madame. Je me suis dit, alors, qu'il était absurde, puisque tout était entre vos mains, que cette clef n'y fût pas aussi, et je vous l'apporte.

— Oh! donnez, donnez, sire! m'écriai-je.

Et j'arrachai presque la clef des mains du roi.

— Madame, dit Ferdinand à la reine, qui le regardait d'un air sombre, je vous ferai observer que la signature royale est en ce moment entre les mains de lady Hamilton, et qu'il serait dangereux de l'y laisser: elle n'aurait qu'à vendre à notre alliée l'Angleterre soit Malte, soit la Sicile, dont elle a grande envie, cela serait d'un grand préjudice à notre couronne!

Et, nous saluant, la reine et moi, avec cet air narquois qui n'appartenait qu'à lui, il sortit en faisant le geste d'un homme qui se lave les mains.

— Oui, je comprends, dit la reine, tu te laves les mains ! Pilate en a fait autant que toi, et la malédiction de l'histoire ne l'en a pas moins poursuivi depuis dix-huit siècles... Donne-moi cette clef, Emma. Nous verrons ce que nous en devons faire !

Je la lui présentai en m'agenouillant.

En ce moment, on annonça que le procureur fiscal Basilio Palmieri — le même qui disait avoir des preuves contre vingt mille personnes et qui avait conclu à la peine de mort contre trente accusés avec application préventive de la torture — demandait l'honneur de présenter ses hommages à la reine.

— A merveille ! dit Caroline. S'il ne fût pas venu, je l'eusse envoyé chercher.

Puis, se retournant vers moi :

— Veux-tu voir le visage d'un plat coquin, Emma ? me demanda-t-elle.

— Je suis prête à rester ou à sortir, selon que Votre Majesté me l'ordonnera.

— Non, c'est à ta volonté, tu comprends, et selon que tu te sens le cœur plus ou moins facile à soulever.

— Eh bien, madame, puisque Votre Majesté veut bien me laisser mon libre arbitre, je prends un tel intérêt à tout ce qui a rapport à nos trois malheureux jeunes gens, que je préfère rester.

— Reste donc, alors.

Et, s'adressant à l'huissier qui avait annoncé la visite du magistrat :

— Faites entrer M. le procureur fiscal Basilio Palmieri, dit la reine.

VI

Si jamais figure dénonça son propriétaire pour un plat coquin, comme avait dit la reine, c'était bien la figure de don Basilio Palmieri.

Il entra, courbé jusqu'à terre ; s'il eût pu ramper de la porte aux pieds de la reine, il l'eût fait.

La reine le reçut debout.

M. le procureur fiscal essaya d'abord de s'excuser d'avoir si peu obtenu du tribunal ; il avait demandé trente têtes : ce n'était point sa faute si on ne lui en avait accordé que trois ; il avait demandé la torture : ce n'était point sa faute si on la lui avait refusée.

— C'est bien, monsieur, répondit froidement Caroline ; vous serez plus heureux une autre fois.

— Je viens mettre mon humble dévouement aux pieds de la reine et demander à Votre Majesté si je puis lui être bon à quelque chose.

— Vous pouvez me rendre deux services, monsieur, répondit Caroline.

— Moi ! s'écria le procureur fiscal étonné, moi rendre des services à Votre Majesté ? Recevoir vos ordres, madame, voulez-vous dire !

— Vous pouvez, continua la reine, me dire quel est celui de vos condamnés qui demeure le plus près du palais royal.

— C'est le jeune Emmanuele de Deo, madame, répondit le procureur fiscal ne comprenant rien à une pareille demande.

— A-t-il son père et sa mère ? reprit la reine.

— Son père seulement.

— Savez-vous son adresse ?

— Oui, madame.

— Donnez-la-moi.

— Joseph de Deo, rue Sainte-Brigitte, près du marchand de grains, vers le milieu de la rue.

— Merci, monsieur. Prends cette adresse, Emma.

Je tirai de ma poche de petites tablettes d'ivoire, et j'y écrivis avec empressement l'adresse donnée par le procureur fiscal.

La reine regarda de mon côté jusqu'à ce que l'adresse fût complétement écrite, comme si elle ne voulait reposer ses yeux sur l'homme qu'elle avait devant elle que le plus tard possible.

Enfin, elle revint à lui.

— Maintenant, dit-elle, où vos condamnés sont-ils en prison ?

— A la Vicairie, madame.

— Voici du papier, de l'encre et une plume ; écrivez, monsieur !

La reine montrait au procureur fiscal une table sur laquelle, en effet, étaient réunis tous les objets nommés par elle.

Don Basilio Palmieri, n'osant s'asseoir devant Sa Majesté, mit un genou en terre, et, la plume à la main, se tint prêt à écrire.

— Vous y êtes, monsieur ? demanda la reine.

— Oui, madame.

La reine dicta :

« Le geôlier en chef de la Vicairie obéira aveuglément aux ordres que lui donnera la personne par laquelle ce billet lui sera remis... »

— J'ai écrit, madame.

— Eh bien, alors, datez, signez et prévenez votre geôlier en chef que vous avez donné un ordre pour lui.

— Et dois-je lui dire quelle auguste personne… ?

— Vous ne devez rien lui dire, monsieur; car vous ne connaissez point mes intentions, et je désire que vous ne cherchiez pas à les connaître.

— Sa Majesté a-t-elle d'autres ordres à me donner ?

— Aucun, monsieur.

— Alors, j'aurai l'honneur de prendre congé d'elle et de déposer à ses pieds mes respects les plus dévoués.

La reine fit une légère inclination de tête, et le procureur fiscal se retira à reculons.

La porte se referma sur lui.

— Que dois-je faire de cette adresse, madame ? demandai-je à la reine.

— Garde-la : lorsque le moment sera venu d'en faire usage, je te renseignerai.

Quant à l'ordre qu'elle s'était fait donner pour le geôlier en chef de la Vicaria, elle le relut pour voir s'il était bien tel qu'elle l'avait dicté; puis, certaine qu'il n'y avait pas une syllabe de plus, pas une syllabe de moins, elle le plia avec soin et le mit dans un petit portefeuille qu'elle portait d'habitude sur elle.

Je l'avais suivie des yeux dans tous ses mouvements, où je cherchais à lire ses pensées.

— Je vois avec bonheur, madame, lui dis-je, que le roi n'aura probablement pas pris une précaution inutile en vous laissant la clef du sceau royal.

— Je n'ai rien décidé encore; tout dépendra des condamnés eux-mêmes, répondit la reine. En tout cas, je te réserve un rôle dans le dénoûment quel qu'il soit; apprête-toi donc à le jouer.

— Et quels préparatifs me faut-il faire pour cela ?

— Être ici à huit heures du soir, avec une robe et un mantelet noirs.

— Oh! madame, le noir est de bien mauvais présage !

— Sois tranquille, c'est seulement pour que nous ne soyons point vues dans la nuit.

— Nous sortirons donc ensemble cette nuit, madame ?

— Peut-être sortirons-nous ensemble, peut-être sortiras-tu seule.

— Que voulez-vous donc faire de moi ?

— Ce que Dieu en a fait sans me consulter : une ambassadrice.

Je voulus questionner, mais elle me mit la main sur la bouche.

— Toute chose se fera en son temps, ma belle amie, et je n'aurai pas de mystère pour vous. Ayez donc la patience d'attendre à ce soir.

— Alors, je vous quitte, madame; car je n'aurais pas le courage de rester près de vous sans vous interroger.

— C'est, en effet, ce que tu peux faire de mieux, car tu interrogerais inutilement.

— En vérité, vous êtes cruelle aujourd'hui !

— Qu'importe que ma cruauté s'exerce sur toi, si, grâce à ce paratonnerre, la foudre n'atteint pas tes protégés !

— Oh ! à cette condition, madame, je je me livre. Voilà mon bras, mordez jusqu'au sang.

Elle le prit comme si elle voulait le mordre en effet, mais elle ne le toucha que des lèvres.

— Ma foi, non, dit-elle changeant la morsure projetée en une caresse, ce serait dommage ! D'ailleurs, on ne sait pas si c'est de la chair ou du marbre, et j'aurais peur d'y briser mes dents. Allez ! et ne manquez pas d'être ici ce soir à huit heures précises.

— Oh ! soyez tranquille, madame, je ne me ferai pas attendre.

En effet, à huit heures précises, j'entrais dans la chambre de la reine toute vêtue de noir.

Elle m'attendait dans le même costume.

— Oh! me dit-elle en m'apercevant, c'est la première fois que je te vois en noir. Sais-tu que le noir te va à merveille et que tu es belle à ravir !

— Et vous aussi, madame ; mais n'importe, j'aimerais mieux vous voir vêtue autrement : nous avons l'air de deux veuves.

— Veux-tu donc dire que ce serait le plus grand malheur qui pût nous arriver ?

— Quant à moi, oui, je vous jure ! J'aime fort sir William.

— Au point de lui faire élever un tombeau, comme la reine Artémise, répondit en riant la reine, mais pas de te brûler sur son bûcher.

— Je vous jure que, si j'étais née au Malabar…

— Oui, mais tu es née dans le duché de Galles, je crois ; de sorte que je suis tout à fait rassurée. Mais, voyons, il ne s'agit pas de tout cela. Je t'ai dit que tu avais un rôle d'ambassadrice à jouer ce soir : es-tu prête ?

— J'attends les ordres de Votre Majesté.

— Tu as l'adresse que t'a donnée don Basilio ?

— Ne l'eussé-je point, je me la rappelle : rue Sainte-Brigitte, près du marchand de grains, vers le milieu de la rue.

— Et le nom du père du condamné ?

— Giuseppe de Deo.

— Eh bien, tu vas monter dans une voiture sans armes et sans chiffre, que j'ai fait atteler pour toi ; tu prendras Giuseppe de Deo dans ta voiture et tu me l'amèneras ici.

— Comment, madame, m'écriai-je toute joyeuse, vous voulez voir le père de ce malheureux jeune homme ?

— Oui ; c'est une fantaisie qui m'a prise.

— Mais, alors, il est sauvé !

— Pas encore.

— Et c'est moi que vous chargez de l'aller chercher?

— A moins que tu ne refuses.

— Moi, refuser d'être l'ange sauveur d'un malheureux condamné, le messager céleste envoyé à une pauvre famille !

— Eh bien, alors, puisque tu crois ton message un bienfait, ne perds pas de temps à l'accomplir.

— Oh ! j'y cours, madame ! Mon mantelet ! mon mantelet !...

Je l'avais jeté, en entrant dans la chambre, sur un fauteuil.

La reine le prit et me l'ajusta sur les épaules.

— Et maintenant, dit-elle, va, colombe de l'arche, et puisses-tu rapporter le rameau d'olivier !

Je m'élançai par les degrés, légère comme l'oiseau dont la reine m'avait donné le nom, je fis appeler la voiture et je sautai dedans en criant au cocher :

— Rue Sainte-Brigitte !

VII

Il n'y a qu'un pas du palais royal à la rue Sainte-Brigitte, j'eus donc fait la course en un instant. Je descendis à l'endroit indiqué. Comme il était huit heures du soir à peine, la boutique du marchand de grains était encore ouverte, et je pus faire demander où demeurait don Giuseppe de Deo.

Le marchand de grains, qui était le fournisseur des écuries du palais, reconnut le cocher qui lui faisait cette question, et, voyant une dame à la portière de la voiture, il accourut, soupçonnant quelque chose de la vérité, et devinant qu'on venait de la part du roi ou de la reine.

On m'avait vue si souvent parcourir les rues de Naples dans la voiture de Sa Majesté, et assise près d'elle, que le marchand de grains me reconnut à mon tour.

— Oh ! milady, me dit-il, celui que vous demandez est en grande douleur en ce moment ; son fils a été, ce matin, condamné à mort par la junte.

— Je le sais répondis-je, et c'est justement pour cela que je désire le voir ; et, comme vous êtes son voisin, je désirerais savoir de vous quelle maison et à quel étage de cette maison il habite.

— Il demeure dans cette maison, madame, me dit-il, au troisième étage.

Et, en même temps, il m'indiquait la maison attenante à la sienne.

— Faites ouvrir, dis-je au cocher.

— Mais, continua le marchand de grains, je doute que vous le trouviez chez lui, madame.

— Où peut-il être ?

— Je l'ai vu sortir.

— A cette heure ?

— Oui.

— Sans doute est-il allé solliciter quelque juge ?

— Ah ! madame, à cette heure, aucun juge ne peut plus rien, ni pour le pauvre père, ni pour le pauvre enfant !

— Mais, alors, où est-il allé ?

Le marchand me regarda.

— Voulez-vous le voir absolument ? me demanda-t-il.

— Absolument, et à l'instant même !

— Est-ce pour son bien ? — Pardon, si je vous interroge, madame ; mais le pauvre père porte déjà un tel fardeau de douleur sur ses vieilles épaules, que, si vous deviez ajouter à ce fardeau la pesanteur d'un grain de blé, ce serait une charité de ne point vous dire où il est.

— Je ne puis rien vous promettre, mais je viens dans une intention de miséricorde.

— Eh bien, alors, descendez, madame, et je vais, — Dieu vous pardonne si vous me trompez ! — je vais vous conduire où il est.

Je descendis.

— Avons-nous loin à aller ? demandai-je.

— Nous avons dix pas à faire.

L'homme marcha devant moi, je le suivis. Il s'arrêta, en effet, après une dizaine de pas, à la petite porte de l'église Sainte-Brigitte.

— Ah ! murmurai-je, je comprends pourquoi il n'était point chez lui !

Le marchand de grains frappa à cette petite porte, qui s'ouvrit aussitôt. Une espèce de sacristain nous introduisit dans l'église, sombre, à l'exception d'une chapelle, qui était seule éclairée.

Nous entrâmes. Le marchand de grains me montra un vieillard, non pas agenouillé,

mais couché sur les degrés de l'autel, et frappant le marbre de son front.

— Tenez, me dit-il, voilà celui que vous cherchez.

Je le remerciai, il se retira et me laissa seule; mais, à la porte, la curiosité le retint, et il demeura avec l'homme d'Eglise, regardant ce qui allait se passer.

Je m'approchai sans bruit du vieillard; il priait, et, comme il ne m'avait pas entendue venir, il se redressa sur un genou, une main appuyée au degré de l'autel.

— Qui êtes-vous et que me voulez-vous? demanda-t-il. Etes-vous l'ange que j'appelais?

— Non, je ne suis pas l'ange que vous appeliez, lui dis-je; mais, pour n'être point un ange, peut-être n'en viens-je pas moins au nom de Dieu.

— Que voulez-vous dire, madame? Savez-vous qui je suis, et pour qui je prie?

— Vous êtes don Giuseppe de Deo, et vous priez pour votre fils Emmanuele de Deo.

— Oui, oui, oui!

— Alors, suivez-moi.

— Où cela?

— Chez la reine.

Sa figure s'assombrit.

— Chez la reine? fit-il hésitant entre la joie et la crainte. Que peut avoir à me dire la reine? Savez-vous que le bruit court que c'est elle qui veut les exécutions? Si cela était ainsi, Dieu la protége! mais, toute reine qu'elle est, j'aimerais mieux être à ma place qu'à la sienne.

— Venez, répétai-je. J'espère que, quand vous aurez vu Sa Majesté, vous penserez mieux d'elle.

— Au bout du compte, dit le vieillard, les choses ne peuvent être pires qu'elles ne sont; je vous suis, madame.

Et, baisant le marbre des degrés, il se releva.

Je marchai la première. En arrivant à la porte de l'église, don Giuseppe passa devant moi, trempa ses doigts dans le bénitier et me présenta l'eau sainte.

Voyant que sa main n'attirait point la mienne, il me regarda avec étonnement.

— Je suis protestante, lui dis-je.

Alors, le reste d'espérance qui brillait sur son front sembla disparaître; il fit machinalement le signe de la croix, poussa un soupir, inclina sa tête sur sa poitrine et me suivit.

Nous montâmes en voiture.

— Au palais royal! dis-je au cocher.

Cinq minutes après, la voiture s'arrêtait au pied de l'escalier conduisant aux appartements de la reine.

Au lieu d'être joyeux comme il eût dû l'être, le vieillard était sombre comme le désespoir, pâle comme la mort.

Avant d'entrer dans la chambre où nous attendait Sa Majesté, il me saisit la main et s'appuya au chambranle de la porte.

Il était près de se trouver mal.

— Un moment, par grâce! dit-il.

Quant à moi, toute joie était morte au fond de mon âme. Voilà donc l'idée que l'on se faisait de la reine! C'était elle qui prononçait le jugement par la bouche des juges, qui tuait par la main du bourreau!

Enfin don Giuseppe parut reprendre ses forces; je fis un signe à l'huissier, la porte s'ouvrit. La reine avait entendu le bruit de nos pas, et, se demandant ce que nous faisions dans la pièce voisine, elle s'était levée et venait au-devant de nous.

Sa figure était sombre, presque irritée; car elle devinait ce qui s'était passé.

Je poussai don Giuseppe de Deo aux pieds de la reine, en lui disant:

— Voilà celle de qui dépend la grâce de votre fils; demandez-la à elle, comme vous la demandiez à la Vierge, et vous l'obtiendrez.

Le pauvre vieillard tomba à genoux, les mains jointes, mais en disant pour toute prière:

— Est-ce vrai, madame?

— Quoi? demanda la reine de sa voix brève et impérieuse.

— Que, si je vous demande la grâce de mon fils, vous me l'accorderez?

— Personne ne s'est engagé en mon nom, j'espère? dit Caroline en me regardant avec cette dureté qu'elle avait parfois dans les yeux.

— Non, madame, répondis-je; mais j'ai dit à un père qui demandait la vie de son fils à l'autel de la Vierge: « Venez et je vous conduirai à une reine, belle et miséricordieuse comme une madone! »

— Madame! madame! dit don Guiseppe, qui reprenait un peu courage, se sentant soutenu par moi, vous pouvez tout: vous êtes la reine, plus que la reine, vous êtes le roi! Grâce, madame! grâce pour mon enfant! Il a eu vingt ans il y a trois jours. C'est mon seul fils, madame! Je comptais sur lui pour m'aider à mourir; mais jamais cette idée ne m'était pas venue que je lui survivrais! Madame! par vos enfants bien-aimés, par le prince François, par le prince Léopold, par votre dernier fils encore au berceau, par le prince Albert, je vous prie, madame, je vous supplie, reine, je vous conjure, Majesté, ayez pitié de mon fils!

— Madame! madame! dis-je à la reine

joignant ma prière à celle de don Giuseppe et en lui baisant la main.

— Et, si je fais quelque chose pour votre fils, monsieur, dit la reine, lui, de son côté, refusera-t-il de faire quelque chose pour moi?

— Pour vous, madame? pour vous, riche, jeune, belle, toute-puissante? Et que voulez-vous qu'il fasse, mon Dieu? Dites! dites! et toute la puissance d'un père sera employée à ce qu'il vous honore, vous vénère, vous serve à genoux, depuis le jour où vous me l'aurez rendu jusqu'au moment de sa mort.

— Votre fils est un jacobin, monsieur, dit la reine.

Don Giuseppe l'interrompit.

— Un jacobin, lui, madame? Sait-il seulement ce que c'est qu'un jacobin? Savez-vous qu'il y a trois ans qu'il est en prison, le malheureux? Il avait dix-sept ans, madame; est-ce qu'un enfant de dix-sept ans a une opinion? Il s'est fait couper les cheveux, madame, voilà tout son crime. Mais, pendant ces trois ans de prison, ses cheveux ont eu le temps de repousser!

— N'importe, il sait quelque chose de la conjuration qui nous entoure et qui nous menace; qu'il fasse des révélations, et je lui fais grâce, ainsi qu'à ses deux compagnons.

— Des révélations! s'écria le pauvre père, des révélations! Mais en a-t-il à faire? mais sait-il quelque chose? mais, voulût-il parler, le peut-il, s'il ignore cette conjuration dont vous parlez, madame, et qui n'existe, dit-on, que dans l'esprit des juges? Comment voulez-vous qu'il révèle ce qu'il ne connaît pas? D'ailleurs, qui lui portera vos conditions? qui aura une voix assez pressante pour vaincre ses scrupules s'il en avait? qui l'adjurera au nom de son père de vivre à ce prix? Ah! personne! il n'y aurait que moi peut-être... et encore!

— C'est aussi sur vous que je compte, monsieur; vous aller voir votre fils.

— Je vais voir fils, mon Emmanuel! s'écria le père saisissant son front à deux mains comme s'il était près de devenir fou. Que me dites-vous là!

— Voici un mot pour don Basilio Palmieri, le procureur fiscal. Je lui dis, dans ce mot, de vous donner la permission de voir votre fils et de vous entretenir une heure avec lui sans témoins.

— Quand, madame? quand?... Songez qu'il y a trois ans que je ne l'ai vu.

— Ce soir, de dix à onze heures.

— Et si je ne trouve pas don Basilio chez lui?

— Vous verrez votre fils demain, au lieu de le voir ce soir.

— Mais il est neuf heures, madame, je n'ai pas un instant à perdre.

— Aussi je ne vous retiens pas; allez!

— Ah! il me semble que je deviens fou de bonheur.

— Que cherchez-vous?

— Votre main, votre main, madame, pour la baiser!

La reine lui donna sa main. Elle était vraiment touchée de cette émotion profonde; et, si le pauvre père eût pu lire comme moi dans son cœur, il eût insisté, et elle lui eût donné la vie de son fils sans condition.

Par malheur, il n'en fut rien; il s'élança hors de la chambre en répétant :

— Mon fils! mon fils! mon Emmanuel!...

Et le bruit de ses pas s'éteignit en même temps que celui de sa voix.

VIII

Nous restâmes seules, la reine et moi.

Marie-Caroline était émue; mais on sentait qu'il fallait à ce cœur, revêtu d'un triple acier, bien d'autres émotions pour se fondre.

— Maintenant, à nous deux! dit-elle.

Je n'avais pas ôté mon mantelet; elle mit le sien, tira sa coiffe sur ses yeux, prit mon bras et m'entraîna vers l'escalier.

Au bas des degrés, nous retrouvâmes la voiture dont je m'étais servie pour aller rue Sainte-Brigitte; la reine y monta, j'y montai après elle.

Le valet de pied referma la portière.

— L'ordre? demanda-t-il.

— A la Vicairie, répondit la reine.

Et la voiture prit au grand trot la rue de Tolède, qu'elle quitta au coin du palais Maddalone, pour s'enfoncer dans ce dédale de ruelles qui conduit au vieux palais Capouan.

J'étais passée plusieurs fois au pied de ses murailles, et j'avais regardé avec terreur les prisonniers suspendus aux grilles de leur prison, et les têtes coupées séchant aux angles des remparts dans leurs cages de fer.

Mais, cette fois, j'allais entrer dans la funèbre enceinte où les condamnés suaient, en chapelle ardente, leur agonie de trois jours.

Il était évident que j'allais assister à quelque chose non-seulement de nouveau, mais encore de lugubre, de terrible, d'inouï pour moi.

Je m'appuyais toute frissonnante contre la reine, et je la sentais raide et froide comme un marbre; il fallait qu'elle eût horriblement souffert pour être devenue à ce point impassible.

Sans doute nous étions attendues, car, au seul bruit de notre voiture, la porte s'ouvrit et nous nous trouvâmes dans la cour.

Un homme se tenait au pied de l'escalier à gauche, une lanterne à la main.

Le valet de pied ouvrit la portière, la reine descendit et marcha droit à cet homme.

Je la suivis en trébuchant.

— Vous êtes le geôlier en chef? dit la reine avec ce ton de commandement qui n'appartenait qu'à elle.

— Oui, madame.

— Vous m'attendez?

— J'attends une personne qui doit me remettre un ordre de M. le procureur fiscal.

— Voici cet ordre.

— Vous permettez que je le lise?

— C'est votre devoir.

Le geôlier lut l'ordre du procureur fiscal, plia le papier et le mit dans sa poche.

— Maintenant, madame, dit-il, c'est à vous de commander, à moi d'obéir. Que voulez-vous?

— Le père du condamné Emmanuele de Deo a obtenu de M. le procureur fiscal la permission de passer une heure avec son fils; je voudrais assister à leur entrevue sans qu'on sût que je suis là, et entendre ce qu'ils diront, s'il est possible.

— Rien de plus facile, madame: les trois prisonniers sont dans la chambre des morts; on appelle ainsi la chambre où les condamnés passent les trois derniers jours de leur vie. Cette chambre communique, d'un côté, avec la chapelle; de l'autre, avec le vestiaire où la confrérie des *bianchi*, qui accompagne les patients au gibet, enferme ses longues robes blanches. Dans ce cabinet, où l'on pénètre par un escalier secret, sans avoir besoin de traverser la chapelle ni la chambre des morts, il y a des jours invisibles, pratiqués pour que les juges puissent écouter les conversations des condamnés entre eux, et même surprendre les gestes qu'ils échangeraient. Vous entrerez dans ce cabinet, et, de là, vous verrez et vous entendrez tout ce qui se passera dans la chambre des morts.

— C'est bien. Allons!

Le geôlier ouvrit la grille contre laquelle il était appuyé; la reine passa par l'ouverture et monta hardiment l'escalier sombre qui se trouvait devant elle.

— Oh! madame, madame, attendez-moi! lui criai-je.

La grille se referma derrière nous, grinçant sur ses gonds; puis ce fut le tour de la clef à grincer dans la serrure.

Caroline avait atteint le premier palier; je l'avais cherchée et trouvée à tâtons; car, grâce à nos robes noires, nous étions complétement invisibles dans l'obscurité. Je m'étais cramponnée à elle.

Le geôlier passa près de nous, et sa lanterne jeta une pâle lueur sur les murailles noires.

Au premier étage, une seconde grille fermait l'escalier dans toute sa largeur.

Le geôlier l'ouvrit comme la première, avec le même grincement des gonds et des clés, puis nous la franchîmes, puis elle se referma sur nous, et je me sentis doublement oppressée; car, à toute personne, même innocente, qui entre dans une prison, il semble que ces portes terribles, toutes faites qu'elles sont pour le crime seul, ne doivent plus se rouvrir.

Nous nous engageâmes dans un corridor étroit et humide; sur ce corridor s'ouvraient des espèces de fenêtres grillées: c'étaient des jours donnant dans des cachots. Au passage de la lanterne devant leur fenêtre à une heure inaccoutumée, on voyait vaguement les prisonniers se soulever sur leur lit, et l'on entendait le froissement de leur paille. J'étais pleine de terreurs infinies, et pareilles à celles que l'on éprouve dans les lieux inconnus et terribles. De temps en temps, il fallait s'arrêter, ouvrir une nouvelle grille devant nous, la refermer derrière, et à chacune, il me semblait, comme à Dante, que je descendais un nouvel étage de l'enfer. Si j'eusse été seule avec l'homme qui nous conduisait, je me fusse évanouie; si j'eusse été seule tout à fait, je serais morte d'effroi.

Nous arrivâmes à l'extrémité du corridor; cette extrémité aboutissait à un escalier aussi étroit que le corridor et fermé par une grille à barreaux entre-croisés comme ceux des fenêtres; ma main, si petite qu'elle soit, n'aurait pu passer par l'entre-croisement de ces barreaux.

Le geôlier se retourna, et, à voix basse:

— Nous n'avons plus que cette grille à ouvrir et cet escalier à monter, dit-il, et nous sommes arrivés.

— Ouvrez alors, dit la reine d'une voix où il était impossible de distinguer la moindre émotion.

Le geôlier obéit, mais avec des précautions qui prouvaient qu'en effet nous touchions au terme de notre voyage, et qu'il désirait n'être point entendu de ceux qui en étaient l'objet. Au reste, les serrures et les gonds de cette dernière grille étaient entretenus de façon à s'ouvrir et à tourner sans le moindre bruit. Ne fallait-il pas que l'œil et l'oreille pussent approcher en silence de ceux qu'ils venaient espionner et trahir?

Nous arrivâmes à une espèce de grand cabinet, dans lequel la reine entra résolument; mais, moi, je restai sur le seuil.

Contre les murailles, pareilles à des ombres debout et immobiles, étaient suspendues les longues robes blanches des *bianchi*, trouées aux yeux seulement; car, nous l'avons dit, c'était dans ce cabinet, attenant à la chambre des morts, que les pénitents revêtaient le lugubre costume avec lequel ils accompagnaient les patients à l'échafaud.

La reine vit ma terreur et devina ce qui la causait; sans rien dire, elle porta la main sur un de ces vêtements et le secoua de manière à me prouver qu'il ne cachait rien sous ses plis, pas même un fantôme.

Puis elle me fit signe d'entrer.

Le geôlier, alors, lui montra des ouvertures pratiquées dans les jointures du bois, de manière à être invisibles du côté de la chambre des morts. D'ailleurs, une fois dans cette chambre, les prisonniers, n'ayant plus la liberté de leurs mouvements, ne pouvaient scruter ni les boiseries, ni les murailles.

En outre, une espèce de conduit de ferblanc, en guise de porte-voix, s'adaptait à l'oreille, en même temps que l'œil s'adaptait à l'ouverture; de sorte que la personne cachée dans le cabinet pouvait, tout à la fois voir ce qui se passait et entendre ce qui se disait dans la chambre des morts.

Il y avait deux de ces ouvertures et deux de ces conduits.

Le geôlier nous les indiqua.

— Attendez-nous au bas de l'escalier, de ce côté-ci de la grille, lui dit la reine.

Le geôlier obéit. Il laissait sa lanterne à terre; la reine la ramassa et la lui mit à la main.

Nous restâmes dans l'obscurité; cependant, comme la chambre des morts, pour mériter son nom de chapelle ardente, était illuminée *à giorno*, deux points lumineux apparaissaient à travers l'épaisse boiserie, et indiquaient les endroits précis où l'œil devait s'appliquer. Nous nous approchâmes de la boiserie en retenant notre respiration; nous y appuyâmes la main avec précaution, pour ne point la faire craquer, puis nous appliquâmes l'œil à l'ouverture, et voici ce que nous vîmes : Dans une salle carrée de moyenne grandeur, n'ayant d'autre issue qu'une porte donnant sur une chapelle, étaient posés à terre trois matelas, et sur ces matelas étaient couchés les trois condamnés, Emmanuele de Deo, Galiani et Vitagliano. Leurs pieds et leurs mains étaient pris dans des anneaux scellés au plancher; seulement, les anneaux des pieds adhéraient au parquet, tandis que ceux des mains, placés au bout d'une chaîne de trois ou quatre pieds, leur permettaient de s'asseoir sur leur lit et même de lever la main à une certaine hauteur.

Ces trois matelas étaient appuyés à la muraille, l'un au fond de la chambre, en face de nous, les deux autres à notre droite et à notre gauche; seulement, celui de droite, qui était occupé par le jeune Emmanuele de Deo, était adossé à une fresque deinte sur la muraille, laquelle représentait Jésus en croix et Marie agenouillée à ses pieds.

Devant cette fresque brûlaient une vingtaine de cierges, qui formaient autour du prisonnier comme une muraille de feu.

Il était assis sur son lit, tel que le tableau ou la gravure, — car je n'ai jamais vu le tableau, — tel que la gravure du tableau de David nous représente Socrate au moment de boire la ciguë; mais, au lieu du vieux sage au front bombé, au nez aplati, disant aux Athéniens : « Ce n'était pas la peine de m'ôter la vie, vous n'aviez qu'à me laisser mourir, » apparaissait un beau jeune homme au profil grec, au teint pâle, aux yeux pleins de flamme, avec de longs cheveux noirs retombant en boucles sur ses épaules; car, ainsi qu'avait dit son père, pendant ses trois ans de prison, ses cheveux avaient eu le temps de repousser.

Je ne sais quel sentiment de pitié ou d'admiration la vue d'Emmanuele inspira à la reine, mais je sais que, quant à moi, après avoir jeté un coup d'œil rapide sur ses compagnons, mes yeux revinrent se fixer sur lui, et ne le quittèrent plus.

Un peintre eût fait un magnifique tableau de ce jeune homme, splendidement éclairé par les cierges qui l'entouraient, enchaîné sur un matelas au pied de cette fresque où s'appuyait sa tête, vêtu seulement d'un pantalon noir, ayant son col rabattu sur les épaules, sa chemise ouverte sur la poitrine, et parlant à ses compagnons de la mort et de l'immortalité, comme eût fait un prophète!

Il était vraiment superbe ainsi, et l'on eût dit Jean, le disciple bien-aimé du Christ, s'il n'avait eu des cheveux noirs, au lieu de cette blonde chevelure que donne à l'apôtre Léonard de Vinci, l'immortel auteur de *la Cène*.

IX

Au moment où nous entrâmes, nous entendîmes comme une douce mélodie, et je reconnus, à la mesure des vers et à leur forme énergique, que le jeune Napolitain disait des vers de Dante.

Comme notre entrée ne fit aucun bruit et que les prisonniers ne purent se douter qu'ils étaient vus et écoutés, il continua.

J'ai dit l'impression qu'il me fit lorsque mes yeux s'arrêtèrent sur lui, pour ne plus le quitter; j'ai dit qu'assis, appuyé sur une main, l'autre levée au ciel autant que le permettait la longueur de sa chaîne, il avait la pose de Socrate et l'air inspiré d'un prophète.

Sans doute il avait pensé que ses deux amis avaient besoin d'être soutenus et encouragés; car il leur disait ce chant XIVe du *Paradis*, où Dante, conduit par Béatrice, monte jusqu'au ciel de Mars, et y trouve les âmes de ceux qui ont combattu pour la vraie foi, lesquelles, sous la forme de langues de feu, enveloppent la croix et glorifient le saint crucifix.

La vraie foi, aux yeux de ce jeune enthousiaste, c'était la liberté pour laquelle il mourait, et son espoir, qu'il tâchait de faire partager à ses compagnons, était d'être, un jour, une de ces mélodieuses langues de feu.

Maintenant, après avoir dit ce que nous vîmes, je dirai ce que j'entendis.

Lorsque la voix parvint distincte à mon oreille, Emmanuel avait déjà dit à peu près les trois quarts du chant, et, la voix vibrante, l'œil fixé sur quelque chose d'inconnu, il en était à ce vers :

Vainement mon génie invoque ma mémoire (1).

Ses amis l'écoutaient la bouche ouverte et le sourire aux lèvres ; on eût cru qu'ils lui disaient : « Chante ton dernier chant, beau cygne de la liberté ! »

Il continua ; peut-être ne pensait-il plus à eux, et était-il, comme Dante, ravi en extase devant le spectacle qui s'offrait à sa vue :

Car, en voyant Jésus resplendissant de gloire,
Des rayons de son corps illuminer sa croix,
La parole me manque et ma bouche est sans voix.
Du Golgotha céleste escaladant le faîte,
Seul, celui qui fera la route que j'ai faite
Et qui verra le Christ de lumière éclater,
Comprendra qu'on l'adore au lieu de le chanter.
De l'un à l'autre bras, de sa cime à sa base,
Alentour de la croix, dans ma divine extase,
Je voyais des lueurs qui, se heurtant dans l'air,
A chacun de leurs chocs enfantaient un éclair.
Et ces lueurs semblaient ces atomes sans nombre
Qui peuplent un rayon, glissant à travers l'ombre;
Et comme dans la nuit, lorsqu'on entend le son
D'une harpe et d'un luth vibrant à l'unisson,
Tout ignorant qu'il soit des lois de l'harmonie,
L'homme sent son corps plein d'une joie infinie,
De même ces lueurs, montant et s'abaissant,
A mon âme chantaient un hymne ravissant,
Aux délices duquel je me laissais surprendre,
Mais que je ne cherchais même pas à comprendre,
Et qui pourtant, en moi répété saintement,
Vibrait par tout mon cœur, si tendre et si charmant,
Que je reconnaissais les célestes louanges
Qu'au pied de l'Eternel chantait le chœur des anges,
Et que je distinguais cet ordre : « Lève-toi,
Martyr ! qui combattis et qui vainquis pour moi ! »

En disant ce dernier vers, le condamné était si beau, si plein d'enthousiasme, il paraissait si convaincu, que ses deux compagnons applaudirent comme ils auraient fait d'un acteur au théâtre, mêlant le bruit de leurs chaînes à celui de leurs applaudissements.

Tout à coup, au milieu des bravos et des froissements du fer, on entendit sortir de la chambre voisine, c'est-à-dire de la chapelle, ce cri :

— Mon fils ! ou est-il ? où est mon fils ?

Emmanuele reconnut cette voix.

— Mon père ! mon père ! s'écria-t-il, me voilà !

Et, oubliant qu'il était enchaîné, il fit un mouvement si violent pour s'élancer au devant de son père, qu'une des chaînes, celle du bras droit, se rompit.

Mais, arrêté au milieu de son élan par les anneaux des jambes et la chaîne du bras gauche, le jeune homme retomba sur son matelas avec un gémissement.

En ce moment, le vieux Giuseppe de Deo parut sur la porte et s'élança dans les bras de son fils en criant :

— Emmanuele ! cher Emmanuele !

Et le père et le fils se tinrent un instant embrassés, et les cheveux noirs du jeune homme se mêlèrent aux cheveux blancs du vieillard.

Il se fit un silence de quelques instants, pendant lequel on n'entendit que les sanglots de Giuseppe de Deo, dont le cœur se fondait sous l'étreinte filiale.

Le vieillard interrompit le premier ce silence.

— Vous savez, dit-il aux deux geôliers qui l'avaient accompagné, que j'ai le droit de rester seul avec lui.

Sans doute les geôliers étaient-ils prévenus de cette faveur accordée au pauvre père, car déjà ils détachaient les chaînes des deux autres jeunes gens, qui bientôt furent emmenés dans la chapelle.

Le père et le fils restèrent seuls.

— Oh ! madame, murmurai-je à l'oreille

(1) *Qui vince la memoria mia l'o' ngegno* (PARADIS, chant XIV).

de la reine, ne vont-ils pas lui ôter ses chaînes, afin que, dans cet instant de bonheur qu'il vous doit, il oublie qu'il est prisonnier?

— Qu'il demande cette grâce, dit la reine, elle lui sera accordée.

Comme si les geôliers eux-mêmes eussent été touchés de cette situation, ils rentrèrent et détachèrent les anneaux des pieds d'Emmanuele de Deo, et le débarrassèrent de la dernière entrave qui enchaînait sa main gauche.

Il se leva, secoua la tête comme un jeune lion qui vient de reconquérir sa liberté, et poussa un soupir de satisfaction.

— Ah! mon bon père! s'écria-t-il joyeusement, comme si tout péril était passé, que cela fait de bien de se revoir!... Et à quel miracle dois-je ce bonheur de votre présence et de cet instant de liberté?

— C'est un miracle, en effet, mon cher Emmanuel, et c'est à peine si j'y puis croire, répondit le vieillard. J'étais dans l'église Sainte-Brigitte, où je priais Dieu de venir à notre aide, quand une dame est venue me chercher de la part de la reine.

— De la part de la reine? s'écria Emmanuele en regardant son père avec le plus profond étonnement.

Et, tandis que son front se rembrunissait visiblement :

— De la part de la reine? répéta-t-il. Impossible!

— C'est aussi ce que j'ai dit d'abord; mais il m'a bien fallu croire. J'ai suivi la dame, nous sommes montés en voiture et elle m'a conduit au château.

— Et cette dame, vous la connaissez? demanda vivement le jeune homme.

— Non, répondit en hésitant le vieillard.

— Vous la connaissez, mon père, reprit le jeune homme. Est-ce la marquise de San-Marco, la baronne de San-Clemente?

Le vieillard secoua la tête.

— Voyons, dites-moi qui, mon père!

— Je crois, répondit don Giuseppe avec un crainte visible que son aveu ne fût mal accueilli, je crois que c'est l'ambassadrice d'Angleterre.

— L'ambassadrice d'Angleterre! lady Hamilton! Emma Lyonna! Et qui a donné le droit à cette créature perdue de se mêler de nos affaires?

— Mon fils, s'écria le vieillard, ne parle point ainsi d'elle. Je jurerais que c'est elle qui a demandé ta grâce à la reine.

— Ma grâce, à la reine? Que dites-vous là, mon père! Puisque c'est la reine qui nous fait condamner, elle ne peut vouloir notre grâce.

— Je te l'apporte cependant, mon fils.

— Vous me l'apportez?

— Oui; mais à une condition.

— Ah! fit Emmanuel avec un dédaigneux mouvement des lèvres. Voyons cette condition, mon père.

Et Emmanuel se laissa tomber assis sur un escabeau.

Son père lui posa la main sur l'épaule.

— Il faut que tu considères d'abord, mon enfant, dit le vieillard, combien est grand mon amour pour toi, et dans quelle tristesse profonde, dans quel suprême isolement me laisserait ta mort.

— Mon père, dites-moi tout de suite quelle est cette condition, ou sinon, je croirai, ce dont je me doute déjà, qu'elle est impossible à accepter.

— Nous partirons, mon enfant, nous quitterons l'Italie, l'Europe s'il le faut! Pourvu que tu vives, pourvu que je sois près de toi, que m'importe le coin du monde que nous habiterons!

— Avouez, mon père, dit le jeune homme avec un sourire amer, avouez que l'on me demande quelque lâcheté qui vous épouvante vous-même!

— Pense au déshonneur qu'une exécution publique jettera sur notre maison; pense que tu es condamné à une mort infâme!

— Mieux vaut une mort infâme qu'une vie infamée, mon père. Cette condition à laquelle on consent que je vive, dites, quelle est-elle?

— Songe, mon enfant, que tu sauves non-seulement ta vie en faisant ce que la reine désire, mais encore celle de tes deux compagnons.

— Mais enfin, s'écria Emmanuele de Deo en frappant du pied la terre avec impatience, que désire la reine?

— Ce qui t'a fait condamner, mon Emmanuele bien-aimé, dit le vieillard, c'est que tu as eu l'entêtement de ne pas faire de révélations devant tes juges.

— Oui, et l'on espère que j'en ferai devant l'échafaud! Et c'est mon père que l'on a choisi pour venir me faire une pareille proposition! On a fait de mon père un messager de honte!

Don Giuseppe tomba à genoux devant son fils et cacha sa tête dans sa poitrine.

— Mon enfant, mon cher enfant! s'écria-t-il.

Et il éclata en sanglots, au milieu desquels on ne distinguait que ces mots :

— Je t'aime tant! je t'aime tant! Tu ne sais pas, toi, ce que c'est que l'amour d'un père!

— Oh! non, je ne le savais pas; mais je

le sais maintenant, puisque vous n'avez pas refusé de venir me faire une pareille proposition. Ah! oui, vous m'aimez terriblement, puisque vous acceptiez ma honte, la vôtre, celle de toute notre famille, en échange de ma vie!

— Mon enfant, s'écria le vieillard en le pressant contre son cœur sans le regarder, aie pitié de l'état dans lequel tu me vois!

— Relevez-vous, mon père, dit le jeune homme en lui baisant les mains, et écoutez debout ce que je vais vous dire.

Le vieillard obéit, car c'était lui qui priait, c'était son fils qui commandait.

— Il paraît, continua Emmanuele de Deo, que la tyrannie au nom de laquelle vous venez n'a point assez du sang des patriotes; il paraît qu'elle veut encore leur honneur, et, en échange de la vie honteuse qu'elle m'offre, en demande... combien d'autres?... Vous ne savez pas, mon père? On eût dû vous fixer un chiffre! Ah! je disais bien que rien de bon ne pouvait nous venir de cette femme, et, quand vous l'avez nommée, quand vous avez nommé sa digne amie, j'ai senti tout espoir s'en aller... Non, non, laissez-moi mourir, mon père! Oh! je le sais, la liberté coûtera cher à Naples, et, pour l'acclimater, il faudra verser des flots de sang; mais, ne l'oubliez pas, le premier sang qui sera versé demeurera le plus illustre. Songez donc à l'existence odieuse que vous me proposez! Fuir! et dans quelle terre inconnue, dans quel coin du monde ignoré cacherions-nous notre honte? Non; calmez votre douleur; consolez-vous avec cette conviction que je meurs innocent, et que ma mort est un hommage à la loyauté. Supportons avec courage, vous et moi, notre martyre d'un instant. Le jour viendra où mon nom réclamera une part glorieuse dans l'histoire, et où vous direz avec orgueil: « Celui que j'ai mis au monde est mort un des premiers pour son pays. »

— Eh bien, je comprends que tu refuses la vie à une pareille condition; mais laisse-moi revoir la reine, laisse-moi lui demander ta grâce sans que tu aies à rougir de l'accepter! Je suis sûr qu'en me voyant à ses pieds, qu'en entendant mes supplications et mes prières, je suis sûr qu'elle me l'accordera.

— Ne faites pas cela, mon père! Oh! non, de par le ciel, ne le faites pas! Ne voyez-vous pas que cette femme marche dans la voie de la perdition, et qu'une bonne action la remettrait peut-être dans celle du salut. Or, le jour des tyrans est venu; comme sa sœur Marie-Antoinette, Caroline est traître à son pays, adultère à son époux! Les amours impudiques ne lui suffisaient plus, et voilà qu'elle a des amours infâmes! Au prince de Caramanico, à ce brave et loyal chevalier a succédé un intrigant Irlandais, de douteuse naissance, chassé de la marine française je ne sais pour quel crime honteux, qui ne songe qu'à s'engraisser de l'or napolitain, et qui, vil ministre d'une maîtresse couronnée, n'a pas même pour nous frapper l'excuse de ses propres haines; enfin, à cet Acton succède aujourd'hui dans les faveurs de Marie-Caroline une courtisane de bas étage, une fille ramassée par un charlatan sur les trottoirs de Haymarket, une prostituée que la reine croit élever jusqu'au trône où elle est assise et qui, au contraire, abaisse la reine jusqu'au lupanar d'où elle sort... Non, non, mon père! Ne demandez rien à cette trinité sans âme! Nous avons vécu purs jusqu'ici: mourons purs comme nous avons vécu!

— Oh! oui, murmura la reine; oui, tu mourras, misérable! et rien désormais ne pourra te sauver. Dieu lui-même descendît-il du ciel pour me demander ta grâce, je la lui refuserais!... Viens, Emma! viens! nous en avons assez entendu, ce me semble. Je dis nous, car, toi aussi, tu en as eu ta part.

Et, me saisissant la main avec une espèce de rugissement depuis longtemps contenu et qui augmentait au fur et à mesure que nous descendions l'escalier, elle me tira plus morte que vive hors du cabinet.

C'était la première fois que je m'entendais maudire!...

X

Pendant tout le chemin, la reine ne m'adressa pas une parole; seulement, elle tenait ma main serrée dans la sienne, et je sentais, à ses mouvements convulsifs, à quel paroxysme de colère elle était arrivée.

En rentrant au palais, elle se jeta dans un fauteuil, toujours muette et toujours agitée.

Puis, tout à coup:

— Comme ils me haïssent, ces odieux Napolitains! s'écria-t-elle. L'as-tu entendu? Eh bien, c'est l'interprète de toute la génération... Oh! que je suis contente d'avoir vu de mes yeux, d'avoir entendu de mes oreilles, ce que j'ai vu et entendu!... J'avais des remords; je voulais faire grâce... Grâce! qu'ils y viennent, maintenant, demander grâce! Je saurai que leur répondre. « Vous avez vécu purs, mourez purs! »

Oh! oui, ils mourront, et, avec eux, tous ceux qui ne plieront pas la tête et le genou.

Puis, après un instant de silence :

— Cette junte est absurde ; j'en nommerai une autre. On lui demande trente têtes, et elle en accorde trois, et elle va justement choisir les plus jeunes, celles qui, en tombant, causeront le plus d'émotion dans le public. Mais, d'abord, elles ne tomberont pas ; les condamnés n'auront pas l'honneur d'être décapités, ils seront pendus, comme des voleurs vulgaires, comme des assassins de bas étage. Oh! j'ai mes hommes, et je donnerai à ces misérables jacobins un tribunal qui ne les ménagera pas... Vanni, Castelcicala, Guidobaldi, à la bonne heure ! voilà des hommes sur lesquels je puis compter. Castelcicala est prince, et je ne puis lui donner un titre plus élevé ; mais je ferai Vanni marquis, je ferai Guidobaldi comte : je les gorgerai d'or pour qu'ils me gorgent de sang !

Et elle se leva pareille à Némésis, et, avec des cris de rage, alla se rouler sur son lit.

Je la suivis, et, me jetant à ses genoux :

— Par pitié, madame, lui dis-je, épargnez-vous vous-même !

— Oh! ne pouvoir rien contre eux! les tuer, voilà tout! Et n'as-tu pas vu qu'ils bravent la mort, qu'ils l'appellent à grands cris, qu'ils jouent au martyre! Dis-moi, crois-tu qu'il ne vaudrait pas mieux les enterrer dans la fosse de Favignana ou de Marittimo?

— Oui, madame, m'écriai-je, c'est une inspiration du ciel : ils auraient le temps de se repentir.

— Se repentir, eux? Jamais! ils m'en haïraient davantage. D'ailleurs, il n'y a pas de prison, si bien fermée qu'elle soit, d'où l'on ne s'évade. — On m'a raconté qu'un prisonnier français, nommé Latude, s'était évadé trois fois de la Bastille. — Non; il n'y a que la tombe d'où l'on ne s'évade pas. Rien ne sera changé à leur supplice que le genre de mort.

— Ne craignez-vous pas quelque émeute, madame ?

— Oh! j'en voudrais une ! je voudrais une occasion de brûler Naples, et d'exterminer le tiers de ses habitants! Il n'y a de bon que le peuple, il n'y a de fidèle que les lazzaroni ; tout ce qui porte un habit de drap est gangrené, par les Vico, les Genovese, les Beccaria, les Filangieri, les Pagano, les Conforti ! C'est bien heureux que cet Emmanuele de Deo ait épargné le pauvre Caramanico ; s'il eût dit de lui ce qu'il a dit d'Acton, je lui eusse fait arracher la chair avec des tenailles rougies!

Je saisis l'occasion qu'elle m'offrait elle-même de donner un autre cours à ses idées.

— Est-ce qu'il y a longtemps que vous n'avez reçu de ses nouvelles? lui demandai-je.

— Des nouvelles de qui?

— Du prince de Caramanico.

— Oh ! depuis longtemps il ne m'écrit plus, lui. Quand je lui écris, je crois te l'avoir dit déjà, quand je lui écris, c'est par l'intermédiaire de sa femme, qui est restée à Naples ; elle lui fait passer mes lettres, croyant qu'il s'agit d'affaires d'Etat ; mais lui, je suis la première à lui dire de ne pas me donner de ses nouvelles ; je ne suis sûre ici de personne, que de toi. Si l'on croyait qu'il pense encore à moi, on s'imaginerait qu'il veut redevenir premier ministre, et Dieu sait alors ce qui arriverait! Tu as bien fait de me parler de lui, Emma; Tiens, cela me calme... Ah ! s'il était ici !

Et elle saisit en sanglotant son oreiller entre ses bras.

— La reine veut-elle que je l'aide à se mettre au lit et que je place près d'elle la cassette aux lettres et aux bouquets?

— Oh! dit-elle, tu es ma consolation, toi ! tu connais la seule chose qui puisse ramener la paix dans mon cœur; et ils t'insultent, toi aussi !

— Ne pensez point à moi, madame. Pour moi, par malheur, ils ont raison, puisqu'ils ne me reprochent rien qui ne soit vrai, et je leur sais gré encore d'être restés en deçà de la vérité. Ne pensez donc plus à moi ; ne pensez qu'à lui : peut-être à cette heure pense-t-il à vous.

— Oh! tu es folle! Il a de belles Siciliennes là-bas. Je suis une vieille femme, avec mes trente-sept ans ; lui est un jeune homme avec ses quarante. A partir de trente ans, les années nous comptent double ; tu sauras cela un jour, toi aussi.

— Chut, madame ! dis-je en riant ; je le sais déjà, quoique je ne connaisse pas précisément la date de ma naissance, qui n'est point portée, comme celle de Votre Majesté, à l'*Almanach de Gotha*. Je dois avoir mes trente-deux ans, ou tout au moins, mes trente et un ans bien comptés.

— Toi, dit-elle, tu as vingt ans, et, Dieu me pardonne, je crois que tu les auras toujours.

— Votre Majesté veut-elle me donner la clef du secrétaire?

— Non, inutile. Je vais me mettre au lit, je suis brisée ; tu t'assoiras près de moi ; nous parlerons de lui. C'est inouï comme son seul souvenir me calme. Oh! je ne sais pas pourquoi je me plains; car, pendant deux ou trois ans, je fus bien heureuse; et quelle est la femme, surtout si elle est reine, qui peut compter sur trois ans de bonheur?

Elle était passée d'abord de la colère à l'agitation, et elle venait de passer de l'agitation à la mélancolie. Je l'aidai à se déshabiller, elle se mit au lit, j'approchai un fauteuil de son chevet, je lui pris la main.

— Et, maintenant, lui dis-je, parlez-moi de lui.

Alors, ce cœur gonflé s'ouvrit et s'épancha; pendant une heure, elle repassa les uns après les autres, dans sa mémoire, tous les plus petits événements de ces trois ans de bonheur; aucun détail ne lui échappa, et, pendant cette heure, elle oublia tout, jusqu'à la sanglante insulte qu'elle avait reçue, tant les souvenirs d'un premier amour ont de puissance sur le cœur d'une femme!

Puis, peu à peu, sa voix s'alanguit, sa main se desserra, ses yeux se fermèrent, et une respiration douce comme celle d'un enfant sortit de ces lèvres rugissantes deux heures auparavant.

Elle dormait.

Je présumai qu'après les émotions qu'elle venait d'éprouver, le sommeil serait profond et prolongé; je donnai des ordres dans les antichambres pour que, le lendemain matin, rien ne troublât ce sommeil; puis, à mon tour, je me retirai dans ma chambre attenante à celle de la reine, laissant ouverte la porte de communication.

Le lendemain, ou plutôt le jour même, 3 octobre 1794, la reine s'éveilla à dix heures seulement, et, en s'éveillant, m'appela.

J'étais levée depuis vingt minutes, à peu près, et je courus à son lit.

— En vérité, dit-elle, tu es bien la plus puissante enchanteresse qui ait jamais existé; tu as empire sur les cœurs et sur les passions: j'ai dormi sept heures d'un sommeil d'enfant.. Oh! tu ne me quitteras jamais, n'est-ce pas? tu es mon bon génie!

Elle me tendit les bras.

Je me penchai vers elle et l'embrassai au front.

— Demande s'il n'est venu personne pour moi, dit-elle.

Je compris sa pensée; elle espérait que, malgré tout ce qu'avait pu lui dire son fils, ce père au désespoir ferait une nouvelle tentative près d'elle.

J'allai moi-même aux antichambres et j'interrogeai non-seulement les dames d'honneur, mais encore les huissiers; il n'était venu personne.

Je retournai près de Caroline et lui annonçai cette absence de visiteurs. Son sourcil se fronça.

— Ils l'auront voulu, murmura-t-elle, et je n'aurai rien à me reprocher.

Puis, se tournant vers moi:

— Je te rends la liberté pour toute la journée, me dit-elle. J'ai plusieurs lettres à écrire, plusieurs personnes à voir, beaucoup d'ordres à donner pour demain. Sois ici à six heures: nous partons ce soir pour Caserte.

— Et... si le père revenait...? lui dis-je avec le ton de la prière.

— Si le père revenait, nous verrions, répondit-elle; mais sois tranquille, il ne reviendra pas.

En sortant du palais, et en remontant du côté de l'église Saint-Ferdinand, pour prendre la rue de Chiaïa, je vis beaucoup de monde se presser du côté du largo del Castello. J'ordonnai à mon valet de pied de s'informer d'où venait cette affluence; il descendit, s'approcha d'un groupe qu'il interrogea, et revint.

Il me sembla que les hommes qui composaient ce groupe me regardaient d'un air menaçant.

— Qu'y a-t-il donc? demandai-je au valet de pied.

— Milady, me répondit-il, il paraît qu'il y a demain, au largo del Castello, une exécution capitale; on dresse l'échafaud.

— A l'hôtel! à l'hôtel! m'écriai-je en cachant ma tête dans mes mains.

Je montai chez sir William.

— Vous savez ce qui se passe, monsieur? lui demandai-je.

— Oui, me répondit-il; il paraît que le tribunal a condamné à mort trois jacobins et que, demain, on les pend.

— La reine craint qu'il n'y ait demain une émeute à propos de cette exécution, et elle nous invite à passer la journée à Caserte.

— Allez-y avec elle. Je ne puis quitter Naples; je dois donner demain au gouvernement des détails sur ce qui se passera, et, si j'étais à Caserte, je ne pourrais être sûr de l'exactitude de ma dépêche.

— Mais vous n'assisterez point au supplice de ces malheureux, j'espère?

— Je ne sais. Le banquier anglais Leigh m'a offert une place à ses fenêtres, et, comme il demeure largo del Castello, peut-être accepterai-je. En tout cas, demain soir, ou après-demain matin au plus tard, j'irai vous rejoindre et vous donner des détails sur ce qui se sera passé.

Je frissonnai à l'idée de ces détails que me promettait si tranquillement sir William. Lui, de son côté, ignorant complètement ce qui s'était passé la nuit précédente, ne comprenait rien à mon agitation; mais, comme il n'avait pas l'habitude de m'interroger, il ne me fit aucune question.

A l'heure dite, j'étais chez la reine; seulement, j'avais ordonné au cocher de prendre par Chiatamone et Sainte-Lucie, pour fuir le voisinage du largo del Castello.

Cependant, en allant à Caserte, il nous fallut bien passer par Tolèdo; mais nous étions dans une voiture fermée, et je tirai le rideau sur la glace.

Comme nous avions une voiture sans armoiries et des valets sans livrée, nous traversâmes la foule qui encombre toujours Tolèdo, sans exciter la curiosité. Néanmoins, je ne me sentis à l'aise que lorsqu'une fois hors de la ville, je pus baisser la glace et respirer l'air des champs.

Je n'avais pas eu besoin d'interroger la reine pour voir que personne n'était venu et qu'elle n'avait rien eu à accorder ou à refuser.

Nous arrivâmes à Caserte vers les sept heures et demie du soir. En entrant dans cette lourde et massive bâtisse, il me sembla entrer dans un tombeau.

On comprend quelle fut la tristesse de notre soirée; nous étions évidemment, la reine et moi, préoccupées de la même idée; nous ne pouvions penser à autre chose, et cependant ni elle ni moi ne voulions parler de la chose à laquelle nous pensions si obstinément.

Quant à moi, j'avais sans cesse devant les yeux ces trois jeunes gens, et particulièrement celui qui avait joué le rôle principal dans cette tragédie; sa belle tête brune, ses yeux éloquents, sa voix vibrante, son geste solennel, tout cela revenait à ma mémoire d'une façon tellement vivante, que, si j'eusse été seule, je n'eusse pu résister au désir de prendre un crayon et de jeter toute cette scène sur le papier.

La reine avait pris un livre et faisait semblant de lire; mais, comme elle oubliait de tourner les feuillets, il était facile de voir qu'elle ne lisait pas.

Vers deux heures, on nous apporta une collation sur un plateau; mais nous ne prîmes qu'une tasse de thé.

A plusieurs reprises, la reine ou moi essayâmes de hasarder quelques-uns de ces mots indifférents, auxquels, en l'absence de grandes préoccupations, se suspendent les conversations ordinaires; mais chacun de ces mots semblait une pierre tombée dans un gouffre et allant y mourir sans écho.

La pendule de la cheminée était de porcelaine de Saxe; elle représentait le Temps armé d'une faux. Jamais allégorie ne fut plus frappante et plus sombre. La pendule sonna successivement dix heures, onze heures et minuit; avec la dernière vibration du timbre, nous entrions dans la journée du 4 octobre; c'était celle de l'exécution.

La reine se leva, alla à la cheminée, souleva le globe de la pendule, et arrêta le balancier.

Elle s'y prenait d'avance pour empêcher la pendule de marquer quatre heures; car, à quatre heures, elle devait faire plus que mesurer le temps, elle devait sonner l'éternité.

Le supplice des trois jeunes gens devait avoir lieu à quatre heures; je ne le savais pas, mais la reine le savait, et nous étions si bien préoccupées chacune de la même pensée, que, lorsqu'elle arrêta le balancier de la pendule, je frissonnai de tout mon corps, comprenant son intention.

XI

Je ne sais comment la reine dormit; moi, je fis des rêves horribles. Vers le jour seulement, les visions qui peuplaient mon cerveau s'évanouirent, et je pus goûter quelque repos.

La première chose que je vis en m'éveillant fut la reine, debout à ma fenêtre. Elle soufflait contre la vitre, et, sur la vapeur de son haleine, elle avait, du bout de son doigt, dessiné une espèce de calvaire surmonté de trois croix.

En m'entendant me soulever sur mon lit, elle prit vivement son mouchoir dans sa poche, et essuya le carreau.

— Quel ennui! dit-elle; je m'étais levée de bonne heure dans l'espérance que nous pourrions faire une promenade, et voilà qu'il tombe une pluie fine qui nous empêchera de sortir toute la journée, peut-être.

C'était une distraction qui lui échappait.

— Est-ce que Votre Majesté est là depuis longtemps? lui demandai-je.

— Ma Majesté est là depuis une heure, attendu que Ma Majesté a fort mal dormi. Allons, lève-toi, et voyons à faire quelque chose.

Je me levai.

— Ah! dit la reine en me regardant, j'aurai donc une fois la satisfaction de vous voir moins insolemment belle que de coutume! Vous êtes pâle et vous avez les yeux rouges ce matin, je vous en préviens, ma chère amie.

— Hélas! madame, lui répondis-je, j'ai bien peur d'être plus pâle et d'avoir encore les yeux plus rouges ce soir!

Elle fit semblant de ne pas avoir entendu.

— N'avez-vous donc pas invité sir William à venir avec nous à Caserte?

— Si fait, madame; mais il est retenu à Naples par les affaires de l'ambassade, et il viendra nous rejoindre ce soir ou demain matin.

— Ah! tant mieux! dit la reine faisant un effort visible sur elle-même. Il nous donnera des nouvelles.

Inutile de dire que la conversation en resta là.

Caroline rentra dans sa chambre. Je m'habillai.

Vers deux heures, la pluie cessa. On devait, au premier rayon de soleil glissant entre les nuages, mettre les chevaux à la voiture. On vint nous prévenir qu'ils étaient attelés.

Nous descendîmes et fîmes une promenade dans le parc.

A mesure que l'heure s'avançait, une espèce d'agitation fébrile s'emparait de la reine. Elle avait mis la conversation sur la captivité, les souffrances et la mort de sa sœur Marie-Antoinette, qui avait été exécutée le 16 du mois dans lequel nous venions d'entrer. Comme aucune de ses pensées ne m'échappait, je compris qu'elle cherchait un soulagement à ses remords en appuyant sur ce que les Français avaient fait souffrir à une femme que son rang devait rendre inviolable.

Le temps se couvrit et le cocher crut devoir reprendre le chemin du château. La reine ne fit aucune observation. La voiture s'arrêta au pied du grand escalier d'honneur.

Caroline changea de conversation.

— Cet escalier est véritablement très-beau, dit-elle; et, quand il n'y aurait que cet escalier à Caserte, il suffirait à faire la réputation de Vanvitelli.

Et elle se mit à m'en faire remarquer toutes les merveilles.

Nous arrivâmes ainsi à sa chambre. Caroline était en proie à une de ces surexcitations nerveuses qui, chez elle, finissaient d'habitude par une crise; elle marchait d'un pas très-rapide, et l'on eût dit qu'elle voulait harmonier toutes les agitations extérieures qui, malgré elle, trahissaient l'état de son âme.

Tout à coup, et au moment où elle rentrait dans sa chambre, elle demeura immobile et l'œil fixé sur la pendule.

La pendule marquait quatre heures.

Au même instant, elle fit entendre cet espèce d'échappement qui précède la sonnerie; le Temps agita sa faux comme s'il frappait, et le timbre vibra quatre fois sous le marteau d'acier.

La précaution prise par la reine, la veille, d'arrêter la pendule était devenue inutile, et, chose étrange! cette pendule venait au moment même où la reine entrait dans la chambre, de sonner cette heure fatale qu'elle avait essayé de suspendre sur son cadran.

C'est que, derrière la reine, sortant pour monter avec moi en voiture, était entré un huissier qui, voyant la pendule arrêtée, l'avait remontée et mise à l'heure; de là le miracle.

Seulement, avant que la reine se le fût expliqué à elle-même, l'effet était produit, et, si je n'eusse été là pour la soutenir, je crois qu'elle serait tombée étendue sur le tapis.

Je voulus sonner, elle m'arrêta.

— Oh! non, dit-elle; il se peut que je sois faible, mais il ne faut pas qu'on le sache. Seulement, comme il est probable que Dieu ne se sera pas amusé à faire un miracle pour ces trois misérables jacobins, je veux savoir ce mystère de la pendule. Aide-moi à me jeter sur mon lit et informe-toi.

Je conduisis la reine jusqu'à son lit; elle s'y coucha tout habillée, et je sortis pour interroger les domestiques.

Ce fut alors que l'huissier me raconta que, voyant la pendule arrêtée et pensant qu'elle était arrêtée par accident, il avait cru de son devoir de la remonter et de la mettre à l'heure.

Je rentrai aussitôt et donnai à la reine cette explication.

Son visage s'éclairoit; elle essuya la sueur qui couvrait son front et essaya de rire; mais les muscles de la face semblaient roidis et refusaient de se détendre pour une plus douce expression.

— Au bout du compte, dit-elle regardant la pendule et voyant qu'il était quatre heures et demie, à présent, tout doit être fini; un grand exemple est donné, et Naples avait besoin de cela.

Je me taisais.

— N'est-tu pas de mon avis? dit-elle.

— Hélas! madame, lui répondis-je, permettez que, sur ces terribles choses de la vie et de la mort, je n'aie point d'avis; je suis née trop loin de ceux à qui Dieu a donné le droit de disposer de la vie des autres pour m'être jamais arrêtée à cette grave question. Je ne suis qu'une femme, moi, et, par conséquent, qu'une créature faible et miséricordieuse; et j'eusse mieux aimé, je l'avoue, que cette pendule eût sonné l'heure de leur grâce que celle de leur supplice.

— Mais, s'écria Caroline avec animation, si cette pendule a sonné l'heure de leur supplice, c'est leur faute! N'as-tu pas fait et ne m'as-tu pas fait faire tout ce qu'il fallait pour les sauver? Hier même, après l'insulte qu'ils m'avaient faite, n'ai-je point attendu toute la journée, à Naples, que quelqu'un de leur famille, père, mère, frère ou sœur, vînt m'implorer pour eux? Toi partie, moi restée seule, n'ai-je pas donné l'ordre que quiconque me demanderais fût introduit près de moi? Eh bien, j'ai attendu inutilement depuis onze heures du matin jusqu'à six heures du soir, tressaillant d'espérance à chaque pas qui se rapprochait de ma porte; mais, que veux-tu! ils dédaignent mon pardon; ils sont heureux de mourir pour la sainte cause de la liberté; ils se figurent qu'un jour Naples leur élèvera des statues, et, dans cette attente, ils iront à l'échafaud comme des martyrs... Des statues à Naples! — elle éclata d'un rire strident et forcé. — Qu'ils comptent là-dessus!... les peuples savent détruire, mais ne savent point élever. Peut-être renversera-t-on la statue des rois; mais ce ne sera pas pour mettre à la place celle des jacobins.

Puis elle retomba dans le silence.

Ce silence, je me gardai bien de le troubler. La tête appuyée sur sa main, je comptais machinalement les pulsations de son pouls fiévreux, lorsque tout à coup, le roulement d'une voiture retentit sous les voûtes du palais.

Caroline, à ce bruit, se leva sur son séant.

— Qu'est cela? demanda-t-elle.

— C'est probablement, répondis-je, sir William Hamilton qui, selon sa promesse, vient nous rejoindre.

— Fais-le entrer, si c'est lui! cria la reine. J'ai hâte de savoir ce qui s'est passé là-bas.

C'était lui, en effet. Il apportait des nouvelles, et des nouvelles tellement inattendues, qu'il n'avait pas voulu tarder d'un instant à nous les faire savoir : grâce à ses excellents chevaux, il avait fait la route en cinq quarts d'heure.

Voici ce qui s'était passé et ce qu'il avait vu de ses propres yeux, de la fenêtre du banquier Leigh :

Comme d'habitude, les *bianchi* étaient allés à la prison de la Vicaria, chercher les condamnés, qui en étaient sortis à pied, accompagnés de deux compagnies d'infanterie et d'un détachement de cavalerie.

Ils avaient fait une première halte à la cathédrale, et avaient continué leur chemin, remontant jusqu'à la rue de Tolède, où ils avaient débouché par l'angle du palais Maddalone.

Dans la rue de Tolède, les soldats avaient dû frayer un passage au funèbre cortége, tant la rue était encombrée. Les jeunes gens, placés chacun entre deux pénitents, sur les épaules desquels ils refusaient de s'appuyer, précédés chacun d'un prêtre qui, de temps en temps, se retournait pour leur faire baiser le crucifix, — acte qu'ils accomplissaient avec une respectueuse ferveur, — marchaient d'un pas ferme, saluant, dans la multitude refoulée des deux côtés contre les maisons, et aux fenêtres de ces maisons encombrées de monde, les personnes de leur connaissance. Ces personnes, de leur côté, leur répondaient en secouant leurs mouchoirs et en criant :

— Adieu! adieu!

A quatre heures moins un quart, le cortége apparut au coin de l'église Saint-Ferdinand, et, passant devant le théâtre Saint-Charles, déboucha sur la place du Château, au centre de laquelle était dressé l'échafaud, surmonté de trois potences ayant la forme d'une H majuscule dont on aurait haussé la traverse jusqu'à l'extrémité supérieure.

Vitagliano, le plus âgé des trois jeunes gens, qui marchait le premier, s'écria :

— Amis! voici l'instrument du martyre.

— Qu'il soit le bienvenu! répondit Emmanuel de Deo. Le martyre mène à Dieu!

— Et la mort à la liberté! ajouta Gagliani, le plus jeune des trois.

On recueillit ces paroles, et ceux qui les avait entendues les firent circuler dans la foule.

Cette foule était immense, et à grand'peine, une heure avant l'exécution, quatre cents hommes d'infanterie avaient fait irruption sur la place et ménagé un grand carré vide au pied de l'échafaud.

Puis, à la vue de tous, et sur le commandement de leurs officiers, ces quatre cents hommes avaient chargé leurs fusils.

D'un autre côté, on avait vu les artilleurs du château Neuf tourner la gueule de leurs pièces vers la place du Château, et, derrière leurs pièces, ils se tenaient la mèche allumée et prêts à faire feu si quelque coup de main était tenté pour sauver les condamnés.

A ces troupes venaient se joindre celles

qui accompagnaient les trois jeunes gens.

Huit cents soldats à peu près entouraient l'échafaud.

Au moment où les patients entrèrent dans le cercle fatal, muraille de fer qui s'interposait entre la vie et eux, une douzaine de tambours firent entendre un roulement sourd et voilé qui indiquait que le drame lugubre allait s'ouvrir.

Gagliani, comme étant le plus jeune des trois condamnés, — il avait dix-neuf ans à peine, je l'ai dit, — monta le premier sur la plate-forme.

Au moment où apparut cette tête si jeune, et cependant dévouée au supplice, un immense frissonnement courut dans la foule, et quelques voix crièrent grâce.

— Grâce? répondit Gagliani en haussant lui-même la voix. On nous l'a offerte aux dépens de notre honneur, et nous l'avons refusée.

Le bourreau était déjà à cheval sur la traverse de la potence, les aides poussèrent Gagliani vers l'échelle ; il en monta lestement les cinq ou six premiers échelons ; le nœud coulant lui fut passé au cou.

— Vive la liberté ! eut-il le temps de crier encore.

Mais aussitôt, d'un coup de pied, l'aide du bourreau renversa l'échelle, le corps, balancé par l'impulsion, flotta dans l'espace ; le bourreau se laissa glisser sur les épaules du patient, le valet se cramponna à ses pieds ; un groupe informe, agité des tressaillements de l'agonie épouvanta un instant les spectateurs ; puis le bourreau sauta à terre, le valet se rejeta de côté, et le cadavre du premier martyr, les vertèbres du cou brisées, demeura immobile et suspendu au gibet.

C'était le tour d'Emmanuele de Deo.

Il monta rapidement les degrés de la plate-forme et parut chercher des yeux quelqu'un dans la foule.

Alors, au milieu du silence, une voix s'éleva qui, avec un profond accent de douleur, cria :

— C'est moi que tu cherches? Me voilà, mon enfant!

Et l'on vit le vieux père d'Emmanuel de Deo qui, se haussant sur la pointe des pieds dans la foule, le visage baigné de larmes, agitait son mouchoir, et, accomplissant sans doute une suprême promesse, était venu dire adieu à son fils.

— Adieu, mon père! adieu! cria à son tour le jeune homme. Je meurs pour mon pays. Puisse mon pays se souvenir de ma mort et la venger !

Et, s'élançant de lui-même vers l'échelle, il en monta les degrés à reculons, tendit son cou au nœud fatal, et le second acte de l'horrible drame commença.

Mais, au moment où le bourreau se laissait glisser sur les épaules du patient, où l'aide se cramponnait à ses pieds, aux cris de douleur du vieillard qui appelait son fils en se tordant les bras de désespoir, une immense clameur retentit, moitié pitié, moitié menace, un mouvement d'oscillation parcourut la foule. Le commandement *Préparez vos armes!* se fit entendre, suivi d'un froissement de fer qui annonçait la prompte obéissance de ceux à qui l'ordre était donné ; un nuage de fumée, suivi de la détonation d'un canon chargé à poudre, apparut au sommet d'une des tours ; le *sauve-qui-peut* napolitain : *Fuga! fuga!* fut prononcé par des milliers de voix, les rangs des soldats furent brisés, non point par ceux qui voulaient attaquer, mais par ceux qui tentaient de fuir, et le bourreau, qui craignait qu'au milieu de ce tumulte on ne lui enlevât sa dernière victime, et qu'il ne perdît ainsi les dix ducats que la municipalité lui accordait par exécution, le bourreau se précipita sur Vitagliani le couteau à la main et le frappa au cœur.

Vitagliani tomba blessé à mort.

Et, tandis que la foule, éperdue, fuyait par les nombreuses rues qui aboutissent au largo del Castello, poursuivie par ce commandement, ce froissement de fer, ce coup de canon, le bourreau et ses aides transportèrent Vitagliani mourant sur la plate-forme, où il expira, et ne pouvant faire mieux, pendirent un cadavre à la place d'un homme vivant !

Voilà ce qui s'était passé, voilà ce que venait nous raconter, avec son exactitude diplomatique, sir William, témoin oculaire de toute cette horrible scène.

XII

Marie-Caroline écouta ce récit d'un bout à l'autre sans donner aucun signe d'émotion ; seulement, lorsqu'il fut fini, elle demanda un verre d'eau.

J'allai le lui chercher moi-même sur sa toilette et le lui apportai ; mais, en le prenant de ma main, sa main tremblait, et j'entendis ses dents claquer contre le verre.

— Vous êtes malade, madame? lui dis-je.

— En effet, répondit-elle, je crois que j'ai un peu de fièvre.

Puis, me serrant la main avec une certaine terreur :

— Tu passeras la nuit près de moi, n'est-ce pas?

— Dieu me garde de vous quitter un seul instant, madame! Mais il faudrait envoyer chercher un médecin.

— Pourquoi faire?

— Parce que j'ai peur que vous ne soyez sérieusement indisposée, et que quelques calmants suffiraient peut-être à détourner une maladie sérieuse.

La reine réfléchit un instant, se souleva sur son coude : puis, au bout d'un instant, laissa retomber sa tête sur l'oreiller.

— Le fait est, dit-elle, que je ne me sens pas bien : j'ai des bourdonnements dans les oreilles, et je vois rouge. Envoie un courrier à Naples, et écris à Dominique Cirillo de venir me voir demain matin d'aussi bonne heure qu'il pourra.

— Si Votre Majesté veut permettre que je lui tâte le pouls? Je suis quelque peu médecin, dit sir William.

— Tâtez, dit Caroline en allongeant le bras.

Sir William ôta son gant, tira sa montre de son gousset, et, la tenant d'une main, il tâta le pouls à la reine de l'autre main.

Il compta quatre-vingt-deux pulsations à la minute.

— Ce n'est point demain qu'il faut que le docteur vienne, madame, c'est cette nuit; et, comme j'ai besoin de retourner à Naples pour ma correspondance de demain, c'est moi qui serai votre courrier. Si Cirillo était absent, je vous enverrais Cottugno...

— Envoyez-moi qui vous voudrez, milord, pourvu que ce ne soit pas un médecin anglais. Je déteste vos donneurs de calomel; ils n'ont qu'un remède pour toutes les maladies; on dirait qu'ils ont trouvé la panacée universelle.

Sir William prit congé de nous et partit, suppliant la reine, se trouvât-elle plus mal, de ne point s'adresser à quelque médecin de village, comme son esprit sceptique le lui faisait craindre, mais d'attendre celui qu'il lui enverrait de la ville.

Sir William ne s'était point trompé : la fièvre augmenta rapidement; deux heures après son départ, la reine avait le délire.

Dans ce délire, elle assistait au supplice des trois jeunes gens et racontait toutes les particularités que sir William venait de raconter devant elle.

Vers minuit, une voiture passa en grondant sous les voûtes du palais. On savait qu'un médecin de Naples était attendu, et l'on veillait pour qu'il pût monter sans retard.

Je courus au haut de l'escalier : c'était le docteur Cottugno. Il était accompagné du secrétaire de sir William, qui me remit une lettre de mon mari.

Dominique Cirillo avait refusé de venir, disant qu'à cinq heures du soir, il avait envoyé au palais sa démission de médecin de de la cour.

C'était une heure après l'exécution : l'intention était donc claire et positive, et le motif de la démission de Dominique Cirillo n'avait pas besoin d'être expliqué.

Sir William, qui connaissait les opinions patriotiques de Cirillo, ne s'était point étonné de son refus et s'était adressé à Cottugno.

Cottugno était venu sans difficulté.

Lorque je l'introduisis près de la reine, celle-ci avait la figure empourprée, la parole brève, l'œil fiévreux; son pouls avait encore augmenté de rapidité et battait quatre-vingt-dix fois à la minute.

Cottugno, avec cette promptitude de décision qui le distinguait, ne jeta qu'un coup d'œil sur la malade.

— Voilà, dit-il, un physique fortement ébranlé par le moral; il s'agit maintenant d'influencer le moral par le physique.

Et il tira sa trousse.

Puis, se tournant vers moi :

— Madame, me dit-il, m'aiderez-vous à saigner Sa Majesté, ou voulez-vous appeler quelqu'une de ses femmes?

— Dans le cas où je vous aiderais, monsieur, lui demandai-je, ce que j'aurais à faire serait-il bien difficile?

— Oh! mon Dieu, non! Il s'agirait tout simplement de ne pas vous trouver mal. Pouvez-vous en répondre?

— Oui, monsieur; j'ai du courage.

— On a quelquefois du courage pour soi sans en avoir pour les autres. Il ne s'agit, au reste, que de tenir la cuvette.

— Comptez sur moi.

— Eh bien, ne perdons pas de temps.

Le docteur, alors, banda lui-même le bras de la reine, et, sans autre aide que moi, pratiqua à la veine de l'articulation une abondante saignée.

C'était la première fois que je voyais couler le sang, et le sang précieux d'une amie couronnée; l'impression fut donc profonde.

J'étais à genoux devant le lit de la reine; je tenais le bassin où s'épanchait ce sang dans une quantité qui me semblait effrayante. J'ignorais ce que m'apprit depuis sir William, que le corps humain contient seize ou dix-sept livres de sang; de sorte que je sentais, au fur et à mesure que ce sang coulait, ma vue s'obscurcir et une sueur froide couler sur mon front. Je n'en tins pas moins ferme jusqu'au moment où le médecin me dit :

— Vous pouvez poser le bassin à terre, madame ; tout est fini.

Comme si, en effet, j'eusse épuisé la totalité de mes forces, et surtout de ma volonté, dans l'aide que j'avais prêtée au docteur, à peine eus-je, profitant de sa permission, posé le bassin à terre, que je me laissai aller, la tête appuyée au lit de la reine.

— Je vous l'avais bien dit ! fit Cottugno.

— Ce n'est rien, docteur, ce n'est rien, lui répondis-je ; mais vous lui avez tiré tant de sang !

— Cinq ou six onces, voilà tout. Il faut abattre la fièvre cérébrale. Il y a eu commotion ; il est important de rétablir l'équilibre. Si la fièvre, la rougeur et surtout le délire continuaient, Sa Majesté mettrait ses pieds dans de l'eau aussi chaude qu'elle la pourrait supporter, et dans laquelle vous auriez délayé trois ou quatre onces de farine de moutarde ; et, si cela ne suffisait pas, vous lui mettriez des sinapismes en manière de brodequins ; il faut absolument attirer aux extrémités tout ce sang qui afflue à la tête.

— Laissez tout cela par écrit, docteur, lui dis-je. Mais pourquoi ne restez-vous pas près de Sa Majesté ?

— Bon ! et mes hôpitaux ! qui donc y ferait mon service ? Impossible, belle dame, impossible ! A deux heures de l'après-midi, je serai de retour ici. Faites prendre patience à Sa Majesté. Selon toute probabilité, le délire sera calmé et notre auguste malade se trouvera en état de convalescence... Et, tenez, la voilà déjà aux prises avec le sommeil.

En ce moment, la pendule sonna.

A la première vibration du timbre, la reine rouvrit les yeux et parut écouter avec anxiété.

J'écoutais avec presque autant d'anxiété qu'elle, car je connaissais la cause de l'attention qu'elle portait à ce bruit.

La pendule sonna trois heures.

— Bon ! dit Caroline, une heure encore !

Et sa tête retomba sur l'oreiller.

— Il faudrait, dit le docteur, empêcher cette pendule de sonner les heures, et surtout de sonner l'heure qui va suivre.

Cottugno prononça ces paroles avec une telle simplicité, qu'il était impossible de reconnaître s'il y avait mis une autre intention que celle d'imposer silence à la pendule.

J'allai à la cheminée et j'arrêtai le balancier.

Cottugno tâta le pouls de la reine ; il était diminué d'une dizaine de pulsations.

— Tout va bien, dit-il, et, s'il n'arrive rien de nouveau, dans trois jours Sa Majesté sera guérie.

Puis, avec le plus grand soin, il essuya sa lancette, en noircit la pointe aiguë à la flamme de la bougie, la replaça dans sa trousse, remit la trousse dans sa poche, me recommanda de conserver le sang pour étudier sa décomposition, et partit en me conseillant de prendre un peu de repos.

J'en avais grand besoin : depuis trois nuits, je ne dormais pas, ou je dormais à peine. A part quelques soubresauts, le sommeil de la reine était tranquille. Je tirai un fauteuil près de son lit, pris sa main dans la mienne afin d'être réveillée à son moindre mouvement, et m'endormis à mon tour.

Combien de temps dura mon sommeil, je ne saurais le dire ; mais, lorsque j'ouvris les yeux, réveillée par le bruit qui se faisait dans la chambre voisine, il était grand jour.

Ce bruit était causé par une personne qui disait avec véhémence :

— Il faut que je voie la reine ! Je vous dis qu'il faut que je la voie !

Je bondis de mon fauteuil, et m'élançai dans la chambre voisine.

J'y trouvai une femme de grand air, âgée de trente à trente-cinq ans, le visage bouleversé par la douleur.

— Oh ! madame, s'écria-t-elle en m'apercevant, faites que je puisse voir la reine, je vous en supplie !

Et elle me saisit les mains, s'inclinant comme si elle eût été prête à tomber à mes genoux.

— Impossible, madame ! lui répondis-je. La reine est fort malade ; elle a été saignée cette nuit, et le médecin a défendu de laisser pénétrer personne jusqu'à elle.

— Oh ! mais, moi, moi, s'écria la dame, je ne suis pas quelqu'un... Je suis... je suis... une amie de la reine.

— Excusez-moi, madame, mais je ne vous ai jamais vue à la cour.

— Pourquoi y serais-je venue ? Je n'avais rien à y faire. Mais, tenez, vous connaissez l'écriture de Sa Majesté ?

Elle tira plusieurs lettres de sa poche.

— Voyez, madame, voyez !... Chère princesse ! C'est bien son écriture, n'est-ce pas ?

— Oui ; mais vous, vous, demandai-je toute étonnée, qui êtes-vous donc ?

— Je suis... — Elle hésita. — Je suis la princesse de Caramanico.

— La femme de celui...?

Je m'arrêtai.

— Oui, reprit-elle, la femme de celui qu'elle a tant aimé!... Eh bien, je viens lui dire que celui qu'elle a tant aimé, elle ne peut pas le laisser mourir.

— Le laisser mourir! Qui donc? demanda une voix derrière nous.

Nous nous retournâmes, la princesse et moi, et jetâmes un double cri. La reine, qui, à son tour, avait été réveillée par le bruit, entendant une voix de femme qui répondait à la mienne, s'était levée de son lit, et, pieds nus, en chemise, ses longs cheveux déroulés sur ses épaules, toute tachée de sang, se tenait debout sur le seuil de la chambre à coucher.

Elle reconnut la princesse de Caramanico, jeta un cri à son tour, s'élança vers elle, la saisit par le bras et l'entraîna dans sa chambre en disant :

— Viens, Emma! viens!

Je suivis la reine et la princesse et fermai la porte derrière moi.

XIII

La reine nous regarda toutes deux d'un œil égaré, passa sa main sur son front, comme pour y fixer ses souvenirs; puis, reportant son regard sur la princesse :

— J'ai mal entendu, n'est-ce pas? dit-elle, et vous n'avez pas dit : « La reine ne peut pas le laisser mourir! »

— Non, madame, non, s'écria la princesse, vous n'avez point mal entendu, et j'ai dit et je répète : Non, non, non, la reine ne peut pas le laisser mourir!

— Mais qui la reine ne peut-elle pas laisser mourir? demanda Caroline.

— Celui qu'elle a tant aimé!

— Le prince de Caramanico?

— Oui.

— Est-il en danger de mort?

— Lisez, madame! lisez!

Et, tombant à genoux, la princesse présenta une lettre à la reine.

Caroline lut d'une voix saccadée, et ses dents se choquant à chaque parole :

« Chère amie... »

Elle regarda la princesse avec un éclair dans les yeux.

— Lisez, madame, lisez! dit celle-ci d'une voix suppliante.

La reine continua :

« Je ne sais ce qui m'arrive; depuis quinze jours, mes cheveux ont blanchi à vue d'œil, et mes dents se détachent de mes gencives et tombent...

« Je me sens pris d'une langueur mortelle, et je crains de n'avoir plus que peu de jours à vivre.

« Je ne puis te dire ce que je crois, mais tu peux le deviner.

« Ne *lui* dis rien, et souffre seule; il n'y a malheureusement pas de remède.

« Le père était médecin, et le fils a été chimiste! JOSEPH. »

La reine poussa un cri; ses yeux semblèrent près de jaillir de leur orbite.

— C'est-à-dire, s'écria-t-elle, qu'il serait empoisonné!

Hélas, madame!

— Mais pourquoi empoisonné, puisque je ne l'aimais plus, ou, du moins, puisqu'on ignorait que je l'aimasse encore?

— Vous savez combien il était populaire, madame, dit la princesse; on parlait de son retour à Naples; on disait... — la princesse fit un effort pour prononcer ce nom, — on disait que M. Acton ne jouissait plus de la même faveur près de vous; on disait enfin qu'à l'approche des jours mauvais, — car les jours mauvais approchent, si toutefois ils ne sont point déjà venus! — on disait que votre intention était de prendre pour ministre un vrai Napolitain, les étrangers, si habiles qu'ils soient, étant des instruments peu sûrs aux jours des révolutions; on disait cela, madame! Cette voix aura été entendue, et cette voix l'a tué.

— Oh! si je le croyais! murmura la reine en grinçant des dents.

— Croyez-le, madame, croyez-le, car c'est la vérité, la vérité fatale, terrible, implacable! Joseph, notre Joseph, meurt empoisonné!

— Quand avez-vous reçu cette lettre?

— Ce matin.

— Combien a-t-elle de jours de date?

— Quatre jours.

— 1er octobre... Il écrivait le jour même où était rendue leur condamnation! Oh! s'écria Caroline en se tordant les bras, c'est une punition du ciel!

La violence du mouvement dérangea l'appareil de la saignée; la piqûre, mal fermée, se rouvrit et je vis un jet de sang s'élancer du bras et rougir la chemise.

— Oh! m'écriai-je, voyez, voyez, madame! vous la tuez.

Et, en effet, affaiblie à la fois par l'émotion et par la perte du sang, la reine pâlit, poussa un faible soupir et chancela.

Je m'élançai à temps pour la recevoir dans mes bras; elle était évanouie.

Nous la portâmes, la princesse et moi, sur son lit. Je comprimai la veine comme j'avais vu faire au docteur; je mis un peu

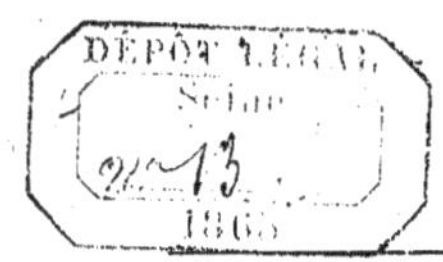

de charpie sur l'ouverture de la plaie ; puis, de mon mieux, je rétablis la bande et parvins à arrêter le sang avant que la malade eût repris connaissance. Alors, joignant les mains :

— Vous voyez, dis-je à la princesse, l'état dans lequel est la reine. Par malheur, elle ne peut rien pour le prince. Vous seule, madame, pouvez quelque chose.

— Eh! que puis-je, mon Dieu ?

— Vous pouvez, sans un instant de retard, madame, partir pour Palerme avec le meilleur médecin de Naples, et en appeler à la science du crime qui veut nous mettre tous en deuil.

— Oh! j'espérais dans la reine! s'écria la pauvre princesse jetant un regard sur elle. Mon Dieu! mon Dieu!

— La reine ne peut vous servir en rien, madame, si ce n'est peut-être à punir, et encore ! vous le savez vous-même, le coupable ou les coupables sont si haut placés, que le châtiment ne montera jamais jusqu'à eux. Puis c'est de la vie du prince qu'il s'agit, et non de la punition de ses meurtriers ; songez à la vie du prince, et soyez tranquille ; si la reine peut punir, elle punira !

— Oh! elle punira. Vous croyez qu'elle punira ?

— Oui; mais, pour punir, il lui faut toute sa raison, toute sa force, toute sa puissance. Laissez le délire se calmer, laissez la fièvre s'éteindre, allez où non-seulement votre tendresse, mais votre devoir même vous appelle ; sauvez le prince, s'il en est temps encore ; recevez son dernier soupir, s'il est trop tard pour le sauver ; soyez douce et miséricordieuse pour son agonie ; dites-lui — puisqu'il n'aura pas d'autre consolatrice que vous, il faudra bien que ce soit vous qui le lui disiez ! — dites-lui que la reine l'a toujours aimé et n'a jamais en réalité aimé que lui. Vous devez cette pitié à ces deux cœurs qui ont tant souffert et qui n'ont eu, je le sais, que vous pour intermédiaire, pour confidente et pour amie.

— C'est bien, s'écria la princesse. Je ferai ce que vous me conseillez, madame ; et, s'il peut être sauvé par la science d'un homme et le dévouement d'une femme, il le sera. Merci ! S'il meurt, dites à la reine que je lui laisse le soin de notre vengeance.

Elle s'agenouilla devant le lit, baisa la main de la reine, m'envoya un dernier adieu de la main et des lèvres, puis s'élança hors de l'appartement.

L'évanouissement de la reine était un bienfait de la Providence : sans cet évanouissement, dans la disposition d'esprit où elle se trouvait, sans doute elle fût devenue folle ou eût été frappée de quelque congestion cérébrale.

Je sortis derrière la princesse, pour recommander aux domestiques, fussent-ils interrogés par la reine elle-même, de ne pas dire un mot de la visite de la princesse de Caramanico ; puis je rentrai, et, la princesse partie, ne craignant plus que la reine ne reprît ses sens, je lui frottai les tempes avec de l'eau fraîche et lui fis respirer des sels.

Au bout de quelques instants, elle rouvrit les yeux ; mais leur expression était tellement hagarde, que je vis bien que le délire de la nuit l'avait reprise. Pour le moment, c'était ce qu'il y avait de plus heureux. Il est vrai que, dans son délire, elle prononça deux ou trois fois le nom de Joseph et une fois celui de prince de Caramanico, mais avec des paroles sans suite qui me faisaient espérer qu'à son retour à la raison, elle ne retrouverait qu'à l'état de songe le souvenir de ce qui s'était passé.

Je tirai la sonnette des femmes de chambre, deux de ces dames entrèrent. Je me rappelai la prescription du docteur ; nous commençâmes par faire prendre à la reine un bain de pieds à la moutarde ; puis, comme la rougeur de la face, la fièvre et le délire continuaient, nous lui entourâmes le bas des jambes de sinapismes ; la chose nous fut d'autant plus facile qu'au milieu de son délire, Caroline me reconnaissait toujours, et, très-douce avec moi, me laissait faire tout ce que je voulais.

Vers une heure, elle tomba dans un état de prostration qui faisait un contraste étrange avec l'état d'exaltation dont elle sortait.

A deux heures précises, j'entendis le roulement d'une voiture ; Cottugno tenait sa parole.

Je laissai la reine aux mains de ses deux femmes de chambre, et je courus au-devant du docteur. J'arrivai à temps pour le recevoir au haut de l'escalier ; je lui dis en deux mots, non pas ce qui s'était passé — je n'avais pas droit sur le secret de la reine, — mais seulement que sa malade, après avoir repris connaissance, avait éprouvé une vive émotion pendant laquelle la saignée s'était rouverte, ce qui avait amené un évanouissement. J'ajoutai que nous avions suivi de point en point ses prescriptions, à lui, Cottugno, et je lui indiquai l'état dans lequel il trouverait la reine.

Il commença par examiner le sang, y reconnut les signes d'une violente inflammation, et entra dans la chambre.

Caroline était immobile et tenait ses yeux fermés.

Le docteur lui tâta le pouls, écouta sa respiration et l'interrogea sur ce qu'elle éprouvait; mais la malade n'ouvrit pas les yeux et garda le silence.

— Approchez le bassin, dit le docteur à l'une des femmes de chambre; Sa Majesté n'a pas perdu assez de sang, et je dois lui en tirer encore une ou deux onces.

La reine retira son bras à elle, preuve qu'elle avait entendu ce que venait de dire Cottugno.

Mais celui-ci ne parut point s'apercevoir du mouvement et lui prit le bras.

— Oh! dit la malade, je suis déjà assez faible; ne m'affaiblissez pas davantage... Je ne saurais lier deux idées l'une à l'autre.

— Bon! dit Cottugno, dans l'état où est Votre Majesté, non-seulement il ne faut pas qu'elle lie deux idées l'une à l'autre, mais il ne faut pas même qu'elle ait une idée.

Caroline poussa un soupir, elle n'avait pas la force de résister.

Le docteur rouvrit la saignée, et la reine perdit de nouveau deux palettes de sang.

C'était plus qu'elle n'en pouvait supporter; elle s'évanouit.

Cottugno arrêta aussitôt le sang.

— La! dit-il. Ces dames vont courir chez le pharmacien ou y envoyer, et faire préparer la potion que je vais écrire. Pendant ce temps-là, nous causerons.

Il écrivit l'ordonnance, la remit aux deux femmes de chambre, et les poussa en quelque sorte hors de l'appartement.

Puis il revint près de la reine, toujours sans connaissance, et lui prit la main.

— Voyons, me dit-il, il faut parler franc aux médecins; sans quoi, on risque tout simplement qu'ils ne se trompent, et qu'en se trompant ils ne tuent le malade.

— Mon Dieu! m'écria-je, y a-t-il danger de mort?

— Il y a toujours danger de mort, quand il y a, d'un côté du lit, la maladie, et, de l'autre, le médecin. Mais ici j'imagine que l'esprit est plus malade que le corps.

— Je le crois comme vous, docteur, et j'admire votre pénétration.

Cottugno haussa les épaules.

— Il n'y a pas de pénétration là dedans, dit-il, et la chose est pour moi claire comme le jour. Je vais vous dire ce qui s'est passé; si je me trompe, vous m'arrêterez; si je devine, vous me laisserez continuer.

— Mais, si la reine vous entend?...

— Il n'y a pas de danger : j'ai la main sur son pouls; quand elle sera près de revenir à elle, je le saurai une minute à l'avance... C'est l'exécution d'hier, n'est-ce pas qui a bouleversé la reine?

— Comment pouvez-vous deviner cela?

— Oh! la belle malice! D'abord cette exécution en a bouleversé bien d'autres! A plus forte raison celle qui pouvait l'empêcher et qui n'a pas jugé à propos de le faire.

— Docteur, Sa Majesté a fait offrir leur grâce aux condamnés, ils l'ont refusée.

— Oui, j'ai entendu raconter quelque chose comme cela; mais ce n'est point mon affaire; je suis médecin ici, pas autre chose. L'exécution a eu lieu hier à quatre heures, et c'est hier à quatre heures que la reine est tombée malade.

— Qui vous l'a dit?

— Sir William Hamilton; vous voyez que je ne veux point passer pour sorcier; mais il n'avait pas même besoin de me le dire, car, cette nuit, devant moi, la reine a tressailli en entendant sonner trois heures à la pendule, et elle s'est écriée : « Bon! nous avons une heure encore! »

— Mais ce n'est pas le tout : ce matin, m'avez-vous dit, elle a eu une violente émotion?

— Oui, très-violente!

Il me regarda.

— Elle aura su que le prince de Caramanico mourait empoisonné.

— Taisez-vous! m'écriai-je, taisez-vous!

— Je vous dis qu'elle ne peut m'entendre.

— Mais comment pouvez-vous savoir?...

— De la façon la plus simple. — La princesse était, il y a deux heures, chez moi; elle venait me demander si je pouvais aller avec elle à Palerme; je lui ai répondu que cela m'était impossible et que je ne pouvais pas abandonner la reine dans l'état où elle se trouvait. Je l'ai renvoyée à Cirillo, auquel je devais bien cela, puisque, hier, il a renvoyé votre mari à moi. La princesse et lui doivent être partis à l'heure qu'il est, et, s'il y a moyen de sauver le prince, Cirillo le sauvera; c'est un habile homme. Or, pendant que je causais avec la princesse, son domestique causait avec le mien, et, comme il n'avait aucune raison d'en faire un mystère, cet homme a dit que sa maîtresse et lui arrivaient de Caserte. L'émotion qu'a éprouvé la reine est donc celle que lui a causée la nouvelle de l'empoisonnement du prince. J'eusse pu vous laisser croire que j'avais tout deviné; mais c'eût été du charlatanisme, et, Dieu merci, c'est

Gatti, et non Cottugno, qui est un charlatan. Maintenant, voulez-vous que je vous dise mon plan de bataille contre la maladie de la reine? Il est bien simple. La nouvelle de l'empoisonnement du prince de Caramanico est, chez elle, à l'état de songe; elle ne sait pas si elle a rêvé qu'elle a vu la princesse, ou si elle l'a vue réellement; voilà ces deux idées qu'elle ne peut lier, et qu'il ne faut pas qu'elle lie, et c'est pourquoi, lorsqu'elle se plaignait d'être trop faible, je l'affaiblissais encore. Je suis assez fort pour lutter contre l'exécution d'hier, ou contre l'empoisonnement d'aujourd'hui, mais chaque chose étant isolée; si les deux émotions se réunissent, Cottugno est pris entre deux feux comme un général malhabile, et Cottugno est battu. Cottugno doit faire comme Horace blessé : il doit attaquer les Curiaces les uns après les autres. Vous comprenez? Mon premier Curiace, c'est l'exécution d'hier; mon second Curiace, c'est l'empoisonnement d'aujourd'hui; mon troisième Curiace enfin, le moins dangereux, le moins à craindre, c'est la maladie.

— En vérité, monsieur, lui dis-je en le regardant, vous êtes un homme merveilleux!

— Eh non! pas plus merveilleux qu'un autre; j'ai de la pratique et de l'observation, voilà tout. Maintenant, écoutez : tout mon travail va se borner à empêcher la reine de se souvenir; si j'y réussis pendant trois jours, il n'y a absolument plus rien à craindre. Ce que je lui donne n'est autre chose qu'un calmant, mais un calmant qu'il faut lui administrer avec la plus grande précaution et la plus grande régularité, attendu que, si la dose était exagérée, il la calmerait trop.

— Mon Dieu, qu'allez-vous donc lui donner?

— Tout simplement de la belladone.

— Mais je croyais que la belladone était un poison?

— C'est un poison, en effet; mais, pris comme le prendra la reine, c'est un narcotique, pas même un narcotique, un calmant. Vous lui en ferez prendre une cuillerée à café toutes les heures... Ah! voilà Sa Majesté qui revient à elle! N'oubliez pas que l'exécution des jeunes gens a eu lieu il y a quinze jours, et que l'empoisonnement du prince est une fable... Chut!

En ce moment, la reine ouvrit de grands yeux et regarda autour d'elle.

— La! dit Cottugno en se levant, voilà qui est bien, et Votre Majesté va à merveille! N'oubliez point, milady, de faire prendre d'heure en heure à Sa Majesté une cuillerée à café de la potion que j'ai indiqué; le plus tôt sera le mieux. Eh! tenez, voici justement ces dames qui rentrent avec la potion. Donnez-moi une petite cuiller; Sa Majesté me fera l'honneur d'accepter sa première cuillerée de ma main.

Et, sans donner le temps à la reine de se reconnaître, il lui mit la cuiller à la bouche, et lui fit avaler la potion.

— Demain, à la même heure, dit-il, je reviendrai.

Dix minutes après son départ, Caroline dormait profondément.

*
* *

Tout ce qu'avait prédit le docteur arriva: Pendant trois jours, la reine resta à moitié assoupie, dans un état de somnolence qui n'était ni la veille ni le sommeil; puis, au bout de ce temps, Cottugno permit que le jour pénétrât peu à peu dans son esprit; aux pâles lueurs de ce jour, elle revit tout ce qui s'était passé, mais sous l'aspect vague et décoloré de faits accomplis depuis longtemps déjà. Ne la quittant pas un seul instant, je fus la confidente de tous ses retours à la vie et à la douleur.

Elle fut trois ou quatre jours sans me parler du prince. Un matin, après une espèce d'effort :

— Est-ce que, demanda-t-elle, pendant mon délire, la princesse de Caramanico n'est point venue me faire une visite?

— Si fait, madame, répondis-je; elle avait appris que son mari était souffrant, et, partant pour Palerme, elle venait demander à Votre Majesté si elle n'avait point quelque communication à faire au vice-roi.

La reine, qui tenait ma main, la serra fortement, et, me regardant en face :

— Emma, me demanda-t-elle, la princesse n'est point revenue?

— Non, madame.

— Elle n'a point écrit?

— Non, madame.

— Donne des ordres pour qu'à son retour elle soit introduite près de moi aussitôt qu'elle demandera à me parler.

— Mais, si les nouvelles qu'elle apporte sont mauvaises, Sa Majesté se croit-elle assez forte pour les entendre impunément?

— Oui, sois tranquille; avec le calme, la force m'est revenue. Seulement, rends-moi un service.

— Que Votre Majesté ordonne.

— Voici la clef de mon secrétaire, tu en connais le secret...

— Oui, madame.

— Eh bien, va me chercher ma chère petite cassette ; j'ai besoin de l'avoir près de moi.

— Je pars.

— Oui, pars, et reviens bien vite ! Si tu vois le roi par hasard et qu'il ait la curiosité de te demander de mes nouvelles, dis-lui que je vais bien, mais que j'ai encore besoin de quelques jours de repos et de solitude. Rien ne me serait plus désagréable que de le revoir en ce moment.

— C'est bien, madame.

Je regardai à ma montre.

— Il est neuf heures du matin ; à midi, je serai de retour.

— Merci... Je ne sais pas ce que je deviendrais si je ne t'avais pas !

Je lui pris les mains et les lui baisai.

— N'oublie pas, en t'en allant, de prévenir pour la princesse !

— Non madame, soyez tranquille.

— Et ajoute que l'on peut remonter la pendule ; j'ai les nerfs assez raffermis pour l'entendre sonner... même quatre heures.

Je quittai la reine et transmis les deux ordres qu'elle m'avait chargée de donner.

Puis, je montai en voiture, en recommandant au cocher d'aller aussi vite que possible, et je partis.

A Maddalone, je croisai une voiture noire avec un cocher et des laquais en deuil. Je tressaillis ; un pressentiment me disait qu'il y avait une veuve dans cette voiture.

J'arrivai à Naples. Je ne m'arrêtai à l'hôtel de l'ambassade que pour dire quelques mots à sir William ; puis je me rendis au palais, où j'accomplis la commission de la reine, sans avoir la mauvaise chance de rencontrer le roi. Pour revenir d'une même vitesse, j'avais, en descendant de voiture, donné l'ordre de changer les chevaux.

A midi moins quelques minutes, j'étais de retour à Caserte. Sous le péristyle stationnait la voiture drapée en deuil et les domestiques vêtus de noir que j'avais rencontrés sur la route.

En mettant le pied sur le premier degré du grand escalier, je vis la porte des appartements de la reine s'ouvrir.

Une femme en sortit, ensevelie sous de longs voiles de crêpe ; elle avait son mouchoir sur les yeux et sanglotait, en marchant pour ainsi dire à tâtons. Je me rangeai ; elle passa sans me voir, quoique son vêtement effleurât le mien.

Elle remonta en voiture et partit.

J'entrai chez la reine comme midi sonnait à la pendule.

— Tu es de parole, Emma, me dit-elle. Viens ici.

Je m'approchai, étonnée de ne pas reconnaître plus d'altération dans sa voix. Je m'attendais à la trouver en larmes et désolée ; je me trompais, elle était froide et résolue.

Je lui présentai la cassette ; elle l'ouvrit avec la clef qu'elle tenait préparée, et, tirant une boucle de cheveux de sa poitrine :

— Tiens, dit-elle, voilà tout ce qui reste de lui.

Elle l'appuya fortement sur ses lèvres et enferma dans la même cassette, avec ses souvenirs d'amour, ce souvenir de mort.

Puis, mettant la cassette sous son oreiller, où elle laissa retomber sa tête, elle ferma les yeux en murmurant cette phrase, que déjà une fois j'avais entendue sortir de sa bouche :

— C'est une punition du ciel !

FIN DU CINQUIÈME VOLUME.

I

Par malheur, les événements politiques extérieurs rendirent bientôt à cette âme énergique, qui ne pouvait demeurer sans passion et qui était dévorée du besoin d'aimer ou de haïr, cette espèce de rage apaisée un instant par les douleurs privées.

La réaction thermidorienne, en frappant les hommes qui avaient le plus contribué aux exécutions du roi Louis XVI et de la reine Marie-Antoinette, avait apporté à Marie-Caroline un soulagement momentané ; mais cette réaction fut comme le signal d'un redoublement d'énergie pour les armées révolutionnaires. Mes tablettes portent encore aujourd'hui la date des victoires des généraux républicains, dont je prenais note au fur et à mesure que les nouvelles de ces victoires nous arrivaient et nous frappaient d'étonnement ; car, enveloppée d'ennemis comme elle l'était, la France nous paraissait devoir être aisément soumise.

Les Autrichiens, qui avaient pénétré dans l'intérieur de la France, se laissaient reprendre, le 16 août, le Quesnoy, par le général Scherer, et, le 27, Valenciennes, par le général Pichegru. Le 30, c'était Condé qui rouvrait ses portes aux armées françaises. Landrecies avait été reprise dès le 30 avril, de sorte que, de quatre places conquises par l'armée de l'empereur, il n'en restait plus une seule en son pouvoir.

Sur les frontières d'Espagne, les choses n'allaient guère mieux : Fontarabie et Saint-Sébastien étaient occupées par le général Moncey, et le fort de Bellegarde venait de tomber aux mains du général Dugommier.

Le général Jourdan, commandant l'armée de Sambre-et-Meuse, faisait de son côté des progrès qui nous donnaient de grandes inquiétudes : après s'être rendu maître d'Aix-la-Chapelle, il avait, le 2 octobre, gagné la bataille d'Aldenhoven, et, le 3, il avait pris Juilliers ; puis successivement Andernach, Coblence, Maëstricht, Cologne, et cela, tandis que Pichegru prenait Nimègue, occupait Amsterdam, d'où s'enfuyait le stathouder, et s'emparait de la flotte hollandaise, emprisonnée dans les glaces du Texel.

Enfin un traité de paix était intervenu le 9 février 1795 entre la France et la Toscane, et avait introduit la République française dans le système politique de l'Europe.

La reine fit faire par le général Acton un tableau des forces militaires de la France au commencement de l'année 1795, et il résulta de ce tableau qu'elle avait, le 1er mars, huit armées en campagne : celle du Nord, commandée par le général Moreau ; celle de Sambre et Meuse, commandée par le général Jourdan ; celle de Rhin et Moselle, commandée par le général Pichegru ; celle des Alpes et d'Italie, commandée par le général Kellermann ; celle des Pyrénées orientales, commandée par Scherer ; celle des Pyrénées occidentales, commandée par Moncey ; celle des côtes de l'Ouest, commandée par Canclaux ; celles des côtes de Brest et de Cherbourg, enfin, commandée par Hoche.

Cette attitude formidable produisit un effet plus grand encore sur la cour d'Espagne que sur celle de Naples ; car le roi Charles IV, frère du roi Ferdinand, se décida à traiter avec la France, et la paix fut signée le 22 juillet 1795.

Prévenu un mois à l'avance par la reine de cette défection du roi Charles IV, sir William Hamilton en prévint, de son côté, le gouvernement anglais, qui put dès lors prendre des mesures dans la prévision de cette future hostilité.

Tout à coup la nouvelle de la journée du 13 vendémiaire — j'emploie cette appellation révolutionnaire parce que l'histoire l'a enregistrée sous ce nom — arriva à son tour jusqu'à Naples, y apportant pour la seconde fois le nom de Bonaparte.

Seulement, entre le 19 décembre 1794 et le 4 novembre 1795, le chef de bataillon était devenu général.

Bonaparte sauva la Convention en foudroyant les sections sur les marches de l'église Saint-Roch.

Cette victoire sur la guerre civile et la protection du général Barras le conduisirent en peu de mois au commandement de l'armée d'Italie.

La cour de Vienne crut la France folle en la voyant confier ses destinées à un jeune homme de vingt-six ans, connu seulement par deux victoires remportées sur des Français.

La reine reçut une lettre de son neveu ; tous les vieux généraux autrichiens riaient de pitié à la vue de cet enfant qu'on leur opposait, à eux les stratégistes par excellence !

Et, en effet, qu'était la réputation du général Bonaparte, près de celles des Beaulieu, des Wurmser, des Alvinzi et du prince Charles !

Nous attendions avec impatience l'ouverture de la campagne. L'Autriche avait rassemblé cinq armées, cent quatre-vingt mille hommes, à peu près. Bonaparte, avec trente-six mille hommes, s'avançait par Savone au-devant de Beaulieu, qui, de son côté, marchait au-devant de lui avec cinquante mille Autrichiens.

Nous apprîmes presqu'en même temps les nouvelles de la bataille de Montenotte et de celles de Millesimo et de Dego.

Notre stupéfaction fut grande : Beaulieu avait été battu dans les trois rencontres ; il avait eu 6,000 morts, 8,000 prisonniers, et avait perdu dix ou douze pièces de canon.

Mais ce fut bien pis lorsque l'on apprit que l'armée sarde, séparée de l'armée autrichienne, avait été battue à son tour à Mondovi ; que les Autrichiens, au nombre de 10,000 et ayant dix-huit pièces de canon, avaient été forcés et mis en déroute au pont de Lodi par 2,000 Français, commandés par ce même général Bonaparte ; que le général Masséna était entré à Milan, et qu'un traité de paix avait été conclu à Paris entre la République française et le roi de Sardaigne, traité par lequel celui-ci cédait à la République la Savoie, Nice et Tende, donnait à ses armées un passage dans ses États, lui remettait ses places fortes et consentait à la démolition de la Brunette et de Suse.

Mon intention, on le comprendra facilement, n'est point de suivre cette campagne dans ses détails ; je veux seulement constater les faits et donner une idée de l'impression qu'ils produisirent. Wurmser, succédant à Beaulieu, fut battu à Castiglione, à Roveredo, à Bassano, et forcé de s'enfermer dans Mantoue. Alvinzi, envoyé à son secours, fut battu à Arcole et à Rivoli. Enfin, le prince Charles, qui leur succédait, fut vaincu partout où il fut rencontré.

Tout cela en un an !

La Toscane et la Sardaigne avaient déjà fait la paix avec la France ; le duc de Modène et le pape traitèrent à leur tour. Venise, qui voyait les Français à ses portes, ordonna à Monsieur, frère du roi, qui, depuis la mort du dauphin, prenait le titre de Louis XVIII, de quitter Vérone et les Etats de la République.

A partir de ce moment, les événements marchèrent avec une effrayante rapidité. Le général Masséna prit Clagenfurth, capitale de la Carinthie ; le général Bernadotte prit Leybach, capitale de la Carniole ; enfin le général Augereau entra dans Venise, y renversa l'ancien gouvernement et le remplaça par une municipalité démocratique.

La situation était d'autant plus grave pour nous, — je dis *nous*, tant je m'étais identifiée avec la reine, et tant sir William Hamilton ne faisait qu'un avec le roi, — la situation était d'autant plus grave pour nous, que la cour de Naples n'avait cessé de provoquer le vainqueur, envoyant des secours à l'Autriche, ce qui n'eût rien été, mais faisant en outre et lançant des manifestes terribles contre la France.

Dans ces manifestes, le roi n'était en général pour rien que pour sa signature, et souvent même, au lieu de sa signature, apposait-on la griffe destinée à la remplacer ; ils s'élaboraient entre le général Acton, le prince de Castelcicala et la reine ; et, comme la reine avait une assez laide écriture, c'était presque toujours moi qui tenais la plume.

J'ai conservé un ou deux de ces manifestes, et, par leur véhémence, on jugera de la position dangereuse où la cour des Deux-Siciles s'était mise vis-à-vis du gouvernement français.

« Que rien ne fasse trouver grâce devant nos yeux à ces Français qui ont assassiné leur roi, qui ont déserté les temples, qui ont banni et tué leurs prêtres, qui ont mis à mort leurs meilleurs et leurs plus grands citoyens, qui enfin ont bouleversé non-seulement toutes les lois de la société, mais encore toutes celles de la justice, et qui, non contents de leurs propres crimes, les ont transportés et les ont fait fleurir chez les nations vaincues ou chez celles qui ont été assez crédules pour les recevoir en amis.

« Mais les peuples, lassés, se sont soulevés à leur tour pour les détruire. Imitons l'exemple de ces défenseurs, justes et courageux ; confions-nous dans l'aide divine et dans nos propres armes ; que des prières soient faites dans toutes les églises. Et vous, pieux Napolitains, mettez-vous en prière pour demander à Dieu le repos du royaume ; écoutez la voix de vos prêtres, suivez leurs conseils ; qu'ils descendent de la chaire ou qu'ils sortent du confessional.

« Et comme dans toutes les communes des listes sont ouvertes pour les enrôlements volontaires, que tous ceux qui sont propres aux armes écrivent leur nom sur ces registres d'honneur. Songez que, c'est pour la défense de la patrie, du trône, de la liberté, de la trois fois sainte religion chrétienne ! Songez qu'il s'agit de vos femmes, de vos enfants, de vos biens, des douceurs de la vie, des mœurs paternelles, des lois de vos aïeux ! Je serai le compagnon de vos prières et de vos combats. Qui ne préférerait la mort à la vie quand on ne peut acheter la vie qu'aux dépens de la liberté et de la justice ! »

Puis le roi, ou plutôt ceux qui écrivaient en son nom continuaient, s'adressant aux évêques, aux curés, aux confesseurs et aux missionnaires :

« Notre volonté est donc que, dans les églises des deux royaumes, il soit dit des prières de quarante heures et des oraisons de pénitence, afin de demander à Dieu la tranquillité de nos Etats ; et, dans ce but, de l'autel, de la chaire, du confessionnal, vous rappellerez aux Napolitains et aux populations de notre royaume leurs devoirs de chrétiens et de sujets, de manière qu'ils offrent à Dieu un cœur pur et au pays un bras armé pour la défense de la religion et du trône.

« Montrez à vos paroissiens les erreurs où est tombée la France, les mensonges de la tyrannie qu'ils appellent liberté, les hérésies, et pis encore, des troupes françaises ; l'universel péril enfin ! Excitez le peuple par des processions et d'autres cérémonies saintes, et démontrez clairement à tous que le mouvement révolutionnaire, en secouant la société jusque dans ses bases, frappe de mort ses deux principaux appuis, l'Eglise et le trône. »

Cette proclamation fut lue à son de trompe dans toutes les rues et dans tous les carrefours de Naples, affichée sur tous les murs, commentée dans toutes les églises.

Les prières des quarante heures furent annoncées par tout le royaume, et commencèrent immédiatement dans l'église métropolitaine de Saint-Janvier.

Les prêtres, il faut le dire, soit conviction, soit fanatisme, secondèrent de leur mieux les intentions de la reine. Les deux souverains se rendirent en grande pompe à la cathédrale, encombrée par les ministres, par les courtisans, par la magistrature, par tout ce qui d'une façon ou de l'autre dépendait du gouvernement. Le peuple suivit l'exemple qui lui était donné ; et les églises regorgèrent tellement de monde, qu'il devenait impossible de passer dans les rues, attendu qu'il y a peu de rues à Naples où il n'y ait une église, et que le trop plein des églises stationnait et priait en dehors des portes. Ce fut à partir de ce moment que les Français furent dépeints aux Napolitains comme des voleurs, des assassins, des brigands, des hérétiques, des excommuniés, envers lesquels on n'était obligé de conserver ni sa foi ni sa parole ; que l'on pouvait poursuivre comme des Outlaws, poignarder par derrière, empoisonner au foyer de l'hospitalité, assassiner pendant leur sommeil, tuer enfin comme des chiens enragés.

Tel est l'aveuglement de la passion, que, moi aussi, je partageais cette rage contre une nation à laquelle je suis venue plus tard demander un asile, et qui me l'a accordé lorsque l'Angleterre, pour laquelle j'avais tout fait, me refusait du pain !

Au reste, on verra quels sentiments je professais par les quelques lettres de moi que je citerai et auxquelles je ne changerai pas une syllabe.

Mais il y avait une classe de la société qui ne partageait point à Naples cette haine contre les Français, et qui, par conséquent, ne se joignait pas aux prières que l'on adressait contre eux au ciel.

C'était toute la classe libre, indépendante, instruite du *mezzo ceto* ; c'étaient les légistes, les médecins, les philosophes, les avocats, les poëtes. Aussi, la reine, oubliant cette espèce de repentir qu'elle avait éprouvé après la mort des premières victimes, et surtout après celle de Caramanico, fut-elle la première à réorganiser la junte d'État et à pousser à une nouvelle curée les trois hommes que l'on appelait les sbires de la reine, c'est-à-dire Vanni, Guidobaldi et Castelcicala.

Les prisons se remplirent de nouveau, et, cette fois, les premiers noms de Naples furent inscrits sur la liste des prisonniers.

Mais, au milieu de tous ces préparatifs non-seulement de guerre défensive, mais encore de guerre offensive, l'armistice de Brescia, qui précédait le traité de Tolentino fait avec Pie VI, vint, comme je l'ai dit, nous frapper de stupeur. Par le traité de Tolentino, le saint-père cédait à la France Bologne, Ferrare et la Romagne, et les provinces cédées avaient le droit de s'ériger en république : ce qu'elles ne manquèrent pas de faire aussitôt leur cession accomplie.

Ainsi, le péril que la reine avait cru éloigné se rapprochait de plus en plus ; les Français reculaient, mais les principes révolutionnaires faisaient un pas en avant, mais l'*idée*, plus forte que les hommes, prenait racine au lieu qu'ils avaient quitté.

Le général Acton et la reine comprirent qu'il n'y avait pas un instant à perdre. Ils savaient que le Directoire poussait Bonaparte à tirer vengeance du gouvernement des Deux-Siciles, et que celui-ci avait répondu :

« Aujourd'hui, nous ne sommes point encore assez puissants pour donner à cette vengeance tout l'éclat dont elle a besoin ; mais un jour viendra où nous lui ferons payer toutes ses trahisons passées, présentes et futures, et le roi Ferdinand et la reine Caroline n'auront, je vous en réponds, rien perdu pour attendre ! »

Cette réponse avait été rapportée mot pour mot à la cour de Naples, et, quoiqu'elle suspendît la vengeance encore pour quelque temps, le roi eut si grande peur de cette épée de Damoclès suspendue au-dessus de sa tête, qu'il envoya le prince de Belmonte à Bonaparte, avec mission d'obtenir de lui à tout prix un traité de paix.

Le 11 octobre 1797, le traité suivant fut signé par les mandataires des deux puissances.

Je le cite tout entier pour que l'on puisse juger de l'état de dépendance où la crainte avait mis la cour de Naples vis-à-vis de la République française.

Au reste, de même que plus on abaisse le vase, plus il se remplit d'eau, plus on abaissait le cœur de la reine, plus il se remplissait de haine.

Les termes de ce traité n'étaient point ambigus ; les voici :

« Naples, se séparant de ses autres alliances, restera neutre et fermera l'entrée de ses ports à tous les vaisseaux des puissances qui sont en guerre avec la France.

« Quatre vaisseaux ennemis de la France pourront y être reçus, mais seulement au maximum.

« On rendra la liberté à tous les Français qui pourraient être emprisonnés pour cause politique.

« Il sera fait des recherches sérieuses pour découvrir ceux qui ont volé les papiers du ministre Mackau.

« Les Français seront libres d'exercer les différents cultes qu'ils professeront.

« On signera avec la République française des traités de commerce qui donneront à la France, dans les ports de Sicile, les mêmes droits que les nations les plus favorisées.

« On reconnaîtra la République batave, et on la tiendra comme comprise dans le présent traité de paix. »

En outre, il y avait un article qui devait rester secret et n'être connu que des contractants; il était conçu en ces termes :

« Le roi payera à la République française huit millions de francs (deux millions de ducats).

« Les Français, de leur côté, avant qu'ils s'accordent avec le Souverain Pontife, ne dépasseront point la forteresse d'Ancône, et ne seconderont ni moralement ni matériellement, les mouvements militaires de l'Italie méridionale. »

II

Les choses avaient bien changé en un an.

Ce petit général Buonaparte, que tout le monde raillait, victorieux après une campagne que l'on pouvait mettre à côté des plus beaux faits d'armes d'Alexandre, d'Annibal et de César, avait été baptisé par le Directoire du nom de l'*homme de la Providence*, et la République française lui avait donné un drapeau sur lequel était écrit en lettres d'or : « Le général Bonaparte a détruit cinq armées, a été victorieux dans dix-huit batailles rangées et dans soixante-sept combats, a fait prisonniers de guerre 160,000 soldats ennemis, a envoyé en France 160 drapeaux pour décorer nos édifices militaires, 1,180 pièces d'artillerie pour en enrichir nos arsenaux, 200 millons au Trésor, et 51 bâtiments de guerre dans nos ports; les chefs-d'œuvre de l'art pour embellir nos galeries et nos musées, de précieux manuscrits pour nos bibliothèques publiques; il a enfin affranchi dix-huit peuples. »

On comprend dans quelle exaspération ces honneurs rendus à notre ennemi, mettaient la cour de Naples, sir William Hamilton et moi; — moi comme amie de la reine, partageant toutes ses sympathies et toutes ses haines, sir William Hamilton comme ambassadeur d'Angleterre.

La reine fut prise d'un accès de rage, comme je lui en ai peu vu, le jour où le gouvernement des Deux-Siciles fut forcé de reconnaître la République cisalpine.

Le traité de Campo-Formio, signé entre la France et l'Autriche, avait une grande importance. La France étendait d'un côté ses frontières jusqu'aux Alpes, de l'autre jusqu'au Rhin; l'Autriche perdait du territoire, mais gagnait des sujets; en échange de la République cisalpine qui s'élevait, la République de Venise tombait et devenait la propriété de l'empereur.

La paix semblait assurée; mais sir William riait de son rire diplomatique quand on lui parlait de la durée de cette paix.

— Tant que l'Angleterre sera en guerre, disait-il, le monde, et surtout la France, ne saurait être en paix.

La reine, qui ne paraissait pas plus que sir William prendre cette paix au sérieux, en profita pour célébrer les noces du prince héréditaire avec l'archiduchesse Clémentine. J'aurai peu à parler de ce prince, qui n'a joué qu'un rôle plus que secondaire tout le temps que je restai à la cour de Naples, et rien à dire de cette princesse, qui n'en a pas joué du tout.

Le prince était alors un bon gros garçon de vingt et un ans, très-gras, très-rose, très-adroit, très-instruit, très-fin et très-muet. Les yeux fixés sur l'Europe, il ne perdait pas un des détails du grand drame historique qui s'y accomplissait, et cependant il ne paraissait rien voir; épouvanté des violences de sa mère, il s'étudiait, quoiqu'il fût déjà en âge et fort capable de donner son avis, à demeurer étranger à toutes les questions qui se présentaient, fussent-elles de la plus haute importance pour le trône des Deux-Siciles, et, par conséquent, pour lui, puisqu'il en était l'héritier. De même que le roi paraissait, au milieu de tous ces bouleversements, plus préoccupé d'une chasse à Astroni ou à Persano que de la chute ou de l'élévation d'une République, lui paraissait plus préoccupé des découvertes de Mesmer, de Montgolfier et de Lavoisier que de l'armistice de Brescia ou du traité de Tolentino. Sa mère l'aimait peu, et, dans l'intimité, le déclarait aussi stupide que son père.

Le bien-aimé de Marie-Caroline était le prince Léopold, âgé à cette époque de huit ou neuf ans. Il est vrai que c'était un adorable enfant, beau comme le jour et plein de malice et d'esprit.

L'autre prince était un enfant de six ans, très-faible de santé, appelé Albert, que j'eus — je raconterai plus tard comment — la douleur non-seulement de voir, mais encore de sentir mourir entre mes bras.

Une escadre napolitaine alla chercher la jeune archiduchesse à Trieste et la conduisit à Manfredonia, où l'attendait le prince François, quoique les cérémonies du mariage ne dussent s'accomplir qu'à Foggia, c'est-à-dire à cinq ou six lieues dans l'intérieur des terres.

Le roi et la reine avaient accompagné leur fils; j'étais du voyage, bien entendu. Sir William Hamilton était resté à Naples.

J'avais hâte de voir la fiancée, que l'on disait, du reste, assez insignifiante. Cela eût été vrai si une pâleur que je ne vis jamais se colorer du moindre incarnat, et une mélancolie profonde, n'avaient donné à la physionomie de la princesse un grand intérêt. D'où venaient cette tristesse et cette pâleur? Personne ne le sut jamais. Peut-être de quelque amour laissé, mais non oublié à la cour des Césars; peut-être aussi n'était-ce que ce signe fatal empreint sur le visage de ceux qui doivent mourir jeunes.

Le mariage fut célébré dans la seconde moitié du mois de juin, et de grandes faveurs furent accordées à cette occasion. Acton, premier ministre, fut nommé capitaine général. Quarante-quatre siéges épiscopaux vacants furent remplis par quarante-quatre évêques nouveaux; c'était un grand sacrifice que faisait le roi, car, tant que ces siéges étaient vacants, il en touchait les revenus. Des grades et des cordons furent accordés aux officiers qui, dans la guerre d'Italie, s'étaient déclarés contre la France. Enfin, beaucoup d'habitants de Foggia furent créés marquis, vu leur titre d'habitant des Marches, et en récompense des énormes dépenses qu'ils avaient faites à propos du mariage du prince héréditaire.

Je me suis laissée entraîner à suivre ce mariage jusqu'au bout, quelque peu d'importance qu'il ait pris, non-seulement dans la vie publique du prince François, mais encore dans sa vie privée; cela m'a écartée des graves événements qui s'étaient passés à la cour de Rome, et qui devaient, un an plus tard, avoir une si grande influence sur celle de Naples.

Je veux parler de l'assassinat du général français Duphot.

Placée comme je l'étais, rien d'un pareil incident ne devait rester pour moi ignoré ni obscur.

Je le raconterai dans quelques détails; car c'est à lui que l'on dut l'occupation de Rome par les Français et, par suite, la proclamation de la République romaine.

Aujourd'hui que j'écris à distance des événements et surtout des haines de l'époque, j'espère mettre dans mon récit l'impartialité, je ne dirai pas d'un juge, mais d'un historien.

On comprendra facilement que, depuis que l'on avait autorisé les Romagnes à s'établir en république, il s'était formé un parti républicain à Rome.

Ce parti se composait particulièrement des artistes français habitant la ville; ils eussent cru manquer, en effet, à tous leurs devoirs de patriotes s'ils n'eussent point essayé par tous les moyens de faire des prosélytes au gouvernement qu'ils représentaient.

C'était le frère de Napoléon Bonaparte (Joseph Bonaparte) qui était ambassadeur à Rome. La famille avait grandi vite, soutenue par la main puissante de l'*homme de la Providence*, comme l'appelait le Directoire.

Joseph Bonaparte, dans lequel nous étions loin de deviner le futur usurpateur du trône de Naples, faisait tout ce qu'il pouvait pour contenir les républicains, leur disant que le moment n'était point encore venu.

Malgré tous ses efforts, le 26 décembre 1797, ils avertirent l'ambassadeur qu'un mouvement se préparait; il les congédia, les suppliant, comme toujours, de s'opposer, s'ils le pouvaient, pour quelque temps encore à ce mouvement.

Ils se retirèrent, promettant de s'y employer.

Le lendemain, le chevalier d'Azara, ministre d'Espagne, donna lui-même à Joseph Bonaparte avis de la démonstration projetée.

En effet, le 28 décembre, cette démonstration avait lieu. Chargés par les dragons, fusillés par une compagnie d'infanterie, les républicains se réfugièrent sous les portiques du palais Corsini, qu'habitait l'ambassadeur.

Comme l'événement qui suivit a été raconté de beaucoup de façons différentes, je me contenterai de transcrire ici le rapport officiel de Joseph Bonaparte; il nous en fut envoyé une copie, et c'est sur cette copie que je transcris ce que l'on va lire: comme la pièce est inconnue, ou à peu près, elle aura, je l'espère, un certain intérêt.

Je prends le récit de l'ambassadeur où j'ai interrompu le mien:

«... Un artiste français, arrivant, nous prévint que l'attroupement devenait nombreux; qu'il avait distingué dans la foule des espions bien connus du gouvernement qui criaient plus fort que les autres: «Vive le peuple romain! vive la République!» que l'on jetait des piastres à pleines mains ; que la rue était obstruée. Je le chargeai de descendre aussitôt et de faire connaître ma volonté aux attroupés. Les militaires français qui étaient autour de moi me demandèrent l'ordre de dissiper le rassemblement par la force, ce qui attestait de leur dévouement ; je pris les insignes de mes fonctions et priai les officiers de me suivre. Je préférais parler moi-même aux émeutiers, dont je parlais la langue.

« En sortant de mon cabinet, nous entendîmes une décharge prolongée ; c'était un piquet de cavalerie qui, entrant dans ma juridiction sans m'en prévenir, l'avait traversée au galop et avait fait feu par les trois vastes portiques du palais. La foule s'était alors précipitée dans les cours et sur les escaliers. Je rencontrai sur mon passage des mourants, des gens fuyant intimidés, des frénétiques audacieux, des gens payés pour exciter et dénoncer le mouvement. Une compagnie de fusiliers avait suivi de près les cavaliers ; je la trouvai en partie s'avançant dans les vestibules. A mon aspect, elle s'arrêta. Je cherchai des yeux le chef ; il était caché dans les rangs, je ne pus le distinguer. Je demandai à cette troupe par quel ordre elle était entrée dans la juridiction de France ; je lui enjoignis de se retirer, elle se retira alors de quelques pas. Croyant avoir réussi de ce côté, je me retournai vers les attroupés, qui s'étaient retirés dans l'intérieur des cours. Quelques-uns s'avançaient déjà contre les troupes à mesure que celles-ci s'éloignaient ; je leur dis, d'un ton décidé, que le premier d'entre eux qui oserait dépasser le milieu de la cour aurait affaire à moi ; en même temps, le général Duphot, Scherlack, deux autres officiers et moi, nous tirâmes le sabre pour retenir cette troupe désarmée, où l'on apercevait à peine quelques pistolets et quelques poignards ; mais, tandis que nous étions occupés de ce côté, les fusiliers, qui ne s'étaient retirés que pour se mettre hors de la portée des pistolets, firent une décharge générale. Plusieurs balles mortes allèrent tuer les hommes des derniers rangs. Nous qui étions au milieu fûmes respectés ; après quoi, la compagnie se retira encore pour recharger.

« Je profite de cet instant, je recommande au colonel Beauharnais, aide de camp du général Bonaparte, qui se trouvait par hasard près de moi au retour d'une mission dans le Levant, et à l'adjoint aux adjudants généraux Arrighi, de contenir, le sabre à la main, cette troupe, qui était animée par des sentiments divers, et je m'avance avec le général Duphot et l'adjudant général Scherlack, pour persuader à ses chefs de quitter la place et de cesser le feu ; je les somme de se retirer de la juridiction de France, disant que l'ambassadeur se chargeait de faire punir les attroupés ; qu'ils n'avaient qu'à envoyer, à cet effet, quelques-uns d'entre eux au Vatican, chez leur général, le gouverneur de Rome, le sénateur, ou tout autre homme public ; qu'alors tout se terminerait sans effusion de sang. Le trop brave Duphot, accoutumé à vaincre, s'élance ; d'un saut, il est entre les baïonnettes des soldats qu'il s'efforce de calmer. Nous le suivons, le général Sherlack et moi, par instinct national. Il était l'ami des deux partis, il était pacificateur ; il fut considéré comme ennemi !

« Entraîné par le courant, Duphot s'avance jusqu'à une porte de la ville nommée *Settimiana ;* je vois un soldat qui lui décharge son mousquet au milieu de la poitrine ; il tombe, puis se relève en s'appuyant sur son sabre. Je l'appelle, il veut revenir à moi. Un second coup l'étend sur le pavé ; plus de cinquante coups se dirigent encore sur son corps inanimé ! Scherlack n'est pas atteint ; il m'indique une route détournée qui nous conduit aux jardins du palais et nous soustrait aux coups des assassins de Duphot, et à ceux d'une autre compagnie qui arrivait et faisait feu de l'autre côté de la rue. Les deux officiers, pressés par cette seconde compagnie, se réunissent à nous ; il nous faut envisager un nouveau danger : la nouvelle compagnie pourrait entrer librement dans le palais, où ma femme et ma sœur, celle qui devait être, le lendemain, l'épouse du brave Duphot, venaient d'être emportées de force par mes secrétaires et deux jeunes artistes.

« Nous regagnâmes le palais par le jardin ; les cours étaient encombrées par les lâches et astucieux scélérats qui avaient préludé à cette scène horrible. Une vingtaine d'entre eux et des citoyens paisibles étaient restés morts. Je rentre dans le palais, les marches sont couvertes de sang ; les moribonds se traînent, les blessés gémissent. On parvient à fermer les trois portes de la façade de la rue. Les lamentations de la fiancée de Duphot, de ce jeune héros qui, constamment à l'avant-garde des armées des Pyrénées et d'Italie, avait toujours été victorieux, égorgé sans défense par de lâches brigands ; l'absence de sa mère et de son frère, que la curiosité avait éloignés du palais pour voir les monuments de Rome ; la fusillade qui continuait dans les rues et contre les portes du palais : les premières pièces du vaste palais Corsini que j'habitais encombrées par des gens dont on ignorait les intentions; ces circonstances et tant d'autres ont rendu cette scène la plus cruelle que l'on puisse imaginer.

« Je fis appeler mes domestiques; trois étaient absents, un avait été blessé. Je fis placer les armes qui nous avaient servi en voyage dans la partie du palais que j'occupais. Un sentiment d'orgueil national que je ne pus vaincre dicta aux jeunes officiers le projet d'aller enlever le cadavre de leur malheureux général; ils y réussirent avec l'aide de plusieurs domestiques fidèles, en passant par un chemin détourné, malgré le feu que la soldatesque lâche et effrénée de Rome continuait sur le champ du massacre.

« Ils trouvèrent le corps de ce brave général qui naguère était animé d'un si sublime héroïsme, dépouillé, percé de coups, souillé de sang, couvert de pierres amoncelées.

« Il était six heures du soir; déjà deux heures s'étaient écoulées depuis le massacre de Duphot, et aucun homme du gouvernement ne paraissait encore. Je me décidai à quitter Rome. L'indignation fit naître ce projet dans mon cœur; aucune considération, aucune puissance sur la terre ne m'y eût fait renoncer. Cependant je pris la résolution d'écrire au cardinal Doria, secrétaire d'Etat. Un domestique fidèle traverse la soldatesque attroupée; on suit sa route, que les coups de fusil indiquent dans les ténèbres à ses camarades, qui l'observent avec inquiétude des quelques lucarnes du palais.

« Enfin, on frappe à coups redoublés; une voiture s'arrête : ce sera le général, le gouverneur, le sénateur, un officier romain; Il est sept heures du soir. Non, c'est un ami, c'est l'envoyé d'un prince allié de la République, c'est M. le chevalier Angiolini, ministre de Toscane. Il a traversé les patrouilles, les troupes de ligne, la troupe civique; on arrête sa voiture, on lui demande s'il cherche les coups de fusil et les dangers; il répond avec courage qu'à Rome il ne peut en exister dans la juridiction de l'ambassade de France. Ce reproche généreux était, en ce moment, une critique amère et vraie des actes des directeurs romains contre les officiers d'une nation à laquelle ils devaient encore le reste de leur existence politique.

« M. le chevalier d'Azara, ministre d'Espagne, ne tarda point à paraître. Cet homme, justement honoré de sa cour, avait aussi méprisé tous les dangers et s'entretenait depuis longtemps avec moi. Il était dix heures du soir. L'un et l'autre ne pouvaient revenir de leur surprise de ne voir arriver aucun officier public. J'écrivis au cardinal une seconde lettre; je reçus peu d'instants après la réponse. Enfin un officier et quarante hommes, que l'on m'assura être bien intentionnés, m'arrivèrent de la part du secrétaire d'Etat, pour protéger mes communications avec lui; mais ni lui ni aucun autre homme capable d'arrêter avec moi des mesures décisives pour me délivrer des révoltés, qui occupaient encore une partie de ma juridiction, et des troupes, qui occupaient l'autre, ne se présenta au nom du gouvernement, malgré la demande réitérée que j'en avais faite.

« Je me décidai donc à partir. Le sentiment de l'indignation avait fait place à la raison; plus calme, elle me dictait la même conduite. J'écrivis au secrétaire une note en lui demandant un passe-port; il me l'envoya à deux heures après minuit, accompagné d'une réponse.

« A six heures du matin, quatorze heures après l'assassinat du général Duphot, l'investissement de mon palais, le massacre des gens qui l'entouraient, aucun Romain ne s'était encore présenté à moi, chargé par le gouvernement de s'informer de l'état des choses. Je suis parti après avoir assuré l'état du peu de Français restés à Rome. Le chevalier Angiolini a été chargé de leur délivrer des passe-ports pour la Toscane, où ils me trouveront avec les officiers et les serviteurs qui ne m'ont pas quitté depuis le moment où il y a eu quelque péril.

« En terminant ce récit, je croirais faire injure à des républicains si j'insistais sur la vengeance que le gouvernement français doit tirer de ce gouvernement impie qui, déjà assassin de Basseville, l'est devenu volontairement des premiers ambassadeurs français qu'on a daigné lui envoyer et d'un général distingué comme un prodige de valeur dans une armée où chaque soldat a été un héros.

« Citoyen, ministre, je ne tarderai pas à me rendre à Paris; dès que j'aurai mis ordre aux affaires qui me restent à régler, je vous donnerai sur le gouvernement de Rome de nouveaux détails, et je vous exprimerai mon avis sur la punition qu'il convient de lui infliger.

« Ce gouvernement ne se dément point: astucieux et téméraire pour obtenir le crime, lâche et rampant lorsqu'il l'a obtenu, il est aujourd'hui aux genoux du ministre d'Azara, pour qu'il se rende à Florence auprès de moi, afin de me ramener à Rome. C'est ce que m'écrit ce généreux ami des Français, digne d'habiter une terre où l'on sache mieux apprécier ses vertus et sa noble loyauté.

« J. BONAPARTE.

Florence, 30 décembre 1797. »

III

J'avoue que je suis toujours étonnée quand je repose la plume après avoir écrit des lignes pareilles à celles qu'on vient de lire. Moi, la femme frivole par excellence, prédestinée par mes goûts, mon caractère, mon tempérament, à vivre hors de toute intrigue politique, comme un papillon ou comme un oiseau, dans un monde de soie, de gaze, de chants et d'harmonie, je transcris de lourds rapports tout tachés de sang, qui appellent les peuples à la guerre et à la vengeance! N'ai-je pas l'air de Vénus Aphrodite couvrant du masque de Némésis son visage au doux sourire, ses yeux aux douces promesses, sa bouche aux doux serments?

Mais j'ai entrepris le récit des événements auxquels j'ai pris part, et je ne puis reculer maintenant devant la tâche que je me suis imposée; la voix de ma conscience, et peut-être aussi celle du repentir, me crie: « Marche! » Et, forcée d'obéir à cette voix d'en haut, je continue.

Ce rapport de Joseph Bonaparte produisit à Paris une profonde sensation. Bonaparte était le dieu du moment: toucher à l'un de ses frères était plus qu'un crime de lèse-majesté, c'était un crime de lèse-divinité!

Aussi, voyez la lettre que le citoyen de Talleyrand, ce thermomètre de l'esprit public, lui adressait en réponse à son rapport:

« 11 janvier 1798.

« J'ai reçu, citoyen, la lettre déchirante que vous m'avez écrite sur les événements affreux qui se sont passés à Rome le 8 nivôse. Malgré le soin que vous avez mis à cacher tout ce qui vous est personnel dans cette horrible journée, vous n'avez pu me laisser ignorer que vous avez manifesté au plus haut degré l'intrépidité, le sang-froid et cette intelligence à qui rien n'échappe, et que vous avez soutenu avec magnanimité l'honneur du nom français. Le Directoire me charge de vous exprimer de la manière la plus forte et la plus sensible sa vive satisfaction sur toute votre conduite. Vous croirez aisément, j'espère, que je suis heureux d'être l'organe de ses sentiments. »

Le Directoire commença par demander la punition des assassins; mais, soit négligence, soit complicité, aucun ne fut livré aux tribunaux, ni inquiété le moins du monde. On sut que le chef des assassins, nommé Amadeo, s'était emparé de l'épée et du ceinturon du mort, que le curé de la paroisse voisine s'était adjugé la montre, que les autres enfin s'étaient partagé l'argent et les habits.

Le Directoire ordonna au général Berthier, qui, en l'absence de Bonaparte commandait en Italie, de marcher sur Rome.

Berthier reçut l'ordre à Milan et se mit en mouvement le lendemain même du jour où il le reçut. Le 29 janvier, son avant-garde était à Macerata; le 10 février, toutes les troupes étaient réunies sous les murs de Rome, et un détachement prenait possession du château Saint-Ange, que les soldats pontificaux ne tentèrent même pas de défendre.

Mais le général Berthier empêcha que l'on allât plus loin; seulement, il prévint les chefs des agitateurs qu'ils pouvaient compter sur son appui.

Le 16 février, vingt-troisième anniversaire de l'exaltation de Pie VI au trône pontifical, une foule de séditieux se rassemblèrent dans l'ancien *forum Romanum*, et s'acheminèrent de là vers le Vatican, où, sous les fenêtres du souverain pontife, ils firent entendre le cri de « Vive la République! »

Par respect, dirent-ils, non pas pour le pape, mais pour le vieillard, ils n'envahirent pas le Vatican; mais ils s'emparèrent de toute la ville et rédigèrent une adresse qui proclamait la souveraineté du peuple, lequel peuple répudiait toute complicité dans les meurtres de Basseville et de Duphot, et qui abolissait l'autorité pontificale, eu égard aux choses politiques, économiques et civiles, en constituant un gouvernement républicain libre et indépendant.

Les chefs du mouvement s'empressèrent d'envoyer au général Berthier, pour lui remettre ces actes, une députation de huit d'entre eux.

Le général fit aussitôt son entrée par la porte du Peuple, et, le même jour, il monta au Capitole, où, parodiant les anciens triomphateurs romains, il salua, au nom du Directoire, la nouvelle République, reconnue libre et indépendante de la France, et qui se composait de tout le territoire laissé au pape par le traité de Tolentino.

Le lendemain, quatorze cardinaux, qui avaient eu la lâcheté de signer l'acte d'affranchissement et leur renonciation à tout droit politique (1), chantèrent le *Te Deum* dans la basilique de Saint-Pierre.

Le général Cervoni, chargé de signifier à Pie VI sa déchéance, pénétra jusqu'au saint vieillard, et le trouva agenouillé et priant.

Pie VI reçut avec une parfaite sérénité la signification de la déchéance de ses droits temporels, et, sommé de reconnaître le nouveau gouvernement, répondit :

— Ma souveraineté me vient de Dieu ; il ne m'est point permis d'y renoncer. J'ai quatre-vingts ans, la vie est donc pour moi peu de chose. Quant aux outrages et à la souffrance, je ne les crains pas.

Mais, comme la présence du saint-père à Rome était incompatible avec le nouveau gouvernement, Pie VI reçut l'invitation de quitter la capitale du monde chrétien, et, en effet, le 20 février, il partit pour la Toscane.

Toutes ces nouvelles nous arrivèrent en même temps, et causèrent, on le comprend bien, un grand trouble dans notre cour. La République, poussée pas à pas par les Français, faisait chaque jour un nouveau progrès en Italie et n'était plus qu'à trente lieues de nous. Le gouvernement des Deux-Siciles pensa qu'il devait prendre ses précautions contre ce menaçant adversaire.

Sans se préoccuper du traité qu'il avait signé avec la France, le 19 février 1797, c'est-à-dire quatorze mois à peine auparavant, Ferdinand signa avec l'empereur son neveu, le 19 mai 1798, un traité qui infirmait complétement le premier.

En exécution de ce traité, l'empereur devait garder 60,000 hommes armés dans le Tyrol, et Ferdinand en réunir 30,000 sur les frontières napolitaines.

Par un hasard singulier, le 19 mai 1798 fut le jour même où la flotte française mit à la voile et sortit de Toulon pour l'expédition d'Egypte.

On savait les préparatifs que faisait la France ; mais on ignorait quelle contrée menaçait ce formidable armement.

Le commandant de la flotte anglaise, sir Jean Jervis, depuis lors comte de Saint-Vincent, s'obstina à voir dans les préparatifs de la République un projet d'expédition dans l'Océan. Il se contenta donc de fermer le détroit de Gibraltar et de bloquer la flotte espagnole dans le port de Cadix.

(1) Que l'on n'oublie point que c'est une Anglaise, notre ennemie et l'amie de la reine Caroline, qui parle ainsi.

Dans cette conviction toujours, il expédia Nelson, qui servait sous ses ordres, avec trois vaisseaux de ligne, quatre frégates et une corvette, pour surveiller le port de Toulon, promettant, d'ailleurs, de lui envoyer du secours à première réquisition.

Le 9 mai, Nelson quittait la baie de Cadix ; mais c'était déjà trop tard. Arrivé au golfe de Lyon, une tempête dispersa ses vaisseaux et dématа celui qu'il montait.

Il entra, pour réparer ses avaries, dans le port de Saint-Pierre, remorqué par un vaisseau qui avait moins souffert que le sien.

Pendant son séjour au port Saint-Pierre, il apprenait le départ de la flotte française de Toulon, et il expédiait un bâtiment à sir Jervis pour lui demander le secours promis.

Mais le 8 juin seulement, c'est-à-dire trois semaines après la mise à la voile de la flotte française, Nelson put rallier ce secours, qui se composait de dix vaisseaux de soixante-quatorze et d'un de cinquante.

A la tête de son escadre, Nelson se mit à la recherche de la flotte française. Sur les côtes méridionales de la Corse, il apprit qu'elle avait été vue entre le cap Corse et l'Italie.

L'idée vint à Nelson, et cette idée avait quelque probabilité, que la flotte française était dirigée sur Naples.

Il fit force de voiles vers Naples.

Le 15 juin, il était aux îles de Ponsa, et nous envoyait son officier de confiance, mieux encore son ami, le capitaine Troubridge, pour s'aboucher avec le capitaine général et sir William Hamilton.

Troubridge était chargé d'une lettre de Nelson pour moi.

L'effet que j'avais produit sur ce grand homme ne m'avait point échappé ; aussi trouvais-je étrange que, pouvant venir à Naples lui-même, ayant une occasion de me revoir enfin, il la laissât échapper.

Sa lettre m'expliqua tout.

La voici :

« Milady,

« Si j'allais à Naples, si je descendais à terre, si je vous revoyais, je risquerais de manquer à tous mes devoirs, qui sont de poursuivre la flotte française sans perdre un instant.

« Troubridge vous remettra cette lettre, qui, au lieu d'être une preuve d'indifférence, devient, par l'explication qu'elle vous donne, une preuve de la violence du sentiment que j'éprouve pour vous.

« Aussitôt Troubridge de retour selon

les indications qu'il recevra du capitaine général et de sir William, je continue mon chemin.

« Fussent-ils à l'autre bout du monde, je rejoindrai les Français, et vous me reverrez vainqueur et digne de vous, milady, ou vous ne me reverrez pas!

« Mille fois votre

« HORACE NELSON. »

Cette lettre, sans dire grand'chose à mon cœur, flattait sensiblement mon orgueil. Nelson, pendant les cinq ans qui venaient de s'écouler, s'était battu en héros, ou plutôt, comme il me le dit plus tard, en homme qui voulait se faire tuer. J'ai déjà raconté qu'il s'était fait crever un œil à Calvi; ce n'était point le tout : il s'était fait emporter un bras à Ténériffe.

Cette fois, il promettait de revenir digne de moi ou de ne pas revenir du tout; j'étais sûre qu'il tiendrait parole. Nelson n'était pas un de ces hommes qui promettent vainement.

De la terrasse du palais, je vis le majestueux spectacle de la flotte défilant devant Naples. A l'aide d'une lunette, sir William me fit remarquer le vaisseau qui portait le pavillon amiral. Je ne pouvais, à cette distance, distinguer ce qui se passait à bord; mais j'étais certaine que Nelson avait les yeux fixés sur le palais, comme j'avais les yeux fixés sur son vaisseau.

La flotte divisa lentement sa masse devant le rocher de Capri : une partie passa à sa droite, l'autre à sa gauche; elle demeura trois jours sans disparaître entièrement, car il faisait calme.

Ce calme fut cause que, le 25 juin seulement, Nelson était au fort de Messine.

Là, il apprit que Bonaparte s'était emparé de Malte en passant; qu'il y avait laissé une garnison de quatre mille hommes et avait continué son chemin vers l'Orient.

Du Phare, et en date du 25, Nelson écrivit à sir William pour lui annoncer cette nouvelle et à moi pour me renouveler l'assurance des sentiments qu'il m'avait voués.

Nous reçûmes ses lettres le 30 du même mois, je répondis aussitôt :

« Cher monsieur,

« Je profite de l'offre du capitaine Hope pour vous écrire quelques lignes et vous remercier de l'aimable lettre que vous m'avez fait parvenir par l'entremise du capitaine Bowen.

« La reine a éprouvé le plus grand plaisir lorsque je lui ai traduit ce que vous dites d'obligeant pour elle. Elle me charge de vous remercier et de vous assurer qu'elle prie pour votre salut; quant à la victoire, elle est sûre que vous l'aurez.

« Nous avons encore ici le régicide ministre Garat, le plus insolent, le plus impudent animal diplomatique qu'il soit possible d'imaginer, et je vois clairement que la cour de Naples devra déclarer la guerre si elle veut sauver le pays, car l'ambassadeur français fait tous les jours les plus menaçantes observations.

« Sa Majesté comprend la vérité de tout ce que vous dites dans votre lettre à sir William, datée du phare de Messine. Vous êtes dans la vraie lumière qui éclaire les événements. Ainsi en est-il du général Acton.

« Mais, par malheur, le premier ministre Gatto est un homme léger et superficiel, un ignorant raide et empesé comme une crête de coq, et qui ne songe à rien autre chose qu'à la façon dont lui va son habit brodé et à l'effet que fait sa bague de diamants; la moitié de Naples le croit à demi Français; je suis d'avis que l'autre moitié se trompe en le croyant Napolitain.

« La reine et Acton ne peuvent pas le souffrir. N'ayez donc aucun souci de lui; n'étant soutenu que par le roi, il ne saurait avoir grande puissance. Mais encore, un premier ministre, bien qu'il soit un premier ministre de fumée, est toujours quelque chose, assez enfin pour faire un mauvais tour.

« A propos, vous savez que les trois ou quatre cents jacobins que l'on tenait en prison ont tous — après trois ou quatre ans de cachot, au reste, — été déclarés innocents. Si je crois tout ce que l'on dit d'eux, autour de moi, la moitié au moins mériteraient d'être pendus. C'est Garat, par son influence, et Gallo, par sa faiblesse, peut-être même par sa sympathie, qui ont fait le beau coup de rendre ces gentils messieurs à la société.

« En somme, je suis fort effrayée et regarde tout comme à peu près perdu ici. J'en suis affligée aux larmes pour notre chère et charmante reine, qui mérite vraiment un meilleur sort.

« Vous comprenez, mon cher monsieur, que je vous écris tout cela en confidence et en hâte.

« J'espère que vous ne quitterez pas la Méditerranée sans *nous* prendre. Nous avons notre congé et toutes choses prêtes pour partir au moment où nous en recevrons l'avis; mais, en attendant, je prie Dieu pour qu'il vous aide à détruire ces monstres de Français. Le règne de pareils impies ne saurait être de longue durée.

« Si vous avez une occasion, écrivez-nous ; vous ne sauriez croire quel baume vos lettres sont pour nous.

« Que Dieu vous bénisse, mon très-cher sir ! Et croyez-moi à jamais votre très-sincèrement obligée et attachée amie,

« EMMA HAMILTON. »

Cette lettre rejoignit Nelson en mer, et comme il cherchait, sans pouvoir la trouver, la flotte française.

IV

En effet, Nelson avait complétement perdu la trace de Bonaparte et des trois cent cinquante bâtiments que celui-ci traînait à sa suite. Retenu quelques jours dans le détroit de Messine par le sirocco, il profita d'une saute de vent pour doubler Reggio et entrer dans la haute mer.

Convaincu enfin que Bonaparte se rendait en Egypte, il mit le cap droit sur Alexandrie; mais il y arriva avant la flotte française, l'amiral Brueys, sans doute pour dérouter ceux qui pourraient le poursuivre, ayant appuyé du côté de l'île de Candie.

Mal reçu par le gouverneur d'Alexandrie, qui menaçait de faire feu sur lui s'il essayait de forcer la passe, ne sachant quelle route avait faite la flotte française, supposant, puisqu'elle n'était point à Alexandrie, qu'elle faisait voile pour Constantinople, Nelson longea au hasard les côtes de la Caramanie et de la Morée pour essayer d'y prendre des nouvelles, et, après avoir parcouru tout l'archipel, manquant d'eau et de vivres, il fut obligé de revenir en Sicile.

Il me dit plus d'une fois que, du 30 juin, époque où il sortit du détroit de Messine, jusqu'au 21 juillet, jour où il entra dans le port de Syracuse, il avait failli devenir fou.

La situation était grave, en effet, et un orage terrible s'amassait contre lui en Angleterre ; lorsqu'on sut qu'il avait laissé sortir de Toulon, et que, pendant un mois, il avait vainement cherché dans la Méditerranée, c'est-à-dire dans un grand lac, une flotte composée de près de quatre cents voiles, de toute part on se demanda s'il n'était pas un traître que l'on dût mettre en jugement, et l'amiral Saint-Vincent une tête légère ayant encouru le blâme de l'Amirauté pour lui avoir présenté comme contre-amiral un officier indigne de ce grade.

Le seul espoir de Nelson était en nous, ou plutôt en moi.

Je devais obtenir de la reine que, malgré les traités avec la France, il reçût tous les secours dont il avait besoin des gouverneurs des ports de Sicile ; car, si la cour de Sicile restait dans les termes de son traité avec la France, Nelson était obligé d'aller se refaire à Gibraltar, et il était perdu.

Une éclatante victoire pouvait seule le sauver.

Cette lettre, qu'il écrivait le 22 juillet à lord Saint-Vincent, donnera une idée de la situation de son esprit :

« Syracuse, 22 juillet 1798.

« Mon cher lord,

« J'ai une quantité de lettres et de papiers à vous envoyer ; mais, n'ayant point de frégate pour vous les porter, et ne pouvant en ce moment me séparer de *l'Orion*, je vous laisse à juger de mon embarras. Je suis aussi ignorant de l'endroit où peut être la flotte française que le jour où j'ai doublé le cap Passaro. Ce dont je suis certain, c'est que, le 18 juin, elle commençait à sortir du port de Malte. Le mardi, dans la nuit, tous les bâtiments étaient dehors, et, le mercredi au matin, elle a été vue faisant grande marche avec un vent d'ouest-nord-ouest. Ceci m'a été assuré par quatorze personnes; au delà, tout est conjectures. Si la flotte eût fait route pour le couchant, je suis certain que, de tout port et même de tout point de la Sicile où elle aurait été vue, on se serait empressé de m'en avertir. Je n'ose pas vous en dire davantage ; mais je suis persuadé que nous sommes trahis, et il est plus que probable que cette lettre, que je suis forcé de vous envoyer par Naples, n'arrivera pas même à Naples, ou au moins suis-je sûr que le ministre français en aura une copie, s'il ne la copie pas lui-même. Quant à moi, je vous dis que, s'il n'y a pas impossibilité sur un point ou sur un autre, je rejoindrai la flotte française. La nôtre n'a pas un seul homme malade. Je vous ai donné des détails sur toute chose et vous ai dit jusqu'à ma plus intime pensée. Dieu vous bénisse !

« Pour toujours votre fidèle,

« HORATIO NELSON.

« *P.-S.* La façon dont on nous reçoit dans les ports de Sicile est honteuse ; le gouverneur nous avoue que, s'il en avait eu les moyens, il était forcé par les ordres reçus d'empêcher notre entrée, Acton avait promis de donner des ordres ; *mais aucun n'a été envoyé*. Que pensez-vous de cela ? »

Le même jour, Nelson, désespéré, presque furieux, écrivait à sir William Hamilton :

« *Van-Guard*, Syracuse, 22 juillet 1798.

« Mon cher monsieur,

« Je suis extrêmement étonné que le roi de Naples ait donné l'ordre de ne laisser entrer dans ses ports que trois ou quatre bâtiments anglais au plus. J'avais compris, moi, que des instructions secrètes avaient été données pour notre libre admission. Si l'on doit continuer de me refuser tous les objets dont j'ai besoin, faites-le-moi savoir le plus promptement possible par le premier bâtiment venu, afin que je puisse avoir le temps d'aller me ravitailler à Gibraltar. La manière dont on nous traite est scandaleuse pour une grande nation. La bannière de Sa Majesté Britannique a, en réalité, été insultée dans tous les ports amis.

« Je suis, avec le plus grand respect, etc.

« Horace Nelson. »

Grâce à moi cependant, ces instructions secrètes avaient été données ; seulement, elles arrivaient un peu tard. Le même jour où Nelson écrivait cette lettre, le gouverneur du port de Syracuse et ceux des autres ports étaient avisés de lui fournir, en vivres, en eau, en bois, toutes les choses dont il aurait besoin, et surtout de ne plus limiter le nombre des vaisseaux qui entreraient dans les ports.

Aussi, le lendemain, Nelson nous faisait-il amende honorable par cette lettre :

« Syracuse, 23 juillet 1798.

« Mes bons amis,

« Merci de toutes vos peines. Nous avons des vivres et de l'eau, et certainement en puisant notre eau à la fontaine Aréthuse, c'est un présage de victoire. Nous mettrons à la voile à la première brise favorable ; et soyez persuadés que je reviendrai ou couronné de lauriers ou couvert de cyprès.

« H. N. »

Deux jours après, Nelson écrivait de nouveau à sir William :

« Syracuse, 25 juillet 1798.

« Mon cher monsieur,

« La flotte est prête, et, au moment même où le vent soufflera de terre, je sortirai de cette délicieuse rade où nos besoins ont été si grandement satisfaits et où toute attention nous a été prodiguée. Mais j'ai été bien tourmenté tant qu'aucune instruction secrète n'avait été donnée au gouverneur pour notre admission. J'ai la ferme espérance que je retrouverai la flotte française. L'événement alors sera dans les mains de la Providence, de la bonté de laquelle je ne doute pas.

« Mes hommages à lady Hamilton, et croyez-moi pour toujours votre fidèle,

« H. Nelson. »

Le vent qu'attendait Nelson vint dans la nuit du 25 au 26 juillet, et, la flotte étant prête à mettre à la voile, l'ordre de lever l'ancre fut donné.

Nelson se dirigea vers la Grèce.

Le 28 juillet, le *Culloden*, passant devant la Morée, entra dans le golfe de Coron, interrogea le gouverneur turc, et apprit de lui que les Français étaient à Alexandrie. Le *Culloden* rejoignit aussitôt l'amiral, et l'on donna, avec des signaux, l'ordre de se diriger à toutes voiles sur Alexandrie.

On arriva devant ce port le 1er août à midi ; mais les Français l'avaient déjà quitté et s'étaient avancés vers l'est. On continua de suivre leur sillage, et, à deux heures trois quarts, le *Zélé*, qui tenait la tête, annonça qu'il voyait seize bâtiments de ligne à l'ancre.

A trois heures, Nelson donna le signal de se préparer au combat.

Ce n'est point à moi de raconter cette terrible bataille du Nil, qui dura deux jours. Jamais victoire ne fut plus complète ; jamais pareil désastre n'épouvanta la mer. Un vaisseau français, l'*Orient*, sauta en l'air ; un autre vaisseau et une frégate furent coulés à fond ; neuf bâtiments furent pris ; mais, sur ces neuf bâtiments, trois étaient dans un tel état, que le vainqueur fut obligé d'y mettre le feu le lendemain, et, deux jours après, de faire pareille exécution de deux autres.

Malheureusement, Nelson avait reçu une cruelle blessure ! Une vergue, coupée par un boulet français, lui était tombée sur le front au moment où il levait la tête au bruit que le boulet faisait en la brisant ; la vergue lui avait coupé et abattu la peau du front jusque sur la bouche. Nelson se crut blessé mortellement, tant avait été grande la violence du coup. Il fit aussitôt monter le chapelain, pour lui confier ses dernières volontés ; mais avec le chapelain était monté le docteur, qui examina le crâne, et n'y reconnaissant aucune fracture, — ce qui était facile à voir, puisque l'os était à nu, — releva la peau du front, la remit à sa place et l'assujettit avec un bandeau.

Nelson, revoyant le jour, auquel il croyait avoir dit adieu pour toujours, reprit, par un effort surhumain, le commandement du *Van-Guard,* et, retrouvant toute sa force, toute sa présence d'esprit, tout son sang-froid, resta sur son banc de quart et continua de commander le feu jusqu'à l'entière destruction de la flotte française.

Puis, tout blessé, tout aveuglé qu'il était, il prit la plume, et nous écrivit, à sir Hamilton et à moi :

« 2 août, au soir.

« Mes bons amis,

« Victoire complète ! la flotte française est détruite ! Le capitaine Capel, qui part sur la *Mutine,* vous portera cette lettre et vous donnera tous les détails que je ne puis vous donner moi-même.

« J'ai reçu une légère blessure ; ne vous en inquiétez pas.

« Pour toujours votre fidèle,

« HORACE NELSON.

« Transmettez, je vous prie, avec mes plus respectueux hommages, cette bonne nouvelle à notre aimable reine. »

Le capitaine Capel partit en effet sur la *Mutine* et arriva le 4 septembre à Naples, nous annonçant de vive voix que Nelson arriverait quelques jours après lui et avait indiqué le port de Naples comme lieu de rendez-vous à toute sa flotte, dont chaque bâtiment, plus ou moins mutilé, ne pouvait marcher que selon les forces qui lui restaient.

Après s'être acquitté de sa commission, le capitaine Capel écrivait à Nelson :

« Seigneur amiral,

« Il m'est impossible de vous exprimer la joie qui brillait sur toutes les figures et le tonnerre d'applaudissements et d'acclamations qui nous accueillit à notre arrivée. La reine et lady Hamilton se sont toutes deux évanouies de joie. En somme, sir, tous vous acclament le libérateur de l'Europe. Un courrier partira demain matin pour Vienne. Je l'accompagnerai pour ne pas perdre un seul instant. Je reçois toutes les instructions et toutes les assistances possibles de sir William Hamilton et des autres ministres étrangers, qui tous se sont empressés d'envoyer à leurs cours la glorieuse nouvelle.

« J'ai l'honneur d'être avec respect, etc.

« CAPEL. »

Quant à moi, dans le premier moment, j'écrivis à Nelson une lettre toute d'abondance, que je ne saurais citer ici, n'en ayant point gardé copie, mais que Nelson reproduit en partie dans la lettre suivante qu'il écrivait à sa femme :

« En mer, 16 septembre 1798.

« Le royaume des Deux-Siciles est fou de joie ; depuis le roi jusqu'au dernier paysan il en est ainsi. En effet, d'après ce que me disait lady Hamilton dans sa lettre, la situation de la reine faisait vraiment pitié. Je vous répète les propres paroles de lady Hamilton :

« Comment pourrais-je vous peindre les « transports de la reine ? C'est véritable- « ment chose impossible. Elle pleure, elle « crie, elle court par les chambres de son « appartement comme une folle ; elle em- « brasse tous ceux qu'elle rencontre, riant « et pleurant à la fois. *O brave Nelson !* « s'écrie-t-elle à tout propos ; *Dieu bénisse* « *notre libérateur ! O ! Nelson ! Nelson ! que* « *ne nous devons-nous pas ! O vainqueur, ô* « *sauveur de l'Italie ! Pourquoi mon cœur* « *reconnaissant ne peut-il de près et à vous-* « *même exprimer sa reconnaissance !* »

« Vous pouvez, chère Fanny, juger du reste. Adieu ! ma tête ne me permet pas de vous dire la moitié de ce que je voudrais ; toutes mes fatigues ont été sur le point d'être perdues, mais Dieu m'a protégé.

« Votre H. NELSON. »

V

Il faut savoir les honneurs qui furent rendus à Nelson et les récompenses sous lesquelles il fut littéralement écrasé par tous les souverains de l'Europe, pour se faire une idée du degré de haine, de terreur, peut-être, qu'inspirait, à cette époque, la France à l'Europe entière.

Nous en fîmes un jour la liste avec Nelson ; — cette liste, la voici ; elle va d'octobre 1798 en octobre 1799.

D'abord, du roi et de la reine d'Angleterre, la dignité de pair d'Angleterre et une médaille d'or ;

De la Chambre des communes, sur un message du roi du 22 novembre 1798, pour lui et ses deux plus proches héritiers, le titre de baron du Nil et de Burnham-Thorpe, avec une rente de deux mille livres sterling, commençant à courir du 1er août 1798, jour de la bataille du Nil ;

Du Parlement anglais, pour lui et pour ses deux plus proches héritiers, une autre rente de deux mille livres sterling ;

Du Parlement d'Irlande, une rente de mille autres livres sterling ;

De la Compagnie des Indes occidentales,

dix mille livres sterling une fois données;

De la Compagnie turque, un service de vaisselle plate;

De la ville de Londres, une épée avec poignée enrichie de diamants;

Du Grand Seigneur, une boucle en diamants, avec le *chelmik,* ou la plume du triomphe, évaluée deux mille livres sterling, et une riche pelisse évaluée mille livres;

De la mère du Grand Seigneur, la sultane Validé, une tabatière ornée de diamants, valant mille livres;

De l'empereur Paul de Russie, une boîte enrichie de diamants, d'une valeur de deux mille livres sterling;

Du roi des Deux-Siciles, une épée à la poignée incrustée de diamants, d'une valeur de cinq mille livres sterling;

Du roi de Sardaigne, une tabatière en diamants, évaluée douze cents livres sterling;

Du gouvernement de l'île de Zante, une épée à poignée d'or et une canne à pomme d'or;

De la ville de Palerme, une tabatière et une chaîne d'or sur un plat d'argent.

Mais le don le plus original, et, si je puis dire, le plus anglais, et qui causa le plus de plaisir à Nelson, fut celui que lui fit son ami le capitaine Benjamin Hallowell, commandant du *Sweffsure.*

Le vaisseau français l'*Orient* sauta en l'air, comme on sait, et ses débris, en retombant, couvrirent au loin la mer. Parmi ces débris, le capitaine Ben Hallowell remarqua le grand mât qui était resté intact. Il mit toutes les chaloupes à la mer, et, s'inquiétant peu des nageurs qui se débattaient au milieu de ces débris, il ordonna seulement de sauver le grand mât de l'*Orient.* Toutes les chaloupes du *Sweffsure* s'y attelèrent et le ramenèrent à bord. Aussitôt, Ben Hallovell appela le serrurier et le charpentier, et, dans la partie la plus épaisse du grand mât, il leur fit tailler un cercueil qui fut ferré avec les ferrements et les clous arrachés à ce même grand mât; puis, le cercueil terminé, il l'envoya à Nelson, avec la lettre suivante:

Au loyal et honorable lord Nelson, chevalier baronnet.

« Milord,

« Je vous envoie un cercueil entièrement construit avec le bois et les ferrements du grand mât du vaisseau l'*Orient,* afin que, quand vous quitterez ce monde, vous puissiez encore reposer dans vos propres trophées; l'espoir que ce jour est encore loin de nous est le désir sincère de votre obéissant et affectionné serviteur.

« BEN HALLOWELL.

« *Sweffsure,* 23 mai 1799. »

Nelson, comme je l'ai dit, accueillit ce cadeau avec une satisfaction marquée. Pendant quelque temps, il le conserva debout dans sa chambre, appuyé à la muraille avec son couvercle, et précisément derrière le fauteuil où il s'asseyait pour manger. Un vieux domestique, que ce meuble posthume attristait, obtint de Nelson qu'il fût transporté dans le faux-pont.

Quand Nelson abandonna le *Van-Guard* horriblement mutilé, le cercueil passa avec lui à bord du *Foudroyant,* où il resta longtemps sur le tillac du bâtiment.

Un jour, les jeunes officiers du *Foudroyant* admiraient le don du capitaine Ben Hallowell; mais Nelson leur cria de sa chambre:

— Admirez tant que vous voudrez, messieurs; mais pas un de vous ne l'aura.

Hélas! inutile de dire que le pauvre Nelson repose dans le cercueil que lui avait préparé Ben Hallowell.

J'avoue que la main m'a tremblé et que les larmes me sont venues aux yeux en rappelant ces détails funèbres; mais ils font partie de la gloire et de la grandeur de mon héros, et je ne me suis pas cru le droit de les passer sous silence.

Le 19, nous reçûmes l'avis que Nelson était le 16 à la hauteur de Stromboli. On supposa qu'il ne pouvait tarder à arriver à Naples, et, au risque de ce que pourrait penser, dire ou faire l'ambassadeur de la République française, Garat, on prépara des fêtes splendides. Trois jours auparavant étaient arrivés l'*Alexandre* et le *Culloden,* qui, étant moins maltraités que le *Van-Guard,* l'avaient précédé de cinq jours.

On mit des vigies au cap Campanella, et sur le point le plus élevé du rocher de Capri. Ces vigies devaient, par des signaux, annoncer la flotte de Nelson, et faire immédiatement passer à Naples la nouvelle de son arrivée.

Puis on para magnifiquement une grande barque; on y mit une tente de pourpre couronnée des armes d'Angleterre et des Deux-Siciles; on la couvrit de trophées des drapeaux des deux nations réunies; on prépara douze ou quinze barques pour faire cortége à la barque capitane, et l'on attendit, avec ordre donné à toute la cour que chacun se tînt prêt à aller au-devant de Nelson au premier signal.

Pendant ce temps, la reine avait redoublé de tendresse pour moi, et m'avait admise au partage de ses plus secrètes pensées.

Marie-Caroline ne se dissimulait pas que les fêtes qu'elle allait donner au vainqueur du Nil, c'était la guerre avec la France; et, tout affaiblie qu'elle était par la perte de sa flotte et de 30,000 hommes qui étaient enfermés avec Bonaparte en Egypte, la France n'en était pas moins un ennemi à craindre, sinon à ménager.

Donc, il fallait que la cour de Naples eût à tout prix Nelson, et, derrière Nelson, l'Angleterre.

Or, c'était sur moi que comptait la reine pour avoir Nelson.

La fière Marie-Caroline priait l'ambassadrice d'Angleterre comme la pauvre Fanny Strong avait prié l'humble Emma. Ferais-je moins pour une reine que je n'avais fait pour une petite paysanne?

Ma vie avait commencé par la séduction de l'amiral John Payne; elle devait aboutir à la séduction de l'amiral Horace Nelson.

J'admirais Nelson, mais je ne l'aimais pas encore; mon amour pour lui m'est venu de son grand amour pour moi. Les sentiments portés à l'extrême ont, eux aussi, leur contagion.

Je promis à la reine de faire ce que je pourrais; mais j'objectai sir William.

Caroline se mit à rire.

— Bon! dit-elle, sir William est trop bon Anglais pour ne pas donner, lui aussi, sa récompense au vainqueur du Nil. D'ailleurs, il n'a pas besoin d'être consulté pour cela. Si c'était moi qu'aimât Nelson, je ne prendrais certes pas la peine de consulter le roi sur ce qu'il me plairait de faire.

— Majesté, répondis-je, le roi Ferdinand était prince royal, et vous étiez archiduchesse d'Autriche; vous lui avez apporté autant et même plus qu'il ne vous apportait. Il n'en est point ainsi entre sir William Hamilton et moi. Qu'étais-je, lorsqu'il m'a épousée? La maîtresse de son neveu. Qu'étais-je, avant d'être la maîtresse de son neveu? Il l'a oublié, madame; je crains de l'en faire souvenir.

La reine me mit la main sur la bouche.

— Nous arrangerons tout cela, dit-elle, et pour le mieux. Celui qui voudrait autre chose que ton bonheur serait mon plus grand ennemi. Songe donc si je voudrais te faire malheureuse!

Je restai toute pensive, sentant bien que s'approchait de moi un de ces événements qui prennent une influence sur toute la vie!

VI

Le 22 septembre au matin, vers les six heures, nous fûmes avertis que deux ou trois vaisseaux de haut bord étaient signalés par les vigies, et que l'un d'eux portait le pavillon de vice-amiral.

Depuis cinq ou six jours, dans l'attente de l'événement, le roi se privait de la chasse; ce qui lui arrachait de gros soupirs auxquels la reine ne faisait aucune attention.

Aussitôt les ordres furent donnés pour que chacun se trouvât au poste qui lui était assigné; les curés de toutes les paroisses furent avertis de tenir leurs cloches prêtes à être mises en branle, les commandants de tous les forts de charger leurs canons, la réception que l'on comptait faire à Nelson étant la même que l'on eût faite à un roi.

L'amiral Caracciolo était chargé de la direction de la petite flottille qui allait au-devant de Nelson. Il commandait naturellement la galère capitane que devaient monter le roi et la reine. Afin d'être prêt à toute heure du jour et de la nuit, depuis l'arrivée du *Culloden* et de l'*Alexandre*, il demeurait constamment à bord.

La reine avait abandonné à sir William Hamilton, en sa qualité d'ambassadeur d'Angleterre — et peut-être aussi pour quelque autre raison qu'elle ne disait pas — l'honneur d'être l'hôte de Nelson; et particulièrement le jour de son arrivée, il devait entièrement nous appartenir.

Sir William avait fait de grands préparatifs, et j'avais, avec une grande joie, je dirai presque avec un grand orgueil, donné mes soins à toutes les parties de ces préparatifs qui avaient besoin d'être dirigées par l'œil et réglés par le goût d'une femme.

Comme presque toujours, j'avais passé la nuit au palais; il était rare que la reine me laissât retourner à l'ambassade d'Angleterre. Seul sir William eût eu le droit de se plaindre, et il ne se plaignait pas. Sir William avait, à cette époque-là, près de soixante-sept ans.

La reine, qui voulait que je fusse plus belle que jamais, faisait les plus grands projets pour ma toilette; mais ma résolution était prise : je ne voulais pas d'autre costume que celui dans lequel Rowmney m'avait peinte lorsque nous étions, sir William et moi, retournés à Londres pour faire reconnaître notre mariage. Ce costume se composait, on le sait, d'une longue robe de cachemire blanc faite en forme de tunique grecque, serrée à la taille par une ceinture de maroquin rouge brodée d'or, s'agrafant avec un magnifique camée, qui n'était autre que le portrait de sir William. Mes cheveux, pour lesquels j'ai toujours détesté tout ornement étranger, retomberaient, sans poudre, sur mes épauler, et je m'envelopperais d'un châle de l'Inde rouge à grandes fleurs d'or, qui m'avait souvent servi pour danser, chez la reine et dans nos soirées intimes, la danse du châle que j'avais inventée, et qui, depuis, a été adoptée par toutes les danseuses.

La reine, au contraire, fit une toilette royale et se couvrit de diamants. Le roi aussi devait être en grand costume, couvert de ses ordres de famille, Espagne, France et Autriche.

A huit heures du matin, tout le monde était prêt.

Nous descendîmes au port militaire par la rampe de l'arsenal. La galère capitane nous attendait; François Caracciolo, en grand costume d'amiral napolitain, était à son banc de quart.

A peine la reine et le roi furent-ils descendus à bord, que de tous côtés retentirent les salves des canons des forts et les cloches des trois cents églises de Naples lancées à toutes volées.

La ville présentait un majestueux spectacle avec toutes ses tours couronnées de fumée et illuminées par des éclairs.

La capitane se mit en route; elle était faite sur le modèle des anciennes galères romaines. C'était sir William Hamilton qui en avait donné le dessin, et il prétendait que c'était précisément celui de la galère dans laquelle Cléopâtre était venue trouver Antoine.

La reine disait en riant que c'était une allusion que faisait l'ambassadeur d'Angleterre, et qu'il ne s'opposerait aucunement à ce que la nouvelle Cléopâtre, en aimant un autre Antoine, poussât avec la reine d'Egypte la ressemblance jusqu'au bout.

Toute la flottille se mit en marche, la galère capitane tenant la tête avec ses quarante rameurs.

C'était vraiment une admirable chose à voir, dans ce golfe où l'azur de la mer le dispute en profondeur et en limpidité à l'azur du ciel, par une belle matinée de septembre toute ruisselante de lumière, que ces douze ou quinze barques, plus riches et plus élégantes les unes que les autres, avec leurs tentes de pourpre, leurs pavillons flottants, leurs fleurs laissant derrière chacune d'elles un sillage embaumé, et toutes s'avançant au son des cloches, au bruit du canon, aux acclamations de cette innombrable population de Naples amassée sur le môle et sur les quais, agitant ses mouchoirs, jetant en l'air ses bonnets, et criant frénétiquement: « Vive le roi! Vive Nelson! A bas les Français! »

La reine se mordait les lèvres avec un sourire de haine; car, parmi tous ces cris, on n'entendait pas un seul cri de « Vive la reine! »

Nous fûmes, au reste, bientôt assez éloignés de la ville pour qu'on cessât d'entendre toutes les rumeurs humaines; le seul bruit qui arrivât encore jusqu'à nous était celui des cloches et du canon.

Dès notre sortie du port, nous avions aperçu à l'horizon le vaisseau au-devant duquel nous marchions; il venait vent arrière, et la brise qui le poussait nous eût empêchés d'avancer si, privés de rames, nous eussions été obligés d'aller à la voile.

Il résultait de cette marche simultanée des deux flottilles à la rencontre l'une de l'autre, que l'intervalle existant entre elles diminuait rapidement. Le navire le plus rapproché portait, à son grand mât, comme l'avaient dit les vigies, le pavillon de contre-amiral; et d'ailleurs, l'amiral Caracciolo, avec cet œil infaillible du marin, reconnaissait le *Van-Guard*.

Sans doute, Nelson, de son côté, avait-il, malgré la distance, découvert et reconnu la petite flottille; car, devinant qu'elle venait à lui et pour lui, il tira un coup de canon dont nous vîmes la fumée bien longtemps avant d'entendre le coup, et pareil, à une flamme, hissa à sa corne le pavillon rouge d'Angleterre.

Nous ne pouvions pas lui rendre coup pour coup, car nous n'avions point d'artillerie à bord; mais, à l'instant, toute notre musique, dirigée par Dominique Cimarosa, éclata en joyeuses fanfares; et j'avoue que, pour ma part, j'aimais autant cette façon de rendre sa politesse à Nelson que de le saluer avec la voix brutale du canon.

Ce n'était pas sans une vive émotion que je me sentais entraînée au-devant du héros que je savais follement amoureux de moi. Aucun sentiment n'avait encore dans mon cœur de caractère assez décidé pour que je pusse me dire à moi-même quelle sensation j'éprouverais à sa vue; seulement, je comprenais, aux frémissements qui passaient par tout mon corps, aux pâleurs et aux rougeurs successives qui envahissaient mon visage, que cette sensation serait violente.

Le *Van-Guard* avait dépassé le cap Campanella, et nous avions dépassé, nous, Torre-del-Greco; nous étions de trois milles à peine éloignés les uns des autres; un quart d'heure, vingt minutes encore, et la galère capitane serait bord à bord avec le *Van-Guard*. La reine vit mon trouble, et, comme j'étais assise à ses pieds, selon mon habitude, elle se pencha à mon oreille.

— Allons, folle, du courage! Rappelle-toi Fanny Strong, l'amiral John Payne, et le matelot Richard; seulement, celle qui te prie, ce n'est plus Fanny Strong, c'est la reine de Naples; celui au-devant duquel nous allons, ce n'est plus l'amiral John Payne, c'est l'amiral Horatio Nelson; enfin, ce qu'il s'agit de sauver, ce n'est point un pauvre matelot, c'est un riche royaume.

— Ah! madame, lui dis-je, c'est justement cela qui m'effraye. Si le but n'était pas si élevé, mon effroi serait moindre; mais il a toujours été si loin de ma pensée, qu'un matin on me dirait : « Le salut d'un royaume dépend de toi, » qu'au moment où cette splendide mission m'est départie, j'hésite et ne me sens point la force de la remplir.

La reine me prit la main et me la serra de manière à me communiquer sa force par une espèce de transmission magnétique. Et, en effet, tant qu'elle me tenait la main, je me sentais fortifiée et presque exaltée.

Nous continuâmes d'avancer ainsi, et nous nous trouvâmes enfin bord à bord avec le *Van-Guard*. Je ne voyais plus, je n'entendais plus rien; j'étais dans un état à peu près pareil à celui dans lequel me plongeait le docteur Graham dans mes premières séances d'exposition sur le lit d'Apollon. Je compris que la reine me disait de me lever, je sentis qu'elle me poussait vers l'échelle. Machinalement, et sans m'apercevoir que je montais la première, ce qui était contre toutes les règles de l'étiquette, je saisis la rampe et montai au haut de l'escalier. Nelson attendait, chapeau bas.

Là, je recouvrai la vie; là, je me retrouvai en face de celui que je n'avais pas vu depuis son voyage de Toulon à Naples. Depuis ce temps, il avait perdu un œil, perdu un bras; un bandeau noir lui couvrait le front, cachant sa dernière blessure. Je vis tout cet ensemble de mutilations; un immense sentiment de pitié s'empara de moi, je ne compris qu'une récompense digne du héros que j'avais devant les yeux, j'ouvris les bras, et je me laissai aller sur son cœur en m'écriant :

— Oh! mon Dieu, est-ce possible?... Cher et grand Nelson!

J'étais tout près de m'évanouir; par bonheur, les larmes jaillirent à torrents de mes yeux, les sanglots soulagèrent mon cœur, sans quoi j'eusse étouffé.

A partir de ce moment, j'étais aussi complétement à Nelson que s'il m'eût déjà possédée.

C'était plus qu'une résignation, c'était plus qu'un dévouement, c'était plus qu'un amour, c'était une fatalité!

VII

Le roi et la reine montèrent derrière moi; ils me trouvèrent dans l'état que j'ai dit, presque évanouie sur la poitrine de Nelson, retenue contre son cœur par son bras unique. Son chapeau était tombé sur le pont, et, dans l'extase du bonheur, il tenait sa tête renversée en arrière en regardant le ciel.

Enfin, les hourras des matelots montés sur les vergues le rappelèrent à lui; il abaissa son regard sur la terre et vit ce qui s'y passait.

Il avait autour de lui le roi, la reine, les ministres, les courtisans, tous venant rendre hommage au héros d'Aboukir, comme ils fussent venus rendre hommage au dieu de la victoire lui-même.

Le roi tenait à la main une magnifique épée enrichie de diamants, ayant une valeur matérielle de cinq mille livres sterling, mais une valeur historique incalculable : c'était l'épée donnée par Louis XIV à Philippe V partant pour l'Espagne, et par Philippe V à son fils quand celui-ci était parti pour Naples.

Le roi Philippe V, en la donnant à don Carlos, lui avait dit : « Cette épée appartient au conquérant du royaume de Naples; » et don Carlos, en la léguant lui-même à son fils, avait dit : « Cette épée appartient au défenseur ou au sauveur du royaume que je t'ai conquis. »

Ferdinand regardait Nelson comme le sauveur du royaume et lui donnait le magnifique héritage de Louis XIV, venu jusqu'à lui par son grand-père et son père.

De son côté, la reine présenta au glorieux mutilé le brevet de duc de Bronte; — magnifique flatterie, puisque, Bronte étant un des trois cyclopes qui forgent la foudre, elle le nommait en réalité duc du Tonnerre.

A ce duché était attaché un revenu de trois mille livres sterling.

En outre, le roi annonça à Nelson qu'il avait l'intention de créer un ordre militaire du Mérite de Saint-Ferdinand, et lui promit le premier grand cordon de cet ordre qui serait distribué après les brevets de famille.

Pour donner à ses nobles visiteurs toute facilité de monter à bord, le *Van-Guard* avait mis en panne. Je pensai que la flatterie la plus agréable à Nelson serait de le prier de nous faire voir les cicatrices de son bâtiment, non moins mutilé que lui-même. Cette inspection le forçait de nous raconter la bataille, et, par conséquent, de nous parler de lui.

Nous commençâmes naturellement par la cabine de l'amiral. A peine y fûmes-nous entrés par la porte, qu'un petit oiseau du genre des becfigues y entra par la fenêtre, et vint se poser sur l'épaule du maître. Etonné de la familiarité de ce nouvel hôte, j'allais interroger Nelson, lorsque celui-ci jeta un cri de joie.

— Oh! dit-il, sois le bienvenu, et aujourd'hui plus que jamais, mon charmant compagnon!

Et il prit le petit oiseau dans sa main, le baisa et me le donna à baiser, puis le reposa sur son épaule, où il demeura perché sans paraître aucunement préoccupé de notre présence.

Ce que venait de dire Nelson me faisait vivement désirer d'avoir une explication sur le charmant petit animal qui semblait, lui aussi, venir complimenter le vainqueur du Nil. Je voyais la même curiosité dans les yeux de la reine, dans ceux du roi et des autres spectateurs.

— Ecoutez ce que je vais vous dire, reprit Nelson, et ne regardez point ceci pour un conte de la veillée de Noël. Ce petit oiseau, c'est mon bon génie!

— Comment cela, milord? demandai-je.

— Les anciens ne combattaient pas sans consulter les augures, assure-t-on. Moi, je ne devrais jamais combattre non plus sans consulter mon petit oiseau : c'est mon augure, à moi.

— Oh! racontez-nous cela, milord! dit la reine.

— En vérité, je ne sais si un pareil enfantillage vaut la peine d'être raconté à Votre Majesté, dit Nelson.

— Oh! oui, oui, nous écriâmes-nous simultanément, la reine et moi.

— Eh bien, madame, eh bien, milady, dans quelque pays du monde que je me trouve, lorsqu'il doit m'arriver quelque chose d'heureux ou que je dois remporter une victoire, un oiseau de cette espèce — je n'oserais pas dire que c'est le même — vient se poser sur mon épaule. Au contraire, quand il doit m'arriver un malheur, il disparaît. Ainsi, la première fois que je le vis, c'était dans l'Amérique du Nord, au Canada. Poursuivi par quatre frégates françaises, je n'avais d'autre issue qu'une passe que l'on jugeait impraticable; il vint se poser sur mon épaule. Je lançai mon brick à travers les roches, et je franchis la passe! La passe franchie, l'oiseau s'envola... Lorsqu'il y a cinq ans, je vins de Toulon à Naples, je traversais le canal d'Ischia, j'étais sur le pont, l'oiseau vint se poser sur mon épaule. Le lendemain, Sa Majesté le roi de Naples daignait me recevoir comme un ami et sir William comme un fils. La reine me donnait sa main à baiser, vous, milady, vous me disiez : « Cette maison est la vôtre, » en m'offrant un appartement à l'hôtel de l'ambassade... Au siége de Calvi, où j'ai perdu un œil, au siége de Ténériffe, où j'ai perdu un bras, je n'ai pas vu mon gentil prophète. Mais, le matin d'Aboukir, il est venu se poser sur mon épaule, et le voilà de nouveau. Il est entré en même temps que vous dans ma cabine. J'ai donc raison de dire que cet oiseau est mon bon génie. Le jour où, à la veille d'une bataille, je ne le verrai pas, je ferai mon testament; car, le lendemain, selon toute probabilité, sera mon dernier jour... Mais pardon de vous avoir entretenue d'une pareille folie! Vous le savez, madame, les marins ont des superstitions; mon cher petit oiseau en est une, et plus que jamais désormais je croirai en lui!

— Et, demandai-je à Nelson, jamais il ne s'est posé sur l'épaule d'un autre que vous?

— Jamais.

— Jamais il ne s'est laissé prendre par une autre main que la vôtre?

— Jamais... Si cependant vous essayiez...

J'allongeai la main, l'oiseau se laissa prendre. Je ne sais pourquoi j'étais toute joyeuse d'avoir quelque chose de commun avec ce héros.

Je lâchai l'oiseau, qui alla se reposer sur l'épaule de Nelson.

— Ah! madame, dis-je à la reine, essayez donc à votre tour.

La reine allongea la main; mais le becfigue jeta un petit cri d'effroi, s'envola vers la fenêtre et disparut.

Nelson tenait ma main, il la serra. Je ne pus m'empêcher de lui répondre en serrant la sienne.

Cet incident, auquel je pensai si souvent depuis, nous détourna pendant quelques instants de la visite que nous avions commencée; nous la reprîmes dans tous ses détails. En comptant les trous des boulets qui avaient criblé la carène du *Van-Guard*, on se demandait comment le bâtiment n'avait point coulé à fond, et comment tout l'équipage, depuis le premier jusqu'au dernier homme, n'avait pas été tué.

Il était une heure. Il fallait au moins deux heures et demie pour regagner Naples; puis nous avions le *Te Deum* à entendre. Sir William, qui avait commandé un dîner digne d'Apicius, craignit pour son dîner, et avertit le roi qu'en restant plus longtemps à bord du *Van-Guard*, on risquait de manger tout froid ou tout brûlé.

Le roi Ferdinand était très-sensible à ces sortes d'observations; il dit deux mots à la reine, laquelle invita Nelson à passer à bord de la galère capitane.

C'était au tour de l'amiral Caracciolo de faire les honneurs de la galère. Il vint se mettre au bas de l'escalier du *Van-Guard*, reçut le roi, la reine et moi d'abord; puis le prince royal et sa sœur, sur laquelle avec ou sans intention, on me donnait presque toujours le pas; puis les ministres, les ambassadeurs, les grands officiers, tous ceux enfin qui faisaient partie de la galère capitane, plus Nelson.

L'échange de politesses entre les deux amiraux fut court et froid. Caracciolo, d'ailleurs, ne parlait point anglais, pas plus que Nelson ne parlait l'italien. Il fit à son collègue un compliment sur le combat des bouches du Nil; Nelson, ne pouvant répondre, sourit et salua.

On mit le cap sur Naples. Caracciolo remonta sur son banc de quart. La reine fit asseoir Nelson entre elle et moi.

A peine eût-on vu des forts que la flottille se détachait du *Van-Guard* et reprenait la route de Naples, que les canons recommencèrent à tonner et les cloches à faire retentir leurs plus joyeux carillons.

Au moment où Nelson avait mis le pied à bord de la galère, la musique, sur un signe de Cimarosa, avait entonné le *God save the King*, magnifique chant, comme on sait, commandé par Louis XIV à Lully pour faire honneur à Jacques II, exilé à Saint-Germain en Laye, Nelson, simple fils d'un pasteur de Burnham-Thorpes, qui n'avait jamais mis le pied à la cour, et, selon toute probabilité, n'avait jamais parlé à un roi, à une reine, ni même à un prince, était enivré, presque fou. Mes yeux, qui ne cherchaient point à lui cacher tout l'intérêt qu'il avait fait naître en moi, achevaient de porter le trouble dans son esprit.

Ce retour vers Naples semblait une résurrection des théories antiques, alors que rentrait vainqueur à Athènes Miltiade ou Thémistocle.

Mais ce fut bien mieux encore quand on se rapprocha de la terre; quand Nelson pût voir le môle, les quais, les plates-formes des tours, les terrasses des maisons, couverts de spectateurs; quand il put entendre les acclamations, les vivats, les hourras de la foule; quand l'artillerie redoubla ses salves, quand les cloches redoublèrent leurs volées; enfin quand Naples tout entière, cette ville si bruyante dans tous les temps, tripla, quadrupla, quintupla les bruits de toute espèce qui, dans les occasions extraordinaires, sont l'expression de la joie ou de la colère de ses cinq cent mille habitants!

Encore affaibli de sa dernière blessure deux ou trois fois il pâlit visiblement et parut près de se trouver mal.

Avant de quitter la galère capitane, sur la prière de la reine, j'invitai l'amiral Caracciolo à venir prendre sa part de la fête que nous donnions à son collègue anglais l'amiral Nelson; mais, soit que le prince napolitain nous regardât comme de trop mauvaise compagnie pour lui, soit que vraiment son excuse fût réelle, il me répondit, avec beaucoup de courtoisie au reste, que, la nuit menaçant d'être mauvaise et le port de Naples étant de médiocre sûreté, il devait veiller lui-même à l'ancrage des bâtiments de Sa Majesté Britannique, qui, déjà fort maltraités par le combat, n'auraient peut-être plus assez de force pour lutter contre la tempête.

Bonne ou mauvaise, j'acceptai cette explication; mais, comme sa sœur et sa nièce Cecilia étaient invitées au bal qui devait suivre le dîner, je lui dis que j'espérais, au moins, avoir le plaisir de leur compagnie; ce à quoi, toujours avec la même courtoisie, mais aussi avec la même froideur, l'amiral répondit que, depuis trois jours, sa sœur était tellement indisposée, qu'il lui était impossible de quitter la chambre, et qu'à son grand regret, elle se trouvait ainsi empêchée de se rendre à mon invitation.

J'avais reçu la première excuse avec sang-froid et le sourire sur les lèvres; mais, au second refus, je ne pus retenir un mouvement d'impatience.

La reine le remarqua et s'approcha de nous.

—Le prince Caracciolo, dit-elle, est trop gentilhomme pour vous avoir fait une réponse discourtoise, chère Emma; et cependant il semblerait, à l'air de votre visage, que vous auriez à vous plaindre de lui.

Au lieu de s'empresser de répondre et de se justifier, l'amiral me laissa le temps de prendre la parole.

— Non, madame, répliquai-je, ce n'est point de l'amiral que j'ai à me plaindre; c'est de la fatalité.

— Vous savez, chère Emma, que je n'aime pas les énigmes; ainsi, expliquez-vous, je vous prie, reprit-elle avec cet accent qui indiquait chez elle le commencement d'une tempête.

— Sans doute, madame : c'est la fatalité qui fait que nous serons privés du plaisir de recevoir Son Excellence, parce que le temps, qui est magnifique à cette heure, menace d'être mauvais cette nuit. Et ce n'est point une fatalité moindre qui a voulu que la sœur de M. l'amiral, le jour même où elle a reçu notre invitation, fût atteinte d'une indisposition assez grave pour la forcer de garder la chambre; ce qui force la charmante Cecilia, en bonne fille qu'elle est, à rester auprès de sa mère. Si bien que, par cette double fatalité, les fêtes qui vont être données en l'honneur d'un amiral, et d'un amiral vainqueur des Français, se passeront sans que nous ayons, pour lui faire honneur, une seule personne de la famille de l'illustre amiral Caracciolo, et sans que M. l'amiral lui-même puisse, au nom de la marine napolitaine, porter un toast à la marine anglaise.

La reine devint très-pâle et son sourcil se fronça.

— Prenez garde, monsieur l'amiral! dit-elle; les personnes qui auront trouvé des excuses bonnes ou mauvaises pour ne point assister aux fêtes de l'ambassadrice d'Angleterre, ne seront point invitées à celles que donnera la reine de Naples.

— Madame, répondit Caracciolo sans s'émouvoir, l'indisposition de ma pauvre sœur s'est déclarée avec une telle intensité, que, ces fêtes durassent-elles un mois, je doute que, même dans un mois, elle soit assez bien remise pour y prendre part.

Le roi s'impatientait, ignorant quel était l'objet de cette longue conversation avec son amiral; et Nelson, me voyant rouge de honte et voyant la reine pâle de colère, s'approchait de nous avec inquiétude.

La reine, pour épargner à Nelson toute explication qui eût pu le blesser, et à moi toute humiliation qui eût pu me faire perdre de la considération à ses yeux, m'entraîna vivement en disant :

— Viens, Emma! viens! La santé de la sœur du prince nous intéresse tellement, que, tous les jours, nous enverrons prendre de ses nouvelles, jusqu'à ce que nous sachions qu'elle va mieux.

— C'est une attention qui lui sera d'autant plus précieuse, madame, répondit le prince, que, ne sachant point comment elle a pu la mériter, elle y verra une faveur toute particulière de Votre Majesté.

L'amiral prononça ces derniers mots avec une si respectueuse politesse, que la reine, qui n'acceptait pas facilement la dernière réplique de la part d'un adversaire quel qu'il fût, ne trouva pas un mot à répondre et s'éloigna en m'entraînant.

J'avoue que je la suivais les larmes aux yeux et le cœur percé. Comme ces triomphateurs romains qui entendaient, au milieu du triomphe, l'esclave leur crier qu'ils étaient mortels, au milieu de mon triomphe, une voix venait de me crier : « Favorite de la reine! ambassadrice d'Angleterre! milady Hamilton! souviens-toi du lit d'Apollon et du trottoir de Hay-market! »

On n'attendait que la reine pour débarquer. Quoique je fusse appuyée à son bras, au lieu qu'elle le fût au mien, ce qui était le signe de la plus grande faveur, je traversai la tête basse les rangs de ces courtisans qui m'enviaient. J'avais le sourire sur les lèvres et la mort dans l'âme!

Je n'avais jamais haï, je n'avais jamais désiré me venger de personne; mais, à partir de ce moment, je sentis comme un double serpent la haine et le désir de la vengeance se glisser dans mon cœur.

Enfin on débarqua. Les voitures royales et celles de l'ambassade attendaient devant l'arsenal. L'amiral Nelson monta dans la première avec le roi, la reine et moi; le prince héritier et la princesse royale firent les honneurs de la seconde à sir William. Chacun se plaça à volonté dans les autres voitures, non point cependant sans qu'il s'élevât quelques discussions d'étiquette.

L'ordre était donné aux cochers de se rendre à l'église Sainte-Claire, où le *Te Deum* devait être chanté par le cardinal-archevêque de Naples, Mgr Capece Zurlo, assisté du cardinal Fabrizzio Ruffo, dont j'ai déjà eu occasion de parler, et qui, sans s'en douter, et sans que personne s'en doutât, approchait de l'époque où il devait jouer un si grand rôle.

Mais cet ordre de se rendre à l'église Sainte-Claire était un ordre plus facile à donner par les maîtres qu'à suivre par les serviteurs : les rues étaient tellement encombrées de monde, et les voitures entourées d'une si incroyable multitude, qu'elles semblaient des chaloupes enveloppées des vagues de la mer et secouées par la houle. Autant la reine était peu populaire, autant, au contraire, le roi l'était. Jamais, lorsqu'il sortait, aucune troupe, aucun gendarme, aucune garde quelle qu'elle fût, ne s'interposait entre lui et la population. Le dernier lazzarone pouvait arriver jusqu'à lui, le toucher, lui parler, lui demander de ses nouvelles, s'informer quand il vendrait son poisson à Mergellina, ou mangerait son macaroni à Saint-Charles; et, comme on le comprend bien, cette race si familière profitait de la permission dans toute son étendue, et il était rare, dans les solennités du genre de celle-ci, que le roi n'eût pas trois ou quatre lazzaroni sur le siége de devant de sa voiture avec le cocher, autant sur le siége de derrière avec les laquais, et autant encore sur les marchepieds en guise de pages.

Nelson n'en revenait pas; habitué comme il l'était à la majestueuse dignité des souverains de la Grande-Bretagne et du calme et froid enthousiasme du peuple de Londres, ces bruyantes explosions méridionales lui donnaient le vertige. Au reste, en ce moment, le roi et la reine ne jouaient dans son esprit, et surtout dans son cœur, qu'un rôle secondaire. Assis en face de la reine, comme j'étais assise en face du roi, il s'était emparé de ma main droite, et il la serrait avec des frissonnements fiévreux qui indiquaient le trouble de son âme et me disaient quelles émotions violentes faisaient monter le sang à son cœur.

Nous mîmes plus d'une heure, j'en suis sûre, pour aller du quai jusqu'à Sainte-Claire. Le *Te Deum* dura ensuite une demi-heure et le retour trois quarts d'heure, à peu près. Enfin, nous atteignîmes le palais de l'ambassade d'Angleterre; il était temps : j'étais brisée de fatigue, d'émotion et surtout de colère!

VIII

L'immense portique du palais Calabrito avait été transformé en un arc de triomphe, de chaque côté duquel s'élevaient des mâts avec des bannières portant le nom de Nelson. Jusqu'au premier étage, l'escalier offrait littéralement une voûte de lauriers et de fleurs.

Un dîner de quatre-vingts couverts était servi dans la galerie des tableaux. Au dessert, les cent vingt musiciens de l'orchestre de Saint-Charles sonnèrent tous ensemble l'air du *God save the king*, interrompu par une voix merveilleuse chantant les couplets.

Un dernier couplet avait été composé en l'honneur de Nelson.

Le voici :

> Join we in great Nelson's name,
> First on the rolls of fame;
> Him let us sing.
> Spread we his fame around,
> Honor of British ground,
> Who made Nile's shore's resound.
> God save the king!

On comprend avec quel enthousiasme ce couplet fut reçu. Le roi, la reine, le prince royal et tous les convives l'écoutèrent debout, et les cris de « Vive Nelson! vive le vainqueur du Nil! vive le sauveur de l'Italie! » éclatèrent d'abord dans les bouches royales et furent ensuite répétés par tous les convives.

Comment n'eussé-je point été enivrée par toutes ces louanges, par toutes ces fumées, par tous ces encens! Non! je le dis hautement, poussée comme je l'étais par la reine, presque autorisée par le silence de sir William, qui ne fit rien pour me soutenir, je ne pouvais éviter une nouvelle chute; nulle femme à ma place n'eût eu la force de résister.

Aussi a-t-on dit que je m'étais donnée dès le premier jour, presque à la première vue. C'est une calomnie comme il en a été tant répandu sur mon compte. Par malheur, le passé était loin de me défendre contre les malveillants! En réalité, ce fut seulement plus de six mois après que je laissai entendre, par une lettre, à Nelson éloigné de moi, que *je pourrais* répondre à son amour.

Et, en preuve de ce que je dis, je citerai deux lettres de Nelson.

La première est du 24 octobre 1798, un mois après l'entrée de Nelson à Naples; elle prouvera qu'il n'existait encore absolument rien entre nous.

« *Van-Guard*, off Malte.

« Chère madame,

« Nous voici arrivés après une longue traversée.

« Tout est comme je l'avais soupçonné. Les ministres de Naples ne savent absolument rien de la position où se trouve cette île. Il n'y a pas une maison ni un bastion de Malte qui soit dans la possession des insulaires, et le marquis de Nizza m'a dit qu'ils avaient le plus grand besoin de munitions, d'armes, de vivres, de secours enfin. Il ne sait pas s'il y a des officiers napolitains dans l'île, et, quoique j'aie une liste de leurs noms, ils ne sont point encore arrivés. Ce que m'a affirmé le marquis de Nizza et ce qu'il y a de certain, c'est qu'aucun secours n'a été envoyé par les gouverneurs de Messine et de Syracuse.

« Cependant, je veux tout savoir. A peine le marquis sera-t-il parti demain matin, que je m'informerai. Il me dit qu'il désire ardemment servir sous mon commandement. Je le crois, du moment où il consent à changer de bâtiment. Nous verrons, au reste, comment il se pliera à notre discipline.

« Ball, après mon départ, aura la conduite du blocus. Je dis : après mon départ; attendu qu'il semble à la cour des Deux-Siciles que ma présence soit nécessaire à Naples vers le commencement de novembre.

« J'espère qu'il en sera ainsi. Toutefois je sens que mon devoir m'appelle en Orient; quoique la flotte française ait été détruite en Egypte, je ne suis pas sûr que l'armée ne reviendra jamais en Europe.

« Mais, avant tout, mon but est de servir et de sauver le royaume des Deux-Siciles, et de faire ce que Leurs Majestés Siciliennes *désireront que je fasse, fût-ce contre mon opinion*, quand je viendrai à Naples et que le pays sera en guerre. Je compte avoir sur ce point une conférence positive avec le général Acton.

«Je suis certain que vous me rendez justice, et que la reine sera bien convaincue que mon seul désir est de mériter son approbation.

« Que Dieu vous protége, vous et sir William, et croyez-moi pour toujours, avec le plus affectueux respect, votre obligé et fidèle ami,

« HORATIO NELSON. »

Personne, je l'espère, ne reconnaîtra dans cette lettre une seule parole qui ne soit pas d'un ami, d'un ami tendre, plein de dévouement, mais qui n'est encore qu'un ami.

Certes, je ne me trompais pas, ni la reine non plus, sur ce grand dévouement de Nelson pour elle et son mari. Si Nelson revenait à Naples, c'était pour m'y voir; s'il n'allait pas en Orient, où son devoir l'appelait, c'était pour ne pas s'éloigner de moi. Et ses prévisions sur l'Orient étaient si vraies, que, s'il ne fût point resté à Naples, peut-être, lorsque le général Bonaparte s'embarqua, le 22 août 1799, pour revenir en France, eût-il empêché ce retour, qui changea la face de l'Europe. Mais, le 22 août 1799, il était près de moi à Palerme, et je doute qu'il m'eût quittée un jour, même avec la certitude de prendre Bonaparte.

Voici la seconde lettre dont j'ai parlé; Nelson sait déjà que je l'aime, mais il n'a d'autre preuve de cet amour que ce que je lui en ai dit ou écrit :

« 12 mai 1799.

« Chère lady Hamilton,

« Recevez mes sincères remercîments pour votre excellente lettre. Personne n'écrit comme vous; ne me dites donc jamais que vous n'écrivez pas bien, attendu que, si vous prétendez cela, je vous répéterai à mon tour ce que parfois vous m'avez dit dans votre bonté : *You l-e* (1)! Non, je sais lire et comprends parfaitement toute parole que vous écrivez.

« Nous avons porté un toast à votre santé et à celle de sir William. Troubridge, Louis Hallowell, et le nouveau capitaine portugais dînaient ici. Je serai bientôt à Palerme, car l'affaire qui m'en éloigne ne tardera point à être arrangée.

« Croyez que personne plus que moi n'est sensible à votre bonté.

« Votre obligé et reconnaissant,

« H. NELSON. »

On le voit, ce n'est point là encore le langage d'un amant. Au reste, je n'aurai besoin de rien dire à mes lecteurs; ils apprécieront eux-mêmes la différence du style.

Et l'on ne dira pas que c'était froideur de la part de Nelson; car, dans toutes ses lettres, soit à l'amiral Saint-Vincent, soit même à sa femme, il parlait de moi. Les termes dans lesquels il en parlait donnèrent même des soupçons à lady Nelson, et je fus obligée, pour calmer ces soupçons, de lui écrire moi-même.

IX

Quelques jours après la réception royale faite à Nelson, le citoyen Garat, sous prétexte qu'il venait d'être nommé membre du conseil des Cinq-Cents, quitta Naples avec tout le personnel de l'ambassade française. Mais, au grand étonnement de tous, la France, au lieu de saisir cette occasion de faire la guerre à Naples, dévora l'affront, et, en remplacement du citoyen Garat, envoya le citoyen Lacombe Saint-Michel.

Cette indifférence affectée pour une pareille insulte prouvait que la France n'était pas en état de faire la guerre, et redoubla la hardiesse de la reine.

A force de sacrifices de toute espèce, le royaume de Naples était arrivé à avoir

(1) *You love*, je vous aime.

une armée de 65,000 hommes, tandis que tous les rapports s'accordaient à dire que les Français n'avaient pas à Rome plus de 10,000 hommes, et que ces dix mille hommes manquaient de pain, d'habits, de chaussures, n'étaient point payés depuis trois mois, n'avaient pour toute artillerie que neuf pièces de canon sans munitions, et ne possédaient que 180,000 cartouches en tout.

Le roi et la reine étaient d'accord dans leur haine contre les Français; seulement, le roi voulait attendre pour les attaquer que l'empereur les attaquât lui-même, et l'empereur entendait ne commencer la guerre qu'avec les 40,000 Russes que lui avait promis le czar Paul.

La reine voulait, elle, au contraire, attaquer les Français sans perdre un instant. Avec ses 65,000 hommes, elle était sûre de reconquérir les Etats romains, et, une fois Rome reconquise, tous les peuples de l'Italie qui, selon elle supportaient avec impatience le joug des Français, se soulèveraient et les chasseraient de la Péninsule.

Dans ces circonstances, je fus chargée par la reine d'une mission secrète auprès de Nelson. — Nelson, comme la reine, était pour la guerre immédiate. — Il s'agissait d'obtenir de lui qu'il écrivît à sir William et à moi une prétendue lettre confidentielle que sir William communiquerait au roi.

Nelson, brave soldat, était un médiocre politique, et encore un plus médiocre écrivain; les quarante ou cinquante lettres qu'il m'a écrites dans sa vie brillent plus par la franchise que par le style. Nelson consentit à écrire la lettre, mais à la condition qu'on lui donnerait une copie et qu'il n'aurait qu'à la suivre.

C'était ce qu'eût demandé la reine si elle eût osé.

Le projet de lettre fut rédigé entre le capitaine général Acton, sir William Hamilton et la reine. Je la remis à Nelson, et, le lendemain, je reçus, adressée à moi, la lettre suivante, qui n'était autre qu'une transcription de la lettre rédigée, comme je l'ai dit, par le triumféminavirat qui gouvernait Naples.

« Naples, 3 octobre 1798.

« Ma chère madame,

« L'intérêt que vous et sir Williams avez toujours montré pour le bonheur du royaume des Deux-Siciles et des souverains qui le gouvernent m'est démontré depuis cinq années, et je puis vraiment dire que, dans toutes les occasions qui se sont présentées, et elles ont été nombreuses, je n'ai pas manqué, de mon côté, de manifester mon amour pour le bien de ce pays. En raison de cet attachement, je ne puis rester spectateur indifférent de ce qui s'est passé et de ce qui se passe dans le royaume des Deux-Siciles, non plus que des malheurs que, sans être un homme politique, je vois prêts à fondre sur ce royaume; et cela, par la pire de toutes les politiques, par la politique de l'expectative. Depuis mon arrivée dans ces mers, j'ai reconnu que les Siciliens étaient un peuple loyal et fidèle à ses souverains, ayant la plus grande aversion des Français et de leurs principes; depuis que je suis à Naples, tous les rapports qui me parviennent et tout ce que j'observe me prouve que le peuple napolitain aspire à entrer en guerre contre les Français, lesquels, comme chacun le sait, préparent une armée de voleurs pour mettre à sac ces contrées, et détruire la monarchie. Ayant cette conviction, et, sachant que Sa Majesté Sicilienne a, de son côté, une armée prête à entrer en campagne, — et cela dans un pays que l'on m'affirme être désireux de la recevoir, ce qui offrirait l'avantage, au lieu d'attendre la guerre chez soi, de la transporter dans une contrée éloignée, — je m'émerveille que cette armée ne soit pas encore sur la route de Rome.

« Je crois que l'arrivée du général Mack décidera le gouvernement à ne pas perdre un des moments les plus favorables que la Providence ait jamais mis à sa disposition; car, s'il attend que le royaume soit envahi, au lieu d'envahir lui-même les Etats romains, il n'est pas besoin d'être prophète pour dire que ce royaume est ruiné et la monarchie détruite. Si le roi persiste dans ce désastreux système de temporisation, je vous recommande de vous tenir prête à vous embarquer à la première mauvaise nouvelle, avec tout ce que vous avez de plus précieux; ce sera alors à moi de pourvoir à votre sûreté, en même temps qu'à celle de notre aimable reine et de sa famille. J'ai lu avec admiration la noble et incomparable lettre écrite par sir William en septembre 1796; puissent les conseils de ce royaume être toujours guidés par de pareils sentiments de dignité, d'honneur et de justice, et puissent les paroles du grand William Pitt, comte de Graham, être bien comprise des ministre de ce pays.

« Les mesures courageuses sont celles qui sauvent.

« C'est le vœu de celui qui se dit, de

Votre Seigneurie, le très-obéissant et très-fidèle serviteur.

« HORATIO NELSON. »

Une phrase de cette lettre de Nelson doit être, par ma faute, inintelligible pour le lecteur. J'ai oublié de dire que la reine avait demandé, à son neveu, l'empereur d'Autriche, le général Mack pour commander en chef son armée, et que l'empereur le lui avait accordé.

Cette lettre produisit sur Ferdinand l'effet qu'on en attendait; cependant, contre son habitude, il tint ferme sur un point : c'était de ne se mettre en campagne qu'en même temps que l'empereur.

En conséquence, il fut convenu que le roi écrirait à son neveu une lettre dans laquelle il le mettrait au pied du mur; cette lettre, tout entière de sa main, fut expédiée par le courrier Ferrari, auquel il était enjoint de remettre la lettre à l'empereur lui-même, et de rapporter la réponse directement au roi Ferdinand.

Mas, avant son départ, Ferrari avait reçu mille ducats de la reine, avec ordre, au contraire, de repasser par Caserte, à son retour, et de remettre à elle-même la réponse de l'empereur au lieu de la remettre au roi.

Ferrari recevrait deux autres mille ducats en remettant la lettre à la reine, qui s'engageait à la lire seulement et à la replacer sous son enveloppe.

C'était payer largement une bien petite trahison; aussi Ferrari n'hésita-t-il point. D'ailleurs, il savait qu'en réalité, c'était la reine qui régnait sous le nom de son mari, et cela le tranquillisait fort sur les dangers qu'il aurait à courir au cas où cette trahison viendrait à être connue.

Ferrari partit; on calcula le temps qu'il lui fallait pour remplir sa mission : si l'empereur d'Autriche n'apportait aucun retard à sa réponse, c'était une affaire de onze ou douze jours.

Le général Mack arriva le 8 octobre à Caserte; le jeudi, il fut invité à dîner avec le roi et la reine. Nous reçûmes, sir William et moi, une invitation officielle pour ce jour-là. Leurs Majestés accueillirent le général avec les plus grandes marques d'estime, et la reine, en le présentant à Nelson, lui dit :

— Le général Mack est sur terre ce que mon héros Nelson est sur mer.

Le compliment n'était point flatteur et la comparaison manquait de justesse. A Toulon, à Calvi, à Téneriffe, sans obtenir des avantages décisifs, Nelson s'était glorieusement conduit; à Aboukir, il avait fait preuve non-seulement d'héroïsme, mais encore de génie.

Mack, au contraire, partout où il s'était mesuré avec les Français, avait été battu par eux, et, malgré cela, il avait conquis en Europe, on n'a jamais su pourquoi, la réputation d'un des plus grands stratégistes de l'époque.

Si bonne idée que les autres eussent de Mack, elle ne pouvait se comparer à celle que Mack avait de lui-même. Je n'ai jamais vu une fatuité plus formidable que celle-là ; il n'admettait pas un seul instant la supposition qu'il pût être battu, ni même que les Français pussent faire résistance.

J'avoue que cette outrecuidance me fut antipathique, au premier mot que j'eus l'honneur d'échanger avec l'illustre général.

Le temps marchait, et Ferrari galopait. Le dixième jour après son départ, sir William suggéra au roi une partie de chasse à Persano, et, sir William et le roi absents pour trois jours, la reine, le général Acton et moi allâmes nous établir à Caserte.

Le lendemain, vers sept heures du soir, Ferrari arriva. Il était porteur de la lettre de l'empereur d'Autriche.

Acton, sur un sceau d'une lettre de François II, avait fait faire un cachet pareil au cachet impérial; il n'y avait donc pas à s'inquiéter de ce côté-là : on amollirait la cire, on décachetterait la lettre ; si elle était telle qu'on la souhaitait, on la remettrait intacte dans l'enveloppe que l'on recachetterait tout simplement; si la lettre, au contraire, ne secondait pas les désirs de la reine, on aviserait.

L'empereur annonçait positivement à son oncle qu'il ne se mettrait en route que quand Souvorof et ses 40,000 Russes seraient arrivés, et il ne comptait guère qu'ils arrivassent avant le mois d'avril 1799.

Il invitait donc Ferdinand à calmer son impatience et à faire comme lui, à attendre jusque-là. Attaqués à la fois par 150,000 Autrichiens, par 40,000 Russes et par 65,000 Napolitains, il était évident que les Français seraient forcés d'évacuer l'Italie; et qui pouvait dire — Bonaparte et ses 30,000 hommes étant confinés en Egypte — où s'arrêterait la marche triomphale de l'armée austro-russe !

Pas avant Paris, selon toute probabilité.

Mais la reine était une joueuse trop pressée pour attendre que le temps lui mît aux mains de si belles cartes, et le projet arrêté entre elle et le capitaine général Acton fut mis à exécution.

Fils d'un médecin irlandais, Acton, je

l'ai déjà dit, était un habile chimiste; avec une mixture préparée d'avance, il enleva l'encre de la lettre en ne laissant que la signature; puis, au lieu du refus de marcher, dans ce moment du moins, si positivement exprimé par l'empereur, il écrivit une promesse formelle de se mettre en campagne aussitôt que Ferdinand aurait passé la frontière romaine.

Puis la lettre fut recachetée, rescellée du sceau de l'empereur, et remise à Ferrari, qui la porta alors à Persano et la remis aux mains du roi, en lui affirmant qu'il était le premier qui la touchât depuis qu'il l'avait reçue des augustes mains de l'empereur.

Le roi, qui était à table en compagnie de sir William, décacheta la lettre, la lut, et, avec une satisfaction visible, la passa à sir William.

mon mari, comme on le sait, était du complot; il ne fut donc nullement étonné de cette réponse favorable; seulement, il en félicita le roi Ferdinand en lui disant :

— Vous le voyez, sire, Sa Majesté l'empereur est exactement du même avis que Sa Grâce lord Nelson. Il n'y a pas un instant à perdre.

Et, en effet, il fut décidé que le général Mack envahirait les Etats romains sans autres retards que ceux qu'exigeraient les préparatifs de la mise en campagne.

On était arrivé aux premiers jours de novembre.

X

La guerre consentie par Ferdinand, restait une affaire plus grave à traiter : c'était d'obtenir qu'il se mît à la tête de son armée et fît cette guerre en personne.

Le roi, je l'ai dit, était loin d'être brave, et, si j'ai été longtemps aveuglée sur le compte de la reine, je ne l'ai jamais été sur celui du roi, que Caroline a toujours pris soin, du reste, de me faire voir sous son véritable jour.

Les négociations furent longues; mais la reine et sir William firent valoir près de Ferdinand qu'il s'agissait pour lui, non pas seulement de combattre les Français et de soutenir la légitimité, deux choses fort louables, mais encore, une fois dans les Etats romains, de voir, en sa qualité de libérateur, quelle serait sa part dans la division du patrimoine de saint Pierre.

Le roi consentit enfin.

Comme on n'attendait que ce consentement, l'armée fut aussitôt divisée en trois corps. 22,000 hommes furent envoyés à San-Germano; 16,000 dans les Abruzzes; 8,000 dans la plaine de Sessa; 6,000 s'enfermèrent dans les murs de Gaete, et quelques bâtiments de transport se tinrent prêts à conduire 10,000 hommes en Toscane, accompagnés par l'escadre de Nelson.

Ces 10,000 hommes étaient destinés à couper la retraite des Français quand le général Mack les aurait battus.

Les trois corps d'armée, chose curieuse, furent mis sous le commandement de trois étrangers : Mack, général en chef, et Micheroux et Damas, généraux de division; le premier, on le sait, était Autrichien; les deux autres, Français.

52,000 hommes étaient prêts à entrer dans les Etats romains.

Au reste, comme l'avait jugé l'amiral Nelson, le moment était bien choisi pour attaquer les Français.

Le Directoire, prévenu par le citoyen Garat des intentions hostiles de la cour de Naples, avait cherché tous les moyens de faire face à cette agression; il avait détaché ce qu'il avait pu d'hommes de l'armée de la République cisalpine, les avait envoyés à Rome, et en avait donné le commandement à Championnet.

Championnet n'avait eu, jusque-là, que des commandements secondaires, et, par conséquent était encore peu apprécié et peu connu. Son commandement de Rome, sa conquête de Naples, le rendirent célèbre.

On assure qu'au moment où il quittait la France, et où, en récompense de ses anciens services, il recevait ce nouveau commandement, le directeur Barras lui posa la main sur l'épaule et lui dit :

— Pars pour l'Italie, général, et je te donne ma parole que tu seras chargé de détrôner le premier roi qui encourra la colère de la République.

Championnet partit de Paris et arriva à Rome dans cette espérance.

Mais, à Rome, il trouva l'armée française dans l'état que j'ai dit, sans pain, sans souliers, sans habits, sans solde, n'ayant que neuf canons et 180,000 cartouches.

Avec le renfort reçu de la Cisalpine, cette armée se composait de quatorze à quinze mille hommes.

Le 22 novembre, le roi lança le fameux manifeste signé du prince Pignatelli Belmonte, et adressé au chevalier Priocca, ministre du roi de Piémont Charles-Emmanuel II.

Comme tous les actes qui émanaient du roi, celui-ci avait été rédigé par la reine, le capitaine général et sir William Hamilton.

Aujourd'hui que dix ans se sont écoulés, que les préventions ont disparu, que les haines sont éteintes, cette pièce m'apparaît sous son véritable caractère, c'est-à-dire comme un appel à l'assassinat ; et cependant, à Caserte, le 20 novembre 1798, lorsque le manifeste passa entre mes mains, j'y applaudis comme les autres !

Ce brûlot lancé, il n'y avait plus qu'à se mettre en campagne.

La reine avait fait faire pour son mari un magnifique uniforme de général, et nous visitâmes successivement les camps de Sessa et de San-Germano pour montrer le roi à ses soldats.

Ces promenades militaires, les acclamations qu'elles soulevaient, les cris de « Vive le roi ! Mort aux Français ! » finirent par monter la tête au roi Ferdinant, qui nous quitta en faisant à la reine toute sorte de promesses guerrières.

Je dois à la vérité de dire que, malgré ces promesses, la reine fut peu persuadée, et cependant, si mauvaise que fût l'opinion qu'elle avait de son mari, elle était loin de se douter de la surprise que l'avenir lui réservait.

Nous revînmes à Caserte, et le roi, à la tête de son armée, marcha vers la frontière romaine.

Le 24, cette armée déboucha par trois points sur le territoire pontifical.

L'aile droite, côtoyant l'Adriatique, passa le Tronto, chassa d'Ascoli une faible avant-garde française qui s'y trouvait, et prit la direction de Ponte-di-Fermo.

Le centre descendit les Apennins par Aquila et s'avança sur Rieti.

Enfin, l'aile gauche, où se trouvaient Mack et le roi, passa le Garigliano sur trois colonnes, — à Isola, à Ceprano, à Sant'Agata, — et marcha directement sur Rome par les marais Pontins, Valmontone et Frascati.

Le jour même où l'armée napolitaine atteignait la frontière des États romains, le général Championnet recevait du Directoire un ordre qui lui enlevait trois mille hommes pour renforcer la garnison de Corfou.

Peut-être, vu l'urgence, Championnet eût-il pu ne pas obéir à cet ordre.

Il donna les trois mille hommes, et resta avec douze mille à peu près.

Mais, en même temps, il fit tirer le canon d'alarme au château Saint-Ange, battre la générale dans toute la ville, et prit à la hâte toutes les mesures nécessaires pour faire face à un péril qui tombait sur lui avec la rapidité d'une avalanche.

Nous recevions tous les jours des messages du roi ; ces messages nous tenaient au courant de sa marche triomphale.

Le 30 novembre, dans la nuit, nous reçûmes la nouvelle que le roi avait fait, la veille, son entrée dans Rome au milieu d'acclamations frénétiques ; on avait dételé sa voiture, et le peuple l'avait porté en quelque sorte dans ses bras jusqu'au palais Farnèse.

La lettre du roi nous annonçait que le général Championnet avait quitté Rome, laissant cinq cents hommes au château Saint-Ange, et qu'en défendant à l'officier qui les commandait de se rendre sous aucun prétexte, il lui avait engagé sa parole d'être de retour à Rome avant vingt jours.

Bien entendu, cette promesse égayait fort le roi et surtout le général Mack.

Ferdinand ajoutait, dans un post-scriptum, que le peuple égorgeait les patriotes et pillait leurs maisons ; lui-même avait fait fusiller deux Napolitains, les frères Corona, dont l'un avait été ministre de la République romaine.

Tout allait donc pour le mieux.

Aussi la reine ordonna-t-elle qu'un *Te Deum* fût chanté dans toutes les églises de Naples, que l'on tirât le canon en signe de triomphe, et que la ville fût illuminée.

Ces ordres, il faut le dire à la louange des Napolitains, furent reçus et exécutés avec enthousiasme.

XI

On se rappelle qu'un détachement de huit à dix mille hommes devait, sous le commandement du général Naselli, partir pour Livourne sur des bâtiments de transport.

Le 22 novembre, en effet, ce détachement sortit du port de Naples, sous la protection du *Van-Guard*, monté par Nelson, du *Culloden*, du *Minotaure*, de l'*Alliance*, de la *Bonne-Citoyenne* et du cutter *Flora*, ainsi que de l'escadre portugaise.

Vaisseaux de guerre et bâtiments de transport arrivèrent à Livourne dans l'après-midi du 28 novembre. Les ministres anglais et napolitains vinrent aussitôt faire leur visite à l'amiral. Le général Naselli somma la ville de se rendre, ce qu'elle fit à huit heures du soir.

La sommation avait été faite conjointement par le général Naselli et le vice-amiral Nelson.

Naselli prit possession de la ville, mais Nelson resta sur son bâtiment.

D'ailleurs, Nelson était trop amoureux pour demeurer longtemps éloigné de moi; aussi, le 30 novembre, quittait-il Livourne, et, le 5 décembre, était-il à Naples.

Le 6 au matin, il écrivait au capitaine général Acton une lettre dans laquelle se trouvait le paragraphe suivant que le ministre se hâta de nous faire lire.

Nelson ne voyait pas les choses sous un jour aussi riant que le roi de Naples.

« Voici en quelques mots l'état du pays et la situation des choses, disait-il. L'armée du roi est à Rome; Civita-Vecchia est prise; mais il est resté dans le château Saint-Ange 500 Français. Le général Championnet est à la tête de 13,000 hommes et attend les Napolitains dans une très-forte position, à Civita-Castellana. Le général Mack marche contre lui avec 20,000 hommes. L'événement, à mon avis, est douteux et va décider immédiatement du sort de Naples. Si Mack est défait, en vingt jours le pays est perdu. L'empereur n'a pas fait bouger un homme de son armée, et, sans le secours de l'empereur, ce pays n'est point capable de résister aux Français; seulement, ce n'est pas son choix, c'est la nécessité qui a forcé le roi de Naples à sortir de son royaume et à ne pas attendre que les Français, ayant rassemblé leurs forces, le chassassent en une semaine de Naples. »

Nous recevions en même temps de Rome des avis analogues. Seulement, le roi nous annonçait la marche de Mack sur Civita-Castellana, non point avec 20,000 hommes, mais avec 40,000, et il nous semblait impossible qu'une pareille supériorité numérique ne nous assurât pas la victoire.

D'ailleurs, le roi était tellement sûr du succès, que sa tranquillité nous ôtait toute inquiétude. Ses lettres étaient pleines de descriptions des fêtes qui lui étaient données; il ne sortait dans les rues de Rome qu'en marchant sur des tapis et sous une pluie de fleurs; le soir même, il y avait grand gala au théâtre Apollo.

La dépêche qui nous apportait ces détails était du 6 décembre; nous la montrâmes à lord Nelson, lui faisant observer que ce n'était point avec 20,000 hommes seulement que Mack marchait à l'ennemi, mais bien avec 40,000.

Tout cela ne le persuadait point; il avait, à la première vue, pris une assez mauvaise opinion du général Mack.

Il nous quitta vers cinq heures du soir, et nous restâmes, la reine et moi, avec les quelques dames qui faisaient notre société ordinaire.

Entre sept et huit heures, comme nous prenions le thé, nous entendîmes le bruit d'une voiture qui passait sous les voûtes du palais, puis un grand bruit de serviteurs qui se précipitaient par les degrés.

La reine devint très-pâle. Je la regardai en l'interrogeant des yeux.

— Ah! me dit-elle, j'ai un pressentiment.

— Lequel, madame? lui demandai-je.

— C'est le roi qui vient d'arriver!

— Le roi? Impossible, madame! nous avons reçu une lettre de lui ce matin.

La porte s'ouvrit, un huissier annonça:

— Son Excellence le duc d'Ascoli.

Le duc d'Ascoli entra; la reine et moi jetâmes un cri d'étonnement. Il avait le costume du roi, et, comme il était de la même taille et du même âge que lui, que, d'ailleurs, la chambre était dans un demi-jour, la reine et moi le prîmes au premier abord pour le roi lui-même.

Mais la reine s'aperçut bien vite de la méprise, et, sous ce déguisement, son instinct conjugal lui fit deviner quelque chose de honteux.

Elle se leva, et sévèrement:

— Que signifie cette mascarade, duc? demanda-t-elle.

— Hélas! madame, rien de gai! répondit le duc; mais au moins est-elle une preuve de mon dévouement au roi.

— Au roi? Et où est-il, le roi?

— Ici, madame.

La reine me regarda.

— Et où cela, ici? reprit-elle.

— Dans son appartement.

— Ah! ah! il n'ose point paraître devant moi, à ce qu'il paraît?

Puis, après un moment de silence:

— Les Napolitains ont été battus, n'est-pas?

Et, comme le duc hésitait à répondre:

— Voyons, dit la reine, si le roi est une femme, je suis un homme, moi! dites tout.

— Battus complétement, oui, madame.

— Brave Nelson! dit-elle en se tournant de mon côté. Tu le vois, son instinct ne le trompait pas. Mais c'est donc véritablement un idiot, comme nous nous en doutions, que ce général Mack?

— Je ne puis rien dire à Votre Majesté, sinon que les troupes napolitaines ont été complétement battues.

— Vous êtes sûr de la nouvelle?

— Nous la tenons, le roi et moi, de la bouche même du général Mack.

— Du général Mack?

La reine me prit les mains et me les serra convulsivement.

— Il est dit que je boirai toutes les hontes, murmura-t-elle.

— Mais enfin, monsieur, demandai-je au duc pendant que la reine déchirait son mouchoir entre ses dents, ne pouvez-vous donner aucun détail à Sa Majesté ?

— Je ne puis dire à Sa Majesté que ce que je sais moi-même.

— Dites-le donc, alors ! s'écria la reine, et dépêchez-vous ! Car j'ai hâte, je vous l'avoue, de savoir à quel propos vous avez sur le dos l'habit, et au cou les croix du roi.

— Que Votre Majesté daigne m'écouter avec patience, dit le duc d'Ascoli en s'inclinant, ou sinon je serai forcé de retourner près du roi et de lui dire que vous n'avez pas voulu m'entendre.

— Vous faites appel à ma patience, monsieur ; eh bien, soit, je vous promets d'être calme. Parlez !

— Eh bien, madame, nous étions hier dans la loge de Sa Majesté, au théâtre Apollo, lorsque, vers neuf heures du soir, à peu près, la porte s'ouvrit brusquement et nous vîmes paraître le général Mack, tout couvert de boue, comme un homme qui vient de faire une longue course. « Sire, dit-il, vous voyez un homme au désespoir de vous annoncer une pareille nouvelle, mais nous sommes battus sur tous les points, séparés les uns des autres, en pleine retraite, ou plutôt en pleine fuite ; et notre unique espoir de salut pour Votre Majesté est qu'elle parte à l'instant même pour Naples. Dégagé du souci que me cause votre précieuse tête, je tâcherai de rallier l'armée et de prendre une revanche. »

— Le misérable orgueilleux ! murmura la reine !

— Vous comprenez, madame, continua le duc, la stupeur du roi à une pareille nouvelle. Il regarda Mack sans répondre et le visage renversé ; puis, tout à coup, Sa Majesté se leva et s'élança hors de sa loge. Par bonheur, on n'avait rien vu de la salle, et l'on crût que le roi passait dans la chambre voisine de sa loge. Il ne fallait point avoir l'air de fuir : les jacobins romains, qui avaient à se venger des exécution commandées par le roi, avaient l'œil sur lui et pouvaient, Mack étant battu, tenter un coup de main contre Sa Majesté. Avant qu'on se fût aperçu de notre absence, et que la nouvelle fut répandue, nous étions au palais Farnèse. Là, le roi monta à cheval, avec une douzaine d'officiers, et quelques-uns de ses plus fidèles serviteurs, parmi lesquels il daigna me comprendre. Nous sortîmes par la porte du Peuple, nous contournâmes les murailles jusqu'à la porte San-Giovanni ; arrivé là, le roi prit le galop avec sept ou huit hommes d'escorte, et, vers onze heures du soir, nous arrivâmes à Albano. Le roi s'informa au maître de poste s'il avait une voiture ; cet homme n'avait qu'un cabriolet. Tandis qu'on y mettait les chevaux, Sa Majesté me prit à part et me pria de changer d'habits avec lui : ce que je fis à l'instant même.

— Et pourquoi cela, changer d'habits avec lui ? demanda la reine.

— Je l'ignore, madame, répondit le duc ; mais, comme une prière de Sa Majesté est un ordre, j'obéis.

— Un ordre, un ordre, répéta la reine ; mais enfin cet ordre avait un but !

Le duc s'inclina sans répondre.

— Oh ! je voudrais bien savoir, dit la reine en frappant impatiemment du pied, ce qu'espérait le roi de cette mascarade.

— Vous désirez savoir ce que j'espérais, madame ? fit le roi en entrant et en se jetant dans un fauteuil comme s'il arrivait de la chasse. J'espérais, si nous étions pris par les jacobins, que ce serait d'Ascoli que l'on pendrait, et non pas moi.

— Et ?... demanda la reine.

— Eh bien ; mais, tandis qu'on l'aurait pendu, je me serais sauvé donc !

La reine leva les mains au ciel, puis les appuya sur son visage.

— Oh ! oh ! murmura-t-elle.

— Mais, dit le roi, ne comprenant pas bien l'exclamation de la reine ; mais, c'est qu'ils l'auraient fait, comme ils le disaient, ces gueux de jacobins !

— Et vous eussiez laissé pendre votre ami à votre place ? s'écria Caroline.

— Je le crois bien ! et plutôt deux fois qu'une !

— Et vous vous seriez laissé pendre à la place du roi, duc ? dit la reine se levant et marchant au duc.

— Le devoir d'un sujet n'est-il pas de sacrifier sa vie pour son maître ? répondit simplement le duc.

— Ah ! monsieur, s'écria la reine s'adressant à son mari, vous êtes bien heureux d'avoir un pareil ami ! Gardez-le précieusement ! Il est probable que, si vous le perdiez, vous n'en retrouveriez pas un autre.

Puis, se tournant vers moi :

— Au reste, dit-elle, je n'ai pas à me plaindre ; car, j'en suis sûre, Emma, au besoin, ferait pour moi ce que le duc était prêt à faire pour vous.

Et, me jetant le bras autour du cou :

— Viens, Emma, viens ! dit-elle. C'est beau de voir un pareil courtisan ; mais c'est triste de voir un pareil roi !

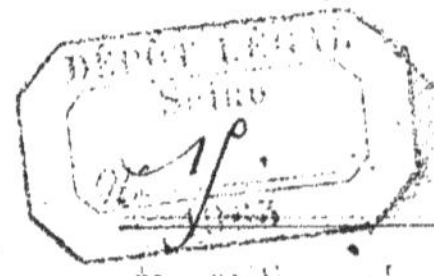

XII

En rentrant chez elle, la reine sonna et ordonna de mettre les chevaux à la voiture.

Et, comme je la regardais pour essayer de lire dans sa pensée :

— Tu comprends bien, me dit-elle, que je ne veux pas laisser à cet égoïste, qui veut faire pendre pour lui son meilleur ami, le soin de veiller à notre sûreté. Il serait capable de s'enfuir en Sicile avec son fusil de chasse et ses chiens, sans s'inquiéter autrement de nous !

— Comment, s'enfuir en Sicile ? Votre Majesté croit donc que le roi pense à quitter Naples ?

— Et que veux-tu qu'il fasse ? Dans quinze jours, les Français seront ici. Par bonheur, il nous reste Nelson. Où en es-tu avec lui ? J'espère que tu ne l'as point désespéré ?

— Nelson fera tout ce que nous voudrons, répondis-je en souriant.

— Bon ! Il est trop tard pour lui faire dire ce soir de venir à terre ; mais, demain dès le matin, il faut que nous conférions avec lui.

— Pourquoi trop tard ce soir ? Deux mots de moi le feront accourir à quelque heure de la nuit que ce soit. Il est huit heures, nous pouvons être à neuf heures et demie à Naples ; à dix heures, il peut avoir mon billet ; une demi-heure après, il sera au palais.

— Soit ! Tu le recevras, tu lui diras tout. Pendant ce temps, moi, je causerai avec Acton. Tu comprends, n'est-ce pas, qu'il faut que Nelson soit à nous corps et âme. Il y va tout simplement de la vie.

— Oh ! Votre Majesté...

— Avec cela que les jacobins de Paris se sont bien gênés avec ma sœur ! Crois-tu que ceux d'ici se gêneraient davantage ? D'ailleurs, Nelson peut recevoir de lord Saint-Vincent un ordre qui l'éloigne de nous. Or, dans ce cas, il faut qu'il désobéisse même à un ordre de lord Saint-Vincent, même à un ordre de l'Amirauté, s'il lui en venait un.

— Le cas échéant, répondis-je en riant à la reine, Votre Majesté me dira ce qu'il faut que je fasse pour qu'il désobéisse ; je le ferai et il désobéira.

On vint annoncer que les chevaux étaient à la voiture.

— Viens ! dit Caroline.

— Votre Majesté ne prévient pas le roi ?

— Pour quoi faire ?

— Et s'il appelle près de lui Son Excellence le capitaine général ?

— Acton ne viendra qu'après m'avoir vue. Descendons !

Nous descendîmes rapidement sans prévenir personne. La reine s'enveloppa d'un cachemire, car il pleuvait à verse et il faisait froid ; nous nous élançâmes dans la voiture, nous fermâmes les glaces, et le cocher partit au galop.

Caroline s'était jetée soucieuse dans le fond de la voiture ; on eût pu croire qu'elle dormait, si des frissons nerveux ne l'avaient fait tressaillir de temps en temps ; et, en tressaillant, elle murmurait ou le mot de *fat*, qui s'appliquait à Mack, ou le mot de *lâche*, qui s'appliquait à son mari ; puis elle s'écriait :

— O Nelson ! brave Nelson ! Il n'y a d'espoir qu'en lui, Emma !

Et je lui serrais la main en lui disant :

— Soyez tranquille, madame, je vous réponds de lui comme de moi.

Une heure et demie après être parties de Caserte, nous étions au palais royal.

Avant de descendre de voiture, la reine demanda si le capitaine général Acton était au palais.

Il y était, par bonheur.

— Allez lui dire que je l'attends à l'instant même chez moi, dit Caroline.

Et nous montâmes l'escalier.

A tous ceux qui se présentèrent pour lui offrir ses services, hommes et femmes, la reine, en les écartant, répondit :

— Merci !

Nous entrâmes seules chez elle.

L'huissier de service posa un candélabre sur une table et demanda quels étaient les ordres de la reine.

— Ne laisser entrer que M. Acton, milord Nelson et sir William Hamilton, répondit-elle avec cette netteté d'accent et cette brièveté de mots qui dénotaient chez elle une forte émotion.

Elle apporta elle-même sur une table des plumes, du papier et de l'encre.

— Ecris-lui, me dit-elle.

Je pris la plume et traçai à la hâte ces quelques mots :

« Venez ! Nous vous attendons au palais, la reine et moi, pour affaire d'importance.

« EMMA. »

— Que lui as-tu écrit ? demanda la reine.

— De venir, voilà tout.

— Comment, voilà tout ?

— Il n'est pas besoin d'autre chose.

— Emma ! Emma ! fit la reine, tu te laisseras échapper !

— Suis-je votre pilote, oui ou non?

— Certainement; mais...

— Alors, ne vous mêlez pas de la manœuvre, et laissez-moi faire.

— Fais!

Mais, tout en donnant son consentement, Caroline fit un mouvement d'épaules qui indiquait qu'à ma place, elle eût agi autrement que moi.

Je ne m'en inquiétai point.

— Maintenant, lui dis-je, par qui Votre Majesté va-t-elle faire porter cette lettre?

— Cela regarde Acton. Par le port militaire, on sera dans dix minutes à bord du *Van-Guard*.

En ce moment, Acton entra.

— Quelque malheur, n'est-ce pas, madame? dit-il en s'avançant vers la reine avec un visage qui indiquait son inquiétude.

— Oui, dit Caroline, et un très-grand malheur! Le général Mack a été battu, et le roi est arrivé il y a deux heures à Caserte, après avoir fait des prodiges de valeur.

Et elle éclata d'un rire strident et nerveux qui lui était familier aux heures de suprême irritation.

Et, comme Acton la regardait avec un étonnement croissant :

— Vous saurez tout dans un moment; mais, d'abord, reprit-elle, faites porter ce billet à lord Nelson. Il est nécessaire qu'il puisse traverser le port militaire sans empêchement.

— Je vais descendre dans la darse, répondit le général, pour expédier moi-même la barque qui ira chercher milord, et donner mes instructions à l'officier.

Et le général s'éloigna.

— Il a cela de bon, au moins, qu'il est obéissant, dit la reine en le suivant des yeux.

— Pourquoi ne lui faites-vous pas l'honneur de dire *dévoué*, madame?

— Parce que c'est un mot qui n'existe pas dans le dictionnaire des courtisans.

— Bon! et le duc d'Ascoli?

— Celui-là n'est pas le courtisan du roi, c'est son ami. Quand le roi est heureux, c'est d'Ascoli qui lui dit ses plus dures vérités. Ce n'est pas comme toi, flatteuse, qui ne m'en dis jamais!

— Est-ce ma faute si les plus dures vérités que l'on puisse dire à Votre Majesté sont des louanges?

La reine m'embrassa au front et se mit à se promener de long en large. De temps en temps, elle allait à la terrasse, et jetait à travers l'obscurité un coup d'œil sur la flotte anglaise, dont on reconnaissait chaque vaisseau à ses eux de position, et, chaque fois, elle murmurait :

— O Nelson! notre seul espoir est en toi!

Une fois, revenant vers moi :

— Comprends-tu, me dit-elle, cinquante-deux mille hommes parfaitement pourvus de tout, bien payés, se taisant battre par dix ou douze mille Français à moitié nus, sans solde, sans pain, sans souliers, sans munitions! Les voilà fournis de tout maintenant, excepté de souliers, à moins que nos soldats ne se soient déchaussés pour courir plus vite! Oh! si j'étais homme, comme je me serais planté au milieu de tous ces couards! Comme j'aurais arraché les épaulettes de tous ces officiers qui ne sont bons qu'à faire miroiter à la parade leurs broderies d'argent et à faire flotter au vent leurs plumes de toutes couleurs! Il y a des moments, ma parole d'honneur, où j'ai envie de monter à cheval, comme ma mère Marie-Thérèse, pour faire honte à ce roi fainéant! Par malheur, je n'ai point affaire à des Hongrois, mais à des Napolitains!

Sur ces entrefaits, Acton rentra.

— Me voilà, madame, dit-il. La lettre est expédiée, et, si milord Nelson met à servir Votre Majesté la moitié de l'empressement que j'y mettrais moi-même, dans un quart d'heure, il sera ici... Maintenant, Votre Majesté veut-elle bien me dire de quoi il s'agit?

La reine l'emmena dans la chambre voisine. Elle voulait me laisser seule avec Nelson; puis peut-être aussi avait-elle à donner de ces ordres secrets et terribles que je ne connaissais souvent que lorsqu'ils étaient exécutés.

En effet, je sus depuis qu'il avait été question, entre la reine et le capitaine général, du courrier Ferrari, dans les mains duquel on avait substitué la lettre rédigée par sir William et Acton à la véritable lettre écrite par l'empereur d'Autriche. On craignait que Ferrari ne dévoilât la fraude et que Ferdinand n'apprît ainsi qu'au lieu de l'inviter à se mettre en campagne, son neveu François lui écrivait de ne pas bouger, avant l'arrivée des Russes, c'est-à-dire avant le mois d'avril ou de mai.

Ce serait donc pendant cet instant où je restai seule à attendre Nelson que la perte de Ferrari aurait été résolue.

Je raconterai en temps et lieu la mort de ce malheureux et les circonstances horribles qui l'accompagnèrent.

J'étais seule depuis un quart d'heure à peine, lorsque l'huissier annonça lord Nelson, et que je vis Sa Seigneurie apparaître dans l'encadrement de la porte.

Il était tout essoufflé, ayant monté rapidement l'escalier, et sa physionomie atterrée témoignait de son inquiétude.

Avant qu'il eût ouvert la bouche, j'avais jeté mes deux bras à son cou en lui disant :

— Cher Nelson, notre seul espoir est en vous !

Il me serra sur son cœur, dont je sentais les palpitations à travers son uniforme, appuya ses lèvres frémissantes sur mes yeux et, comme s'il eût craint de surprendre une caresse, non point à un sentiment d'amour, mais à l'émotion, il m'écarta doucement de lui, et, me regardant avec une expression passionnée, il me demanda :

— Voyons, qu'y a-t-il? Vous parlez à un homme qui donnerait sa vie pour la reine et...

Il hésita.

— Et son honneur pour vous ! acheva-t-il.

— Oh ! cher Nelson ! m'écriai-je.

Je lui pris la main et voulus la baiser.

Dans le mouvement qu'il fit pour me la retirer, il abaissa la tête, je relevai la mienne, nos lèvres se rencontrèrent.

— Oh ! s'écria Nelson en se rejetant à quelques pas de moi, vous me rendrez fou !

Je lui tendis la main.

— Qu'importe, lui dis-je, si je vous guéris !

Il jeta les yeux tout autour de lui pour voir si nous étions seuls. Je compris son regard, et, avec un sourire :

— La reine et le capitaine général sont là, lui dis-je.

Et je lui montrai la chambre voisine.

Il poussa un soupir, vint à moi, passa son bras unique autour de ma taille, et, me faisant asseoir près de lui :

— Vous m'avez écrit que vous aviez un service à réclamer de moi, me dit-il. Je suis un égoïste de ne pas vous avoir demandé d'abord à quoi je pouvais vous être utile. Je répare ma faute. Nous parlerons plus tard de ma folie.

— Quand vous voudrez, lui dis-je avec un regard plein de promesses, et, si vous tardez trop, c'est moi qui vous en parlerai la première.

— Prenez garde ! me dit-il ; vous êtes Parthénope, et je ne suis pas Ulysse.

Puis, faisant un effort sur lui-même :

— Voyons, voyons ! dit-il. Mack a été battu, n'est-ce pas? L'armée est en déroute. Vous avez reçu un courrier du roi?

— Mieux que cela : le roi est arrivé lui-même, il y a trois heures, à Caserte. Tout est perdu ! Dans quinze jours, les Français seront ici. La reine songe à s'enfuir en Sicile et compte sur vous pour l'y conduire.

— Y allez-vous? demanda Nelson.

— Je ne quitte pas la reine.

— Et moi, je ne vous quitte pas.

— Quelque ordre qui vous arrive ?

— Dussé-je déchirer mes lettres sans les ouvrir !

— Nelson, m'écriai-je ?

Et je lui tendis les bras.

Il se jeta sur mon cœur.

— Encore ! me dit-il, encore ! Ayez donc pitié de moi !

— Nelson, ce n'est point par pitié que je vous dis que je vous aime : c'est par reconnaissance, c'est... par amour !

Tout éperdu, il se laissa glisser à mes genoux, en me baisant les mains avec de faibles cris qui semblaient autant des cris de douleur que des cris de joie.

En ce moment, la reine entr'ouvrit la porte, et, voyant Nelson à mes genoux, fit un mouvement pour se retirer.

— Oh ! entrez, entrez, madame, lui dis-je. Je n'ai rien à cacher ni à vous ni au monde. Nelson vient de me dire qu'il était à nous, et je viens de lui dire, moi, que j'étais à lui. Que Votre Majesté soit assez bonne pour donner sa main à baiser à notre sauveur !

XIII

Le lendemain, il y eut conseil d'État. Le roi exposa la situation ; il ne cacha rien du désastre : il l'eût même rendu plus grand qu'il n'était s'il eût été possible.

L'amiral Caracciolo, en sa qualité de commandant des forces de mer, fut appelé à ce conseil. Comme on n'avait rien à craindre par mer, puisque les Anglais gardaient le port, il demanda qu'on lui permît de réunir les soldats de marine en un corps de mille à douze cents hommes, de se mettre à leur tête et de marcher contre les Français. En s'emparant des défilés des Abruzzes avant que le gros de l'armée napolitaine y fût arrivé, il pourrait mettre un obstacle à la déroute et rallier de force les fuyards. Quel que fût le nombre des soldats que l'on avait perdus dans les différents combats contre les Français, l'armée napolitaine devait encore être quatre fois plus forte au moins que celle devant laquelle elle fuyait.

Le roi repoussa cette offre ; il doutait du dévouement de Caracciolo, et le soupçonnait de ne vouloir organiser cette troupe que pour se réunir avec elle aux patriotes.

Caracciolo fut blessé de ce soupçon, qu'il ne méritait pas, et, se retirant avant la fin du conseil, déclara qu'il se rendait sur son bâtiment, où il attendrait les ordres du roi.

Mais, avant de retourner à son bord, il se fit annoncer chez la reine.

Chez la reine aussi, il y avait conseil; seulement, ce conseil se composait de la reine, de Nelson, de sir William et de moi.

Dès la veille, Caroline avait arrêté, avec le capitaine général, sa fuite et celle de sa famille.

Elle hésitait à recevoir Caracciolo; mais sir William l'y décida.

La reine alors me prit par le bras, voulant que je fusse présente à son entrevue avec l'amiral, sans doute pour lui faire comprendre la persistance d'une amitié qui, au lieu de diminuer, s'augmentait des avis directs ou indirects qu'on pouvait lui donner contre cette amitié.

Je priai inutilement Sa Majesté de ne point m'exposer à quelque nouvelle insulte de la part du prince napolitain; elle me déclara qu'elle le voulait ainsi, et qu'au moindre mot équivoque qui sortirait de la bouche de l'amiral, celui-ci serait arrêté.

Mais, dès le premier abord, il fut facile de voir qu'il n'y avait en ce moment rien de pareil à craindre de la part de Caracciolo. Jamais plus profonde expression de respect ne fût empreinte sur un noble visage que celle que nous pûmes lire sur celui du prince.

— Madame, dit-il en s'inclinant, le roi vient de nous faire part des désastres de l'armée de terre ; mais, par bonheur, votre fidèle marine est intacte. Je ne suis pas appelé à donner un avis à Votre Majesté; pourtant, si Votre Majesté me faisait l'honneur de me consulter, je lui donnerais l'avis, — après avoir, bien entendu, tenu jusqu'au dernier moment et tout fait pour prendre notre revanche, — je lui donnerais, dis-je, l'avis d'abandonner ses Etats de terre ferme et de se réfugier en Sicile.

— Telle est aussi mon intention, monsieur, dit la reine.

— Alors, répliqua Caracciolo en s'inclinant une seconde fois, je supplierais Votre Majesté de faire l'honneur à la *Minerve* de la choisir pour son bâtiment de transport. La *Minerve* est la meilleure voilière de toute l'escadre napolitaine, et, vu l'état où la bataille d'Aboukir a mis la flotte anglaise, elle pourrait lutter de vitesse et de sûreté avec le bâtiment de lord Nelson lui-même. Nous sommes dans les mauvais jours pour la navigation; je connais nos mers, et je dirais presque nos tempêtes ; nul mieux que moi ne pourrait donc répondre du salut de Votre Majesté et de son auguste famille. En quelques jours, la frégate peut être aménagée de façon à ce que Votre Majesté s'y trouve dignement.

La reine salua en signe de remercîment.

— Inutile de dire, continua Caracciolo, que si, comme il est probable, lady Hamilton et sir William jugent à propos de suivre Votre Majesté, ce sera un grand honneur pour moi de les recevoir à mon bord, le plus grand que je puisse obtenir, si je n'avais pas, en même temps, celui de recevoir Votre Majesté.

Tout cela était dit d'un ton si digne, si noble et si respectueux, que la reine ne put y résister: elle tendit la main à l'amiral.

— Monsieur, lui dit-elle, au jour du besoin, je n'oublierai pas votre offre ; et, en attendant, je vous remercie, en mon nom et au nom de lady Hamilton, de me l'avoir faite. Avez-vous autre chose à me dire, ou désirez-vous quelque chose ?

— J'ai à dire à Votre Majesté que je la supplie de me croire son plus fidèle serviteur, et je désire mettre à ses pieds mon respectueux hommage.

Et, saluant de nouveau la reine et moi, l'amiral marcha à reculons jusqu'à la porte, et mêlant avec un tact suprême la dignité de sa propre personne à la vénération due à la majesté de la reine.

La reine le suivit des yeux.

— Cette preuve de fidélité et de respect me touche encore plus pour toi que pour moi-même, me dit-elle; mais, j'eusse autant aimé que l'amiral ne me la donnât point.

Nous rentrâmes dans la chambre où nous avions laissé sir William et lord Nelson.

Nelson paraissait visiblement contrarié, et, comme la reine ne parlait point de son entrevue avec Caracciolo, et qu'il n'osait l'interroger :

— Madame, lui dit-il, j'espère que Votre Majesté n'oubliera point qu'elle s'est adressée à moi le premier, et que, le premier, je me suis mis à sa disposition.

— Soyez tranquille, mon cher amiral, répondit la reine.

— Donc, fit Nelson, j'ai la parole de Votre Majesté que nul bâtiment autre que celui que je commande n'aura l'honneur de transporter Votre Majesté en Sicile?

— Vous l'avez, dit la reine ; mais cette parole n'engage que moi, sir William et milady Hamilton. Je ne sais pas quelles sont les intentions du roi, et je ne compte pas influer sur elles.

Nelson s'inclina.

— Votre Majesté va donc me permettre, dit-il, d'agir en conséquence?

— Faites; et nous sommes sûrs que tout ce que vous ferez sera pour notre bien.

— Je demanderai à la reine la permission d'écrire deux ou trois lettres dont elle aura la bonté de prendre connaissance.

Je préparai, sur une table à part, des plumes, de l'encre et du papier, et je fis signe à Nelson que tout était prêt.

Lord Nelson s'assit devant la table, et, en me faisant signe que je pouvais lire au fur et à mesure que les lignes coulaient de sa plume, il écrivit les deux lettres suivantes :

Très secret. « Naples, 10 décembre 1798.

« Mon cher Troubridge,

« Les choses sont ici dans un état si critique, que je désire que vous me rejoigniez sans aucun retard en laissant la *Terpsichore* à Livourne pour reconduire le grand-duc. Cette mesure est indispensable, et probablement vous enverrai-je bientôt le commandant Campbell pour faire ce service.

« Le roi est de retour, et tout va au plus mal. Pour l'amour de Dieu, dépêchez-vous! Approchez-vous de Naples avec la plus grande prudence. Je serai probablement à Messine; mais, en tout cas, informez-vous, en passant aux îles Lipari, pour savoir si nous sommes à Palerme.

« Avertissez Gages d'opérer le plus secrètement possible; qu'il écrive à Wyndham en lui envoyant les instructions nécessaires à la situation dans laquelle nous nous trouvons, afin que, de son côté, il agisse le plus mystérieusement possible.

« Tous unissent leur amour et leur respect à ceux de votre fidèle ami

« HORATIO NELSON. »

La seconde lettre était adressée au capitaine Ball, avec cette même recommandation : *Très-secret.*

« Naples, 10 décembre 1798.

« Mon cher Ball,

« Je désire que vous m'envoyiez directement le *Goliath*, et que vous donniez l'ordre à Foley de croiser en dehors du phare de Messine jusqu'à ce qu'il reçoive des informations. Il est très-possible qu'il m'y voie, *moi et d'autres*. La situation de ce pays est des plus tristes; presque tous y sont traîtres ou poltrons. Dieu vous bénisse! Tenez ceci secret, si ce n'est pour dire à Foley de ne point approcher de Naples sans grandes précautions. Je n'ai rien reçu d'Angleterre; je suis ici avec l'*Alcmène* et les Portugais. Toute la maison se joint à votre ami pour vous dire mille tendresses.

« HORACE NELSON.

« Le cutter la *Flora* est perdu, et je n'ai rien à vous envoyer. Pouvez-vous m'expédier l'*Incendiaire*? Mais pas de bâtiments napolitains, surtout! *Ils sont tous traîtres dans la marine* (1); en somme, tout est corruption. »

On voit, dans les lignes que j'ai soulignées, poindre cette haine de la marine anglaise contre la marine napolitaine, et apparaître les premiers éclairs de la jalousie de Nelson contre Caracciolo, jalousie qui fut si fatale à ce dernier!

Nelson me passa ces deux lettres, que je passai à sir William, pour qu'il en expliquât à la reine les passages qui pourraient lui paraître obscurs. Nelson écrivait ordinairement avec un laconisme qui, dans sa propre langue, le faisait parfois incompréhensible à ses compatriotes, à plus forte raison aux étrangers.

Pendant que la reine, aidée de sir William, lisait les deux lettres que je viens de citer, Nelson était resté pensif, roulant sa plume entre ses doigts et paraissant hésiter à en écrire une troisième.

Enfin, il se décida.

A lord Spencer.

« Naples, 10 décembre 1798.

« Mon cher lord,

« Permettez qu'en deux mots je vous mette au courant de ce qui vient d'arriver.

« L'armée napolitaine a été battue à plate couture par les Français, et les fuyards ne tarderont pas à être rabattus sur Naples par les vainqueurs. Dans ces tristes circonstances, la reine m'a fait donner ma parole de ne point l'abandonner avant le retour de jours plus heureux. Le roi est arrivé la nuit passée, messager de son propre désastre. Il paraît qu'il a été poursuivi de si près, qu'il a été obligé de changer d'habits avec un de ses chambellans; vous le voyez, pour qu'il en soit venu à une pareille extrémité, il a fallu que le danger fût réel.

« J'espère donc que l'Amirauté ne verra point d'inconvénient à ce que je reste près de la reine, à laquelle, comme je vous l'ai dit d'ailleurs, j'ai engagé ma parole. Aidez-

(1) Inutile de dire que ces lettres sont copiées sur des autographes de Nelson.

moi par votre haute influence à la tenir, l'eussé-je même imprudemment engagée. Aussitôt que des nouvelles plus complètes nous arriveront, je vous les ferai parvenir.

« Avec tous les sentiments d'un profond respect, je me dis votre fidèle serviteur.

« H. NELSON. »

Ces trois lettres paraient à tous les événements. La reine en remercia Nelson, et, ces premières dispositions prises, on attendit avec plus de tranquillité.

Le conseil du roi n'avait pris aucune détermination. La chose lui eût été difficile, car on ne savait, au bout du compte, que ce que le roi savait lui-même, c'est-à-dire que l'armée napolitaine était battue et en déroute. On rédigea cependant une proclamation dont les termes ambigus dissimulaient mal la vérité des faits, et qui fut immédiatement affichée sur toutes les murailles.

De sourdes rumeurs de l'événement étaient seules parvenues jusqu'à Naples : la nouvelle du désastre y éclata donc comme une bombe.

Ce qu'avait dit le général Mack était vrai, il n'y avait plus d'armée napolitaine : non point que les pertes qu'elle avait faites sur le champ de bataille eussent été grandes; à peine avait-elle perdu mille hommes; mais, composée d'éléments complétement hétérogènes, elle s'était dissoute au premier choc, et évanouie comme une fumée. Rien n'empêchait donc un ennemi imprudemment provoqué, ennemi que l'on disait impie, cruel, profanateur de la religion, persécuteur de ses ministres, d'envahir le royaume et de pénétrer jusqu'à Naples.

Le roi le savait si bien, que, renonçant à se défendre par les armes terrestres, il remit sa cause aux mains de Dieu, ordonna des prières dans les églises pour apaiser la colère céleste, et invita les prêtres et les moines les plus renommés pour leur éloquence à monter dans les chaires et même sur la borne, afin d'exciter par tous les moyens possibles le peuple à défendre la capitale.

XIV

On comprend l'effet que produisirent sur la population des campagnes et de la ville la proclamation royale et les prédications des prêtres et des moines.

En racontant les arrestations des jacobins et les exécutions d'Emmanuele de Deo, de Gagliani et de Vitagliano, j'ai dit quel était l'esprit de la classe moyenne et éclairée de Naples ; mais la classe des lazzarroni, c'est-à-dire la plus nombreuse, cent mille âmes peut-être, était pour le roi et tenait les Français pour des impies, des hérétiques et des excommuniés.

La proclamation du roi n'était rien autre chose qu'un appel au brigandage ; or, le brigandage est chose nationale dans les Abruzzes, dans la Maurique et dans la Terre de Labour. Chacun prit le fusil, la hache ou le couteau, et se mit en campagne, sans autre but que la destruction, sans autre excitation que le pillage, secondant son chef sans lui obéir, suivant son exemple et non ses ordres. Des masses avaient fui devant les Français : des hommes isolés marchèrent contre eux; une armée s'était évanouie : un peuple sortait de terre.

Quant à ce qui se passait dans la ville, c'était une confusion effroyable à voir. Une classe tout entière de la société, le *mezzo ceto*, ceux qui s'appelaient les patriotes et que l'on appelait les jacobins, se tenaient enfermés chez eux, craignant de s'exposer à la fureur du peuple, que suffisait à porter au plus haut degré la vue d'un pantalon ou d'une tête coiffée à la Titus.

Des rassemblements énormes se formaient sur toutes les places, au largo Castello, au largo de la Trinita, au largo delle Pigne, au Mercatello, au Vieux-Marché, partout enfin où l'on avait dressé des échafaudages et où, du haut de ces échafaudages, un crucifix à la main, un moine prêchait.

Des lazzaroni s'improvisaient les chefs de ces rassemblements, se mettaient à leur tête, et parcouraient les rues de Tolède, de Chiaïa, de Sainte-Lucie, en criant : « Vive le roi! Mort aux jacobins! mort aux Français! » Devant eux, toutes les portes, toutes les boutiques, toutes les fenêtres se fermaient. Le soir venu, comme on était en décembre, que le temps était pluvieux et froid, on faisait de grands feux et l'on passait la nuit à l'entour en buvant, en chantant, en hurlant.

La reine regardait souvent par les fenêtres, et s'effrayait malgré elle de cette tempête qu'elle avait contribué à déchaîner, sans savoir si, sous ses rafales, le trône lui-même ne sombrerait pas.

Cependant, à la vue de ce soulèvement universel, aux nouvelles qui arrivaient de la province, le roi reprenait quelque courage ; il laissait entrevoir la velléité d'organiser la résistance et d'attendre les Français.

Les paysans continuaient à faire des miracles de fanatisme, les officiers des prodiges de lâcheté.

Tchudy, un vieux colonel suisse qui commandait à Gaëte, en avait ouvert les portes, quoique la place fût réputée imprenable.

Civitella-del-Tronto, forteresse située au sommet d'une montagne inaccessible, était défendue par un Espagnol dont je ne me rappelle plus le nom : après dix heures de siége, il se rendit prisonnier de guerre avec toute sa garnison.

Le gouverneur du fort de Pescara n'attendait même pas que le siége fût commencé : il se rendait aux premières démonstrations hostiles.

Mais, en revanche, les paysans brûlaient, égorgeaient, massacraient tout ce qui tombait sous leurs mains. Ils s'étaient emparés de la ville de Teramo, qu'ils avaient reprise sur les Français. Une masse de volontaires avaient débouché de la Terre de Labour, et parcourait la ligne du Garigliano, brisant les ponts, s'embusquant sur les routes, assassinant les messagers, les hommes isolés et jusqu'à de petits détachements de soldats.

D'un autre côté, si Gaëte, si Civita-del-Tronto, si Pescara s'étaient rendues, Capoue tenait ferme, et Macdonald avait subi un échec sous ses murs. Duhesme était arrivé devant cette même Capoue avec deux blessures encore saignantes ; le général Maurice Mathieu avait eu le bras traversé d'une balle ; le colonel d'Arnaud avait été fait prisonnier ; le général Boisregard avait été tué ; enfin Championnet sortait tout haletant de la Terre de Labour, en prononçant les noms encore inconnus de Fra-Diavolo et de Mammone, qui, plus tard, devaient devenir si tristement célèbres.

Le prestige se dissipait. Si les Français étaient toujours invincibles, au moins n'étaient-ils pas invulnérables.

Aussi disait-on que l'armée française se réunissait autour de Capoue, non pas dans l'espoir de prendre Capoue, mais pour se préparer une retraite honorable au milieu des populations bouleversées.

Toutes ces nouvelles redonnaient confiance aux Napolitains. Ferdinand était tellement aimé, que non-seulement il balançait l'impopularité d'Acton et de la reine, mais encore il la faisait oublier. Cette fuite précipitée, qui avait perdu le roi dans l'esprit de tous les gens de cœur, n'avait fait que le rendre plus cher aux lazzaroni; ils se répétaient les uns autres que Ferdinand, trahi par son armée, était venu se réfugier au milieu d'eux.

Du reste, les amis intelligents de la royauté — et, quoiqu'ils fussent trop rares, on en comptait cependant à Naples un certain nombre — se disaient qu'il y avait encore quarante mille hommes dans les mains de Mack et de Damas ; que Naselli pouvait en ramener huit ou dix mille de la Toscane ; que les bandes armées qui s'étaient levées à l'appel du roi et qui couraient la campagne pouvaient monter à quinze mille hommes au moins : toutes ces forces réunies formaient donc un total de soixante à soixante-cinq mille hommes, appuyés à une ville de cinq cent mille habitants et à la triple flotte anglaise, portugaise et napolitaine.

Il était évident que, dans cet océan d'hommes, dix ou douze mille Français devaient s'engloutir et disparaître.

Mais tout cela ne rassurait point Caroline ; elle sentait, à la répulsion qu'elle éprouvait pour les Napolitains, que les Napolitains la haïssaient. Acton avait, comme elle, le sentiment de cette haine. D'un autre côté, dès le premier moment, la peur s'était emparée des inquisiteurs d'État ; Castelcicala, Vanni, Guidobaldi se savaient enveloppés de vengeances secrètes, et, tremblant à qui mieux mieux, venaient renforcer le parti de la fuite.

Nelson, qui répondait de tout en Sicile, ne répondait de rien à Naples.

Mais, si le roi restait à Naples, personne n'oserait plus le quitter.

Il fallait donc décider le roi, par quelque spectacle terrible qui l'épouvantât et le chassât pour ainsi dire hors de Naples.

Dans l'événement que je vais raconter, s'il y eut un crime, — et je n'en sais rien, — ce crime fut délibéré et exécuté par la reine et Acton.

J'ai déjà dit un mot de l'embarras que causait Ferrari, qui avait remis au roi une fausse dépêche. Si, dans un pareil moment, d'une façon ou de l'autre, le roi apprenait qu'il avait été trompé, sa colère pouvait devenir terrible.

Or, on sait que, dans la soirée du 19, était arrivée une dépêche de Vienne, et que la reine, à l'affût de tout ce qui venait de ce côté, l'avait surprise. Cette dépêche, si elle fût parvenue jusqu'au roi, lui révélait tout. En effet, l'empereur écrivait à son neveu qu'en agissant prématurément, il avait trahi la cause de l'Europe, et qu'il méritait d'être abandonné à son destin.

A partir de ce moment, Ferrari, qui n'était que jugé, fut condamné, et sa mort destinée à épouvanter le roi.

Je le répète, dans toute cette affaire, je ne parle que par ouï-dire ; et si, au point de vue de la confession, je ne m'étais juré à moi-même de tout avouer, je passerais ce fait sous silence, ne pouvant en affirmer l'exactitude comme pour les choses auxquelles j'ai participé.

Je crois avoir parlé d'un certain Pasquale de Simone que la reine tenait à ses gages, et que, pour cette raison, on appelait le sbire de la reine.

Il reçut, dit-on, cinq mille ducats avec ordre d'en répandre une partie dans le peuple, et notamment parmi les gens du port et les mariniers.

Il s'agissait de se défaire d'un homme que Pasquale de Simone indiquerait à la colère du peuple en le traitant de jacobin.

Le 20 décembre, vers dix heures du matin, Ferrari sortit du palais porteur d'un billet du capitaine général pour lord Nelson.

Pasquale de Simone l'attendait à la rue del Piliero, c'est-à-dire au coin du quai, en face du môle.

D'un signe, il fit connaître aux mariniers que c'était là l'homme dont il était question.

Les mariniers répondirent par un autre signe indiquant qu'ils avaient compris.

Ferrari, sans défiance aucune, sauta du quai dans une barque, et ordonna à deux des mariniers de le conduire à bord du bâtiment de Nelson.

Ceux-ci demandèrent à être payés d'avance.

Ferrari leur donna quatre carlins : c'était les payer largement.

Les mariniers exigèrent une piastre.

— Prenez garde à ce que vous faites! dit Ferrari; je suis courrier de Sa Majesté.

— Toi! répondit un des mariniers, encouragé par un signe de Pasquale de Simone. Nous te connaissons : tu es un jacobin.

A peine ce mot fut-il prononcé, que vingt couteaux brillèrent et que le malheureux Ferrari tomba percé de coups...

La veille, il y avait eu une grande démonstration qui n'avait pas peu confirmé le roi dans sa résolution de rester à Naples.

Une foule immense de peuple s'était réunie sur la place du Palais, criant : « Mort aux jacobins! », demandant leurs noms, afin de les massacrer tous, et faisant comprendre qu'une fois les ennemis intérieurs anéantis, il serait facile d'anéantir les ennemis extérieurs.

A ces cris furieux poussés par la multitude, le roi s'était montré au balcon, remerciant le peuple du geste et de la voix, et il avait envoyé le prince Pignatelli au milieu de cette multitude, avec mission de parler à ses chefs et de leur dire que le départ du roi, qu'on avait prématurément annoncé, était loin d'être une chose décidée, et que, selon toute probabilité, si le roi était sûr d'être soutenu par le peuple, il resterait.

Et le peuple avait crié :

— Pour Dieu et pour le roi, nous sommes prêts à nous faire tuer depuis le premier jusqu'au dernier!

C'était cette démonstration qui avait si fort effrayé la reine et tout le parti de la fuite.

Le lendemain, à la même heure, le roi entendit ce même bruit sourd, entremêlé de hurlements et de clameurs comme en pousse la multitude de tous les pays et plus particulièrement la multitude de Naples. Il crut à une démonstration inoffensive, ou du moins offensive en paroles seulement; il se mit comme d'habitude, à son balcon.

La foule débouchait, cette fois, du côté du théâtre Saint-Charles, et elle roulait au milieu d'elle quelque chose d'informe, que le roi cherchait vainement à distinguer.

On entendait seulement les cris :

— Le jacobin! à mort le jacobin!

Le roi commença de comprendre que cet objet informe, sanglant, traîné dans la boue, pouvait bien être le corps d'un homme.

Mais le corps de cet homme, si en effet c'était un corps, ne pouvait être que celui d'un ennemi, et le roi Ferdinand était un peu de l'avis du roi Charles IX, qui disait, en visitant le cadavre de l'amiral : « Le cadavre d'un ennemi mort sent toujours bon. » Il accueillit donc la foule avec son sourire habituel. Mais, lorsque, pour répondre convenablement à ce sourire, la foule eut dressé le cadavre sur ses pieds, le roi, après un moment d'hésitation, reconnut Ferrari, poussa un cri de terreur, se rejeta en arrière, et, les mains sur ses yeux, tomba sur un fauteuil.

La reine attendait ce moment; elle entra, prit le roi par le bras et le conduisit presque de force à la fenêtre.

— Voyez, lui dit-elle, on commence par nos serviteurs; on finira par nous. Voilà le sort qui nous est réservé, à vous, à moi, à nos enfants!

— Donnez des ordres, et partons! s'écria Ferdinand en fermant sa fenêtre et en se réfugiant au fond de ses appartements.

La partie était gagnée.

FIN DU SIXIÈME VOLUME.

Aussitôt cette décision prise, la reine écrivit à Nelson, qui accourut au palais avec son empressement ordinaire.

Elle lui annonça officiellement son départ; seulement, le jour n'était pas encore fixé.

Quand je dis le jour, c'est la nuit que je devrais dire; car il fut convenu que la famille royale quitterait Naples sans faire part de sa fuite à personne.

La reine s'adressait à Nelson et non à Caracciolo pour deux raisons : la première, peut-être, était l'antipathie que lui inspirait le prince napolitain, quoiqu'elle fût obligée de rendre justice à la noblesse de son caractère; mais la seconde, la principale, probablement, c'est que Caroline ne voulait point faire connaître à un Napolitain les richesses qu'elle emportait, de peur que le bruit ne s'en répandît dans la ville.

Comme le déménagement des objets les plus précieux devait s'opérer le même soir, Nelson envoya à l'instant même cet ordre au capitaine Hope, commandant de l'*Alcmène* :

« Trois barques et le petit cutter de l'*Alcmène* armés d'armes blanches seulement. Se trouver à la Victoria à sept heures et demie précises. Une seule barque accostera le quai. Les barques seront réunies avant sept heures à bord de l'*Alcmène*, sous les ordres du commandant Hope. *Les grapins dans les chaloupes.*

« Toutes les autres chaloupes du *Van-Guard* et de l'*Alcmène*, armées de grands couteaux, et les canots, avec leurs caronades, réunis à bord du *Van-Guard*, sous le commandement du capitaine Hardy, qui s'en éloignera à huit heures et demie précises pour prendre la mer à moitié chemin vers *molo Siglio*.

« Chaque chaloupe devra porter de quatre à six soldats.

« Dans le cas où l'on aurait besoin de secours, faire des signaux par le moyen des feux.

« H. NELSON. »

Le rendez-vous avait été donné à la Victoria, parce que le quai de la Victoria était juste en face de l'hôtel de l'ambassade d'Angleterre, et que, sans être remarquée, je pouvais y porter ou y faire porter les bijoux les plus précieux de la reine, que Sa Majesté devait m'envoyer dans la journée, enfermés dans deux ou trois cassettes.

Mais, comme on comptait emporter aussi tous les objets d'art, statues et tableaux, que l'on pourrait réunir, il fallait trouver une autre voie.

Une vieille tradition du palais disait qu'il existait sous le château un souterrain communiquant avec la mer.

Il s'agissait de le découvrir. Cette même tradition disait que ce souterrain n'avait point été ouvert depuis le temps de la domination espagnole.

La reine fit venir le plus vieux des serviteurs du palais; c'était un homme de quatre-vingt-quatre ans; il était né, par conséquent, en 1714, et avait vingt et un ans quand le roi Charles III avait été nommé roi de Naples.

Il était autrefois serrurier du palais et il avait sa retraite; mais son fils, âgé de cinquante-huit ans, l'avait remplacé et tenait le même poste au château.

Le vieillard recueillit ses souvenirs et promit de retrouver le passage, avec l'aide de son fils, dont il répondait comme de lui-même. Autant qu'il pouvait se le rappeler, ce passage était large d'une toise et haut de huit à neuf pieds.

Les statues et les tableaux pouvaient donc être emportés par là.

Le vieillard reçut l'ordre de se mettre à la recherche du souterrain et de prévenir la reine aussitôt qu'il serait trouvé.

Une demi-heure après, il remonta. La porte intérieure avait été reconnue par lui; son fils attendait les ordres de la reine pour l'ouvrir, attendu que naturellement on ne savait point ce qu'était devenue la clef.

La reine ne voulait confier à personne l'exploration du souterrain; sa présence eût donné une trop grande importance à l'opération, je m'en chargeai. On prit des torches, et je descendis à la suite du vieillard.

Le souterrain communiquait avec les caves du château; seulement, la porte était cachée par une rangée de barriques vides, qui étaient tombées en poussière du moment qu'on les avait touchées, étant là depuis trois quarts de siècle peut-être.

J'ordonnai au serrurier d'ouvrir la grille, ce qui ne se fit pas sans une certaine difficulté, la rouille ayant envahi la serrure et les gonds.

Cependant, elle céda.

Au moment de pénétrer dans ce passage obscur et méphitique, le courage me manqua; il me semblait que, sur cette terre visqueuse, j'allais rencontrer toute sorte de reptiles.

Je m'y engageai néanmoins avec le plus jeune des deux hommes. Le vieillard resta pour garder la porte.

Le souterrain faisait des détours qui en doublaient la longueur; l'air en était humide et des gouttes d'eau glacée tombaient de la voûte.

Je m'aperçus que j'approchais de l'extrémité opposée au vol de trois ou quatre chauves-souris que j'éveillai dans leur retraite et qui en réveillèrent des centaines. Le jour, elles se réfugiaient dans ce couloir obscur, et, le soir, elles sortaient à travers les barreaux de la grille donnant sur le port militaire.

Malgré l'horreur que m'inspirait cette lugubre volée, je continuai ma route, et bientôt j'aperçus le jour.

Comme on l'avait dit, l'ouverture opposée donnait sur la mer, et le quai, large de douze ou quinze pieds au plus, permettait de transporter facilement tout ce que l'on voudrait à bord des chaloupes, qui accosteraient le débarcadère.

Dès le même soir, on pourrait commencer le déménagement en descendant les caisses dans les caves.

Je remontai annoncer cette bonne nouvelle à la reine, qui déclara qu'à ma place elle serait morte de peur, ayant la plus profonde horreur pour les chauves-souris.

Et, en effet, ce fut cette horreur de la reine pour ces animaux qui fit que la famille royale ne profita point, pour sa fuite, du nouveau chemin dont j'étais, sinon le Christophe Colomb, du moins le Vasco de Gama.

Toute la journée fut employée à faire des caisses dans lesquelles on enferma tout ce que l'on put se procurer d'or à la Banque, au Mont-de-Piété et dans les autres établissements publics.

Au reste, dès le jeudi 19, les maîtres voiliers avaient été chargés de préparer les cabines pour le roi, la reine et la famille royale à bord du *Van-Guard*; les peintres avaient été mis au carré des officiers, sous la poupe, carré destiné à devenir le salon de la famille royale; dans la nuit du jeudi au vendredi, les premières caisses furent portées à bord.

C'est le comte de Thurn qui fut chargé de tout ce transbordement, pour lequel, je l'ai déjà dit, on ne voulait employer aucun Napolitain.

La journée du vendredi se passa dans le même travail, que l'on dissimulait autant que possible à l'extérieur; car les rassemblements continuaient d'avoir lieu, et, à tout moment, la place du Palais s'encombrait de lazzaroni criant : « Vive le roi! Mort aux jacobins! Mort aux Français! »

Le départ fut fixé à la nuit du 21 au 22. Le roi ne voulait pas s'embarquer un vendredi; mais la reine, craignant qu'il ne changeât de résolution, insista, lui fit honte de sa superstition, et obtint que l'on s'embarquerait le soir même.

Le 20, l'amiral Caracciolo avait reçu l'ordre de se tenir prêt à convoyer le *Van-Guard*, et on lui avait laissé croire que la reine, la famille royale, sir William Hamilton et moi nous embarquerions à bord du *Van-Guard*. mais que le roi ferait le trajet à bord de la *Minerve*; ce qui eût tout concilié et n'eût point fait de l'amiral napolitain un ennemi.

Le 21, vers midi, Nelson fut informé que le départ aurait lieu le soir, et donna, en conséquence, ses ordres au comte de Thurn.

Il écrivit en outre au marquis de Nizza et au capitaine Hope deux lettres qui avaient pour but de faire brûler les bâtiments de la marine napolitaine, qui pouvaient devenir des vaisseaux ennemis en tombant aux mains des Français, ou des vaisseaux rebelles en tombant dans celles des patriotes.

On comprend quel trouble régna au palais pendant toute cette malheureuse journée du vendredi; la reine, qui avait voulu et pressé le départ, pleurait de rage et était toute prête à donner contre-ordre.

Le prince Pignatelli fut nommé vicaire général du royaume. On avait reçu une ettre de Mack qui disait qu'il allait se rendre à Naples pour mettre la ville en état de défense; on laissa pour lui un brevet de lieutenant général du royaume.

Le prince Pignatelli demanda jusqu'où s'étendaient ses pouvoirs.

— Jusqu'à brûler Naples! répondit la reine. Vous avez droit de vie et de mort sur le *mezzo ceto* et la noblesse; il n'y a ici que le peuple de bon.

A dix heures du soir, toute la famille royale se réunit dans l'appartement de la reine; il y avait, de plus, sir William, moi, l'ambassadeur d'Autriche et sa famille. Le roi avait manifesté le désir d'emmener avec lui le cardinal Ruffo; mais la reine, qui le détestait, s'y était opposée.

Le cardinal, en conséquence, s'était embarqué sur la *Minerve*.

C'était par Son Eminence seulement que l'amiral Caracciolo avait su qu'il serait privé de l'honneur de conduire le roi. Son orgueil de prince et son patriotisme de Napolitain avait, à cette nouvelle, reçu une double blessure. Il avait voulu envoyer à l'instant même sa démission au roi; mais Ruffo l'avait déterminé à accomplir son devoir jusqu'au bout et à ne donner sa démission qu'en arrivant à Palerme.

Le bruit du départ du roi, si bien gardé que fût le secret, s'était répandu dans la ville. Il faut connaître Naples pour se faire une idée du tumulte qui se fit toute la journée aux environs du palais ; à Naples, les cris d'amour ressemblent si bien à des cris de haine, que l'on eût pu croire que tout ce peuple qui avait peur de perdre son roi était rassemblé dans le but de l'égorger.

A dix heures et demie, le comte de Thurn appareilla les chaloupes au pied de l'escalier connu sous le nom d'escalier *del Caraco*, et monta pour ouvrir la porte de l'escalier supérieur qui donne dans les appartements royaux; mais, en voulant ouvrir la porte de ces appartements, le comte de Thurn rompit la clef dans la serrure, de sorte que l'on fut forcé de briser la porte.

Alors, le roi prit la tête de la colonne, tenant une bougie à la main; mais, arrivé à moitié de l'escalier, il entendit du bruit du côté de la descente du Géant, et, craignant d'être vu et reconnu, il éteignit la bougie. Nous nous trouvâmes dans une effroyable obscurité, au milieu de laquelle nous fûmes forcés de marcher à tâtons. On atteignit ainsi au *molo Siglio;* mais la mer était si grosse, que l'on n'osa se hasarder à sortir du port. Nous attendîmes dans les barques en nous enveloppant de nos manteaux et de nos châles, et, comme on avait oublié de faire souper les jeunes princesses, elles demandèrent à manger, mourant de faim. Un matelot avait des anchois, qu'elles mangèrent sans pain, en buvant de mauvaise eau croupie; puis, enfin, la mer ayant calmi, on se dirigea vers le *Van-Guard*, où nous abordâmes un peu avant minuit.

II

Malgré les dispositions prises par lord Nelson, le roi et la famille royale se trouvèrent bien à l'étroit sur le *Van-Guard*. Dix personnes avaient envahi la cabine de l'amiral et le carré des officiers, sans nous compter sir William et moi, et sans compter l'ambassadeur d'Autriche et sa femme.

Ces dix personnes étaient le roi, la reine, le prince héréditaire, sa femme, la petite princesse dont elle était accouchée depuis peu, le jeune prince Léopold, le prince Albert, Marie-Christine, Marie-Amélie et Maria-Antonia.

Un instant, en se voyant si à l'étroit, le roi eut l'envie de tenir la promesse que l'on avait faite à l'amiral Caracciolo et de se rendre à son bord; mais la reine s'opposa formellement à ce que le roi se séparât de sa famille.

Le jour vint avec une fraîche brise qui, malheureusement, était contraire. On entendait du *Van-Guard* les rumeurs de la ville comme les grondements d'un ours gigantesque.

Et, en effet, le peuple venait d'apprendre que Ferdinand, malgré ses promesses, l'avait abandonné, et des affiches collées à tous les coins de rue, sur toutes les places, à tous les carrefours, annonçaient que le prince François Pignatelli était fait vicaire général avec des pouvoirs illimités; que Mack était capitaine général de l'armée détruite, et que le ministre Simonetti quittait les finances pour faire place au banquier Zurlo.

Toutes ces nominations avaient été faites par décret daté de la veille et écrit tout entier de la main du roi.

On répétait la réponse de la reine au prince Pignatelli, lui demandant jusqu'où allaient ses pouvoirs : « Jusqu'à brûler Naples ! »

Les quais étaient encombrés de monde ; mais la mer était trop mauvaise pour qu'aucune barque osât se risquer. On voyait des groupes qui bien certainement étaient des députations ; mais ces groupes, après avoir séjourné un instant au bord de la mer, disparaissaient les uns après les autres, sur le refus que faisaient les bateliers de les conduire au bâtiment amiral, au mât duquel flottait le pavillon du roi.

Pendant la nuit, le vent mollit, mais sans cesser d'être contraire. Au point du jour, la foule revint inonder les quais. Elle salua la flotte anglaise de grands cris, espérant sans doute que le roi changerait de résolution; et, en effet, comme la mer était redevenue plus calme, nous vîmes non-seulement reparaître, mais encore s'embarquer et s'avancer vers le *Van-Guard* les députations que nous avions distinguées la veille s'agitant inutilement sur le quai.

Ces députations étaient triples.

Il y en avait une du clergé, avec l'archevêque Capece Zurlo à sa tête ; une autre des barons du royaume; une troisième, des magistrats et de la municipalité ; elles venaient supplier le roi de ne point partir, et s'engageaient d'honneur à le défendre jusqu'à la dernière extrémité.

Mais le roi ne voulut recevoir personne, excepté le cardinal archevêque de Naples ; il laissa les barques tourner autour du *Van-Guard*, et ceux qui les montaient lever inutilement leurs mains au ciel.

Monseigneur Capece Zurlo insista fort

pour retenir Sa Majesté ; mais le roi fut inflexible.

— Monseigneur, lui dit-il, la terre m'a trahi; je vais voir si la mer me sera plus fidèle.

L'archevêque quitta le *Van-Guard*, la mort dans le cœur, et déclarant qu'il ne pouvait prédire ce qu'allait faire Naples livrée à elle-même.

— Oh! murmura la reine, si vous ne savez pas ce que fera Naples, je sais bien, moi, ce que je lui ferai si jamais j'y remets le pied!

Les députations, dans l'espoir d'être reçues, restèrent jusqu'à trois heures de l'après-midi autour du bâtiment amiral; mais le roi ne se montra même pas sur le pont.

Vers quatre heures, le général Mack se présenta à son tour; n'ayant point trouvé le roi à Naples, et sachant que par un récent décret Ferdinand l'avait nommé lieutenant général, il venait prendre ses ordres. Il resta une demi-heure enfermé avec le roi, puis retourna à terre. Lord Nelson ne voulut point le voir.

Vers cinq heures, le vent tourna; on appareilla et on leva l'ancre à sept heures; puis on partit, accompagné de la frégate *la Minerve* et de dix ou douze bâtiments marchands et de transport.

Mais à peine eûmes-nous dépassé Capri, que nous fûmes pris d'une violente tempête. On eût dit, qu'infidèle comme la terre, la mer aussi voulait trahir le roi; toute la journée du lundi fut occupée à lutter contre elle. La nuit fut terrible; les trois mâts de perroquet et le boute-hors de beaupré furent brisés. Vingt fois nous crûmes que le bâtiment allait se disjoindre, tant ses craquements étaient épouvantables!

On se fera difficilement une idée de l'état dans lequel était la famille royale. Le roi, écrasé de terreur, se recommandait à tous les saints, et notamment à saint François de Paule, auquel il paraissait avoir, dans cette circonstance, une dévotion toute particulière, lui promettant, s'il le sauvait, une église aussi belle que Saint-Pierre de Rome. De sa famille, il n'en parlait point; sans doute était-elle sous-entendue. Les jeunes princesses étaient mourantes de fatigue et du mal de mer; le prince héréditaire paraissait aussi abattu que son père; la princesse Clémentine, sa fille dans ses bras, souriait mélancoliquement au ciel. La reine était sombre et comme isolée dans sa pensée.

De temps en temps, Nelson, qui restait sur le pont pour veiller à la sûreté de ses illustres passagers, descendait pour nous dire une parole d'encouragement, à laquelle seule je répondais par un signe de la main ou un regard; et comme c'était surtout ce regard et ce signe de la main qu'il était venu chercher, il remontait content.

Vers le matin, il y eut une éclaircie dans le temps. Nelson nous dit qu'il croyait à deux heures de trêve, et que, si nous voulions monter un instant sur le pont, il pensait que nous nous en trouverions bien. On profiterait de ce moment pour mettre un peu d'ordre dans les cabines.

Le roi, qui avait passé la plus grande partie de la nuit à genoux et en prières, respira et nous donna l'exemple en prenant le bras unique de Nelson et en montant avec lui sur le pont. La reine le suivit; comme elle s'avançait vers l'escalier seule et chancelante, je m'élançai pour la soutenir. Nelson redescendit avec le capitaine Hardy, afin de donner le bras à la princesse royale et aux jeunes princesses. Quant au prince héréditaire, il était plus alangui et plus abattu qu'aucun de nous. Le plus jeune des fils de la reine resta dans son hamac, incapable de faire un mouvement.

Le pont du *Van-Guard* présentait le spectacle d'une confusion non moins grande que celle de notre cabine. Les matelots profitaient du moment de trêve que leur donnait la tempête pour substituer des perroquets et un boute-hors de rechange aux mâts rompus, et se préparaient visiblement à lutter contre le mauvais temps à venir.

Le roi, appuyé au bastingage du bâtiment, regardait d'un œil d'envie la frégate de l'amiral Caracciolo, qui naviguait à notre gauche et qui semblait un navire enchanté. Pas un de ses cordages, pas un de ses agrès n'était brisé, et elle ne paraissait recevoir des vagues énormes sur lesquelles nous roulions d'autre mouvement que celui que reçoit, sous la main de son cavalier, un cheval lancé au galop.

— Tenez, madame! dit le roi à Caroline.

Et il lui montrait la *Minerve*.

— Eh bien? lui demanda la reine.

— Eh bien, c'est vous qui êtes cause que je suis sur ce bâtiment-ci, au lieu d'être sur celui-là!

— Il est bien heureux, lui répondit la reine, que l'amiral ne comprenne pas l'italien.

— Et pourquoi cela?

— Parce qu'à mon avis, dit-elle, c'est bien assez qu'il sache qu'il porte un roi lâche, sans que vous lui prouviez encore qu'il porte un roi ingrat.

Et elle lui tourna le dos.

— Ingrat tant que vous voudrez, répliqua le roi ne relevant pas la première épithète ; mais il n'en est pas moins vrai que j'aimerais mieux être sur la frégate de Caracciolo que sur le *Van-Guard.*

On vint me dire que le petit prince, resté dans son hamac, me demandait.

Je me hâtai de descendre.

C'était un enfant de six ans qu'on appelait le prince Albert; il était médiocrement aimé de la reine, laquelle n'avait d'affection réelle que pour son second fils Léopold, âgé de neuf ans. Il en résultait que le pauvre petit Albert, qui sentait instinctivement cet abandon, s'était attaché à moi, m'appelait sa petite maman, et accourait dans mes bras toutes les fois qu'il désirait fuir une punition ou obtenir une grâce.

Le pauvre enfant se trouvait un peu mieux et me demandait pour le conduire sur le pont. Malgré le mouvement du vaisseau, je le pris dans mes bras et l'emportai.

Pendant l'heure qui venait de s'écouler, le temps s'était couvert de nouveau, le vent était tourné au sud-ouest: de sorte que le *Van-Guard* était obligé de naviguer au plus près. Quant à la *Minerve*, on eût dit que toutes les allures lui étaient indifférentes, et que le vent même contraire lui donnait des ailes.

Au reste, il n'était point difficile de voir qu'une nouvelle bourrasque s'approchait. Des nuages sombres, humides, grisâtres s'abaissaient rapidement et semblaient reposer sur la pointe des mâts du *Van-Guard.* Des bouffées d'un air tiède et énervant passaient avec une fade saveur : c'était le vent de Libye, le plus antipathique aux matelots de la Méditerranée.

Nelson nous prévint que la trêve que nous avait accordée la tempête était expirée, et que, si nous voulions redescendre dans nos cabines, il allait, en notre absence, faire face à l'ennemi.

Je jetai un dernier regard sur la frégate napolitaine, et, quelque prévention que j'eusse en faveur de Nelson, je n'en fus pas moins forcée de reconnaître la supériorité de sa marche sur la nôtre.

Nous marchions, en effet, sous nos voiles basses avec deux ris pris et le foc seulement, tandis que la *Minerve*, ses huniers déployés, semblait porter un défi à la tempête ; plus fine de proue, elle fendait mieux la vague, roulait moins par conséquent que le *Van-Guard*, et justifiait le souhait égoïste du roi.

Dix minutes après l'avis donné par Nelson, nous étions réinstallés dans nos cabines, et la tempête s'abattait de nouveau sur nous.

Nous passâmes ainsi la journée du mardi et du mercredi.

Celle du jeudi fut marquée par un épouvantable malheur.

Vers quatre heures de l'après-midi, le jeune prince Albert, mon favori, fut pris de convulsions qui allèrent toujours augmentant. Le médecin du bord descendit ; mais tous ses secours furent inutiles. Je tenais l'enfant dans mes bras, serré contre ma poitrine, et je sentais tous ses membres se tordre sous l'aiguillon du mal. Deux ou trois fois, la reine voulut le prendre; mais, se cramponnant à moi, il ne voulut point me quitter.

La tempête rugissait plus fort que jamais ; les vagues couvraient le pont, le bâtiment tremblait du haut de ses mâts à la cale ; mais j'avoue que je n'entendais rien que les plaintes du pauvre enfant, que je ne sentais rien que les frissonnements de de ce corps à l'agonie.

Enfin, à sept heures du soir, il jeta un cri déchirant, se roidit entre mes bras, fit un effort pour m'embrasser et poussa un soupir... C'était le dernier.

— Madame ! madame ! m'écriai-je presque folle, le prince est mort!

La reine s'approcha de nous, regarda son fils, le toucha, et se contenta de dire

— Va, pauvre enfant! tu nous précèdes de si peu, que ce n'est point la peine de te pleurer.

Puis, étendant la main avec une expression qui tenait plus de la Médée que de la Niobé :

— Mais, si nous en revenons, sois tranquille, ajouta-t-elle, tu seras vengé!

On eût dit que la tempête n'attendait que cette victime expiatoire pour se calmer : à peine l'enfant royal eût-il rendu le dernier soupir, que le vent tomba et que le ciel s'éclaircit.

Il fallait, je crois, cette amélioration dans l'atmosphère pour que la famille royale s'aperçût qu'elle venait de perdre un de ses membres. Ce fut la princesse Marie-Clémentine qui me parut la plus affectée ; elle ne jeta point de cris, ne donna aucun signe de douleur ; mais, à ce cri qui s'échappa de ma bouche : « Le prince est mort! » elle serra sa fille contre son cœur et de grosses larmes roulèrent sur ses joues.

Je couchai le petit prince dans ma propre cabine, et je passai la nuit assise près de son lit.

A deux heures du matin, j'entendis un grand bruit de ferraille : c'était l'ancre que l'on jetait. Nous étions arrivés. Un instant après, tout mouvement cessa dans le bâtiment.

Nous avions eu cinq jours d'horrible traversée, et nous étions au vendredi 26 décembre.

A cinq heures, tout le monde fut prêt à descendre à terre; mais je déclarai que je restais près du petit prince pour l'ensevelir.

Le roi, la reine, les frères et les sœurs du mort, sans beaucoup insister, se reposèrent sur moi de ce soin; on promit d'envoyer dans la journée prendre le corps pour l'exposer dans la chapelle du palais, et Nelson se chargea de faire faire la bière par le charpentier du bord.

La famille royale, Acton, sir William Hamilton, les ministres Castelcicala, Belmonte et Fortinguerra descendirent dans les chaloupes et s'acheminèrent vers la Marine, où leur débarquement fut salué par les hourras de l'équipage du *Van-Guard*, monté sur les vergues. On ne tira point le canon, parce que l'on était dans le môle.

Nelson resta à bord.

Ce fut en quelque sorte en présence et sur le cadavre du pauvre enfant dont je remplaçais la mère, qu'il me jura un amour qui, du reste, ne s'est jamais démenti.

A deux heures de l'après-midi, le cadavre fut cloué dans sa bière, et un messager vint nous annoncer que le char mortuaire l'attendait sur le quai.

Les matelots le descendirent dans la yole de l'amiral; nous prîmes place, Nelson et moi, comme eussent dû le faire le père et la mère, près du cadavre royal, et l'on rama vers le quai.

Le cercueil fut chargé sur le corbillard; un équipage de la cour nous attendait; nous y montâmes et suivîmes lentement la voiture de deuil.

Elle traversa tout Palerme, coupée en croix par deux rues principales, la via di Toledo et la via Maqueda, et nous arrivâmes au palais royal, ancien palais de Roger.

Le corps fut déposé dans la chapelle byzantine où il devait demeurer trois jours, et seulement alors je demandai que l'on me conduisît à l'appartement de la reine.

Nelson, pendant ce temps, se faisait conduire à celui du roi.

Il trouva le prince très-préoccupé, non pas de la défaite de l'armée, non pas des progrès de la Révolution, non pas de l'époque probable où les Français seraient à Naples, mais de deux choses bien autrement importantes :

Y avait-il du gibier à la Ficuzza, et quels seraient les partners admis, le soir, à l'honneur de sa partie de reversi?

Il y avait près de deux mois que le roi n'avait chassé, et plus de huit jours qu'il n'avait fait sa partie de reversi!

Il avait bien avec lui ses joueurs ordinaires : le duc d'Ascoli, le prince de Castelcicala, le prince Belmonte; mais le roi aimait les changements de visages.

Ruffo ne jouait pas; d'ailleurs, la reine avait conçu une telle antipathie pour lui, que le roi avait renoncé à le recevoir dans l'intimité de la famille; s'il avait à lui parler politique, à le consulter sur quelque acte du gouvernement, il lui écrivait un billet et le faisait venir chez lui.

Or, il y avait justement à Palerme un homme qui était grand joueur et grand chasseur, et qui pouvait du premier coup offrir au roi Ferdinand les deux choses qu'il cherchait : une magnifique chasse dans son fief d'Illice et un partner infatigable au boston ou au reversi.

C'était le président Cardillo.

Le roi détestait la noblesse de robe; mais la détresse dans laquelle il se trouvait momentanément le fit passer par-dessus son antipathie. Il se fit, en conséquence, présenter le président Cardillo, qui mit à sa disposition ses bois, ses faisans, ses chevreuils, ses sangliers et ses chiens.

Le roi, enchanté de l'offre, accepta une chasse pour le lendemain et invita le président à faire sa partie pour le même soir.

Seulement, dans le courant de la journée, on prévint Sa Majesté que le président était le plus mauvais joueur de toute la Sicile.

Le roi se mit à rire.

— Et moi, dit-il, qui croyais être le plus mauvais joueur de tout mon royaume! J'ai donc trouvé un homme qui fera ma partie en tout point.

On pense bien que les avis ne manquèrent pas au président Cardillo; tous ces avis se résumaient dans ces paroles :

— N'oubliez pas que c'est avec le roi que vous avez l'honneur de jouer, et contenez-vous.

Le président fit les plus belles promesses du monde et, le premier soir, étonna par sa modération toute la galerie, qui avait été prévenue de son irascibilité.

Un seul mot lui échappa qui le mit tout de suite dans les bonnes grâces du roi.

Le roi, à qui on avait promis les colères du président, qui s'y était préparé et qui ne les voyait pas venir, trouvait qu'on lui avait manqué de parole, et poussait le pauvre Cardillo de telle sorte, qu'il en oublia lui-même son jeu et fit une grosse faute.

— Ah! pardieu! s'écria-t-il, je suis un fier âne! je pouvais donner mon as, et je ne l'ai pas fait.

— Eh bien, répondit le président, à qui sa préoccupation de rester convenable avait de son côté fait oublier son jeu, je suis encore plus âne que Votre Majesté; car je pouvais donner le quinola, et il m'est resté entre les mains.

Le roi éclata de rire; la réponse lui avait rappelé la franchise de ses bons lazzaroni; aussi, à partir de ce moment, le président Cardillo lui fut tout à fait sympathique, et les chasses à Illice achevèrent de le mettre au mieux dans son esprit.

Comme le reversi était un jeu que sa gravité rendait peu attrayant à la partie frivole de la cour dont je faisais partie, on créa pour nous une banque de trente-et-quarante.

J'avais toujours passionnément aimé le jeu; plus libre que jamais de toutes mes fantaisies, je m'y livrai alors avec fureur.

Nelson ne jouait jamais; mais il se tenait derrière moi, son bras unique appuyé au dossier de ma chaise, et me parlant tout bas de son amour, ce qui donnait pour moi un double attrait au jeu.

Hélas! aujourd'hui que j'attends souvent après la pièce d'or nécessaire à la nourriture de notre semaine, ce n'est pas sans remords que je me rappelle l'époque où je jetais l'or à poignée sur cette table.

Et, à propos de celui qui tenait la banque, c'est-à-dire à propos du duc de S..., je dois ajouter un détail à cette confession que j'ai promis de rendre complète.

Ce duc de S... était une espèce de Casanova, appartenant d'ailleurs à une famille distinguée de Sicile; il était fort connu sur le continent par ses voyages, par les séjours qu'il avait faits dans les principales villes, et par ses duels, qui presque tous avaient eu pour cause son bonheur extraordinaire au jeu.

Mais, aujourd'hui, la question n'est pas là. Je ne sais si, comme banquier, le duc de S... exerçait scrupuleusement la taille de ses cinquante-deux cartes; mais ce que je sais, c'est que, chaque jour, il venait avec une épingle nouvelle à sa chemise ou un diamant nouveau à son doigt. J'étais femme; ce diamant me tentait. Je lui demandais à le voir, je le mettais à mon doigt ou à mon cou, je priais le duc de me le céder; il me l'offrait avec la certitude que je le refuserais, mais que mon désir serait entendu ou de la reine ou de sir William, ou de Nelson. En effet, j'étais sûre, le lendemain, de trouver sur ma toilette l'objet ambitionné par moi la veille.

Qui me l'avait donné? Je ne m'en informais même pas; dans cette vie de prodigue laisser aller où l'on roulait sur l'or, s'inquiétant peu d'où l'or venait ni où il allait, qu'importaient deux ou trois cents louis de plus ou de moins!

Et cependant, je l'ai su depuis, chacune de ces pièces d'or venait du peuple et était humide de sueur quand elle ne l'était pas de sang.

En tout cas, une chose dont je puis répondre, c'est que le duc de S... ne fit pas de mauvaises affaires en se défaisant pièce à pièce de son écrin en ma faveur.

Le mois de janvier s'écoula ainsi; les nouvelles que l'on recevait de Naples étaient désastreuses.

D'abord, un armistice avait été conclu entre le prince Pignatelli, vicaire général, et les Français; puis, cet armistice ayant été violé par les lazzaroni et non exécuté par le vicaire général, les Français avaient marché sur Naples; et, après trois jours d'une lutte acharnée, ils étaient entrés dans la ville.

Le vicaire général, alors, s'était enfui et, à son tour, était arrivé à Palerme.

Enfin, le 22 janvier, la République parthénopéenne avait été proclamée; saint Janvier avait fait son miracle, — un peu, dit-on, avec l'aide de Championnet; — et le Vésuve, en y joignant une petite éruption, avait lui-même, au dire des soldats français, arboré le bonnet rouge.

Le roi Ferdinand avait une vieille rancune contre saint Janvier, qui, après avoir refusé de faire son miracle pour lui, l'avait fait pour les Français; il est vrai que, pour l'y déterminer, Championnet, à ce que l'on assure, avait employé des moyens irrésistibles.

En conséquence, Ferdinand destitua saint Janvier du grade de lieutenant-général, qu'avait en son nom exercé le général Mack pendant une quinzaine de jours, et lui enleva les appointements attribués à cette charge.

Mais ce n'était pas le tout.

Les jacobins, par leurs nombreuses relations en province, travaillaient à la démocratisation des Abruzzes, de la Terre de Labour et des Calabres.

Si l'on réussissait à démocratiser la Calabre, la Révolution n'avait que le détroit à traverser pour avoir le pied en Sicile. Or, la Sicile comptait aussi de son côté bon nombre de jacobins qui vivaient dans l'espoir qu'au premier éloignement de l'escadre anglaise, Palerme comme Naples ferait sa révolution.

Le jour même où la République était

proclamée à Naples, c'est-à-dire le 22 janvier 1799, le roi avait réuni à Palerme un grand conseil d'État, dans le but de trouver un moyen quelconque, de repousser la Révolution, qui s'avançait à grands pas.

On discutait depuis deux heures sans parvenir à s'entendre sur rien, lorsqu'un huissier se présentant, demanda, pour le cardinal Ruffo, la permission d'entrer au conseil et de prendre part à la délibération.

Le cardinal venait tout simplement proposer au roi de se mettre à la tête des réactionnaires calabrais et de marcher avec eux sur Naples.

Enfermé, depuis son débarquement en Sicile, dans une cellule du couvent de La Grancia, il avait longuement médité son plan, et il lui tardait de se venger du refus qu'on lui avait fait d'un poste militaire, en prouvant qu'il avait plus d'initiative et de courage que tous ces généraux qui s'étaient enfuis avec le roi, et qui briguaient l'honneur de l'accompagner à la chasse ou de faire sa partie de reversi.

Une pareille proposition méritait d'être prise en considération, quoiqu'au premier moment elle eût excité le trouble dans tous les esprits; mais Ruffo, qui était en correspondance active avec tous les mem- de sa famille et qui avait expédié cinq ou six messagers en Calabre, prouva si clairement que cette province n'attendait plus que lui pour se soulever, que le roi, séance tenante, donna son adhésion au projet du cardinal, et, jugeant qu'il n'y avait pas de temps à perdre pour le mettre à exécution, promit à Son Éminence que, sous trois jours, il aurait sa commission de vicaire général.

Ruffo demandait que, puisque le conseil était assemblé, on rédigeât immédiatement ses lettres patentes; mais le roi déclara qu'il voulait se charger de la rédaction.

Quand Ferdinand parlait ainsi, on savait ce que cela signifiait : la chose était réservée à son conseil intime, c'est-à-dire à la reine, au général Acton et à sir William Hamilton.

Le roi rentra tout fier et tout joyeux : son ami le cardinal, tant méprisé par la reine, cet homme d'Église qu'on n'avait pas jugé digne d'une place de chef de bureau au ministère de la guerre ou de la marine, venait de proposer une chose qui était l'affaire du prince royal et dont celui-ci n'avait pas même eu l'idée.

Il réunit la reine, sir William, lord Nelson et le général Acton, et leur communiqua la proposition de Ruffo.

Tout le monde fut d'avis qu'il fallait accepter, sauf la reine, qui n'approuva ni ne désapprouva, se contentant de garder le silence.

Il fut convenu que, le lendemain matin, Ruffo serait appelé au palais, et qu'en sa présence et avec ses conseils, l'acte qui lui conférait le titre de vicaire général serait discuté et rédigé.

Le soir même, l'amiral François Caracciolo sollicita la faveur d'être reçu par le roi.

Ferdinand, qui se sentait des torts envers Caracciolo, et qui, par conséquent, eût difficilement supporté sa présence, fit répondre que, préoccupé d'une affaire très-urgente, il priait l'amiral, s'il avait quelque chose à lui demander, de le lui demander par écrit.

Caracciolo laissa une pétition renfermant sa démission de son grade d'amiral dans la marine napolitaine, et prière au roi de lui donner permission de retourner à Naples.

Le roi, susceptible comme un homme qui est dans son tort, saisit l'occasion de se débarrasser de l'amiral, et écrivit sur la demande :

Si accordi, ma sappia il cavaliere Caracciolo che Napoli è in potere del nemico!

Caracciolo ne fit point attention aux termes dans lesquels le congé était accordé ; il n'y vit que la permission de quitter Palerme, et, le cœur plein de fiel, il s'embarqua dès le lendemain matin.

Au moment de son départ, le conseil intime était réuni au palais, et Ruffo recevait des mains du roi, avec un manifeste adressé aux Calabrais, les lettres qui lui conféraient la lieutenance générale et lui donnaient pleins pouvoirs pour agir au nom de Sa Majesté.

Le cardinal avait été prévenu que, bien que le roi eût emporté de Naples soixante-cinq ou soixante-six millions, on ne pouvait lui donner d'autre argent qu'une somme de trois mille ducats, c'est-à-dire de douze mille francs, pour subvenir à tous ses frais de restauration ; c'était à lui, une fois en Calabre, d'y pourvoir au moyen de contributions volontaires ou forcées, ou par tout autre qui lui conviendrait.

Cependant, avant qu'il eût pris congé du roi, on crut avoir trouvé une mine : le prince Luzzi prévint le prélat, de la part de Sa Majesté, que le marquis don Francesco Taccone, trésorier général du royaume de Naples, était arrivé à Messine, porteur de cinq cent mille ducats, c'est-à-dire de plus de deux millions échangés à Naples contre du papier de banque. Or, comme cet argent appartenait à la caisse générale du royaume, le roi consentait à le céder au

cardinal pour les besoins de son expédition. Hâtons-nous de dire, — et cela n'étonnera aucunement les personnes qui savent combien facilement, à Naples, l'argent reste collé aux mains de ceux qui le touchent — que ni Ruffo, ni le roi, ni âme qui vive ne put jamais remettre la main sur les deux millions.

Le cardinal ne perdit point de temps. Le 26 janvier, il partit pour Messine, et, après avoir vainement essayé d'y opérer l'encaissement de ses cinq cent mille ducats, il passa en Calabre, où il aborda le 8 février 1799, sur la plage de Cotona.

Aussitôt débarqué, il arbora, au balcon du casino de son frère le duc de Roccabella, la bannière royale, représentant d'un côté le blason des Deux-Siciles, de l'autre la croix, et cette inscription gravée, quinze cents ans auparavant, sur le labarum de Constantin :

In hoc signo vinces !

Nous apprîmes, au bout de quelques jours, qu'un millier d'hommes s'étaient réunis à lui, et qu'avec eux il avait quitté la rivière de Messine et était parti pour Monteleone.

II

Ces nouvelles rendirent la santé à la reine et jetèrent un second linceul sur la tombe du pauvre petit prince, celui de l'oubli.

J'ai dit comment se passaient nos soirées : le roi continuait à quereller le président Cardillo, le président Cardillo à ronger son frein, le duc de S... à tenir la banque et à faire briller ses bagues et ses épingles, moi à lui exprimer l'envie de les avoir, Nelson et sir William à me les acheter.

La reine, qui ne jouait point, se tenait dans un coin avec les jeunes princesses, et brodait une bannière dédiée aux Calabrais et qu'elle comptait envoyer au cardinal aussitôt qu'elle serait finie.

Nos journées, surtout lorsque vinrent les premiers souffles et les premiers soleils du printemps, ne le cédaient en rien à nos soirées. La fin du mois de février et le commencement du mois de mars sont magnifiques à Palerme. Deux ou trois fois par semaine, on organisait des promenades dans le port; on déjeunait à bord d'un vaisseau, on dînait à bord de l'autre. Caroline se mêlait peu à ces parties de plaisir; depuis la défaite de l'armée napolitaine, depuis l'étrange retour de son mari, depuis la fuite forcée de Naples, elle était restée sombre et plus que jamais enfermée dans sa haine, d'où elle ne sortait que par des accès de fureur qui épouvantaient tous ceux qui l'entouraient et pendant lesquels, seule, je pouvais pénétrer jusqu'à elle. Quand une de ces fêtes avait lieu, c'était donc moi qui en étais la vraie reine.

Et, en effet, dans ces promenades auxquelles prenaient part cinquante ou soixante barques pavoisées, montées par les dames et les seigneurs de la cour, Nelson et moi naviguions toujours en tête, dans une barque à douze rameurs, quand le roi lui-même n'en avait que huit. Il est vrai de dire qu'à peine étions-nous en mer, le roi prenait sa course de son côté, et, au lieu d'écouter nos musiciens ou nos chanteurs, se mettait à chasser les mouettes, les goëlands et les plongeons. Quant à nous, après une première course en mer, nous nous arrêtions, soit à bord du *Culloden*, soit à bord du *Minotaure*; puis, le déjeuner terminé, nous redescendions dans notre barque, au son des instruments et au milieu des chants; et parfois, en fermant les yeux et en me transportant dans l'antiquité, je me plaisais à croire que ce n'était pas la première fois que mon âme était venue habiter ce monde, et que, jadis, j'avais été Cléopâtre, comme Nelson avait été Antoine. Alors, je me rappelais quelques-uns des beaux vers du drame de Shakspeare et je les jetais à cette douce brise qui nous arrivait en courbant les palmiers; et en enlevant les parfums des orangers de la Baguerie. Puis, lorsque les derniers rayons du soleil teignaient de rose la cime du mont Pellegrino, nous reprenions le chemin du *Van-Guard*, illuminé *à giorno*. Une longue table couvrait le pont d'un bout à l'autre; les canons disparaissaient sous des buffets couverts d'argenterie, de fleurs et de pâtisseries; on se mettait à table, moi en face du roi, comme si j'étais la reine, entre Nelson et le capitaine Troubridge ou le commandant Thomas-Louis. Le repas durait une partie de la nuit, et, à chaque toast que nous portions, les canons des batteries inférieures éclataient, et l'artillerie du fort nous rendait nos salves.

Souvent Nelson était soucieux ou préoccupé; je sentais bien en moi-même que sa conscience lui reprochait son inaction, lui criait qu'il devrait être ailleurs; dans ces moments, il se levait de table, sous prétexte de donner un ordre, et s'en allait seul rêver sur le tillac. Un jour, je l'y suivis, et, m'approchant de lui par derrière et sans qu'il me vît, je l'entendis murmurer :

— Misérable fou que je suis ! En vérité, mon bâtiment a plus l'air d'une boutique de pâtisserie que d'un vaisseau de l'escadre bleue !

Alors, je lui passai mon bras autour du cou, et je le ramenai à sa place, tout honteux et tout désespéré d'avoir été entendu.

Le carnaval approchait, et, comme les nouvelles du cardinal Ruffo devenaient de plus en plus satisfaisantes, on donna quelques bals masqués à la cour. Nelson, qui cherchait visiblement à s'étourdir, eut, à cette occasion, l'idée de courir les rues, déguisé, avec moi ; deux ou trois fois, nous fîmes cette folie ; mais un accident, qui pouvait avoir des suites graves, nous en guérit.

Une nuit que nous errions à travers Palerme, ainsi déguisés, Nelson, qui avait beaucoup bu après le dîner selon l'habitude des Anglais, me conduisit dans une maison suspecte, fréquentée par les officiers de l'escadre ; aucun d'eux ne nous reconnut positivement ; mais un bosseman et un midshipman qui buvaient dans un coin eurent des soupçons, et, lorsque Nelson et moi nous sortîmes, ils nous suivirent et nous virent entrer à l'hôtel de l'ambassade. Presque au même instant, le roi en sortait, et, voyant deux gaillards qui paraissaient en belle humeur, il voulut savoir ce qu'ils faisaient là. Le bosseman baragouinait un peu l'italien, et il amusa fort le roi en lui racontant toute l'aventure. Ferdinand lui promit de se souvenir de lui et lui demanda quelle était la chose qui pourrait lui être la plus agréable. Le bosseman lui répondit, en riant toujours, que son ambition, depuis sa naissance, était d'être chevalier.

— Eh bien, lui dit le roi, sois tranquille, tu le seras ! Quel est ton nom ? et à quel bâtiment appartiens-tu ?

Le bosseman répondit qu'il se nommait John Baring et appartenait à l'équipage du *Van-Guard*, et il rappela au roi quelques petits services qu'il avait eu le bonheur de lui rendre pendant la traversée de Naples à Palerme.

— En effet, dit le roi, je me souviens !

— Bon ! reprit le bosseman, je croyais que Votre Majesté avait oublié cela !

— Et pourquoi ? demanda Ferdinand.

— Parce que ni moi ni l'équipage, répondit le bosseman, encouragé par la bonhomie du roi, n'avons jamais eu le plaisir de boire à la santé de Votre Majesté avec de la monnaie à une autre effigie que celle de notre gracieux souverain le roi George III.

Le roi se mordit les lèvres.

— Eh bien, dit-il, demain, tu boiras à ma santé avec de l'argent à mon effigie, et tes camarades, en buvant à la tienne, t'appelleront chevalier.

Comme le roi était très-bavard, il alla immédiatement raconter toute l'histoire à la reine : comment j'étais sortie déguisée avec Nelson, comment j'étais entrée dans une maison qu'il baptisa d'une épithète plus expressive que *suspecte*, et comment enfin il avait rencontré un bosseman anglais qui l'avait si fort amusé, qu'il lui avait promis de le faire chevalier de l'ordre de Saint-Georges Constantinien.

Puis, le même soir, il écrivit un ordre pour que, dès le lendemain matin, le prince Luzzi, ministre des finances, fît porter treize cents onces d'or à l'équipage du *Van-Guard*, à titre de gratification.

Le prince Luzzi devait donner avis de cette décision à l'amiral Nelson, et le prévenir, en même temps, que Sa Majesté nommait le bosseman John Baring chevalier de l'ordre de Saint-Georges Constantinien, en récompense des services qu'elle avait reçus de lui pendant la traversée.

Par malheur pour le pauvre bosseman, le roi, comme je l'ai dit, avait tout raconté à la reine, et la reine m'avait tout raconté à moi, me conseillant de me mieux garder à l'avenir, attendu que j'avais été reconnue et suivie.

Aussitôt que je vis Nelson, je lui fis part à mon tour de ce qui s'était passé. Dans un premier mouvement de colère, il parlait tout simplement de faire pendre John Baring. Je ne sais s'il en avait le droit ; mais, à son bord, il se croyait roi absolu, et il l'eût fait certainement comme il le disait.

Je le priai tant, qu'il se contenta de chasser l'indiscret bosseman, dont je regrettai de ne pouvoir obtenir la grâce entière.

III

Cependant, les choses marchaient au mieux dans les Calabres. On avait, je l'ai dit, appris d'abord l'entrée du cardinal à Monteléone, puis, successivement, à Catanzaro et à Cotrona, que les troupes sanfédistes avaient pillée et brûlée.

Les nouvelles qui nous arrivaient de Naples n'étaient pas moins favorables à la cause royale.

Championnet étant tombé en disgrâce, pour l'opposition qu'il avait tenté de faire aux exactions du Directoire, Macdonald avait été nommé général en chef en son lieu et place.

A peine occupait-il ce poste, que les revers de l'armée française dans la haute Italie venaient le contraindre à l'abandonner. Souvorof et ses cinquante mille Russes étaient arrivés, et l'empereur s'était enfin décidé à se mettre en campagne. Les Français, privés de leurs meilleurs soldats enfermés en Egypte, et de leur meilleur général prisonnier avec eux, avaient été battus à Magnano, et avaient perdu la ligne du Mincio, tandis que Souvorof, nommé général en chef de l'armée austro-russe, était entré dans Vérone et s'était emparé de Brescia.

Macdonald, ayant reçu l'ordre de réunir ses forces à celles de l'armée française, qui était en pleine retraite, avait quitté Naples le 3 mai, laissant dans le fort Saint-Elme une garnison de cinq cents hommes seulement.

La nouvelle de l'évacuation de Naples parvint à Palerme le 9 mai.

Mais, au moment où nous nous livrions à la joie que nous causait cette évacuation, arriva une autre nouvelle, qui fit contrepoids à celle que nous venions de recevoir.

Le 12 mai, nous apprîmes, par le brick l'*Espoir*, que la flotte française de Brest, trompant notre blocus, était sortie du port et avait été vue à Oporto, se dirigeant vers le détroit de Gibraltar, dans l'intention probable de se joindre à la flotte espagnole et de tenter quelque coup contre Minorque ou la Sicile. Il était, en conséquence, nécessaire de renforcer la flotte anglaise, et l'amiral donna immédiatement des ordres pour rappeler les bâtiments anglais qui se trouvaient dans la baie de Naples.

Mais Nelson espérait encore ne point s'éloigner de Palerme; il était véritablement malade d'inquiétude, et, à la seule idée de s'éloigner de moi, ne fût-ce que pour quelques jours, il pleurait comme un enfant.

Pendant six jours, c'est-à-dire du 13 au 17 mai, il resta hésitant sur ce qu'il avait à faire, sentant bien, toutefois, que sa place était en pleine mer, et non dans le port de Palerme. Tous les vaisseaux appelés par lui vinrent successivement le rejoindre avec leurs capitaines. Enfin le 19, faisant un effort suprême, il me quitta avec plus de peine qu'Antoine, auquel je m'amusais souvent à le comparer, n'en eut à quitter Cléopâtre pour aller épouser Octavie. Je crois que, si une fois, une seule fois dans sa vie de dangers, Nelson eut peur de la mort, ce fut à ce moment, tant la vie lui était devenue précieuse depuis que je l'aimais.

Un prétexte le retenait : il n'y avait pas de vent; mais, pendant la nuit du 18 au 19, une brise se leva et décida le départ de la flotte.

Nelson se rendit à bord du *Van-Guard;* sir William et moi le conduisîmes jusqu'au port; arrivé là, il sauta dans sa barque, qui l'attendait depuis plus de deux heures, donna l'ordre de ramer vers le bâtiment amiral, laissa tomber sa tête dans ses mains, et ne regarda plus de notre côté.

Quant à nous, nous ne quittâmes la Marine que lorsque nous l'eûmes perdu de vue au milieu des navires qui encombraient le port.

Mais à peine le *Van-Guard* eut-il fait un mille, que le vent tomba. Nelson en profita pour m'écrire la lettre suivante, qu'il m'envoya par le lieutenant Swinay :

« *Van-Guard*, 19 mai, huit heures

« Ma chère lady Hamilton,

« Vous dire combien le *Van-Guard* me paraît sombre et triste, c'est vous dire qu'après avoir été dans la compagnie des personnes les plus sympathiques, je me trouve enfermé tout à coup dans une morne cellule! Je suis parfaitement à cette heure *le grand homme*, n'ayant près de moi aucune créature amie, et de tout mon cœur, je désire redevenir un *petit homme!* Vous et le bon sir William, vous avez désenchanté pour moi tous les lieux où vous n'êtes point. Mon amour pour vous s'étend à tout ce qui vous touche, et vous ne pouvez concevoir ce que j'éprouve quand je vous réunis tous dans ma mémoire. J'aime jusqu'à Mira! N'oubliez pas votre fidèle

« NELSON. »

Le départ de la flotte anglaise laissa la cour de Palerme dans une grande anxiété. La reine surtout, qui savait le peu de fonds que l'on pouvait faire sur son mari et qui ne se fiait pas au génie d'Acton, était au désespoir. On ne résolut pas moins de se mettre autant qu'on le pouvait en état de défense, pour le cas où les Français tenteraient d'opérer un débarquement en Sicile.

Les journées des 25, 26, 27 et 28 mai, se passèrent dans des transes continuelles.

Le 29, il y eut une alerte. On vit apparaître, venant du côté de Marsala, une flotte que l'on crut d'abord être la flotte franco-espagnole combinée ; mais bientôt on reconnut que c'était Nelson qui revenait avec son escadre.

On s'empressa de faire atteler, et la reine, sir William et moi, montâmes en voiture et nous dirigeâmes vers la Marine.

Nelson, de son côté, ne perdit pas un instant, et, à peine le *Van-Guard* eût-il jeté l'ancre, qu'il descendit dans sa yole et gagna la terre.

A la manière dont la reine se jeta au-devant de lui et lui serra les mains, je pus reconnaître que la crainte est un sentiment non moins fort que l'amour.

Nelson monta dans notre voiture, et nous le conduisîmes au palais.

Pendant ses huit ou dix jours de croisière, il n'avait pas aperçu une seule voile de la flotte française ; son avis était qu'elle s'était dirigée sur Toulon, sans doute pour s'y renforcer.

Il appuya beaucoup sur son retour, qui avait, disait-il, pour but de rassurer la reine ; mais son unique main, en serrant la mienne, me faisait clairement comprendre que c'était pour moi seule qu'il était revenu.

Il s'informa si nous avions reçu quelques nouvelles de Naples ; nous ne savions rien que de vague. Lui avait appris que Ruffo continuait sa marche triomphale à travers la Calabre. Les Napolitains, montés sur une flottille de petites barques, et conduits par Caracciolo, qui s'était mis au service de la République, avaient essayé de profiter de l'absence de Nelson et du gros de sa flotte pour reprendre les îles ; mais, après un combat acharné contre le *Sea-Horse*, commandé par le capitaine Footh, et la *Minerve*, l'ancienne frégate de Caracciolo, commandée par le comte de Thurn, la flottille républicaine avait été repoussée.

Le 6 juin, l'escadre de lord Nelson fut renforcée par l'arrivée à Palerme du *Foudroyant*, vaisseau de quatre-vingts canons, destiné à devenir, à la place du *Van-Guard*, le bâtiment amiral ; il était suivi du *Léviathan*, portant le drapeau du vice-amiral Duckworth, du *Majestic*, et du *Northumberland*, détachés de la flotte de lord Saint-Vincent.

Le 8 juin fut un jour de fête : Nelson transporta son drapeau du *Van-Guard* sur le *Foudroyant*, et fit passer avec lui sur ce vaisseau le capitaine Hardy, cinq lieutenants, le chirurgien, le chapelain, et beaucoup de matelots et de midshipmen.

Le même jour, il fut résolu que Nelson reprendrait la mer et tenterait une expédition contre Naples. Le prince royal, honteux de n'avoir encore rien fait pour reconquérir son héritage, se décida enfin à partir avec Nelson, qui annonça que, si le roi voulait lui donner des instructions, il mettrait à la voile au premier vent favorable.

Le roi, la reine et sir William passèrent la nuit à rédiger ces instructions. Elles donnaient carte blanche à Nelson ; toutefois, en les remettant à celui-ci, Caroline lui recommanda de vive voix de ne point traiter avec les rebelles, et me chargea de lui traduire le passage suivant d'une lettre qu'elle écrivait à ce sujet au cardinal Ruffo :

« Je souhaite vivement d'apprendre que vous avez pris Naples, et que des négociations ont été entamées avec le fort Saint-Elme et son commandant français ; mais, je vous prie, aucune transaction avec des vassaux coupables, auxquels le roi pardonnera dans sa clémence en diminuant leur châtiment par un effet de sa bonté. Il ne faut jamais, et sous aucun prétexte, capituler ni traiter avec des sujets rebelles qui sont à l'agonie, et qui, voulussent-ils faire le mal, ne le pourraient plus, étant pris à cette heure comme des rats dans une trappe. Je consens à leur pardonner, si c'est nécessaire au bien de l'Etat ; mais pactiser avec de pareils misérables, jamais !

« Parmi eux, il en est un surtout qu'à aucun prix nous ne devons laisser aller en France : c'est l'indigne Caracciolo, ce triple ingrat qui connaît tous les trous de notre littoral de Naples et de Sicile, et qui, s'il échappait à notre justice, pourrait nous causer bien des ennuis, et même compromettre la sûreté du roi. »

De pareilles instructions ne laissaient à Nelson qu'une seule alternative : ou les exécuter ponctuellement, ou ne point se charger de l'expédition, puisque celle-ci n'était faite que dans le double but de reconquérir Naples et de venger la royauté.

Nelson hésita, je dois le dire ; le jeudi 12 juin, il était encore indécis. Alors, Caroline, recourant à son moyen de pression ordinaire, me dicta cette lettre pour lui :

« Jeudi au soir, 12 juin.

« Je viens de passer la soirée avec la reine ; elle est vraiment au désespoir, et elle dit que, quoique le peuple de Naples soit, en général, pour ses souverains légitimes, les choses ne pourront être amenées à l'état de tranquillité et de subordination que lorsque lord Nelson et sa flotte seront devant Naples. C'est pourquoi elle vous prie, vous engage, vous conjure, mon cher lord, de ne plus tarder à vous rendre à Naples. Pour l'amour de Dieu, considérez, réfléchissez, agissez! Nous irons même avec vous, si vous le désirez; sir William est malade, je suis malade. Cela nous remettra.

« Toujours, toujours à vous très-sincèrement.

« Votre EMMA HAMILTON. »

Nelson ne savait rien me refuser; ma lettre le décida, et, dans la nuit, il me fit répondre que, le lendemain, le prince héréditaire pouvait venir à son bord.

En effet, le 13, le prince héréditaire se rendit à bord du *Foudroyant;* nous l'accompagnâmes tous, le roi, la reine, plusieurs personnes de la famille royale, sir William Hamilton et moi.

L'étendard royal fut hissé aussitôt, et, au moment où on le hissait, une salve de vingt et un coups de canon fut tirée. A midi, nous quittâmes le *Foudroyant*, laissant à bord le prince et sa suite.

Nelson mit à la voile immédiatement après notre départ.

Le lendemain vendredi, à quatre heure du matin, il fut joint par les vaisseaux de Sa Majesté Britannique le *Powerfult* et le *Bellerophon*; ils venaient lui annoncer, de la part de lord Keith, que la flotte française, forte de vingt-deux voiles, avait été signalée sur les côtes d'Italie. Nelson, qui n'avait avec lui que seize bâtiments de second ordre et fort peu d'hommes, ne jugea point à propos d'exposer le prince héréditaire aux chances d'un combat qui doublait sa responsabilité. Il reprit donc à l'instant la route de Palerme, et y débarqua le même jour, à huit heures du matin, le prince avec tous ses bagages; puis aussitôt il reprit la mer et mit le cap sur Maritimo, espérant être rejoint par l'*Alexandre* et le *Goliath*, dont les capitaines devaient se rendre au blocus de Malte, en vertu des ordres qu'ils avaient reçus huit jours auparavant.

Le 18 juin, il était devant Maritimo en mer, et croyait toujours avoir à combattre la flotte française; car il répondait au capitaine Footh, qui lui annonçait l'approche des Russes et du cardinal, et la prise probable de Naples, de venir, si Naples était prise, le joindre devant Maritimo avec le *Sea-Horse*, la *Mutine* et le *Perseus*, en laissant seulement, pour la garde des îles et de la baie de Naples, les navires napolitains avec le *Bulldog* et le *Saint-Léon*. Au reste, il ajoutait que, si le capitaine Footh croyait dangereux de quitter Naples, il lui laissait liberté entière d'agir à son gré. Le même jour, c'est-à-dire le 18 mai, l'*Alexandre* et le *Goliath* le rejoignirent enfin; le surlendemain arriva une dépêche de lord Keith qui invitait lord Nelson à retourner à Palerme, à y prendre les ordres du roi, et à conduire l'escadre dans la baie de Naples, vers laquelle il supposait que se dirigeait la flotte française.

Pendant ces derniers jours, il avait été convenu, entre la reine et moi, que, pour ne pas laisser refroidir le zèle de Nelson, ce serait non plus le prince héréditaire qui s'embarquerait sur le *Foudroyant*, mais moi et sir William.

Vers neuf heures du matin, on signala le retour de la flotte. A midi, elle entra dans la baie de Palerme; mais elle ne jeta point l'ancre. Nelson descendit à terre au moment où nous arrivions sur la Marine, la reine, sir William et moi; nous le prîmes dans notre voiture, et l'amenâmes au palais, où il eut avec le roi une entrevue de trois heures.

En sortant, milord nous trouva prêts à partir, mon mari et moi. Il mit un genou en terre devant la reine, et lui jura que ses volontés seraient littéralement exécutées. Sa joie de m'avoir à son bord, qui ne pouvait s'exprimer devant sir William, se transformait en enthousiasme pour la cause de la reine; un regard de lui me dit que c'était devant moi qu'il était agenouillé, que c'était ma main qu'il baisait.

Nous prîmes congé de la reine; elle me tint longtemps pressée sur son cœur; son dernier mot fut celui de Charles Ier :

— *Remember!*

Quand nous arrivâmes à bord du *Foudroyant*, milord apprit par une lettre de sir Allan Gardner, qui naviguait dans la Méditerranée avec seize voiles, que la flotte française, suivie de lord Keith, avait été vue dans le golfe de la Spezzia.

Nelson ordonna de faire de l'eau, puis nous allâmes dîner tous trois à bord du *Sérapis*, commandé par le capitaine Duncan.

Dans la nuit même, les provisions d'eau étant faites, nous retournâmes vers le *Foudroyant;* on leva l'ancre, et nous prîmes la pleine mer.

IV

La journée du lendemain se passa sans que nous aperçussions une seule voile. Le temps était beau, le vent bon : nous dépassâmes les îles, et, le lundi 24, au point du jour, nous rencontrâmes un sloop napolitain qui nous supplia de lui donner de l'eau; une heure après, nous vîmes venir à nous un brick que Nelson reconnut pour le brick la *Mutine*.

Il lui fit le signal d'accoster. Le canot fut mis à la mer, se dirigea vers nous, et le capitaine Hoste monta à bord du *Foudroyant*.

Le capitaine Hoste était porteur d'un traité intervenu entre le cardinal Ruffo, le général des troupes russes, le commandant des troupes turques, le capitaine Footh du *Sea-Horse*, les Français du château Saint-Elme, et les rebelles du château Neuf et du château de l'Œuf.

En apprenant cette nouvelle qu'un traité avait été fait avec les rebelles, ce qui était absolument contraire aux ordres de Leurs Majestés Siciliennes, Nelson devint livide de colère. Il envoya un petit bâtiment porter le traité à Palerme, en écrivant au roi qu'il ne s'en inquiétât point, que ce traité, qu'il regardait comme un acte de trahison, ne serait pas maintenu, et, après avoir recueilli de la bouche du capitaine Hoste tous les détails que celui-ci put lui fournir sur l'événement, il lui ordonna de remonter sur la *Mutine* et de venir avec lui à Naples.

On se remit en route.

Le vent étant bon, on fut bientôt en vue de Capri et l'on s'avança à pleines voiles vers Naples.

Nelson était descendu dans sa cabine avec sir William, par lequel il faisait écrire à Ruffo la lettre suivante, en français, langue que comprenait très-bien le cardinal.

« A bord du *Foudroyant*, 24 juin 1799.

« Eminence,

« Milord Nelson me prie d'informer votre Eminence qu'il a reçu du capitaine Footh, commandant de la frégate *Sea-Horse*, une copie de la capitulation que Votre Eminence a jugé à propos de conclure avec les commandants du château Sainte-Elme, du château Neuf et du château de l'Œuf; qu'il désapprouve complétement cette capitulation, et qu'il est très-résolu à ne point rester neutre avec la force respectable qu'il a l'honneur de commander. Milord a détaché vers Votre Eminence les capitaines Troubridge et Ball, commandants des vaisseaux de Sa Majesté Britannique le *Culloden* et l'*Alexandre* : ces capitaines sont pleinement informés des intentions de milord Nelson et auront l'honneur de les expliquer à Votre Eminence. Milord espère que M. le cardinal Ruffo sera de son sentiment et que, demain, à la pointe du jour, il pourra agir de concert avec Son Eminence.

« J'ai l'honneur d'être, de Votre Eminence, le très-humble et très-obéissant serviteur. W. HAMILTON. »

Pendant que sir William écrivait cette lettre, le bâtiment avait marché ; de sorte que l'on n'était plus qu'à deux ou trois milles de la baie. Il en résulta que, quand Nelson remonta sur le pont, il vit ce qu'il n'avait pas pu voir encore à cause de la distance, c'est-à-dire les drapeaux parlementaires flottants sur les châteaux occupés par les Français et par les rebelles, et sur le vaisseau anglais le *Sea-Horse*.

Cette vue porta sa colère jusqu'à la rage ; il rallia aussitôt à lui le *Culloden* et l'*Alexandre*, fit monter à son bord les capitaines Troubridge et Ball, leur remit la lettre de sir William, et leur ordonna de descendre dans une barque, et, à force de rames, de se rendre au port de la Madeleine, afin de remettre la dépêche au cardinal Ruffo.

Poussés par douze vigoureux rameurs, les deux officiers abordèrent au pont de la Madeleine et trouvèrent le cardinal Ruffo qui les attendait. A l'aide d'une lunette d'approche, Son Eminence avait suivi toutes les manœuvres du *Foudroyant* et avait vu la barque se détacher du bâtiment et ramer vers la terre.

Les officiers lui remirent le message dont ils étaient porteurs. Ruffo en prit connaissance et crut que Nelson désapprouvait la capitulation par la seule raison que Naples avait été attaquée sans que l'on eût attendu l'arrivée de l'escadre anglaise, comme la chose avait été convenue, quand le prince héréditaire devait présider à cette attaque.

Il pensa alors qu'une visite personnelle à bord du *Foudroyant*, visite dans laquelle il expliquerait à l'amiral les motifs d'urgence qui lui avaient fait attaquer Naples, concilierait tout ; il monta donc dans la barque des capitaines Troubridge et Ball, et aborda le *Foudroyant*, sur lequel son arrivée fut saluée par treize coups de canon.

Nelson l'attendait au haut de l'échelle avec sir William, qui, parlant également bien le français et l'italien, reçut Ruffo, lui fit les honneurs du bâtiment et le conduisit dans la cabine, où j'étais restée.

En m'apercevant, le cardinal fit un mouvement ; il savait que la reine ne l'aimait point, et que, antipathies ou sympathies, je partageais tous les sentiments de la reine.

Je saluai froidement; on échangea les compliments d'usage, et le cardinal commença à raconter, en excellent français, les événements du 13 et du 14 juin, qui avaient amené la capitulation.

Nelson dit qu'il ne pouvait voir dans le traité qu'un armistice ; mais Ruffo releva les uns après les autres tous les articles et démontra que c'était, non pas un armistice, non pas une suspension d'armes, mais un bel et bon traité que ne devaient rompre ni l'arrivée de la flotte française, ni l'arrivée de la flotte anglaise ; et la chose était si vraie, qu'à la première vue, les *patriotes*, — c'était le nom que le cardinal donnait aux rebelles, — ayant pris la flotte anglaise pour la flotte franco-espagnole, s'étaient demandé si l'arrivée de ce secours changeait quelque chose à la capitulation, et qu'à la presque unanimité, ils avaient décidé que les signatures étaient bonnes et que les traités devaient être maintenus.

Sir William, au fur et à mesure que Ruffo parlait, traduisait ses paroles à Nelson, qui écoutait avec impatience et qui, entendant dire qu'une capitulation loyalement conclue devait être loyalement exécutée, s'écria en anglais :

— Eh ! monsieur, les souverains ne traitent pas avec leurs sujets !

— Il est vrai, milord, répartit le cardinal, qu'il vaut mieux pour eux ne point capituler ; mais, du moment qu'ils l'ont fait, ils sont tenus de se conformer aux traités.

Puis, se tournant vers mon mari :

— N'est-ce pas votre avis, monsieur ? demanda-t-il.

Et comme, au contraire, sir William répondait qu'il était de l'avis de Nelson, le cardinal vit que l'affaire était plus sérieuse qu'il ne l'avait cru d'abord.

Alors, il se leva et dit que, les Russes et les Turcs étant intervenus dans le traité, il ne pouvait répondre seul à l'objection de lord Nelson.

Et, prenant congé, il se fit reconduire à terre.

De retour à son quartier général, Ruffo fit venir, à ce que nous sûmes depuis, le ministre français Micheroux, le commandant Baillie et le capitaine Achmet ; il envoya chercher aussi le capitaine Footh ; mais Nelson avait eu soin d'éloigner celui-ci en l'envoyant à Procida.

Ce conseil, réuni par le cardinal, décida non-seulement que l'on maintiendrait la capitulation, mais encore que, si Nelson s'obstinait à la rompre, par tous les moyens on tenterait de sauver les rebelles.

La soirée, la nuit et la matinée du 24 furent employées en continuelles allées et venues, du quartier général au *Foudroyant* et du *Foudroyant* au quartier général, sans que la question fît un pas de plus, chacun demeurant ferme dans sa volonté.

Le matin du 25 juin, Nelson rédigea cette déclaration adressée aux jacobins du château de l'Œuf et du château Neuf :

« Le contre-amiral lord Nelson, chevalier baronnet, commandant la flotte de Sa Majesté Britannique dans la baie de Naples, prévient les rebelles sujets de Sa Majesté Sicilienne enfermés dans le château Neuf et dans le château de l'Œuf, qu'il ne leur permet ni de quitter cette place, ni de s'embarquer. Ils doivent se rendre tout simplement à la merci de Sa Majesté Sicilienne. »

Pour proclamer cette décision, une barque s'approcha du château de l'Œuf et la lut à haute voix ; mais le commandant du château monta sur la muraille et cria au héraut :

— Au large ! vite ! vite ! ou je fais tirer sur vous !... Un traité existe, nous le ferons observer.

A l'annonce de cette sommation que Nelson venait de faire aux républicains, le cardinal Ruffo crut devoir répondre en prenant de son côté un attitude résolue.

Il écrivit, en conséquence, le billet suivant à l'amiral :

« Si lord Nelson ne veut pas reconnaître la capitulation des châteaux de Naples, à laquelle, entre les autres contractants, a pris part un officier anglais représentant la Grande-Bretagne, le cardinal en rejette toute la responsabilité sur lui, et sera forcé de remettre l'ennemi dans l'état où il était avant que le traité fût signé ; c'est-à-dire que les troupes de Son Eminence abandonneront les positions qu'elles occupent et iront s'établir dans un camp retranché, laissant les Anglais combattre les républicains avec leurs propres forces.

Après avoir lu ce billet, qui posait si nettement la question, Nelson se retira dans sa cabine avec sir William, et il en sortit la note suivante à la main. Le messager du cardinal reçut en même temps l'original anglais et la traduction faite par sir William :

« Le contre-amiral lord Nelson étant arrivé le 24 juin dans la baie de Naples, et ayant trouvé un traité signé avec les rebelles, son opinion est que ce traité ne peut être mis à exécution sans l'approbation de Sa Majesté Sicilienne. »

Le cardinal répliqua que, si, le lendemain, les patriotes ou les rebelles, comme il plaisait à Nelson de les appeler, ne recevaient pas de lui l'autorisation de s'embarquer, il accomplirait la menace qu'il venait de faire et se retirerait avec toute son armée.

Cette menace était sérieuse : Ruffo, très-blessé du refus de Nelson, était homme à l'exécuter. Nelson, manquant de troupes de débarquement, était obligé de bombarder Naples.

En conséquence, sir William répondit :

« Eminence,

« Milord Nelson me prie d'assurer Votre Eminence qu'il est résolu à ne rien faire qui puisse rompre l'armistice que Votre Eminence a accordé aux châteaux de Naples.

« J'ai l'honneur d'être, etc.

« W. Hamilton. »

Cette lettre fut apportée à Ruffo par les capitaines Troubridge et Ball, qui lui avaient remis la première protestation de l'amiral. Comme la réponse de sir William Hamilton ne contenait rien de bien positif, le cardinal interrogea les deux officiers, qui expliquèrent la lettre, en disant que l'amiral ne s'opposait point à l'embarquement des républicains. Le cardinal leur demanda alors s'ils étaient autorisés à lui mettre par écrit ce qu'ils venaient de dire, à savoir que Nelson promettait de ne point s'opposer à l'embarquement des républicains.

Les deux officiers se consultèrent et, au bout d'un instant, répondirent qu'ils n'y voyaient aucun inconvénient.

Troubridge prit alors un morceau de papier et de sa main écrivit :

« I capitani Troubridge et Ball hanno autorita per la parte di milord Nelson di dichiarar à la Sua Eminenza che milord non si oppozza à l'imbarco dei ribelli e della gente che compone la guarnigione dei castelli Nuovo e d'ell'Ovo. »

Puis ils passèrent cette déclaration au cardinal.

— Maintenant, messieurs, dit celui-ci, soyez assez bons pour signer.

— Pardon, Eminence, répondit Troubridg, nous avons pouvoir pour les affaires militaires, mais non pour les affaires diplomatiques ; cependant, comme la note, quoique non signée est de notre écriture, nous vous invitons à y ajouter foi.

Ruffo n'insista point, soit qu'il fût enchanté de s'en tirer ainsi, soit qu'il craignît de blesser les deux officiers.

Troubridge et Ball revinrent à bord, racontèrent ce qu'ils avaient fait et furent approuvés par Nelson et par sir William.

V

Comme lord Nelson avait reçu à l'endroit de l'amiral Caracciolo des ordres praticuliers du roi et de la reine, et qu'il s'était engagé à l'avoir mort ou vif, il avait fait prendre des informations dans la ville, où on lui avait dit que, dans la nuit du 23 au 24, Caracciolo s'était sauvé, et qu'à cette heure il devait avoir passé la frontière.

Cette nouvelle avait mis Nelson hors de lui, et sa fureur s'exhalait en imprécations dont ma présence même ne tempérait pas la violence, lorsque, vers onze heures et demie du soir, nous entendîmes le cri que jette la sentinelle quand, la retraite battue, elle voit une barque s'approcher du bâtiment sur lequel elle veille.

Nelson, comme s'il eût deviné l'importance de la nouvelle que cette barque lui apportait, posa sur la table la tasse de thé qu'il portait à ses lèvres, et s'avança jusqu'au bord de la cabine.

Il y rencontra l'officier de quart.

— Un paysan demande à parler en particulier à milord, dit l'officier.

— Un paysan ? que me veut-il ?

— J'ai cru comprendre, au milieu de son patois, qu'il s'agissait de Caracciolo.

— De Caracciolo ? Diable ! Voyons ce que c'est ! Faites descendre votre paysan, monsieur.

Ce paysan n'était autre qu'un fermier de François Caracciolo, chez lequel le malheureux amiral s'était réfugié.

Il venait vendre son maître, mais voulait être bien payé.

On lui promit quatre mille ducats, et on lui en donna mille à compte.

Il réclama le plus grand secret, surtout vis-à-vis du cardinal, qu'il prétendait avoir aidé à la fuite de Caracciolo.

Il fut convenu que le cardinal ignorerait complétement ce qui se passerait de ce côté.

Le paysan demanda quatre hommes pour l'aider dans son expédition.

Là commençait l'embarras.

Nelson lui eût bien donné quatre matelots anglais; mais quatre matelots anglais, si bien déguisés qu'ils fussent, auraient inspiré des soupçons, ne parlant pas la langue du pays.

Nelson demanda au traître s'il n'avait point quatre hommes sur lesquels il pût compter; il répondit que si, et qu'avec de l'argent, il aurait tout ce que l'on voudrait, mais qu'il faudrait donner au moins cinquante ducats par homme.

C'étaient deux cents ducats de plus à risquer ; Nelson donna les deux cents ducats.

En échange, le fermier donna son nom

et son adresse : il se nommait Luigi Martino, et demeurait au village de Calvezzano.

Il fut convenu que, le lendemain au soir, une barque anglaise attendrait au Granatello, et que l'amiral, une fois pris, serait embarqué au Granatello et amené directement à bord du *Foudroyant*.

C'était une grande nouvelle : on n'osait pas trop se flatter qu'elle fût vraie. — Aussi, sir William n'en fit-il qu'un paraphe accessoire de la lettre qu'il écrivit le 27 au matin au général Acton.

Voici cette lettre; elle donnera une idée exacte de l'état dans lequel se trouvait Naples :

« Votre Excellence aura vu, par ma dernière lettre, que le cardinal et lord Nelson n'étaient aucunement d'accord; c'est pourquoi, après avoir réfléchi, nous nous sommes arrêtés à une petite ruse de guerre, et, hier, lord Nelson m'a autorisé à écrire à Son Eminence qu'il ne s'opposerait point à l'embarquement des rebelles, et que Sa Seigneurie était prête à lui donner toute assistance avec la flotte qu'il tient sous son commandement. La chose a produit le meilleur effet possible. Naples était sens dessus dessous à la pensée que lord Nelson rompait l'armistice; aujourd'hui, tout est calmé, et le bon cardinal a fait chanter un *Te Deum* pour remercier le Seigneur du salut *de ses chers patriotes*. Il a décidé, avec Ball et Troubridge, que les rebelles du château Neuf et du château de l'Œuf seraient embarqués ce soir, tandis que cinq cents matelots anglais descendraient à terre et mettraient garnison dans les deux châteaux, sur lesquels, Dieu merci! flottent les bannières de Sa Majesté Sicilienne.

« Nous étions dans le canot de milord Nelson lorsque les marins ont débarqué au bureau de la Santé. La joie du peuple était éclatante; les couleurs napolitaines et anglaises flottaient à toutes les fenêtres, et, quand nous reprîmes possession des châteaux, ce fut dans tout Naples un immense feu de joie. Enfin, j'ai grand espoir que l'arrivée de lord Nelson ici sera toute au profit de la gloire et des intérêts de Leurs Majestés Siciliennes. Il a été nécessaire que je m'entremisse entre milord Nelson et le cardinal, ou sinon, dès le premier jour, tout était perdu. L'arbre de l'abomination que l'on avait planté devant le palais a été jeté à terre, et le bonnet rouge arraché de la tête du géant. Le capitaine Troubridge est allé présider à l'embarquement et les rebelles qui sont à bord des felouques n'en bougeront plus sans un ordre de lord Nelson; — car il a bien été dit que lord Nelson *ne s'opposerait point à leur embarquement*; mais on n'a pas dit, une fois embarqués, ce que l'on en ferait...

« W. HAMILTON. »

Le soir du 27, en effet, comme le disait sir William, tous les rebelles, croyant qu'en descendant dans les felouques, ils y descendaient afin de s'embarquer pour Toulon, y avaient pris place avec une confiance parfaite; mais à peine y étaient-ils, que chaque felouque avait été conduite sous le feu d'un vaisseau anglais qui, en quelques secondes, pouvait la couler.

Le 29, je fus réveillée au point du jour par un grand bruit qui se faisait sur le bâtiment. Je passai une robe de chambre, et je montai sur le pont.

Tous les yeux étaient fixés sur une barque encore distante d'un mille à peu près, mais dans laquelle on pouvait reconnaître, à côté d'un homme garrotté, le paysan qui était venu nous trouver la surveille et offrir de vendre Caracciolo.

Il n'y avait pas à en douter, il tenait sa promesse, amenait son maître, et venait toucher son argent.

Nelson et sir William paraissaient au comble de la joie, et, moi qui ne voyais que par les yeux de mon amie et de mon amant, j'avoue que, d'après tout ce que j'avais entendu dire de lui, regardant l'amiral comme un traître et un grand coupable, je me réjouissais de sa prise avec eux.

Et cependant mon cœur se serra à la vue de cet homme qui, chaque fois que je l'avais entendu parler à la reine, avait toujours tenu le langage d'un brave marin et d'un homme d'honneur. Je laissai sir William et lord Nelson jouir de leur triomphe, et, ne croyant pas qu'il convînt à une femme de le partager, je descendis dans mon appartement, dont je fermai la porte. Je connaissais les dispositions de Nelson à l'égard de son collègue; j'avais lu la lettre que mon mari avait écrite, la veille, au général Acton : je ne doutais donc pas du sort réservé au prisonnier.

Une lettre de sir William au général Acton dit dans quel état était Caracciolo lorsqu'il fut transporté de la barque sur le *Foudroyant*; je donnerai l'extrait de cette lettre qui se rapporte à l'amiral napolitain :

«... Nous venons d'avoir le spectacle de Caracciolo, pâle, avec une longue barbe, à moitié mort, les yeux baissés, conduit garrotté à bord de ce vaisseau, où il s'est rencontré avec le fils de Cassano, don Giulio, le prêtre Pacifico, et d'autres traîtres infâmes. Je suppose que l'on fera promptement justice des plus coupables. En vérité, ce serait une chose à faire frémir, si je ne connaissais pas leur ingratitude. Aussi j'ai été moins impressionné que les autres personnes présentes. Je crois que c'est une bonne chose que nous ayons à bord de nos bâtiments les principaux coupables, surtout au moment où l'on va attaquer Saint-Elme : nous pourrons ainsi couper une tête par chaque boulet de canon que les Français tireront sur nous. »

Je mets pour deux raisons ce fragment de lettre sous les yeux du lecteur : la première, parce qu'elle donne les détails que l'on vient de lire sur la translation du malheureux amiral napolitain à bord du bâtiment anglais; la seconde, parce qu'elle montre à quel degré d'exagération étaient portés les esprits les plus doux et les plus bienveillants, chauffés qu'ils étaient à cet âcre feu de la guerre civile. Certes, sir William, homme de cabinet, esprit cultivé et bienveillant, savant voué au culte de l'antiquité, amoureux du beau comme un sculpteur grec, devait être sous le poids d'une étrange perturbation d'idées pour écrire une pareille lettre. Le malheur de ceux qui jouent un rôle dans ces chaudes journées révolutionnaires, sous les ardentes haleines de l'esprit de parti, c'est qu'ils sont jugés par des hommes vivant dans des temps ordinaires, dans des époques tempérées. Cette fatale journée du 29 juin 1789 a laissé une tache de sang sur nos trois noms; et cependant Nelson et sir William, j'en suis certaine, croyaient accomplir un devoir; et moi, faible personnellement, et voyant le crime à travers les yeux de la reine, je n'ai pas fait, je l'avoue, pour sauver cet illustre criminel, ce qu'à coup sûr, dans une autre circonstance, mon cœur m'eût commandé de faire.

Qu'on me pardonne cette digression. La mort de l'amiral, que toutes mes prières, quelque puissance que j'eusse sur Nelson, n'auraient probablement pas pu empêcher, est restée la blessure saignante de ma vie. Jusqu'à ce jour, le monde me méprisait, à tort peut-être ; de ce jour, il m'a haïe justement.

Je n'en continuerai pas moins de raconter tous les détails de cette terrible journée, si grand que soit le déchirement de mon cœur en les racontant.

Aussitôt que Caracciolo eut mis le pied sur le *Foudroyant*, les ordres furent donnés pour commencer son procès.

Nelson mit dans toute cette terrible affaire une activité fiévreuse et colère qui ne s'explique pas, même par le mépris qu'ont pour la vie des autres ceux qui, chaque jour, à toute heure, à tout instant, exposent leur propre vie.

On a parlé de jalousie : Nelson aurait vu dans Caracciolo un rival de gloire.

L'accusation est absurde : même dans la marine française, Nelson n'avait point son égal à cette époque; la bataille d'Aboukir l'avait mis au-dessus de tous les marins du dix-huitième siècle; aucun homme, depuis l'invention de la poudre, n'avait remporté une victoire pareille à celle d'Aboukir.

Or, qu'était Caracciolo, près de l'homme de Toulon, de Calvi, de Ténériffe, d'Aboukir? Bien peu de chose comme marin.

Nelson était-il jaloux de la supériorité de naissance que Caracciolo avait sur lui? Ce n'est pas probable. Comme tous les hommes intelligents arrivés d'une naissance médiocre à une haute position, Nelson avait la fierté de son point de départ.

D'ailleurs, au lieu d'être illustre par ses aïeux et par son père, c'était lui qui les avait anoblis.

J'arriverai, je crois, à une appréciation plus juste de Nelson en le jugeant d'après moi-même.

Nelson, comme moi, était né dans une condition inférieure : il s'éleva par son courage, comme je m'élevai par ma beauté, et tout à coup, après sa bataille d'Aboukir, comme moi après mon mariage avec sir William, il se trouva en contact avec les grands de la terre. L'effet fut le même sur la femme et sur le héros, quoique arrivés par des moyens différents. Étonné de son triomphe, ébloui de sa nouvelle fortune, enivré des éloges et des présents qu'il recevait de tous les rois, des caresses et des flatteries dont le comblaient particulièrement le roi Ferdinand et la reine Caroline, Nelson ne vit plus de droit que ceux des souverains, et adopta avec enthousiasme la cause des rois contre les peuples; tout ce qui osa discuter ces droits fut un rebelle à ses yeux; tout ce qui osa les combattre lui parut mériter la mort. Il crut avoir reçu, comme l'archange Michel, le glaive flamboyant des mains de Dieu, et, comme l'archange Michel, il frappa sans pitié de ce glaive Satan et les anges révoltés. Dans l'exécution terrible de Caracciolo, dans celle moins terrible des républicains de Naples, il n'hésite pas un instant; et, l'exécution faite, non-seulement il n'a pas un remords, mais il s'étonne même qu'on suppose qu'il puisse en avoir. Le roi et la reine lui ont recommandé de prendre Caracciolo, mort ou vivant, et, s'il le prend vivant, de ne faire aucune grâce : cela lui suffit. Par cette recommandation, il est investi des pouvoirs du juge et, au besoin, de ceux du bourreau!

Maintenant, comme tout le monde le comprendra, on ne me consulta point sur cette affaire de Caracciolo. J'ai dit que, pour ne pas me trouver sur le chemin du malheureux amiral, je m'étais enfermée dans ma cabine : Nelson et sir William m'y laissèrent; ils savaient trop bien que si je voyais, que si j'entendais, le cœur de la femme faiblirait, et qu'ils auraient ma pitié à combattre, comme ils l'eurent, lorsque, plus tard, je demandai à la reine la grâce de Cirillo, et que la reine inutilement la demanda à genoux à son mari.

Je ne sortis donc point de ma cabine, mais voici ce que j'entendis raconter depuis :

Arrivé à bord, Caracciolo avait été immédiatement délié, et mis sous la surveillance de deux sentinelles chargées de le garder à vue.

Vers midi, le conseil de guerre avait été convoqué; il était composé de cinq officiers de la marine napolitaine, dont je n'ai jamais su les noms, et présidé par le comte de Thurn.

L'interrogatoire dura une heure. Caracciolo répondit noblement, dignement, mais sans être assisté d'aucun avocat et sans avoir eu le temps de préparer sa défense, qui, au reste, était difficile, puisque publiquement, au grand jour, il avait combattu contre son roi.

Sa culpabilité fut donc reconnue à l'unamité et le procès-verbal porté à Nelson, qui, avec la même impassibilité que le matin, écrivit :

Au capitaine comte de Thurn.

« De par Horace Nelson,

« Attendu que le conseil de guerre, composé d'officiers au service de Sa Majesté Sicilienne, a été réuni pour juger François Caracciolo sur le délit de rébellion envers son souverain, et que ledit conseil de guerre, ayant reconnu le crime de haute trahison, a rendu contre Caracciolo une sentence de mort :

« Vous êtes, par la présente, requis de faire exécuter ladite sentence de mort contre ledit Caracciolo, en le faisant pendre à la vergue de misaine de la frégate la *Minerve*, appartenant à Sa Majesté Sicilienne, laquelle frégate se trouve sous nos ordres.

« Ladite sentence devra être exécutée aujourd'hui à cinq heures, et le corps de François Caracciolo restera suspendu à la corde jusqu'au coucher du soleil, moment où la corde sera coupée et où le corps sera plongé dans la mer.

« HORACE NELSON.

« A bord du *Foudroyant*, Napoli, 29 juin 1799. »

Caracciolo s'attendait bien à être condamné à mort; mais, en sa qualité de prince, il croyait être décapité ou fusillé.

Lorsqu'il entendit la lecture de la sentence qui le condamnait à être pendu, il éprouva une effroyable commotion, se récria, et pria un officier d'aller demander pour lui à Nelson *la faveur* d'être fusillé et non pendu.

Nelson renvoya durement l'officier, lui disant que Caracciolo avait été condamné par un conseil de guerre composé d'officiers de son pays, et qu'il ne pouvait intervenir pour rien dans le jugement.

Caracciolo insista; l'officier revint une seconde fois, et j'entendis Nelson qui lui criait durement :

— Mêlez-vous de vos affaires, monsieur, et non de ce qui ne vous regarde pas!

L'officier retourna sur le pont.

On me dit qu'alors Caracciolo avait invoqué mon nom, et prié l'officier de venir à moi pour que j'obtinsse qu'il fût décapité ou fusillé, au lieu d'être pendu.

Mais sans doute l'officier, après la rebuffade qu'il avait reçue de Nelson, n'osa-t-il point venir me trouver. Il répondit qu'il m'avait inutilement cherchée. Quant à moi, ce que je puis affirmer devant Dieu, c'est que personne ne me parla en faveur de Caracciolo, ni pour obtenir qu'il lui fût fait grâce de la vie, ni pour obtenir un changement dans le mode d'exécution.

A trois heures, sans que j'en susse rien, Caracciolo, condamné, quitta le *Foudroyant* pour la *Minerve*, où il devait être exécuté.

Un instant après, en m'annonçant seulement la condamnation, sir William vint me dire que Caracciolo n'était plus à bord; je profitai de cette circonstance pour monter sur le pont, n'ayant point pris l'air depuis sept heures du matin.

Le temps était couvert et triste, quoique l'on fût au 29 juin; puis le spectacle que l'on avait sous les yeux était d'accord avec le temps : toutes ces felouques chargées de prisonniers, le *Foudroyant* lui-même servant de prison à une partie d'entre eux, attristaient profondément les regards. Il paraissait y avoir, parmi tous ces malheureux, une grande agitation, et ce fut alors seulement que je sus, par le chevalier Micheroux, qui vint à bord, qu'après leur avoir permis de s'embarquer, après avoir mis des garnisons dans les châteaux, après avoir enfin profité des bénéfices de la capitulation, lord Nelson les retenait prisonniers.

J'ai dit que j'appris là chose par le chevalier Micheroux, et voici comment :

Le chevalier Micheroux, le cardinal Ruffo et le commandant Baillie, avaient reçu tous trois la réclamation suivante de la part des prisonniers :

« Toute la partie de la garnison des châteaux qui est embarquée à bord des felouques destinées à faire voile pour Toulon se trouve dans une consternation extrême; elle attendait de bonne foi l'effet de la capitulation, quoique, lors de l'évacuation précipitée des châteaux, tous les articles n'en aient pas été bien observés. Or, quoique, depuis deux jours, le temps soit propice et le vent bon, nous continuons à demeurer stationnaires, et ne voyons faire aucun préparatif pour le départ. Il y a plus : hier, à sept heures du soir, nous avons vu, avec la plus grande douleur, enlever du milieu de nous le général Manthonnet, Massa et Basset; le président de la commission exécutive, Hercule d'Agnèse; celui de la commission législative, Dominique Cirillo; Emmanuel Borga, Piatti, et autres. Ils ont tous été conduits sur le bâtiment du commandant anglais, où ils ont été retenus toute la nuit, et d'où ils ne sont point encore revenus.

« La garnison entière attend de votre loyauté l'éclaircissement de ce fait et l'exécution de la capitulation.

« ALBANESE.

« De la rade de Naples, 29 juin 1799. »

Nelson prit la note, la lut tranquillement, et, montrant au chevalier Micheroux un corps qu'on élevait à l'aide d'une poulie et qui restait suspendu et se débattant, au bout d'une corde, à la vergue de misaine de la *Minerve* :

— Voilà ma réponse aux rebelles, dit-il. Vous pouvez la leur reporter, ainsi qu'au cardinal Ruffo.

Micheroux regardait avec étonnement ce spectacle, auquel il paraissait ne rien comprendre.

— Mais, dit-il, quel est cet homme, et que lui fait-on?

— Cet homme, reprit Nelson, c'est le traître Caracciolo; ce qu'on lui fait, on le pend par mon ordre. Et il sera fait ainsi de tout rebelle ayant porté les armes contre Sa Majesté.

Je jetai un cri; moi aussi, j'avais tout vu sans me douter de ce que je voyais.

Le chevalier Micheroux, consterné de la réponse de l'amiral, descendit dans la barque qui l'avait amené, et, la tête dans ses mains, regagna la terre.

Le même jour, le cardinal Ruffo, voyant qu'il n'avait pu sauver Caracciolo, ni obtenir l'exécution du traité, envoya sa démission à Palerme.

VI

Deux choses avaient encore contribué à séparer complétement Ruffo de Nelson, et surtout Nelson de Ruffo.

Nelson, qui comptait emporter le château Saint-Elme par la force, avait fait demander au cardinal, si, dans le cas où il attaquerait le château Saint-Elme, il pouvait compter sur sa coopération.

Le cardinal avait répondu :

« Après ce qui s'est passé, je ne fournirai ni un homme ni un fusil. »

En outre, Nelson avait envoyé au cardinal un avis à faire imprimer : Ruffo lui renvoya l'avis en lui disant qu'il avait une imprimerie dont il usait comme vicaire général, mais que, ne connaissant pas encore le titre auquel Nelson agissait, il ne pouvait mettre cette imprimerie à sa disposition.

Nelson avait donc été obligé de chercher, pour son avis, une autre imprimerie que celle du cardinal.

Le 30, Naples, en se réveillant, put lire cette affiche sur tous les murs :

Notification.

« Lord Nelson, amiral de la flotte britannique dans la rade de Naples, donne avis à tous ceux qui ont servi comme officiers dans le militaire, ou rempli une charge civile quelconque dans la soi-disant république napolitaine, que, s'ils se trouvent dans l'enceinte de la ville, ils doivent, sous vingt-quatre heures, se présenter aux commandants du château Neuf ou du château de l'Œuf, se fiant à la clémence de Sa Majesté Sicilienne; et, s'ils se trouvent dans le voisinage de ladite ville, à la distance de cinq mille, ils doivent également se présenter auxdits commandants, mais dans le terme de quarante-huit heures, autrement ils seront considérés par le susdit amiral lord Nelson comme rebelles et ennemis de Sa susdite Majesté Sicilienne. »

Je ne pourrais guère rendre compte de l'effet que produisaient à Naples les actes de Nelson, puisque nous demeurions dans la rade, et que nul de nous ne mit pied à terre du 24 juin, jour où nous arrivâmes, jusqu'au 8 août, jour où nous partîmes.

Le roi ayant reçu le 2 juillet, à Palerme, des lettres de Nelson et de sir William qui lui annonçaient l'exécution de Caracciolo et le suppliaient d'arriver au plus vite, se décida à venir à Naples, ou plutôt dans la baie de Naples, et partit le 3 juillet, non point sur le *Sea-Horse*, que lui avait envoyé Nelson, mais sur la frégate napolitaine la *Sirène*. Sans doute craignait-il de s'aliéner complétement la marine, déjà blessée de la préférence qu'il avait donnée à Nelson sur Caracciolo, et attristée, depuis, par le procès et la mort de l'amiral.

Autant la première traversée avait été mauvaise, autant la seconde fut excellente.

Un bâtiment léger, expédié à Nelson, lui était arrivé le 6, et lui avait annoncé que le roi était en route, et arriverait probablement le 7 ou le 8.

Nelson résolut de presser le siége du château Saint-Elme, afin que le roi, en arrivant, vît son drapeau sur toutes les forteresses.

Le château Saint-Elme n'était point difficile à prendre, vu les dispositions de son commandant, le colonel Mejean.

Le jour même où commencèrent les préparatifs d'attaque, celui-ci, croyant que le cardinal était toujours l'allié des Anglais, ou plutôt le général dirigeant les opérations, lui avait envoyé un messager pour lui dire que la garnison française était disposée à capituler, avant que le château fut battu en brèche, à la condition qu'on lui donnerait un million. Il accompagnait ces propositions de la menace de bombarder Naples, si le million n'arrivait pas dans les quarante-huit heures.

Le cardinal fit répondre au colonel que la guerre, entre braves gens, se faisait avec le fer et non avec de l'or; que, dans tous les pays civilisés, les lois de la guerre défendaient de tirer sur les maisons situées dans un rayon d'où ne venait point l'attaque; que les batteries qui devait canonner Saint-Elme seraient probablement établies du côté opposé à la ville, et que, par conséquent, c'était, non pas contre la ville, mais contre les batteries elles-mêmes qu'il devait diriger son feu,; il ajoutait que, si une seule bombe était tirée du château sur un point d'où il n'était pas insulté, le colonel Méjean répondrait sur sa tête du mal qui pourrait en advenir.

Le 1er juillet, Troubridge débarqua avec quinze cents Anglais, se joignit à cinq cents Russes, et commença immédiatement les travaux de siége, secondé par le capitaine Ball; mais, le quatrième jour, Ball fut envoyé à Malte et remplacé par le capitaine Hallowell.

Dans la nuit du 8 au 9, le roi arrivait à Procida; il était accompagné du général Acton et du prince de Castelcicala.

Il resta toute la journée du 9 à Procida, sans doute pour s'assurer que le juge Speciale y faisait bien son devoir; enfin, le 10, il vint à bord du *Foudroyant*, où sa présence fut saluée de trente et un coups de canon.

La nouvelle s'était déjà répandue à Naples que le roi était à Procida; les salves tirées pas le *Foudroyant* et le pavillon royal hissé au grand mât annoncèrent sa présence à bord du vaisseau amiral.

Aussitôt, toute la population accourut à Sainte-Lucie, au môle et à la Marinella, et une immense quantité de barques ornées de bannières, portant des musiciens, sortit du port et se dirigea vers l'escadre anglaise pour souhaiter au roi la bienvenue.

A peine Ferdinand était-il arrivé sur le vaisseau amiral, qu'il demanda une lunette d'approche, monta sur le tillac, et braqua sa lorgnette sur Saint-Elme. Au même moment, le hasard fit qu'un boulet russe coupa la hampe du drapeau français et le jeta à terre. Le roi très-superstitieux comme toujours, cria :

— Bon présage, cher Nelson! bon présage!

Et, en effet, comme le colonel Méjean s'était entendu avec Troubridge pour faire une surprise au roi, le drapeau qui succéda au drapeau tricolore fut le drapeau blanc, autrement dit le drapeau parlementaire.

Ce drapeau, qui paraissait avoir attendu l'arrivée du roi pour se déployer, produisit un grand effet; la foule éclata en applaudissements, et les canons de toute la flotte répondirent aux canons du *Foudroyant*.

Dès que le cardinal Ruffo eut reconnu par ces salves que le roi était en rade, il s'embarqua et vint à bord du bâtiment de Nelson, où il n'était pas revenu depuis le jour de la rupture du traité. En le voyant passer, les prisonniers des felouques, qui avaient enfin compris qu'ils avaient en lui un défenseur, reprirent quelque espérance, car ils supposèrent qu'il venait plaider leur cause.

Et, en effet, le cardinal n'eût pas plus tôt abordé le roi, qu'il attaqua la question des traités et déclara hautement que leur rupture serait un scandale public qui retentirait dans toutes les cours de l'Europe. Le roi répondit qu'avant de se prononcer, il voulait entendre Nelson et sir William.

Il les fit donc appeler, et là se renouvela la première discussion : sir William soutenant la doctrine diplomatique que les souverains ne pouvaient pas transiger avec leurs sujets rebelles, et déclarant que, pour cette raison, les traités devaient être déchirés; Nelson manifestant une haine implacable contre les révolutionnaires français, et disant qu'il fallait extirper la racine du mal, afin d'empêcher de nouveaux malheurs. Quant au cardinal, il resta ferme dans son principe, que, la capitulation ayant été faite, elle devait être observée. Mais toutes ses instances ne prévalurent point contre les arguments de Nelson et de sir William, d'accord du reste avec les secrètes pensées du roi.

Les prisonniers furent retenus, et, en voyant partir le cardinal la tête basse et le sourcil froncé, ils comprirent que tout était fini pour eux.

De retour à son quartier général, Ruffo envoya une seconde fois sa démission.

Le même jour, les prisonniers qui étaient à bord du *Foudroyant* et des felouques furent mis à terre et conduits, enchaînés deux à deux, dans les prisons de la Vicaia; puis, comme ce château regorgeait de risonniers, — une lettre du roi en accuse uit mille! — une partie des captifs fuent transférés aux Granili, convertis en cachots pour la circonstance.

A cette vue, les lazzaroni jugèrent avec raison qu'ils avaient le champ libre, et, comme j'ai promis de tout dire en commençant ces confessions, j'avouerai que les journées du 8 et du 9 juillet furent signalées par des actes de férocité que l'on nous rapportait comme des choses toutes naturelles, et auxquelles je voyais applaudir Nelson et sir William Hamilton, et sourire le roi lui-même.

On racontait, notamment, des horreurs d'un archiprêtre nommé Rinaldi, lequel, tirant honneur de ce qu'il avait fait dans ces deux journées, adressa une pétition au roi, lui demandant le commandement de la ville de Capoue, et appuyant sa demande sur ce titre, qu'il avait mangé un bras de jacobin rôti à petit feu, qu'il avait éventré deux autres jacobins, et mis en pièces cinq ou six petits jacobinaux.

Le roi lui accorda une gratification en argent, et une récompense honorifique, je ne sais plus laquelle. Quant à moi, il me semblait rêver et être sous le poids d'un sanglant cauchemar. J'étais comme ces femmes du moyen âge qui, perdues dans une forêt, tombent à minuit au milieu d'un sabbat; conviées à la danse impie, elle refusent avec horreur d'y prendre part; puis, entraînées de force dans la ronde infernale, elles s'enivrent peu à peu à la vue des torches, au bruit des chants, au contact des mains fiévreuses, et se réveillent, le lendemain, brisées, meurtries, souillées par l'orgie diabolique, qu'elles voudraient vainement rejeter au rang des rêves, et dont les oppressera jusqu'à la mort l'effroyable réalité.

Aussitôt que le château Saint-Elme fut rendu, et que, par conséquent, le roi fut redevenu maître de Naples, la junte nommée par le cardinal fut dissoute, comme étant reconnue trop douce. Les deux membres les plus ardents furent seuls conservés; ces deux membres étaient Antonio della Rocca et Angelo di Fiore.

La nouvelle junte, nommée à bord du *Foudroyant*, fut chargée de juger et de punir les diverses catégories coupables que le roi avait pris soin de désigner lui-même. La liste était longue; si longue que, chose effroyable à dire! on pensa que le bourreau, qui était payé à dix ducats par exécution, ferait une fortune trop rapide en demeurant rétribué de cette façon, et que le procureur fiscal, le baron don Giuseppe Guidobaldi, le fit venir et le força d'accepter cent ducats par mois, au lieu de dix ducats par exécution.

Il me reste à raconter une chose terrible, incroyable, presque surnaturelle, et dont le souvenir me fait encore frissonner aujourd'hui, c'est-à-dire après quatorze ans écoulés.

Le roi était depuis une semaine à bord du *Foudroyant*, n'ayant pas voulu mettre une seule fois pied à terre, et ne recevant personne que les exécuteurs de ses vengeances, lorqu'un matin, un marinier, qui était allé passer la nuit dans le golfe, occupé à pêcher, vint près du vaisseau amiral, et, tout en vendant son poisson, dit aux officiers qu'il avait vu l'amiral Caracciolo sortir du fond de la mer, et se diriger vers Naples en nageant entre deux eaux. Les officiers racontèrent la chose à Nelson, qui voulut interroger lui-même le marin. Cet homme reproduisit dans un second récit ce qu'il avait déjà raconté une première fois, et jura sur la madone que ce récit était la pure vérité. Il y a toujours, chez les marins, si forts d'esprit qu'ils soient, une certaine superstition, et, quoique Nelson ne crût pas un mot de ce que rapportait le marin, il voulut voir quelle cause avait pu donner motif à son récit. La journée était belle; il proposa au roi de faire une promenade dans le golfe. Le roi, qui n'avait pas grande distraction à bord du *Foudroyant*, accepta l'offre, et Nelson dirigea son vaisseau vers les points indiqués par le pêcheur; mais à peine avait-il fait un demi-mille, que les officiers de garde sur l'avant virent un corps qui, sortant tout à coup de l'eau jusqu'à la ceinture, semblait venir au-devant d'eux. Ils appelèrent aussitôt le capitaine Hardy, qui, malgré les algues qui recouvraient ce corps et le temps qui s'était écoulé depuis sa submersion, reconnut le cadavre de Caracciolo.

Nous étions à l'arrière, le roi, Nelson, sir William Hamilton et moi. Le capitaine Hardy vint dire un mot à l'oreille de Nelson, qui se rendit sur l'avant et qui reconnut à son tour Caracciolo.

Il ordonna aussitôt de mettre en panne.

Il s'agissait d'annoncer cette singulière nouvelle au roi ; sir William s'en chargea.

Le roi ne pouvait le croire ; néanmoins, il pâlit visiblement et passa sur l'avant du navire.

Je voulus me lever comme les autres, mais ce fut vainement, mes jambes refusèrent de me porter. Je laissai tomber ma tête dans mes mains et fermai les yeux pour ne rien voir, même à travers mes doigts.

A l'aspect de l'étrange apparition, Ferdinand recula de trois pas.

— Que veut dire cela ? demanda-t-il à mon mari.

— Sire, c'est Caracciolo qui, après être resté dix-neuf jours sous l'eau, en sort aujourd'hui pour demander pardon à Votre Majesté du crime qu'il a commis contre elle.

Mais le chapelain, qui était là, hasarda ces mots :

— Peut-être aussi demande-t-il une sépulture chrétienne.

— Qu'on la lui donne ! qu'on la lui donne ! s'écria le roi en se précipitant dans la cabine de Nelson.

En conséquence, Nelson ordonna qu'on tirât le cadavre, qu'on le mit sur une barque de marin, et qu'on le transportât à la petite église Sainte-Lucie, qui, de son vivant, était sa paroisse.

Lorsqu'on se mit en devoir d'exécuter cet ordre, je me retirai, moi aussi, dans ma cabine. C'était bien assez que j'eusse vu le malheureux Caracciolo suspendu à la vergue de misaine de la *Minerve* sans me retrouver face à face avec son cadavre après les dix-neuf jours qu'il avait passés sous l'eau !

Mais, quelque répugnance que m'inspirât un pareil spectacle, je ne pus m'empêcher, en fuyant, de jeter un regard du côté de ce misérable cadavre, et je revis ces cheveux en désordre, cette barbe hérissée avec laquelle il m'était apparu lorsqu'on le transporta garrotté à bord du *Foudroyant* ; seulement, le visage était vert, et il me sembla que les yeux manquaient : sans doute avaient-ils été rongés par les crabes

Je compris la terreur que cette vue avait dû inspirer au roi Ferdinand, qui avait commandé cette mort, puisque, moi qui n'étais coupable que de l'avoir laissée s'accomplir, je pensai en devenir folle.

Je sus depuis, par sir William, qui avait suivi tous les détails de l'événement avec sa froideur ordinaire, que le cadavre avait encore aux pieds les deux boulets de canon qui avaient servi à le faire couler à fond ; ils furent détachés et une partie de la chair de la jambe vint avec la lanière de peau qui les y attachait ; ils furent pesés, et, le capitaine Hardy constata que le corps était revenu à la surface de l'eau, malgré le poids énorme de deux cents cinquante livres.

L'amiral napolitain fut inhumé dans la petite église de Sainte-Lucie.

VII

Lorsque le *Foudroyant* fut rentré au port, et que je remontai sur le pont, encore toute frissonnante de ce que je venais de voir, ou plutôt d'entrevoir, j'appris qu'un marin ayant, dans un moment d'ivresse, frappé son supérieur, venait d'être condamné à mort.

J'avais le cœur disposé à l'indulgence ; il me semblait que, si je sauvais la vie d'un homme, cet homme fût-il coupable, j'allégerais le poids qui pesait sur ma poitrine, et que je rachèterais devant Dieu le crime de n'avoir pas empêché un autre homme d'entrer dans la mort.

Je demandai le nom du matelot condamné : on me répondit qu'il se nommait Thomas Campbell.

Le nom me frappa ; il était bien certainement au fond de mes souvenirs de jeunesse.

Je forçai ces souvenirs à repasser devant mes yeux, et je me rappelai qu'étant toute jeune fille et bonne d'enfants à Hawarden, un jour que je conduisais les enfants à la promenade, la pension de madame Colmann, dont j'avais quelque temps fait partie, était venue à passer près de moi, et que, mes anciennes compagnes m'ayant toutes raillée sur ma nouvelle condition, une seule s'était détachée de leurs rangs et était venue m'embrasser, et que cette jeune fille s'appelait Fanny Campbell.

Je ne sais pourquoi, en entendant prononcer ce nom, quoi qu'il soit bien commun en Angleterre, j'eus l'idée que le condamné devait être parent de la jeune fille qui m'avait donné une preuve d'amitié quand les autres me donnaient des marques de dédain.

J'appelai le capitaine Hardy, qui était celui de tous les officiers avec lequel j'avais eu le plus de rapports, parce que, de tous les officiers, il était le meilleur ami de Nelson ; je lui dis de me donner quelques détails sur le malheureux Thomas Campbell et de me dire surtout de quel pays il était. Hardy n'avait aucun détail sur le condamné ; mais il fit apporter le procès-verbal de condamnation, et j'y vis que le marin était natif de la petite ville de Hawarden. Dès lors, je n'eus plus de doute qu'il ne fût le frère de la pauvre Fanny Campbell, et je priai Hardy de me conduire près du prisonnier, sans en rien dire à personne. Hardy s'y refusa pendant quelques instants ; mais j'insistai tellement, qu'il céda. Il me conduisit alors, par les escaliers et les échelles des matelots, jusqu'à fond de cale, où le pauvre diable était aux fers.

On comprend quel fut son étonnement lorsqu'il m'aperçut. Tous les matelots me connaissaient, et nul d'entre eux certainement n'ignorait mon intimité avec Nelson. Ma présence fut donc pour ce malheureux ce qu'est, ou plutôt ce que serait un rayon de soleil pénétrant dans l'éternelle nuit des damnés.

D'abord, dans sa stupéfaction, il ne paraissait point comprendre mes questions, et hésitait à me répondre.

Je lui demandai s'il était bien de Hawarden ; il me répondit que oui ; s'il avait une sœur, et sa réponse fut encore affirmative.

Je lui dis que j'avais connu sa sœur.

Il secoua la tête.

— Je vous assure que je l'ai connue, insistai-je.

— Comment, répliqua-t-il, une grande dame comme vous aurait-elle connu une pauvre enfant comme la fille du sergent de marine John Campbell?

— Je l'ai si bien connue, lui dis-je, qu'elle s'appelait Fanny.

Il tressaillit.

— C'est vrai, dit-il.

Puis, se recueillant :

— Puisque vous avez connu ma sœur, continua-t-il, et que votre visite prouve que vous portez quelque intérêt à un pauvre condamné, je vous adresserai une prière.

— Faites, mon ami.

— Ma sœur a épousé le pasteur d'un petit pays situé entre Hawarden et Northop.

— You-Law, peut-être?

— Justement! s'écria Thomas. Comment pouvez-vous savoir cela?

— Peu vous importe, vous voyez que je le sais.

— Eh bien, madame, ne m'oubliez pas ; et, quand je serai mort, écrivez à ma sœur, — je ne sais pas écrire, moi, — écrivez à ma sœur que je suis mort, mais sans lui dire que j'ai été pendu! demandez-lui de prier pour moi, et, comme c'est une pieuse fille, elle ne manquera pas de le faire.

— Est-ce tout ce que vous désirez, mon ami? demandai-je.

— Oh! mon Dieu, oui, madame. Je suis condamné justement : j'ai menacé mon supérieur... Ce n'est pas tout à fait ma faute pourtant.

— Et la faute à qui, si ce n'est à vous?

— C'est la faute de ce diable de vin du Vésuve! je l'ai bu comme si je buvais de la bière, sans songer qu'il poussait dans le feu! La tête s'est perdue, je n'ai pas reconnu mon supérieur, mes yeux n'y voyaient plus, et j'ai commis le crime. — Mais j'espère que le bon Dieu jettera un regard sur le livre de bord et verra que, depuis dix ans que je sers sur les vaisseaux de Sa Majesté Britannique, je n'ai eu que trois punitions. Il est vrai que la troisième sera bonne.

— Mon cher Hardy, je sais tout ce que je voulais savoir, dis-je en me retournant vers le capitaine de pavillon. Laissons ce pauvre garçon avec ses remords.

Puis j'ajoutai tout bas :

— Qui seront, je l'espère, toute sa punition.

Hardy me regarda et secoua la tête.

Je remontai et j'allai trouver Nelson.

— Mon cher Horatio, lui dis-je, il faut que je vous raconte une histoire. Lorsque ma mère était servante dans une ferme, elle trouva moyen, à l'aide d'un petit legs que lui avait fait un ancien maître à elle, de me faire entrer dans une pension de jeunes filles où, en un an, j'appris à lire, à écrire, à faire un peu de musique et de dessin. Mais, au bout d'un an, l'argent manqua; il fallut me retirer de la pension, et force me fut d'entrer comme bonne d'enfants chez un brave homme nommé M. Hawarden. Un jour que je promenais mes petits élèves dans une prairie, les jeunes filles, mes anciennes compagnes, sur lesquelles je l'avais souvent emporté dans mes compositions, passèrent par la prairie, et, comme c'étaient presque toutes des demoiselles de qualité, elles raillèrent mon humble position et mon pauvre costume, qui était celui d'une femme de chambre.

— Pauvre chère Emma! dit Nelson en me serrant la main.

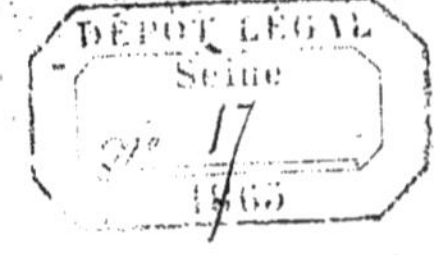

— Une seule se détacha des rangs de ses compagnes, vint à moi, et, voyant que je pleurais, elle essuya mes larmes avec son mouchoir, m'embrassa, et me dit : « Oh ! Emma, je ne suis pas comme ces méchantes créatures. Je t'aime toujours, moi ! » Et, mêlant ses larmes aux miennes, elle m'embrassa une seconde fois, puis alla rejoindre ses compagnes, qui la reçurent avec des rires moqueurs.

— C'était une bonne fille, celle-là, dit Nelson, et je voudrais savoir son nom et sa demeure, pour lui donner une dot si elle n'est pas mariée.

— Elle a maintenant trente-quatre ans, et elle est mariée et heureuse.

— Ah ! tant mieux !

— Mais elle a un frère qui est dans une fâcheuse position. Dois-je abandonner son frère, ou, par reconnaissance pour sa sœur, essayer de le tirer de la position où il se trouve ?

— Ma chère Emma, dit Nelson, abandonner ce frère, après l'action de la sœur, serait une ingratitude, et je ne vous crois pas atteinte d'un si vilain vice.

— Vous m'aideriez donc alors dans mon désir de m'acquitter envers Fanny ?

— Oui, si cela est en mon pouvoir.

— Vous m'en donnez votre parole ?

— Foi de Nelson.

— Eh bien, mon cher Horace, lui dis-je en lui passant le bras autour du cou et en appuyant mes lèvres sur la cicatrice de son front, cette brave fille pour laquelle vous me prêchez la reconnaissance s'appelle Fanny Campbell, et c'est son frère Thomas Campbell qui a été aujourd'hui condamné à mort par le conseil de guerre pour insulte envers un supérieur.

— Ah ! fit Nelson en fronçant le sourcil, c'est plus grave que je ne le croyais, chère Emma.

— Alors, vous me refusez ?

— Je ne vous dis pas cela, je cherche un moyen de tout concilier.

— Comment, de tout concilier ? Cela me paît difficile ; vous ne pouvez pas à la fois le pendre et ne pas le pendre.

— Non ; mais je puis, jusqu'au dernier moment, lui laisser croire qu'il sera pendu, et, au dernier moment, vous apparaîtrez et le sauverez... N'est-ce pas ainsi, à ce que nous racontait l'autre fois sir William, que se faisait le dénoûment des tragédies antiques ? Un dieu ou une déesse apparaissait, et le coupable était sauvé. Nous sommes sur la terre de l'antiquité, prenons exemple d'elle.

J'avais quelque répugnance à accepter le rôle que Nelson me distribuait dans cette comédie qui prolongeait les angoisses d'un malheureux de quinze à dix-huit heures ; mais Nelson ne voulut entendre à aucun accommodement, il fallut accepter la grâce telle qu'il l'offrait ou y renoncer.

Le lendemain, la chose s'exécuta comme milord l'avait voulu. Dès le matin, les matelots et les soldats de marine furent réunis sur le pont, le coupable fut amené, les roulements de tambour d'usage furent exécutés ; déjà la corde était accrochée à l'antenne, le nœud coulant passé au cou du condamné, lorsque, selon la convention faite d'avance, je parus et demandai la grâce, qui me fut accordée.

Le pauvre diable, qui avait eu de la force tant qu'il s'était agi de mourir, en manqua lorsqu'il lui fallut vivre, et s'évanouit.

On le fit revenir en lui jetant un sceau d'eau de mer au visage ; puis on le reconduisit dans la cale, où on le remit aux fers pendant huit jours ; après quoi, il vint me remercier et reprit son service.

— Eh bien, lui demandai-je, boiras-tu encore du vin du Vésuve ?

— Oh ! ni vin ni bière, milady ! répondit-il. J'ai fait serment de ne plus boire que de l'eau pendant le reste de ma vie.

Et j'appris que, jusqu'en 1801, c'est-à-dire jusqu'au bombardement de Copenhague, où il fut tué, Thomas Campbell avait fidèlement tenu sa parole.

Le roi avait fait à Naples tout ce qu'il y voulait faire. Il avait institué sa junte et il l'avait vue à l'œuvre : du 6 juillet au 3 août, pas un jour ne s'était écoulé sans quelque pendaison.

En conséquence, il manifesta à Nelson son désir de retourner à Palerme. Nelson mit à la voile le 6 août, et, le 8, nous étions tous de retour dans la capitale de la Sicile.

Je retrouvai la reine aussi bonne et aussi affectueuse pour moi qu'elle l'avait toujours été. Ce fut elle qui m'apprit qu'elle avait, dans l'espace de moins de huit jours, reçu deux démissions du cardinal Ruffo, et qu'à chaque fois elle avait répondu par un refus positif de la recevoir, ayant encore pour quelque temps, ajouta-t-elle, besoin de la popularité de cet homme !

VIII

Quelque temps après notre arrivée à Palerme, le roi s'entendit avec sir William Hamilton sur les cadeaux qu'il voulait faire à ceux qui, dans la dernière campagne, avaient joué un rôle actif. Nelson était comblé déjà, et on ne pouvait plus rien lui donner.

Tous les capitaines servant sous ses ordres reçurent chacun une boîte ou une tabatière entourée de diamants ; celle de Troubridge avait le portrait du roi au centre, et Sa Majesté lui fit, en outre, cadeau d'une très-belle bague avec un diamant valant au moins deux mille ducats.

Sur ces entrefaites Nelson atteignit sa quarantième année, et, le jour anniversaire de sa naissance, c'est-à-dire le 29 septembre, la reine Caroline lui écrivit de sa main le billet suivant, qu'elle signa de son prénom de Charlotte, qui était celui qu'elle prenait dans toutes les occasions non politiques ; Charlotte était son nom d'amie, Caroline n'était que son nom de reine :

« Palermo, 29 septembre 1799.

« Mon digne et estimable lord Nelson, recevez mes vœux bien sincères à l'occasion de votre jour de naissance. Combien de motifs n'avons-nous pas pour vous être attachés et éternellement dévoués ! Nous vous devons tout, et croyez que le souvenir en est ineffaçablement gravé dans nos cœurs ; car je ne suis que l'interprète du roi et de toute ma chère famille, qui, unis avec moi, vous assurent de leur profonde reconnaissance et des vœux qu'ils adressent au ciel pour votre parfait bonheur et votre longue conservation. Recevez donc les souhaits d'une famille ou plutôt d'une nation entière qui sent toute l'obligation qu'elle vous doit, et croyez-moi pour la vie votre très-affectionnée,

« CHARLOTTE. »

Ce mois de septembre, pendant lequel Nelson venait d'atteindre sa quarantième année, — et pendant lequel aussi un homme à qui nul ne pensait, parce qu'on le croyait à tout jamais séquestré en Égypte, faisait voile vers la France, — vit se passer à Palerme de bien étranges scènes.

La flotte turque était, avec la flotte anglaise, dans le port de Palerme ; mais, quoique Anglais et Turcs fussent réunis pour la même cause, il y avait une grande différence dans la manière dont étaient traités les officiers et les soldats des deux nations.

Les soldats et les officiers anglais étaient des hérétiques ; mais les soldats et les officiers turcs étaient bien autre chose que cela : c'étaient des infidèles.

Les officiers anglais étaient reçus dans le monde et, il faut même le dire, n'étaient pas trop maltraités par les dames siciliennes ; les soldats, de leur côté, avaient des relations dans la ville, et paraissaient fort contents de l'accueil qu'ils y trouvaient.

Mais la répugnance des Siciliens, et surtout des Siciliennes, pour les sectateurs du Prophète était telle, qu'une femme couverte de haillons et demandant l'aumône ne se fût pas laissé approcher par un Turc, l'eût-il couverte d'or, et l'eût-il faite reine.

Il en résultait que les musulmans, résolus à prendre par force des faveurs que l'on ne voulait pas leur accorder de bonne volonté, assaillaient toutes les femmes qu'ils rencontraient dans les endroits écartés ou même publics, essayant de leur faire violence si elles étaient à l'écart, essayant de les entraîner et de les conduire jusqu'à leurs vaisseaux si elles étaient sur le port, sur le quai ou dans le voisinage de la mer.

Une après-midi, sur la Marine, c'est-à-dire au beau milieu de la promenade, et tandis que les voitures faisaient *corso*, deux Turcs, comme s'ils venaient de Tunis ou d'Alger, et débarquaient en pays ennemi, saisirent une femme et l'emportèrent, malgré ses cris, vers une barque où les attendaient leurs compagnons. Heureusement, aux cris de la victime, plusieurs matelots accoururent. Un des deux Turcs resta sur la plage, frappé d'un coup de couteau ; l'autre put gagner la barque et s'échappa.

La chose en vint au point que ce ne fut plus seulement dans les rues et sur les promenades que les femmes se virent attaquées ; mais, lorsqu'une femme était seule ou mal accompagnée dans une boutique ouverte, elle avait tout à craindre, si deux ou trois musulmans venaient à passer. De là des rixes sanglantes et journalières, dans lesquelles les Turcs se servaient de leurs pistolets, et les Siciliens de leurs poignards et de leurs couteaux.

Aussi, quand un matelot, un soldat ou un officier de la flotte turque se hasardait à son tour dans quelque endroit écarté, on le retrouvait infailliblement, le lendemain, mort et criblé de coups.

Enfin, la haine qu'inspiraient ces bêtes féroces était telle, que, si l'on parlait d'un Turc devant un Sicilien, on était sûr de voir le Sicilien changer de couleur et porter, en blasphémant, la main à son poignard.

Voici un fait qui fit grand bruit au palais. Nous avions pour courtisans fidèles, à nos soirées de la Favorite, deux jeunes gens de vingt-deux à vingt-quatre ans, fort élégants et fort beaux garçons tous deux ; l'un se nommait le prince de Sciarra ; l'autre, le chevalier Palmieri de Micciche. Or, un jour, soit que les Turcs eussent pris le prince de Sciarra pour une femme déguisée en homme, soit qu'ils ne s'arrêtassent point à une chose si peu importante que le sexe, six ou huit Turcs se précipitèrent sur le jeune prince et tentèrent de l'entraîner. Par bonheur, Micciche accourut au secours de son ami, armé d'une canne à épée; mais tous deux eussent probablement été victimes, l'un de sa bonne mine, l'autre de son dévouement, si cinq ou six hommes du peuple ne fussent venus leur prêter main-forte contre leurs agresseurs. Deux Siciliens furent blessés et un Turc fut tué dans cette échauffourée.

On attendait à tout moment l'heure de nouvelles Vêpres siciliennes, non plus contre les Angevins, mais contre les musulmans.

Le 8 septembre, à une heure de l'après-midi, sur la route de Montreale, deux Turcs entrèrent à l'improviste dans la boutique d'un cordonnier, et, tandis que l'un d'eux entraînait la femme en lui mettant un mouchoir sur la bouche pour l'empêcher de crier, l'autre, le cimeterre à la main, menaçait les ouvriers; mais les ouvriers ne tinrent aucun compte de la menace, et, brandissant leurs tranchets, se jetèrent sur les ravisseurs, en criant :

— Mort aux musulmans! mort aux Turcs! mort aux infidèles!

A ces clameurs, qui, comme une traînée de poudre, gagnèrent les faubourgs, et des faubourgs la ville, tout Palerme se leva en poussant un cri d'extermination, et chacun, saisissant la première arme qui lui tomba sous la main, courut sus aux musulmans comme à des bêtes fauves.

Les Turcs virent bien, cette fois, que ce n'était plus une rixe individuelle, mais que c'était un soulèvement général : les portes se fermaient devant les fuyards, qui imploraient vainement un refuge; du haut des balcons, on leur jetait sur la tête des tables, des chaises, des pots de fleurs.

Il y eut un instant où, d'un bout à l'autre de la ville, on n'entendît que coups de feu, imprécations, cris de douleur, hurlements de désespoir, râles d'agonie. Le sang coulait dans les rues, toutes les cloches sonnaient le tocsin.

En deux heures, la chose fut terminée : les deux ou trois cents Turcs qui se trouvaient en ce moment dans la ville jonchèrent le sol; cinquante à peine se sauvèrent, les uns en s'élançant à la mer, les autres en se jetant dans leurs barques et en gagnant le large à force de rames.

L'amiral turc se trouvait alors sur son vaisseau; en apprenant ce qui se passait, il pointa ses canons sur la ville; mais Nelson, qui était au courant de la situation, et qui, depuis longtemps, entendait toutes les plaintes portées contre les Turcs, rangea son escadre en bataille, et fit dire à son collègue qu'au premier coup de canon tiré contre la ville, il le coulait bas. Cet avertissement suffit à l'amiral turc, qui retourna à son ancrage.

J'ai parlé d'un homme qui, pendant ce temps, et sans que personne s'en doutât, quittait l'Egypte, passait entre Malte et le cap Bon, et naviguait vers la France, où son retour allait changer la face de l'Europe. Cet homme était Bonaparte.

On sait comment, après avoir momentanément réduit la Porte à l'impuissance par les deux victoires du mont Thabor et d'Aboukir, il s'était secrètement embarqué sur le *Muiron* et était parvenu à tromper la vigilance des croiseurs anglais; comment il arriva le 8 octobre à Fréjus, le 16 à Paris, et comment enfin, le 9 novembre, il fit le coup d'Etat connu sous le nom du 18 brumaire.

La nouvelle de ces faits extraordinaires jeta, comme on le pense bien, la cour de Palerme dans un grand émoi; mais bientôt se produisirent d'autres événements qui nous étaient personnels, et qui nous obligèrent à ramener nos regards des affaires publiques sur nos propres affaires.

La tournure que prenaient les choses en France et la nécessité de presser le blocus de Malte, avaient forcé Nelson à nous quitter pour aller faire une croisière sur les côtes occidentales de l'Italie et dans le golfe de Lyon.

Pendant cette croisière, il reçut inopinément l'avis que lord Keith venait d'être investi du commandement en chef des forces de la Méditerranée, commandement que lui, Nelson, exerçait de fait depuis deux ans. En même temps, nous étions informés que sir Arthur Paget venait d'être nommé ministre d'Angleterre près du gouvernement des Deux-Siciles, en remplacement de sir William Hamilton.

C'était non-seulement la désapprobation de tout ce que lord Nelson et sir William avaient fait à Naples, mais encore une brutale disgrâce.

Je puis dire que ce coup inattendu fut aussi sensible pour la cour des Deux-Siciles que pour nous-mêmes.

Nelson se trouvait atteint cruellement, car il l'était à la fois dans son amour-propre et dans son amour.

Quant à sir William, il était tout simplement furieux; on eût dit qu'il tenait encore plus que moi à ne pas se séparer de Nelson.

Le 3 février 1800, milord nous écrivait, ou plutôt m'écrivait :

« Chère lady Hamilton, ayant maintenant un commandant en chef, je ne puis vous rejoindre avant de lui avoir fait mes salutations. Les temps sont changés!... Mais je vous déclare que, s'il ne vient pas droit ici, je ne l'attends pas. Au reste, j'envoie Allen s'informer comment vous êtes. Répondez-moi un mot. Mon cœur est plein d'angoisses pour vous!

« Dieu vous bénisse, ma chère lady! et soyez bien assurée que jamais je ne cesserai d'être votre obligé et affectionné,

« Nelson. »

Je pris la plume, et je me hâtai de répondre à Nelson. Je savais combien il souffrait et combien quelques bonnes paroles de moi soulageraient son pauvre cœur brisé!

L'amiral Keith rejoignit assez tôt son illustre lieutenant pour que celui-ci ne vînt pas seul à Palerme. Tout deux partirent donc de compagnie, l'amiral Keith montant la *Reine-Charlotte*, et Nelson le *Foudroyant*. Ils arrivèrent le 6 février, et Nelson accourut se concerter avec nous. Il fut convenu que, si sir William et moi quittions la cour de Naples, Nelson donnerait sa démission, ou tout au moins demanderait un congé.

Le 9 au matin, le roi alla faire une visite à lord Keith à bord de la *Reine-Charlotte*, et, le lendemain, il fit également une visite au *Foudroyant*.

Ce dernier bâtiment reçut quelques troupes siciliennes, et, le 12, après avoir pris congé de nous, Nelson repartit pour sa croisière, toujours en compagnie de la *Reine-Charlotte*, portant le drapeau de l'amiral Keith.

Dans la matinée du 18, on rencontra une petite flottille française, commandée par le contre-amiral Perrée, qui montait *le Généreux*, vaisseau de soixante-quatorze canons, venant de Toulon et transportant des troupes à Malte. Nelson attaqua aussitôt la flottille, et, après un combat terrible, l'amiral Perrée étant blessé mortellement, son vaisseau fut pris.

L'amiral français mourut le lendemain 19.

Le même jour, le major de division Poulain écrivit a Nelson pour le prier de faire rendre les honneurs funèbres au commandant des forces navales de la France dans la Méditerranée, en appelant à cette fraternité du courage qui combat l'ennemi vivant, mais qui sait l'honorer quand il est mort.

Je suis heureuse de dire que cet appel fut entendu.

Quelques jours plus tard, c'est-à-dire le 24 février, lord Keith donnait à Nelson l'ordre de se rendre au blocus de Malte, — *pour accomplir tout service d'importance publique*, — ou plutôt, en réalité, comme on va le voir, pour l'éloigner de moi. Cet ordre était accompagné d'instructions spéciales sur ce qu'il y aurait à faire dans le cas où La Valette se rendrait. L'amiral ajoutait — et c'est là que l'intention de nous séparer était bien visible — que, Palerme étant trop éloignée, Nelson était invité à prendre pour lieu de rendez-vous Syracuse, Messine ou Augusta.

Cet ordre porta à son comble l'exaspération de Nelson. La récompense de son œil perdu, de son bras emporté, de son front fendu; la récompense d'Aboukir, de neuf vaisseaux ennemis brûlés et coulés bas, était une mesquine persécution pénétrant au plus intime de sa vie privée et le blessant au plus profond de son cœur.

Aussi répondit-il le même jour :

« Milord, mon état de santé est tel, qu'il m'est impossible de rester ici. Si je reste, je suis mort. Je vous prie, en conséquence, d'accueillir ma requête d'aller voir mes amis à Palerme pendant quelques semaines. Je laisserai ici le commandement au commodore Toubridge. L'absolue nécessité seule m'oblige à vous écrire cette lettre.

« Je suis, avec le plus grand respect, etc.

« Nelson. »

Cette lettre n'empêcha pas que Nelson ne fût retenu malgré lui au blocus de Malte; mais enfin, le 10 mars, sans attendre la reddition de La Valette ni la permission de lord Keith, il fit voile vers Palerme, et y arriva au moment où l'on célébrait, chose assez curieuse, le mariage du général Acton, âgé de soixante-sept ans, avec sa nièce, âgée de quatorze. Hâtons-nous de dire que le général eut de ce mariage trois enfants.

Je crois avoir laissé entendre que, depuis longtemps, il n'y avait plus aucune intimité entre lui et la reine; si j'avais à fixer un terme à cette intimité, je le ferais remonter à la mort du prince de Caramanico.

La joie de Nelson fut grande lorsqu'il nous revit. Je dois dire qu'à part le désir de se rapprocher de nous, il était véritablement très-malade; puis une nouvelle défaveur qui m'atteignit, et qu'il regarda comme une insulte, porta au plus haut degré son ressentiment contre la cour d'Angleterre.

Depuis la prise de l'île de Malte par les Français, l'ordre de Malte était tombé en désuétude. Mais Paul Ier, qui visait à la réputation d'empereur chevaleresque, s'était déclaré grand maître de cet ordre, et en distribuait des brevets.

Sur la demande de Nelson, il en envoya un de grand'-croix, avec une commanderie honoraire, au capitaine Ball; et, en même temps que sir Charles Whitworth en donnait avis à milord, il lui annonçait que j'étais nommée dame petite croix de l'ordre.

Sir William envoya à la chancellerie de Londres la lettre de sir Charles Whitworth et le brevet, en demandant pour moi la permission de porter cette croix.

La chancellerie ne daigna pas même répondre; Nelson écrivit de son côté : même silence.

Dès lors, la résolution de Nelson fut prise : il décida de demander, sinon sa retraite, du moins un congé, qu'il viendrait passer avec nous à Londres. En outre, comme, dans cet intervalle, sir Arthur Paget, remplaçant de sir William Hamilton, était arrivé, et que sir William, sans vouloir lui rendre compte en rien de la situation, lui avait abandonné l'ambassade, hôtel et archives, nous résolûmes de quitter Palerme, de monter sur le *Foudroyant,* et d'aller passer deux mois à Naples. Après ces deux mois, nous reviendrions à Palerme, nous prendrions la reine, nous l'accompagnerions jusqu'à Vienne, où elle comptait aller, et, quand elle retournerait à Naples, nous continuerions notre route vers Londres.

En conséquence, dans les premiers jours d'avril, nous fîmes, sir William et moi, nos adieux momentanés à la famille royale, et nous partîmes sur le *Foudroyant.*

Nous devions revenir plus tôt que nous ne l'avions décidé.

J'ai dit que le retour de Bonaparte en France allait changer la face de l'Europe, et, en effet, il avait déjà changé celle de la France. Une fois le Directoire aboli, une fois nommé premier consul, Bonaparte tourna ses yeux vers l'Italie, reconquise par Souvorof et Mélas.

Mélas seul était resté en Italie; Souvorof, battu par Masséna à Zurich, était allé rendre compte de sa défaite à Paul Ier.

Vers la fin de mai, on apprit que Bonaparte venait de passer les Alpes avec une armée de 40,000 hommes.

La reine pensa que le moment était venu d'aller faire une visite à son neveu. La fortune de Bonaparte pouvait l'avoir suivi des bords du Nil aux bords du Pô, et qui pourrait, en ce cas, deviner le bouleversement qu'une victoire remportée par les Français amènerait en Italie!

Nelson devait, avec le *Foudroyant,* se mettre au service de la reine, dont le départ était fixé au 8 juin; mais ce départ fut retardé de deux jours.

Enfin, le 10 juin, la reine, les trois princesses, le prince Léopold, sir William et moi, nous embarquâmes à bord du *Foudroyant,* qui partit pour Livourne, en compagnie de la *Princesse-Charlotte,* de l'*Alexandre* et du packet napolitain. Le passage fut excellent, et, avec une bonne brise, nous arrivâmes le 14 à Livourne, c'est-à-dire le jour même où Bonaparte gagnait la bataille de Marengo.

On resta jusqu'au 16 sans pouvoir descendre à terre, le vent ayant fraîchi et la mer étant devenue grosse.

Le 16 donc seulement, à neuf heures du matin, nous pûmes descendre dans le canot de lord Nelson, et aborder à l'escalier des Finocchetti. L'arrivée de la reine avait attiré une foule immense. Au moment où elle mit pied à terre, Caroline fut complimentée par le général baron de Fenzel, par le gouverneur de Livourne, et enfin par le duc Strozzi, que le grand-duc avait désigné pour accompagner la reine partout où elle voudrait aller, tandis que le cavalier Sergardi, administrateur général des biens de la couronne, devait la défrayer de tout pendant son séjour en Toscane.

Nous montâmes dans les carosses qui nous attendaient, et nous nous rendîmes tous à l'église cathédrale, on l'on chantait un *Te Deum* en témoignage d'actions de grâces du bon voyage de la reine de Naples.

En entrant au palais, nous y trouvâmes la duchesse d'Atri, qui était venue exprès de Florence pour recevoir la reine, et, le soir, nous allâmes au théâtre, où nous fûmes accueillis par de frénétiques applaudissements.

On ignorait encore qu'une bataille se fût livrée sous les murs d'Alexandrie.

IX

Le premier soin de la reine en descendant à terre avait été de demander des nouvelles de l'armée d'Italie, et cela, par une double raison : d'abord, à cause de l'influence qu'une victoire ou une défaite de Bonaparte pouvait avoir sur les destinées du royaume des Deux-Siciles; ensuite, pour la sécurité de son voyage à

Vienne. Par malheur, tous ceux auxquels elle s'adressa n'en savaient pas plus qu'elle. En conséquence, elle envoya un des seigneurs qui étaient venus pour lui faire leur cour, le baron de Rosenheim, aux généraux autrichiens, le faisant accompagner de deux courriers qu'il devait renvoyer au fur et à mesure qu'il apprendrait des nouvelles de l'armée.

Le 17 au soir, M. de Sommariva vint de Florence ; on sut par lui que Bonaparte en personne commandait l'armée française, ce dont on n'était pas encore bien sûr ; que les Français étaient en force et avaient de la cavalerie, et que les armées étaient entre Alexandrie et Tortone, sur le point d'en venir aux mains. Dans tous les cas, M. de Sommariva annonçait à la reine qu'elle était en toute sécurité à Livourne. Cependant il était facile de voir que celui qui tentait de nous rassurer était très-peu rassuré lui-même.

Il repartit dans la nuit pour Florence.

Le lendemain, le bruit se répandit que les Français étaient en pleine déroute ; on croit facilement à ce que l'on désire : la reine nous annonça donc à tous cette bonne nouvelle.

Mais, dans la nuit du 18 au 19, Nelson reçut un officier anglais envoyé par lord Keith, avec une lettre qui l'informait, d'abord, qu'une suspension d'armes venait d'être signée entre les armées française et autrichienne, et qu'il était stipulé, dans cette suspension d'armes, que les Autrichiens évacueraient toutes les places fortes du territoire de Gênes, qui seraient remises aux Français.

Cette première partie de la lettre du commandant anglais ne s'accordait guère avec ce qui nous avait été dit, la veille, d'une prétendue défaite des Français ; mais le reste de la dépêche était encore plus inquiétant pour nous.

Lord Keith, continuant, ordonnait à Nelson de réunir à l'instant même tous les bâtiments qu'il avait sous ses ordres et de se rendre avec eux dans le golfe de la Spezzia, afin d'enlever de tous les forts, et particulièrement de celui de Santa-Maria, toutes les pièces d'artillerie, ou du moins de les mettre hors d'état d'être utiles aux Français.

Ces nouvelles nous consternèrent. Evidemment, une pareille convention n'avait pu être signée qu'à la suite d'une bataille, et, dans cette bataille, sans aucun doute, les Autrichiens avaient été battus.

L'ordre donné à Nelson de tout quitter pour se rendre à la Spezzia nous désolait tout particulièrement ; la reine voyait avec raison dans Nelson son seul appui, et, sans Nelson, se regardait comme perdue.

Mais milord ne nous laissa pas longtemps dans cette angoisse. Il déclara que, sous aucun prétexte, il ne quitterait la reine dans la situation où elle se trouvait, et, en conséquence, pour exécuter les ordres de lord Keith, il envoya à la Spezzia l'*Alexandre* et la *Dorothée*, et resta à Livourne avec le *Foudroyant*, avec le *Vasco de Gama*, navire portugais, et avec les frégates et les corvettes siciliennes qui se trouvaient dans le port de Livourne.

Cette résolution calma un moment nos inquiétudes sur le point de la sûreté de la reine. Mais bientôt arriva le brigadier Rosenheim qui, on se le rappelle, avait été envoyé en reconnaissance. Il raconta qu'il s'était abouché à Gênes avec le général autrichien Hohenzollern, et que celui-ci lui avait fait lire une convention intervenue entre le général Mélas et le général Berthier, convention dans laquelle était arrêtée une suspension d'armes entre les deux armées, qui ne devaient pas reprendre les hostilités avant dix jours. En attendant, les Autrichiens devaient remettre aux Français toutes les places fortes qu'ils possédaient, c'est-à-dire Gênes, Savone, Coni, Alexandrie, Tortone, Mondovi, la citadelle de Milan, celle de Turin, le fort d'Urbin, en ne conservant entre leurs mains que Mantoue, Ferrare, Peschiera, Vérone et Ancône. La cause que l'on donnait à cette désespérante suspension d'armes était une bataille qui aurait eu lieu, le 14, à Marengo, entre la Bormida et la Scrivia, et dans laquelle Mélas, après avoir eu d'abord l'avantage, aurait fini par être battu complétement.

On comprend quel fut le désespoir de toute la famille royale à une pareille nouvelle. La reine, surtout, tomba dans une attaque de nerfs qui amena chez elle une prostration de forces dont elle ne sortait que par des accès de fièvre qui allaient jusqu'au délire. Mais ce fut bien pis lorsque Nelson, tout aussi désespéré que nous, apporta à sir William — car il n'osa le remettre ni à moi ni à la reine — le billet suivant, qu'il venait de recevoir de lord Keith :

« Gênes, 21 juin 1800.

« Je viens de voir un homme qui quitte Bonaparte. Ce Bonaparte dit publiquement qu'avant de faire la paix, il lui reste une puissance à réduire en Italie... Laissez la reine partir pour Vienne, et le plus vite qu'elle pourra. Si la flotte française arrive un jour avant la nôtre en Sicile, la Sicile est perdue, car elle est incapable de tenir un jour. « KEITH. »

La lettre était si pressante, que, malgré l'état de santé dans lequel se trouvait la reine, on résolut de la lui communiquer. On réunit, à cet effet, une espèce de conseil dans sa chambre, afin que chacun donnât son avis sur la résolution qu'il croyait la meilleure dans un pareil moment. Caroline, rendue à toute sa force par l'imminence du danger, voulait partir à l'instant même, comme le lui conseillait lord Keith ; mais l'avis de sir William et de Nelson fut, au contraire, qu'elle devait rester à Livourne, où elle avait toujours à sa disposition les bâtiments de l'escadre anglaise, et ne partir que lorsqu'elle aurait reçu un courrier de Vienne qui lui dirait dans quel état les choses étaient à la cour de son neveu. Le prince de Castelcicala s'étant joint à cet avis, il prévalut, et l'on résolut de rester.

Cependant vers la fin du mois de juin, la reine, tout à fait remise de son indisposition, se décida à poursuivre sa route vers l'Allemagne.

Lord Nelson avait signifié à lord Keith sa résolution de retourner en Angleterre, et lord Keilh avait mis à sa disposition un des bâtiments de la flotte ; mais, de même que je voulais passer par Vienne pour ne pas quitter la reine, Nelson avait décidé de faire le même chemin pour ne pas me quitter.

Caroline écrivit, en conséquence, au commandant d'Ancône pour lui demander s'il n'y avait pas, dans le port, quelque navire qui pût la conduire à Fiume et, de là, à Venise.

Pendant que nous nous préparions au départ, la reine reçut une lettre de l'impératrice sa nièce. L'impératrice suppliait Marie-Caroline de ne se laisser détourner par aucune raison, bonne ou mauvaise, de son voyage à Vienne ; elle lui disait qu'elle croyait ce voyage non-seulement utile, mais nécessaire à ses intérêts, et elle l'invitait à envoyer à Milan un courrier au général Mélas, pour que celui-ci lui indiquât le chemin qu'elle devait suivre. Venaient ensuite de longues doléances sur ce qui était arrivé en Italie ; mais l'impératrice avouait qu'après la catastrophe de Marengo, Mélas n'avait pu faire autrement que de signer l'armistice ; du reste, elle n'espérait rien de bon de la reprise des hostilités et inclinait, pour sa part, à une bonne et solide paix.

Sur ces entrefaites, nous apprîmes qu'un détachement de Français, composé de trois cent vingt-six hommes, avec artillerie et cavalerie, était entré à Lucques, et cette nouvelle détermina la reine à partir immédiatement et à gagner Ancône par la voie de terre.

Comme elle avait avec elle les trois jeunes princesses et le jeune prince, c'est-à-dire qu'elle ne pouvait admettre aucune autre personne dans sa voiture, à moins de se séparer de l'un ou l'autre de ses enfants, il fut convenu qu'elle partirait la première et que nous la suivrions. Elle avait, au reste, tellement hâte de s'éloigner des Français, qu'elle se mit en route pour Florence sans attendre les autres voitures et sur la seule assurance que la route était libre.

Lord Nelson, sir William et moi partîmes le lendemain, c'est-à-dire le 11 juillet.

Ce voyage, outre le danger qu'il présentait, ne devait pas se faire sans de grandes fatigues : de mauvais chemins et une mauvaise voiture, au lieu d'une mer presque toujours obéissante au mois de juillet, et de bonnes cabines avec toutes les commodités de la vie ; puis, après cent lieues faites dans ces conditions, quelque polacre autrichienne, quelque bateau de pêche dalmate pour nous transporter à Trieste ! Aussi lord Nelson avait-il, jusqu'au dernier moment, désapprouvé cette manière de voyager ; en vrai marin qu'il était, Nelson trouvait plus commode de doubler la pointe de Calabre et d'entrer dans l'Adriatique à bord de l'*Alexandre*, c'est-à-dire en roi. Pour mon compte, j'avoue que je préférais le voyage par terre, si fatigant qu'il fût. Quant à sir William, il était tellement malade, qu'il déclara qu'il était à peu près certain de ne pas arriver vivant à Ancône, mais que, fidèle à la reine, il risquerait tout, même sa vie, pour la suivre.

Nous partîmes donc.

Nous mîmes vingt-six heures pour aller de Livourne à Florence, à cause des marches et des contremarches que les Français nous contraignirent de faire. A Castel-San-Giovanni, notre voiture versa. Sir William fut légèrement contusionné au genou ; j'eus l'épaule luxée ; un médecin de village me la remit en me faisant souffrir des douleurs horribles, tandis qu'un charron raccommodait la roue, brisée de la voiture ; mais la roue, raccommodée trop à la hâte, se brisa de nouveau à Arezzo.

Comme les Français approchaient, et qu'il ne fallait pas moins de deux jours pour remettre la voiture en bon état, nous résolûmes d'en prendre une autre, la première venue, lord Nelson, sir William et moi. Nos domestiques qui pouvaient tomber impunément aux mains des Français, étant des personnes de moindre importance, furent laissés derrière nous, et il fut convenu qu'ils nous rejoindraient avec la voiture raccommodée.

Nous continuâmes donc de courir la poste par des chemins horribles, et au milieu de populations en proie à une telle misère qu'elle serait impossible à décrire.

En arrivant à Ancône, la reine trouva une frégate autrichienne, *la Bellone*, préparée pour la recevoir, elle et les personnes de sa suite. Désireuse de quitter au plus tôt la terre, elle se rendit le jour même à bord du bâtiment; mais, une fois installée, elle hésita pour savoir si elle y resterait, et, lorsque nous arrivâmes, trois jours après elle, son hésitation n'avait pas cessé: elle avait envie, nous dit-elle, de demander l'hospitalité à l'escadre russe, composée de trois frégates et d'un brick. Nelson, qui avait peu de confiance dans la marine autrichienne, l'encouragea dans ce projet. D'un autre côté, comme, pour recevoir convenablement la famille royale et les personnes qui l'accompagnaient, la frégate autrichienne avait été obligée de réduire le nombre de ses canons à vingt-quatre et que les Français étaient maîtres des côtes de la Dalmatie, ils eussent pu, avec une flottille de barques, prendre *la Bellone* à l'abordage.

Mais, malheureusement, la frégate que montait le chef de l'escadre russe n'était nullement préparée à l'honneur que la reine lui faisait, et le commandant ne put que céder sa chambre à la famille royale; de sorte que nous fûmes obligés de nous embarquer sur une autre frégate.

Sir William était si malade, que tous les médecins l'avaient condamné, et que le plus indulgent d'entre eux prétendait qu'il arriverait peut-être à Trieste, mais qu'à coup sûr, il n'irait pas jusqu'à Vienne.

Contre toute attente, sir William se trouva un peu mieux en arrivant à Trieste, après une bonne traversée, et le reste du voyage s'accomplit dans les meilleures conditions.

A Vienne, grâce, à la vive amitié que me portait la reine, je fus admirablement reçue par l'impératrice, par sa fille et par toute la famille impériale.

La convalescence de sir William, qui dura six semaines, nous retint dans la capitale de l'Autriche plus longtemps que nous n'y fussions restés sans cela, mais ne nuisit en rien au plaisir que j'y pris et aux fêtes que l'on me donna, sir William ayant exigé que j'allasse dans le monde avec lord Nelson, exactement comme s'il se fût bien porté et nous eût accompagnés.

Il était temps, en effet, que Marie-Caroline vînt à Vienne défendre ses intérêts : en son absence, personne n'y avait pensé.

Cela détermina la reine à prendre une grande résolution.

Voyant que l'empereur François n'avait rien stipulé pour elle, voyant que les Anglais défendaient la Sicile, dont ils pouvaient utiliser les ports, mais abandonnaient Naples, qui ne pouvait leur être bon à rien, elle résolut de partir pour Saint-Pétersbourg et d'aller demander un appui à l'empereur Paul.

Cette démarche eut le succès qu'en avait espéré la reine. Paul Ier, était, par une suite des variations que subissait son étrange caractère, au mieux pour le moment avec Bonaparte, et il était évident que ce dernier, jaloux de ménager une si puissante amitié, ferait tout ce que l'empereur lui demanderait.

Paul Ier écrivit au premier consul une lettre très-chaleureuse, mais exigea de Caroline le serment, s'il parvenait à faire signer un traité de paix entre la France et Naples, que ce traité serait rigoureusement observé.

Le général Lavachef, grand veneur de l'empereur Paul, fut envoyé au premier consul, porteur de la lettre de Paul et garant de la promesse de la reine; de sorte que, le 6 février 1801, un armistice, suivi bientôt d'un traité définitif, fut conclu à Foligno entre le chevalier Micheroux et le général Murat.

Un des articles du traité stipulait que les sujets du roi de Naples qui avaient été exilés, emprisonnés ou contraints à fuir pour cause d'opinions politiques, pourraient rentrer librement dans leur patrie et recouvreraient la jouissance de leurs biens.

Malheureusement, pour beaucoup d'entre eux, il était trop tard! Les tribunaux avaient fonctionné, et toute l'année 1799 et le commencement de celle de 1800 avaient vu de terribles exécutions, et entr'autres celle du malheureux Dominique Cirillo, qui avait, on se le rappelle, refusé de venir soigner la reine à la suite de la visite que nous avions faite, elle et moi, à la Vicaria, et que nous ne pûmes sauver de la colère de Ferdinand, quoique la reine, poussée par moi, eût demandé sa grâce à deux genoux!

X

Notre séjour à Vienne fut, comme je l'ai dit, une fête continuelle. — Le prince et la princesse Estherazy particulièrement, qui, pendant un voyage à Naples, avaient été admirablement reçus à l'hôtel de l'ambassade, voulurent nous rendre cette hospitalité.

Nous fûmes, en conséquence, invités à aller passer une semaine au palais du prince, à Eisenstad. Là, nous vîmes une chose curieuse, et par laquelle, probablement, on avait entendu nous faire honneur : pendant tout le temps que nous passâmes au château, il y eut une garde de cent grenadiers, dont le plus petit avait six pieds. Au fur et à mesure qu'ils se succédaient dans leur service, ceux qui venaient prendre la garde s'asseyaient à une table amplement et délicatement servie, jusqu'à ce qu'une autre série de vingt-cinq vint les remplacer.

Un grand concert nous fut donné dans la chapelle du palais, sous la direction du vénérable Haydn, alors âgé de soixante-neuf ans. Son fameux oratorio de *la Création* fut exécuté en notre honneur.

A son retour de Pétersbourg, la reine de Naples me pria instamment, et comme on prie une amie dont la présence est indispensable, de revenir avec elle en Italie. Tout était calme, le roi était rentré à Naples, la paix était faite, elle nous promettait le retour des belles journées qui avaient suivi mon arrivée et l'aurore charmante de notre amitié.

Mais il m'eût fallu quitter Nelson, et c'eût été une profonde ingratitude, quand il avait tout perdu pour moi, d'oublier si vite une carrière comme la sienne sacrifiée à son amour.

Je demeurai inflexible.

La reine alors, voyant que j'étais décidée à partir, me supplia d'accepter, en souvenir de sa royale affection, une rente ou pension viagère de mille livres sterling par an.

Au premier mot que j'en dis à sir William :

— Nous sommes assez riches, me répondit-il ; et, d'ailleurs, une pareille libéralité exciterait les soupçons du gouvernement anglais.

L'heure du départ arriva ; la séparation fut cruelle et pleine de larmes. J'eus, les unes après les autres, les trois jeunes princesses suspendues à mon cou. Nous passâmes la dernière nuit toutes ensemble, nous rappelant les bons et les mauvais jours, et nous promettant de ne jamais les oublier.

Enfin, nous nous quittâmes, la reine me faisant jurer de revenir près d'elle si le malheur m'atteignait. Sir William était souffrant, fatigué, brisé par les derniers événements ; la reine me laissait entendre qu'une fois veuve, et Nelson en croisière, je resterais bien seule et bien abandonnée ; elle comptait sur cette éventualité pour me faire tenir ma promesse.

Ce qui me rappelait impérieusement en Angleterre, c'était surtout l'état où je me trouvais : j'étais enceinte.

Sir William n'ignorait certes pas mon intimité avec Nelson; mais, comme nos relations conjugales avaient presque toujours été celles d'un frère et d'une sœur, il ne m'avait jamais manifesté la moindre jalousie. Seulement, il était de ma délicatesse de dissimuler à tous les yeux mon état, et d'accoucher dans le silence et la solitude. J'étais reconnaissante à sir William Hamilton de fermer les yeux, je ne devais point permettre que la malveillance les lui ouvrît.

Nous partîmes pour Prague, où l'archiduc Charles nous avait invités à le venir voir; et, après une splendide réception, nous continuâmes notre route vers Dresde, puis vers Hambourg.

Dans cette dernière ville, il nous arriva une aventure qui mérite d'être racontée, et nous fîmes une rencontre non moins remarquable.

A peine étions-nous descendus à l'hôtel, que l'on m'annonça qu'un homme d'une soixantaine d'années, et dont l'apparence était tant soit peu vulgaire, insistait pour me parler.

Je lui fis demander ce qu'il désirait; il répondit qu'il ne voulait le dire qu'à moi-même.

Vaincue par cette obstination, j'ordonnai de faire entrer.

Alors, en effet, je vis un petit vieillard de soixante à soixante et dix ans, qui, quelque peu embarrassé, balbutiant de mauvais anglais, venait le chapeau à la main, me raconter qu'il avait dans sa cave du vin du Rhin de 1626; ce qui était bien autre chose que le vin dont parle Horace, et qui ne datait que du consulat d'Opimius, puisque le vin de mon petit vieillard avait cent soixante-quinze ans et que, depuis un demi-siècle, il était dans la possession de sa famille.

Ce vin était réservé, disait-il, pour une occasion extraordinaire, et cette occasion se présentait plus belle qu'il n'eût jamais osé l'attendre. Le brave homme, qui, pendant cinquante ans, avait été si avare de son vin, me suppliait d'interposer mes bons offices auprès de lord Nelson pour obtenir de lui qu'il voulût bien accepter six douzaines de bouteilles de ce vin, qui aurait ainsi l'honneur, *en se mêlant à son sang généreux, de faire battre le cœur du héros.*

Nelson entra sur ces entrefaites, et, ayant appris le but de la visite du petit vieillard, voulut d'abord refuser le présent; mais, sur les insistances de celui qui l'offrait, il finit par accepter six bouteilles, à la condition que le donataire dînerait avec lui le lendemain.

La chose fut convenue ainsi; seulement, le convive de milord envoya douze bouteilles de son vin; sur quoi, Nelson déclara que l'on boirait tout de suite six de ces douze bouteilles, et que les six autres seraient réservées, de manière qu'il pût en boire une après chacune des victoires qu'il remporterait encore, et qui, il l'espérait bien, iraient au moins jusqu'à la demi-douzaine.

Et, en effet, à son retour de Copenhague, il but, dans un grand dîner qu'il donna, une de ces six bouteilles, en portant un toast solennel à celui de qui elles venaient; mais, après Trafalgar, hélas! quoique la victoire fût splendide, les cinq dernières bouteilles demeurèrent intactes: le vainqueur était tombé au milieu de sa victoire.

Le second souvenir qui m'est resté de mon passage à Hambourg, c'est la visite que nous reçûmes de Dumouriez.

Nelson me présenta, ainsi qu'à sir William, l'illustre vainqueur de Valmy et de Jemmapes, qui, selon toute probabilité, sauva la France d'une invasion, et qui, plus tard, — on sait dans quelles circonstances — passa aux Autrichiens avec le jeune duc d'Orléans, lequel devait épouser une des jeunes princesses dont je venais de prendre congé à Vienne.

J'étais très-curieuse de voir de près une célébrité dont j'avais tant de fois entendu parler.

Dumouriez était alors un homme de soixante-six à soixante-huit ans, de taille moyenne, encore leste, dispos, nerveux, et qui paraissait avoir cinquante ou cinquante-cinq ans. Sa physionomie était vive et spirituelle, son regard plein de feu; son visage avait ces teintes chaudes que les différentes atmosphères impriment, en passant, sur le visage d'un soldat. Un coup de sabre avait laissé une trace sur son front. Il avait été ministre de la guerre de Louis XVI, et c'était sous son ministère que la France avait déclaré la guerre à l'Autriche.

Il était exilé et regardait philosophiquement ce qui se passait en France. Je dois dire que son coup d'œil, qui avait, sinon quelque chose de l'aigle, du moins quelque chose du faucon, lisait assez distinctement dans l'avenir. Il nous parla du général Bonaparte comme d'un des plus grands hommes de guerre qui eussent jamais existé, et nous prédit pour lui une fortune ascendante dont il ne voyait pas le terme.

De notre côté, nous lui donnâmes toute sorte de détails sur la cour de Naples, sur celle de Palerme, sur celle de Vienne, et nous lui dûmes une des journées les plus agréables de notre voyage.

Nous ne restâmes que trois jours à Hambourg, c'est-à-dire le temps de donner un peu de repos à sir William; puis nous nous embarquâmes, et, le 6 novembre, nous arrivâmes à Yarmouth.

C'était la première fois que Nelson touchait la terre d'Angleterre depuis la bataille du Nil. Il fut reçu avec une admiration enthousiaste. Au moment où il débarqua, le bruit de son arrivée s'étant répandu dans la ville, les populations accoururent en criant :

— Vive Nelson!

On détela sa voiture, et on la traîna jusqu'à l'auberge de Wrestler, au milieu de frénétiques applaudissements. L'infanterie de la ville défila sous ses fenêtres, et la musique des régiments lui donna une aubade. Le maire et le corps municipal vinrent ensuite le prendre et le conduisirent à l'église, où l'on rendit au ciel des actions de grâce. Lorsque nous quittâmes la ville, un corps de cavaliers non-seulement nous conduisit jusqu'aux portes, mais nous escorta même pendant une partie du chemin. — Tous les vaisseaux de la baie étaient pavoisés comme pour la fête du roi, de la reine ou du prince héréditaire.

Ce fut bien autre chose encore à Londres! Nelson y reçut le triomphe d'Aboukir, de Naples et de Malte tout à la fois. Au bruit de son arrivée, tous les navires de la Tamise mirent au vent leurs pavillons et leurs banderoles; toutes les corporations lui votèrent des armes d'honneur et des adresses. Le peuple anglais, ennemi-né de la France, se porta, plein d'enthousiasme, au-devant du destructeur de la flotte française. La gloire de Nelson, grâce au récit des hommes de mer, était devenue une espèce de légende nationale; tout Anglais, outre la part d'orgueil qu'il tirait d'être le compatriote d'un des plus illustres marins qui eussent jamais existé, croyait lui devoir la tranquillité de sa maison, l'honneur de sa femme, la propriété de son champ, la paix de sa patrie.

Nelson entra à Londres, le 8 novembre, et descendit à l'hôtel de Nérot dans Saint-James-street.

Je me rappelle que c'était un samedi.

Là, un coup terrible m'attendait.

Il y avait bien longtemps que je me demandais comment Nelson allait faire en arrivant à Londres, quand il se trouverait entre moi et lady Nelson, dont tout le monde s'accordait à vanter la conduite irréprochable. Je n'avais jamais touché cette question avec lui; je n'approchais qu'en frémissant, et, avec l'injustice naturelle qu'inspire une fausse position, je sentais que je détestais lady Nelson, et que je serais, dans l'occasion, implacable pour elle.

Hélas! je le fus, et j'avoue que ma cruauté pour cette excellente créature, la persistance que je mis à éloigner d'elle son mari, et à l'empêcher de la revoir est, aujourd'hui, un de mes plus poignants remords.

Que l'on juge des émotions qui m'agitèrent lorsqu'en entrant dans l'appartement arrêté pour Nelson, j'aperçus son vénérable père, vieillard de plus de quatre-vingts ans, qui l'attendait accompagné d'une femme que, sans l'avoir jamais vue, je reconnus aussitôt pour lady Nelson.

J'éprouvai un tel serrement de cœur, une commotion si violente, que je faillis tomber à la renverse.

Nelson se tourna de mon côté. Il me vit pâle et les dents contractées, et il fut aussi cruel que moi.

Il alla droit à son père, l'embrassa avec effusion, mais salua froidement sa femme, comme il eût pu faire devant une étrangère.

Elle, de son côté, devint très-pâle, jeta sur moi un regard qui m'exaspéra, car je crus reconnaître dans ce regard plus de pitié que de colère, et elle alla s'appuyer au bras du père de Nelson, comme pour abriter sa douleur aux cheveux blancs du vieillard.

Je quittai la chambre et passai dans l'appartement qui nous était momentanément destiné.

Nelson vint m'y rejoindre aussitôt, se mit à mes pieds et me jura que jamais lady Nelson ne serait pour lui qu'une sœur. Il vit que cette promesse ne suffisait point à me rassurer, et alors, — Dieu pardonne à lui qui fit le serment, et à moi qui le lui laissai faire! — et alors, il fit le serment de ne plus la revoir ou de ne la revoir qu'en ma présence.

Le lendemain était un dimanche; le lord maire, qui voulait donner une fête à Nelson, fut obligé de la remettre au lundi, la solennité du dimanche anglais ne permettant de se livrer à aucune occupation mondaine.

Le lundi, Nelson se rendit donc dans la Cité; mais, à Ludgate Hill, le peuple dételа sa voiture et le tira tout le long de Guildе-Hall avec des hourras frénétiques; en passant devant Cheapside, il fut salué par les acclamations des femmes encombrant les fenêtres et faisant voltiger leurs mouchoirs. Après les toasts usuels, Nelson fut prié de venir recevoir l'épée qui lui avait été votée. Il s'avança sous un arc de triomphe qui avait été dressé pour le recevoir, et où l'attendait le trésorier de la Cité, qui lui adressa un discours auquel Nelson répondit:

— Sir, c'est avec un grand orgueil et une profonde reconnaissance que je reçois de l'honorable cour ce témoignage de son approbation de ma conduite; et, avec cette épée, — il la leva en l'air, — j'ai l'espoir d'arriver à réduire notre invétérée et implacable ennemie, réduction sans laquelle ce pays ne pourra jamais attendre une solide et honorable paix.

On le voit, Nelson était déjà engagé, par ses propres paroles, à sortir de ce repos qu'il s'était promis en revenant en Angleterre.

XI

Le jour même de son arrivée, c'est-à-dire le 8 novembre, Nelson était allé à l'Amirauté faire une visite à lord Spencer, son ami, et lui avait exprimé son désir de quitter le service, mettant en avant le motif que l'on allègue ordinairement en pareil cas, celui d'une mauvaise santé.

Lord Spencer s'était contenté de sourire en l'entendant parler ainsi, et lui avait souhaité une seconde santé et un second Aboukir.

Le 1er janvier 1801, il y eut une promotion, et Nelson apprit qu'il était fait vice-amiral de l'escadre bleue, ce qui était à la fois une récompense et un avancement. Le même jour, réconcilié avec la mer et avec cette vie de dangers qui était la sienne, il transporta son pavillon sur le *Saint-Joseph*, qui était à Plymouth.

Cependant je sentais que le jour de ma délivrance approchait; il n'était pas probable que le mois de février s'écoulerait sans que je misse au monde l'enfant que je cachais à ce monde avec tant de soin, et je dirai même avec tant de souffrance. Obligée, à la cour de Vienne, chez le prince Charles, à Hambourg, d'être toujours en grande toilette, emprisonnée dans un corset serré à tour de bras, j'avais eu, pendant tout le cours de ma grossesse, des spasmes et des indispositions qui inquiétaient fort sir William, quoiqu'il ne se doutât de rien, car Nelson me montra, un jour, une lettre de lui dans laquelle il lui disait :

« Emma a des douleurs d'estomac, des convulsions et des vomissements. Je crois qu'elle a besoin de prendre de l'émétique. »

Arrivée à Londres, je n'avais pas moins de ménagements à garder qu'à Vienne, à Dresde et à Hambourg; car là était toute la famille de Nelson, son père, son frère, sa femme même; aussi j'obtins de sir William que nous quitterions l'hôtel de Nérot et que nous irions loger dans la maison de son neveu, lord Greenville, située à l'extrémité du Piccadilly et dominant Green-Park.

Malgré le désir qu'il avait de rester près de moi dans un moment où mon état lui inspirait de vives alarmes, Nelson fut forcé de partir le 13 janvier pour Plymouth. Il y arriva le 17 et s'établit immédiatement à bord du *Saint-Joseph*.

Le 19, il m'écrivait :

« J'ai été jusqu'à ce jour véritablement malheureux, chère lady Hamilton, de ne pas recevoir de lettres de vous, et j'ai bien peur qu'il ne m'en arrive pas encore tout de suite. Quel fou j'étais de croire qu'il existât quelqu'un de plus actif que moi-même !... Aujourd'hui, j'ai reçu l'ordre de me placer sous le commandement de lord Saint-Vincent; mais, comme celui d'appareiller n'est pas encore venu, ce sera probablement vendredi dans la nuit ou samedi matin que nous appareillerons pour Forbais. A présent, adressez vos lettres à Brixam.

« Mon œil est vraiment très-malade, je l'ai montré au médecin de la flotte; il m'a défendu de tenir une plume, et cependant je suis forcé d'écrire encore aujourd'hui à lord Spencer, à Saint-Vincent et à Davison. Mais soyez tranquille, vous êtes la seule femme à qui j'écrive. Le docteur m'a dit encore de ne manger que les mets les plus innocents, et de ne toucher ni vin ni porter; enfin, je dois rester dans une chambre sombre et avoir un abat-jour vert sur les yeux. Voudrez-vous, ma chère amie, m'en faire un ou deux? Je n'en veux de personne autre que vous. C'est sans doute le travail de la plume qui a été cause de cette maladie.

« Voilà bien du bruit pour mes souffrances; mais, étant éloigné de vous, j'ai, par malheur, tout le temps de m'appesantir là-dessus. Croyez-moi à jamais, ma chère lady, votre fidèle et affectionné,

« H. Nelson. »

Trois semaines après, je reçus cette autre lettre :

« Ma chère lady, M. Davison réclame le privilége de vous porter ma réponse à votre aimable lettre, et je suis sûr qu'il sera exact à vous la remettre. Je ne suis pas en bon esprit, et, si notre pays ne réclamait tous mes services et mon intelligence, rien ne m'empêcherait d'être moi-même le porteur de ma lettre; mais, ma chère amie, je sais que vous êtes une vraie et loyale Anglaise, et que vous prendriez en haine ceux qui ne défendraient pas le roi, les lois et tout ce qui nous est cher. C'est votre sexe qui fait de nous des héros, et, si nous tombons au champ d'honneur, nous continuons de vivre dans le cœur des femmes qui nous ont aimés; c'est votre sexe qui récompense le nôtre enfin, et qui conserve fidèlement nos mémoires. Et vous, ma chère et honorée amie, vous êtes, croyez-moi, la première et la meilleure de votre sexe. J'ai fait le tour du monde, et dans aucun coin du monde je n'ai pu trouver votre égale, ni personne qui puisse vous être comparé. Vous savez apprécier le courage, l'honneur, la vertu, et vous ne demandez jamais s'ils sont placés dans un prince, dans un duc, dans un lord ou dans un paysan.

« H. Nelson. »

De pareilles lettres, écrites par un homme dont toute l'Angleterre s'occupait, que les rois appelaient leur soutien, et auquel on rendait des honneurs royaux partout où il se présentait, me rendaient folle d'orgueil. On a cru que c'était moi qui avais une puissance sur Nelson : c'était lui, au contraire, qui avait toute puissance sur moi. Il m'eût ordonné la chose la plus impossible, que je l'eusse tentée; la plus criminelle, que je l'eusse accomplie. J'eusse été moins fière d'être aimée d'un roi que je ne l'étais d'être aimée de Nelson.

Aussi, combien je chérissais jusqu'aux souffrances que me faisait éprouver ma grossesse! Ces souffrances, n'était-ce pas lui qui les avait causées? L'enfant que je portais dans mes entrailles, n'était-ce pas le sien?

Bien souvent nous en avions parlé ensemble; il n'avait jamais eu d'enfants de sa femme et promettait d'adorer celui-là; et nous avions fait d'avance les plus fantastiques projets sur lui et sur son éducation, soit que ce fût un garçon, soit que ce fût une fille.

J'espérais encore que Nelson pourrait revenir à Londres, lorsque la coalition du Nord fut décidée. Le gouvernement résolut alors d'envoyer une puissante flotte dans la Baltique, sous les ordres de l'amiral Parker, avec Nelson comme commandant en second; en conséquence, le 17 février 1801, l'Amirauté fit parvenir cet ordre à Nelson :

« Lord Nelson se mettra sous le commandement de sir Hyde Parker, amiral de la bleue, et commandant en chef l'escadre des bâtiments et vaisseaux de Sa Majesté. Il y sera employé en service particulier. »

Et, en vertu de ces ordres, le 18 du même mois, il passait sur le *Saint-Georges* et partait pour Spithead, où il devait attendre ses instructions.

Pendant ce temps, mon heure était venue. Le 15 février, j'avais été prise de douleurs, juste au moment où sir William Hamilton était allé voir, à huit lieues de Londres, dans le comté de Surrey, une très-belle maison de campagne, nommée Merton-Place, dont j'avais grande envie. Je me trouvai donc seule à cette heure où j'avais le plus besoin d'être seule.

Il y avait, par bonheur, dans la maison même, une femme qui, ayant eu plusieurs enfants, était fort experte en accouchements, et qui parfois, dans des circonstances urgentes, avait remplacé sage-femme et chirurgien. Je la fis appeler, et, après trois ou quatre heures de souffrances, je mis au jour une petite fille si faible, que l'on crut d'abord qu'elle n'était venue à la vie que pour mourir. Cela tenait aux précautions que j'avais été obligée de prendre, au corset que je n'avais pas cessé de porter.

La femme emporta l'enfant dans l'endroit le plus reculé de la maison, où, pendant trois ou quatre jours, elle fut nourrie au biberon, n'étant point assez forte pour être portée chez la nourrice, arrêtée d'avance, et qui demeurait dans Little-Titchfield street.

Le jour même, j'écrivis à Nelson; mais, comme je craignais qu'il n'accourût au reçu de ma lettre, et qu'il ne fût effrayé de l'état de faiblesse de l'enfant, je lui dis de remettre son voyage à six ou huit jours, sous prétexte que je ne voulais pas qu'il vît notre chère Horatia sans moi.

Le lendemain, sir William revint du comté de Surrey; il ne fut point étonné de me trouver au lit : on lui dit que j'avais eu une crise pendant laquelle j'avais rendu beaucoup de bile. Il le crut et écrivit à Nelson : « Emma a été très-malade ! Elle va mieux; mais je crois, malgré la bile qu'elle a rendu, qu'elle a encore besoin d'être purgée. »

Au bout de quatre jours, grâce à mon admirable constitution, je pus me lever, et, le huitième jour, je me sentis assez forte pour sortir.

J'allai chez la femme qui prenait soin d'Horatia. L'enfant était un peu plus vivante, mais toujours très-fluette. On en jugera lorsque je dirai que, pour la sortir de l'hôtel sans qu'elle fût vue, je la fourrai dans mon manchon, où elle tint à l'aise.

La nourrice était une femme de la classe bourgeoise inférieure, nommée Mme Thomson; elle était belle, fraîche et d'une excellente santé. Nelson, sans dire à qui elle était destinée, l'avait fait choisir par son médecin.

Je dis à cette femme que la rétribution qu'elle recevrait serait proportionnée à son silence et à sa fidélité, et, en attendant, je lui laissai, pour le premier mois de nourrice, cinq guinées.

Le lendemain, Nelson arriva tout à coup; il avait, pour affaires de la plus haute importance, demandé un congé de trois jours, et, ce congé accordé, il était parti en poste.

Il n'y eut pas moyen de le faire déjeuner, quoiqu'il fût arrivé à jeun, tant il avait hâte de voir l'enfant. Il prétexta une visite de bienfaisance dans laquelle il avait, disait-il, besoin de ma présence. Nous montâmes en voiture, et allâmes à Little-Titchfield street.

Là, j'eus un véritable bonheur en voyant la joie de cet homme qui était devenu ma vie. Il rit, il pleura, il prit l'enfant dans son bras unique, la fit sauter, la fit danser, voulut absolument la faire rire, me soutint qu'elle avait ri, l'appela son enfant, sa seule chère enfant, et ordonna à la nourrice de la lui apporter le lendemain à l'hôtel de sir William, lui faisant sa leçon sur ce qu'elle aurait à dire.

Et, en effet, le lendemain, la nourrice vint à l'hôtel avec l'enfant. La première personne qu'elle vit fut sir William, qui, l'arrêtant, lui demanda qui elle était. Elle répondit qu'elle se nommait madame Thomson, qu'elle avait un frère qui servait sur le bâtiment de lord Nelson, lequel avait consenti à être le parrain de la petite fille qu'elle tenait dans ses bras, et qu'elle lui apportait pour lui faire voir sa filleule.

Sir William ne douta point un instant de la vérité de cette histoire. Il prit à son tour l'enfant dans ses bras, lui souhaita toute sorte de prospérités, et la remit à sa nourrice.

Nelson resta un jour et demi avec nous, puis il fallut se quitter de nouveau. Ce second déchirement du cœur fut encore plus douloureux que le premier. Nous reverrions-nous jamais ? Cette enfant que le ciel nous avait donnée n'avait-elle pas épuisé pour nous le trésor des bontés célestes ?

Nous étions convenus de nous écrire des lettres telles qu'elles pussent, sans inconvénient, tomber dans des mains étrangères, c'est-à-dire dont le contenu ne fût compréhensible que pour nous seuls. Mais ces lettres secrètes ne rendaient pas moins fréquentes les lettres pour ainsi dire officielles que je recevais de lui.

Ainsi, par exemple, le 2 mars, il quittait Portsmouth sur le *Saint-George*, et, le 3, il m'écrivait :

« Ma chère Emma, mon chef m'a fait l'honneur de mettre sur le front de bataille, et je serai le premier au combat. Je vous en dirais davantage si je ne craignais de vous inquiéter, connaissant la grande tendresse que vous avez pour moi. Le *Saint-George* donnera un nouveau rayon de gloire à la renommée de l'Angleterre, si Nelson survit et si la toute-puissante Providence, qui m'a sans cesse protégé dans le péril, et qui a abrité ma tête les jours de bataille, m'assiste et me soutient jusque-là. — Gardez-moi toujours dans votre souvenir, vous et l'excellent sir William. Ma dernière pensée sera pour vous deux, qui m'aimez et qui m'estimez. Je juge votre cœur d'après le mien. Puisse le grand Dieu de l'univers vous protéger et vous bénir ! C'est la fervente prière de votre constant ami.

« Nelson. »

Que l'on me permette de donner maintenant un spécimen de notre correspondance privée ; on y verra avec quelle ardeur ce grand homme m'aimait. Plus cet amour était profond, plus il me semble y trouver mon excuse.

Il m'écrivait des Dunes, devant Boulogne, par l'entremise d'un ami sûr :

« N'ayez peur d'aucune femme au monde, chère Emma; car toute autre femme que vous m'est odieuse; je n'en connais qu'une qui puisse vous ressembler un jour. Je suis certain que jamais vous ne ferez rien qui puisse refroidir l'amour que j'ai pour vous, et, quant à moi, je mourrais plutôt dans les tortures que de vous causer la moindre peine. Donnez dix mille baisers à ma chère Horatia ! Hier, le sujet de la conversation est tombé sur la vaccine. Un gentilhomme prétendait que son enfant, ayant été vacciné, avait été mis en contact avec un autre enfant atteint de la petite vérole sans avoir attrapé cette maladie. Si cela est, c'est le triomphe de la vaccine. L'enfant a eu un peu de fièvre pendant deux jours, et seulement une petite inflammation au bras, au lieu d'être couvert de pustules, comme était l'enfant atteint de la petite vérole.

« Au reste, faites ce que vous voudrez. »

Je parlai de cette lettre au docteur Rowlay, ainsi que du miracle médical qu'elle proclamait; mais, par malheur, je tombai sur un adversaire acharné de Jenner ; il s'opposa absolument à ce que Horatia fût vaccinée ; et, comme il avait en ce moment un sujet convenable, il inocula la petite vérole à la pauvre enfant. Toutefois, l'opération réussit à merveille, et, trois semaines après, Horatia était complètement guérie. A cette occasion, je louai, pour Mme Thomson, une maison meublée à Stone street, et tout continua de bien aller.

Ici, j'ai à faire un aveu, et, quoi qu'il me coûte, puisque ce sont des confessions que j'écris, je le ferai.

Pour satisfaire, sans doute, à cette injustifiable haine que je portais à sa femme, dont il était entièrement séparé de corps, Nelson voulut que cette séparation s'étendit même aux objets matériels et insensibles. Un jour, il m'écrivit de renvoyer à lady Nelson tous les objets de toilette ou autres qui avaient pu lui appartenir et qui se trouvaient mêlés aux siens. J'eusse dû refuser; j'eusse dû charger une femme de la famille de Nelson, quelque belle-sœur de ce soin cruel; mais, au contraire, j'y trouvais cet âcre plaisir de la jalousie qui se venge, et lady Nelson reçut tous les objets qui lui avaient appartenu avec un papier sur lequel j'avais écrit ces seuls mots : « Par ordre et de la part de lord Nelson. »

J'espère que le Seigneur, plein de miséricorde, me pardonnera, en vertu de mon repentir, la douleur que je dûs causer à cette malheureuse femme.

Sir William, dans son voyage au comté de Surrey, ne s'était point entendu pour Merton-Place. Au fur et à mesure qu'il avait vieilli, sir William était devenu de plus en plus avare, et il avait tenu, pour cet achat, à deux ou trois cents livres sterlings. Lorsque Nelson était venu à Londres, je lui avais parlé de cette acquisition projetée et lui avais beaucoup vanté le site de Merton-Place, et la commodité des bâtiments d'habitation. Il se rappela mon désir, et, quand il sut que sir William n'avait point acquis le domaine, il lui écrivit en lui donnant mission de l'acheter au prix qu'on en demandait. Il disait qu'ayant toujours eu l'intention d'aller vivre à la campagne avec des amis, il achetait Merton pour nous faire une retraite à trois, où nous puissions tranquillement passer nos derniers jours, loin du bruit de la ville et des intrigues de la politique.

Sir William se rendit donc chez le notaire, et fit l'acquisition de Merton-Place, au nom de Nelson, pour le prix qu'il avait refusé d'en donner lui-même.

Comme je me doutais que Nelson n'achetait cette terre que pour me la donner, je lui témoignai quelques scrupules, disant que la localité, qui me plaisait, à moi, pourrait bien ne pas lui plaire à lui.

Mais il se hâta de me répondre :

« Ne vous inquiétez pas sur ce point; je suis certain que Merton me plaira, et j'ai assez bonne opinion de votre goût et de votre jugement pour ne pas croire qu'ils puissent faillir. »

On connaît cette terrible campagne de l'Angleterre contre le Danemark, à laquelle Nelson était appelé à prendre part. Chargé du bombardement de Copenhague, Nelson s'avança à un tel point, que l'amiral Parker, craignant que les vaisseaux anglais n'échouassent et ne pussent plus manœuvrer, donna, par des signaux, l'ordre de la retraite.

Prévenu par le capitaine Hardy des signaux que lui faisait son supérieur, Nelson porta la lunette à son œil crevé.

— Je ne vois rien, dit-il.

Et il continua le combat.

Le mauvais état de la santé de Nelson, et surtout son désir de me revoir, moi et sa chère Horiatia, dont j'eusse été jalouse si une mère pouvait être jalouse de son enfant, lui firent demander, lorsqu'il jugea la campagne à peu près finie, la faveur de revenir à Londres. Comme il sollicitait cette faveur sous la forme d'un congé, l'Amirauté la lui accorda, sachant bien, d'ailleurs, où le retrouver au premier coup de canon qui se tirerait.

Mais on espérait qu'il ne s'en tirerait point de quelque temps : le ministère Pitt, c'est-à-dire le ministère de la guerre, était tombé, et le ministère Addington, c'est-à-dire le ministère de la paix, lui avait succédé au pouvoir.

Nelson quitta, en conséquence, son commandement dans la Baltique, et, le 18 juin, monta sur le brick le *Kite*, commandé par le capitaine Degby, et arriva à Yarmouth le 1er juillet.

Il tomba au milieu de nous au moment où nous nous y attendions le moins, son bâtiment n'ayant mis que dix jours à venir de Kioge-Bay à Yarmouth.

Ma joie fut grande; par bonheur, sous le voile d'une grande amitié, nous pouvions, même en présence de sir William, nous dire une partie des choses qui débordaient de notre cœur. Du reste un quart d'heure après l'arrivée de Nelson, le prince de Castelcicala, ambassadeur du roi des Deux-Siciles, vint pour communiquer des dépêches à sir William, qui passa au salon et nous laissa seuls.

Le premier mot de Nelson fut pour Horatia; ses questions se succédaient avec une telle rapidité, que j'avais peine à y répondre.

Je passai dans le salon, et je dis tout bas à sir William que lord Nelson, ayant envie de voir sa filleule, me priait de l'accompagner chez la nourrice.

Mon ami me serra la main, et, secouant la tête :

— Voilà un parrain bien tendre et bien empressé! dit-il. Allez, mon enfant!

Je laissai les deux diplomates discuter des affaires d'Etat dont, Dieu merci, je ne me mêlais plus, et nous montâmes en voiture pour nous rendre à Stone-street.

Chemin faisant, je demandai à Nelson des nouvelles de l'oiseau.

— Quel oiseau? fit-il.

— L'oiseau d'Aboukir, celui qui vint se poser sur votre épaule le jour où je vous fis une visite au *Van Guard*

— Ah! s'écria-t-il joyeusement, je l'ai revu le matin du bombardement de Copenhague. Décidément, je ne doute plus que cet oiseau ne soit mon bon génie.

En revoyant sa petite Horatia, Nelson parut plus heureux encore que la première fois. L'enfant, pendant les quatre mois qui s'étaient écoulés, avait grandi et avait vaincu sa faiblesse; c'était bien la plus jolie petite créature qui se pût voir.

Nelson revint à Piccadilly fou de joie; il ne fit que parler de sa filleule pendant tout le temps du dîner.

Des négociations avaient été ouvertes avec la France par le nouveau ministère; mais l'Angleterre ne consentait à faire la paix qu'à la condition qu'elle garderait Malte et qu'on lui céderait la Trinité. Bonaparte s'éleva vigoureusement contre ces deux prétentions et annonça dans le *Moniteur* qu'il allait rassembler une flottille à Boulogne à l'effet de tenter une descente sur les côtes des îles britanniques.

Et, en effet, des divisions de chaloupes canonnières sortirent des ports du Calvados, de la Seine-Inférieure, de la Somme, de l'Escaut, et se rendirent à Boulogne.

L'Angleterre ne voulut pas rester en arrière et réunit des forces considérables pour s'opposer au projet de débarquement.

Nelson reçut le commandement de l'escadre destinée à surveiller les préparatifs de la France.

Il fallut se séparer de nouveau; mais, cette fois, nous avions l'espérance que la séparation serait courte; l'envie de la flotte était bien plutôt une démonstration qu'une reprise d'hostilités.

La commission de Nelson lui arriva le 25 juillet 1801, et, le 27, il arborait son pavillon sur le vaisseau l'*Unité*, dans le Havre de Sheerness.

La croisière dura environ trois mois, après lesquels la paix fut signée. Il était temps : Nelson était véritablement malade.

Le 17 octobre, il m'écrivait :

« Ma très-chère amie, bien que mon indisposition ne présente aucun danger, cependant elle résiste à toutes les médecines qui m'ont été prescrites, et je suis obligé d'avouer qu'elle m'a fort abattu. Il paraît que j'ai avalé mon rhume ; mais je ne l'ai point digéré et il m'est resté dans les entrailles. Je voudrais que ces messieurs de l'Amirauté souffrissent du même mal que moi ; mais, comme ils n'ont pas d'entrailles, pour moi du moins, je fais un souhait inutile. J'ai passé une assez mauvaise nuit ; mais vos bonnes lettres, et celles de sir William m'ont fait grand bien.

« Ma résolution positive est de ne pas être tourmenté à mon arrivée à Londres ; je ne demande rien autre chose que de pouvoir me retirer avec vous à la campagne, mes bons amis! »

Quoique cette lettre dût être rangée dans la catégorie des lettres officielles, elle ne laissa pas de m'inquiéter ; ses phrases entrecoupées et grelottantes pour ainsi dire, semblaient indiquer que celui qui l'avait écrite tremblait la fièvre en l'écrivant.

Le 23 octobre, Nelson arriva à Merton-Place. J'avais prié sir William de permettre que Mme Thomson et sa petite Horatia vinssent loger dans une des dépendances; sir William, qui connaissait l'amour de Nelson pour l'enfant, y avait consenti à l'instant même; d'ailleurs, la maison était à Nelson et non à lui. J'avais été bien inspirée, car à peine Nelson nous eut-il embrassés, qu'il demanda sa filleule ; il fallut le conduire tout de suite chez la prétendue mère d'Horatia; mais la véritable mère était là et ne perdait pas un mot, un geste, un signe. Cette joie de Nelson était mon triomphe.

Le 29 du même mois, Nelson prit son siége à la Chambre des lords ; il avait retardé cette cérémonie, qu'il tenait pour fort ennuyeuse, le plus qu'il avait pu. Comme vicomte, il fut introduit et patronné par le vicomte Sidney.

Nous passâmes fort agréablement notre hiver, qui fut partagé entre des voyages à Merton-Place, dont la solitude plaisait à Nelson, et les bals, les soirées et les fêtes de Piccadilly. Sir William recevait beaucoup, et, comme milord logeait avec nous, nous avions toujours pour hôte quelqu'un de sa famille. Je dois dire que ces hôtes, qui, depuis et après la mort de Nelson, ne revinrent plus et cessèrent même de me parler, étaient, Nelson vivant, pleins d'attentions et d'égards pour moi.

Vers l'été de 1802, nous allâmes, lord Nelson, son frère, sir Willam et moi, faire un voyage dans le comté de Galles ; mais, à Bleenheim, mon amour-propre eut à souffrir une rude secousse, vu le dédain que me manifesta la noble famille qui habitait le château. Nelson se montra extrêmement blessé de ce manque de convenance à mon égard. Il refusa les rafraichissements que l'on nous offrit, et, de mon côté, je dis de manière à être entendue :

— Après la bataille d'Aboukir, si j'eusse été reine, j'eusse donné à Nelson une principauté ; mais j'aurais tâché qu'elle fût assez belle pour que Bleenheim ne fût pas digne d'être son jardin potager.

Au reste, dans toutes les fêtes qui étaient données à mon héros par les municipalités, les villes ou les assemblées publiques, je contribuai constamment, par mon talent de tragédienne et de cantatrice, à augmenter l'éclat et le charme de ces solennités ; non-seulement la voix publique constata, mais encore les journaux de province firent connaître les succès réels que j'obtins alors.

Au commencement de septembre, nous revînmes à Merton, où nous restâmes à peu près tout l'hiver.

Depuis longtemps, je l'ai dit, sir William était souffrant; mais vers le mois de mars 1803, son indisposition prit plus de gravité, et enfin il tomba sérieusement malade. Nous le conduisîme aussitôt à Londres, où tous les soins lui furent prodiqués; mais la science ne pouvait rien contre ses soixante-douze ans ; il alla donc toujours s'affaiblissant, et, le 6 avril, nous nous trouvâmes agenouillés tous deux près de son lit, Nelson et moi, pour recevoir son dernier soupir.

Sir William mourut en homme de bien qui n'a rien à se reprocher, et, quelques minutes avant de mourir, d'une voix faible mais pleine de sérénité, il dit à Nelson en lui pressant la main :

— Brave et grand Nelson, notre amitié, quoiqu'elle soit déjà vieille, a toujours été sans nuage, et je suis fier, en mourant, de l'ami que Dieu m'a donné. J'espère que vous ferez rendre justice à mon Emma par les ministres; car vous savez mieux que personne combien ont été grands les services qu'elle a rendus, et vous vous rappelez tout ce qu'elle a fait pour notre pays. Protégez ma chère femme, et puisse Dieu, à son tour, vous protéger, vous bénir, vous donner toujours la victoire!

Alors, se retournant vers moi, il me dit:

— Mon incomparable Emma, vous ne m'avez jamais offensé, ni en pensées, ni en paroles, ni en actions. Laissez-moi donc vous remercier de toute mon âme pour les preuves d'affection et de dévouement que j'ai reçues de vous pendant les dix années de notre heureuse union.

Puis, faisant un dernier effort, il unit nos deux mains, poussa un soupir et expira.

Je pleurai sir William et le pleurai sincèrement. Je lui devais la haute situation que j'avais acceptée à la cour et le rôle que j'y avais joué. Peut-être eût-il mieux valu pour mon salut éternel que je restasse humble, pauvre et dans l'obscurité; mais cette réflexion que je fais aujourd'hui ne se présenta pas même alors à ma pensée.

Sir William ne doutait point qu'après sa mort, grâce à la haute influence de Nelson, je n'obtinsse la survivance de sa pension, qui était de quinze cents livres sterling: il savait que Nelson avait acheté pour moi Merton-Place, qui rapportait cinq cents livres à peu près; il crut donc me laisser riche en me léguant sept cent cinquante livres sterling; et, en effet, ces trois rentes réunies me constiuaient à peu près soixante et dix mille francs de revenu.

Mais il fallut renoncer promptement à l'espérance de la pension ministérielle: quelques démarches que je fisse et que fît Nelson lui-même, nous n'obtînmes jamais l'honneur d'une réponse. Nelson n'était pas homme à me laisser supporter un long affront; il me fit une fausse vente de Merton et m'assura une rente de douze cents livres sterling, ce qui me donnait, avec Merton et le legs de sir William, soixante mille francs.

Par un codicille de son testament, fait une semaine avant sa mort, sir William donnait à Nelson une charmante miniature de moi, peinte sur émail. Je lui donnai, de mon côté, une chaîne d'or, et il porta constamment la chaîne à son cou et la miniature sur son cœur.

Mais une chose qui m'étonna et m'attrista profondément, fut la conduite de lord Greenville, le neveu de sir William. Cet homme, qui m'avait tant aimée. qui avait pensé devenir fou en me perdant, se déclara un de mes persécuteurs les plus acharnés: un mois après la mort de son oncle, il me força de sortir de la maison qui lui appartenait.

Nelson, alors, voyant que je n'avais plus de domicile à Londres, loua pour lui un logement complétement séparé du mien; c'était un grand sacrifice qu'il faisait au soin de ma réputation et au respect du monde; mais il n'eut point le courage d'étendre cette séparation à notre maison de campagne.

Je louai de mon côté une maison à Clarges-street.

Malheureusement, quelques semaines après cette nouvelle installation, je perdis l'appui et la présence de mon noble ami, appelé au commandement de la flotte de la Méditerranée.

C'était à la fois un grand honneur et une grande douleur pour moi. Depuis ces derniers dix-huit mois, nous ne nous étions pas quittés; je m'étais habituée à cette vie d'intimité qu'il nous fallait rompre, et pour une guerre plus acharnée que jamais! On eût dit que la longue espérance de paix qui venait de s'évanouir avait encore envenimé l'une contre l'autre la France et l'Angleterre.

Le désespoir de Nelson était d'autant plus grand que, pour la seconde fois, j'étais enceinte.

Avant de nous quitter, nous nous jurâmes que rien ne pourrait jamais nous désunir, et il me donna un anneau d'or par lequel je remplaçai celui que je tenais de sir William.

Dans les derniers jours de juillet, il m'écrivait:

« Ma très-chère Emma, je vous ai déjà écrit de plusieurs endroits, mais seulement pour vous dire: « Je suis ici, je suis là, » n'ayant pas le temps de vous en dire davantage. Je ne crois malheureusement pas que je puisse vous faire d'autres envois que par mer, et ces envois, qui devront s'effectuer au moyen des petits vaisseaux que l'amiral m'a donnés, ne pourront être bien fréquents.

« Notre passage de Gibraltar à Malte a été énormément long; il n'a pas demandé moins de onze jours; et c'est le 26 seulement que nous sommes arrivés devant Capri, où j'ai donné des ordres pour que la frégate qui portait M. Elliot à Naples vînt me rejoindre.

« Je vous envoie copie des lettres du roi et de la reine; je suis horriblement peiné que les dernières ne contiennent pas un mot pour vous; ce sont, il est vrai, des lettres politiques.

« Lorsque j'ai écrit à la reine, je lui ai dit :

« J'ai quitté lady Hamilton le 18 mai; « elle est toujours si attachée à Votre Ma« jesté que je suis sûr qu'elle donnerait « sa vie pour sauver la vôtre. Votre Ma« jesté n'a jamais eu de plus sincère et plus « loyale amie que sa chère Emma. Vous « apprendrez certainement avec un vif re« gret que sir William ne l'a pas laissée « dans une position d'argent aussi confor« table que le permettait sa fortune. Il a « divisé tous ses biens entre ses parents; « mais lady Hamilton n'en fera pas moins « honneur à sa mémoire. »

« J'espère, ma chère Emma, que la reine vous a écrit directement; si elle était assez ingrate pour vous oublier, je demanderais que Dieu l'oubliât à son tour; mais vous pensez, n'est-ce pas? qu'elle est incapable de vous oublier jamais. Le moment est venu pour elle de vous donner la preuve de son affection. Ne montrez les copies des lettres du roi et de la reine qu'à nos amis les plus intimes.

« Le roi est triste et demeure presque toujours au Belvédère; M. Elliot n'a vu ni lui ni la reine depuis le 17, jour de son arrivée.

« Il doit cependant être présenté le 22.

« Je suis convaincu que le plan de ce misérable Corse est de conquérir le royaume de Naples; aussi, j'ai conseillé au général Acton de ne pas laisser plus longtemps la famille royale exposée à être prise.

« Je suis, comme vous pouvez le croire, très-pressé d'aller devant Toulon rejoindre la flotte... »

« Juillet 1803.

« Je m'avance vers Toulon pour écraser les Français. Nous avons tout prêts sept vaisseaux de ligne, cinq frégates et six corvettes; dans une semaine, nous aurons trois ou quatre bâtiments de plus.

« Vous pouvez vous imaginer, chère Emma, combien je suis heureux chaque fois que je reçois une de vos bonnes et longues lettres.

« Je remercie Dieu de permettre que vous vous trouviez au-dessus du besoin; soyez certaine d'une chose, c'est que, tant j'aurai six pence, il y en aura cinq à vous. Malheureusement, vous savez par expérience qu'en matière d'argent, il ne faut pas compter sur ses amis, et j'espère que votre bon sens en profitera.

« J'ai bonne croyance que le ministre aura fait quelque chose pour vous; mais, ne fît-il rien, nous pouvons vivre avec du pain et du fromage. L'indépendance est une bénédiction! Quoique je n'aie pas trouvé moyen, jusqu'à présent, de faire quelque bonne prise, cependant j'aurai bien mauvaise chance si je n'amasse pas, dans cette campagne, de quoi payer toutes mes dettes, et mes dettes payées, ce ne sera pas une petite consolation.

« Je n'ai point encore parlé à Acton au sujet de la rente de mon duché de Bronte; mais, si je vois que Naples reste aux mains du roi Ferdinand, je poserai la question. A vous dire le vrai, je n'espère pas grand' chose de ce côté.

D'après tout ce que j'entends dire, le roi de Naples est si désespéré, qu'il résignerait volontiers le pouvoir en faveur de son fils pour aller se retirer en Sicile. Vous savez bien que sir William a toujours pensé que le roi Ferdinand finirait ainsi. »

Je cite les lettres de Nelson, au lieu de revenir à moi et de poursuivre mon récit, parce que je crois qu'il est plus curieux de voir l'homme qui a eu une si grande influence sur les événements d'Italie, repasser par les lieux où ces événements se sont accomplis, que de me voir, moi, soutenir les premiers pas d'Horatia trébuchant sur les gazons de Merton-Place.

Je continue donc, ou plutôt Nelson continue :

« *Victory*, devant Toulon, 1er août 1803.

« Ma très-chère Emma, votre lettre du 31 mai m'a été remise par la *Phœbé*, il y a seulement deux jours. Il ne sera pas difficile à vous de comprendre l'émotion que la vue et la lecture de cette lettre m'ont causée.

« J'approuve vos plans et le choix de votre société pour l'hiver et le printemps prochains. J'espère être assez riche pour faire tous les embellissements nécessaires à notre cher Merton; cela servira à vous distraire, et je suis sûr que je n'aurai qu'à admirer ce que vous ferez, jusqu'à vos plantations de groseilles.

« Je suis passé à bord du *Victory*, où je fais mettre tout en ordre. En ce moment, Hardy est occupé à clouer dans ma cabine votre portrait et celui d'Horatia, qui en font les seuls ornements. Je pourrai les contempler chaque jour, et y trouver chaque jour de nouveaux charmes; je n'ai pas besoin d'autre chose.

« En fait de guerre, n'attendez pas grandes nouvelles de nous; nous ne voyons rien. J'ai toujours grand'peur que Naples et la Sicile elle-même ne tombent dans les mains des Français. Cependant j'ai donné mes conseils de telle façon, si étendus et si précis, que, si la chose arrive, on ne pourra pas la faire retomber sur moi.

« La reine de Naples, — à ce que je suppose par le cachet, — a envoyé une lettre à Castelcicala. Elle m'en a adressé une aussi, qui est pleine de remerciements pour le soin que je prends du salut du royaume.

« Le roi vit bien retiré; il a refusé de recevoir le général français Gouvion Saint-Cyr, qui est venu à Naples pour régler la contribution de guerre. Je le crois tout prêt à abandonner Naples et à se retirer ensuite, si toutefois les Français le lui permettent.

« Mes plus doux souvenirs à tout le monde à Merton.

« Votre toujours et affectionné,

« NELSON. »

« Victory, devant Toulon, 26 août.

« Ma très-chère Emma, vous dire que je pense à vous tout le jour et toute la nuit est exprimer trop faiblement encore l'amour que je vous porte. Quoique éloigné de vous par des circonstances impérieuses, croyez-le bien, je reste tout à vous!

« L'appel de notre patrie est un devoir auquel j'ai dû me rendre, et, si je n'y avais point répondu, vous-même, dans vos moments de froide réflexion, auriez été honteuse de moi, ne pouvant plus dire : «Voilà « l'homme qui a sauvé l'Angleterre! voilà « celui qui est toujours le premier à courir « à la bataille et le dernier à en revenir. » Tous les honneurs que j'acquiers, au contraire, se reflètent sur vous ; le monde dira en parlant de moi : « Quels sacrifices n'a-« t-il pas faits pour le bien de son pays, « jusqu'à quitter la femme la plus char-« mante et la plus accomplie du monde! »

« M'aimant autant que vous m'aimez, vous devez me comprendre. Mon cœur est avec vous, gardez-le, ma bien aimée! Je reviendrai vainqueur, s'il plaît à Dieu, et je laisserai du moins un nom sans tache. Je n'ai point fait tout cela par ambition ou désir de richesse ; ni le désir des richesses ni l'ambition n'eussent pu me tenir loin de tout ce que mon cœur chérit. Non, je me suis donné à la gloire de l'Angleterre parce que c'était dans la volonté du Seigneur.

« Toujours, pour toujours, je suis vôtre, dans ce monde et dans l'éternité.

« NELSON. »

XII

Grâce à la famille Nelson, qui, tant que vécut le noble amiral, fut parfaite pour moi, je ne me trouvai point tout à fait isolée lorsqu'il fut parti. Sa nièce fut installée à la maison et devint mon écolière; elle étudia avec moi le français, l'italien, le dessin et la musique, et je puis dire qu'au bout de six mois, d'une espèce de petite paysanne qu'elle était, je l'avais transformée en une jeune fille du monde. C'était, de ma part, un acte de condescendance ; mais c'était, de la part de la famille Nelson, une marque d'estime pour moi.

Le docteur Nelson, frère de l'amiral et père de la jeune fille dont j'avais entrepris l'éducation, ayant été nommé chanoine de la cathédrale de Cantorbery, et étant fort assidu à me présenter ses devoirs à cette époque, j'allai passer une partie de l'été près de lui.

J'avais avec moi mistress Bellington, ancienne artiste dramatique, qui avait été fort belle et avait eu un grand talent.

Les habitants de Cantorbery étaient, je dois le dire, fort étonnés de voir quelles étaient les deux hôtesses du vénérable chanoine, et ils furent tout à fait scandalisés lorsqu'un jour de fête nous offrîmes, mistress Bellington et moi, de chanter un duo sacré dans la cathédrale. Notre offre fut accueillie par un refus bien net et bien sec. Il y a plus, les respectables bourgeois de l'ancienne capitale du royaume de Kent — lisez : du *Cant* — ne manquaient jamais de mettre sur leurs cartes de visite : « Pour le docteur Nelson, *mais pas pour lady Hamilton.* »

Peu de temps après le départ de Nelson, j'accouchai d'une seconde fille, qui naquit à Merton, et à laquelle je donnai le nom d'Emma. La pauvre enfant ne fit que paraître en ce monde, et mourut l'année suivante dans un accès de convulsions.

A cette époque, je l'ai dit et je le répète, toute la famille Nelson était pleine d'attentions pour moi, et, tout naturellement, au contraire, était au plus mal pour sa pauvre femme. C'est que Nelson avait dit clairement à tous ses parents que ceux-là seuls qui seraient bien pour moi seraient bien avec lui. En effet, depuis la mort de sir William, Nelson oubliant l'existence de mistress Nisbett, — c'est ainsi qu'il s'obstinait à l'appeler, — me regardait et me traitait comme sa seule et véritable femme. On a vu, par les lettres de lui que j'ai citées, que son amour pour moi, au lieu de diminuer, n'avait fait que s'accroître. Cependant, lorsque, lassée de sa longue absence et rebutée par les mépris de cette ridicule bourgeoisie, je lui écrivis que mon désir était d'aller le rejoindre et d'habiter sur son bâtiment, en courant avec lui tous les périls auxquels il s'exposerait, il me répondit avec une fermeté à laquelle je ne m'attendais point.

« Vous savez, ma chère Emma, que je suis toujours mal portant en mer; imaginez-vous donc ce que c'est qu'une croisière devant Toulon, où, même en été, nous avons du vent au moins une fois par semaine, et deux jours de grosse mer. Je ne veux pas que vous soyez malade à votre tour, vous et Horatia. La pauvre enfant! comment nous serait-il possible de l'avoir à bord d'un vaisseau?

« D'ailleurs, le premier, j'ai défendu que jamais une femme, quelle qu'elle fût, montât à bord du *Victory*, et je serais le premier à contrevenir à l'ordre que j'ai donné ; Dieu m'en garde ! »

Au milieu de tout cela, je dois avouer une chose : c'est que mon habitude de la dépense était telle, que le revenu de Merton, le legs de sir William, la pension viagère que Nelson avait placée sur ma tête, quoique formant à peu près soixante mille livres de rente, étaient insuffisants.

Je parlais donc toujours à Nelson de solliciter pour moi de M. Addington la survivance de la pension de sir William ; mais lui, qui ne comprenait rien à mes exigences, et qui ne pouvait se figurer qu'avec une pareille fortune je fusse gênée, me répondait :

« Si M. Addington vous accorde la pension, ce sera bien; mais ne vous donnez aucune peine pour l'obtenir. N'avez-vous pas Merton à vous sans hypothèque et ne devant rien à personne? Ma chère Horatia est déjà pourvue, et j'espère que, quelque jour, vous serez ma duchesse de Bronte, et alors, je ne donnerais pas une figue du reste du monde ! »

D'autres fois, il m'adressait quelque tendre remontrance sur les nécessités de l'économie. On sentait en lui l'homme qui, ayant longtemps souffert de la pauvreté, craignait toujours de manquer d'argent. Il insistait surtout pour que j'habitasse le plus possible Merton, où je devais naturellement faire moins de dépenses qu'à Londres.

Si Nelson avait été près de moi, je n'aurais jamais eu l'idée de ne pas suivre aveuglément ses conseils ; mais, lui absent, l'ennui de cette vie si inoccupée que je menais après en avoir eu une si active, me prenait malgré moi, et, ne pouvant demeurer en place, je quittais Merton pour Londres, où les réceptions, les fêtes, le jeu me dévoraient beaucoup d'argent.

J'avais l'habitude de passer une partie de l'été aux bains de mer, et c'était là surtout que mes dépenses étaient énormes. Ces dépenses donnaient des inquiétudes à Nelson; mais je lui disais que ces bains m'étaient recommandés par les médecins, et il ne savait plus me dire qu'une chose : « Allez aux bains! » si je n'y étais pas; « restez-y! » si j'y étais. Mais, comme phrase incidente, ou dans un post-scriptum rejeté au bout d'une lettre bien tendre, il me disait :

« Il est nécessaire, ma chère Emma, de faire le plus d'économies possible. Les embellissements de notre cher Merton ne peuvent se faire que sur elles, et notre cher Merton avant tout ! »

Et il ajoutait, il faut le dire, hélas ! en pure perte :

« Votre bon cœur me donnera bien certainement raison; car vous comprendrez que tout est très-cher à cause de la guerre; que nous avons des amis qui ont besoin de nous et qu'il faut aider, et vous trouverez, j'en suis sûre, plus de plaisir à remplir ce devoir qu'à nourrir un tas de parasites qui n'ont aucune amitié pour nous. »

A chaque fois que je recevais une de ces lettres, je me faisais à moi-même le serment de me corriger; puis je me jetais bientôt dans des dépenses nouvelles, plus folles et plus inutiles que les anciennes.

A la fin, Nelson comprit que mes imprudences pouvaient compromettre l'avenir d'Horatia, et qu'il était nécessaire de lui assurer une fortune independante, pour qu'elle n'eût point à souffrir plus tard de mes extravagances. Il écrivait, à cette occasion, en mars 1804 :

« A mon retour, je déposerai quatre mille livres sterling pour Horatia ; car il n'est point dans mes intentions qu'elle reste dépourvue quand nous la laisserons seule et sans amis dans ce monde. »

J'avais sur Nelson un puissant moyen pour le faire condescendre à toutes mes volontés: c'était de lui faire accroire que quelque noble gentleman recherchait ma main, et, entre autres, le vieux duc de Queensbury, qui me suivait et me faisait sa cour avec la même assiduité que s'il n'eût eu que vingt-cinq ans.

On a déjà vu que Nelson, en recevant une lettre de la reine de Naples, avait été scandalisé qu'elle ne dît pas un mot de moi; mais, vers la fin de sa croisière, voyant le silence obstiné de Marie-Caroline à mon égard, il fut bien forcé de reconnaître une chose dont je me doutais, moi, depuis longtemps : c'est que mon auguste amie, malgré ses protestations d'éternelle reconnaissance, n'avait conservé qu'un médiocre souvenir de mon dévouement pour elle et des services que je lui avais rendus. Alors, il résolut de s'expliquer nettement avec elle, de lui faire part de ma position de fortune, des besoins que me créaient mes habitudes de dépense, et de la nécessité où j'étais qu'elle vînt à mon aide ; mais toujours la reine répondit froidement, ou d'une manière ambiguë, ou en alléguant l'embarras de ses propres finances.

Nelson, indigné, me transmettait ses observations sur la conduite et le caractère de la reine, et moi-même, n'ayant aucun ménagement à garder avec cette infidèle amie, je me vengeais en racontant l'histoire passablement scandaleuse de ses amours, sans penser qu'en la comparant tout à la fois à Sapho et à Messaline, je rejetais sur moi-même une partie de la honte dont je voulais la couvrir.

J'eus, à cette époque, une pénible et fâcheuse contestation avec lord Greenville, au sujet du testament de sir William. Lord Greenville espérait me faire reculer devant le scandale ; mais, quand il vit que j'étais prête à risquer le procès, il proposa un arrangement que Nelson me força d'accepter, quoiqu'il fût à mon désavantage.

Je perdis de ce côté trois ou quatre mille francs de rente, et nous en restâmes là.

Cependant, Nelson n'était plus en croisière devant Toulon : il était à la poursuite de la flotte française, qui venait de lui glisser entre les mains. Elle était sortie de Toulon sous les ordres de l'amiral de Villeneuve, pour aider à l'exécution d'un vaste plan conçu par Napoléon ; — car Bonaparte était devenu Napoléon, et le premier consul empereur.

Voici quel était ce plan, qui ne fut déjoué que par des circonstances indépendantes de la volonté des hommes.

Napoléon n'avait point abandonné son projet de descente en Angleterre, et il avait résolu de faire sortir à la fois toutes les flottes françaises des ports où les croisières britanniques les observaient, puis de les porter vers les Indes-Occidentales, d'attirer ainsi les Anglais du côté des Antilles, et de revenir ensuite tout à coup dans les mers d'Europe, avec une réunion de forces supérieures à celles de toute escadre anglaise que l'on pourrait rencontrer.

Le rendez-vous général des Français était à la Martinique.

Le 11 janvier, l'amiral Missiessi était sorti de Rochefort au milieu d'une tempête affreuse, et, passant par le Perthuis, s'était élancé dans la pleine mer sans être aucunement aperçu des Anglais. Il avait avec lui cinq vaisseaux et quatre frégates.

L'amiral de Villeneuve devait partir au premier vent favorable, essayer de tromper Nelson, ou s'il ne le trompait pas, lui échapper du moins, passer le détroit de Gibraltar, toucher à Cadix, y rallier l'amiral espagnol Gravina, faire voile pour la Martinique où l'aurait précédé Missiessi, et y attendre l'amiral Gantheaume. Celui-ci, de son côté, au premier coup de vent d'équinoxe qui forcerait les Anglais de s'éloigner des côtes, sortirait de Brest avec les vingt et un vaisseaux qu'il avait sous ses ordres, prendrait, en passant au Ferrol, une autre flotte franco-espagnole sous les ordres de l'amiral Gourdon, et se dirigerait vers le lieu du rendez-vous général. Cette réunion de cinq amiraux et de six flottes devait donner cinquante ou soixante vaisseaux environ, force énorme, dont la concentration ne s'était encore jamais vue dans aucuns temps et sur aucune mer.

Or, ainsi que je l'ai dit, l'amiral Villeneuve, dans la nuit du 30 au 31 mars, profitant du mistral, comme l'amiral Missiessi avait profité de la tempête, était sorti du port de Toulon avec onze vaisseaux et six frégates. Informé par un bâtiment ragusais de la position de Nelson, il s'était dirigé sur Carthagène, et, le 9 avril, avait passé le détroit.

Le même soir, il était en vue de Cadix et ralliait l'amiral Gravina.

Vers deux heures du matin, les deux escadres réunies poursuivirent leur route, et, le 11, elles étaient en plein Océan, ayant échappé à la surveillance de la croisière anglaise.

Nelson n'avait connu tous ces détails que le 16 avril ; alors il s'était élevé des vents d'ouest qui l'avaient retenu jusqu'au 30 dans la Méditerranée, et ce n'était que le 11 mai, c'est-à-dire un mois juste après Villeneuve, qu'il était entré à son tour dans l'Océan.

Pendant trois mois, il s'épuisa dans des courses inutiles, et l'on peut concevoir à quel degré de rage il était arrivé. Enfin, le 14 août, laissant à Cornwalis ceux de ses bâtiments qui pouvaient encore tenir la mer, il était revenu avec les autres se refaire à Portsmouth, où il jetait l'ancre le 18 du même mois.

J'étais alors à Southend avec mistress Bellington et Horatia ; aussitôt que j'appris son arrivée, je me hâtai de retourner à

Merton pour le recevoir. Tous ses amis et tous les miens y accoururent aussi. Alors ce furent des fêtes de chaque jour; la maison ne désemplissait pas; la table n'était jamais moindre de vingt à vingt-cinq couverts. Je présidais à ces fêtes et à ces dîners, et ni Nelson, ni moi, ne pensions plus désormais à jeter un voile sur notre intimité; au contraire, chacun de nous s'en glorifiait, et mi ord me présentait les visiteurs comme si j'eusse véritablement été lady Nelson.

Dès le lendemain de son arrivée, Nelson, suivant les intentions qu'il m'avait manifestées dans ses lettres, ajoutait à son testament ce codicille en faveur d'Horatia ;

« Je lègue à miss Horatia Nelson-Thomson, baptisée le 13 de mai dernier dans la paroisse de Sainte-Mary-le-Bon, par Benjamin Lawrence, curé, et John Willock, clerc-assistant, et que je reconnais comme ma fille adoptive, la somme de quatre mille livres sterling, à payer six mois après mon décès, ou plus tôt s'il est possible; et je laisse ma chère amie Emma-Lyonna, veuve Hamilton, seule gardienne de la susdite Horatia Nelson-Thomson, jusqu'à ce que celle-ci ait atteint l'âge de dix-huit ans. Les intérêts des quatre mille livres sterling seront payés à lady Hamilton pour l'éducation et l'entretien de ma fille adoptive. Je désire que lady Hamilton soit la tutrice d'Horatia, étant certain qu'elle l'élèvera dans les principes de vertu et de religion, et qu'elle lui donnera toutes les qualités qu'elle possède elle-même à un si haut degré, de manière à en faire une femme accomplie pour mon cher neveu Horatio Nelson, auquel je la destine comme épouse, s'il est digne d'elle, et si, de l'avis de lady Hamilton, il mérite un trésor si cher. »

Cette fois, Nelson comptait bien ne plus se remettre en mer. Fatigué de triomphes, saturé de gloire, surchargé d'honneurs, mutilé de corps, il aspirait à la solitude et à la tranquillité. Dans cette espérance il était occupé à faire transporter à Merton toutes les choses précieuses qu'il avait à Londres; je me croyais ainsi plus que jamais sûre de l'avenir, lorsqu'un coup de foudre vint me réveiller au milieu de ce doux songe.

Le 2 septembre, c'est-à-dire douze jours à peine après le retour de Nelson, on frappa à notre porte vers cinq heures du matin.

Nelson, pressentant quelque message de l'Amirauté, sauta à bas du lit et alla au-devant du visiteur matinal.

C'était le capitaine Henry Blackwood; il arrivait, en effet, de l'Amirauté, avec la nouvelle que les flottes unies de France et d'Espagne, après lesquelles avait tant couru Nelson, étaient entrées dans le port de Cadix.

En reconnaissant Blackwood, Nelson s'écria :

— Je parie, Blackwood, que vous m'apportez des nouvelles des flottes unies, et que je suis chargé de les détruire ?

C'était là justement ce que venait lui annoncer Blackwood ; c'était cette destruction que l'on attendait de lui.

Tous les beaux projets de Nelson étaient évanouis !

Il ne voyait plus que ce petit coin de terre ou plutôt de mer, où se trouvaient les flottes unies. Et, tout rayonnant, il répéta plusieurs fois à Blackwood, avec cette confiance que lui donnaient en lui-même ses victoires passées :

— Blackwood, soyez certain que je donnerai à Villeneuve une leçon dont il se souviendra !

Son intention avait d'abord été de partir pour Londres et de préparer tout ce qui était nécessaire à cette campagne sans me rien dire de la nouvelle mission dont il était chargé. A la dernière heure seulement, il m'eût tout avoué.

Mais, comme je m'étais levée presque en même temps que lui, et que je remarquai sa préoccupation après son entretien avec Blackwood, je le conduisis dans une partie du jardin qu'il préférait à toutes les autres et qu'il appelait son *banc de quart*.

— Qu'avez-vous, mon ami ? lui demandai-je. Quelque chose vous tourmente que vous ne voulez pas me dire.

Il s'efforça de sourire.

— J'ai, répondit-il, que je suis l'homme le plus heureux du monde ; que pourrais-je, en effet, désirer de plus ? Riche de votre amour, entouré de ma famille, en vérité, je ne donnerais pas six pence pour que le roi fût mon oncle !

Mais je l'interrompis.

— Je vous connais, Nelson; et vous essayeriez inutilement de me tromper. Vous savez où joindre les flottes unies, vous les regardez d'avance comme votre proie, et vous seriez le plus malheureux des hommes si un autre que vous les détruisait.

Nelson me regarda comme pour m'interroger.

— Eh bien, mon ami, repris-je, détruisez-les, ces flottes ! terminez une affaire que vous avez si bien commencée ; cette destruction sera la récompense des deux années de fatigues que vous venez de subir.

Nelson me regardait toujours ; mais, quoiqu'il se tût, sa figure prenait une indicible expression de reconnaissance.

Je continuai :

— Quelle que grande que soit pour moi, la douleur de votre absence, offrez, comme vous l'avez toujours fait, vos services à votre patrie, et partez tout de suite pour Cadix. Ces services seront acceptés avec gratitude, et votre cœur retrouvera sa tranquillité. Vous remporterez une dernière et glorieuse victoire, et vous reviendrez, heureux de retrouver ici le repos avec la dignité.

Nelson me regarda encore en silence pendant quelques secondes ; puis, les yeux pleins de larmes, il s'écria :

— Brave Emma ! bonne Emma ! oui, tu as lu dans mon cœur ; oui, tu as pénétré ma pensée. S'il n'y avait plus d'Emma, il n'y aurait plus de Nelson au monde... C'est toi qui m'as fait ce que je suis ! Aujourd'hui même, j'irai à Londres.

Et, en effet, deux heures après, nous partîmes pour Londres avec ses sœurs. Nelson nous laissa dans ma maison de Clergé's-street, et se rendit à l'Amirauté. Le *Victory*, appelé par le télégraphe, était dans la Tamise le soir même, et, dès le lendemain matin, on préparait tout pour le départ.

Nous demeurâmes cependant encore dix jours ensemble ; mais les cinq derniers, Nelson les passa presque entièrement à l'Amirauté.

Le 11, nous allâmes faire une dernière visite à notre cher Merton. Quelques efforts que je fisse sur moi-même, dès que je me trouvais seule un instant, je ne pouvais m'empêcher de pleurer. Nous restâmes à Merton en tête-à-tête toute la journée du 12, et nous y couchâmes.

Une heure avant le jour, Nelson se leva et passa dans la chambre de sa fille, s'inclina sur le lit et pria silencieusement, mais avec une grande onction et quelques larmes.

Nelson était d'esprit très-religieux.

A sept heures du matin, il prit congé de moi.

Je le conduisis jusqu'à sa voiture ; là, il me pressa longuement contre son cœur. Je pleurais abondamment ; mais j'essayai de sourire au milieu de mes larmes, en lui disant :

— Ne vous battez pas sans avoir revu le petit oiseau !

Ce furent les dernières paroles que je lui adressai.

La voiture partit au galop ; il me fit un signe au moment où elle tournait l'angle de la route.

Je ne l'ai pas revu !

Il arriva à Portsmouth le lendemain à six heures du matin, et, le 15 septembre, il prit la mer.

Mais le temps était si mauvais, que le *Victory*, quelque diligence qu'il voulût faire, resta deux jours entiers en vue de la côte britannique. Ce retard permit à Nelson de me faire parvenir, avant de s'éloigner, deux billets pleins de la plus vive tendresse pour sa fille et pour moi, mais où commençaient à percer quelques tristes pressentiments.

Enfin, le vent lui étant devenu propice, il put sortir de la Manche, et, le 28 septembre, à six heures après midi, courant sous toutes ses voiles, il joignait la flotte de Cadix, consistant en vingt-trois vaisseaux de réserve, sous le commandement du vice-amiral Collingwood. Ce jour-là même, il atteignait sa quarante-sixième année.

Le 1er octobre, il me donnait, par la lettre suivante, la nouvelle de sa réunion avec l'amiral Collingwood et d'une attaque nerveuse dont il avait souffert. Ces attaques, auxquelles il était sujet, ressemblaient à des attaques d'épilepsie, tant elles étaient violentes.

« *Victory*, 1er octobre 1805.

« Ma très-chère Emma, c'est un soulagement pour moi que de prendre la plume et de vous écrire une ligne ; car j'ai eu, ce matin, vers quatre heures, une de mes douloureuses attaques de spasme qui m'a complétement énervé. Mon opinion est qu'une de ces attaques me tuera un jour. Cependant, c'est entièrement passé, et il ne me reste de mon indisposition qu'une très-grande faiblesse. J'ai écrit pendant sept heures hier ; la fatigue a été probablement cause de l'accident.

« J'ai rejoint la flotte assez tard le soir du 20 septembre, et je n'ai pu communiquer avec elle que le lendemain matin. Je crois que mon arrivée a été très-bien vue, non-seulement de la part du commandant de la flotte, mais encore de tous les individus qui la composent, et, lorsque j'ai expliqué aux officiers mon plan de bataille, ç'a été pour eux comme une révélation qui les a fait bondir d'enthousiasme. Quelques-uns même versaient des larmes. C'était nouveau, c'était singulier, c'était simple ; et, si l'on peut appliquer ce plan à la flotte française, la victoire est certaine : « Vous « êtes entourés d'amis qui sont pleins de « confiance en vous ! » me criaient tous ces officiers. Peut-être y a-t-il des Judas parmi eux ; mais la majorité est très-certainement heureuse que je les commande.

« Je viens de recevoir à l'instant des lettres de la reine et du roi de Naples, en réponse à mes lettres du 18 juin et du 12 juillet dernier. Pas un mot pour vous! En vérité, ce roi et cette reine feraient rougir l'ingratitude elle-même! Je joins les copies de ces lettres à la mienne, qui va, par la première occasion, partir pour l'Angleterre et vous dire combien je vous aime.

« Pas de petit oiseau encore; mais il n'y a pas de temps perdu.

« Mon corps mutilé est ici; mon cœur tout entier est avec vous.

« H. N. »

A cette même date du 28 septembre où Nelson faisait sa jonction avec la flotte de Collingwood, l'amiral de Villeneuve recevait de son gouvernement l'ordre de prendre la mer, de passer le détroit, de jeter des troupes sur les côtes de Naples, et, après avoir balayé la Méditerranée des vaisseaux anglais, de rentrer dans le port de Toulon.

La flotte combinée se composait de trente-trois vaisseaux de ligne, dix-huit français et quinze espagnols. Elle commença de se montrer le samedi 19 octobre à sept heures du matin, poussée par une légère brise :

Dans l'après-midi du même jour, la bataille paraissant imminente, Nelson m'écrivit, ainsi qu'à la pauvre enfant qu'il allait laisser orpheline, les deux lettres suivantes, qui furent trouvées dans son pupitre après sa mort et que m'apporta plus tard le capitaine Hardy :

« Ma très-chère et bien-aimée Emma, l'avis m'est donné que la flotte ennemie sort du port. Nous avons très-peu de vent; de sorte que je n'ai point l'espérance de la voir avant demain. Puisse le Dieu des batailles couronner mes efforts d'un heureux succès! En tout cas, victorieux ou mort, je suis sûr que mon nom en deviendra plus cher à vous et à Horatia, que j'aime l'une et l'autre plus que ma propre vie.

« Puisse le Seigneur vous bénir! priez pour votre ami.

« Nelson. »

Puis il écrivait à Horatia :

« *Victory*, 19 octobre 1805.

« Mon cher ange, je suis l'homme le plus heureux du monde d'avoir reçu votre petite lettre du 19 septembre. Il me fait grand plaisir de savoir que vous êtes une bonne fille et que vous aimez bien ma chère lady Hamilton, qui, de son côté, vous adore. Donnez-lui un baiser pour moi. La flotte combinée des ennemis sort, à ce que l'on me dit, de Cadix; c'est pourquoi je me hâte de répondre à votre lettre, ma chère Horatia, pour vous dire que vous êtes continuellement l'objet de mes pensées. Je suis sûr que vous priez Dieu pour mon salut, pour ma gloire et pour mon prompt retour à Merton.

« Recevez, ma chère enfant, la bénédiction de votre père.

« Nelson. »

Le lendemain, il ajouta ce post-scriptum à ma lettre :

« 20 octobre au matin.

« Nous arrivons aux bouches du détroit; on me dit que l'on voit de loin quarante voiles. — Je suppose que ce sont trente-trois vaisseaux de ligne et sept frégates; mais, le vent étant très-froid et la mer très grosse, je crois qu'ils rentreront dans le port avant la nuit. »

Enfin, au moment où il aperçut la flotte unie, Nelson écrivit sur son journal particulier.

« Puisse le grand Dieu devant lequel je me prosterne en l'adorant accorder à l'Angleterre, dans l'intérêt général de l'Europe opprimée, une grande et glorieuse victoire; et puisse-t-il permettre aussi que cette victoire ne soit obscurcie par aucune faute de la part de ceux qui vont combattre et triompher. Quant à moi personnellement, je remets ma vie aux mains de celui qui me l'a donnée. Que le Seigneur bénisse les efforts que je vais faire pour servir fidèlement ma patrie. Je confie et j'abandonne à lui seul la cause sainte dont il a en ce jour daigné me nommer défenseur. *Amen! amen! amen!* »

Puis, après cette prière, où l'on trouve ce mélange de mysticisme et d'enthousiasme qui, dans certains moments, transparaît sous la rude écorce de l'homme de mer, il écrivit ce testament de mort:

« 21 octobre 1805, en vue des flottes unies de France et d'Espagne, à dix milles environ de distance de nous.

« Considérant que les éminents services rendus au roi et à la nation par Emma Lyonna, veuve de sir William Hamilton, n'ont jamais reçu aucune récompense ni du roi ni de la nation;

« Je rappelle notamment ici :

« 1° Que lady Hamilton a obtenu, en 1796, la communication d'une lettre du roi d'Espagne à son frère le roi de Naples, dans laquelle il l'avertissait de son intention de déclarer la guerre à l'Angleterre, et que, prévenu par cette lettre, le ministre put envoyer à sir John Jervis l'ordre de tomber, si l'occasion s'en présentait, sur les arsenaux d'Espagne et sur la flotte espagnole, et que, si aucune de ces choses ne fut faite, ce n'est point la faute de lady Hamilton;

« 2° Que la flotte britannique, sous mon commandement, n'aurait pu retourner une seconde fois en Egypte, si, par l'influence de lady Hamilton sur la reine de Naples, l'ordre n'avait été donné au gouverneur de Syracuse de permettre à la flotte de se pourvoir de tout ce qui lui était nécessaire dans les ports de Sicile, et qu'ainsi j'ai obtenu tout ce dont j'avais besoin et pu détruire la flotte française;

« En conséquence, je laisse à mon roi et à ma patrie le soin de récompenser ces services et d'assurer largement l'existence de lady Hamilton.

« Je confie aussi à la bienveillance de la nation ma fille adoptive Horatia Nelson-Thomson, et je désire que désormais elle porte le nom de Nelson.

« Voilà les seules faveurs que je demande au roi et à l'Angleterre, au moment où je vais risquer ma vie pour eux. Que Dieu bénisse mon roi et mon pays, et tous ceux qui me sont chers!

« NELSON. »

Toutes les précautions qu'il prenait pour recommander et pour assurer mon avenir sont des preuves que Nelson était poursuivi par des pressentiments mortels. Et, pour donner plus d'authenticité encore aux actes qu'il venait de consigner sur son journal, il appela son capitaine de pavillon Hardy, et le capitaine Blackwood de l'*Euryale*, celui-là même qui était venu le chercher à Merton, et, comme témoins, il leur fit signer cet acte testamentaire. Leurs deux noms se trouvent, en effet, sur le journal du bord à côté de celui de Nelson.

Cependant, les deux flottes s'avançaient l'une contre l'autre.

En ce moment solennel qui précéda une des plus terribles rencontres qui aient jamais épouvanté la mer, chaque commandant en chef donna son mot d'ordre.

L'amiral français dit à ses capitaines :

— On ne doit point attendre les signaux de l'amiral, qui, dans la confusion du combat, peuvent ne pas être vus ; mais chacun doit écouter la voix de l'honneur et se porter où le péril est le plus grand. Tout capitaine est à son poste s'il est au feu.

Du côté des Anglais, tous les yeux étaient fixés sur le vaisseau amiral pour y lire le mot d'ordre, déjà distribué à bord de l'escadre unie. On vit alors monter au sommet du grand mat du *Victory* un écriteau portant cette laconique harangue :

Englande expects every man will do his duty! (L'Angleterre compte que chaque homme fera son devoir!)

Le bon génie de Nelson, le petit oiseau augural n'avait point paru.

Et, maintenant que Dieu me donne la force d'écrire ce qui me reste à raconter.

Il était une heure après-midi, et l'on se trouvait dans les eaux de Trafalgar, quand le feu commença.

Nelson était vêtu d'un habit bleu ; il portait sur sa poitrine les décorations de l'ordre du Bain, de Ferdinand et du Mérite ; celle de Joachim, celle de l'ordre de Malte, et enfin, le Croissant ottoman. Ce chamarrage de sa poitrine devait le rendre naturellement le point de mire de tous les coups; le capitaine Hardy voulut lui faire mettre un autre habit.

— Il est trop tard, dit Nelson; on m'a vu avec celui-là.

Le combat était horrible : quatre bâtiments s'éventraient à bout portant, le *Victory*, le *Formidable*, le *Bucentaure* et le *Téméraire*.

Le premier qui tomba à bord du *Victory* fut le secrétaire de Nelson; il fut coupé en deux par un boulet tandis qu'il causait avec le capitaine Hardy. Comme Nelson aimait beaucoup ce jeune homme, Hardy fit aussitôt enterrer son corps afin que la vue du cadavre n'attristât point l'amiral.

Presqu'au même instant, deux boulets ramés jetèrent sur le pont huit hommes coupés par le milieu du corps.

— Oh! oh! dit Nelson, voilà un feu trop vif pour qu'il puisse durer longtemps.

Il achevait à peine ces mots, que le vent d'un boulet de canon qui passait devant sa bouche, lui coupa la respiration et manqua de l'asphyxier. Il s'accrocha au bras d'un ses lieutenants, demeura pendant une minute chancelant et suffoqué ; puis, revenant à lui :

— Ce n'est rien, dit-il, ce n'est rien!

Ce feu durait depuis vingt minutes, à peu près, lorsque Nelson tomba sur le pont comme foudroyé.

Il était une heure un quart précise.

Une balle, partie de la hune de misaine du *Formidable*, l'avait frappé de haut en bas, et, plongeant à travers l'épaule gauche sans être amortie par l'épaulette, était allée briser la colonne vertébrale. Il se trouvait à l'endroit même où avait été frappé son secrétaire et était tombé la face dans son sang.

Il essaya de se relever sur un genou en s'aidant de la main gauche.

Hardy, qui était à deux pas de lui, se précipita, et, aidé de deux matelots et du sergent Seeker, le remit sur les pieds.

— J'espère, milord, lui dit-il, que vous n'êtes point gravement blessé.

Mais Nelson répondit :

— Cette fois, Hardy, ils en ont fini avec moi.

— Oh! j'espère que non! s'écria le capitaine.

— Si fait, dit Nelson; j'ai senti, à l'ébranlement de tout mon corps, que j'avais la colonne vertébrale atteinte.

Hardy ordonna aussitôt d'emporter l'amiral au poste des blessés.

Pendant que les marins le transportaient, Nelson s'aperçut que les cordages au moyen desquels on faisait manœuvrer le timon avaient été rompus par la mitraille; il le fit observer au capitaine Hardy, et ordonna à un midshipman de substituer des cordes neuves aux cordes rompues.

Ces ordres donnés, il tira son mouchoir de sa poche et en couvrit son visage et ses décorations pour que ses marins ne le reconnussent point et ignorassent qu'il était blessé.

Quand on l'eut descendu dans l'entrepont, M. Beatty, le chirurgien du bord, accourut pour lui porter secours.

— Oh! mon cher Beatty, dit Nelson, quelle que soit votre science, vous ne pouvez rien pour moi : j'ai la colonne vertébrale brisée.

— J'espère que la blessure n'est point aussi grave que le pense Votre Seigneurie, dit le chirurgien.

En ce moment, le révérend M. Scott, chapelain du *Victory*, s'approcha aussi de milord, qui le reconnut, et lui cria d'une voix entrecoupée par la douleur et pourtant pleine de force :

— Mon révérend, rappelez-moi à lady Hamilton, rappelez-moi à Horatia, rappelez-moi à tous mes amis; dites-leur que j'ai fait un testament et que je lègue à mon pays lady Hamilton et ma fille Horatia... Retenez bien ce que je vous dis à cette heure, et ne l'oubliez jamais!...

Nelson fut porté sur un lit; on lui tira à grand'peine son habit et on le couvrit d'un drap.

Pendant qu'on accomplissait cette opération, il dit au chapelain :

— Docteur, je suis perdu! docteur, je suis mort!

M. Beatty examina la blessure; il assura à Nelson qu'il pourrait la sonder sans lui causer une grande douleur; il la sonda, en effet, et reconnut que la balle avait pénétré dans la poitrine, et ne s'était arrêtée qu'à l'épine dorsale.

— Je suis sûr, dit Nelson, tandis qu'on le sondait, que j'ai le corps percé de part en part.

Le docteur examina le dos, il était intact.

— Vous vous trompez, milord, dit-il. Mais essayez de m'expliquer ce que vous éprouvez.

— Je sens, reprit le blessé, comme un flot de sang qui monte à chaque respiration... La partie inférieure de mon corps est comme morte... Je respire difficilement, et, quoique vous disiez le contraire, je maintiens que j'ai l'épine dorsale brisée.

Ces symptômes indiquèrent au chirurgien qu'il ne fallait conserver aucune espérance; seulement, la gravité de la blessure ne fut connue de personne à bord, excepté du chirurgien, du capitaine Hardy, du chapelain et de deux aides chirurgiens.

Mes yeux pleins de larmes m'empêchent de continuer. Depuis neuf ans que l'événement est arrivé, j'ai raconté bien souvent cette mort glorieuse dans tous ses détails, mais c'est la première fois que je les écris.

Je reprendrai mon récit lorsque je m'en sentirai la force.

XIII

Essayons d'aller jusqu'au bout.

L'équipage du *Victory* poussait un hourra de joie à chaque fois qu'un bâtiment français amenait son pavillon, et à chacun de ces hourras, Nelson, oubliant sa blessure, demandait avec anxiété :

— Qu'y a-t-il?

Alors, on lui disait la cause de ces cris; le blessé en éprouvait une grande satisfaction. Il souffrait d'une soif ardente, et souvent demandait à boire, et priait qu'on l'éventât avec un éventail de papier.

Comme il aimait tendrement le capitaine Hardy, il ne cessait de manifester des craintes pour la vie de cet officier.

Le chapelain et M. Beatty le rassuraient ou plutôt essayaient de le rassurer sur ce point; ils expédiaient au capitaine Hardy message sur message pour lui dire que l'amiral désirait le voir, et le blessé ne le voyant pas venir, s'écriait dans son impatience :

— Vous ne voulez pas me faire venir

Hardy... Je suis sûr qu'il est mort!

Enfin, une heure dix minutes après que Nelson avait été blessé, le capitaine Hardy descendit dans l'entre-pont; l'amiral, en l'apercevant, poussa une exclamation de joie, lui serra affectueusement la main et lui dit :

— Eh bien, Hardy, comment va la bataille? Comment va la journée pour nous?

— Bien! très-bien, milord! répondit le capitaine. Nous avons déjà pris quatorze bâtiments.

— J'espère qu'aucun des nôtres n'a amené son pavillon?

— Non, milord, aucun!

Alors, rassuré de ce côté, Nelson revint sur lui-même, et, poussant un soupir :

— Je suis un homme mort, Hardy, et je m'en vais à grands pas. Tout sera bientôt fini pour moi. Approchez-vous, mon ami.

Puis, à voix basse :

— Je vous prie d'une chose, Hardy, reprit-il. Après ma mort, coupez mes cheveux pour ma chère lady Hamilton, et donnez-lui tout ce qui m'aura appartenu...

— Je viens de causer avec le chirurgien interrompit Hardy : il a bon espoir, au contraire, de vous conserver à la vie.

— Non, Hardy, non, répliqua Nelson, n'essayez point de me tromper; j'ai le dos brisé.

Le devoir rappelait Hardy sur le pont, il y monta après avoir serré la main du blessé.

Nelson demanda de nouveau le chirurgien. Celui-ci était occupé près du lieutenant Guillaume Rivers qui avait eu une jambe emportée; il accourut néanmoins, disant que ses aides suffiraient à achever le pansement.

— Je voulais seulement avoir des nouvelles de mes malheureux compagnons, dit Nelson; quant à moi, docteur, je n'ai plus besoin de vous. Allez! allez! Je vous ai dit que j'avais perdu toute sensibilité dans la partie inférieure du corps, et *vous savez bien* que, dans ma position, on ne peut vivre longtemps.

Ces trois mots que je souligne ne laissèrent aucun doute au chirurgien sur l'intention de lord Nelson: il faisait allusion à un pauvre diable qui, quelques mois auparavant, avait reçu à bord du *Victory*, une blessure dans des conditions pareilles à la sienne; et il avait suivi sur ce malheureux, qui se nommait Jacques Burcke, les progrès de la mort, avec la même curiosité que s'il eût pu deviner que cette mort était celle qui l'attendait.

Le chirurgien dit alors à Nelson :

— Milord, laissez-moi vous palper.

Et, en effet, il toucha les extrémités inférieures, qui étaient déjà privées de sentiment et comme mortes.

— Oh! reprit Nelson, je sais bien ce que je dis, allez! Scott et Burcke m'ont déjà touché comme vous le faites, et je ne les ai pas plus sentis que je ne vous sens... Je meurs, Beatty, je meurs!

— Milord, répliqua le chirurgien, malheureusement je ne puis plus rien pour vous!

Et, en faisant cette suprême déclaration, il se retourna afin de cacher ses larmes.

— Je le savais, dit Nelson. Je sens quelque chose qui se soulève dans ma poitrine.

Et il mit la main sur le point qu'il indiquait.

— Grâce à Dieu, murmura-t-il, j'ai fait mon devoir!

Le docteur ne pouvant plus donner aucun soulagement à l'amiral, alla porter ses soins à d'autres blessés; mais presque aussitôt revint le capitaine Hardy, qui, avant de quitter pour la seconde fois le pont, avait envoyé le lieutenant Hills porter la terrible nouvelle à l'amiral Collingwood.

Hardy félicita Nelson d'avoir, quoique déjà dans les bras de la mort, remporté une pareille victoire, et lui annonça qu'autant qu'il pouvait en juger, quinze vaisseaux français étaient en ce moment au pouvoir de la flotte anglaise.

— J'eusse parié pour vingt! dit Nelson.

Puis, tout à coup, se rappelant la position du vent et les symptômes de tempête qu'il avait observés sur la mer :

— Jetez l'ancre, Hardy! jetez l'ancre! dit-il.

— Je suppose, répondit le capitaine de pavillon, que l'amiral Collingwood prendra le commandement de la flotte.

— Non pas, tant que je vivrai du moins! dit le malade, en se soulevant sur son bras. Hardy, je vous dis de jeter l'ancre. Je le veux!

— Je vais en donner l'ordre, milord.

— Sur votre vie, faites-le, et avant cinq minutes.

Puis, à voix basse, et comme s'il eût rougi de cette faiblesse :

— Hardy, reprit-il, vous ne jetterez point mon corps à la mer, je vous en prie!

— Oh! non certainement! vous pouvez être tranquille sur ce point, milord, lui répondit Hardy en sanglotant.

— Ayez soin de la pauvre lady Hamilton, dit Nelson d'une voix affaiblie, de ma chère lady Hamilton... Embrassez-moi, Hardy!

Le capitaine, en pleurant, l'embrassa sur la joue.

— Je meurs content, dit Nelson; j'ai sauvé l'Angleterre!

Le capitaine Hardy demeura un instant près de l'illustre blessé dans une muette contemplation; puis, s'agenouillant, il le baisa au front.

— Qui m'embrasse? demanda Nelson, dont l'œil était déjà noyé dans les ténèbres de la mort.

Le capitaine répondit :

— C'est moi, Hardy.

— Dieu vous bénisse, mon ami! dit le mourant.

Hardy remonta sur le pont.

Nelson, reconnaissant le chapelain à ses côtés, lui dit alors :

— Ah! docteur, je n'ai jamais été un pécheur bien obstiné!

Puis, après une pause :

— Docteur, rappelez-vous, je vous prie, que j'ai laissé en héritage à ma patrie et à mon roi, lady Hamilton et ma fille Horatia Nelson.... N'oubliez jamais Horatia.

Sa soif allait croissant. Il cria :

— *Boire!... boire!... l'éventail!... faites-moi de l'air!... Frottez-moi!...*

Il faisait cette dernière recommandation au chapelain M. Scott, qui lui avait procuré quelque soulagement en lui frottant la poitrine avec la main; seulement, il prononça ces paroles d'une voix interrompue et qui indiquait un redoublement de souffrance; de sorte qu'il lui fallut rappeler toutes ses forces pour dire une dernière fois :

— Grâce à Dieu, j'ai fait mon devoir!

Ce fut alors seulement que Nelson cessa de parler.

Était-ce faiblesse? était-ce l'évanouissement suprême? Quoi qu'il en soit, le chapelain et M. Burke le soulevèrent à l'aide de coussins et le maintinrent dans une position moins douloureuse, respectant ce funèbre silence et cessant eux-mêmes de parler pour ne point troubler le moribond dans ses derniers moments.

Le chirurgien revint; le maître d'hôtel de Nelson était allé lui dire que son maître était sur le point d'expirer. M. Beatty prit la main du mourant, elle était froide; il lui tâta le pouls, il était insensible; puis il lui toucha le front, Nelson rouvrit son œil unique et le referma aussitôt.

Le chirurgien le quitta pour aller vers d'autres blessés auxquels ses soins pouvaient être utiles; mais à peine venait-il de s'éloigner, que le maître d'hôtel, le rappelant, lui dit :

— Sa Seigneurie est morte!

M. Beatty accourut. Nelson, en effet, venait de rendre le dernier soupir. Il était quatre heures vingt minutes. Il avait survécu trois heures et trente-deux minutes à sa blessure!

En perdant Nelson, j'avais tout perdu!

XIV

Inutile de dire le deuil qui se répandit sur toute la flotte anglaise à la nouvelle de la mort de Nelson. Elle fit presque oublier la victoire.

Le premier soin de Hardy fut d'exprimer au chirurgien le désir manifesté par Nelson de ne point être jeté à la mer, mais d'être ramené dans sa patrie.

Le lendemain de la bataille, lorsque les circonstances permirent que l'on s'occupât des soins à donner au restes mortels de Nelson, on chercha par quels moyens on pouvait prévenir la décomposition; il fallait naturellement se servir des ressources que l'on avait à bord du *Victory*. Il n'y avait pas assez de plomb pour faire un cercueil; on prit le plus grand tonneau que l'on put trouver, on y mit le corps, puis on le remplit d'eau-de-vie.

Le soir même du jour où ce triste soin fut accompli, il s'éleva, comme l'avait prévu Nelson, une terrible tempête venant du sud-ouest; elle dura toute la nuit sans apaisement aucun; le jour vint, et, jusqu'au soir, la tempête continua avec la même violence. Pendant ces vingt-quatre heures, le corps de Nelson resta dans l'entre-pont sous la garde d'une sentinelle; mais tout à coup, le couvercle du tonneau sauta en éclats, avec un bruit pareil à la détonation d'un coup de fusil : c'était la pression des gaz qui s'étaient dégagés du corps qui avait causé cette rupture. On referma le tonneau, mais en ménageant une ouverture dans le couvercle pour empêcher que l'accident ne se renouvelât. En arrivant à Gibraltar, on remplaça l'eau-de-vie par de l'esprit de vin.

Dans l'après-midi du 3 novembre, le *Victory* leva l'ancre, sortit de la baie de Gibraltar, traversa le détroit, et retrouva, devant Cadix, l'escadre sous le commandement de l'amiral Collingwood.

Le même soir, le bâtiment funèbre poursuivit son chemin vers l'Angleterre, et arriva à Spithead après une traversée de cinq semaines; mais la nouvelle du gain de la bataille et de la mort de Nelson était connue à Londres depuis le 7 novembre. Je l'appris tout simplement par une lettre du frère de Nelson, qui, sans doute tout préoccupé qu'il était de devenir comte et pair par cette mort, ne trouva pas le temps de me l'apprendre lui-même.

J'étais dans ma maison de Londres quand cette nouvelle m'arriva. Le docteur Nelson ne me disait point de quelle source il la tenait, de sorte que je doutais encore. Je pris Horatia dans mes bras, je fis mettre les chevaux à la voiture, et je courus à l'Amirauté; mais je n'eus pas même besoin d'y entrer pour reconnaître que la nouvelle était vraie : tout le monde connaissait déjà et la victoire et le prix qu'elle avait coûté !

Le 4 décembre, veille du jour fixé pour les actions de grâces, le *Victory* arriva à Saint-Helens et déploya, en signe de deuil, le drapeau de Nelson à mi-mât; tous les bâtiments de Spithead abaissèrent aussitôt leurs enseignes dans la même position.

Le même jour, le brave capitaine Hardy, fidèle exécuteur des instructions de Nelson, m'expédia un courrier qui me remit la lettre qui m'était adressée, ainsi que celle qui était adressée à Horatia.

Il me disait, dans une lettre à part, qu'il avait beaucoup de choses particulières à me dire, beaucoup d'objets précieux à me remettre, mais qu'il ne pouvait quitter son bâtiment. Il m'invitait donc à prendre la poste et à venir à Saint-Helens, où il pourrait conférer avec moi.

Je partis à l'instant même, et j'arrivai le 5 au matin. Cet excellent ami descendit alors à terre et passa la journée avec moi. Puis, comme je lui manifestais le désir de voir le chapelain, M. Scott, et le chirurgien, M. Beatty, il les envoya chercher, et je m'énivrai de ma douleur en leur entendant raconter, dans tous ses détails, la mort de Nelson.

Le lendemain, le capitaine Hardy me donna un bon conseil : c'était de mettre immédiatement en lieu sûr tous les objets qui avaient appartenu à Nelson et qu'il m'avait légués, de peur que la famille ne s'en emparât et qu'il n'en résultât quelque procès scandaleux. Je suivis ce conseil et louai, à Spithead même, un petit appartement où je fis transporter tous les objets qui avaient appartenu à mon héros. Trois jours se passèrent dans ces soins pieux et me firent le plus grand bien ; car, à chaque instant, à la vue de quelque preuve nouvelle de l'amour que me portait Nelson, les larmes, qui m'eussent étouffée, me jaillissaient des yeux et me donnaient le seul soulagement que je pusse avoir.

Le samedi 15, le corps de Nelson fut mis dans le cercueil qui lui avait été donné par le capitaine Ben Hallowell, et qui, on se le rappelle, était taillé dans un mât du vaisseau français l'*Orient*, puis exposé sous un dais formé de pavillons. M. Tyson, ancien secrétaire de l'amiral, M. Nayler, M. York-Herald et M. Whilby, avaient été délégués par l'Amirauté pour recevoir le corps, qui devait être transporté du *Victory* sur un yacht, et conduit à l'hôpital de Greenwich.

Les funérailles étaient fixées au 6 janvier. Il avait été décidé que le cercueil serait déposé dans la cathédrale de Saint-Paul, qui, destinée à être la sépulture des héros et des hommes d'Etat, était inaugurée par Nelson comme le Panthéon de l'Angleterre.

Que l'on me permette de ne pas m'appesantir plus longtemps sur mon malheur. Je crus d'abord qu'il entraînerait après lui une douleur éternelle ; je me fis faire des habits de deuil et me promis à moi-même de n'en plus porter d'autres ; je consacrai une des chambres de Merton à ces reliques sacrées que je tenais de la pieuse obéissance du capitaine Hardy. Un an, je demeurai ainsi éloignée du monde, vivant seule avec Horatia.

Je comptais sans la faiblesse humaine, et j'oubliais de faire la part de la mobilité féminine.

Le reste de ma vie n'est plus qu'une suite de fautes, de prodigalités, d'erreurs, qui m'ont conduite où je suis aujourd'hui. Mais, du moment que je n'étais plus la femme de sir William, du moment que je n'étais plus la maîtresse de Nelson, du moment même que je n'étais plus l'amie de la reine Caroline, je redevenais tout simplement Emma Lyonna, c'est-à-dire une courtisane enrichie, qui eût peut-être encore obtenu la considération qui s'attache à la richesse, si elle eût su conserver sa fortune.

Ce qui me donna tout d'abord la mesure de mon abaissement, c'est le refus que firent l'Angleterre et le roi de reconnaître le testament de Nelson. Il m'avait léguée au roi et au pays ; si le pays et le roi avaient eu quelque égard au testament de l'homme qui venait de se faire tuer pour eux, ils m'eussent relevée à mes propres yeux.

Si seulement, en me repoussant, ils eussent accueilli et reconnu ma pauvre Horatia, c'eût été pour moi, en voyant cette enfant honorée, une obligation de rester honorable ; car enfin il me semble que le malheur de m'avoir pour mère devait être au moins compensé par l'honneur d'avoir pour père Nelson, c'est-à-dire le premier homme de mer, non-seulement du siècle, mais peut-être encore de tous les temps.

Il n'en fut rien. On nous abreuva de mépris, mon enfant et moi, et, à force de me sentir méprisée, je redevins méprisable.

Mais, en me rejetant vers la fin de ma vie dans cette existence de folies, d'erreurs et de dissipation qui en avait altéré les commencements, j'écartai de moi mon Horatia pour qu'aucune de mes fautes ne rejaillît sur elle; je plaçai, d'une manière certaine, et sur sa tête, les quatre mille livres sterling que son père lui avait léguées, et cette rente de cinq mille francs servit à son entretien et à son éducation.

Maintenant, le détail des événements qui me conduisirent du luxe à la misère, de la richesse à la pauvreté serait trop long et ne présenterait aucun intérêt. J'ai raconté mes soirées de Palerme, la passion que j'y avais puisée pour le jeu; cette passion ne fit que s'accroître chez moi. Habituée à une vie de prodigalités, je ne sus point mesurer mes dépenses à mes revenus, et, deux ans après la mort de Nelson, je me trouvai dans un tel embarras, que je fus forcée de quitter Merton, qui fut vendu aux enchères.

Par bonheur, j'avais pour ami le vieux duc de Queensbury dont j'ai parlé; il me recueillit dans une de ses maisons meublées de Richmond, et, à la place de mes chevaux et de mes voitures vendus, me donna un autre équipage. Ses dons me firent vivre largement jusqu'à l'heure de sa mort, qui arriva vers la fin de l'année 1810.

Sa bonté pour moi s'étendit au delà de la mort; car il me laissa, par son testament, une somme de mille livres sterling une fois données, et une annuité de cinq cents.

Seulement, Sa Seigneurie s'était crue plus riche qu'elle n'était en réalité, et ses legs avaient de beaucoup dépassé sa fortune; il en résulta que les tribunaux annulèrent le testament et que je perdis ainsi le bénéfice des bonnes intentions de mon vieil ami.

Le désappointement fut d'autant plus grand pour moi, que, comptant sur cet héritage, je m'étais rejetée dans des dépenses auxquelles il devait faire face. Quelques amis qui me restaient firent alors des démarches auprès du Lloyd, afin d'obtenir de sa libéralité ce que l'on n'avait pas pu obtenir du ministère, c'est-à-dire la récompense des services que j'avais rendus à l'Etat; mais leurs démarches et mes pétitions n'eurent aucun succès, et je tombai dans une telle misère, que je vis vendre tous mes meubles, tous les chers souvenirs que je conservais de Nelson, éclatant reflets de ma vie passée, qui me consolaient parfois au milieu des douleurs de ma vie présente. On vendit tout, jusqu'à la boîte précieuse où la cité d'Oxford avait enfermé le brevet de citoyen qu'elle avait offert au vainqueur d'Aboukir. Mais, comme l'argent que l'on tira de cette vente fut loin de satisfaire tous mes créanciers, quelques-uns, plus cruels que les autres, me firent arrêter et conduire à King's-Bench, où je restai avec la pauvre Horatia, que j'entraînais, sinon dans ma ruine, — puisqu'elle avait ses quatre mille livres auxquelles je ne pouvais toucher, — au moins dans mon malheur.

Nous restâmes dans cette prison plus d'un an, endurant toute sorte de privations et de honte; car un homme en qui j'avais eu le tort de mettre ma confiance, et entre les mains duquel j'avais déposé mes papiers, fit alors imprimer à mon nom toute ma correspondance avec Nelson et plusieurs autres lettres qui se trouvaient en sa possession. Que pouvais-je du fond de ma prison? Protester! C'est ce que je fis; mais ma voix ne fut point entendue, ou l'on ne crut point à ma protestation.

Enfin, un brave et excellent homme, alderman de la Cité, eut pitié de moi, en voyant combien j'étais cruellement punie de mes erreurs; il s'entendit avec mes créanciers, donna quelque argent, et obtint pour moi une décharge générale.

Je résolus aussitôt de quitter l'Angleterre et de passer sur le continent. Mon protecteur m'aida dans ce projet, en me donnant quelques secours. Nous partîmes pour Calais, et, trouvâmes, entre cette ville et Boulogne, près du petit port d'Ambleteuse, une maison isolée dans l'obscurité de laquelle j'ai résolu de passer le reste de ma vie.

Le reste de ma vie, d'ailleurs, est bien peu de chose!... Les douleurs, les tourments, les angoisses que j'ai éprouvés depuis dix ans m'ont brisée avant l'âge. Le médecin qui est venu me voir par charité a pris Horatia à part, et j'ai vu la pauvre enfant rentrer les yeux tout rouges de larmes.

C'est alors que, sentant la mort voisine, j'ai jeté un regard sur ma vie passée, et que mes actions me sont apparues sous leur véritable jour.

Alors, j'ai tremblé, j'ai frémi, j'ai eu des nuits pleines de spectres, des jours pleins de remords; j'ai senti que, si je mourais ainsi, je mourais désespérée.

Alors, un rayon de lumière est descendu dans ma nuit, une illumination du Seigneur m'est venue.

Je me suis dit: « Il y a une religion

douce et miséricordieuse, vers laquelle j'ai toujours eu un irrésistible entraînement; une religion dont le fondateur a pardonné à la courtisane, à la femme adultère et à l'homicide sur la croix. Envoyons chercher un prêtre de cette religion, et mettons entre ses mains mon âme chargée d'iniquités. »

J'ai envoyé chercher le prêtre. — Je l'attends.

Seigneur! Seigneur! soyez miséricordieux pour la pécheresse qui se repent!

Ici s'arrêtent les confessions d'Emma Lyonna.

Nos lecteurs savent ce qui est arrivé; ils ont vu, au commencement de ce récit, venir le prêtre; ils ont vu l'eau du baptême couler sur le front pâle de la pécheresse; ils ont vu ce front retomber sur l'oreiller avec le sceau du repentir et du pardon.

Cinq minutes après, elle reposait dans la miséricorde de Dieu.

Maintenant, disons-en deux mots ce qui arriva après sa mort.

L'ambassadrice d'Angleterre, la maîtresse de Nelson, l'amie de la reine de Naples, ensevelie dans la bière des pauvres, allait être jetée dans la fosse commune le 16 janvier 1815, lorsqu'un marchand anglais, habitant à Calais, pensant qu'il y avait honte pour ses compatriotes à abandonner le cadavre après la mort comme ils avaient abandonné la femme pendant sa vie, acheta pour lui un terrain dans la place la plus honorable du cimetière, et, suivi de cinquante Anglais, la déposa dans une tombe sur laquelle on grava pour toute inscription ces paroles du Christ :

« Que celui qui n'a jamais péché lui jette la première pierre ! »

La jeune Horatia, qui atteignait alors sa quatorzième année, et qui avait eu pour sa mère, pendant sa maladie, les soins les plus pieux et les plus touchants, aussitôt sa mère morte, retourna en Angleterre, et demeura pendant deux ans dans la famille de M. Matcham, et ensuite dans celle de M. Bolton, beau-frère de lord Nelson.

Enfin, en 1822, elle se maria avec le révérend Philippe Ward, vicaire de Teuterden, et, de leur heureuse union, naquirent huit enfants.

ALEX. DUMAS.

FIN

Paris. — Imprimerie de G. Towne, rue des Fossés-Montmartre, 9.

www.ingramcontent.com/pod-product-compliance
Lightning Source LLC
LaVergne TN
LVHW010544110826
845149LV00003B/558

* 9 7 8 2 0 1 1 8 6 9 4 5 6 *